Machado de Assis

Lido e relido

Machado de Assis

Lido e relido

Organizador

João Cezar de Castro Rocha

alameda

EDITORA UNICAMP

Grafia atualizada segundo o Acordo Ortográfico da Língua Portuguesa de 1990, que entrou em vigor no Brasil em 2009.

Edição: Haroldo Ceravolo Sereza
Assistente acadêmica: Bruna Marques
Editora assistente: Dafne Ramos
Projeto gráfico, capa e diagramação: Alameda Editorial
Revisão: Juarez Antunes

CIP-BRASIL. CATALOGAÇÃO-NA-FONTE
SINDICATO NACIONAL DOS EDITORES DE LIVROS, RJ

M129

Machado de Assis: Lido e relido / organização João Cezar de Castro Rocha. - 1. ed.
São Paulo, SP: Alameda, Campinas, SP: Editora da Unicamp, 2016;
750 p. ; 23 cm.

Inclui bibliografia.
ISBN 978-85-7939-366-2 - Alameda
ISBN 978-85-268-1365-6 - Editora da Unicamp

1. Assis, Machado de, 1839-1908 - Crítica e interpretação. 2. Literatura brasileira - História e crítica. I. Rocha, João Cezar de Castro.

16-37505 CDD: 869.3
CDU: 821.134.3.(81)-3

EDITORA DA UNICAMP
Rua Caio Graco Prado, 50 – Campus Unicamp
Cep 13083-892 – Campinas – SP – Brasil
Tel./Fax: (19) 3521-7718 / 7728
www.editoraunicamp.com.br
vendas@editora.unicamp.br

ALAMEDA CASA EDITORIAL
Rua Treze de Maio, 353 – Bela Vista
CEP 01327-000 – São Paulo, SP
Tel. (11) 3012-2403
www.alamedaeditorial.com.br

Sumário

Interpretações

Romance

Conto

Poesia / Crônica / Jornalismo / Recepção

Prefácio

O autor e seu lugar

João Cezar de Castro Rocha
(Universidade do Estado do Rio de Janeiro)

Duas ou três coisas

Uma palavra sobre o título, *The Author as Plagiarist: The Case of Machado de Assis*. Devo confessar que ele provocou mal-entendidos inesperados. A escolha do título respondeu a dois ou três objetivos fundamentais – e dois deles deveriam ser óbvios para o público de língua inglesa, inicialmente o público-alvo. Recorde-se que o volume foi lançado em inglês, nos Estados Unidos, num colóquio realizado na Biblioteca do Congresso, em Washington; portanto, não creio que a definição inicial do público-alvo possa ser considerada uma impertinência.

De um lado, o subtítulo brinca com uma alusão mais ou menos evidente. Em 1990, Susan Sontag escreveu um prefácio à reedição em inglês de *Memórias Póstumas de Brás Cubas*. Seu ensaio ajudou a projetar o nome de Machado de Assis para além do estreito círculo de especialistas em literatura brasileira. O tradutor, William L. Grossman, supôs que seria conveniente que o título remetesse ao último capítulo,

"Das negativas", e assim o romance veio à luz como *Epitaph of a Small Winner.*[1] O prefácio de Sontag intitula-se "Afterlives: The Case of Machado de Assis" e encontra-se republicado em seu livro de ensaios *Where the Stress Falls.*[2] Roberto Schwarz viu nesse prefácio um sinal, entre outros, do "clima de cumplicidades seletas que se estava formando em torno do escritor".[3]

No fundo, não esperava que os leitores brasileiros reconhecessem imediatamente a alusão ao ensaio de Sontag, mas devo confessar minha surpresa diante da aparente dificuldade de colegas norte-americanos e ingleses: para eles, havia pensado comigo mesmo, a alusão seria tão explícita que talvez soasse deselegante. De qualquer modo, esclarecida a referência, compreende-se com facilidade seu ânimo: assim como o ensaio de Sontag teria alargado o horizonte da recepção da obra de Machado para além do público estritamente acadêmico, *The Author as Plagiarist: The Case of Machado de Assis* acalentava a esperança de estimular estudos em torno de sua literatura que não se limitassem ao círculo ainda mais restrito dos brasilianistas, conquistando pleno direito de cidadania nos departamentos de teoria literária, literatura comparada e mesmo em departamentos de literaturas modernas, através de uma abordagem comparativa.

De outro lado, a noção do "autor como plagiário" respondia a esse segundo propósito: situar a obra de Machado de Assis no centro de um debate muito interessante que, nas últimas décadas, tem proposto a reconstrução crítica de noções tais como autoria, originalidade, criação, plágio. Trata-se de radicalizar a contextualização das "gramáticas da criação", na expressão forte de George Steiner, cujo projeto implica em desdobrar "o intricado jogo de diferença e sobreposição entre 'criação'

1 Machado de Assis. *Epitaph of a Small Winner*. New York: Noonday Press, 1990. Sua tradução foi publicada pela primeira vez em 1953. Posteriormente, com uma nova tradução de Gregory Rabassa, o romance foi lançado como *The Posthumous Memoirs of Brás Cubas*, Oxford: Oxford University Press, 1997. Essa edição contém um prefácio de Enylton de Sá Rego, "Warning: Deadly Humor at Work" (p. XI-XIX), e um posfácio de Gilberto Pinheiro Passos, "Cosmopolitan Strategies in *The Posthumous Memoirs of Brás Cubas*" (p. 205-219).

2 Susan Sontag. "Afterlives: the Case of Machado de Assis". *Where the Stress Falls*. New York: Farrar, Strauss and Giroux, 2002, p. 30-40.

3 Roberto Schwarz. "Leituras em competição". *Revista Novos Estudos*, nº. 75, Julho de 2006, p. 62.

e 'invenção'".[4] A diferença decisiva entre os verbos *creare* e *invenire*, com todos os seus desdobramentos filosóficos e teóricos, ilumina a oportunidade de pensar no "autor como plagiário" ou de refletir sobre o "plágio como criação". Naturalmente não desenvolverei o tema neste prefácio,[5] mas é importante reforçar o pressuposto subjacente a *The Author as Plagiarist*: a obra de Machado pode contribuir para renovar esse debate, dando-lhe uma direção inesperada, precisamente por ampliar o universo usual das referências, limitadas a textos escritos em língua inglesa – ou traduzidos para o inglês. Ou seja, imaginava que tal inserção permitiria aprofundar a intuição notável de um dos mais importantes romancistas contemporâneos:

> A leitura de Machado – ele mesmo muito sob a influência do *Tristram Shandy*, de Laurence Sterne – ensinou-me algo que eu não havia aprendido inteiramente com o *Ulisses*, de Joyce, e, provavelmente, não poderia ter aprendido diretamente de Sterne, se eu já o tivesse lido: como combinar esportividade formal com sentimento genuíno, além de injetar considerável grau de realismo. Sterne é Pré-Romântico; Joyce é tardio ou Pós-Romântico; Machado é tanto Romântico quanto romântico: brincalhão, melancólico, pessimista, intelectualmente exuberante. Ele era também, como eu, um provinciano (...).[6]

Por fim, sou o primeiro a reconhecer que a noção do "plágio como criação" pode parecer deslocada, com o tempero artificial típico da falsa sofisticação de boa parte da produção acadêmica contemporânea. Contudo, e esse é o terceiro propósito a que me referi, tal hipótese foi formulada a partir da leitura de textos do próprio Machado. Isto é, trata-se de observar a recorrência em sua obra de um campo semântico muito particular, associado aos conceitos de cópia, plágio, originalidade,

---

4 George Steiner. *Grammars of Creation*. New Haven: Yale University Press, 2001, p. 16.

5 Remeto o leitor interessado no tema ao capítulo que publico neste livro, "Autoria pelo avesso: plágio e a cópia original". Desenvolvi plenamente a ideia no livro *Machado de Assis: por uma poética da emulação* (Rio de Janeiro: Civilização Brasileira, 2013).

6 John Barth. "Foreword". *The Floating Opera & The End of the Road*. New York: Anchor, 1989, p. VI-VII.

imitação, emulação. Recorrência, aliás, presente nos mais diversos gêneros literários exercitados pelo autor de *Ocidentais*. No volume em inglês, como um autêntico pórtico, quase didático, duas epígrafes buscavam orientar o leitor, explicitando a "paternidade" machadiana do achado do "plágio como criação".

Eis as epígrafes (o leitor julgará se foram ou não bem escolhidas para o esclarecimento do propósito):

> O grotesco, por exemplo, não está no texto do poeta; é uma excrescência para imitar as *Mulheres patuscas de Windsor*. Este ponto é contestado pelos satanistas com alguma aparência da razão. Dizem eles que, ao tempo em que o jovem Satanás compôs a grande ópera, nem essa farsa nem Shakespeare eram nascidos. Chegam a afirmar que o poeta inglês não teve outro gênio senão transcrever a letra da ópera, com tal arte e fidelidade, que parece ele próprio o autor da composição; mas, evidentemente, é um plagiário.[7]

> Sei que a história não se repete. A Revolução Francesa e *Otelo* estão feitos; nada impede que esta ou aquela cena seja tirada para outras peças, e assim se cometem, literariamente falando, os plágios.[8]

Exemplos semelhantes, vale repetir, são numerosos em toda a obra machadiana: no conto, na crítica, na crônica, no romance e até no teatro e na poesia. Portanto, a noção do "*author as plagiarist*" deve ser entendida como "legitimamente" machadiana.

Pois bem: foram necessários três anos de dedicação para reunir os artigos que o leitor tem agora diante dos olhos. Contudo, alguns colegas, cujo trabalho, além de respeitar, reputo como fundamental para os estudos machadianos, consideraram o título "apelativo" ou mesmo "chamativo" – ora, como se chamar a atenção para a obra

---

7 Machado de Assis. *Dom Casmurro*. Afrânio Coutinho (org.). *Obra completa*. Vol. I. Rio de Janeiro: Nova Aguilar, 1986, p. 818-19.

8 Machado de Assis. "A Semana", 28 de julho de 1895.

fundamental de Machado de Assis fosse algo condenável. Esses críticos severos não se deram conta da alusão ao ensaio de Susan Sontag e muito menos relacionaram o título com o debate teórico contemporâneo. E, o que me surpreendeu ainda mais, eles também não foram capazes de identificar a origem perfeitamente machadiana da expressão!

E não é tudo: apenas um ano após o lançamento de *The Author as Plagiarist: The Case of Machado de Assis*, Robert Macfarlane escreveu um ensaio de grande elegância e inteligência, *Original Copy: Plagiarism and Originality in Nineteenth-Century Literature.*[9] Macfarlane reconstruiu um debate fascinante que empolgou a literatura inglesa oitocentista na segunda metade do século XIX. Essa polêmica questionou a primazia concedida pela estética romântica à noção de gênio, propondo estratégias alternativas de invenção literária e um de seus resultados foi a proliferação de paradoxos com sabor de manifesto, tal como a defesa irreverente de uma "cópia original", ou a recuperação polêmica do "plágio" como um gesto cuja complexidade foi obliterada pelo Romantismo. A recepção crítica a seu livro tem sido entusiasmada. E merecidamente, pois se trata de uma obra de referência. A alentada bibliografia do volume demonstra a importância crescente de ideias tais como... "o autor como plagiário".

Salvo engano, a obra machadiana tem tudo para desempenhar papel decisivo nesse debate.

Este volume

Diante desse esclarecimento, o leitor talvez se pergunte: então por que o livro em português tem outro título? A resposta encontra-se na própria formulação: porque o público-alvo não é o mesmo. Num volume com tantos e tão importantes colaboradores não é tarefa fácil traduzir a gama dos tópicos tratados em um título-tema. De fato, apenas uma porção dos textos aqui reunidos lidam, direta ou indiretamente, com a questão do "plágio como criação". Contudo, em inglês, tal título deveria desempenhar um papel catalisador, idealmente capaz de criar um novo público para a

9 Robert Macfarlane. *Original Copy: Plagiarism and Originality in Nineteenth-Century Literature.* Oxford: Oxford University Press, 2007.

obra de Machado de Assis: cada um faz a aposta pascalina que pode (ou a que lhe cabe). Já em português, o título mais neutro, *Machado de Assis: Lido e relido*, corresponde à diversidade efetiva de enfoques que compõe o presente volume.

Esse ponto é fundamental, representando o eixo deste volume. Na medida do possível, procurei reunir todas as orientações metodológicas e todas as abordagens teóricas – e isso sem filiar-me a grupo algum e sem adotar este ou aquele paradigma como o caminho necessário para o entendimento da obra machadiana. Pelo contrário, sua riqueza desautoriza exclusivismos, em geral atiçados pelas disputas de poder que animam o cotidiano da universidade e que, de fato, muito pouco tem a ver com produção de conhecimento acerca da obra do autor de "Teoria do Medalhão". Eis, portanto, a maior contribuição deste volume, pois os 41 ensaios aqui coligidos permitirão ao leitor formar uma visão generosa dos estudos machadianos. De igual modo, suas seções – "Atos de leitura"; "Interpretações"; "Romance"; "Conto"; "Poesia / Crônica / Jornalismo /Recepção" – oferecem um amplo panorama dos estudos sobre o conjunto da produção machadiana.

Uma última palavra acerca do estímulo inicial de *The Author as Plagiarist: The Case of Machado de Assis*, transformado agora em *Machado de Assis: Lido e relido*. Numa análise certeira do projeto, Haroldo Ceravolo Sereza levantou uma questão incontornável. A inserção da obra machadiana num debate teórico internacional "de fato amplia os horizontes da leitura do escritor. Por vezes, no entanto, pode dar a sensação de que ele pairava sobre o país, o que é também um problema. Invertendo uma célebre fórmula antinacionalista de Roberto Schwarz, só para provocar mais uma vez, o risco é um dia Machado virar internacional por subtração".[10]

Eis o fascínio e a dificuldade dos grandes autores: é como se eles falassem para dois públicos ao mesmo tempo – pelo menos para dois públicos. Esse efeito é possível através de um trânsito, de descrição difícil, entre o alheio e o próprio. De um lado, Machado converte a matéria que lhe é próxima em tema, claro ou oblíquo, de sua ficção. De outro, se insere numa temporalidade outra, definida certa vez por Eliot como o sentimento que anima um escritor a sentir "o conjunto da literatura da Europa a partir

10 Haroldo Ceravolo Sereza. "*The Author as Plagiarist: The Case of Machado de Assis*". *Luso-Brazilian Review*, Volume 46, Number 1, 2009, p. 141. Esta resenha é republicada neste livro como posfácio, com o título "Algumas provocações".

de Homero e (...) o conjunto da literatura do seu país como partes de uma existência e de uma ordem simultâneas".[11] Tal forma de percepção do tempo foi perfeitamente compreendida por Machado e plasmada num belo soneto, "Espinosa". Guardadas as devidas proporções, seus versos podem ser lidos como uma análise sobre sua condição:

> Gosto de ver-te, grave e solitário,
> Sob o fumo de esquálida candeia,
> Nas mãos a ferramenta de operário,
> E na cabeça a coruscante ideia
>
> E enquanto o pensamento delineia
> Uma filosofia, o pão diário
> A tua mão granjeia
> E achas na independência o teu salário.
>
> Soem cá fora agitações e lutas,
> Sibile o bafo aspérrimo do inverno,
> Tu trabalhas, tu pensas; e executas,
>
> Sóbrio, tranquilo, desvelado e terno,
> A lei comum, e morres, e transmutas
> O suado labor no prêmio eterno.[12]

Destaque-se a compreensão complexa do processo criador, realizado entre as "agitações e lutas" e a promessa, nunca certa, do "prêmio eterno" – a obra machadiana alimentou-se dessa dualidade. O autor de *O Alienista* inventou seu lugar próprio nessa oscilação entre as tribulações do cotidiano, que não podia controlar, e a disciplina férrea, que essa sim podia dominar, e sem a qual a página não se transforma em literatura. Recorde-se ainda, no mesmo contexto, outro poema de Machado de

11 T. S. Eliot. "Tradition and Individual Talent". *Selected Essays*. London: Faber and Faber, 1969, p. 14.

12 Machado de Assis. "Espinosa". *Ocidentais. Toda poesia de Machado de Assis*. Claudio Murilo Leal (org.). Rio de Janeiro: Record, 2008, p. 317-18.

Assis; poema dedicado à relação conflituosa entre os personagens Ariel e Calibã, de *A tempestade*, de William Shakespeare. Trata-se do soneto "No alto", igualmente reunido em *Ocidentais*:

> O poeta chegara ao alto da montanha,
> E quando ia a descer a vertente do oeste,
> Viu uma cousa estranha,
> Uma figura má.
>
> Então, volvendo o olhar ao sutil, ao celeste,
> Ao gracioso Ariel, que de baixo o acompanha,
> Num tom medroso e agreste
> Pergunta o que será.
>
> Como se perde no ar um som festivo e doce,
> Ou bem como se fosse
> Um pensamento vão,
>
> Ariel se desfez sem lhe dar mais resposta.
> Para descer a encosta
> O outro lhe deu[13] a mão.[14]

Como ninguém ignora, o poeta é Próspero – um Próspero nos tristes trópicos, bem entendido. Mas não nos deixemos vencer pelo autoexotismo, pois, exatamente como ocorre com o Próspero shakespeariano, Próspero-Machado descobre-se dividido entre Ariel e Calibã. E, se no alto da montanha contava com o nume, na descida

13 Na *Obra completa*, Vol. III, organizada por Afrânio Coutinho, esse último verso aparece como "O outro estendeu-lhe a mão". Rio de Janeiro: Aguilar, 1986, p. 179. A mesma lição se encontra em *Machado de Assis. Poesia*. Péricles Eugênio da Silva Ramos (org.). Rio de Janeiro: Agir, 1964, p. 79. De igual modo, em *Machado de Assis. Melhores poemas*. Alexei Bueno (org.). São Paulo: Global, 2000, p. 116.

14 Machado de Assis. "No alto". *Ocidentais. Toda poesia de Machado de Assis*. Claudio Murilo Leal (org.). Rio de Janeiro: Record, 2008, p. 347.

da encosta conta apenas com o apoio da "figura má". Talvez Machado tenha cifrado nesse soneto uma reflexão reveladora sobre sua condição de "mestre na periferia do capitalismo", recordando a expressão de Roberto Schwarz.

Nesse caso, Próspero-Machado necessitou encontrar um delicado meio-termo entre o dia a dia que lhe coube no Brasil oitocentista e as lições da tradição literária e, num sentido mais amplo, as promessas da "civilização", tal como então se entendia o conceito. De um lado, Ariel, o espírito tutelar, universal; de outro, Calibã, os muitos escravos e os inúmeros agregados que sequer chegariam a abrir seus livros. Aqui, o Próspero de Shakespeare contava com uma vantagem adicional, pois os Calibãs da Inglaterra elizabetana, e não eram poucos, estavam dispensados de ler: bastava comparecer ao teatro e prestar alguma atenção na intriga desenvolvida no palco – no teatro da época, com frequência o melhor espetáculo tinha lugar no chão batido em que se acotovelava a audiência mais popular.

Machado-Próspero às vezes flerta com Ariel, outras vezes coqueteia com Calibã, mas, sobretudo, não se compromete com ninguém, pelo menos não exclusivamente, pois em terra de cego quem enxerga muito é tolo. Em outras palavras, é como se Calibã escrevesse no idioma de Ariel, ou pelo menos lançasse mão de seus temas e adotasse inclusive suas formas convencionais, sem jamais abrir mão da malícia que traz à tona o lado nada etéreo de Ariel, ao fim e ao cabo, um servo de Próspero, exatamente como Calibã.

Portanto, a alquimia machadiana consiste num vaivém astucioso que não se deixa aprisionar nem lá, tampouco cá. Isso não quer dizer que tenha antecipado uma imaginária terceira margem, pois até tal margem imaginária oferece uma facilidade a ser evitada pelos seus leitores. Especialmente pelos leitores críticos – sejam ou não acadêmicos.

Espero que os ensaios aqui reunidos estimulem esse tipo de leitura.

Afinal, a tarefa do crítico não é adotar credos, mas correr riscos.

Atos de leitura

A recepção de Machado de Assis e a transformação do romance moderno europeu

Earl E. Fitz
(Vanderbilt University)

Este ensaio tem como centro o sentido machadiano do romance como forma literária. No decorrer desta discussão, serão também demonstradas algumas das técnicas particulares que Machado inventou ou que cirurgicamente alterou enquanto empreendia o que acredito ser sua sistemática e completamente deliberada transformação do romance europeu – o modelo supremo àquela época. Não estou, portanto, preocupado primariamente com questões de tema ou caracterização, duas das maiores forças de Machado como narrador,[1] a não ser na medida em que estas auxiliaram e incitaram seus esforços sub-apreciados (exceto, claro, pelos brasilianistas) em redefinir a natureza da narrativa de ficção moderna. Esta discussão consiste em duas partes: primeiro, que Machado mudou o desenvolvimento do romance do final do século XIX e início do século XX e, segundo, que apenas agora, por meio de metodologia comparativa, podemos ver precisamente como ele alcançou esse objetivo. Em termos, então, da visão atualizada do desenvolvimento formal do romance moderno, vejo Machado como o elo que faltava entre Flaubert e Proust, o escritor cuja melhor obra nos presenteia com a mais profunda e mais imaginativa transição, na tradição ocidental, do Realismo para o Modernismo.[2]

---

1 A este respeito, ver Maria Luisa Nunes. *The Craft of an Absolute Winner: Characterization and Narratology in the Novels of Machado de Assis*. Westport, Conn.: Greenwood Press, 1983.

2 Ver Earl E. Fitz. "*As Memórias Póstumas de Brás Cubas* as (Proto) Type of the Modernist Novel: A Problem in Literary History and Interpretation". In: *The Latin American Literary*

No entanto, quando dizemos que Machado transformou o romance moderno, o que isto significa exatamente? Para responder a essa questão, apresentam-se duas questões: a primeira é que Machado estava vivamente interessado não apenas em escrever ficção, mas realmente em renovar a forma do romance em si, em explorá-lo como uma discussão de profundo significado artístico e intelectual. O interesse formal de Machado no romance o posiciona, portanto, na mesma categoria de personalidades como Flaubert, James e Proust, escritores para quem a "arte do romance" (como James, profundamente impressionado por Flaubert, declarou) era da maior importância. Com base na sólida evidência sobre os hábitos de leitura de Machado, sua linguagem, e as numerosas alusões literárias que permeiam sua obra, podemos aferir que ele conhecia profundamente o romance europeu, mesmo que esta tradição, com exceção de Anatole France (que talvez tenha sido o primeiro defensor europeu da obra de Machado) não o reconheça como um grande autor. A segunda questão é que, como um leitor de grande discernimento crítico (ponto este vividamente demonstrado na famosa crítica de Machado ao *Primo Basílio*, de Eça de Queiroz), Machado conhecia a novela europeia muito bem; tão bem que deve ter sentido que sabia como trasformá-la, como aperfeiçoá-la. E quando somamos a essa inventividade própria de Machado o seu iconoclasmo e, acima de tudo, sua extraordinária originalidade, torna-se fácil ver como e por que ele decidiu criar o que chamei não meramente a primeira "nova narrativa latino-americana," nem mesmo a primeira "nova narrativa" das Américas, mas o primeiro romance verdadeiramente "moderno" da tradição ocidental. Não acho que esta seja uma afirmação excessiva; ou, se for, é certamente uma afirmação que podemos – e devemos – defender. Em grande escala, é precisamente esta qualidade estranhamente anacrônica da obra de Machado pós-1880, tanto em seus romances como em seus contos, que levou o romancista americano John Barth a exaltar Machado como o "proto-pós-modernista",[3] como um escritor mais bem apreciado agora, nos primeiros anos do século XXI (e mesmo no antigo século XX, carregado de ironia), do que um fiel adepto do romance realista tradicional.

Review, vol. XVIII, nº 36, July-December 1990, p. 7-25.

3 Ver Earl E. Fitz. *Machado de Assis*. Boston: G. K. Hall, 1989, p. 45.

Como alguns estudiosos como Eugênio Gomes e outros já demonstraram, a leitura introduziu Machado em muitas tradições literárias e filosóficas diferentes. Não minimizando a maravilhosa complexidade de sua visão, entretanto, acredito que deveríamos focar em três específicas tradições europeias, as três que foram particularmente importantes para Machado e sua percepção do que *ele* poderia fazer com o gênero romance: a inglesa, a francesa e a espanhola. Não há aqui espaço suficiente para empreender uma leitura comparativa extensa, que busque avaliar os principais romances destas tradições em termos da obra posterior de Machado (tal tarefa demandaria ao menos um livro, e mais provavelmente, toda uma vida de erudição). Entretanto, os pontos relevantes de comparação precisam ser reconhecidos e considerados, mesmo que seja apenas de modo rudimentar. Examinando, então, *Tristram Shandy* de Sterne, *Madame Bovary* de Flaubert e *Don Quixote* de Cervantes, minha esperança é a de que possamos ver melhor como os romances da fase madura de Machado se comparam ao que estava sendo feito nestas outras obras, mais canônicas. Especificamente, procurarei mostrar como, de fato, Machado "reinventa" estes modelos europeus e, ao fazê-lo, empreende uma contribuição maior – embora ainda completamente não-reconhecida – à forma versátil que conhecemos como romance moderno.

Podemos começar observando *Tristram Shandy,* um clássico de Laurence Sterne, publicado em 1759. Um romance que, como muitos argumentaram, exerceu uma influência considerável no crescente senso de desenvolvimento machadiano, de como ele mesmo deve ter começado a cultivar um novo gênero de romance.[4] Os dois textos fornecem, como sabem os brasilianistas, muitas oportunidades para estudos comparados: uma autoconsciência cômica do narrador, o constante diálogo com o leitor, o papel da morte, digressões textuais (especialmente proeminentes no caso de Tristram, já que quando a narrativa se encaminha para o final, nosso herói tem apenas cinco anos de idade!), e numerosas surpresas formais, como falta de palavras e páginas pretas ou marmorizadas. "Mesmo a famosa 'pessimista' frase final de Brás

4 Ver Helen Caldwell. *Machado de Assis: The Brazilian Master and His Novels.* Berkeley: University of California Press, 1970, p. 99 ou Harold Bloom. "Joaquim Maria Machado de Assis." In: *Genius: A Mosaic of One Hundred Exemplary Creative Minds.* Nova York: Warner Books, 2002, p. 673-680.

Cubas", aponta Helen Caldwell, "pode ser originária de uma observação" dita por um criado de Toby Shandy, Corporal Trim:[5] "...Nunca tive esposa ou filhos – não posso ter arrependimentos neste mundo".[6]

No entanto, a intenção aqui é detectar em quais, dentre estas muitas questões, Machado, a quem Bloom vê como "o mais notável discípulo de Sterne no Novo Mundo",[7] parece mais interessado e como – e por quê – ele as troca dessa maneira. Essas questões dividem-se basicamente em três categorias: a tonal, a estrutural e a referente à leitura, sendo que todas mostram Machado aprimorando o romance a partir da obra de Sterne. De fato, creio ser possível demonstrar convincentemente que Machado, longe de ter sido um receptor passivo da arte de seu predecessor ou um recriador da mesma, sem imaginação, hoje em dia é bem mais reconhecido que Sterne, especialmente em termos do que podemos chamar de base epistemológica de sua arte. Leitores e críticos aplaudiram longamente o frescor e o tom levemente perverso do texto de Sterne. Em geral, o conto de Tristram evidencia uma genialidade de base, ou um sentimentalismo, a que é difícil resistir. Este atrevimento certamente figura como um dos aspectos mais atraentes do romance.

As *Memórias Póstumas de Brás Cubas* de Machado, por outro lado, oferecem o que considero ser uma perspectiva mais escura – alguns dizem pessimista. O romance de Machado é de fato cômico – figura sem dúvida como um dos mais divertidos romances latino-americanos já escritos – mas sob a face sorridente do autoconsciente, irônico e sutilmente indigno de confiança narrador/protagonista; ele também é severo, e não mais que isso ao final. Enquanto nosso narrador completamente defunto declara na célebre frase (talvez mesmo cínica) que, quando morreu, ele estava um pouco à frente no jogo porque ele, como Corporal Trim, não havia tido filhos:

> ...ao chegar a este outro lado do mistério, achei-me com um pequeno saldo, que é a derradeira negativa deste capítulo de negativas:

5 Helen Caldwell, *op. cit.*

6 Laurence Sterne. *The Life and Opinions of Tristram Shandy*. Oxford e Nova York: Oxford University Press, 1983, Livro IV, cap. 4, p. 220-221.

7 Harold Bloom, *op. cit.*, p. 674.

— Não tive filhos, não transmiti a nenhuma criatura o legado da nossa miséria. (176)

Por muito tempo, senti que não foi em vão que Machado neste caso elegeu "miséria" para última palavra da narrativa, a última com a qual o leitor é deixado, um signo verbal que encerra devastadoramente o retrato da sociedade cruel, hipócrita e exploradora, construída e mantida pelos Brás Cubas deste mundo.[8] Atordoado por esta revelação deprimente (que, derivada de um egoísmo incontrolado, também apela para a questão da moralidade do capitalismo, sua analogia sociopolítica), ao leitor caberia apenas ponderar as palavras e as proezas do aparentemente afável narrador e questionar-se se algo do que ele tenha feito ou dito precisa agora ser reconsiderado.

A história de Tristram, ao contrário, termina com uma nota muito mais otimista, com nosso jovial narrador aparentemente nos dando uma piscadela e um familiar aceno com a cabeça, como se o que acabamos de ler fosse uma grande brincadeira, uma deliciosa farsa da qual tivemos tido o prazer de participar: "L–d! Disse minha mãe, sobre o que era esta história: — um GALO e um TOURO, disse Yorick. — E uma das melhores de seu gênero que já ouvi" (539). Dividido pelo cinismo e desolador quanto a seu prognóstico para a nossa felicidade futura (ou para um período futuro já que, se todos adotássemos a posição de Brás Cubas isto significaria o final da raça humana!), a similaridade da divertida narrativa de Brás não termina com uma conhecida piscadela de cumplicidade entre o narrador e o leitor, mas com uma decepção, um golpe temático no plexo solar que inesperadamente tira a nossa segurança e que, de modo repentino e dramático, empurra nossa cara para o que os críticos modernos vão chamar de sentimento de desespero que caracteriza a condição moderna. A escuridão que reside na voz aparentemente urbana e engenhosa de Brás é, acredito, o que levou John Barth a ver no romance inovador de Machado não apenas a essência do pós-modernismo, mas, ainda mais importante, o caminho para o niilismo; ou, mais precisamente, como o caminho para esta direção deve ser,

8 Como o Professor David Jackson, da Yale University, mostrou-me (em conversa), entretanto, esta mesma referência de Brás Cubas não ter filhos à época de sua morte também funciona como uma espécie de dupla negativa irônica, pois remete à criança (aparentemente filho de Brás) que Virgília perdeu durante a gestação.

bastante ironicamente, negociado por meio da comicidade. Barth gostaria de ter escrito um romance sobre o niilismo e sentiu que havia encontrado nos três grandes textos da fase madura de Machado (que estavam então aparecendo em traduções inglesas) o que ele pensou ser a chave para fazê-lo, o romance em questão, seu primeiro romance publicado, que aparece eventualmente sob o título de *The Floating Opera.*[9]

Além do tom, então, duas outras diferenças muito claras entre *Tristram Shandy* e Machado pós-1880 concernem a questões de estrutura e ao papel desempenhado pelo leitor. Embora muitos paralelos estruturais possam ser facilmente identificados entre os dois textos, um – a ainda intimidante ideia de uma página sem palavras – destaca-se de todo o resto. Sterne, como sabemos, termina o capítulo XII do primeiro volume com uma página completamente preta. Prefaciada pelas palavras "Alas, poor YORICK!" (uma referência a um personagem cuja morte domina todo o primeiro volume), esta página preta, sem palavras, na opinião de Robert Alter,

> reduz a morte a uma brincadeira literária e tipográfica, ainda paradoxalmente nos confronta com a morte como um ultimato, um fato irredutível, a opacidade final além do objetivo da linguagem e da invenção narrativa, além até do traçado de linhas pretas significantes sobre o fundo branco de uma página impressa.[10]

Concordo com a interpretação do Professor Alter sobre a função desta página preta no contexto do romance de Sterne. No entanto, dado o propósito do ensaio, gostaria de considerar por um momento o que parece ter sido a reação de Machado a esta famosa página, ou seja, como Machado parece tê-la considerado uma oportunidade para quebrar novos paradigmas e, de fato, estabelecer uma das mais importantes contribuições para a forma do romance moderno: não meramente o papel

---

9 Earl E. Fitz. "The Influence of Machado de Assis on John Barth's *The Floating Opera.*" *The Comparatist* 10, May 1986, p. 56-66; "John Barth's Brazilian Connection." *New World* 2, nº 1-2, 1987, p. 123-138.

10 Robert Alter. "Sterne and the Nostalgia for Reality". *Laurence Sterne's Tristram Shandy*, edited and with an introduction by Harold Bloom. Nova York: Chelsea House, 1987, p. 95.

da linguagem no romance (isto é, a questão do próprio estilo) mas a natureza da linguagem em si.

Ora, o fato é que para Machado (que, em *Memórias Póstumas de Brás Cubas* criou um narrador que está morto), a morte não apenas é superada pela linguagem, ela é transformada por ela. Em outras palavras, Machado vai além de Sterne, mostrando-nos de fato que nada jaz "além do propósito da linguagem e da narração inventiva", nem mesmo a vida. Mais que isso, ele nos mostra que a linguagem e a narrativa não descrevem a realidade tanto quanto a criam, modelam e imbuem de significado. Morte é morte, claro, mas seu significado é para nós sempre uma função da linguagem e da invenção narrativa. O significado, Machado insiste, é um pouco mais que a produção e a recepção da linguagem. Este ponto aparece repetidas vezes em *Memórias Póstumas de Brás Cubas* (e em outras narrativas de Machado posteriores a 1880), mas talvez em lugar algum tão intencional ou deliciosamente quanto no capítulo 55. "O Velho Diálogo de Adão e Eva" nos oferece um diálogo sem palavras, mas ainda assim bem elaborado entre nosso herói, e sua igualmente autocentrada amante, Virgília. No lugar de palavras, entretanto, Machado nos oferece a pontuação (algum autor já utilizou a elipse com mais propriedade que Machado?)[11] para guiar nossa reação a esta troca sexualmente carregada. Enquanto Sterne basicamente diz que face a um evento tão insuperável como a morte, a linguagem falha e não pode fazer o que queremos que ela faça (ser um perfeito meio de comunicação), e que ela é subjugada pela realidade, Machado – numa ruptura radical para o gênero do romance – está ocupado desenvolvendo o que é de fato uma nova teoria da linguagem, uma teoria que basicamente argumenta que nada supera a linguagem e que a linguagem essencialmente define quem e o que somos, que nosso senso de realidade não é tanto imitativo (como no tradicional sentido da mimese), mas criativo. Para Machado, a linguagem de certo modo supera a realidade, tornando-a, no processo, um sistema semiótico fluido e instável; para Machado, a linguagem, em todos os seus

11 Em termos de pontuação, é claro, a elipse serve para manter um pensamento em aberto por um momento, assim o leitor poderá contemplá-lo e, talvez, considerar outros significados possíveis. Como um mecanismo, então, serve para construir uma reação ativa, engajada e questionadora do leitor mais diretamente dentro do texto em si, e desta forma ajuda a criar o "novo leitor" que Machado sentia ser tão necessário à "nova narrativa" que simultaneamente tentava desenvolver.

artifícios semânticos, torna-se o ingrediente principal das suas narrativas pós-1880 – mesmo quando seu narrador sarcástico, metafísico e extremamente desengajado, Brás Cubas, nos leva (não obstante ironicamente) a fazer alguns julgamentos muito sérios sobre a natureza do mundo em que ele e seus personagens viveram.

A prova mais clara disto é a natureza da terceira inovação narrativa básica que Machado empreende – o papel do leitor na construção do sentido do texto. Sem dúvida, este desenvolvimento, aliado a seu novo sentido da relação simbiótica entre a linguagem e o ser, pode bem ser a maior inovação de Machado para a narrativa moderna. Embora a importância do leitor tenha sido sempre reconhecida (como em Sterne), a abordagem revolucionária de Machado quanto ao assunto não teve precedente, particularmente em termos da resposta do leitor à relativa e volúvel natureza do significado. Esta conclusão também foi sugerida de maneira interessante por Harold Bloom, autor da frase "o gênio de Machado de Assis é manipular o seu leitor, dirigir-se a ele frequente e diretamente, enquanto evita o mero 'realismo'".[12] Ao contrário de Sterne, cujo narrador, Tristram, também conversa constantemente com o leitor, o falecido burguês, Brás Cubas, realmente faz com que seu leitor fique não meramente envolvido mas *ativamente envolvido* na interpretação do texto. O papel do leitor emerge com as próprias forças de sob o texto e desta maneira se estabelece, pela primeira vez na narrativa ocidental moderna, como a força essencialmente desestabilizadora da *différance* na experiência literária. Conquanto Tristram ocasionalmente repreenda severamente seu leitor por ser obtuso ou por ser muito ingênuo, a agenda de Machado é mais extrema, com o mestre brasileiro não apenas repreendendo sua leitora mas, gradualmente, à medida em que o texto progride, pressionando-a, goste ou não, a se confrontar com a mutabilidade semântica básica da linguagem, até se tornar parte integrante do texto e, finalmente, a aceitar a responsabilidade por qualquer sentido que possa dele ser aduzido. Em resumo, enquanto o leitor de Sterne é basicamente passivo, o leitor de Machado é forçado a ser ativo e engajado, um cúmplice ativo no que Borges mais tarde descreveria como o artifício irremediável da ficção. Isto explica por que, embora Machado guie a reação de seu leitor ao diálogo sem palavras do capítulo 55 por meio da pontuação e, mais importante, pela maravilhosa caracterização de Brás e Virgília que o precedeu, cada leitor

12 Harold Bloom, *op. cit.*, p. 680.

completou as palavras interpretativas que ele ou ela mais quis que figurassem no texto. Assim, uma leitora religiosamente devota quer que Brás e Virgília não emprendam uma relação adúltera, enquanto a leitora com uma visão fortemente feminista comemora por poder argumentar que esta é uma cena em que uma mulher forte e determinada reivindica – e obtém – liberdade sexual para si mesma e desafia as tradições sociais hipócritas que permitem aos homens como Brás ter romances ilícitos, mas que proíbem as mulheres de fazer o mesmo. Trabalhando com exatamente a mesma linguagem com que o narrador trabalha, o leitor tem que completar o sentido que falta. Em outras palavras, Machado estrutura seus romances e estabelece o leitor dentro dela de tal forma que o ato interpretativo em si – mais que a história – começa a reinar supremo.

Já em 1880, então, Machado está criando não só uma "nova narrativa", mas também um "novo leitor", e isto constitui a maior inovação de Machado, sua mais definitiva contribuição para a arte da ficção. A palavra final de Machado sobre isto parece estar no capítulo 138, "A Um Crítico", em que um narrador até então paciente, agora se exaspera com sua suspeita de que além do leitor falhar em lidar com as exigências de sua "nova narrativa", falta-lhe também a fundamentação crítica para fazê-lo:

> Meu caro crítico,
> O que quero dizer não é que esteja agora mais velho do que quando comecei o livro. A morte não envelhece. Quero dizer, sim, que em cada fase da narração da minha vida experimento a sensação correspondente. Valha-me Deus! É preciso explicar tudo. (160)

Além de tudo, então, enquanto é claro que Machado reconhecia e apreciava toda a inovação de *Tristram Shandy*, parece também claro que ele reconhecia como deveria ir além, como deveria ampliar e aprofundar diversas das rupturas estruturais, estilísticas e temáticas alcançadas por Sterne. Em suma, Machado radicalizou Sterne.

Gostaria agora de expor algumas observações sobre outros dois romances europeus altamente influenciadores e canônicos, *Madame Bovary* de Flaubert e *Don Quixote* de Cervantes, que foram importantes para Machado e sua percepção de como este proto gênero deveria ser ainda refinado. No que concerne à relação com a obra madura de Machado, é particularmente difícil estabelecer uma comparação com *Madame Bovary.* Em parte, isto se deve ao fato de ser um romance artisticamente mais sofisticado que *Tristram Shandy,* e em parte porque vejo Machado e Flaubert muito semelhantes em certas questões chave, duas em particular: os paralelos entre Romantismo e Realismo como formas narrativas e uma crença no romance como uma obra de Arte,[13] mais propriamente como uma forma de arte do que como um veículo pelo qual uma história pode ser contada e recebida por um leitor. Desiludido com o Romantismo e desdenhoso do Realismo (que, para ele, estava muito fortemente associado à odiada *bourgeoisie*), Flaubert, assim como Machado, entendeu que a Arte era o único objetivo que valia ser almejado e que "a composição, a conquista da sentença finamente cadenciada, a página trabalhada como poesia, o livro como uma unidade internamente balanceada e autossustentada" era a atividade criativa na qual o artista deveria se concentrar. Afinal, o conteúdo nunca se separa da forma. Tanto para Machado quanto para Flaubert, "a arte em si" poderia oferecer, e *ser,* algo mais, algo maior e melhor que a cultura da classe média, cujos valores grosseiros e mundanos dominavam os mundos de Flaubert e Machado. Parafraseando um raciocínio desenvolvido por Stephen Heath sobre o escritor francês, Flaubert, assim como Machado, "inicia uma subversão do romance – do gênero da apropriação burguesa do mundo, da expressão de sua 'realidade' coerente".[14]

Como ponto distintivo entre os dois escritores, entretanto, deve-se também notar que enquanto Flaubert e Machado minam – ou "subvertem" – o romance realista como estrutura, Machado, ao ampliar seus experimentos com ironia, narradores não-confiáveis e respostas dos leitores, subverte também a noção burguesa da linguagem como um meio de comunicação estável, objetivo e totalmente controlável. Este radicalmente novo interesse pela linguagem (e, mais especificamente, pela instabilidade semântica da linguagem), mais que uma particularidade literária, constitui a principal diferença entre Flaubert e Machado e destaca a grande importância deste para o *éthos* singular do romance moderno. Enquanto em nossa tradição ocidental Flaubert é famoso por ser criador do Realismo literário e, ao mesmo tempo, desdenhoso dele e de sua pretensão de veracidade, temos Machado mostrando seu

13 Ver Maria Luisa Nunes, *op. cit.*, p. x; 72.

14 Stephen Heath. *Gustave Flaubert: Madame Bovary*. Cambridge: Cambridge University Press, 1992, p. 31; 147.

próprio ceticismo ao Realismo como um sistema de criação artística, ao declarar, segundo Afrânio Coutinho, que "a realidade é boa; é o Realismo que não presta para nada". Apesar de estarem longe de serem idênticas, as posições de Flaubert e Machado nesta questão decisiva (a natureza do Realismo, a relação entre língua e realidade, o problema estético da verossimilhança, e o que estes representam para a arte do romance) sugerem, ao menos para mim, que Machado e Flaubert teriam encontrado muitas afinidades, se tivessem tido a oportunidade de discutir estas questões. Precisamos de mais estudos rigorosamente comparativos sobre as visões estéticas de Flaubert e Machado no tocante à elaboração da estrutura do romance e seu estatuto como Arte. De fato, é fascinante imaginar uma conversa entre os dois a respeito desta questão ainda não perfeitamente compreendida. Sabemos também que naquele tempo a maior obra de Flaubert era bem conhecida por Machado e este, dada sua própria situação de proximidade com o Romantismo e o Realismo, teria certamente apreciado o que Flaubert tentava realizar. Teria ainda compreendido o que Flaubert pretendia alcançar com *Madame Bovary* e, mais importante (em termos da arte do romance), por que queria fazê-lo. Na verdade, Silviano Santiago, um dos melhores críticos contemporâneos do Brasil, escreveu que Machado manteve *Madame Bovary* "intacta em sua mente" enquanto empenhava-se em escrever o texto que seria mais tarde conhecido como *Dom Casmurro*.[15]

Entretanto, deveríamos realmente dizer que *Dom Casmurro* é uma imitação de *Madame Bovary*? Acho que não. Melhor ainda, acho que deveríamos dizer que, em diversos importantes aspectos, Machado realmente supera Flaubert, excedendo-o, ou divergindo dele em certas áreas da experimentação narrativa. Por exemplo, como sustenta Maria Luisa Nunes, numa época em que escritores como Flaubert e Henry James insistiam no "desaparecimento" do narrador, Machado estava de fato experimentando novas formas de onisciência ilimitada[16] – e que a consciência poderia ser mais ilimitada, ou ao menos mais desimpedida, que a de um burguês defunto de olhar afiado como Brás Cubas! Enquanto Flaubert, por meio de seu famoso estilo

15 Silviano Santiago. *The Space In-Between: Essays on Latin American Culture*, trans. by Tom Burns, Ana Lúcia Gazzola and Gareth Williams. Durham e Londres: Duke University Press, 2001, p. 47.

16 Maria Luisa Nunes, *op. cit.*, p. 21.

indireto "objetivo" (*le style indirect libre*), não glorifica nem condena as ações de Emma, Machado cria, em *Dom Casmurro*, o que costumamos ver como uma estrutura narrativa mais complexa, deliberadamente antirrealista em estilo, estrutura e tema, em que o papel do próprio texto emerge como personagem principal, e no qual uma ambiguidade cuidadosamente controlada, perfeitamente balanceada, continuamente descentralizada chega para reinar, suprema. Se, como afirma Tony Tanner, Emma é flagrada não entre dois sistemas semióticos conflitantes (realidade x irrealidade) "mas dois modos de usar a linguagem, duas maneiras diferentes de constituir 'significado'", o narrador mais trágico de Machado, "Dom Casmurro", é exatamente o oposto, um velho homem amargurado, talvez destruído por um medo interior – jamais expressado – de que num período anterior de sua vida *ele* tenha interpretado algo de forma incorreta e causado a morte de várias pessoas inocentes. E este narrador está dolorosamente atento, já que começa sua narração autoconsciente discutindo exatamente o quão profundamente a linguagem pode ser manipulada. Para Tanner, o "nevoeiro" na cabeça de Emma "pode ser atribuído à grande extensão de seu vago e desesperançado anseio por uma promessa (com seu vocabulário religioso e romântico etc.), entretanto, de fato, ela não pode mais ser cumprida ou concedida".[17] Para Machado, no entanto, não existe tal ilusão na cabeça calculada, astuciosa de Dom Casmurro; um advogado de carreira, e deste modo com experiência em apresentar os fatos de qualquer caso dado de maneira a beneficiar seu cliente (neste caso, ele mesmo), ele sabe muito bem que significado é o que nós fazemos significar. Esta visão absolutamente revolucionária, trabalhando em estreita relação com o papel que o leitor desempenha na recepção do texto, vagarosamente emerge como o grande tema de seu romance. O significado, Machado nos mostra, acaba sendo inteiramente maleável, sempre uma função do tempo, lugar, circunstância e desejo. Exatamente como o processo de significação exige que o *significante* e *significado* sejam diferentes, assim, também, o suposto "discurso principal" de Dom Casmurro mina, desmantela ou se desconstrói por meio de diversos discursos secundários que estão inscritos nele, um dos quais, claro, é o do novo leitor ideal de Machado, aquele que ele quer criar paralelamente à sua "nova narrativa". Isto explica porque tantos capítulos em

17 Tony Tanner. "The 'Morselization' of Emma Bovary." In: Bloom, Harold (ed.) *Modern Critical Interpretations: Gustave Flaubert's Madame Bovary*. Nova York: Chelsea House, 1988, p. 59.

Dom Casmurro tratam não apenas de uma das diversas linhas da trama, mas da perícia da escrita de ficção e do papel necessariamente ativo do leitor nessa ficção, papel que, para muitos, acaba desafiando o valor – atribuído pelo narrador – daquilo que aconteceu.[18] Então, enquanto o texto de Flaubert simplesmente se recusa a julgar as ações de sua personagem principal, o texto de Machado nos mostra porque nós não podemos julgar, porque não podemos alegar saber nada com absoluta certeza, e porque no final estamos efetivamente perdidos na "prisão da linguagem", presos na armadilha de um sistema semiótico que (prefigurando Kafka) não podemos conhecer ou controlar completamente. Sem querer exagerar, enquanto relia Machado nestes dias, fiquei com a impressão, como já havia sugerido anteriormente, de que nosso mestre brasileiro descobriu a essência da "*différance*" muito antes de Derrida cunhar o termo. Embora tenha evitado o jargão que acompanha o pensamento pós-estrutural, Machado teria reconhecido imediatamente seus princípios básicos. "Voando defronte ao Realismo," escreveu Alfred MacAdams, "Machado escolhe a fantasia" e, ao fazê-lo, "encontrou uma estrutura que ele pôde adaptar para uma representação da realidade brasileira com mais sucesso do que teria alcançado se tivesse tentado reescrever *Madame Bovary* em um cenário brasileiro".[19] Mais que isso, Machado de Assis escreveu o primeiro romance na tradição ocidental em que a linguagem é o real protagonista, a força mutável e evasiva que molda as personagens, determina suas ações

18 Como observou Dominick LaCapra, o julgamento em *Madame Bovary* é o aspecto que mais obviamente diminui o problema de como o romance deve ser lido, com os papéis de acusação e defesa encontrando paralelos em *Dom Casmurro*. Para Machado, entretanto, este "julgamento" é intrínseco, e não extrínseco, para o texto em si. O advogado de acusação, por exemplo, é o próprio narrador, "Dom Casmurro," que está procurando um veredicto particular (culpado) do leitor, que eventualmente assume o papel de, primeiro, advogado de defesa (gradualmente caminhando para a suspeita de que Capitu não pode ser "condenada" com base nas evidências circunstanciais apenas) e então de jurado, a pessoa que escuta as evidências e, com base em sua reação a elas, deve tomar uma decisão, um julgamento, sobre o que aconteceu (isto é, nossa interpretação dos dois conflitos básicos do romance, o alegado adultério de Capitu e a bastante real autodestruição do narrador, sua transformação desde o jovem imaturo, Bento Santiago, até o monstro autocentrado, "Dom Casmurro").

19 Alfred J. Mac Adam. *Textual Confrontations: Comparative Readings in Latin American Literature*. Chicago: The University of Chicago Press, 1987, p. 17-18.

e leva o leitor a fazer certos julgamentos sobre tudo isso (julgamentos sobre os quais, quanto mais o leitor pensar, mais começará a questionar sua própria credibilidade).

No espaço que ainda me resta, gostaria de terminar dizendo algumas palavras sobre Machado e *Don Quijote*, outro texto que Machado conhecia bem e cujo trágico sentido de perda, de falha, inspira *Quincas Borba* (1891), o segundo grande romance da chamada fase madura de Machado e um texto que continua suas experimentações com as alegorias metacríticas, com a narrativa antirrealista, e com o papel do leitor em tudo isso. Não estou argumentando que *Don Quixote* seja uma tragédia (embora ninguém menos que Dostoievsky tenha declarado uma vez que era o livro mais triste do mundo, por ser sobre a desilusão); o que quero dizer é que, quando Dom Quixote entra no castelo dos duques cruéis (e é forçado a ver seus sonhos reduzidos à realidade) e então novamente no final, quando Dom Quixote morre, não estamos testemunhando a morte do idealismo? A derrota de um modo de existência mais alto e mais nobre por outro mais ordinário? E este não é essencialmente o mesmo *éthos* que encontramos no final de *Quincas Borba*, quando nosso herói expira, e quando suas aspirações bondosas mas talvez ingênuas são desesperadamente exploradas pela sociedade fraudulenta e voraz em que se encontra?

Ora, por que não seguir a própria tradição de Brás Cubas, respondendo de forma ambígua à questão? Sim e não. Embora esta leitura me atraia (por equiparar a derrota do idealismo em *Don Quixote* à morte de Rubião em *Quincas Borba*), tenho a profunda certeza de que isto não é inteiramente justificável. Se Aristóteles estivesse conosco hoje e houvesse lido estes dois romances, ele imediatamente apontaria que o herói de Cervantes e o herói de Machado são duas criações muito diferentes, e que suas histórias, às quais não faltam semelhanças, acabam induzindo reações muito diferentes no leitor alerta, questionador e socialmente atento (exatamente o leitor que Machado desejava criar).

Então por que trago esta leitura à tona, se nem eu mesmo acredito nisso? Bem, fico me questionando se Machado, ao reconhecer a fonte de poder que anima a famosa conclusão de *Don Quixote* (sua esmagadora desilusão no castelo dos duques), viu uma maneira – uma maneira irônica, certamente – de parodiar o grande romance de Cervantes, reescrevendo-a em seu tempo e espaço? Se, como Araripe Júnior, John Gledson e David Haberly sugeriram, Rubião representa o Brasil de Dom Pedro II e o Império, então sua patética morte não provoca um sentido de tragédia, bem como de sentimentalismo e frustração, uma percepção de que o Império entrou em colapso porque, nas palavras de Haberly, era realmente uma "ficção", uma "unidade mantida por sua personagem principal, Pedro II".[20] Esta é uma situação muito diferente da criada por Cervantes, embora, novamente, os paralelos não sejam de todo ausentes, especialmente em termos do significado social que os dois textos exibem. Um deveria dizer que, se a morte de Dom Quixote simboliza de algum maneira a derrota do idealismo em um mundo ilusório e violento, então a morte de Rubião retorce a ideia, enfatizando, em vez da morte do idealismo, a incondicional vitória tanto do "capitalismo selvagem" e do que Santiago descreve como "modernização selvagem brasileira",[21] quanto da vitória absoluta do materialismo e da escravidão, da velhacaria e da hipocrisia. Se ainda há um resquício de idealismo lutando para sobreviver no mundo de Rubião, temos que concluir que, ao final, ele também falha porque, como demonstrou Roberto Schwarz, ele está fatalmente "fora de lugar", não condizendo à tóxica realidade sociopolítico-econômica brasileira do final do século XIX.

E talvez seja isso tudo – a natureza anti-heroica, invejosa da vida moderna – que coloca o gosto amargo em nossas bocas quando terminarmos a leitura de *Quincas Borba*. Conquanto não o reconheça como tal, o leitor finalmente sente que o mundo de Rubião, o mundo do Império, pode ser mais parecido com o castelo dos duques do que qualquer outra coisa. Se *Don Quixote* nos leva a sentir o sofrimento advindo da derrota do idealismo, então *Quincas Borba* nos leva a sentir apenas a derrota. Inerte e deprimente. Como o narrador de Machado resignadamente opina no final do romance, comentando o significado das mortes do homem Quincas Borba e do fiel cachorro Quincas Borba:

> Queria dizer aqui o fim do Quincas Borba, que adoeceu também, ganiu infinitamente, fugiu desvairado em busca do dono, e amanheceu morto na rua, três dias depois. Mas, vendo a morte do cão narrada em capítulo especial, é provável que me perguntes se êle, se o seu defunto homônimo é que dá o título ao livro, e por que

---

20 David T. Haberly. His "Introduction" to *Quincas Borba*, trans. by Gregory Rabassa. Nova York: Oxford University Press, 1998, p. XV.

21 Silviano Santiago, *op. cit.*, p. 121.

> antes um que outro, questão prenhe de questões, que nos levariam longe... Eia! chora os dous recentes mortos, se tens lágrimas. Se só tens riso, ri-te! É a mesma cousa. O Cruzeiro, que a linda Sofia não quis fitar, como lhe pedia Rubião, está assaz alto para não discernir os risos e as lágrimas dos homens.
> (Machado de Assis, *Quincas Borba*, 804)

O sentido destas linhas, que levam o romance à sua conclusão, transpira um senso mais palpável de desespero existencial, de futilidade e impotência em face de um universo aparentemente indiferente. E se isto não é exatamente a purgação catártica que Aristóteles procurava na tragédia, então deve, no mínimo, ser lida como chamada para a ação, para a criação de uma nova, mais autêntica e mais justa forma de governo para o Brasil. Lido desta maneira, o leitor pode justificar sentir que Machado, em seu inimitável estilo irônico e metafórico, está nos dizendo em *Quincas Borba* que não se deve permitir que o Brasil moderno se torne uma outra versão lúgubre do castelo dos duques, um lugar onde os sonhos morrem.

Concluindo então, acredito existirem três áreas principais nas quais podemos dizer que Machado transformou o romance europeu de seu tempo: primeiro, a natureza da voz narrativa, o – para Machado – tipicamente irônico, metafictício e não-confiável veículo por meio do qual a história é narrada, e a ligação vital entre o texto e o leitor; segundo, uma nova percepção da relação entre linguagem e realidade, que, com sua constante prova de verossimilhança e de nosso conceito de verdade (do Logos em si), pode convenientemente ser visto como a primeira expressão completa da terrível desilusão que salienta nossa compreensão do mundo moderno (e como um legítimo precursor do estruturalismo e pós-estruturalismo), e, terceiro, a criação de um novo tipo de leitor, que antecipa o desenvolvimento posterior não apenas da teoria da reação do leitor em geral, mas também muito do trabalho de Stanley Fish, Wolfgang Iser e Michael Riffaterre em particular. No conjunto, acredito que também podemos ver mais claramente que, em termos gerais, Machado estava procurando libertar o romance tradicional da dependência do Realismo e dar-lhe asas, elevando seu status como uma forma de arte autorreferencial, construída sobre novas ideias a respeito de questões ontológicas e epistemológicas (dentre as quais destaca-se o interesse de Machado na linguagem, ser humano, verdade e conhecimento). Pensando sobre Machado e sua recepção do romance europeu, espero que estas categorias possam nos servir na medida em que procuramos integrar a arte narrativa de Machado em uma discussão mais ampla do desenvolvimento formal do romance moderno. Se conseguirmos atingir esse objetivo, teremos conquistado algo que não só valeria muito a pena ter feito, mas também que já deveria ter sido feito há muito tempo.

Referências Bibliográficas

ALTER, Robert. "Sterne and the Nostalgia for Reality". *Laurence Sterne's Tristram Shandy*, edited and with an introduction by Harold Bloom. Nova York: Chelsea House, 1987, p. 87-105.

BLOOM, Harold. "Joaquim Maria Machado de Assis." In: *Genius: A Mosaic of One Hundred Exemplary Creative Minds*. Nova York: Warner Books, 2002, p. 673-680.

CALDWELL, Helen. *Machado de Assis: The Brazilian Master and His Novels*. Berkeley: University of California Press, 1970.

FITZ, Earl E. "The Influence of Machado de Assis on John Barth's *The Floating Opera*." *The Comparatist* 10, May 1986, p. 56-66.

_______. "John Barth's Brazilian Connection." *New World* 2, nº 1-2, 1987, p. 123-138.

_______. *Machado de Assis*. Boston: G. K. Hall, 1989.

_______. "*As Memórias Póstumas de Brás Cubas* as (Proto) Type of the Modernist Novel: A Problem in Literary History and Interpretation". In: *The Latin American Literary Review*, vol. XVIII, nº 36, July-December 1990, p. 7-25.

HABERLY, David T. His "Introduction" to *Quincas Borba*, trans. by Gregory Rabassa. Nova York: Oxford University Press, 1998.

HEATH, Stephen. *Gustave Flaubert: Madame Bovary*. Cambridge: Cambridge University Press, 1992.

lacapra, Dominick. "The Trial." In: Bloom, Harold. (ed.). *Modern Critical Interpretations: Gustave Flaubert's Madame Bovary*. Nova York: Chelsea House, 1988, p. 111-130.

MAC ADAM, Alfred J. *Textual Confrontations: Comparative Readings in Latin American Literature*. Chicago: The University of Chicago Press, 1987.

MACHADO DE ASSIS, Joaquim Maria. *As Memórias Póstumas de Brás Cubas*, 28 edição. São Paulo: Série Bom Livro, 2000.

NUNES, Maria Luisa. *The Craft of an Absolute Winner: Characterization and Narratology in the Novels of Machado de Assis*. Westport, Conn.: Greenwood Press, 1983.

SANTIAGO, Silviano. *The Space In-Between: Essays on Latin American Culture*, trans. by Tom Burns, Ana Lúcia Gazzola and Gareth Williams. Durham e Londres: Duke University Press, 2001.

SCHWARZ, Roberto. *Misplaced Ideas: Essays on Brazilian Culture*, trans. by John Gledson. Londres: Verso, 1992.

STERNE, Laurence. *The Life and Opinions of Tristram Shandy*. Oxford e Nova York: Oxford University Press, 1983.

TANNER, Tony. "The 'Morselization' of Emma Bovary." In: BLOOM, Harold (ed.) *Modern Critical Interpretations: Gustave Flaubert's Madame Bovary*. Nova York: Chelsea House, 1988, p. 43-60.

Leituras de Balzac no Brasil do século XIX: o caso de Machado de Assis

Gilberto Pinheiro Passos
(Universidade de São Paulo)

I. Irradiação balzaquiana

Ao contrário de Stendhal, cujo maior número de leitores só surgiu a partir do fim do século XIX, Balzac gozou de enorme sucesso em seu tempo, o que o levou ao dissabor de ver alguns de seus romances publicados sem autorização ou pagamento de direitos autorais, tal o interesse dos editores em se beneficiar de seu sucesso.

Em vista da condição de escritor popular e prolífico, sempre presente em jornais e revistas, foi considerado, por longo tempo, um literato da mesma envergadura de Paul Féval (1817-1877), Paul de Kock (1793-1871) ou Eugène Sue (1804-1857), também largamente conhecidos do público. O tempo passou e o recuo histórico fez com que a crítica avaliasse com mais cuidado a produção de cada um, tendo Balzac alcançado a condição de autor paradigmático, donde o interesse em se estudar sua recepção no Brasil, no século XIX, quando a presença do autor de *Gobseck* se fez sentir de modo intenso, contribuindo para a aclimatação, expansão e amadurecimento do romance entre nós.

Em 1841, já aparece uma tradução feita em Portugal, com o título de *Algumas scenas da vida particular*.[1] É evidente que jornais portugueses traduziram anteriormente

1 Conforme nos informa A. A. Gonçalves Rodrigues em seu *A tradução em Portugal*. Lisboa: Instituto de Cultura e Língua Portuguesa/ Ministério da Educação, 1992, p. 101.

outras publicações suas. O mesmo se pode dizer de periódicos brasileiros. Não por acaso, o jovem Justiniano José da Rocha, chegado havia alguns anos de Paris e jornalista de formação jurídica (um dos líderes da Revista da Sociedade Filomática (1833), obra coletiva de estudantes da Faculdade de Direito de São Paulo) publica a adaptação de *La peau de chagrin*, com o título de *A luva misteriosa*, em 1836.

Como sabemos, nessa época o romance de mistério tinha muito sucesso tanto na Europa quanto no Brasil, por meio de traduções e mesmo leitura no original. Daí o interesse jornalístico de Justiniano José da Rocha. Aliás, não se pode esquecer que Balzac foi um dos autores que ajudou a criar o romance-folhetim, conforme nos ensina Marlyse Meyer:

> Está criado o mágico chamariz "continua no próximo número" e o *roman-feuilleton*. O *Lazarillo de Tormes* foi o primeiro a receber esse tratamento, em 1836, e, logo no fim do mesmo ano, Girardin encomenda expressamente a um autor, Balzac, uma novela para sair em série, *La vieille fille*.[2]

Eis aí uma das razões das pesadas críticas recebidas de comentadores, como Sainte-Beuve, que qualificaram as produções folhetinescas de "literatura industrial" e serviram, conforme sabemos, para igualar Balzac a seus contemporâneos, hoje praticamente desaparecidos, mas que, ao longo do século XIX, se tornam uma referência obrigatória, até mesmo porque o romance francês participava, juntamente com obras sobre ciência, história e filosofia, da atmosfera de modernização do país, posterior à Independência.[3]

Convém lembrar, ainda, que o estudo sobre hábitos de leitura de brasileiros de classe média e classe alta do fim do século XIX e início do XX, publicado por

---

2 Marlyse Meyer. *Folhetim: uma história*. São Paulo: Companhia das Letras, 1996, p. 31.

3 A esse respeito, ver Laurence Hallewell. *O livro no Brasil: sua história*. Trad. de Maria da Penha Villalobos e Lólio Lourenço de Oliveira, revista e atualizada pelo autor. São Paulo: T. A. Queiroz; Editora da Universidade de São Paulo, 1985 (Col. Coroa Vermelha: Estudos brasileiros; vol. 6), p. 126-127.

Gilberto Freyre, em seu *Ordem e Progresso,* mostra ser apenas a obra de Balzac uma das presenças mais constantes na lembrança dos entrevistados.[4]

Alencar, por exemplo, em *Como e por que sou romancista,* nos conta sobre sua chegada à Academia de São Paulo e o fascínio que a biblioteca de Francisco Otaviano exercia sobre os acadêmicos:

> Meu companheiro de casa era dos amigos de Otaviano, e estava no direito de usufruir sua opulência literária. Foi assim que um dia vi pela primeira vez o volume das obras completas de Balzac, nessa edição em folha que os tipógrafos da Bélgica vulgarizam por preço módico.[5]

O francês do futuro autor de *Iracema* não lhe dava condições de ler com fluência no original, mas nem por isso esmoreceu e, aos poucos foi se embrenhando em leituras de Dumas, Chateaubriand e Victor Hugo. Os fatos narrados ocorrem em meados dos anos quarenta e prenunciam a voga que Balzac terá ao longo do século, constituindo uma constante nas preocupações de autores e críticos.

Veja-se, por exemplo, o caso do romance *O primo Basílio* de Eça de Queirós e sua crítica, feita por Machado de Assis, em 1878. Neles, a presença de Balzac é mais do que sugestiva. A obra traz, conforme indica o autor de *Ressurreição,* a força da trama de *Eugénie Grandet,* pois uma das personagens, ao ter contato com pormenores da vida de Luísa e Basílio, exclama:

> — Mas isso é o enredo da *Eugênia Grandet,* Sebastião! Estás-me a contar o romance de Balzac! Isso é a *Eugênia Grandet*![6]

---

4 Gilberto Freyre. *Ordem e progresso: processo de desintegração das sociedades patriarcal e semipatriarcal no Brasil sob o regime de trabalho livre: aspectos de um quase meio século de transição do trabalho escravo para o trabalho livre e da monarquia para a república.* 4ª ed., Rio de Janeiro: Record, 1990, p. 181-260.

5 José de Alencar. *Como e por que sou romancista.* Salvador: Livraria Progresso Editora, 1955, p. 35.

6 Eça de Queirós. *O primo Basílio.* Rio de Janeiro: Edições de Ouro (Col. Clássicos de Ouro), 1971, p. 135.

Para o público português e brasileiro, portanto, o texto francês deveria ser largamente conhecido, já que o romancista usa da lembrança pública como parte integrante do seu fazer literário, em trabalho intertextual de interesse. Nosso Machado de Assis, em seguida, discute a "figura moral" de Eugénie Grandet e estabelece nítidas diferenças em relação a Luísa.[7]

É o diálogo entre Brasil e Portugal, passando obrigatoriamente pela França, numa relação triangular complexa e portadora de efeitos variados, sempre ligados a grande figuras literárias, das quais Balzac nos interessa especialmente, visto estar Machado refletindo, enquanto se exercita no romance, sobre as possibilidades de transplantação de formas e temas. A crítica brasileira assinala, além disso, que José de Alencar se teria inspirado em Balzac para propor o quadro de sua obra, no prefácio de *Sonhos d'Ouro* (1872), algo discutido por Brito Broca,[8] o qual chega a afirmar ter nosso autor buscado inspiração não em Balzac, mas no prefácio feito por Zola para os *Rougon-Macquart*, de 1871.

Chegamos, então, a outros paralelos textuais, que se afiguram originais e frutíferos, sobretudo porque incidentes em autores cônscios dos limites e intenções de nossa literatura, José de Alencar e Machado de Assis, os quais refletiram com propriedade sobre nosso desenvolvimento literário, seja em artigos cuja consulta pode ser feita com grande proveito (como "Instinto de Nacionalidade" ou a polêmica sobre *O primo Basílio*, já citada) no conjunto de suas próprias obras.

Não nos esqueçamos de que na carta-posfácio a *Senhora*, Alencar dá perfeitamente conta da situação social da Corte (com sua expressão "tamanho da sociedade fluminense") e da lição aprendida com Balzac, qual seja a da narrativa "filosófica", da qual abre mão – aparentemente – em favor da "dramática", à moda de Shakespeare.

---

7 Machado de Assis. "*O Primo Basílio* por Eça de Queiroz". In: *Crítica literária*. Rio de Janeiro / São Paulo / Porto Alegre: W. M. Jackson Inc., 1937, p. 156-157.

8 Brito Broca. *Românticos, pré-românticos, ultra-românticos: vida literária e romantismo brasileiro*. São Paulo: Polis; Brasília: INL, 1979, p. 257. Sobre a recepção do autor de *Eugénie Grandet*, vale rememorar a confissão de Lima Barreto, lembrada por Brito Broca, segundo a qual não se deveria buscar em Machado de Assis uma de suas fontes de inspiração, mas em outros, entre os quais, Balzac (Cf. Brito Broca. *Papéis de Alceste* (Coord. de Alexandre Eulálio). Campinas: Editora da Unicamp, 1991 (Col. Repertórios), p. 165).

Ainda assim, Alencar insiste na ligação entre homem e ambiente, numa evidente relação com a maneira de inserir a personagem na vida social, ensinamento inclusive teorizado por Balzac:

> Quanto a Fernando, ainda és mais injusta.
>
> A simples descrição do aposento desenha o seu habitante, e quando o autor o apresenta, recostado ao sofá, nós já o conhecemos moralmente pela antítese de sua elegância exterior com sua pobreza doméstica.
> Os pormenores do vestuário e mobília não têm outro fim. Chamas a isso fotografias; serão, porém do caráter, o qual se revela mais nesses mínimos acidentes da intimidade, do que no aparato social.[9]

Ora, em Balzac, a descrição perde o caráter exornativo, integrando-se à ação, de modo a ajudar na caracterização das personagens, como mostra um agudo crítico das relações entre a literatura e a representação da sociedade:

> todo espaço vital torna-se para ele uma atmosfera ético-sensível, cuja paisagem, habitação, móveis, acessórios, vestuário, corpo, caráter, trato, ideologia, atividade e destino permeiam o ser humano, ao mesmo tempo que a situação histórica geral aparece, novamente, como atmosfera geral que abrange todos os espaços vitais individuais.[10]

Se quisermos colher um exemplo representativo, entremos com o narrador na paradigmática pensão Vauquer para surpreender sua proprietária, cuja descrição nos obriga a ancorá-la profundamente na perspectiva mesquinha e asfixiante de um

---

9 José de Alencar. "Nota" a Senhora. In: *Senhora/Romance brasileiro.* 3ª ed., São Paulo: Edições Melhoramentos, (s.d.), p. 342.

10 Erich Auerbach. *Mimesis: A representação da sociedade na literatura ocidental.* São Paulo: Editora da Universidade de São Paulo; Editora Perspectiva, 1971, p. 413.

mundo tipificado, pois "toute sa personne explique la pension, comme la pension implique sa personne".[11]

Do mesmo modo, o encontro do leitor com Fernando Seixas, pela oposição entre o brilho das roupas e a pobreza do ambiente já anuncia o drama que se seguirá e põe o dedo na ferida: o universo do dinheiro terá papel preponderante na trama, assim como um dos temas balzaquianos mais conhecidos, o do arrivismo, uma das forças motrizes de *Senhora* e a *A mão e a luva* de Machado de Assis, conforme tem realçado a crítica.

II. Convergências temáticas e um fino leitor de Balzac

Se o primado do dinheiro causava asco a José de Alencar, cujas figuras de eleição acabam por se furtar ao império monetário, seja por meio da fuga no tempo, ou no espaço, ou por redenção espiritual (caso de Fernando Seixas), a obra machadiana saberá operar, de modo profícuo, a introjeção do poder que a vida econômica oferece. É tempo de verificar mais de perto o trabalho criativo de Machado, em sua incessante luta pela universalização da literatura brasileira, adaptando e transformando elementos estrangeiros pertencentes à tradição romanesca ou recentemente sugeridos pelos romancistas de sucesso.

A força do dinheiro, ou em última análise, o triunfalismo do poder econômico e sua consequente projeção social configuram Brás Cubas, proprietário cônscio do seu poder, ou Bentinho, cuja narrativa pode ser vista, também, como o afrontamento de classes. Que dizer do banqueiro Santos, figura importante de *Esaú e Jacó* ou do inquietante e ardiloso político Tristão, cuja atividade monetária – base da sua volta ao Brasil – não passa despercebida aos olhos sagazes do Conselheiro Aires?

Para irmos um pouco além nesse campo das experiências ficcionais brasileiras, seria interessante, nesse momento, trabalhar com uma extraordinária contenda de dois arrivistas machadianos e tentar verificar o quanto de sugestão balzaqueana há em *Quincas Borba*, que trata da lenta e gradual absorção de bens realizada por Cristiano de Almeida e Palha junto a Rubião, que traz para o Rio de Janeiro a fortuna

---

11 Honoré de Balzac. *Le père Goriot*. Paris: Magnard, Col. Textes et Contextes, 1989, p. 50.

alcançada de modo inesperado, graças à herança de Quincas Borba, tudo isso realçado, então, pelo desejo de brilhar na capital, onde se veria às voltas com "seus feitiços, movimento, teatros em toda a parte, moças bonitas, 'vestidas à francesa.'"[12] Seu arrivismo, portanto, é de cunho sociocultural, pois já possui os cabedais suficientes para o sucesso como "capitalista".

A riqueza e, com ela, a nova inserção social, desencadeiam um processo de desmantelamento de referenciais provincianos fazendo com que a França reine, adornando a narrativa com seu brilho de opereta, é certo, mas sempre por oposição ao caráter "gauche" do desconhecido professor de Barbacena.

Ora, ainda aqui Balzac nos interessa mais de perto, como fonte temática, já que podemos, num primeiro momento, verificar a ligação às avessas com Rastignac, o provinciano pobre que chega à metrópole, no caso Paris, efetuando um tortuoso processo de aprendizagem e ascensão social. Outra personagem, Lucien de Rubempré (*Illusions perdues*), em sua primeira viagem à capital francesa, sem conhecer o fim endinheirado de Rastignac, se vê às voltas com o mundo do teatro e do jornalismo venal. Não há como não lembrar, nesse momento, uma figura como Camacho (*Quincas Borba*), o jornalista interesseiro, a nos fazer rememorar tantas cenas de *Illusions perdues*.

Em *Quincas Borba*, a novidade social brasileira se corporifica na presença do arrivista comercial (Cristiano), abandonando nosso Machado o terreno mais sólido e tranquilo das velhas relações da burguesia e nobreza terratenentes. O mundo da metrópole se enriquece com comportamentos diferenciados em relação a Barbacena. Estamos diante de algo novo e insidioso, o que escapa à compreensão distraída de Rubião. Ao contrário de Rastignac, não fará a aprendizagem necessária para a vida em sociedade cosmopolita, mas selvagem.

O Rio de Janeiro retratado está longe das velhas relações patriarcais e o código vigente imporá sanções e recompensas tiradas não mais do respeito a laços de sangue ou da palavra empenhada, mas do oportunismo da visão lúcida do verdadeiro comerciante, Cristiano, para cujos cabedais vai parte do dinheiro perdulariamente gasto por quem não o ganhou, mas o herdou de modo algo fortuito.

---

12 Machado de Assis. *Quincas Borba*. Vol. IV. Rio de Janeiro: Civilização Brasileira; Brasília: INL, 1975. Edições críticas de obras de Machado de Assis, p. 123.

III. Uma sugestão balzaquiana

Tais aproximações temáticas ganham maior consistência e propriedade se atentarmos para um fator inestimável, encontrado exatamente no prefácio à terceira parte de *Illusions perdues*:

> Há três causas – de uma ação perpétua – que unem a província a Paris: a ambição do nobre, a ambição do negociante enriquecido, a ambição do poeta. O espírito, o dinheiro e o grande nome vêm buscar a esfera que lhes é própria (...) Resta compor a história do burguês enriquecido a quem a província desagrada, que não quer ficar no meio das testemunhas do seu começo e espera ser alguém em Paris.[13]

Como se percebe, a sugestão estava no ar. Parodicamente, o Brasil se encontrava em um momento histórico, no qual a autoimagem do Rio de Janeiro o aproximava de Paris, segundo o testemunho de muitos autores da época.[14] A província, no nosso caso, se chamava Barbacena, assim como a capital da França passa a se chamar Rio de Janeiro, palco da corte afrancesada, onde o nome Pedro Rubião de Alvarenga pode soar falso – malgrado lembrar o imperador reinante – porque, segundo Rubião, um barbeiro francês, Lucien, morador no Rio de Janeiro, devia lhe restaurar o rosto original, o de Napoleão III.

As aproximações continuam. No romance brasileiro, esse sugestivo Lucien nos coloca diante do mesmo nome do herói de *Illusions perdues*, retomado em ponto

13 Honoré de Balzac. "Préface de la troisième partie". In: *Illusions Perdues*. Paris: Garnier Frères, 1961, p. 765. Texto original: "Il y a trois causes, d'une action perpétuelle, qui unissent la province à Paris: l'ambition du noble, l'ambition du négociant enrichi, l'ambition du poète. L'esprit, l'argent et le grand nom viennent chercher la sphère qui leur est propre (...) Il reste à faire l'histoire du bourgeois enrichi à qui sa province déplaît, qui ne veut pas rester au milieu des témoins de ses commencements et espère être un personnage à Paris".

14 À guisa de exemplo: "(...) este Rio de Janeiro é o Paris da América". Joaquim Manuel de Macedo. *Rosa /O rio do quarto/ Uma paixão romântica/ O veneno das flores*. São Paulo: Livraria Martins, 1945, p. 42. A respeito, ver Gilberto Pinheiro Passos. *O Napoleão de Botafogo/Presença francesa em Quincas Borba de Machado de Assis*. São Paulo: Annablume, 2000.

pequeno, transplantado no tempo e no espaço, ajudando a estabelecer onomasticamente a ligação com a obra francesa. A presença de Balzac, portanto, está nas entrelinhas, isto é, na sugestão que pode ter embasado o romance, construído como uma versão brasileira do tema proposto. Daí o insucesso total e, ao mesmo tempo, a necessidade de se alçar mais alto que o comum dos mortais: não lhe basta estar no Rio/Paris, é necessário ser imperador, não o brasileiro, Pedro de Alcântara, mas o francês, por sua vez uma pálida figura diante do tio, o grande Napoleão I.

A relação entre a província e a capital, tema balzaquiano ligado ao arrivismo encontra, nesse caso, uma aplicação fatal, pois se tinge, na pena de Machado, da loucura, que ronda Rubião desde o início da obra.

IV. Um procedimento narrativo

Se os temas se respondem, na busca de plasmação do Brasil, a partir – também – de dados franceses, outro elemento muito relevante merece ser notado: a segunda fase machadiana apresenta romances, em que se dá o retorno de personagens, configurando, à nossa maneira, e segundo os limites já antevistos com precisão por José de Alencar a respeito do "tamanho da sociedade fluminense", o contínuo de nossa sociedade, com sua feição própria, que muito deve ao autor francês.

Em Balzac, o relacionamento entre os seres constitui uma intrincada rede, em que se sobressaem os nomes, as posições ocupadas, a origem, enfim, aquilo que ajuda a ancorar o indivíduo na malha social. Concorrendo com o registro civil, tal o número de personagens criadas, a intenção do autor é formar um quadro largo e atormentado de entes que se debatem na chamada "Comédia Humana", um "inferno" que não se mostra transcendente (como seria o caso de sua fonte inspiradora, a *Divina Comédia*), mas, ao contrário, se propõe como a realidade evidente de seu público: Paris, a província, o jornal, a Bolsa, o teatro, as mesas de jogo, as relações amorosas. O leitor não mais poderá se alienar do real que o circunda, tornado espetáculo doloroso e cotidiano, ao qual falta apenas a presença marcante da classe operária, ainda submersa, como tema, pelos banqueiros (Nucingen), procuradores (Derville) e grandes comerciantes (Grandet), cuja cultura corresponderá a um novo código de conduta.

O expediente narrativo da reaparição das personagens nos permite, portanto, criar expectativas sem que, na verdade, o autor tenha de se deter mais demoradamente sobre sua caracterização. Maxime de Trailles trará sempre sua carga de opróbrio e exploração afetiva e Vautrin a inquietude de sua condição de profundo conhecedor de vícios e crimes, mesmo sendo funcionário da polícia.

Reproduzindo o mundo preferencialmente contemporâneo, Balzac não só fará as personagens reaparecerem, mas também dará consistência a esse mundo por meio da corporificação de figuras a gravitarem em torno de elementos centrais da trama, sempre no intuito de adensar e condensar a representação da realidade social. A parte e o todo se respondem, de modo que a cortesã, o advogado, o usurário, o jovem arrivista, o empreendedor mais ou menos afortunado, o banqueiro, o jornalista venal, o criminoso, o nobre endividado são as bases sólidas desse imenso esforço ficcional, que atravessou as fronteiras de seu país e, com a exportação da cultura francesa, irradiou-se pelo mundo ocidental.

No Brasil, tal conjunto romanesco encontrará em Machado de Assis um leitor atento e – como dissemos – preocupado em adaptar fontes estrangeiras à realidade brasileira. Em *Memórias póstumas de Brás Cubas*, o leitor se depara com uma excêntrica figura, Quincas Borba, que louco e filosofante, se afasta para Minas, voltando para morrer no Rio de Janeiro, em casa do narrador.

Entre a partida para Barbacena e a volta para a Corte, dá-se o início do romance seguinte, Quincas Borba, no qual Rubião desempenha o papel de amigo, enfermeiro, secretário, discípulo e, finalmente, herdeiro inopinado dos bens e de um cachorro, também denominado Quincas Borba.

Como se vê, estamos às voltas com o mesmo aspecto ficcional presente na *Comédie Humaine*, embora matizado pelo fato de Brás Cubas ser praticamente incidental, restando, entretanto, a figura funambulesca de Quincas Borba, que encantou e obsedou tanto nosso famoso defunto-narrador quanto o pobre professor provinciano.

Não por acaso, portanto, sugeriu-se a Machado continuar o processo, conforme ele mesmo nos relata, no prólogo à terceira edição (1899) de *Quincas Borba*, ao comentar a possibilidade de estabelecer mais um prolongamento e transposição de personagens, no caso a bela e misteriosa Sofia, à maneira da série francesa:

> Um amigo e confrade ilustre tem teimado comigo para que dê a este livro o seguimento do outro. "Com as *Memórias Póstumas de Brás Cubas*, donde este proveio, fará você uma trilogia, e a Sofia de *Quincas Borba* ocupará exclusivamente a terceira parte". Algum tempo cuidei que podia ser, mas relendo agora estas páginas concluo que não. A Sofia está aqui toda. Continuá-la seria repeti-la, e acaso repetir o mesmo seria pecado.[15]

Após o interregno de *Dom Casmurro*, Machado, no entanto, volta ao mesmo recurso, agora mais complexo e abrangente: é o caso de *Esaú e Jacó* e *Memorial de Aires*. No primeiro, encontramos Aires em dois momentos de sua vida: ainda jovem e, posteriormente, aposentado, de volta ao Brasil. Em contato com a família Santos, observa a vida dos dois gêmeos, Pedro e Paulo, sobretudo no que diz respeito à paixão por Flora e no que concerne aos credos políticos que esposam, ligados a convicções monárquicas e republicanas.

Curiosamente, o último romance de Machado se compõe de um diário escrito pelo diplomata, recobrindo um período relativamente curto (1888-1889), sem que haja qualquer menção aos gêmeos do romance anterior, mas apenas o interesse crescente e ambíguo pela viúva Fidélia e o acompanhamento de sua paixão por Tristão. Como se vê, é homem que procura companhias. O interesse pelas figuras alheias, na verdade, constitui fruto de uma motivação que vai além da mera condição de homem solitário.

V. Aproximações

A Aires interessa ouvir as diversas personagens circundantes, não apenas para registrar-lhes as opiniões, mas também flagrar as mudanças ocorridas no país, em mais de trinta anos de ausência. Tal papel o coloca em situação narrativa bastante propícia a árbitro ou confidente, em época historicamente singular, pois o Brasil

15 Machado de Assis, *Quincas Borba*, p. 105.

abole a escravidão para, no ano seguinte, ver nascer a República, após mais de três séculos de regime monárquico e sistema escravista.

Em momento crucial da nacionalidade, do ponto de vista econômico, político e social, mister se fazia a credibilidade de um funcionário de chancelaria, no qual poderiam ecoar traços de Derville, o advogado e tabelião de Balzac, cioso detentor de segredos e conselheiro de famílias francesas. Trata-se de uma aproximação do ponto de vista temático, coincidindo ambos com certa expectativa institucional.

Para ir além do localismo de Derville, ligado apenas à França, convém prestarmos atenção a outra personagem de modo ainda mais especial, porque presente exatamente em *Illusions Perdues* e talhada para visões internacionalistas. Não por acaso, trata-se de alguém ligado à vida diplomática, o ladino Sixte du Châtelet. O binômio Derville/Châtelet pode ajudar a compreender melhor o Conselheiro Aires, que apresenta elementos pertencentes a ambas: delas herda o talento para ouvir e calar, além de ser convocado – como Derville – a refazer a paz de famílias (uma das funções de Aires, em *Esaú e Jacó*).

A ligação com a diplomacia – conforme sublinhamos – se mostra fundamental e nos encaminha para alguns dados textuais indicadores do parentesco. Vejamos, no caso de Sixte du Châtelet, o verdadeiro "portrait" à la Bruyère:

> O senhor do Châtelet, nascido simplesmente Sixte Châtelet (...) se acreditava forte em diplomacia, a ciência daqueles que não possuem nenhuma e são profundos pelo seu vazio; ciência aliás muito cômoda, pois se demonstra pelo próprio exercício de seus altos empregos; que, querendo homens discretos, permite aos ignorantes nada dizer, esconder-se atrás de meneios de cabeças misteriosos; enfim, nela, o homem mais forte é o que nada, mantendo a cabeça acima da corrente dos acontecimentos que parece – então – conduzir, o que se torna uma questão de superficialidade específica.[16]

16 Honoré de Balzac. *Illusions perdues*. Paris: Garnier Frères, 1961, p. 49-50. Texto original: "Monsieur du Châtelet, venu au monde Sixte Châtelet tout court (...) se prétendait fort en diplomatie, la science de ceux qui n'en ont aucune et qui sont profonds par leur vide; science d'ailleurs fort commode, en ce sens qu'elle se démontre par l'exercice même de ses hauts

Observemos, agora, o texto brasileiro, que – à maneira do francês – minimiza a atividade diplomática e a transforma em algo ligado à curiosidade e à dissimulação:

> lhe aguçou a vocação de descobrir e encobrir. Toda a diplomacia está nestes dous verbos parentes.[17]

Além disso, Machado de Assis insiste em elementos ligados à discrição e à capacidade de não se comprometer:

> Ele [Aires] não representou papel eminente neste mundo; percorreu a carreira diplomática e aposentou-se.[18]
> Imagina só que trazia o calo do ofício, o sorriso aprovador, a fala branda e cautelosa, o ar da ocasião, a expressão adequada, tudo tão bem distribuído que era um gosto ouvi-lo e vê-lo.[19]
> Aires não pensava nada, mas percebeu que os outros pensavam alguma coisa, e fez um gesto de dous sexos. Como insistissem, não escolheu nenhuma das duas opiniões, achou outra, média, que contentou a ambos os lados, cousa rara em opiniões médias (...) Aires opinou com pausa, delicadeza, circunlóquios, limpando o monóculo ao lenço de seda, pingando as palavras graves e obscuras, fitando os olhos no ar, como quem busca uma lembrança, e achava a lembrança, e arredondava com ela o parecer.[20]

---

emplois; que voulant des hommes discrets, elle permet aux ignorants de ne rien dire, de se retrancher dans des hochements de tête mystérieux; et qu'enfin l'homme le plus fort en cette science est celui qui nage en tenant sa tête au-dessus du fleuve des événements qu'il semble alors conduire, ce qui devient une question de légèreté spécifique".

17 Machado de Assis. *Esaú e Jacó*. Rio de Janeiro/ Brasília: Civilização Brasileira; INL, 1975, p. 248.

18 *Idem*, p. 61.

19 *Idem*, p. 88.

20 *Idem*, p. 90.

Para tal festival de encenação, no entanto, uma diferença fundamental: Aires tem, para si, a simpatia daquele que narra, até mesmo porque é o possível criador do romance *Esaú e Jacó*. Diferentemente do caráter tangencial que cerca a criação de Balzac, nele se resume a grande necessidade de um país que está às voltas – conforme dissemos – com duas datas fulcrais (Abolição e República), famílias cindidas e sociedade em desacordo. É preciso que a personagem herde as características francesas, sem o azedume da visão balzaqueana a respeito da diplomacia e com a importância conferida por sua condição privilegiada, para que se veja elevada à condição de fiador de confissões e equalizador de contendas.

Mais uma vez, Machado de Assis demonstra que o uso de fontes estrangeiras deve ser feito de acordo com a necessidade imperiosa de sua economia narrativa, ou seja, com as transformações que as obras brasileiras demandam. Ao Conselheiro cabe sua própria caracterização, assim como o caminhar da história. Nada mais consentâneo com uma personagem internacional, versada nos assuntos relativos a segredos e confissões do que a forma em diário (*Memorial de Aires*) ou a atribuição de autoria velada (*Esaú e Jacó*).

O registro dos fatos em seu caderno pessoal "esconde" o acontecimento, assim como a forma enovelada da narrativa dos gêmeos serve de quadro e motor dos gestos de "dous sexos". A cautela, o decoro e o tato de Aires fazem coro com a situação política do país retratado. A diplomacia se junta ao conselheiro familiar, como um complemento indispensável. Não há, como nas narrativas francesas, o acicate do dinheiro perdulariamente gasto, nem o azorrague do adultério. Tudo se passa em surdina, como convém a um narrador que – introduzido no seio das famílias – contempla, observa, tem a confiança dos circundantes e sabe que seu estilo deverá ser reservado, quase nebuloso.

É o tema de uma sociedade necessitada de esteios e conselheiros que permite a aproximação feita por nós. Derville, Sixte du Châtelet e Aires guardam a semelhança inelutável advinda da "representação" do país, ou seja, cada um a seu modo e de acordo com o sentido próprio de cada obra, "encenam" a história do país e das famílias que o compõem, sendo mesmo Sixte du Châtelet um quase prestidigitador. Na França, as personagens cumprem seu papel, na traumática vigência da Restauração, época em que se tentou frear, sem sucesso, as conquistas da Revolução Francesa. A sociedade foi obrigada a incorporar descontentamentos socais, soluções financeiras burguesas e a ameaça constante da mudança de regime. No Brasil, o momento de Aires é o mais complexo do ponto de vista das instituições político-sociais. Para tanto, os dois autores lançaram mão de figuras inclinadas à dança das reviravoltas institucionais de vária espécie.

Pode-se dizer, sem qualquer sombra de dúvida, que os jovens Pedro e Paulo veem suas ilusões perdidas, com o advento da República. Pode-se afirmar, sem medo de erro, que Fidélia e Tristão destroem, de uma vez por todas, as ilusões do casal Aguiar, mas tudo se vê coado pelo estilo meditativo do Conselheiro Aires, escolha narrativa de Machado de Assis, a quem não agradava a ênfase, mas devia agradar traduzir, em termos brasileiros, a leitura de um autor como Balzac.

Referências Bibliográficas

ALENCAR, José de. "Nota a Senhora". In: *Senhora/Romance brasileiro*. 3ª ed., São Paulo: Edições Melhoramentos, s.d.

________. *Como e por que sou romancista*. Salvador: Livraria Progresso Editora, 1955.

AUERBACH, Erich. *Mimesis: A representação da sociedade na literatura ocidental*. São Paulo: Editora da Universidade de São Paulo/ Editora Perspectiva, 1971.

BALZAC, Honoré de. "Préface de la troisième partie". In: *Illusions Perdues*. Paris: Garnier Frères, 1961.

________. *Illusions perdues*. Paris: Garnier Frères, 1961.

________. *Le père Goriot*. Col. Textes et Contextes. Paris: Magnard, 1989.

BROCA, Brito. *Papéis de Alceste*. Coord. de Alexandre Eulálio. Campinas: Editora da Unicamp, 1991.

_____. *Românticos, pré-românticos, ultra-românticos: vida literária e romantismo brasileiro*. São Paulo: Polis; Brasília: INL, 1979.

FREYRE, Gilberto. *Ordem e progresso: processo de desintegração das sociedades patriarcal e semipatriarcal no Brasil sob o regime de trabalho livre: aspectos de um quase meio século de transição do trabalho escravo para o trabalho livre e da monarquia para a república*. 4ª ed., Rio de Janeiro: Record, 1990.

HALLEWELL, V. Laurence. *O livro no Brasil: sua história*. Trad. de Maria da Penha Villalobos e Lólio Lourenço de Oliveira, revista e atualizada pelo autor. São Paulo: T. A. Queiroz; Editora da Universidade de São Paulo, 1985.

MACEDO, Joaquim Manuel de. *Rosa/ O rio do quarto/ Uma paixão romântica/ O veneno das flores*. São Paulo: Livraria Martins, 1945.

MACHADO DE ASSIS, Joaquim Maria. "*O Primo Basílio* por Eça de Queiroz". In: *Crítica literária*. Rio de Janeiro/ São Paulo/ Porto Alegre: W. M. Jackson, 1937.

_______. *Quincas Borba*. Rio de Janeiro/ Brasília: Civilização Brasileira, INL, 1975.

_______. *Esaú e Jacó*. Rio de Janeiro/ Brasília: Civilização Brasileira, INL, 1975.

MEYER, Marlyse. *Folhetim: uma história*. São Paulo: Companhia das Letras, 1996.

PASSOS, Gilberto Pinheiro. *As sugestões do conselheiro/ A França em Machado de Assis/* Esaú e Jacó *e* Memorial de Aires. São Paulo: Ática, 1996.

_______. *O Napoleão de Botafogo/ Presença francesa em* Quincas Borba *de Machado de Assis*. São Paulo: Annablume, 2000.

QUEIRÓS, Eça de. *O primo Basílio*. Rio de Janeiro: Edições de Ouro, 1971.

RODRIGUES, A. A. Gonçalves. *A tradução em Portugal*. Lisboa: Instituto de Cultura e Língua Portuguesa/Ministério da Educação, 1992.

Machado de Assis, crítico de Eça de Queirós — um mal-entendido sintomático

João Camilo dos Santos
(University of California, Santa Barbara)

1.

O episódio é conhecido e fez correr alguma tinta: em 16 e 30 de Abril de 1878, Machado de Assis publicou em *O Cruzeiro,* do Rio de Janeiro, críticas pouco simpáticas aos dois primeiros romances de Eça de Queirós: a *O Crime do Padre Amaro,* na sua primeira versão em livro, de 1876 (a edição de 1874, na Revista Ocidental, de Lisboa, fora, como se sabe, publicada por Batalha Reis sem ter sido revista pelo autor; a versão definitiva só seria publicada em 1880); e a *O Primo Basílio,* saído nesse ano.

A crítica de Machado a Eça era severa, mas seria justa? Machado da Rosa fala a seu respeito do "sugestivo e profundo ensaio de Machado"[1] e da "originalidade da crítica machadiana".[2] Mas não deixa de notar que "os excessos dessa crítica profunda, mas estreita, provêm de um preconceito (...). Para Machado o autor do *Crime* é aluno, fiel e aspérrimo de Zola".[3]

1 Machado da Rosa. *Eça, Discípulo de Machado? Formação de Eça de Queirós (1875-1880).* Rio de Janeiro: Editora Fundo de Cultura, 1963, p. 22.

2 *Idem,* p. 140.

3 *Ibidem.*

Que defeitos e erros é que Machado de Assis descobrira nos dois primeiros romances de Eça de Queirós?

Como já se percebeu pela observação de Machado da Rosa, Machado de Assis identifica, sem precaução nem cerimônia, Eça com o realismo-naturalismo (embora use o termo "realismo", é visível que se refere ao "realismo-naturalismo"), vendo no autor português um imitador talentoso dos franceses. Obrigado a reconhecer o sucesso alcançado por Eça com a publicação dos seus dois primeiros romances, Machado de Assis considera, numa linguagem que pode parecer malévola, que esse sucesso "não é somente devido ao trabalho real do autor", mas se deve à "escola a que abertamente se filiava".[4] Certas semelhanças entre *O Crime do Padre Amaro* e *La Faute de l'Abbé Mouret* de Zola levam mesmo Machado de Assis a acusar Eça de ter imitado Zola – no que aliás parece ter tido razão.[5] Embora evoque a seu respeito os "bons e vivazes talentos da atual geração portuguesa" e afirme que se Eça fora "simples copista, o dever da crítica era deixá-lo, em defesa, nas mãos do entusiasmo cego, que acabaria por matá-lo",[6] é evidente que para Machado de Assis o sucesso de Eça é devido a qualidades alheias (que o escritor brasileiro, aliás, considera defeitos) de que se apropriou e ao escândalo: tocando no "pomo defeso", tratando temas escabrosos com uma linguagem minuciosa, direta e crua, o autor português, escritor de talento, conseguira escrever obra de sucesso com *O Crime do Padre Amaro*; e agora, "reincidindo no gênero", tivera, por isso mesmo, maior aceitação ainda com *O Primo Basílio*.[7]

O resumo que fiz já deixa entrever o que encontramos na crítica de Machado a Eça. Toda a argumentação do futuro autor de *Dom Casmurro* se organiza e desenvolve à volta de duas razões, preocupações ou obsessões fundamentais, sintomáticas: 1) Eça, que tem talento, é no entanto um imitador do realismo-naturalismo; 2) o realismo-naturalismo é, esteticamente, moralmente, metodologicamente e filosoficamente uma escola ou doutrina pouco recomendável.

---

4 Machado de Assis. *Obra completa*. Vol. III. Afrânio Coutinho (org.). Rio de Janeiro: José Aguilar, 1959, p. 915.

5 Ver Machado da Rosa, *op. cit.*, capítulo I, "O problema do *Crime do Padre Amaro*", p. 19-26.

6 Machado de Assis, *op. cit.*, p. 913.

7 Machado de Assis, *op. cit.*, p. 914.

2.

Se atentarmos bem na argumentação de Machado, constatamos que para ele o sucesso de Eça se deve a dois fatores negativos: por um lado, Eça imita, embora o faça com talento (ou mostre ter outros talentos, não se sabe bem); por outro, imita uma escola literária que não receia a vulgaridade e que deve o seu sucesso à crueza e despudor com que trata temas tabus.

A Machado não repugna, antes pelo contrário, pertencer à tradição literária portuguesa. Garrett, Herculano, Júlio Dinis, Camilo, entre outros, são de algum modo a sua família literária mais próxima, referências suas. É em nome dessa tradição literária portuguesa, de que se sentia herdeiro, que Machado vai dar a sua lição de moral a Eça. Propondo a Eça, como exemplo a seguir, Almeida Garrett e a tradição portuguesa, entende-se que Machado não receasse ser mal compreendido por vir em público "avisar" o jovem escritor da mesma língua (na realidade apenas seis anos mais novo do que ele, mas então com muito menos livros publicados) dos perigos que corria ao iniciar a sua carreira de romancista submetendo-se aos princípios, influências e regras de uma escola pouco recomendável e além disso estrangeira. Isso deveria justificar o tom paternalista da sua crítica.

Como se justificará, porém, a dureza nada afetuosa dos processos e da linguagem usados para criticar Eça? Não terá havido em Machado algum ciúme na descoberta do talento de Eça? Não é impossível e pode mesmo imaginar-se que foi o que aconteceu.

Como se sabe, Machado da Rosa intitulou o seu conhecido estudo sobre o autor português *Eça, Discípulo de Machado? Formação de Eça de Queirós (1875-1880)*. Esqueceu-se o crítico português de que a parte mais importante da obra de Machado, aquela que lhe traria o prestígio (internacional, inclusivamente) de que ainda hoje goza, só se inicia em 1881 com a publicação de *Memórias Póstumas de Brás Cubas*. Repare-se que *Quincas Borba* é de 1891, *Dom Casmurro* de 1900, *Esaú e Jacó* de 1904 e *Memorial de Aires* de 1908. Depois das duas obras que mereceram a crítica de Machado, Eça publicou ainda: em 1880, *O Mandarim*; em 1887, *A Relíquia*; em 1888, *Os Maias*; em 1900, ano da sua morte, *A Ilustre Casa de Ramires*, *Correspondência de Fradique Mendes*, *A Cidade e as Serras*. Se Eça aprendeu alguma coisa com Machado e aproveitou a crítica feita por este para corrigir algumas partes de *O Crime do Padre Amaro*, parece no entanto abusivo e despropositado imaginá-lo como discípulo do autor de *Crisálidas* (1864), *Ressurreição* (1872), *Helena* (1876), por exemplo. Por outro lado, como pode pôr-se de lado tão facilmente a hipótese de o próprio Machado ter aprendido alguma coisa com Eça?

Influências entre os dois autores, se existiram, e dado que sabemos que se admiraram um ao outro (Machado di-lo-á posteriormente, com uma sinceridade de que não se pode já duvidar, quando sabe da morte de Eça),[8] devem ter sido mútuas. Afinal os dois romancistas escreveram na mesma época, ambos estavam a par do que se ia fazendo de importante noutros países, ambos representavam o que de melhor produziu o século XIX. Se as diferenças e semelhanças que descobrirmos entre as obras dos dois autores merecem ser dissecadas, apontadas, comentadas, é porque nelas, fatalmente, se há-de deixar ler a maneira como cada um deles viu, sentiu e interpretou a realidade do seu tempo. Mas antes de analisar e comentar, mais à frente, algumas dessas semelhanças e diferenças, gostaria de completar o raciocínio que há pouco tinha iniciado ao apontar como temas principais da crítica de Machado a Eça, 1) a sua identificação do escritor português com o realismo-naturalismo francês, e 2) o repúdio de Machado pelo realismo-naturalismo.

Machado pode ter confundido a árvore com a floresta ao identificar o jovem Eça como realista-naturalista. Não o fez sem razões, como veremos dentro de instantes. O que pode surpreender é a sua veemência. Machado parece ter medo. Medo de quê? De ver a literatura contribuir para a corrupção dos costumes? De ver a literatura banalizar-se, perder a vocação para o sublime, deixar de ser o lugar da linguagem sóbria e discreta de certa dignidade humana? Ou, vistas as coisas de uma perspectiva mais comercial, recearia Machado que Eça viesse a ocupar no mercado do romance, dos afetos do público, e no imaginário dos leitores, o lugar de prestígio que ele próprio queria ocupar e já ocupava em parte? Deve haver alguma porção de verdade em cada uma destas explicações. É compreensível também que um escritor já bastante consciente dos seus meios e dos seus próprios objetivos se sinta perturbado quando surge outra voz, outra escrita, que por um lado parece apontar para direções que ele não vira, e por outro pode parecer explorar aquelas zonas do real cuja importância ele já pressentira e que pensava vir a explorar. Tanto mais que a atração pelos mesmos temas (e problemas éticos) tornava a competição inevitável. Também

8 Ver Machado de Assis, *op. cit.*, p. 943.

isso poderia explicar em parte a irritação de Machado com o sucesso de Eça. Sendo assim, as razões morais e estéticas só em parte seriam tão importantes como o pretendem a veemência e o paternalismo de Machado.

3.

Enquanto se vai desenrolando, a crítica a Eça vai pondo à mostra, sintomaticamente, as razões do sobressalto e preocupação que habitam Machado: para ele, o realismo-naturalismo insiste demasiado na "sensação física" e na "perversão física", mostrando-se incapaz de criar "figuras morais"; o realismo-naturalismo chega ao extremo de "correr o reposteiro conjugal"; o realismo-naturalismo talha "as suas mulheres pelos trajetos e trejeitos da concupiscência"; o realismo-naturalismo não atribui às personagens que cria "sentimentos superiores", mas "somente os cálculos da sensualidade" e os "ímpetos da concubina". É à influência nefasta do realismo-naturalismo, evidentemente, que, segundo Machado, Eça vai buscar a inspiração para as "cenas repugnantes do Paraíso" em *O Primo Basílio*. Em resumo, para Machado o realismo-naturalismo esquece ou não sabe descobrir o principal e por isso substitui-o pelo acessório, com graves consequências estéticas.[9]

Indo um pouco mais longe na sua minuciosa acusação, Machado escreve: "essa pintura, esse aroma de alcova, essa descrição minuciosa, quase técnica, das relações adúlteras, eis o mal".[10] Adoptando a posição paternalista e de certo modo ambígua de defensor simultâneo dos valores morais e da literatura (ou de uma literatura que não ofenda a moral), Machado aconselha " aos jovens talentos de ambas as terras da nossa língua" – a expressão é bonita e prova o que eu afirmava há pouco: a consciência que tinha Machado de pertencerem ainda os escritores brasileiros e os portugueses à mesma tradição cultural – "que não se deixem seduzir por uma doutrina caduca, embora no verdor dos anos". Porque "esse messianismo literário não tem a força da universalidade nem da vitalidade; traz consigo a decrepitude". Convém, por

9 Machado de Assis, *op. cit.*, p. 917-918.

10 Machado de Assis, *op. cit.*, p. 922.

isso, voltar "os olhos para a realidade" e ao mesmo tempo "excluir o Realismo", pois "assim não sacrificaremos a verdade estética".[11]

Explicando o que esperava de Eça, Machado opõe-lhe a sua própria concepção do romance: "Para que Luísa me atraia e me prenda, é preciso que as tribulações que a afligem venham dela mesma; seja uma rebelde ou uma arrependida; tenha remorsos ou imprecações; mas, por Deus! dê-me a sua pessoa moral."[12] E um pouco mais à frente:

> O Sr. Eça de Queirós não quer ser realista mitigado, mas intenso e completo; e daí vem que o tom carregado das tintas, que nos assusta, para ele é simplesmente o tom próprio. Dado, porém, que a doutrina do Sr. Eça de Queirós fosse verdadeira, ainda assim cumpria não acumular tanto as cores, nem acentuar tanto as linhas; e quem o diz é o próprio chefe da escola, de quem li, há pouco, e não sem pasmo, que o perigo do movimento realista é haver quem suponha que o traço grosso é o traço exato. Digo isto no interesse do talento do Sr. Eça de Queirós, não da doutrina que lhe é adversa; porque o que a esta importa é que o Sr. Eça de Queirós escreva outros livros como *O Primo Basílio*. Se tal suceder, o Realismo na nossa língua será estrangulado no berço; e a arte pura, apropriando-se do que ele contiver aproveitável (porque o há, quando se não despenha no excessivo, no tedioso, no obsceno, e até no ridículo), a arte pura, digo eu, voltará a beber aquelas águas sadias do Monge de Cister, do Arco de Sant' Ana e do Guarani.[13]

Note-se que Machado pretende convencer os seus leitores de que não adota uma oposição em bloco a todo o " realismo ". Como já se referiu, o objeto da sua crítica é o naturalismo francês. Machado acreditava que era possível praticar o realismo sem cair nos " excessos " dos naturalistas e ele próprio provou, com os romances e contos que nos deixou, que se podia alcançar a originalidade e oferecer ao público uma

11 *Ibidem*.

12 Machado de Assis, *op. cit.*, p. 916.

13 Machado de Assis, *op. cit.*, p. 918.

arte de extraordinária intensidade e qualidade recorrendo a métodos e caminhos diferentes dos do naturalismo. Não se ignora, também, a desconfiança profunda que sempre inspiraram a Machado as doutrinas, teorias, sistemas filosóficos, e aliás também o poder político – disso é bom exemplo *O Alienista*, como se sabe. Tudo o que de alguma maneira representava ou aspirava a representar a autoridade, tudo o que pretendia impor-se como explicação e ciência, como verdade absoluta ou suficiente, não só mereceu a Machado desconfiança, como suscitou a sua ironia corrosiva.[14]

O episódio do naturalismo de Eça é provavelmente apenas um sintoma mais – mas a merecer reflexão – dessa rebeldia do escritor brasileiro em relação às pretensas verdades estabelecidas pela linguagem, pela ciência, pelos sistemas de pensamento, sejam eles quais forem. As doutrinas, as teorias, ambicionando definir o real, acabam de fato por influenciar, limitar e deformar a nossa visão dele, interferindo negativamente na nossa experiência direta da existência. Os contos de Machado – e não só os seus romances – são uma permanente e surpreendente investigação sobre os fundamentos e o sentido do real com que vivemos. Entende-se, por essa razão, que Machado possa ter-se irritado com Eça porque Eça apresentava aparentemente como simples, evidentes ou indiscutíveis, aspectos da experiência que a Machado, pelo contrário, apareciam como extremamente complexos e contraditórios. Adoptando esta perspectiva, poderia dizer-se que Eça via a realidade panoramicamente, enquanto que Machado a via ao microscópio. Mas não pode esquecer-se que o ponto de vista a partir do qual a realidade é observada e posta em cena pelos dois autores tem também muitos pontos comuns.

Note-se ainda que na crítica de Machado não deixa de transparecer por momentos alguma admiração ou simpatia por Eça. Tenha-se em conta, no entanto, que essa admiração é expressa mais claramente no segundo texto de Machado e depois de alguns leitores terem vindo defender Eça do ataque inicial do escritor brasileiro.

---

14 Eu próprio já me tinha referido a este assunto no meu artigo "Breves reflexões sobre *O Alienista de Machado de Assis*". Lisboa: Colóquio/Letras, 121, 1991, p. 41-56.

4.

Já ficou claro que o que Machado de Assis condena nos dois primeiros romances de Eça e critica aos naturalistas é a linguagem crua de que se servem, o prazer despudorado que parecem ter na descrição minuciosa de realidades pouco exemplares. É de prever que o realismo de Robbe-Grillet e do *nouveau-roman* francês, fazendo do "acessório" o "essencial", teriam provocado em Machado uma reação de repulsa semelhante. Será a descrição minuciosa do real, qualquer que seja o seu objeto, obscena em si mesma – e pelo simples fato de ser minuciosa?

Por outro lado, acha Machado que Eça e os naturalistas são incapazes de penetrar a razão moral profunda dos atos humanos; confundindo o acessório com o essencial, dão-nos muitos retratos de sensações e perversões físicas, mas são incapazes de pôr diante de nós verdadeiras "figuras morais".

O leitor ingênuo pode ficar surpreendido com a atitude de Machado: afinal, o que está em causa são os valores estéticos ou os valores morais? Machado parece não distinguir a estética da moral.

O crítico britânico Terry Eagleton chama a atenção sobre a ambiguidade e a contradição que caracteriza a estética. A estética é, por um lado, uma força de emancipação, pois propõe à classe média um modelo flexível das suas aspirações políticas e, fornecendo-lhe exemplos de autonomia e autodeterminação, revela-se capaz de transformar as relações entre a lei e o desejo, entre a moral e o conhecimento. Mas, por outro lado, a estética é também uma forma de "repressão interiorizada", com um enorme poder social – e quando subjuga em profundidade o indivíduo, funciona como um modo extremamente efetivo de hegemonia política.[15]

Embora possa apetecer-nos condenar Machado por ter confundido a estética com a moral, e sobretudo por ter dado mais importância na sua crítica aos fatores morais do que aos fatores estéticos propriamente ditos, os pressupostos da sua argumentação são aceitáveis e perfeitamente coerentes.

Deverá entender-se, então, que Machado é um escritor moralista, puritano, piedoso ou de algum modo beato? Apesar de haver no discurso de Machado elementos que poderiam corroborar essa interpretação, não andaríamos longe de deturpar a

15 Ver Terry Eagleton. *The Ideology of the Aesthetic*. Oxford, UK: Basil Blackwell, 1990, p. 28.

posição do genial escritor brasileiro se aceitássemos tal conclusão. O que Machado critica não é o fato de os romances de Eça e os romances naturalistas tratarem o tema do adultério ou o tema das relações escabrosas de um padre com uma rapariga inocente; é o fato de se "correr o reposteiro" e de se fazer o leitor assistir a cenas e episódios que deveriam ser sugeridos, talvez evocados ou mencionados discretamente, mas nunca descritos em pormenor nem designados com uma linguagem crua. É essa característica condenável dos romances de Eça, esse defeito fundamental das obras naturalistas, que permite a um Machado indignado falar de vulgaridade, imoralidade e obscenidade.

É verdade que Eça, além de escrever obras ousadas como *O Crime do Padre Amaro* e *O Primo Basílio*, mostrou em quase todas as suas obras posteriores a impossibilidade de os homens e as mulheres estabelecerem relações institucionais de confiança mútua (salvo raras exceções – o Jacinto de *A Cidade e as Serras* nomeadamente –, as personagens principais dos romances de Eça são homens que não se casam e que fazem das mulheres dos políticos e burgueses suas amantes). Mas Machado também foi seduzido pelo tema da fidelidade e da verdade no amor e nas relações humanas, sendo autor de duas obras extraordinárias e inquietantes, em cuja intriga o tema do adultério ocupa lugar de relevo: *Memórias Póstumas de Brás Cubas* (1881), que inicia a segunda fase, a mais importante da sua carreira, e *Dom Casmurro* (1900).

5.

A diferença entre os romances do Machado de Assis da segunda fase e os dos naturalistas encontrar-se-ia, então, no fato de a "arte pura", a que Machado diz em 1878 que se deve aspirar, ser capaz de criar "figuras morais", estabelecendo com certa clareza ligações lógicas e coerentes entre a personalidade ou o caráter das personagens e os acontecimentos ou episódios em que essas personagens se envolvem ou veem envolvidas. Os naturalistas, e Eça entre eles, pelo contrário, seriam culpados de apresentar ao leitor intrigas sem lógica nem coerência moral, não se entendendo por que é que acontecia o que acontecia, como é que o que acontecia às personagens lhes tinha acontecido. Sem dimensão moral, isto é, sem coerência psicológica, as personagens sem carácter nem personalidade do romance naturalista – na realidade já sujeitos sem sujeito ou com o sujeito à deriva, como Machado entendera tão bem

– eram, segundo o escritor brasileiro, puros títeres nas mãos do autor, que não sabia estabelecer relações de causalidade entre o comportamento ou os acontecimentos e o caráter ou a personalidade.

Este modo de pensar teoricamente (na prática da ficção de Machado as coisas, felizmente, não são tão simples) remete o autor brasileiro para a mentalidade e a estética do século XIX, afastando-o da lucidez de Eça e de Fernando Pessoa. Não está em causa aqui o gênio de Machado, que é indiscutível. As obras que nos deixou, sobretudo muitos contos sublimes e os romances da segunda fase, são de uma sutileza fascinante e inquietante. O que está em causa é a incapacidade que revela Machado, quando se propõe teorizar, de sair dos limites da sua própria visão do mundo, da sua própria lógica, para entender a de Eça e ver no naturalismo mais do que aquilo que superficialmente parecia ser: a escola da vulgaridade, da obscenidade, do realismo excessivamente minucioso, das perversões físicas de personagens sem moral nem caráter. Machado, sublinhe-se, está no entanto em excelente companhia. A interpretação dos dois primeiros romances de Eça (e não só dos primeiros; e não só de Eça) continua ainda hoje a ser deturpada e limitada pela crença ingênua de que os romancistas e os poetas utilizam as suas obras para ilustrar as doutrinas e teorias dos filósofos e sociólogos.

Ditas as coisas de outro modo: Eça, como de resto outros escritores do século XIX português (e em particular, possivelmente, os melhores) necessitam de ser relidos e reinterpretados sem o recurso a certos lugares comuns aparentemente muito eruditos e cultos dos estudos literários. As obras literárias não são simples ilustrações nem exemplos das doutrinas filosóficas ou correntes de pensamento. As obras literárias são produtos originais. Leiam-se, então, como tal, e deixe-se de reduzi-las a subprodutos (que se imagina serem mais acessíveis) da filosofia, da ideologia, do pensamento político.

Deve dar-se menos importância ao estudo da fidelidade ou infidelidade de que os nossos autores do século XIX terão dado provas em relação às doutrinas que dominaram o pensamento da sua época – e que lhes serviram de algum modo de ponto de referência na estratégia da elaboração de intrigas romanescas coerentes. Deve privilegiar-se, pelo contrário, o estudo das obras em si mesmas. Só uma leitura sem preconceitos, " ingênua " sem ser inculta nem ignorante, pode, eventualmente, permitir-nos descobrir nas obras literárias o que nelas ultrapassa as teorias que pretensamente terão desejado pôr em cena ou não coincide com elas.[16]

6.

Machado de Assis, portanto, tem desculpas. O próprio Eça parece ter aceito até certo ponto a crítica do escritor brasileiro. Há mesmo quem pense que se terá corrigido a partir daí, graças à influência benéfica de Machado. Pode duvidar-se seriamente deste último ponto. Eça afastou-se de fato do naturalismo e, como se sabe, escreveu mais tarde sobre essa fase da sua carreira, criticando-a. Parodiou mesmo, sem grande ambiguidade, em *A Cidade e as Serras*, os ingênuos entusiasmos científicos do jovem estudante Jacinto (como parodiou, mas é já outro capítulo do romance queirosiano, as ambições literárias do provinciano Artur Corvelo em *A Capital*). Nisso se assemelhará ao Machado de *O Alienista* (1881), obra que, como já se referiu, parodia o naturalismo, a ciência e a política (símbolos e instrumentos do poder, da ordem, da lei) com um humor e crueldade perturbadores.

A arte naturalista dos franceses, com aspirações ao rigor científico, visivelmente aborrecia Eça. A carta-prefácio de 1884 a *O Mandarim* (1ª edição do livro: 1880) é bastante clara a respeito desta evolução do romancista português. Terá Eça, no entanto, entendido plenamente o alcance das suas duas primeiras tentativas romanescas, a complexidade das intrigas que pôs em cena, numa aparentemente obediência aos códigos do naturalismo? Pode duvidar-se, pois para que um escritor possa assumir publicamente todos os sentidos e as interpretações mais corajosas e ousadas da sua obra é-lhe necessária a cumplicidade do público e da crítica inteligentes.

Seria uma experiência interessante ouvir hoje a opinião de Machado sobre o conto "José Matias" de Eça (1897; em *Contos*, 1902) e a opinião de Eça sobre o conto "A Missa do Galo" de Machado de Assis (em *Páginas Recolhidas*, 1899). Poderíamos então encetar com os dois autores um debate fundamental sobre a questão do espírito

16 Sobre Eça e o Naturalismo ver: António José Saraiva e Óscar Lopes. *História da Literatura Portuguesa*. 16ª ed. Porto: Porto Editora, 1992; e o importante estudo de Isabel Pires de Lima. *As Máscaras do Desengano*. Lisboa: Caminho, 1987 (em particular o capítulo "O confronto com o naturalismo", p. 164-189).

oposto à matéria, sobre a questão do acessório e do principal. Em "A Missa do Galo", é o acessório apenas, a acumulação de detalhes – que, aparentemente pelo menos, são de uma perfeita insignificância – a justificar a narrativa. No início e no fim do conto sugere-se que "nada" se terá passado. Machado joga habilmente com o fato de não haver sentido nem significação sem sujeito que assuma a interpretação dos sinais em que se manifesta o acontecimento. Mas se nada se passou, porque existiria a história, porque sentiu o narrador a necessidade de vir "contar"?

Em "José Matias", Eça apresenta-nos uma personagem que, por decisão própria ou por surpreendente e estranha incapacidade, renuncia ao casamento e ao amor físico. A personagem inesquecível deste conto de Eça prefere consumir-se, até à morte, numa paixão espiritual misteriosa, em contradição com tudo o que acreditamos saber do amor.

O que não chega a acontecer é, assim, nas duas histórias, em "A Missa do Galo" e em "José Matias", um enorme acontecimento, uma razão de inquietação. Machado e Eça parecem-nos aqui bem mais próximos um do outro do que o deixaria entrever o episódio de Abril de 1878.

7.

Machado de Assis era visivelmente, como crítico, bem inferior e mais conservador do que o foi como contista e romancista. Cão de guarda da ordem e dos valores morais da burguesia liberal no ensaio sobre Eça, Machado apresenta-nos no entanto em *Brás Cubas* a história mais cínica que já se terá escrito sobre o sucesso e o amor, sobre o falso sucesso e sobre o adultério. Na falta de confiança que manifesta no êxito social e nas dúvidas que revela ter sobre o que será o amor, Machado não difere, no essencial, muito de Eça.

Porque também Eça duvidou do valor do sucesso e preferiu pôr em primeiro plano nos seus romances personagens diletantes animadas de sonhos de realização grandiosos; e remeteu para o segundo plano os triunfadores e os políticos, gente e classe que não lhe mereceu grande respeito. Gonçalo da Maia, ao renunciar à carreira política que iniciara depois de ter feito concessões humilhantes ao que lhe restava de intuição dos princípios morais, acaba, no fim de *A Ilustre Casa de Ramires*, por fazer o elogio apaixonado da arte e do espírito, único ideal digno de ser cultivado.[17]

Brás Cubas é um cínico simpático – provavelmente porque já morreu. Mas entendemos que foi feliz, na *aurea mediocritas* que escolheu ou o seu temperamento não lhe permitiu ultrapassar. Foi feliz não por ter casado com a filha da influente personalidade que lhe teria aberto as portas de uma brilhante carreira política, nem por ter conhecido grande sucesso profissional e público – na política ou como escritor, atividades em que se concentra o que lhe resta de ambição. Foi feliz precisamente porque lhe falharam todos esses projetos (em parte seus, mas em maior parte ainda do pai) e as qualidades que eles requeriam. Teve o amor de Virgília como amante em vez de o ter tido (ou de não o ter tido, ou de só o ter tido em parte; é uma questão de perspectiva) como esposa; e não foi obrigado a suportar as obrigações inúmeras de uma vida estúpida como a que o marido de Virgília, que ocupara o lugar que brevemente estivera destinado a ele, conheceu na política. Nesta história altamente moral, a personagem que, segundo os códigos de sucesso burgueses, perdeu, foi na verdade aquela que ganhou: viveu e amou, coisa que o outro, o aparente vencedor, não parece ter conseguido. Em teoria, os maridos possuem as esposas em *full-time* e os amantes só as possuem em *part-time*; mas se adotamos a lógica de Brás Cubas é ao contrário que as coisas se passam: os amantes conhecem prazeres e uma intensidade do amor que é recusada aos esposos.

Dom Casmurro é uma personagem diferente, mas através dele Machado revela-nos o outro lado da medalha, isto é, o adultério a partir da perspectiva não já do amante, mas do marido. O que torna a história deste último romance mais trágica é ninguém saber – nem Dom Casmurro nem os leitores – se de fato houve adultério ou não, se Capitu traiu ou foi vítima dos ciúmes patológicos do marido. Ainda neste caso, porém, assistimos à ruína da felicidade conjugal, do amor que podia ter sido perfeito. Nessa felicidade utópica, nesse universo cheio de coerência e sentido, pelo visto Machado acreditava tão pouco como Eça de Queirós.

17 Ver, na edição de Livros do Brasil, p. 344, o excerto que se inicia em "Ah! Que peca, desinteressante vida, em comparação de outras cheias e soberbas vidas" e se conclui em "Apenas o claro entendimento das realidades humanas – e depois o forte querer".

8.

Existem no entanto algumas diferenças fundamentais entre os dois autores: o adultério, real ou imaginário, provoca uma atmosfera e uma situação de tragédia grega em *Dom Casmurro*, visto que nenhuma das personagens envolvidas na situação pode fazer alguma coisa para escapar à situação insuportável. A existência de Bentinho, de Capitu e de Ezequiel, como se sabe, vê-se definitivamente modificada por esse episódio trágico. O adultério, porém, nunca atinge essa intensidade trágica na obra de Eça porque, aparentemente pelo menos, nunca assume na existência das personagens postas em cena pelo romancista português tanta importância, nem é acompanhado por uma dimensão de sofrimento interior tão profunda e irremediável como em *Dom Casmurro*.

As personagens de Eça estão já protegidas dessa forma de infelicidade porque não depositam no amor nem no casamento a mesma esperança (de salvação) que as personagens de Machado. As personagens de Eça não são suficientemente ingênuas para cair em tal logro. A morte de Luísa, assim como o sofrimento e angústia que a precedem, é mais o resultado da incapacidade da personagem em entender e dominar o seu destino e o que lhe aconteceu do que uma consequência direta do adultério. Basílio, figura insignificante que não mereceu a Eça grande atenção (nunca vemos os acontecimentos a partir da sua perspectiva íntima e por isso só podemos ver nele a figura caricata e infame do conquistador sem escrúpulos) só em parte tem o poder de se apropriar do espírito e do destino de Luísa, que nunca deixou de amar o marido, como o romance não deixa de o sugerir várias vezes claramente – Machado via nessa característica da intriga um defeito.[18]

Repare-se, no entanto, que o adultério também não é uma tragédia em *Brás Cubas*. Nesse romance de Machado de Assis há ainda heroísmo (vaidade e dandismo, apesar da ironia com que o narrador os pretende atenuar) na atitude do narrador, Brás Cubas, que mais não seja porque ele decide "vir" do outro mundo, onde segundo a lógica já deveria repousar tranquilamente, para contar, numa confidência

18 "Luísa resolve fugir com o primo; prepara um saco de viagem, mete dentro alguns objetos, entre eles um retrato do marido. Ignoro inteiramente a razão fisiológica ou psicológica desta precaução de ternura conjugal: deve haver alguma; em todo o caso, não é aparente." *Op. cit.*, p. 916.

indiscreta, a história da sua relação clandestina com Virgília. Pode parecer estranho que, apesar de ter sido de certo modo (o seu) feliz, ele necessite ainda de vingar-se, postumamente, daqueles que o humilharam e das frustrações que teve de suportar em vida. Como a história do adultério é contada a partir da perspectiva do amante e não da perspectiva do marido, é normal que o tom e a atmosfera da obra se aproximem neste caso muito mais dos que encontramos nos romances de Eça.

Recorde-se ainda que Eça, possivelmente mais perspicaz do que Machado em relação ao futuro das relações entre homens e mulheres tal como ele se ia anunciando na vida social quotidiana da época, mais descrente das instituições e dos sentimentos, mais desiludido do que o autor brasileiro, levou a capacidade de aceitação das realidades do seu tempo ao ponto de nos apresentar em *Alves e C.ª* (1925) a reconciliação do marido e do amante. O que nitidamente reduzia o adultério a um episódio relativamente insignificante.

A situação que faz sofrer Dom Casmurro pode perturbar as personagens de Eça, mas não as impede de se adaptarem à situação e de viverem mais ou menos felizes – resta ainda averiguar o que é a felicidade para estas personagens e para as personagens de Machado, mas é questão para outro estudo.

Na obra de Eça já se assinala repetidamente a perda de um ideal de perfeição e de plenitude das relações amorosas que em Machado parece continuar vivo e capaz ainda de provocar dor profunda e tragédia digna de ser narrada. A solução de *Alves e C.ª* é impensável na obra de Machado. Se em *Brás Cubas* não chega a haver tragédia é, evidentemente, porque o marido, apesar de alguma desconfiança, não está a par do que se passa entre Virgília e Brás Cubas. Em *Alves e C.ª* o marido "sabe", o amante sabe que o marido sabe, as ambiguidades são numerosas e recriadas com ironia, e os fatores econômicos, o conforto, certo bom-senso (não é verdade que o amor, segundo Erasmo e Platão, é uma loucura ou uma doença?), acompanhados por certa fraqueza de caráter da personagem do marido, acabam por ser mais importantes do que a ferida do amor-próprio e a humilhação pública. A fraqueza de caráter do marido, porém, não é uma componente fortuita da situação, mas é ela próprio indício, ao nível individual, da profunda transformação moral, da diminuição da exigência (ou repressão) ética que está a ocorrer na sociedade da época. Está em vias de começar a aceitar-se com alguma resignação um amor à medida humana, pois tal é já a tendência da vida da época em geral: perder as veleidades de uma existência utópica e divina, contentar-se com a "democrática" banalidade – ou humanidade, ou mediocridade. As grandes tragédias de amor, à *Dom Casmurro*, se as observamos a partir da perspectiva de Eça, pelo visto pertencem à antiquíssima tragédia grega e à solene tragédia francesa clássica; mas já não podem ter lugar na sociedade liberal burguesa, correndo mesmo o risco de serem ridículas.

Perante a possibilidade de tragédia, a ironia e a descrença salvadoras permitem às personagens de Eça, que não se levam demasiado a sério nem acreditam no poder purificador da infelicidade (ou na infelicidade como fazendo parte de um hipotético percurso para alguma, ignorada, futura alegria recompensadora), distanciar-se da perdição que as ameaça e rir-se, ir-se embora, consolar-se com a ruidosa e palavrosa camaradagem masculina, os bons jantares, os bons vinhos.

As personagens de Machado, porém, em casos representativos como o é o de *Dom Casmurro*, ainda acreditam ou querem acreditar, religiosamente, na ordem burguesa e no casamento – e, consequentemente, permanecem expostos à possibilidade de tragédia que pode nascer da frustração dessa esperança. Porque o amor é para elas fonte possível de profunda felicidade, modo privilegiado de séria realização pessoal, é natural que seja também causa possível de insuportável sofrimento, detendo o poder de arruinar-lhes a existência.

Desiludidos, lúcidos desse ponto de vista em relação ao real que é o deles, as personagens de Eça não querem penetrar na profundidade de situações e idealizações que poderiam colocá-los em situação trágica – e preferem sobreviver numa relativa (e medíocre, mas assim vai a vida na democracia liberal) felicidade. Pode o homem esperar mais da vida do que o que dela esperam as personagens adultas e desiludidas de Eça? Certamente. Mas Eça diz-nos em geral que não. O próprio Amaro, que falha o encontro consigo mesmo, com o amor, com o seu destino, acaba por sobreviver, aparentemente satisfeito com a vida, numa podre, estúpida e repugnante mediocridade.

9.

Encontramos assim, em Eça e Machado, duas versões distintas do falhanço do casamento, do falhanço do amor, e das consequências dessa catástrofe na existência das personagens. O casamento e o amor, pelo visto, já tinham adquirido, ou estavam em vias de adquirir nesta época, no imaginário das personagens como no dos escritores, uma dimensão que se pode dizer mais humana, isto é, mais imperfeita, distinta da antiga áurea divina que tornara mítico tudo o que dizia respeito às relações afetivas. Não há, em Eça, Romeus e Julietas à Shakespeare, nem Lauras à Petrarca, nem Beatrizes à Dante; há gente comum, que se ama ou dorme junta, com frequência clandestinamente e infringindo as leis da moral.

Mas Machado não ignorava totalmente a versão que Eça apresenta das relações amorosas. Como já se referiu, *Brás Cubas*, comédia com alguma tragédia implícita, mas nunca posta em evidência nem explorada, pode considerar-se como uma obra próxima da atitude e da visão irônicas do mundo que dominam o universo de Eça. *Brás Cubas* obriga-nos a constatar que se pode ser feliz imoralmente; mas o romance, em si, se pode ser visto como tomada de consciência lúcida da imperfeição (nova? eterna?) do amor e das relações humanas, não constitui explicitamente uma condenação da imoralidade do adultério. Machado pode olhar de longe com ironia a comédia trágica da vida humana, à maneira de Shakespeare; mas não é nunca, na sua ficção, um moralista panfletário.

Pormenor curioso, apesar disso: Virgília, que vive o duradoiro adultério sem grande consciência de culpa, poderá parecer uma mulher mais emancipada e moderna do que a Luísa de Eça. Talvez o seja, de fato. Mas também é possível que através dela se nos represente apenas a outra vivência possível do adultério, a que não é acompanhada de uma consciência de culpa destruidora. Não se esqueça, porém, que Virgília é amada e Luísa não; nem que as relações de Basílio com Luísa são, da parte dele, cinicamente carnais e, aparentemente pelo menos, de pura e calculada exploração sexual. Ao passo que entre Brás Cubas e Virgília existe uma verdadeira relação amorosa, semelhante a um casamento. Basílio, por outro lado, não tem a dimensão humana de Brás Cubas. Repare-se que Eça o mostra sempre a partir de fora, não lhe conferindo dimensão suficiente como personagem, o que tem como consequência que ignoramos o que realmente sente e pensa no segredo da sua consciência.

Talvez se encontre aí a explicação para o comportamento diferente das duas mulheres em situações que em muitos outros pontos se assemelham (e nomeadamente no fato de em ambos os casos ter havido, entre os dois parceiros amorosos, uma relação de namoro prévia que não tinha chegado a concretizar-se).

Talvez estas circunstâncias tornem mais claro o que Machado critica em Eça quando o acusa de não criar figuras morais, isto é, que agem de acordo com o seu caráter. Acontece, porém, esta coisa surpreendente: Machado, que achara ilógico, imoral, hipócrita, que Luísa, ao pensar em fugir com Basílio, quisesse levar o retrato do marido consigo, mostra-nos a dado momento, em *Brás Cubas*, Virgília a defender o marido contra o amante, quando este menospreza o marido ou as relações que Virgília tem com ele.[19]

Terá Machado entendido através de Eça que o adultério é uma situação psicologicamente mais complexa do que ele pensava quando criticara tão severamente a incapacidade do romancista português em construir personagens morais, que agem de acordo com o caráter que supostamente têm? Não é impossível. O *eu*, o *caráter* (e Machado, afinal, acabou por demonstrar com a sua obra que o entendia melhor do que ninguém) não são entidades fixas, rígidas, monolíticas; são entidades flexíveis, impossíveis de definir e de fixar, em permanente movimento ou deambulação, eternamente à procura de si mesmos. Não são moralmente sólidos nem coerentes; são volúveis e contraditórios.

10.

Quando Machado critica Eça por não nos apresentar personagens morais, está a criticá-lo, afinal, por não saber ou não querer construir figuras do tipo de Dom Casmurro. Por isso se surpreende com a falta de relações de causalidade verossímeis e aceitáveis entre os atos das personagens de Eça e o caráter ou personalidade dessas personagens. A interpretação de Machado, porém, pode ser consequência de uma visão do mundo e do amor aprendidas mas pouco lúcidas, já muito tradicionais no momento em que Eça escreve. São evidentes, aliás, as relações dessa visão do mundo e da natureza humana com a coerência psicológica convencional (mito que deve ter tido e sempre terá a sua função utilitária: proteger-nos do perigo do caos, provavelmente) a que ainda obedece a caracterização das personagens no romance do século XIX. Em teoria, e em parte, mas com outra flexibilidade, na prática da ficção, Machado acredita na existência do sujeito como unidade coerente, que só age por motivos que têm a ver com o seu caráter ou personalidade. Essa concepção mítica e ingênua, talvez confortável e necessária, de um sujeito monolítico, estruturado

---

19 Ver os capítulos LXIII, "Fujamos" e CIII, "Distração".

segundo uma lógica inflexível e segura, caracteriza o pensamento literário tanto como o pensamento social, político, policial, e a prática dos tribunais hoje ainda; mas tem vindo a ser posta em causa pelas teorias que proclamam a morte ou inexistência do sujeito, pela heteronímia de Fernando Pessoa, por uma visão do mundo que encara o sujeito como sendo uma ficção da civilização ocidental.

É porque acredita teoricamente nessa coerência do sujeito que Machado de Assis procura relações profundas entre o caráter de Luísa ou do padre Amaro e os seus atos e os acontecimentos em que se veem envolvidos. Não as encontra e por isso acusa Eça de não saber construir figuras morais. Auerbach já explicou em *Mimésis* que, da mesma maneira que as personagens populares só tardiamente entram no universo da literatura como figuras sérias (e não apenas burlescas, não apenas "pícaras" ou cômicas), também o acontecimento mais banal, o acessório, o que é aparentemente ou realmente insignificante, adquiriu na literatura moderna o direito que na antiga só era concedido aos acontecimentos considerados importantes (importantes por marcarem de maneira espectacular e muito significativa, nomeadamente pela tragédia ou pelo conflito moral, a existência das personagens):

> [A literatura moderna] atribui menos importância aos grandes acontecimentos exteriores e aos acasos da sorte, acha-os menos capazes de revelar qualquer coisa de essencial acerca do objeto considerado; acredita, pelo contrário, que qualquer fragmento da existência, tomado ao caso, pouco importa quando, contém a totalidade do destino e pode servir para o representar. Confia-se mais nas grandes sínteses alcançadas através do aprofundamento de uma circunstância quotidiana do que num tratamento global, ordenado cronologicamente, que segue o seu objeto do princípio ao fim, se esforça por não omitir nada de exteriormente importante e põe em relevo os momentos cruciais da vida para fazer deles as articulações da intriga.[20]

20 Erich Auerbach. *Mimésis: La Représentation de la Réalité dans la Littérature Occcidentale*. Paris: Galimard, 1968 (1946), p. 543.

Parece que é mais difícil ao escritor moderno decidir o que é importante e o que é insignificante na existência das suas personagens do que ao escritor dos tempos anteriores. A noção de "importante" mudou. O "objetivamente importante" (definido como tal por razões ideológicas, em períodos em que é possível julgar o que acontece, mesmo moralmente, à luz de uma sólida visão do mundo e dos valores) cede com clareza, e é certamente uma conquista do espírito moderno, o lugar ao "subjetivamente importante". A tragédia ou a felicidade exuberantes de uma existência podem ser provocadas por um acontecimento objetivamente insignificante, mas subjetivamente catastrófico ou felicíssimo. Este nivelamento da importância dos acontecimentos acompanha na literatura moderna a incapacidade de apontarmos de maneira segura as razões porque acontece o que acontece, porque agem como agem não só as personagens literárias mas as próprias pessoas reais. Talvez seja esta uma característica das épocas de transição. Mas a nós parece-nos, justamente ou erradamente, uma conquista, um progresso. Sentimo-nos agora mais perto da verdade ao admitir que "não se sabe bem" ou que "não se sabe nada" e desconfiamos das explicações definitivas e seguras, que tranquilizariam e colonizariam o leitor.

11.

Seria ingênuo, no entanto, imaginar que Machado de Assis, especialista sutil e irônico da alma humana, dos seus mecanismos de comportamento, dos seus segredos, da sua falta de coerência aparente ou real, ignorava o que sugerimos.

Brás Cubas encontra uma noite uma moeda de ouro e acaba por entregá-la às autoridades, sendo publicamente elogiado pelo seu gesto. Mais tarde a mesma digna personagem encontra avultada soma e decide, com perfeita consciência do que está a fazer, guardá-la para si.[21] Parece indiscutível que Machado, em casos como este, está a dar razão a Eça e aos naturalistas, que no entanto criticou por não saberem distinguir o principal do acessório. Pode-se dizer que na obra de Machado a personagem que age assim se revela deste modo na sua personalidade contraditória e

21 Ver *Memórias Póstumas de Brás Cubas*, os capítulos LI, "É minha" e LII "O embrulho misterioso".

profunda. O que significaria que Machado pôs em cena de maneira diferente de Eça a consciência que também ele tinha das contradições do ser humano e da frequente falta de lógica ou coerência do seu comportamento.

Numa outra história de Machado[22] é um beijo roubado a uma rapariga de moralidade exemplar – moralidade que por ser tão excessiva acaba por aparecer como uma mania e obsessão – a impedir o amor e arruinar o destino de várias personagens. É verdade que o caráter da rapariga e a sua noção da honra se harmonizam com o seu comportamento severo. Mas haverá mais lógica e mais profundidade no caráter dessa exemplar e artificial figura moral do que no das personagens de Eça? Pode duvidar-se disso.

O próprio Brás Cubas morre estupidamente, banalmente (é ele que o sugere), porque quis experimentar em si um emplastro que inventara e que havia não só de curá-lo, mas de trazer-lhe a notoriedade e a fortuna.[23] Dupla ironia: encontramos neste episódio a negação da ciência ou das veleidades científicas de uma personagem, tema e obsessão bem machadiano; mas o acessório, o insignificante, o risível, provoca a morte dessa personagem, o que também é bem característico da visão que Machado tem do absurdo que caracteriza as nossas existências.

Machado parece saber que as nossas existências não têm mais sentido nem valor do que as nossas manias. A banalidade, a superficialidade, o acaso, riem-se da nossa pretensão heroica a ter um destino com sentido e uma dignidade que nós designamos, com um orgulho que se ignora enquanto tal, de humana. Mas esquece-o e pretende ensinar a Eça exatamente o contrário, isto é, que entre o acontecimento e o carácter há relações inevitáveis, profundas e trágicas, a descobrir e comentar porque é possível identificá-las; e também que o nosso destino é sério como uma tragédia clássica ou neoclássica e tem uma lógica semelhante à delas.

O Machado dos contos e dos romances era nitidamente mais audaz e mais moderno, mais sutil, mais consciente das ínfimas tragédias, do vazio e do nada que se escondem sob as aparências da ordem e do sentido que nos permitem viver, do que o Machado paternalista e sentencioso da crítica. O primeiro Machado não acreditava realmente em tudo aquilo que o segundo escreveu. Por isso Machado foi um

22 *Iaiá Garcia* (1878). Ver o capítulo III, em que tem lugar a cena do beijo roubado.

23 Ver o capítulo II, "O emplastro".

ficcionista genial. Por isso, talvez, se diz também que como cidadão terá sido tímido, reservado, prudente conservador.

12.

Há outro erro de perspectiva em Machado quando este acusa Eça de não apresentar ao leitor "figuras morais". Machado não entendeu que o padre Amaro e Luísa, por exemplo, falharam o encontro com o seu próprio destino e, embora de modos diferentes, foram vencidos por ele – o mesmo não se poderá dizer de Amélia, que morre dignamente, tendo assumido o amor e o erro, feito através deles a sua aprendizagem da vida e de si própria. O padre Amaro e Luísa foram confrontados a situações excepcionais de conflito com as instituições, com a ordem ou a lei, com os valores reinantes – e com a sua própria consciência, por conseguinte. Mas nem um nem o outro, apesar de em alguns momentos se aproximarem dessa possibilidade (Amaro quando, na triste solidão da sua casa, medita e protesta contra a lei que o impede de amar como os outros homens; Luísa quando, indignada, esbofeteia o homem a quem tinha, por necessidade de dinheiro, pensado vender-se) retiraram daí a lição que se podia esperar. E soçobram, um na mediocridade tola e insultuosa, a outra na morte que lhe vem de não ter podido vencer o terror, entender e dominar a sua perturbação, perceber as suas contradições e assumi-las.

Mas não são Amaro nem Luísa forçosamente os mais culpados do que lhes acontece. Nem Eça pode ser acusado de ser um escritor menor por ter criado personagens sem grandeza, de uma banalidade confrangedora e que inspira alguma piedade, em vez de criar heróis, trágicos como Dom Casmurro, ou irônicos como Brás Cubas. Falhar o seu destino modestamente, mediocremente (não gloriosamente, como Bentinho; nem alegremente, como Brás Cubas), depois de o ter provocado com atitudes ousadas e que não respeitavam os códigos de conduta vigentes, é certamente o que acontece à maior parte das pessoas que não se contentam em obedecer, respeitar, imitar formas de comportamento aprendidas. Desses falhanços sem brilho, que, aparentemente pelo menos, não abriram perspectivas para um futuro com algum sentido digno de menção, falam os jornais quotidianamente, hoje provavelmente mais do que nunca. Mas não falavam, ou falavam menos, os romances a que Machado, de resto com todo o direito, aspirava. Hoje dificilmente se morre esmagado pelas consequências do adultério – ou assim parece, nos fazem crer. Mas no século XIX a situação é ainda diferente ou, se se preferir, o que se diz e vê hoje não se podia ainda dizer e investigar com tanta clareza no século XIX. O que não significa que não tenha ficado denunciada nas obras literárias da época (em Garrett, Júlio Dinis, Camilo, além de em Eça) essa situação e a prova de que a lucidez de hoje não é tão fundamentalmente distinta da dos escritores de então.

Ao apresentar-nos personagens sem dimensão moral aparente, nada exemplares (nem sequer na mediocridade ou no erro), Eça está a revelar-nos a nova forma de desconcerto do mundo, ao mesmo tempo que as perplexidades e confusões das suas personagens na selva da existência tal como a permite o novo sistema liberal. Na linha do Carlos de Garrett, sujeito dividido, incapaz de entender os seus afetos múltiplos, que a moral não parecia autorizar, Eça põe-nos diante de Luísa e faz-nos assistir ao seu naufrágio. Esse naufrágio não é apenas fruto da pura futilidade; é realmente fruto de um desejo que, embora não se perceba a si próprio, no entanto já tinha pressentido o seu direito a realizar-se. As enormes e rápidas evoluções que entretanto se realizaram nas relações entre homens e mulheres, a progressiva emancipação da mulher, a nova maneira de entender e aceitar o amor e o desejo, mostram que Luísa era uma personagem moderna na sua própria incapacidade de se opor ao pressentimento que a subjugou de que é indiferente fazer isto ou fazer aquilo. Ela amou Basílio e amou-se a si própria na relação adúltera de alguma maneira – maneira para Machado enigmática, mas que nós podemos aceitar que lhe era necessária enquanto mulher que não se identifica cegamente e ilusoriamente com o papel, que lhe é pedido que desempenhe, da esposa. É através do adultério, acontecimento que a apanha de surpresa (embora disponível) que Luísa põe à prova o que a educação lhe ensinara e a qualidade, que parecia indestrutível – e de algum modo o era – do amor que tinha por Jorge. Luísa foi aprendendo na prática (e certamente muito menos em teoria, o que justifica em parte que, contrariamente a Leopoldina, tenha sucumbido), o que era como pessoa, o que era ser uma mulher e uma mulher casada. É através do adultério que Luísa aprende o que é o amor e o que é o casamento, mistérios que a mulher cínica e livre que era Leopoldina a incitava a investigar.

Na realidade, tem uma importância muito relativa que Luísa – como Eça, adotando o modelo naturalista, sugere – possa ter sido levada ao adultério pelas suas leituras, pelo ócio, pela influência de Leopoldina, pelo acaso. Machado, escravo da ideia segundo a qual Eça escreveu um romance de tese naturalista, dá toda a importância a elementos que, se têm alguma, não podem ter tanto a que ele lhe dá como aquela que nós neles descobrimos. Entende-se que a banalização das relações sexuais, a desmistificação do mito do amor, a destruição do caráter sagrado das relações humanas (e em particular das relações conjugais), seja difícil de admitir para Machado. Também o é certamente para nós, hoje ainda. Iludindo-se, em teoria pelo menos, com os sonhos de uma concepção elevadíssima do amor e das relações sexuais, é natural que Machado proteste contra o comportamento, que considera apenas caprichoso, de Luísa, definindo-a como superficial e leviana. É por achar Luísa fútil e irresponsável que Machado não acredita que ela possa amar o marido. Por isso lhe parece absurdo que, ao querer fugir com o amante – que falta de lucidez a de Luísa, que não entendeu que Basílio era apenas um mito da sua vontade de viver o amor tal como ela pensava não o conhecer (e de fato não conhecia, nem sequer no que ele tinha de não-existente) – ela pense, num gesto que parece cínico a Machado, levar na mala o retrato de Jorge.

Será o erro e a louca fascinação do amor erótico incompatível com a sinceridade de outros afetos? Não o é forçosamente. Mas Machado revela-se desse ponto de vista, na teoria como na prática da sua ficção, muito mais conservador e medroso do que Eça. Não se aprende sem sofrer que o amor não é aquilo que imaginávamos que ele era – é isso que aprendem Luísa, Jorge, Machado, várias personagens do romance e o próprio leitor enquanto leem *O Primo Basílio*).

13.

É nas suas contradições e na sua futilidade de personagem aparentemente tola – convincente aos nossos olhos de fins do século XX como o não fora aos de Machado – que Luísa se revela uma personagem moderna, interessante, e bem mais trágica do que parece. É ela que permite a Eça descobrir e exibir diante de nós uma outra ordem, que parece desordem se vista à luz de valores que dizemos nossos e em que queremos continuar a acreditar para que tenham algum sentido a vida e a morte. É desse modo que Eça põe em cena, e certamente em causa, como já se sugeriu atrás, o novo desconcerto do mundo – é impossível não ver estas afinidades de Eça com Camões. A lucidez de Eça, a das suas personagens e a nossa são acompanhadas de perplexidade. Descobrindo tudo aquilo que somos capazes de fazer, infringindo ousadamente (ou talvez apenas com leviandade, mas não certamente sem razões nem sem consciência de culpa) as regras dos catecismos por onde nos educaram e ensinaram a vida, vamos assim aprendemos à nossa custa o valor e a lógica dos sentimentos e das instituições.

Se as personagens de Machado ainda pretendem ver e entender relações entre causas e efeitos e sabem situar-se bem melhor do que as de Eça em relação à ordem, à lei, à moral, é provavelmente porque na sociedade brasileira, mais protegida dos sobressaltos que se iam sucedendo no velho continente, queriam sobreviver ainda ilusões que na Europa se iam desfazendo. Essa esperança já desapareceu dos romances de Eça, que ainda nesse aspecto antecipa Fernando Pessoa. Mas Machado, cheio de estranheza, não entende a veemência nem os mecanismos de defesa da sua própria revolta, nem que o ingênuo é ele ao achar incoerentes e inverossímeis as personagens de Eça. As tragédias a que assiste, e que o indignam porque não há nelas a grandeza que nasce da coerência de um destino e de um caráter, eram já o anúncio do que viria a ser o nosso futuro – e exigiam já a difícil lucidez a que não poderíamos um dia recusar-nos.

É aí, parece-me, que se pode encontrar a razão mais profunda do desacordo entre Machado (e neste caso, embora diferentemente, tanto o Machado crítico como o Machado ficcionista) e Eça. Eça não podia gritá-lo a Machado porque lhe devia a reverência do estreante ao escritor já mais conhecido. Mas Machado, que não prolongou a polêmica respondendo ao prefácio da edição de 1880 do *Crime*, talvez tenha entendido melhor do que nós imaginamos o que o separava do escritor português e os pressentimentos que a ele o ligavam.

A partir de perspectivas diferentes, com um talento diferente, Eça e Machado trataram os mesmos temas fundamentais: o do amor e suas ilusões, enganos e desenganos, fidelidades e infidelidades; o da verdade e da mentira; o da ambição de grandeza, o da aspiração à plenitude; o da inevitável frustração humana na comédia trágica da existência. Ambos puseram em cena as condições em que esses sentimentos e valores se manifestam na vida das pessoas. O sentido do real, a realidade do real, ou a falta de sentido e a irrealidade das nossas concepções do real, se se preferir (é uma questão de perspectiva), foi isso que essencialmente os preocupou. Opô-los hoje um ao outro como se eles fossem inimigos, pretender que um é superior ao outro, seria mesquinho e fútil, pois ambos se contam entre o que de mais lúcido e verdadeiro produziu o século XIX. Às vezes pode parecer que tudo foi já dito sobre o que nos legaram. Outras vezes, porém, pressente-se que muito há ainda a entender. Este trabalho pretende ser uma modesta contribuição para a reavaliação da obra de Eça de Queirós e para uma leitura sua a partir de perspectivas menos enfeudadas à noção de corrente literária. Machado tem sido mais feliz desse ponto de vista – ou pelo menos assim parece – do que Eça, pois os estudos sobre a sua obra, no Brasil, em Portugal, em França, nos Estados Unidos, já vão mais adiantados.

Referências Bibliográficas

AUERBACH, Erich. *Mimésis: La Représentation de la Réalité dans la Littérature Occcidentale.* Paris: Galimard, 1968 (1946).

EAGLETON, Terry. *The Ideology of the Aesthetic.* Oxford, UK: Basil Blackwell, 1990.

LIMA, Isabel Pires de. *As Máscaras do Desengano.* Lisboa: Ed. Caminho, 1987.

MACHADO DE ASSIS, Joaquim Maria. *Obra completa.* Vol. III. Afrânio Coutinho (org.). Rio de Janeiro: José Aguilar, 1959.

ROSA, Machado da. *Eça, Discípulo de Machado? Formação de Eça de Queirós (1875-1880).* Rio de Janeiro: Editora Fundo de Cultura, 1963.

SANTOS, João Camilo dos. "Breves reflexões sobre *O Alienista* de Machado de Assis." *Colóquio/Letras* 121 (1991).

SARAIVA, António José, e Óscar Lopes. *História da Literatura Portuguesa.* 16ª ed. Porto: Porto Editora, 1992.

Machado de Assis e a literatura vitoriana: Notas de pesquisa sobre autoria, originalidade e plágio[1]

João Cezar de Castro Rocha
(Universidade do Estado do Rio de Janeiro)

(Antes mesmo de principiar uma advertência: neste breve ensaio, alinhavo o resultado preliminar de um projeto em curso. Trata-se de projeto inciado com o levantamento sistemático dos temas e questões desenvolvidos por Machado de Assis em seus contos. Como primeiro resultado dessa investigação, organizei uma coleção de contos de Machado, em seis volumes, apresentando seus contos de forma sistemática, agrupados cronológica e tematicamente.[2] Este estudo revelou a possibilidade de ampliar o alcance da pesquisa, ao descortinar o emprego de um vocabulário muito específico tanto nos contos quanto nos outros gêneros exercidos pelo autor de *Contos Fluminenses*. O que se segue, portanto, é uma exploração inicial. Daí, o caráter lacunar de algumas frases e o sentido provisório das poucas conclusões apresentadas. Porém, como não almejo sequer os cinco leitores do defunto autor, o risco que corro é quase nenhum. Ao texto, pois.)

---

1 Este texto foi escrito graças a uma bolsa de pesquisa, concedida pela British Academy para o desenvolvimento do projeto "Machado de Assis: A (Critical) Reader of the British Tradition". A maior parte deste texto foi escrito originalmente em inglês e a primeira versão foi traduzida por Leonardo Vieira de Almeida.

2 A "Coleção Contos de Machado de Assis", publicada pela Editora Record em 2008, contemplou os seguintes temas: Música / Literatura; Adultério / Ciúme; Filosofia; Dissimulação / Vaidade; Política / Escravidão; Desrazão.

Sem leitores?

O primeiro romance realmente inovador de Machado de Assis, *Memórias póstumas de Brás Cubas*, foi publicado na *Revista Brasileira*, em 1880, e em livro um ano depois. Como se sabe, o romance tem sido considerado uma obra-prima por escritores e críticos como José Saramago,[3] Carlos Fuentes,[4] Susan Sontag,[5] John Barth,[6] Salman Rushdie[7] e Harold Bloom,[8] entre outros – isso para não mencionar os leitores brasileiros, que, para o bem ou para o mal, sempre reconheceram o caráter singular do texto.[9] E o que dizer do comentário de Woody Allen sobre *Dom Casmurro*: "É maravilhoso! Não muito conhecido nos Estados Unidos, infelizmente, embora a

3 Ver o breve porém significativo ensaio do escritor português, "Machado de Assis" In: João Cezar de Castro Rocha (org.). *The Author as Plagiarist: The Case of Machado de Assis. Portuguese Literary & Cultural Studies*, 13/14. Massachusetts: Center for Portuguese Studies and Culture, Dartmouth, 2006, p. 647. Ensaio publicado neste volume.

4 Nas palavras consagradoras do escritor mexicano: "*Memorias póstumas de Blas Cubas*, una novela que no sólo es heredera de la tradición cervantina sino que la potencia y reactualiza". Carlos Fuentes. *Machado de la Mancha*. México DF: Fondo de Cultura Económica, 2001, p. 5.

5 Citaremos adiante seu ensaio sobre Machado de Assis, ver nota de número 55.

6 Citaremos adiante sua referência a Machado de Assis, ver nota de número 54.

7 "Quando li três livros – *Memórias Póstumas de Brás Cubas, Quincas Borba e Dom Casmurro* –, me dei conta que García Márquez era cria de Borges, e Borges, de Machado de Assis. Eu vi ali um pedigree". Salman Rushdie. "Machado iniciou pedigree sul-americano." *Folha de S. Paulo* / Ilustrada, 12 de julho de 2005. http://www1.folha.uol.com.br/fsp/ilustrad/fq1207200525.htm. Acesso realizado em 7 de fevereiro de 2010.

8 Em *Genius*, Bloom dedicou 8 páginas a Machado de Assis. Na tradução brasileira, assim se expressa o crítico norte-americano: "Machado de Assis, o maior discípulo de Laurence Sterne no Novo Mundo, escreve a sua obra-prima em 1880, em um contexto do Brasil escravagista, ele próprio neto de escravos libertados". Harold Bloom. *Gênio. Os 100 autores mais criativos da história da literatura*. Tradução de José Roberto O'Shea. Rio de Janeiro: Objetiva, 2003, p. 687.

9 Acerca da fortuna crítica da obra de Machado de Assis, contamos com dois trabalhos fundamentais que permitem reconstruir a recepção contemporânea. Ver Ubiratan Machado. *Machado de Assis. Roteiro de consagração* (crítica em vida do autor). Rio de Janeiro: EdUERJ, 2003. Ver, também Hélio Guimarães. *Os leitores de Machado de Assis. O romance machadiano e o público de literatura no século 19*. São Paulo: Edusp/ Nankin, 2004; consultar especialmente o anexo, "Resenhas e comentários sobre os romances machadianos", p. 291-483.

tradução que eu tenha lido seja primorosa".[10] Contudo, até a escrita de *Brás Cubas*, embora já fosse um escritor consagrado, Machado de Assis ainda não havia alcançado a agudeza que aprendemos a admirar em sua obra; pelo menos, essa agudeza ainda não se constituía no tom dominante em sua produção. Logo, uma das mais importantes questões da crítica literária brasileira é a necessidade de encontrar uma explicação razoável para o salto qualitativo da obra de Machado de Assis. Roberto Schwarz formulou o problema perfeitamente: "A descontinuidade entre as *Memórias Póstumas* e a literatura apagada da primeira fase machadiana é irrecusável, sob pena de desconhecermos o fato qualitativo, afinal de contas, a razão de ser da crítica. Mas há também a continuidade rigorosa, aliás, mais difícil de estabelecer".[11]

Não pretendo, neste breve ensaio, oferecer um resumo da fortuna crítica dessa questão;[12] no fundo, minha preocupação é muito distinta, pois pretendo propor a inserção de Machado de Assis num debate fascinante que empolgou a literatura inglesa oitocentista na segunda metade do século XIX. Refiro-me ao debate reconstruído no elegante livro de Robert MacFarlane, *Original Copy: Plagiarism and Originality in Nineteenth-Century Literature*, ao qual retornarei mais tarde. De imediato, porém, esclareço rapidamente a motivação dessa polêmica, questionadora da primazia concedida pela estética romântica à noção de gênio, compreendida como a expressão de uma originalidade ímpar. Ademais, uma vez que, "em alguma medida, a história literária do século XIX é a história da autoconsciência crescente acerca da impossibilidade da originalidade",[13] o desenvolvimento de estratégias alternativas de criação se impôs e um de seus resultados foi exatamente a proliferação de paradoxos com sabor de manifesto, tal como a defesa de uma "cópia original", titulo do ensaio de

---

10 Woody Allen. "Diretor elogia *Dom Casmurro e Central do Brasil*". *Folha de S. Paulo* / Ilustrada, 30 de janeiro de 2006. http://www1.folha.uol.com.br/fsp/ilustrad/fq3001200606.htm. Acesso realizado em 7 de fevereiro de 2010.

11 Roberto Schwarz. *Um mestre na periferia do capitalismo: Machado de Assis*. São Paulo: Duas Cidades, 1990, p. 208.

12 Bluma Vilar apresentou um resumo competente do problema em "Machado de Assis e as *Memórias póstumas de Brás Cubas*". In: João Cezar de Castro Rocha (org.). *Nenhum Brasil existe – pequena enciclopédia*. Rio de Janeiro: Topbooks Editora, 2003, p. 527-546.

13 Robert MacFarlane. *Original Copy: Plagiarism and Originality in Nineteenth-Century Literature*. Oxford: Oxford University Press, 2007, p. 155.

MacFarlane, ou a recuperação do "plágio" como um gesto cuja complexidade teria sido obliterada pelo Romantismo.

De minha parte, pretendo associar determinados procedimentos formais machadianos a certos aspectos do debate vitoriano. Talvez esse cruzamento revele um diálogo-chave na transformação da obra de Machado. Reconheço que a hipótese pode parecer deslocada, com o tempero artificial típico da falsa sofisticação de boa parte da produção acadêmica contemporânea. Contudo, fui levado a essa hipótese a partir da leitura de textos do próprio Machado, ao observar a recorrência do mesmo campo semântico que dominou o debate vitoriano: cópia, plágio, originalidade, imitação, emulação. Recorrência, aliás, presente nos mais diversos gêneros literários exercitados pelo autor de *Ocidentais*. E principio pela discussão machadiana do conceito de autoria; conceito central nessa polêmica, pois, em tese, aquele campo semântico representaria a própria negação da autoria. Convido, portanto, o leitor a abrir o romance do defunto autor:

> Que Stendhal confessasse haver escrito um de seus livros para cem leitores, é coisa que admira e consterna. O que não admira, nem provavelmente consternará é se este outro livro não tiver os cem leitores de Stendhal, nem cinqüenta, nem vinte, e quando muito, dez. Dez? Talvez cinco. Trata-se, na verdade, de uma obra difusa, na qual eu, Brás Cubas, se adotei a forma livre de um Sterne e de um Xavier de Maistre, não sei se lhe meti algumas rabugens de pessimismo. Pode ser. Obra de finado. Escrevi-a com a pena da galhofa e a tinta da melancolia, e não é difícil antever o que poderá sair desse conúbio. (p. 513)[14]

Essa é uma passagem-chave; na verdade, constitui o rito de passagem de Machado de Assis. O narrador de *Memórias Póstumas de Brás Cubas* mostra-se um escritor ciente de ser acima de tudo um leitor, declaração que em alguma medida abala a ideia romântica de autoria, pois reconhece a indispensável contribuição do alheio

14 Ao citar os romances de Machado de Assis, estarei sempre utilizando o volume organizado por Afrânio Coutinho. *Obra completa*. Vol. I. Rio de Janeiro: Nova Aguilar, 1986.

na composição do próprio.[15] Por sinal, fica claro que, seguindo essa linha, a teoria de Harold Bloom sobre "a angústia da influência" não passa de uma projeção romântica da ideia de gênio, que é exatamente o que escritores como Machado de Assis põem em questão.[16] Ou seja, o passado deixa de ser vivenciado como um peso,[17] pelo contrário, a superfície de seus textos é constantemente povoada por inumeráveis referências a escritores e temas da tradição literária. Nesse sentido, a ideia de originalidade não se limita à criação, mas também (e, para certa família de autores, *sobretudo*) supõe a articulação da memória literária na escrita de novos textos. Se Machado assimilou conscientemente a técnica sterniana da digressão, ele o fez ao gosto de Montaigne, pois suas digressões costumam começar e terminar com referências literárias. Como aponta Alfred Mac Adam: "Por meio dessa referência ao *De l'amour*, que mistura ensaio, ficção e poesia, além de suas tardias referências a Sterne e Xavier de Maistre, Brás cria antecedentes para suas desconexas *Memórias Póstumas*".[18] Se Jorge Luis Borges tivesse lido o romance de Machado de Assis, poderia muito bem ter escrito um novo ensaio – "Machado e seus precursores". E não podemos esquecer que Brás Cubas é um "defunto autor", que começa sua carreira de um modo sem dúvida muito particular. Essa fantástica "incumbência da escrita de um morto redimensiona a ficção, por meio de uma liberdade autoral artificial e intransitiva".[19] Tal fato, por sua

---

15 Bluma Waddington Vilar propõe uma leitura penetrante do problema em sua Tese de Doutorado: *Escrita e leitura: citação e autobiografia em Murilo Mendes e Machado de Assis*. Ver especialmente o capítulo, "Citação e autobiografia: *Memórias póstumas de Brás Cubas*" (118-151). Vilar associa o abalo machadiano nas ideias tradicionais de autoria a um cuidadoso estudo do que chama "sistema machadiano de citação".

16 Refiro-me, como o leitor já sabe, a *The Anxiety of Influence: A Theory of Poetry*, publicado em 1973.

17 Refiro-me ao importante livro de W. Jackson Bate, *The Burden of the Past and the English Poet* (1970); livro que certamente influenciou a escrita de *The Anxiety of Influence.*

18 Alfred Mac Adam. "Review." *Hispanic Review* 68, Winter 2000, p. 97.

19 João Adolfo Hansen. "Dom Casmurro: Simulacrum and Allegory." In: Richard Graham (org.) *Machado de Assis. Reflexions on a Brazilian Master Writer*. Austin: University of Texas Press, 1999, p. 42. Para uma leitura inovadora dessa questão, ver o ensaio de Victor Mendes. "How is the Second Life of Brás Cubas Different from His First One?". In: João Cezar de Castro Rocha (org.). *The Author as Plagiarist: The Case of Machado de Assis. Portuguese Literary & Cultural Studies, 13/14.* Massachusetts: Center for Portuguese Studies and Culture, Dartmouth, 2006, p. 333-351. Para outra abordagem dos artifícios narrativos machadianos, como exemplo de um

vez, exige do leitor um novo pacto ficcional. Machado de Assis não apenas se configura como leitor, mas também força os leitores de seus romances a reconhecer seu papel na construção da peça ficcional. E, se não me equivoco, inova ao fazê-lo através do favorecimento de uma técnica de leitura que recorda as colagens surrealistas. Não disponho de espaço para desenvolver a ideia, mas vale um breve esclarecimento: o texto machadiano, ao disseminar pistas que comprometem a estabilidade semântica do seu enunciado, aposta num leitor capaz de associar passagens do texto que, entre si distantes, quando aproximadas, tendem a provocar um curto-circuito interpretativo. Claro, essa técnica atinge seu máximo rendimento no romance-esfinge *Dom Casmurro*. Ofereço um exemplo: peço ao leitor que consulte os capítulos LXXXIII e CXXXIX, respectivamente, "O retrato" e "A fotografia". Distantes entre si, quando lidos através de uma técnica de leitura-colagem, um curto-circuito é produzido: se vale o que se afirma no capítulo LXXXIII, então a conclusão a que chega o narrador no capítulo CXXXIX pesa pouco; contudo, se a hipótese exposta no capítulo CXXXIX tem peso, então o célebre fecho do capítulo LXXXIII não vale nada. Como decidir qual direção tomar? Eis o desafio do texto-colagem: o narrador não oferece pistas, cabe ao leitor reconhecer que se encontra à deriva.[20] Em outras palavras, o princípio estruturador desse tipo de texto é a *organização* inovadora de elementos preexistentes – como veremos adiante esse horizonte remete ao debate oitocentista reconstruído por MacFarlane e talvez ajude a identificar um campo semântico na obra machadiana que não tem sido devidamente valorizado.

Por isso, em *Memórias Póstumas de Brás Cubas,* especialmente na mensagem "Ao leitor", Machado inaugura uma nova maneira em sua obra, intimamente associada àquele princípio estruturador. Ele não apenas interpreta os escritores com os quais dialoga, mas também propõe um conceito articulador de seus procedimentos: trata-se da "forma livre".[21] Além disso, distorce essa forma de modo particular. Machado

---

"observador de segunda ordem", de acordo com a definição de Niklas Luhmann, recomendo o ensaio de Hans Ulrich Gumbrecht. "The Beautiful Form of Sadness: Machado de Assis' Memorial de Aires". In: *op. cit.*, p. 307-316. Ensaio publicado neste volume.

20 Roberto Reis propôs o conceito em "Para o estudo do texto-colagem". *Luso-Brazilian Review*, vol. 16, nº 1, 1979, p. 29-33.

21 Sergio Paulo Rouanet desenvolveu uma importante leitura da relação entre Machado de Assis e os escritores citados em *Memórias póstumas de Brás Cubas.* Ver *Riso e melancolia.* São Paulo:

não faz digressões intermináveis ou viaja ao redor de seu quarto impelido tão-só ou principalmente por um humor espirituoso. Como ele sugere, seu itinerário exige um copiloto, ou seja, para a "pena da galhofa" adiciona a "tinta da melancolia". Portanto, Machado reúne os séculos XVIII e XIX nas figuras de Sterne, Xavier de Maistre e Stendhal, assim como injeta humor no tom sombrio da melancolia. Tal fato reforça a hipótese de que antecipou a técnica do "anacronismo deliberado", tal como imaginado por Jorge Luis Borges, mediante a sobreposição de tempos históricos distantes e de gêneros literários distintos. A modernidade como um processo inconcluso não é necessariamente experimentada como um impasse, mas, em lugar disso, como um lugar propício para abranger simultaneamente horizontes diversos. Machado não é nostálgico de uma visão idealizada da história brasileira, a ser preservada contra o processo de modernização. Além do que, não se entusiasma pelas promessas da modernidade, ou seja: a forma livre de sua prosa corresponde à forma livre de seu pensamento – e vice-versa. Assim, a complexidade da compreensão machadiana da tradição literária requer uma expressão linguística igualmente elaborada: sua experimentação com a linguagem promove uma irreverente releitura dos escritores clássicos. Seguindo essa linha, a ruptura machadiana não é exclusivamente uma realização literária, tampouco apenas uma façanha intelectual ou o advento de um olhar crítico em relação às mazelas da sociedade que lhe coube – ambas as ações são engendradas simultaneamente: uma fomenta a outra.

O reconhecimento explícito da simultaneidade de épocas históricas diferentes produz uma percepção que distingue a fatura machadiana. É como se os escritores oriundos de locais "periféricos" tivessem que enfrentar um fenômeno que poderia ser chamado "a compressão dos tempos históricos", pois recebem, simultaneamente, informações de diversos períodos históricos, sem o "benefício" de uma sequência cronológica linear ou de um arcabouço interpretativo estável. Na literatura brasileira esse problema é constitutivo; afinal, "o romance existiu no Brasil, *antes de haver romancistas*. Quando apareceram, foi natural que estes seguissem os modelos, bons e ruins, que a Europa já havia estabelecido em nossos hábitos de leitura".[22] A resposta

---

Companhia das Letras, 2007. Ver o ensaio de Sergio Paulo Rouanet publicado neste volume.

22 Roberto Schwarz. *Ao vencedor as batatas: forma literária e processo social nos inícios do romance brasileiro*. 4ª ed. São Paulo: Duas Cidades Ltda, 1992, p. 29; grifo meu.

mais comum a essa situação tem sido, ainda hoje, diga-se de passagem, o desenvolvimento de uma divertida "angústia da atualização", obrigando o escritor a se engajar numa corrida impossível, para a qual não existe ponto de partida adequado. Ou seja, por onde quer que se comece, não há como compensar o espaço já percorrido pelos autores oriundos de países hegemônicos – nessa busca do tempo perdido, quanto mais se corre, mais atrasado se fica. Carlos Fuentes, de maneira bem-humorada, diagnostica o mal: "As imitações da era da independência vão além da lógica na sua crença numa civilização Nescafé; podíamos ser modernos instantaneamente, negligenciando o passado e ignorando a tradição".[23]

Contudo, há uma alternativa, seguida por escritores como Machado de Assis,[24] para quem o choque das percepções históricas estimula um projeto literário de grande alcance. Esse expediente torna produtivo, no plano formal, o precedente histórico da *leitura* sobre a *escrita*. É como se Machado trouxesse para a estrutura de sua composição o fato de que, na América Latina, e não apenas no Brasil, "o romance existiu [...], antes de haver romancistas". Portanto, os primeiros romancistas foram necessariamente leitores atentos e, às vezes, críticos de pelo menos dois séculos de romances europeus – no caso de Machado, do conjunto da tradição ocidental. Ora, partindo-se de tal pressuposto, a literatura latino-americana é sempre maior do que a América Latina, pois necessariamente abrange diversas tradições. É verdade que, até certo ponto, essa circunstância se aplica a todas as literaturas. Tal ressalva, por sinal, torna-se indispensável, a fim de evitar um elogio ingênuo do "atraso". Aliás, como esse termo é controverso e permite muitas interpretações, explicito o que procuro desenvolver. Ninguém ignora que as literaturas nacionais compõem-se de empréstimos, apropriações, diálogos com as mais variadas tradições. De igual modo, ninguém ignora que a ideia mesma de literatura nacional é datada, aliás, como todas as ideias costumam sê-lo. Para dizer a verdade, trata-se de uma noção relativamente recente no conjunto mais vasto da experiência literária, digamos, ocidental – parece

23 Carlos Fuentes, *op. cit.*, p. 10.

24 De fato, na sequência da passagem citada, Fuentes conclui: "O gênio de Machado se baseia, exatamente, no contrário: sua obra está permeada de uma convicção: não há criação sem tradição que a alimente, como não haverá tradição sem criação que a renove" (10). Forma moderna de traduzir o par clássico da imitação e da emulação, ao qual retornarei adiante.

prudente estabelecer limites. Desse modo, associar o "atraso" ao gesto de receber estímulos de literaturas outras que não a nacional revelaria uma ingenuidade crítica preocupante. Contudo, a ingenuidade tem muitas faces e algumas inclusive são sofisticadas. Ora, a circulação dos bens simbólicos nunca é neutra e obedece tanto a critérios objetivos quanto a motivações subjetivas. De um lado, pode-se constatar a capacidade efetiva de imposição de uma voz hegemônica, e, de outro, reconhecer que a avaliação feita por um autor brasileiro de sua obra provavelmente levará em consideração a limitada circulação de textos escritos em português, o que influi diretamente no seu reconhecimento. Portanto, quando a sabedoria acadêmica pós-moderna ensina que todos os gatos são pardos na noite eterna da biblioteca de Babel, talvez se esqueça de recordar a virtual inexistência de pensadores e críticos oriundos de latitudes periféricas na formulação de teorias questionadoras de noções "ultrapassadas", tais como... centro e periferia. O efeito é involuntariamente cômico, mas compreensível na fomulação de conhecimento realizada nos grandes centros. Menos divertida é a reiteração desse discurso no centro das tantas periferias que articulam o mercado internacional da produção acadêmica. A confiar no que promete a relativização das relações de poder, como entender, por exemplo, a maior parte da literatura latino-americana oitocentista, sempre às voltas com o desejo de atualizar-se com os centros universitários mais reconhecidos?

Ora, talvez possa então recordar que, no caso da América Latina, onde o passado colonial não deixa de ser uma experiência recente e que não se encerrou com a independência política, a predominância do ato de leitura produziu uma forma coletiva de "angústia da influência". Forma, aliás, visível na triste figura do escritor oitocentista ou do acadêmico do século XXI às voltas, respectivamente, com o *dernier cri* ou *the latest fashion* – a hegemonia linguística muda, mas a atitude submissa permanece a mesma. Pelo contrário, a singularidade machadiana se esclarece por contraste, pois, nas últimas décadas do século XIX, o autor de *A mão e a luva* parece ter compreendido a falsidade desse problema: se não há possibilidade de um escritor se constituir como "original", então a tradição literária como um todo pode ser livremente apropriada. Por conseguinte, a combinação machadiana de diversos séculos da tradição e de distintos gêneros literários, e, acima de tudo, o resgate de atos de leitura e de escrita típicos da tradição pré-romântica antecipam o "anacronismo deliberado" borgiano. Numa arguta leitura de sua obra, Carlos Fuentes observa:

> E, no entanto, a fome latino-americana, o desejo de tudo abarcar, de apropriar-se de todas as tradições e culturas, inclusive as aberrações; a ânsia utópica de criar uma nova atmosfera em que todos os espaços e tempos sejam simultâneos, aparece de maneira brilhante nas *Memórias Póstumas de Brás Cubas* como uma visão surpreendente do primeiro Aleph, anterior ao muito famoso imaginado por Borges.[25]

Por esse motivo, é como se Machado transformasse a noção de "atraso", que acompanha o processo de modernização periférica,[26] em projeto crítico. Não é verdade que, no tempo em que predominava a escola francesa de comparativismo, durante o século XIX e nas primeiras décadas do século XX, um escritor periférico era normalmente visto como um resultado de "influências" recebidas dos escritores metropolitanos? Nesse caso, Machado parece propor a seguinte questão: por que não permitir que esse escritor se torne ao mesmo tempo um leitor malicioso e um autor cético, julgando com ar macunaímico hierarquias e glórias literárias?

O abalo causado por Machado de Assis nas ideias tradicionais de autoria também diverge do conceito estabelecido em seu tempo – ao menos do conceito então dominante. Acompanhar essa questão em alguns de seus romances constitui a maneira mais econômica de introduzir o debate oitocentista já referido, relativo aos conceitos de originalidade e plágio, assim como demonstrar a presença do mesmo universo de preocupações na prosa machadiana.

Em *Quincas Borba*, publicado em 1891, aprofunda-se a resposta para o problema da modernidade literária mediante o questionamento dos atos de leitura e de escrita. No capítulo CXIII, o leitor encontra-se diante da seguinte situação: Rubião, o fiel, porém tolo seguidor do filósofo Quincas Borba, herda a fortuna de seu mestre e começa a gastá-la de modo imprudente. Uma de suas primeiras iniciativas é financiar um jornal político, cujo proprietário – Camacho, um advogado e jornalista inescrupuloso – está interessado apenas em aproveitar-se da ingenuidade do herdeiro provinciano. Um dia, ele visita a redação do jornal, e, por acaso, lê um artigo. Sugere,

---

25 Carlos Fuentes, *op. cit.*, p. 24.

26 Sobre o conceito de "modernidade periférica", ver o livro de Beartiz Sarlo. *Uma modernidad periférica: Buenos Aires: 1920 y 1930*. Buenos Aires: Nueva Visión, 1988.

sem maiores pretensões, mudanças mínimas no texto. Naturalmente, Camacho adota as sugestões de seu mecenas, o que provoca neste último uma alegria inesperada. Por meio de uma bem-humorada associação de ideias, Rubião decide que é o verdadeiro autor do artigo. Nas palavras de Machado, a reação do personagem forneceria o título para um novo capítulo: "De como Rubião, satisfeito da emenda feita no artigo, tantas frases compôs e ruminou, que acabou por escrever todos os livros que lera" (738). No caso de Rubião, não seriam necessariamente muitos, mas, de qualquer modo, o título apresenta um problema lógico, qual seja, a transição excepcionalmente rápida de Rubião, leitor de livros, ao Rubião, autor dos mesmos. No entanto, Machado oferece uma solução para o impasse:

> Há um abismo entre a primeira frase de que Rubião era coautor até a autoria de todas as obras lidas por ele; é certo que o que mais lhe custou foi ir da frase ao primeiro livro; – deste em diante a carreira fez-se rápida. Não importa; a análise seria ainda assim longa e fastidiosa. O melhor de tudo é deixar só isto; durante alguns minutos, Rubião se teve por autor de muitas obras alheias. (739)

Essa passagem remete ao espírito dos mais famosos contos de Jorge Luis Borges, especialmente os dedicados aos conceitos de leitura e de autoria. Como observa Silviano Santiago, com base na leitura de "Pierre Menard, autor del Quijote": "O escritor latino-americano é o devorador de livros de que os contos de Borges nos falam com insistência. Lê o tempo todo e publica de vez em quando".[27] Talvez os escritores latino-americanos não publiquem com mais frequência porque não há volume que não tenha sido potencialmente escrito pelos seus olhos interessados. Mais uma vez, a *organização* inovadora de elementos preexistentes parece mais produtiva do que a ânsia pela *criação* de elementos novos – ou seja, até então desconhecidos. Como ficará claro adiante, esse procedimento caracterizou a polêmica vitoriana em torno da noção de "cópia original".

27 Silviano Santiago. *Uma literatura nos trópicos: ensaios sobre dependência cultural.* 2ª ed. Rio de Janeiro: Rocco, 2000, p. 25.

No próximo romance, *Dom Casmurro*, publicado em 1899, a questão da autoria é mais uma vez realçada. Logo na abertura da narrativa, Bento Santiago esclarece que o título do romance surgiu a partir de um incidente infeliz. Certo dia, voltando para casa, conhece um jovem companheiro de viagem, um poeta que decide recitar suas obras completas. Naturalmente, Santiago acaba cochilando, o que enfurece o "gênio" desconhecido. Como vingança, o jovem resolve apelidar seu vizinho desatencioso, chamando-o de "Casmurro". O narrador, por sua vez, elucida o epíteto: "mas no [sentido] que lhe pôs o vulgo de homem calado e metido consigo" (810). Em outras palavras, Casmurro quer dizer: não ser polido o bastante para suportar por alguns longos minutos o poeta do comboio. "Dom" foi adicionado por pilhéria, uma vez que Bento Santiago não pertencia à aristocracia. Entretanto, ao invés de se perturbar, o narrador transforma o apelido no título de suas memórias: *Dom Casmurro*. Além disso, concede ao jovem poeta uma inesperada homenagem:

> Também não achei melhor título para a minha narração; se não tiver outro daqui até o fim do livro, vai este mesmo. O meu poeta do trem ficará sabendo que não lhe guardo rancor. E com pequeno esforço, sendo o título seu, poderá cuidar que a obra é sua. Há livros que apenas terão isso dos seus autores; alguns nem tanto. (810)

O plágio como criação?

Pelos motivos apontados, Machado de Assis afirma sua singularidade mediante o papel de um leitor reflexivo que eventualmente se torna um escritor autorreflexivo, cujo texto em alguma medida é a memória escrita de sua biblioteca. Assim, não é nenhuma surpresa encontrar alusões constantes às obras de Shakespeare, pois nenhum outro escritor foi tão importante para o leitor Machado de Assis. *Dom Casmurro* constitui, nesse registro, uma leitura radical, uma reescrita de *Otelo* – por certo, não uma reescrita *apenas* da tragédia do mouro. Helen Cadwell examina o caso em seu inovador *The Brazilian Othello of Machado de Assis: A Study of Dom Casmurro*, levando a um novo patamar a relação com o autor de *Rei Lear*; muito embora tenha afirmado sem aparente constrangimento: "mais do que todos os outros povos, nós do mundo anglófono devemos invejar o Brasil por esse escritor que, com tanta constância, utilizou *nosso* Shakespeare como modelo (...) que devemos nos sentir lisonjeados de *sermos os únicos verdadeiramente aptos a apreciar* esse grande brasileiro".[28] Apesar da curiosa ideia, segundo a qual Shakespeare "pertence" aos povos anglófonos, o que parece contradizer o propósito mesmo do livro – ora, então, como um de seus recriadores mais sagazes seria exatamente um brasileiro? –, Caldwell mostrou com erudição e argúcia em que medida *Dom Casmurro* constitui uma leitura radical da tragédia de Shakespeare, isso é, uma reescrita de *Otelo*. Na época, sua proposta representou uma importante inovação.

Na verdade, Machado é obcecado por essa tragédia em particular, tomada como argumento de vinte e cinco contos, peças e artigos.[29] Por sua vez, a reescrita machadiana da obra do escritor inglês apresenta, em primeiro plano, uma contradição que rende dividendos. Não é verdade que a própria insegurança de Otelo com respeito à sua posição de mouro no universo das classes dominantes em Veneza tem a mesma importância que a malícia de Iago? Não é a instabilidade da situação de Otelo o que permite a Iago desenvolver suas intrigas? Nesse sentido, Machado cria um Otelo que é também seu próprio Iago, pois ele duvida sobretudo de si e de seu estatuto na sociedade veneziana. Sob essa ótica, o drama do mouro é parcialmente reencenado, mas com a supressão de Iago, pois, em última instância, o dilema de Otelo reside nem tanto no ciúme, quanto na consciência de sua condição periférica. Oriundo da Mauritânia, alçado à posição de poder e prestígio no centro do mundo ocidental da época, Veneza, eixo político e econômico do Mediterrâneo, Otelo nunca ignorou o caráter precário de sua bem-aventurança.

---

28 Helen Caldwell. *O Otelo Brasileiro de Machado de Assis. Um estudo de Dom Casmurro*. São Paulo: Ateliê Editorial, 2002, p. 11, grifos nossos. Ainda em relação ao diálogo do autor de *Memorial de Aires* com Shakespeare, em 2007, José Luiz Passos produziu um apêndice indispensável, "Cronologia da presença de Shakespeare em Machado de Assis"; apêndice esse que torna visível sua afirmação: "Shakespeare é, sem dúvida, o autor de presença mais sistemática na obra de Machado, contando, como apontei antes, com mais de duzentas referências diretas no conjunto de sua obra; além de formar parte essencial da sua biblioteca pessoal". José Luiz Passos. *Machado de Assis, o romance com pessoas*. São Paulo: Edusp / Nankin, 2007, p. 193. O "apêndice" encontra-se às páginas 253-284.

29 Helen Caldwell, *op. cit.*, p. 18.

De um lado, o artifício engenhoso de Machado permite retratar a natureza do ciúme como um círculo vicioso que, independente de uma evidência objetiva, alimenta-se a si mesmo.[30] Bento Santiago tenta convencer o leitor (e, acima de tudo, a si mesmo) que Capitu e Escobar, em tese seu melhor amigo, foram amantes. E quanto mais ele tenta apresentar o seu caso perante o júri, isso é, os leitores, menos parece capaz de persuadi-lo. Aliás, sem um Iago para culpar, como justificar um crescente ciúme, aparentemente gratuito, se não apontando para o ciumento, em vez de acusar sua esposa? Dessa maneira, o romance encena "uma paródia de tragédia, uma sistemática falsificação de toda evidência, o texto é a literatura sobre a literatura, a ficção sobre a ficção".[31] Além disso, a reescrita machadiana é literariamente uma reflexão acerca das relações entre os atos de leitura e de escrita.

De outro lado, contudo (e não é indispensável imaginar que essas leituras se excluam), a leitura interessada que Bento Santiago faz da peça, que, como confessa, "não vira nem lera nunca; sabia apenas o assunto" (934), talvez se alimente de um possível paralelismo nem sempre apontado. Ora, o mouro e Bento Santiago são ambos oriundos de uma geografia semelhante: a periferia do sistema que no entanto os define. Como já sugeri, Otelo, general indispensável à cidade de Veneza *em tempos de guerra*, sabe muito bem que, *em tempos de paz*, volta a ser um simples mouro, ocupando um lugar que, em tese, caberia a outros desfrutar – especialmente seu cobiçado leito. É preciso, porém, cuidado com esse paralelo e talvez não seja casual que o marido de Capitu seja leitor de Plutarco. Mas o paralelo, como dizia, exige cautela, pois,

---

30 Caldwell oferece uma observação interessante a respeito dessa questão: "O ciúme nunca deixou de fascinar Machado de Assis. [...] Ele marca uma considerável presença em sete de seus nove romances; o enredo de dez contos gira em torno de paixões hediondas. Ainda que, em sete desses contos, para ser exato, o ciúme receba um irônico, se não um bárbaro tratamento cômico". Helen Caldwell, *op. cit.*, p. 18. Silviano Santiago também assinala o motivo: "como o problema do ciúme surgiu no universo machadiano. Advém ele [...] da concepção que têm os personagens machadianos do que sejam o amor e o casamento e, por outro lado, do que sejam eles diante dos delicados jogos de marivaudage que homem e mulher têm de representar para se poder chegar à união". Silviano Santiago, *op. cit*, p. 30-31. Sobre esse tema, ver também o ensaio de Charles Param, "Jealously in the Novels of Machado de Assis". Hispania 53.2, 1970, p. 198-206.

31 João Adolfo Hansen, *op. cit.*, p. 43.

ao contrário de Otelo, Bentinho é um bom filho da elite econômica; nesse sentido, o personagem que mais recordaria Otelo é a própria Capitu. Refiro-me, porém, à esfera cultural, precisamente o universo implícito no capítulo "Otelo", assim como a esfera em que o romance de Machado circularia. Bento, dublê de escritor, advogado de fachada, vivendo de rendas, conhecia apenas o assunto, mas ao que tudo indica não pensara em ler a obra de Shakespeare. O conhecimento de oitiva do narrador se completa no capítulo seguinte, "A xícara de café", em que não podendo seguir o exemplo de Catão porque lhe faltava um livro de Platão, contenta-se com "um tomo *truncado* de Plutarco" (935, grifo meu)[32] – como se sabe, nem sempre a rima é solução. O paralelo se revela propriamente risível, mas, pelo avesso, é esse riso que compõe a novidade formal da obra machadiana. Nas palavras de seu crítico mais agudo:

> Cotejado com seu modelo, o Casmurro aparece como uma variante *original*, seja porque *recombina* Otelo e Iago em uma só pessoa, seja porque mistura as condições de personagem e de narrador, tornando incerta uma distinção importante. No que respeita ao enxadrismo das situações literárias, a invenção machadiana é diabólica.[33]

---

32 Eis a citação na íntegra, cujo jogo irônico com a ideia de imitação é notável, incluindo a defasagem cultural entre modelo e apropriação típica de seu olhar crítico: "O meu plano foi esperar o café, dissolver nele a droga e ingeri-la. Até lá, não tendo esquecido de todo a minha história romana, lembrou-me que Catão, antes de se matar, leu e releu um livro de Platão. Não tinha Platão comigo; mas um tomo truncado de Plutarco, em que era narrada a vida do célebre romano, bastou-me a ocupar aquele pouco tempo, e para em tudo imitá-lo, estirei-me no canapé. Nem era só imitá-lo nisso; tinha necessidade de incutir em mim a coragem dele, assim como ele precisara dos sentimentos do filósofo, para intrepidamente morrer. Um dos males da ignorância é não ter este remédio à última hora. Há muita gente que se mata sem ele, e nobremente expira, mas estou que muita mais gente poria termo aos seus dias, se pudesse achar essa espécie de cocaína moral dos bons livros. Entretanto, querendo fugir a qualquer suspeita de imitação, lembra-me bem que, para não ser encontrado ao pé de mim o livro de Plutarco, nem ser dada a notícia nas gazetas com a da cor das calças que eu então vestia, assentei de pô-lo novamente no seu lugar, antes de beber o veneno" (935, grifos meus). Ou seja, a imitação em si não se discute, mas sim a preocupação em mantê-la à sombra!

33 Roberto Schwarz. "Leituras em competição". *Revista Novos Estudos*, nº 75, 2006, p. 70, grifos meus. Sobre o tratamento dessacralizador da tradição em Machado de Assis,

Reitere-se o proposto: a variante é *original* porque se trata de uma *recombinação* de elementos preexistentes – em breve, retornarei a esse ponto, mas peço que o leitor associe a ideia de uma "recombinação original" à polêmica oitocentista referida no princípio deste ensaio. Aliás, ainda em *Dom Casmurro*, Machado oferece outra bela homenagem a Shakespeare, que, uma vez mais, traz à tona sua distância em relação ao conceito romântico de autoria. No capítulo apropriadamente intitulado "A ópera", o narrador recorda a curiosa teoria de um velho tenor italiano, segundo a qual no princípio dos tempos o mundo não foi nem um sonho tampouco um drama, porém uma ópera. Marcolino explica a questão literariamente: "Deus é poeta. A música é de Satanás." (817). Após sua expulsão do Paraíso, Satanás roubou o manuscrito do Pai e compôs a partitura, que, a princípio, Deus não queria escutar. Vencido pela insistência do Diabo, decide representar a ópera, criando "um teatro especial, este planeta, e inventou uma companhia inteira" (818). Alguns parágrafos adiante, o leitor encontra o corolário dessa teoria:

> O grotesco, por exemplo, não está no texto do poeta; é uma excrescência para imitar as *Mulheres patuscas de Windsor*. Este ponto é contestado pelos satanistas com alguma aparência da razão. Dizem eles que, ao tempo em que o jovem Satanás compôs a grande ópera, nem essa farsa nem Shakespeare eram nascidos. Chegam a afirmar que o poeta inglês não teve outro gênio senão transcrever a letra da ópera, com tal arte e fidelidade, que parece ele próprio o autor da composição; mas, evidentemente, é um plagiário. (818-819)

Tal afirmação talvez soe como um estranho elogio. Afinal de contas, como admitir que um escritor se destaque quando se reconhece em sua obra uma "cópia

---

recomendo o ensaio de Sandra Vasconcelos. In: "Hamlet the Brazilian Way (Machado, Reader of Shakespeare)". João Cezar de Castro Rocha (org.). *The Author as Plagiarist: The Case of Machado de Assis. Portuguese Literary & Cultural Studies*, 13/14. Massachusetts: Center for Portuguese Studies and Culture, Dartmouth, 2006, p. 129-138. Ensaio publicado neste volume.

original", para retomar os termos do debate vitoriano? O paradoxo parece inevitável, mas somente se adotarmos as ideias românticas de autoria, em que a "angústia da influência" é tão contagiosa e infundada como o ciúme de Otelo e Bento Santiago. Contudo, se um escritor considera sua própria situação como precária, segundo a hegemonia em voga, então, a confirmação de "influências" prévias pode não ser experimentada necessariamente como "angústia". Ao contrário, tornam-se libertadoras, porque o fato de ser influenciado abre as portas da tradição literária como um todo – e adoto deliberadamente o vocabulário de Harold Bloom, precisamente para questionar suas consequências. Como disse acima, assim visto, o passado deixa de ser um peso, transformando-se antes num mosaico cuja recombinação é o traço possível de uma originalidade periférica. Em palavras direitas: o que importa é não ser influenciado *apenas* pelas últimas modas, mas sim pelo conjunto da tradição. Caldwell, aliás, sintetiza com felicidade a apropriação machadiana do passado: "A melhor forma de compreender a alma universal da espécie humana, dizia Machado, era através do estudo de grandes autores do mundo; a melhor maneira de retratá-la, é 'plagiando-os'".[34] Compreenda-se o que se diz, ou a noção de plágio provocará mal-entendidos deselegantes:[35] Machado parece associar a aprendizagem da técnica literária ao método comum nas escolas de pintura: inicialmente, o aprendiz limita-se conscientemente a *imitar* os quadros dos mestres e, em seguida, dedica-se a *emular* a mesma tradição da qual se alimentou. Ora, ninguém realizou esse gesto com mais proveito do que Shakespeare! Um outro autor comparável seria Laurence Sterne. Há uma quantidade inumerável de ensaios e livros dedicados ao tema na obra do autor de *Tristram Shandy*. Como uma primeira abordagem do tópico, recomendamos o texto de Jonathan Lamb, "Sterne's System of Imitation". Como o autor afirma,

34 Helen Caldwell, *op. cit.*, p. 213. Na sequência, a fim de apoiar sua interpretação, Caldwell cita Machado, numa crônica da série "A Semana", publicada na Gazeta de Notícias, em 28 de julho de 1895: "Sei que a história não se repete. A Revolução Francesa e Otelo estão feitos; nada impede que esta ou aquela cena seja tirada para outras peças, e assim se cometem, literariamente falando, os plágios". *Idem*, p. 214.

35 Recomendo o ensaio de Eliane Fernanda Cunha Ferreira, "Dom Casmurro e o 'plagiarismo múltiplo'", no qual a autora, em diálogo com Helen Caldwell, desenvolve reflexões muito próximas ao que busco propor neste ensaio. In: Juracy Assmann Saraiva (org.). *Nos labirintos de Dom Casmurro. Ensaios críticos*. Porto Alegre: Editora da PUCRS, 2005, p. 63-82.

é preciso "enfrentar a questão da imitação no espírito da crítica clássica";[36] ou seja, como propomos neste projeto, no interior do relacionamento dinâmico entre os conceitos de *imitatio* e *emulatio*. Ao que tudo indica, Machado escolheu a dedo seus modelos. É como se estivesse reiterando a afirmação de Samuel Johnson, publicada em *The Rambler*, em 12 de outubro de 1751: "Quando o original é bem escolhido, e copiado criteriosamente, com frequência o imitador alcança a excelência".[37]

Sem dúvida, na mentalidade pós-romântica, esse postulado se perdeu, pois, nesse horizonte, ocorreu uma cisão decisiva entre dois verbos, cuja explicação supõe a consulta às respectivas etimologias. O trabalho, contudo, já foi feito por George Steiner. Passo da teoria à prática e me aproprio da síntese proposta por Robert MacFarlane da síntese proposta por Steiner.[38] *Criar*, do latim *creare*, implica o gesto de produzir o novo no próprio instante da criação, trata-se da utópica *creatio ex nihilo*. *Inventar*, pelo contrário, do latim *invenire*, envolve um ato mais modesto, pois significa *encontrar*, *descobrir*, e, muitas vezes, fazê-lo *acidentalmente*. Portanto, *inventar* supõe a existência de elementos prévios, que devem então ser rearranjados em novas disposições. Por isso mesmo, o universo não foi "inventado", mas "criado"! Já a estética machadiana pertence ao registro da *invenção*, cujo vocabulário e problematização foram muito enriquecidos pelo debate vitoriano acerca da originalidade e do plágio.

Um campo semântico muito especial

Sob essa luz, talvez seja possível reler a crítica machadiana à estética da criação, tal como expressa num conto de 1885, "O Habilidoso". Nesse texto, o problema é discutido com grande força e o destino pálido de João Maria se desenha numa recusa infeliz: "Toda arte tem uma técnica; ele aborrecia a técnica, era avesso à aprendizagem, aos rudimentos das cousas". A caricatura do espontaneísmo não deixa de alvejar o conceito-chave da escola romântica: "O resto cabia *ao gênio do artista*, e João

36 Jonathan Lamb. "Sterne's System of Imitation". *The Modern Language Review*, vol. 76, 1981, p. 799.

37 *Apud* Robert MacFarlane, *op. cit.*, p. 22.

38 *Idem*, p. 1.

Maria supunha tê-lo".[39] Portanto, o habilidoso copiador de modelos nunca chega a produzir *arte*, pois, nesse caso, o esquecimento da etimologia, que reúne *ars* e *téchne*, condena João Maria a somente *imitar*, sem jamais *emular* os modelos que no entanto precisa reproduzir. Mesmo numa peça de ocasião como *Tu só, tu, puro amor*, escrita no espírito das celebrações do tricentenário de Camões, Machado volta ao tema. O Camões de sua peça não é ainda o autor dos *Lusíadas*, mas o jovem poeta, famoso por suas canções. Seu adversário no entrecho, Caminha, deplora sua falta de seriedade e chega a declarar:

> Que esse moço tem algum engenho [...] não lhe nego eu. Faz sonetos sofríveis. E canções... digo-vos que li uma ou duas, não de todo mal alinhavadas. Pois então? Com boa vontade, mais esforço, menos soberba, gastando as noites, não a folgar pelas locandas de Lisboa, mas a meditar os poetas italianos, digo-vos que pode vir a ser...[40]

Por isso, em diálogo áspero com o poeta, Caminha aconselha com severidade: "Ide à Itália, senhor Camões, ide à Itália".[41] Nesse caso, mais do que um deslocamento espacial, "ir à Itália" sugere uma viagem no tempo, revelando uma maneira alternativa de entender a novidade formal de alguns procedimentos que aprendemos a admirar como propriamente machadianos. Para o leitor do século XIX, "ir à Itália" talvez queira dizer: adotar dispositivos literários pré-românticos; adoção consciente, claro. Eis o pulo do gato de Machado: enquanto seus contemporâneos apuravam a audição para captar o *dernier cri* desde sua primeira nota, o autor de "Uma visita de Alcibíades" passou a frequentar todas as épocas, como se todas elas compartilhassem o mesmo instante histórico, definido, não pelo calendário, mas pelo momento da leitura e da escrita. Ora, não é verdade que, na longa duração das práticas literárias

39 Machado de Assis. "O Habilidoso". In: Afrânio Coutinho (org.). *Obra completa*, vol. II. Rio de Janeiro: Nova Aguilar, 1986, p. 1051, grifos meus.

40 Machado de Assis. "Tu só, tu, puro amor". In: Afrânio Coutinho (org.). *Obra completa*, vol. II. Rio de Janeiro: Nova Aguilar, 1986, p. 1140.

41 *Idem*, p. 1148.

anteriores ao período romântico, a alusão, a citação, a apropriação compunham partes de um conjunto maior definido pelo par *imitatio* e *emulatio*? Recorde-se que a palavra cópia possui uma etimologia reveladora. Em latim, *copia* também significa "abundância, poder, riqueza, faculdade, licença, permissão"; daí a noção de copioso. *Copia* como simples reprodução remete a um sentido vulgar, porém onipresente em nosso vocabulário pós-romântico.

Portanto, a possibilidade de uma "cópia original" anuncia que é hora de retornar à reconstrução da polêmica oitocentista, com base na "reavaliação da originalidade literária e do plágio que ocorreu na Inglaterra entre 1859 e 1900".[42] Nesse momento, como uma reação aos excessos do romantismo e de seu elogio incondicional da originalidade compreendida como a produção de uma diferença, se possível, absoluta, um conjunto de escritores principiou a rediscutir os fundamentos do sistema literário. Na análise de MacFarlane, teria então ocorrido uma disputa entre duas correntes: "Como compreendida por Aristóteles e Longino, a imitação não era vista como um modo de composição reveladora da inferioridade do imitador, mas, pelo contrário, era compreendida como um processo aparentado à inspiração".[43] Em alguma medida, como fruto da polêmica, essa acepção ressurgiu no cenário da literatura vitoriana, estimulando um entendimento complexo do problema da originalidade; daí, como acabamos de ver, divulgou-se a instigante noção de "cópia original" – acreditamos que a inserção de certas preocupações machadianas nesse debate poderá abrir novas vias de compreensão da obra do autor de *A mão e a luva*.

De um lado, se a originalidade for concebida como *creatio*, o autor deve necessariamente seguir o modelo romântico do demiurgo de si mesmo. De outro lado, se pensada como *inventio*, o autor deve sobretudo destacar-se como um leitor *original* da tradição, ou seja, deve incorporá-la criativamente, reciclando-a. No primeiro caso, destaca-se a imagem do autor-como-originador (*writer-as-originator*); no segundo, emerge a promessa do autor-como-organizador (*writer-as-arranger*).[44] As consequências de tais ideias talvez ajudem a mapear um diálogo ainda não reconhecido entre Machado e essa vertente da literatura inglesa. Ora, entre outros autores, Enylton

42 Robert MacFarlane, *op. cit.*, p. 6.

43 *Idem*, p. 22.

44 *Idem*, p. 16.

de Sá Rego mostrou a amplitude das leituras machadianas, sublinhando sua filiação à sátira menipeia.[45] Nesse sentido, a obra de Machado esclarece que um escritor criativo é, acima de tudo, um leitor malicioso da tradição. E, nesse sentido, muito próximo ao espírito do debate inglês, Machado se transforma no escritor que hoje admiramos ao reinventar-se como um *writer-as-arranger,* criador de cópias originais. O hábito de frequentar a tradição com o hábito do *bricoleur* favorece sua metamorfose num cardápio vasto e sedutor, cuja lista de opções deve ser saboreada com deleite. E, para usar uma metáfora que Machado particularmente apreciava, ruminada tantas vezes quanto o necessário para uma adequada digestão, isso é, a redação do próximo livro. Afinal de contas, o próprio Machado explica a "diferença entre citações literais – que simplesmente invocam alguma outra autoridade – e as citações realmente artísticas – que de maneira criativa reescrevem os escritores citados".[46] Curiosamente, trata-se da mesma técnica posta em circulação pelos partidários da originalidade definida como *inventio*; técnica essa sugestivamente denominada por MacFarlane, "*unoriginality* – compreendida como a reutilização inventiva das palavras de outros".[47] E, nesse caso, não é necessário supor o conhecimento da polêmica vitoriana, pois o método de combinar citações diretas e alusões, mais ou menos sutis, fazia parte do repertório de um autor clássico, bem conhecido por Machado: Luciano.[48]

---

45 "Machado de Assis julgava necessário que o escritor brasileiro, sem deixar de ser brasileiro, estivesse consciente de que sua obra pertencia a uma tradição universal: a literatura". Enylton de Sá Rego. *O calundu e a panaceia. Machado de Assis, a sátira menipeia e a tradição luciânica.* Rio de Janeiro: Forense Universitária, 1989, p. 5. Nesse contexto, é importante lembrar o ensaio pioneiro de José Guilherme Merquior. "Gênero e estilo nas Memórias póstumas de Brás Cubas". Colóquio/ Letras, 1972, p. 12-20.

46 Enylton de Sá Rego. "Preface-Warning: Deadly Humor at Work". In: *Machado de Assis. The Posthumous Memoirs of Brás Cubas.* Tradução de Gregory Rabassa. Oxford: Oxford UP, 1997, p. 26.

47 Robert MacFarlane, *op. cit.*, p. 8.

48 A esse respeito, recomendo a utilíssima Tese de Doutorado, "Literary Quotation and Allusion in Lucian", apresentada na Columbia University. Nas palavras do autor: "Nesta tese meu primeiro objetivo é fornecer um índice conveniente das passagens nas quais Luciano cita, alude, ou toma empréstimos da literatura grega. [...] Para esse índice acrescentei como apêndice uma série de tabelas analisando vários aspectos do uso de Luciano da citação e da alusão".

Na verdade, proponho que se acrescente à conhecida remissão ao legado luciânico e à sátira menipeia, a possibilidade de associar certos procedimentos inovadores machadianos a outras fontes de diálogo: o horizonte da polêmica vitoriana pode representar um dos elos perdidos na criação machadiana da "forma livre". Portanto, se não me equivoco, enquanto seus pares buscavam atualizar-se através das receitas do romance francês realista ou naturalista, Machado talvez tenha refletido sobre o debate inglês da segunda metade do século XIX, que pode ter sido importante para ele, assim como a literatura de Shakespeare e a de Sterne foram certamente decisivas. Então, dificilmente haverá elogio maior do que definir um escritor como a autêntica metonímia do plágio – Shakespeare. Aliás, não é verdade que, por definição, o plagiário tem de vir *após* o tempo histórico de seu modelo? Portanto, Machado não se destacou como um escritor a despeito de seu tempo e lugar. Em vez disso, desenvolveu um método originalíssimo para as ideias de autoria e de público leitor, já que, como Roberto Schwarz propôs com agudeza, ele foi um "mestre na periferia do capitalismo". Uma vez mais, esse é o dispositivo que transforma o "atraso" num projeto crítico, pois necessariamente demanda a atualização do par indissociável *imitatio* e *emulatio*. Recordo que tal hipótese surgiu a partir da leitura dos textos machadianos. Vejamos alguns exemplos na obra de Machado da presença do mesmo campo semântico que, como já vimos, dominou o debate vitoriano: cópia, plágio, originalidade, imitação, emulação. Na "Advertência" de seu poema herói-cômico, *Almada*, Machado escreve:

> Observei quanto pude o estatuto do gênero, *parodiar* o tom, o jeito e as proporções da poesia épica. No canto IV atrevi-me a *imitar* uma das mais belas páginas da antiguidade, o episódio de Heitor e Andrômaca, na Ilíada.
>
> [...]

Fred Walter Householder Jr. *Literary Quotation and Allusion in Lucian*. Nova York: King's Crown Press, 1941, p. XI.

> Não se limitou Dinis à única *imitação* citada. Muitas fez ele da Ilíada, as quais não vi até hoje apontadas por ninguém, *talvez por se não ter advertido nelas*. Indicá-las-ei sumariamente.
>
> [...]
>
> Agora direi que não é sem acanhamento que publico este livro. Do gênero dele há principalmente duas composições célebres que me serviram de *modelo*, mas que *são verdadeiramente inimitáveis*, o Lutrin e o Hissope. Um pouco de ambição me levou contudo a meter mãos à obra e perseverar nela. Não foi a de *competir* com Dinis e Boileau; tão presunçoso não sou eu.[49]

Não proponho conclusões definitivas a partir dessas passagens, mas a explicitude do vocabulário empregado talvez estimule a hipótese que busco desenvolver. Machado se move no campo de práticas literárias propriamente pré-românticas e parece fazê-lo com desenvoltura. A referência às *imitações* realizadas por Dinis que somente não foram identificadas *talvez por se não ter advertido nelas* implica o elemento-chave na poética da emulação, qual seja, um circuito literário em que os polos da produção e da recepção compartilham o mesmo repertório. Por isso, a citação direta ou a alusão às fontes clássicas era um procedimento intrinsecamente associado à arte literária, pois revelava o pertencimento à tradição – aliás, tradição *copiosa* em modelos imitáveis, logo, objetos passíveis de emulação. Não recordo os versos iniciais de *Os Lusíadas* e sua relação com a *Eneida* porque certamente o leitor já pensou nesse exemplo. Em alguma medida, o elogio romântico do gênio possui um lado muito menos impressionante do que o divulgado pelos defensores da estética da criação. Refiro-me à emergência de um público de massas incapaz de identificar alusões, citações e apropriações simplesmente por desconhecimento do repertório clássico. Consulte-se, nesse contexto, a notável crítica de Machado da contribuição de Antônio José, em artigo homônimo. A questão central de seu juízo repousa no problema da imitação: o Judeu foi original ou limitou-se a

---

49 Machado de Assis. *O Almada*. In: Afrânio Coutinho (org.). *Obra completa*, vol. III. Rio de Janeiro: Nova Aguilar, 1986, p. 227-228, grifos meus.

reproduzir modelos prévios? Ou seja, numa pergunta direita: Antônio José emulou ou não os mestres que seguiu? A resposta não poderia ser mais eloquente e merece uma longa transcrição-colagem:

> Cotejando o *Anfitrião* de Antônio José com os de seus antecessores, vê-se o que ele *imitou* dos modelos, e *o que de sua casta introduziu.*
>
> [...]
> Antônio José não só não *seguiu* nessa parte os *modelos* recentes, mas até carregou a mão sobre o que *imitou* de Plauto.
>
> [...]
> Vamos agora ao que o judeu *imitou* diretamente de Moliére.
>
> [...]
> Se, neste ponto, já não se trata de uma situação, de um caráter novo, mas de uma ideia entrelaçada no diálogo, importa repetir que, ainda *imitando* ou *recordando,* o judeu se conserva fiel à sua fisionomia literária; pode ir buscar *a especiaria alheia,* mas há de ser para *temperá-la com o molho de sua fábrica.*[50]

A riqueza do campo semântico fala por si só, revelando a possibilidade de reconsiderar determinados aspectos dos procedimentos literários machadianos a partir de um horizonte pré-romântico, ou seja, a partir de uma opção estética, por assim dizer, deliberadamente anacrônica, cuja produtividade se esclarece na renovação do pacto entre autor e leitor. No entanto, não se trata de afirmar que a obra de Machado se transforma num museu imaginário, relíquia de uma velha tradição. Tudo se passa como se Machado tivesse recuperado o sistema pré-romântico, com base no relacionamento dinâmico entre os termos *imitatio* e *emulatio* como a forma própria de sua condição de escritor na periferia do capitalismo e, assim, aprendesse a ser

50 Machado de Assis. "Antônio José". Afrânio Coutinho (org.). *Obra completa,* vol. II. Rio de Janeiro: Nova Aguilar, 1986, p. 729 e 731, grifos meus.

ao mesmo tempo pré-romântico e pós-romântico – aliás, como John Barth intuiu, numa avaliação da obra de Machado que citarei em breve. Antes, porém, vejamos uma passagem crucial na sempre citada crítica a *O Primo Basílio*. Machado recorda que um personagem do romance, Sebastião, associa a história de Luísa e Basílio ao entrecho de um título célebre e, claro, como não poderia deixar de ser, *anterior* ao livro de Eça de Queirós:

> — "Mas é a *Eugênia Grandet*! exclama o outro". O Sr. Eça de Queirós incumbiu-se de nos dar o fio da sua concepção. Disse talvez consigo: — Balzac separa os dois primos, depois de um beijo (aliás, o mais casto dos beijos). Carlos vai para a América; a outra fica, e fica solteira. Se a casássemos com outro, qual seria o resultado do encontro dos dois na Europa? – Se tal foi a reflexão do autor, devo dizer, desde já que de nenhum modo *plagiou* os personagens de Balzac. A Eugênia deste, a provinciana singela e boa, cujo corpo, aliás robusto, encerra uma alma apaixonada e sublime, nada tem com a Luísa do Sr. Eça de Queirós.[51]

Na sequência, Machado levanta o famoso problema acerca da personalidade anêmica de Luísa, mas esse não é o ponto que desejo ressaltar. É curioso que a um leitor tão arguto como Machado tenha deixado de ocorrer a relação com Flaubert e *Madame Bovary*. Logo, Eça lança mão de Balzac mais para despistar do que para orientar o leitor. Fique o reparo para outra ocasião, para o interesse deste ensaio, é mais urgente considerar a avaliação do primeiro romance de Eça; avaliação duríssima (diria o crítico José Dias, nesse caso com razão):

> Que o Sr. Eça de Queirós é discípulo do autor do *Assommoir*, ninguém há que o não conheça. O próprio *O Crime do Padre Amaro* é *imitação* do romance de Zola, *La Faute de l'Abbé Mouret*. Situação *análoga*, *iguais* tendências; *diferença* do meio; *diferença* do desenlace; idêntico

51 Machado de Assis. "Eça de Queirós: O Primo Basílio". Afrânio Coutinho (org.). *Obra completa*, vol. III. Rio de Janeiro: Nova Aguilar, 1986, p. 905, grifo meu.

> estilo; algumas reminiscências, como no capítulo da missa, e outras; enfim, o mesmo título. *Quem os leu a ambos, não contestou decerto a originalidade do Sr. Eça de Queirós*, porque ele tinha, e tem, e a manifesta de modo afirmativo; creio até que essa mesma *originalidade* deu motivo ao maior defeito na concepção d'*O Crime do Padre Amaro*.[52]

Ora, apesar do romance ser uma *imitação*, ele esclarece *de modo afirmativo* a *originalidade* do autor. Em ambos os casos, o raciocínio de Machado é similar e antecipa o método do estudo do teatro de Antônio José, sugerindo o caráter bem-vindo da *imitatio* desde que seguido pelo indispensável gesto da *emulatio*. Nesse horizonte, o crítico reconstrói com habilidade o possível diálogo de Eça com a tradição francesa e não condena a apropriação queirosiana, mas discorda da ênfase concedida pelo escritor português aos princípios do Naturalismo. Na verdade, Machado usa outra denominação, como a passagem abaixo revela:

> O Sr. Eça de Queirós é um fiel e aspérrimo *discípulo* do realismo propagado pelo autor do *Assommoir*. Se fora simples *copista*, o dever da crítica era deixá-lo, sem defesa, nas mãos do entusiasmo cego, que acabaria por matá-lo; *mas é homem de talento*, transpôs ainda há pouco as portas da oficina literária; e eu, que lhe não nego a minha admiração.[53]

Porém, salvo engano, o que de fato essa passagem traz à superfície é a adesão machadiana à poética da emulação, pois o simples *copista*, como o habilidoso João

---

52 *Idem*, p. 903, grifos meus. A originalidade se converte em defeito estético porque leva a uma situação artificial, pois, ao alterar o meio em que ocorrem as ações, compromete-se a verossimilhança do enredo: "Sendo assim, não se compreende o terror do Padre Amaro, no dia em que do seu erro lhe nasce um filho, e muito menos se compreende que o mate. Das duas forças que lutam na alma do Padre Amaro, uma é real e efetiva – o sentimento da paternidade; a outra é quimérica e impossível – o terror da opinião, que ele tem visto tolerante e cúmplice no desvio dos seus confrades; e não obstante, é esta a força que triunfa. Haverá aí alguma verdade moral?". *Idem*, p. 903.

53 *Idem*, p. 904, grifos meus.

Maria, limita-se a *imitar* e nunca se arrisca no momento indispensável da *emulação*. Além disso, precisamente por não se encontrar no centro do mundo capitalista, mas na provinciana cidade do Rio de Janeiro, nas últimas décadas do século XIX, Machado de Assis teria sido capaz de olhar com distância as ideias que se presumiam universais. Por exemplo, a imagem do autor-como-originador. Afinal, Brás Cubas, "defunto autor", não pode mais "criar", mas talvez tenha à disposição no outro berço um rico arsenal para suas "invenções".

Essa mesma condição periférica, transformada em projeto crítico, teria estimulado o desenvolvimento de uma paródia das teorias científicas da época, personificadas no que Machado chamou "Humanitismo" – no fundo, um deboche sofisticado do Positivismo, entre outras doutrinas, sem esquecer inclusive o Espiristismo: Auguste Comte e Alan Kardec, ao fim e ao cabo, dão-se as mãos no desejo de uma racionalidade, cujo caráter absoluto faz fronteira com o absurdo. No capítulo CXVII de *Memórias póstumas de Brás Cubas*, o leitor é presenteado com uma brincadeira muito divertida do sistema filosófico comtiano, centrada no estabelecimento de três (quatro) fases ao longo da história da humanidade. No evangelho de Comte, após as fases teológica e metafísica, chegaria a hora da fase positiva. Na prescrição de Quincas Borba, os números conhecem uma ligeira torção: "Conta três fases Humanitas: a *estática* anterior a toda a criação; a *expansiva*, começo de todas as cousas; a *dispersiva*, aparecimento do homem; e contará mais uma a *contractiva*, absorpção do homem e das cousas" (614). Os três momentos são subitamente transformados em quatro etapas – afinal de contas, por que não duas fases, ou cinco períodos? A arbitrariedade, disfarçada sob a racionalidade do discurso científico, é posta em primeiro plano pela irrisão ficcional.

Essa disposição espirituosa, associada a uma visão cética da "natureza humana", justifica o interesse de John Barth pelo escritor brasileiro. A seguinte citação é uma das mais agudas definições da originalidade machadiana:

> Descobri por um feliz acidente o romancista brasileiro da virada do século, Joaquim Maria Machado de Assis. A leitura de Machado – ele mesmo muito sob a influência do *Tristram Shandy*, de Laurence Sterne – ensinou-me algo que eu não havia aprendido inteiramente com o *Ulisses*, de Joyce, e, provavelmente, não poderia ter aprendido

> diretamente de Sterne, se eu já o tivesse lido: como combinar esportividade formal com sentimento genuíno, além de injetar considerável grau de realismo. Sterne é Pré-Romântico; Joyce é tardio ou Pós-Romântico; Machado é tanto Romântico quanto romântico: brincalhão, melancólico, pessimista, intelectualmente exuberante. Ele era também, como eu, um provinciano.[54]

Um provinciano é um plagiário pela própria situação de sua cultura. O ato de reproduzir outras culturas sempre implica, pelo menos potencialmente, o gesto do sorriso maroto, a distância crítica necessária à pena da galhofa. No simples ato de (re)arranjar a tradição de uma maneira nada tradicional, novos elementos surgem e criam condições para ousadias formais de grande alcance. Além do mais, Barth associa à obra machadiana duas percepções históricas opostas: Machado poderia ser "Pré" tanto quanto "Pós", sem importar que conceito se associe à sua ficção. Uma vez mais, a "pena da galhofa" e a "tinta da melancolia" comparecem e ocupam a cena – ao mesmo tempo. Susan Sontag também aponta a força oriunda da percepção de pontos de vista contraditórios:

> Nossos padrões de modernidade são um sistema de ilusões lisonjeiras, que nos permite, seletivamente, colonizar o passado, bem como nossas ideias do que seja provinciano. Tal fato possibilita que algumas partes do mundo sejam condescendentes com todo o resto. O fato de estar morto talvez signifique assumir um ponto de vista que não possa ser considerado provinciano. *Memórias póstumas de Brás Cubas* é um dos mais divertidos livros não provincianos jamais escritos. E para amar esse livro é preciso tornar-se menos provinciano a respeito das possibilidades da literatura e de si mesmo.[55]

54 John Barth. "Foreword". In: *The Floating Opera & The End of the Road*. Nova York: Anchor, 1989, p. VI-VII.

55 Susan Sontag. "Afterlives: the Case of Machado de Assis". In: *Where the Stress Falls*. Nova York: Farrar, Strauss and Giroux, 2002, p. 39-40.

Periférico, provinciano. Diferentes nomes para dizer o que Machado realmente é: um leitor inventivo, um plagiário original. Ou seja, a originalidade do plágio se baseia na percepção de que nenhum autor deveria desejar ser retratado como "original", pois um escritor "original" é um autor que leu muito pouco. Se é verdade que há escritores que publicam mais do que escrevem,[56] pelo contrário, o plagiário é um escritor que leu muito mais do que jamais poderia ter publicado. Machado de Assis é um escritor ciente de ser, em primeiro lugar, um leitor. Jorge Luis Borges, por sua vez, imaginou um plagiário que se tornou um grande escritor – seu nome é Pierre Menard. Se o projeto de copiar o *Dom Quixote* na íntegra tivesse sido realizado, então, Cervantes seria convertido em mais um plagiário, como o libreto de Satanás terminou sendo contaminado por uma das peças de Shakespeare. Seja como for, e não obstante o fato de que, como avalia Susan Sontag, "Borges, o outro grande escritor produzido no continente, parece nunca ter lido Machado de Assis",[57] o escritor argentino não teria discordado dos diferentes nomes atribuídos a Pierre Menard. Poder-se-ia chamar Shakespeare, como diz o velho tenor italiano em *Dom Casmurro*. Na avaliação de MacFarlane são muitos os candidatos ao posto: "Johnson, Wilde, e Pater, como Eliot depois deles".[58] Ou, ainda, um obsessivo leitor de *Otelo*: Machado de Assis.

Referências Bibliográficas

ALLEN, Woody. "Diretor elogia *Dom Casmurro* e *Central do Brasil*". *Folha de S. Paulo* / Ilustrada, 30 de janeiro de 2006. http://www1.folha.uol.com.br/fsp/ilustrad/fq3001200606.htm. Acesso realizado em 7 de fevereiro de 2010.

BARTH, John. "Foreword". In: *The Floating Opera & The End of the Road*. Nova York: Anchor, 1989.

BATE, W. Jackson. *The Burden of the Past and the English Poet*. Cambridge: Harvard University Press, 1970.

56 Devo esta observação a Henning Ritter.

57 Susan Sontag, *op. cit.*, p. 39.

58 Robert MarFarlane, *op. cit.*, p. 209.

BLOOM, Harold. *The Anxiety of Influence: A Theory of Poetry*. Oxford: Oxford University Press, 1973.

_______. *Gênio. Os 100 autores mais criativos da história da literatura*. Tradução de José Roberto O'Shea. Rio de Janeiro: Objetiva, 2003.

CALDWELL, Helen. *O Otelo Brasileiro de Machado de Assis. Um estudo de* Dom Casmurro. São Paulo: Ateliê Editorial, 2002.

FERREIRA, Eliane Fernanda Cunha. "*Dom Casmurro* e o 'plagiarismo múltiplo'". In: SARAIVA, Juracy Assmann (org.). *Nos labirintos de* Dom Casmurro. *Ensaios críticos*. Porto Alegre: Editora da PUCRS, 2005, p. 63-82.

FUENTES, Carlos. *Machado de la Mancha*. México DF: Fondo de Cultura Económica, 2001.

GUIMARÃES, Hélio. *Os leitores de Machado de Assis. O romance machadiano e o público de literatura no século 19*. São Paulo: Edusp/ Nankin, 2004.

GUMBRECHT, Hans Ulrich. "The Beautiful Form of Sadness: Machado de Assis' *Memorial de Aires*". In: ROCHA, João Cezar de Castro (org.). *The Author as Plagiarist: The Case of Machado de Assis. Portuguese Literary & Cultural Studies*, 13/14. Massachusetts: Center for Portuguese Studies and Culture, Dartmouth, 2006, p. 307-316.

HANSEN, João Adolfo. "*Dom Casmurro*: Simulacrum and Allegory." In: GRAHAM, Richard (org.). *Machado de Assis. Reflexions on a Brazilian Master Writer*. Austin: University of Texas Press, 1999.

HOUSEHOLDER Jr., Fred Walter. *Literary Quotation and Allusion in Lucian*. Nova York: King's Crown Press, 1941.

LAMB, Jonathan. "Sterne's System of Imitation". *The Modern Language Review*, vol. 76, nº 4, 1981.

MAC ADAM, Alfred. "Review." *Hispanic Review* 68. Winter 2000.

MACFARLANE, Robert. *Original Copy: Plagiarism and Originality in Nineteenth-Century Literature*. Oxford: Oxford University Press, 2007.

MACHADO, Ubiratan. *Machado de* Assis. *Roteiro de consagração* (crítica em vida do autor). Rio de Janeiro: EdUERJ, 2003.

MACHADO DE ASSIS, Joaquim Maria. *Memórias Póstumas de Brás Cubas*. In: COUTINHO, Afrânio (org.). *Obra completa*. Vol. I. Rio de Janeiro: Nova Aguilar, 1986.

_______. *Quincas Borba*. COUTINHO, Afrânio (org.). *Obra completa*. Vol. I. Rio de Janeiro: Nova Aguilar, 1986.

_______. *Dom Casmurro*. COUTINHO, Afrânio (org.). *Obra completa*. Vol. I. Rio de Janeiro: Nova Aguilar, 1986.

_______. " O Habilidoso". COUTINHO, Afrânio (org.). *Obra completa*. Vol. II. Rio de Janeiro: Nova Aguilar, 1986.

_______. "Eça de Queirós: *O Primo Basílio*". COUTINHO, Afrânio (org.). *Obra completa*. Vol. III. Rio de Janeiro: Nova Aguilar, 1986.

_______. *O Almada*. COUTINHO, Afrânio (org.). *Obra completa*. Vol. III. Rio de Janeiro: Nova Aguilar, 1986.

MERQUIOR, José Guilherme. "Gênero e estilo nas *Memórias póstumas de Brás Cubas*." *Colóquio/Letras*, 1972.

MENDES, Victor K. "How is the Second Life of Brás Cubas Different from His First One?". In: ROCHA, João Cezar de Castro (org.). *The Author as Plagiarist: The Case of Machado de Assis*. *Portuguese Literary & Cultural Studies*, 13/14. Massachusetts: Center for Portuguese Studies and Culture, Dartmouth, 2006, p. 333-351.

PARAM, Charles. "Jealously in the Novels of Machado de Assis." *Hispania* 53.2, (1970).

PASSOS, José Luiz. *Machado de Assis, o romance com pessoas*. São Paulo: Edusp/ Nankin, 2007.

ROUANET, Sergio Paulo. *Riso e melancolia*. São Paulo: Companhia das Letras, 2007.

SARAMAGO, José. "Machado de Assis". In: ROCHA, João Cezar de Castro (org.). *The Author as Plagiarist: The Case of Machado de Assis*. *Portuguese Literary & Cultural Studies*, 13/14. Massachusetts: Center for Portuguese Studies and Culture, Dartmouth, 2006.

SÁ REGO, Enylton de. *O calundu e a panaceia. Machado de Assis, a sátira menipeia e a tradição luciânica.* Rio de Janeiro: Forense Universitária, 1989.

_______. "Preface-Warning: Deadly Humor at Work."In: Machado de Assis. *The Posthumous Memoirs of Brás Cubas.* Tradução de Gregory Rabassa. Oxford: Oxford UP, 1997.

REIS, Roberto. "Para o estudo do texto-colagem". *Luso-Brazilian Review,* vol. 16, nº 1, 1979.

RUSHDIE, Salman. "Machado iniciou pedigree sul-americano." *Folha de S. Paulo/* Ilustrada, 12 de julho de 2005. http://www1.folha.uol.com.br/fsp/ilustrad/fq1207200525.htm. Acesso realizado em 7 de fevereiro de 2010.

SANTIAGO, Silviano. *Uma literatura nos trópicos: ensaios sobre dependência cultural.* 2ª ed. Rio de Janeiro: Rocco, 2000.

SARLO, Beatriz. *Uma modernidad periférica: Buenos Aires: 1920 y 1930.* Buenos Aires: Nueva Visión, 1988.

SCHWARZ, Roberto. *Ao vencedor as batatas: forma literária e processo social nos inícios do romance brasileiro.* 4ª. ed. São Paulo: Duas Cidades Ltda, 1992.

_______. *Um mestre na periferia do capitalismo: Machado de Assis.* São Paulo: Duas Cidades, 1990.

_______. "Leituras em competição". *Revista Novos Estudos,* nº 75, julho de 2006.

SONTAG, Susan. "Afterlives: the Case of Machado de Assis". In: *Where the Stress Falls.* Nova York: Farrar, Strauss and Giroux, 2002.

VASCONCELOS, Sandra. "*Hamlet* the Brazilian Way (Machado, Reader of Shakespeare)". In: ROCHA, João Cezar de Castro (org.). *The Author as Plagiarist: The Case of Machado de Assis. Portuguese Literary & Cultural Studies,* 13/14. Massachusetts: Center for Portuguese Studies and Culture, Dartmouth, 2006, p. 129-138.

VILAR, Bluma Waddington. *Escrita e leitura: citação e autobiografia em Murilo Mendes e Machado de Assis.* Tese de Doutorado. Universidade do Estado do Rio de Janeiro, 2001.

_______. "Machado de Assis e as *Memórias póstumas de Brás Cubas*". ROCHA, João Cezar de Castro (org.). *Nenhum Brasil existe – pequena enciclopédia*. Rio de Janeiro: Topbooks Editora, 2003.

Vestimentas e astúcia feminina: Intertextualidade em *Esaú e Jacó*

Pedro Armando de Almeida Magalhães
(Universidade do Estado do Rio de Janeiro)

Ao se analisar a questão das posturas políticas em *Esaú e Jacó* (1904), de Machado de Assis, em geral os críticos sugerem a equivalência de partidos aparentemente opostos tanto através de metáfora associada aos personagens principais, os gêmeos Pedro e Paulo, como por intermédio da personagem secundária, D. Cláudia, cujo discurso cínico reflete um individualismo arrivista tipicamente burguês.

Deve-se frisar que tanto a metáfora quanto o posicionamento de D. Cláudia inscrevem a obra na tradição literária, brasileira e ocidental. O presente trabalho visa destacar a intertextualidade desses dois elementos e seu efeitos na economia do romance em questão.

Como é sabido, o romance *Esaú e Jacó* trata do nascimento, infância e juventude dos gêmeos Pedro e Paulo, que tiveram a "sorte" de nascer em uma família burguesa abastada. A previsão enunciada no início da trama se concretiza com a oposição dos dois, que, ao se tornarem adultos, afiliam-se a correntes políticas divergentes:

> As barbas não queriam vir, por mais que chamassem o buço com os dedos, mas as opiniões políticas e outras vinham e cresciam. Não eram propriamente opiniões, não tinham raízes grandes nem pequenas. Eram (mal comparando) gravatas de cor particular, que eles atavam ao pescoço, à espera que a cor cansasse e viesse outra. Naturalmente

> cada um tinha a sua. Também se pode crer que a de cada um era, mais ou menos, adequada à pessoa.[1]

Neste trecho a gravata é a metáfora de que faz uso o narrador para indicar a superficialidade da oposição entre os dois jovens. Muito embora Pedro se afilie à corrente monarquista e Paulo adote os ideais dos liberais republicanos, permanecendo em desacordo ao longo de quase toda a narrativa, a aparência idêntica dos dois e o contexto sociopolítico revelam a inconsistência do contraste assumido. A oposição não passa portanto de uma tira de pano atada ao pescoço, peça do vestuário que recobre a evidência da semelhança. A gravata parece indicar mais a necessidade de afirmação da individualidade, a fragilidade da distinção entre os pontos de vista políticos, que uma convicção fundamentada em ideias, calcada em ideais filosóficos.

A metáfora da gravata se estende à integralidade dos gêmeos, mais encenação de diferença que diferença efetiva. Ela revelaria o simulacro no romance, na atitude política de determinados personagens.

Assim, o pai dos dois gêmeos, Agostinho Santos, consegue enobrecer o nome burguês, mas não fica especialmente abalado pela derrocada do Império.[2] A recente aquisição do título de barão não o impede de aceitar o advento da República com bastante serenidade. Um burguês abastado como ele não encontraria dificuldades em abrir mão de tal título em proveito dos novos jogos de poder. Para um burguês rico o baronato não passaria de uma gravata presa ao pescoço.

A atitude de Santos é equivalente a de seu grande amigo, Batista. Como Santos, Batista corrobora o que se revela através da metáfora da gravata, ao procurar permanecer a todo custo na carreira política. Para isso, Batista ouve os conselhos de sua mulher, D. Cláudia.

Pertencente ao partido conservador durante a Monarquia, antes do Baile da Ilha Fiscal, Batista se vê desocupado mas ansioso por ocupar uma presidência. Como os liberais tomaram o poder, ele não vê qualquer solução para seu problema.

---

1 Machado de Assis. *Esaú e Jacó*. Rio de Janeiro: Garnier, 1988, p. 62-63.

2 A aflição de Santos dura pouco. É o que parece demonstrar o capítulo LXVI – *Idem*, p. 147-148.

Todavia, para sua surpresa, D. Cláudia encontra uma saída, alegando que ele nunca tinha sido conservador:

> — Batista, você nunca foi conservador!
> (...)
> — Você estava com eles, como a gente está num baile, onde não é preciso ter as mesmas ideias para dançar a mesma quadrilha.
> Batista sorriu leve e rápido; amava as imagens graciosas e aquela pareceu-lhe graciosíssima, tanto que concordou logo; mas a sua estrela inspirou-lhe uma refutação pronta.
> — Sim, mas a gente não dança com ideias, dança com pernas.
> — Dance com quem for, a verdade é que todas as suas ideias iam para os liberais; lembre-se que os dissidentes na província acusavam a você de apoiar os liberais ...[3]

A estratégia visa contornar a dificuldade de acesso ao poder e, se é bem sucedida, deve-se à inconsistência de partidos que se assemelham na sua dificuldade em seguir uma linha ideológica.

Ardilosa, D. Cláudia descobre o mascaramento através de sua afirmação cínica. Sua ironia é a gravata de seu discurso: Batista nunca foi conservador porque não é preciso ter as mesmas ideias para dançar a mesma quadrilha. D. Cláudia acha uma pronta solução para o dilema do marido: sugere uma mudança de adjetivo, como se muda de gravata e afirma a importância da adaptação através da imagem da dança – "Dance com quem for".

D. Cláudia pode ser incluída numa galeria de personagens femininos que descobrem o véu dos meandros do poder nas obras ditas "realistas". Em *Esaú e Jacó*, D. Cláudia explicita, através de sua convicção cínica, as reais implicações da mecânica de poder: primazia da adaptabilidade às mudanças, alegorizada pela imagem da dança.

Num mundo em que os fins justificariam os meios, e o dinheiro é todo-poderoso, a mobilidade social é facultada para aqueles que souberem se adaptar o mais

3 *Idem*, p. 103-104.

rapidamente possível ao contexto, aproveitando as oportunidades. O personagem Nóbrega é exemplo desta mobilidade e não causa espanto. Pobre e sem nome no início do romance, o irmão das almas utiliza a esmola que recebeu da mãe dos gêmeos, Natividade, para mudar a sorte e enriquecer se valendo de circunstâncias econômicas favoráveis. Graças ao Encilhamento torna-se capitalista.[4] Encantado com a bela Flora, filha de Batista e D. Cláudia, faz proposta de casamento e, diante da recusa, fica surpreso. Nóbrega não entende que alguém possa recusar uma vida de riquezas materiais. Pelo fato de seus valores estarem associados ao dinheiro, não compreende a decisão de Flora, concluindo que ela só poderia estar doente.[5]

As posturas dos personagens de *Esaú e Jacó* Pedro e Paulo, Batista e D. Cláudia, e Nóbrega se equiparam à posição adotada pelo narrador de *A carteira de meu tio* (1855) e *Memórias do sobrinho de meu tio* (1868), de Joaquim Manuel de Macedo, autor ainda hoje subestimado pela crítica. Nessas obras, que antecedem cronologicamente o romance em exame, o tom é abertamente irônico para tratar dos assuntos políticos no país. Sátiras contundentes, os dois livros se completam por representarem dois períodos da vida de um político brasileiro.

O narrador de *A carteira de meu tio* e *Memórias do sobrinho de meu tio* rejeita a postura do compadre Paciência, que critica a falta de ética e cinismo dos políticos da época. Com sinceridade, "o sobrinho de meu tio" declara seu individualismo irredutível ao afirmar ser membro do partido do Eu. Enumera atitudes políticas em voga, como o desrespeito às leis, a injustiça, o pouco comprometimento com frágeis ideologias partidárias, para em seguida reafirmar a defesa de seus interesses pessoais em detrimento de qualquer outro. Nas duas obras defende as práticas condenáveis, nocivas ao bem comum, à coisa pública, para que possa vir a fazer carreira política, e é bem sucedido na empreitada.

Como para a sociedade descrita em *Esaú e Jacó*, o dinheiro é o valor que assumidamente move o protagonista de Macedo. Não se pode esperar um comportamento idealista por parte do herói. O sobrinho celebra os valores preponderantes do mundo burguês.

Ademais, sua mulher Chiquinha guarda uma certa semelhança com D. Cláudia, na sua astúcia e perspicácia. Também adota pontos de vista de acordo com sua

4 *Idem*, p. 161.

5 *Idem*, p. 211-212.

conveniência, procurando se adaptar às circunstâncias do momento. Tal como a esposa de Batista,[6] Chiquinha não é ingênua politicamente:

> — Eu conheço, por exemplo, as suas ideias filosóficas relativas à necessidade material e moral do comer, e nós as senhoras, embora injusta mas felizmente excluídas da vida política, damos na prática material da nossa vida a mais sábia lição moral aos homens filosóficos e políticos: nós à mesa dos convidados ao banquete, e até à mesa da família apenas tocamos com os lábios em uma asinha de frango; mas antes do almoço ou do jantar regularmente servidos, comemos tanto quanto é preciso, embora às escondidas, para satisfazer as exigências da natureza. A lição é eloquente e sábia aplicada à filosofia e à política: cumpre comer o mais possível atrás da porta da despensa, e de inteligência com os cozinheiros, e ostentar sobriedade ante os olhos profanos, ou diante do público.
>
> [...]
>
> A prima Chiquinha era um Maquiavel metido em saia de balão, e com sapatinhos de duraque preto.[7]

E como Cláudia sabe ser flexível às mudanças de poder, sempre aconselhando o marido, Chiquinha chega a ser comparada a Talleyrand,[8] diplomata francês que atravessou incólume e altivo as grandes mudanças de seu tempo, demonstrando grande adaptabilidade aos "sabores dos ventos".

A ausência de identidade marcante dos partidos políticos brasileiros, sugerida em Machado, é explicitada em Macedo, que prefere a metáfora das fardas ministeriais às gravatas para expressar o engodo ideológico encoberto:

---

6 *Idem*. *Esaú e Jacó*. Rio de Janeiro: Garnier, 1988, capítulos XLVII e LXXVIII.

7 Joaquim Manuel de Macedo. *Memórias do sobrinho de meu tio*. São Paulo: Companhia das Letras, 2000, p. 131-132.

8 *Idem*, p. 510.

> (...) felizmente, para os homens de juízo, para os especuladores políticos a cuja grei pertenço, ou não há, como sustento, verdadeiros partidos políticos no Brasil, isto é, partidos de ideias, cujos chefes só o sejam pelas ideias e pela capacidade e leal disposição de as realizar no poder, *sine qua non*, e há somente bandos e sequelas, e que tomam nomes sem dar importância às ideias que esses nomes significam.
>
> (...) Eu acho muito melhor vestir-me à moda do tempo: os alfaiates não fazem fardas de ministros para vestir ideias; fazem-nas para pendurá-las nos ombros de cabides humanos.[9]

Este não comprometimento com ideias e opiniões, tanto individual como coletivamente, é uma tendência do mundo burguês movido a dinheiro. No romance *Le père Goriot* (1834), Honoré de Balzac, através de seu personagem cínico Vautrin, também menciona peças de vestuário ao discursar sobre a mentalidade política dos novos tempos. Só que não se refere a gravatas, como Machado ao tratar do posicionamento político de Pedro e Paulo, ou a fardas, como Macedo, mas prefere as camisas para estabelecer uma comparação. Vautrin é uma espécie de Mefistófeles que procura insistentemente seduzir o herói Rastignac:

> Se ainda tenho um conselho a lhe dar, meu anjo, é de que você não se deve apegar a suas opiniões nem a suas palavras. Quando lhas pedirem, venda-as. Quem se jacta de nunca mudar de opinião é como quem se propõe a seguir sempre em linha reta, um idiota que crê na infalibilidade. Não há princípios, há apenas acontecimentos; não há leis, há apenas circunstâncias: o homem superior abraça os acontecimentos e as circunstâncias para conduzi-los. Se houvesse princípios e leis fixas, os homens não os mudariam como mudamos de camisa.[10]

9 *Idem*, p. 317-318.

10 Honoré de Balzac. *O pai Goriot*. Tradução de Gomes da Silveira. São Paulo: Globo, 1989, p. 107. Texto original: "Si j'ai encore un conseil à vous donner, mon ange, c'est de ne pas plus tenir à vos opinions qu'à vos paroles. Quand on vous les demandera, vendez-les. Un homme qui

E, no mesmo discurso, assim como faz o narrador de Joaquim Manuel de Macedo, Vautrin faz o elogio do Príncipe de Talleyrand, que soube se adaptar às circunstâncias, tal como procura fazer Batista a conselho de D. Cláudia em *Esaú e Jacó*:

> Enquanto isso, o príncipe a quem todos atiram pedras e que despreza suficientemente a humanidade para cuspir-lhe na cara tantos juramentos quantos ela lhe pede, impediu a partilha da França no Congresso de Viena: devem-lhe coroas e atiram-lhe lama. Oh! Conheço os negócios públicos, sei os segredos de muitos homens! Isso basta. Eu teria uma opinião inabalável no dia em que encontrasse três cérebros de acordo sobre o emprego de um princípio. Teria de esperar muito por isso![11]

Além do criminoso Vautrin, o herói Rastignac conta com a ajuda da nobre Madame de Beauséant, prima que pertence às altas esferas do faubourg Saint-Germain. Todos os dois, cada um a seu modo, procuram ajudá-lo na luta por um lugar na elite parisiense. A viscondessa de Beauséant, é tão astuta quanto D. Cláudia e Chiquinha, quando revela as estratégias de comportamento para chegar ao topo da sociedade:

> Quanto mais friamente você calcular, mais longe irá. Fira sem piedade e será temido. Considere os homens e as mulheres apenas como cavalos de posta que você abandonará estafados em cada estação de muda e assim atingirá o auge de suas ambições. Fique sabendo, você

---

se vante de ne jamais changer d'opinion est un homme qui se charge d'aller toujours en ligne droite, un niais qui croit à l'infaillibilité. Il n'y a pas de principes, il n'y a que des événements; il n'y a pas de lois, il n'y a que des circonstances: l'homme supérieur épouse les événements et les circonstances pour les conduire. S'il y avait des principes et des lois fixes, les peuples n'en changeraient pas comme nous changeons de chemises."

11 *Idem*, p. 107. Texto original: "tandis que le prince auquel chacun lance sa pierre, et qui méprise assez l'humanité pour lui cracher au visage autant de serments qu'elle en demande, a empêché le partage de la France au congrès de Vienne: on lui doit des couronnes, on lui jette de la boue. Oh! je connais les affaires, moi! J'ai les secrets de bien des hommes! Suffit. J'aurai une opinion inébranlable le jour où j'aurai rencontré trois têtes d'accord sur l'emploi d'un principe, et j'attendrai longtemps!"

> não será nada aqui, se não tiver uma mulher que se interesse por você. É preciso que ela seja jovem, rica e elegante. Mas se tiver uma afeição sincera, esconda-a como um tesouro; não permita que suspeitem dela, senão você estará perdido.[12]

Como se pode notar, em Machado, Macedo e Balzac, a mulher é aliada na luta pela ascensão social, revelando o que a vestimenta aparentemente distintiva encobre, pregando a dissimulação que serve ao arrivismo burguês. Em *Esaú e Jacó*, se a mulher é grande aliada na ascensão social, na afirmação da versatilidade política em detrimento de grandes ideais, ela também pode sugerir um romantismo bem mais complexo, que não aceita se deixar enganar pela superfície, por gravatas ou outros disfarces.

Referências Bibliográficas

BALZAC, Honoré de. *Le père Goriot*. Paris: Libraire Générale Française, 1995.

_______. *O pai Goriot*. Tradução de Gomes da Silveira. São Paulo: Globo, 1989.

MACEDO, Joaquim Manuel de. *Memórias do sobrinho de meu tio*. São Paulo: Companhia das Letras, 2000.

MACHADO DE ASSIS, Joaquim Maria. *Esaú e Jacó*. Rio de Janeiro: Garnier, 1988.

12 *Idem*, p. 82. Texto original: "Plus froidement vous calculerez, plus avant vous irez. Frappez sans pitié, vous serez craint. N'acceptez les hommes et les femmes que comme les chevaux de poste que vous laisserez crever à chaque relais, vous arriverez ainsi au faîte de vos désirs. Voyez-vous, vous ne serez rien ici si vous n'avez pas une femme qui s'intéresse à vous. Il vous faut jeune, riche, élégante. Mais si vous avez um sentiment vrai, cachez-le comme un trésor; ne le laissez jamais soupçonner, vous seriez perdu."

Hamlet à brasileira: Machado lê Shakespeare

Sandra Guardini Teixeira Vasconcelos
(Universidade de São Paulo)

Nascida no rodapé do jornal, naquele espaço dedicado às variedades, onde valia tudo para entreter o leitor, a crônica está, desde a sua origem, associada ao circunstancial, ao precário e ao efêmero. Nessa arte, com jeito de conversa fiada com o leitor, em que o humor e a graça dão o tom, o cronista está sempre de olho nos acontecimentos do dia, alimentando-se da própria matéria do jornal e das miudezas do cotidiano. Assim sendo, seria de se imaginar que, desaparecidos os fatos que a suscitaram, a crônica também estaria fadada ao esquecimento. Não é esse o caso de Machado de Assis. Suas mais de 600 crônicas, escritas ao longo de mais de quatro décadas, desmentem essa transitoriedade e, superando a circunstância que as gerou, se revestem de um caráter de permanência que permite ao leitor saboreá-las ainda hoje, mesmo que alguns dos fatos que as geraram tenham se perdido no tempo.

Com a fina ironia e a sagacidade que são sua marca registrada, Machado, desde a década de 1860 até 1900, ocupou a seção denominada *folhetim* de diferentes jornais e revistas cariocas, comentando acontecimentos do dia-a-dia da cidade do Rio de Janeiro e do país. Mesmo dizendo-se apenas interessado em "catar o mínimo e o escondido", Machado oferece uma leitura alternativa da história e dos acontecimentos que comenta, provocando o leitor através de seu ponto de vista irônico e, portanto, distanciado. Sempre atento aos fatos culturais e políticos, o escritor colocava-se "em seu posto de escuta do mundo"[1] para mergulhar na contingência das notícias

1 A expressão é de Sonia Brayner em "Metamorfoses machadianas". In: Alfredo Bosi *et al.* (orgs.). *Machado de Assis*. São Paulo: Ática, 1982, p. 432.

cotidianas, fazendo da crônica um espaço híbrido, entre o jornalístico e o literário, onde se poderiam cruzar diferentes discursos e abolir as fronteiras entre os gêneros.

Esse "escriba de cousas miúdas", como Machado autodefine-se, desde o início de sua atividade de cronista apontava o hibridismo como característica central do gênero. Em crônica publicada em 30 de outubro de 1859, a proposição da mescla de elementos díspares já se apresenta com ares de programa:

> O folhetinista é a fusão admirável do útil e do fútil, o parto curioso e singular do sério, consorciado com o frívolo. Esses dois elementos, arredados como polos, heterogêneos como água e fogo, casam-se perfeitamente na organização do novo animal. [2]

De fato, desses contrastes Machado iria explorar todas as potencialidades e obter resultados extraordinários, transformando a mistura em recurso estético, formal. Nessa altura, se poderia dizer que não havia aí nenhuma novidade. Afinal, isso é o que também pregava o programa do teatro romântico, defendido por Victor Hugo em seu "Prefácio de Cromwell". Posicionando-se contra a regra da separação dos gêneros e a favor da harmonia dos contrários, Hugo argumentava que "[a musa moderna] sentirá que tudo na criação não é humanamente belo, que o feio existe ao lado do belo, o disforme perto do gracioso, o grotesco no reverso do sublime, o mal com o bem, a sombra com a luz".[3] E para reforçar seu argumento de que "o moderno nasce da fecunda união do tipo grotesco com o tipo sublime", Hugo lança mão do exemplo do teatro de Shakespeare, em que "da mesma forma que os mais vulgares têm várias vezes acessos de sublime, os mais elevados pagam frequentemente tributo ao trivial e ao ridículo".[4]

Onde estaria então a singularidade do traço machadiano? Como se daria essa química dos contrários em suas crônicas? Só para ficar num exemplo do trânsito

---

2 Machado de Assis. "O folhetinista". In: Afrânio Coutinho (org.). *Obra completa*. Vol. III. Rio de Janeiro: Nova Aguilar, 1992, p. 958.

3 Victor Hugo. *Do grotesco e do sublime*. Tradução do "Prefácio de Cromwell". São Paulo: Perspectiva, 1988, p. 25.

4 *Idem*, p. 45.

entre o sério e o cômico, o elevado e o baixo, tomemos a crônica de 28 de maio de 1885, que, por acaso, diz respeito ao próprio Victor Hugo, e na qual Machado comenta, com seu peculiar senso de humor, o tratamento sensacionalista dado pelos jornais à morte do escritor francês, comparando-o com a sensação criada em torno dos preços baixos da Alfaiataria Estrela do Brasil. Se, por um lado, a imprensa noticia os dois fatos como se se equivalessem, Machado não perde a oportunidade de apontar esse procedimento, tão comum nos jornais. Dessa forma, o verso "*Rien n'est sacré pour un sapeur*!",[5] citado no início da crônica, é adulterado logo em seguida, transformado em "*Rien n'est sacré pour un ... tailleur*!" Nessa troca, que é igualmente uma troça, discurso poético e discurso comercial também passam a se equivaler, num movimento evidente de dessacralização do primeiro.

Gostaria de argumentar, portanto, que a associação insólita entre duas notícias tão heterogêneas se constituiria num traço de composição de que Machado lança mão para produzir um efeito crítico sem precedentes a respeito do mundo da informação. Nesse processo, traz para o interior do jornal a literatura, principalmente a estrangeira, que trata com irreverência, através do recurso ao lúdico e ao humor. Se, de modo geral, os autores brasileiros fizeram da literatura europeia um modelo a seguir e obedecer, Machado preferiu brincar com ela, incorporando a herança literária e repropondo-a por meio da paródia.

Sabemos todos quão abundantes são os exemplos da presença de autores estrangeiros na obra machadiana. Interessa-me aqui, no entanto, discutir esse modo particular de incorporação, através do estudo de uma crônica que considero paradigmática no que diz respeito àquele que se pode chamar de traço machadiano por excelência, isto é, o rebaixamento da literatura ao mundo da mercadoria.

Publicada originalmente na *Gazeta de Notícias*[6] e depois incluída, com o título de "A Cena do Cemitério", no livro *Páginas recolhidas*, organizado pelo próprio autor, a crônica de 3 de junho de 1894 dialoga diretamente, como o próprio título indica, com a famosa cena dos coveiros em *Hamlet* (ato V, cena 1). Nessa altura, nem eram novidade as referências ao teatro shakespeariano na obra de Machado,

5 "Nada é sagrado para um sapador".

6 A colaboração de Machado no jornal Gazeta de Notícias, fundado em 1875, se estendeu de 1883 a 1897. A série A Semana cobre o período de 1892 a 1897.

nem era inédita a alusão à tragédia do príncipe da Dinamarca, sabidamente uma das leituras preferidas do nosso escritor. De fato, um olhar mais detido sobre o conjunto de sua obra revela a sedução que essa peça parece ter exercido sobre ele. Não foram poucas as vezes em que Machado recorreu à citação de frases hamletianas, quase sempre adaptadas de forma brincalhona às circunstâncias, ao longo de sua obra.[7] Parece não haver, no entanto, melhor exemplo da impregnação dessa peça num texto do escritor do que a crônica a que me referi acima, parte da série de 248 publicadas na coluna *A Semana*.

A convivência do escritor brasileiro com a obra do grande dramaturgo inglês data, segundo seus biógrafos, de 1870, a partir de quando Machado teria começado a ler

7 Só para mencionar alguns exemplos: a expressão "To be or not to be" dá nome a um conto de 1876, enquanto que os versos "There are more things in heaven and earth, Horatio,/ Than are dreamt of in our philosophy". (Hamlet, ato I, cena 5, ll.166,167) aparecem, em geral alterados. Por exemplo, em Quincas Borba, cap. CLXVIII ("Sem conhecer Shakespeare, ele emendou Hamlet: "Há entre o céu e a terra, Horácio, muitas coisas mais do que sonha a vossa vã filantropia) e cap. CLXIX ("D. Fernanda não entendeu esta palavra. Creio que mais, porque eu o adoro! Em verdade, a conclusão não parecia estar nas premissas; mas era o caso de emendar outra vez Hamlet: "Há entre o céu e a terra, Horácio, muitas coisas mais do que sonha a vossa vã dialética."); no conto "A Cartomante" ("Hamlet observa a Horácio que há mais cousas no céu e na terra do que sonha a nossa vã filosofia. Era a mesma explicação que dava a bela Rita ao moço Camilo, numa sexta-feira de novembro de 1869, quando este ria dela, por ter ido na véspera consultar uma cartomante; a diferença é que o fazia por outras palavras.); e em inúmeras crônicas, como as de 2 de julho de 1893 ("Esta impossibilidade de esconder o que se passa, no segredo das deliberações, faz-me crer no ocultismo. É ocasião de emendar Hamlet; "Há entre o Palácio do Conde dos Arcos e a rua do Ouvidor muitas bocas mais do que cuida a vossa inútil estatística"); 11 de fevereiro de 1894 ("Há duas astronomias, a do céu e a da terra; a primeira tem astros e algarismos; a segunda dispensa os astros, e fica só com os algarismos. Mas há também entre o céu e a terra, Horácio, muitas coisas mais do que sonha a vossa vã filosofia. Uma dessas coisas, como vos digo, é a vertigem dos números."); 10 de janeiro de 1895 ("... os bookmakers, apesar do nome nunca escreveram livros, e que há entre uma casa e outra mais frontões do que sonha a minha vã filologia."); 27 de outubro de 1895 ("Abre-se um capítulo de mistérios, de fenômenos obscuros, e concordávamos todos com Hamlet, relativamente à miséria da filosofia".); 20 de dezembro de 1896 ("Há mais coisas entre o céu e a terra do que sonha nossa vã filosofia. É velho este pensamento de Shakespare; mas nem por velho perde.").

autores ingleses.[8] Se *Hamlet* foi, de acordo com João do Rio, um dos livros de cabeceira de Machado,[9] a familiaridade do escritor com Shakespeare não se deu exclusivamente através da leitura. Certamente, Machado teve a oportunidade de assistir às representações das principais peças de Shakespeare no Rio de Janeiro. Introduzido no Brasil na primeira metade do século XIX, através de adaptações francesas, foi a estreia da companhia italiana de Ernesto Rossi em 1871 que, segundo Eugênio Gomes, teve a "primazia de representar o verdadeiro teatro shakespeariano, no Brasil."

É também Eugênio Gomes quem nos informa que,

> a partir de 1876, começaram a aparecer com maior frequência os reflexos do teatro shakespeariano em sua obra [de Machado], uma ou outra vez, com alusão a Rossi e também a Salvini,[10] que ambos proporcionaram à metrópole brasileira as melhores interpretações de Hamlet, Otelo e outros personagens trágicos do gênio inglês, até então vistas em nosso país.[11]

Seja através da encenação das peças nos palcos cariocas, seja através das inúmeras referências, comuns entre os poetas românticos, seja através da leitura, Machado manteve contato constante com a dramaturgia de Shakespeare, o que fica patente na sua obra. No entanto, longe de transformá-la em modelo, Machado vai utilizar-se dela como elemento de mediação, através do qual penetra nos fatos da semana, colhidos no jornal. É este o caso da crônica de 3 de junho, em que ele relê, numa chave paródica, a cena dos coveiros de *Hamlet*.

---

8 Há algumas controvérsias sobre essa data. Enquanto Eugênio Gomes e Lúcia Miguel Pereira dão-na como certa, Jean-Michel Massa afirma que em 1870 Machado ainda não lia inglês fluentemente e que a tradução de Oliver Twist, de Charles Dickens, teria sido feita através da versão em francês.

9 Eugênio Gomes. *"Machado de Assis". Shakespeare no Brasil.* Rio de Janeiro: Ministério da Educação e Cultura, s.d., p. 160.

10 Eugênio Gomes se refere a dois atores italianos, cujas companhias andaram pelo Rio de Janeiro na década de 1870.

11 Eugênio Gomes, *op. cit.*, p. 160.

Mestre nas associações paradoxais, Machado abre a crônica em questão com um conselho ao leitor, que vai na contramão do recurso adotado pelo próprio escritor – "Não mistureis alhos com bugalhos". A advertência vem a propósito da experiência desagradável, vivida pelo narrador, de combinar a leitura de jornal e de *Hamlet*, antes de dormir. O resultado é um pesadelo, provocado pela "mistura de poesia e cotação de praça, de gente morta e dinheiro vivo".[12] Tendo como pano de fundo a memória, ainda muito fresca, do descalabro financeiro provocado pelo Encilhamento,[13] nos anos de 1890 e 1891, e as notícias das oscilações da Bolsa de Valores que acabara de ler no jornal, Machado mescla ficção, teatro e História e incorpora, num mesmo texto, o discurso comercial dos pregões de títulos e debêntures e a fala rebaixada do narrador e de seu "fiel criado" José Rodrigues, travestidos de Hamlet e Horácio.

Machado aproveita-se, de forma magistral, da suspensão das leis naturais que a atividade onírica possibilita para colocar lado a lado duas ordens diversas de experiência. Segundo diz o próprio narrador, "Nos sonhos há confusões dessas, imaginações duplas ou incompletas, mistura de coisas opostas, dilacerações, desdobramentos inexplicáveis".[14] Essa observação, diria eu, cabe como uma luva também para descrever o modo de construção da própria narrativa. A crônica, estruturada em forma de um sonho emoldurado, é toda ela construída a partir de homologias criadas, de um lado, pelas referências constantes ao mundo financeiro e, de outro, pela reencenação dos preparativos para o enterro de Ofélia. Assim, o espaço é metade sala, metade cemitério; os coveiros são ao mesmo tempo corretores; da cova saltam ossos e papéis; os títulos são caveiras; a caveira de Yorick é ao mesmo tempo uma debênture da Geral.

---

12 Machado de Assis. "A cena do cemitério". In: Eugênio Gomes (org.). *Crônicas*. Rio de Janeiro: Agir, 1963, p. 56.

13 Os anos de 1890 e 1891 foram um período de grande agitação financeira conhecido como Encilhamento, durante o qual o desenfreado movimento da Bolsa e a febre especuladora levaram à criação de grandes fortunas assim como provocaram grandes falências. A depressão econômica deste início da década de 1890 atingiu todo o país. Entre 1891 e 1897, o mil-réis perdeu metade de seu valor, causando pânico. Grande parte da nação mergulhou num mar de estagnação econômica e empobrecimento crônico.

14 Machado de Assis, "A cena do cemitério", *op. cit.*, p. 57.

O tom é de irrisão. Não resta nenhum vestígio da atmosfera solene presente na cena shakespeariana. A inocência da morte de Ofélia coloca-a na esfera do sublime. Sem dúvida, como Victor Hugo bem nos lembra, Shakespeare contrapõe, nessa cena, a solenidade do acontecimento com os trocadilhos, gracejos e verborragia dos coveiros. Da mesma forma, mescla o humor e a comicidade dos dois "clowns" com um dos momentos mais altos da peça, em que, numa cena de profunda ironia dramática, Hamlet tece fantasias, debruçado sobre a cova destinada a Ofélia, ignorante da morte da mulher amada.

Aquele que é um momento de profunda reflexão e melancolia diante da morte na tragédia shakespeariana, já tingido pelo grotesco dos atos e falas dos coveiros, transforma-se numa cena sarcástica e paródica, na qual, através do recurso ao lúdico e ao rebaixamento, Machado justapõe literatura e mundo da circulação da mercadoria, tirando disso um efeito crítico absolutamente notável. O que se desenterra da cova aberta pelos coveiros da crônica são debêntures ao invés de ossos. Enquanto cava, um deles recita uma quadrinha que remete diretamente àquelas cantadas por um dos "clowns" shakespearianos:

> Era um título novinho,
> Valia mais de oitocentos;
> Agora que está velhinho
> Não chega a valer duzentos.

> [Em Shakespeare, por exemplo:
> But age, with his stealing steps,
> Hath clawed me in his clutch,
> And hath shipped me into the land,
> As if I had never been such.]

Se, na tragédia, os "clowns" já pertencem à esfera do cômico e do baixo, Machado rebaixa ainda mais seus coveiros que, dizendo pilhérias e fazendo trocadilhos, falam de bancos, títulos e patacas. Também seu Hamlet, com o crânio-debênture na mão, repropõe a fala do Hamlet original sobre Yorick, transformando um daqueles momentos em que o príncipe reflete sobre a transitoriedade da vida num comentário sobre a equiparação operada pelo mundo capitalista entre arte e mercadoria. Na fala do Hamlet brasileiro encontram-se ecos de seu sucedâneo dinamarquês e o rebaixamento é patente:

> — *Alas, poor Yorick*! Eu o conheci, Horácio. Era um título magnífico. Estes buracos de olhos foram algarismos de brilhantes, safiras e opalas. Aqui, onde foi nariz, havia um promontório de marfim velho lavrado; eram de nácar estas faces, os dentes de ouro, as orelhas de granada e safira. Desta boca saíam as mais sublimes promessas em estilo alevantado e nobre. Onde estão agora as belas palavras de outro tempo? Prosa eloquente e fecunda, onde param os longos períodos, as frases galantes, a arte com que fazias ver a gente cavalos soberbos com ferraduras de prata e arreios de ouro? Onde os carros de cristal, as almofadas de cetim?[15]

Logo em seguida, essa equivalência fica definitivamente estabelecida, ao sugerir que "[uma letra de Sócrates] Talvez ainda valha menos que esta debênture".[16]

É evidente que, na escolha da cena, Machado faz um recorte que pode render muitíssimo, do ponto de vista dessa espécie de poética da paródia que caracteriza seu texto. A redução desse momento solene e elevado, na tragédia de Shakespeare, ao mundo da troca e do capital opera um deslocamento da função modelar normalmente desempenhada pela literatura europeia que, nesse caso, deixa de ser modelo e passa a ser motivo, deliberadamente usada para fins críticos e paródicos.

O alvo da crítica é, claramente, a roda mercantil que transforma tudo em mercadoria, em valor de troca. Num mundo em que tudo foi reduzido a mercadoria, não

---

15 *Idem*, p. 59. No texto original: "Let me see. Alas, poor Yorick. I knew him, Horatio: a fellow of infinite jest, of most excellent fancy; he hath borne me on his back a thousand times. And now how abhorred in my imagination it is. My gorge rises it. Here hung those lips that I have kissed I know not how oft. Where be your gibes now, your gambols, your songs, your flashes of merriment that were wont to set the table on a roar? Not one now to mock your own grinning – quite chap-fallen? Now get you to my lady's chamber, and tell her, let her paint an inch thick, to this favour she must come. Make her laugh at that".

16 *Idem*, p. 60.

há lugar para o sublime, restando apenas o olhar irônico, capaz de rebaixar o próprio mundo da informação e chamar atenção para a tábula rasa em que se constitui o próprio jornalismo.

Nessa reflexão, Machado desafia o leitor, colocando-o diante de uma visão alternativa a respeito da história e dos acontecimentos. Machado tinha consciência do papel da imprensa na vida moderna, no acesso à cultura e na circulação de informações nos grandes centros urbanos. Tanto assim que colaborou intensamente com diferentes periódicos, ao longo dos anos. No entanto, suas crônicas são um exercício permanente de contestação. Não se engane o leitor com o tom zombeteiro, com o ar de comentário descompromissado, com o distanciamento olímpico de quem faz de conta que se ocupa apenas de "uma metafísica das quinquilharias", na feliz expressão de Davi Arrigucci.[17] Oblíquo e dissimulado, como Capitu, sempre no domínio de seu ferino senso de humor, Machado folhetinista penetra na História de seu tempo e, como quem não quer nada, vai expondo as mazelas da República, através do comentário dos pequenos acontecimentos cotidianos. Misturando ossos e debêntures, "alhos com bugalhos", vai deixando um testemunho sobre uma época. Ainda com a memória viva da especulação financeira que havia marcado os anos de 1890 e 1891, o narrador-Hamlet e seu criado José Rodrigues-Horácio, em meio a coveiros e caveiras, apontam, com tiro certeiro, para um daqueles males que assolam o país até hoje. É José Rodrigues, personificação do homem simples, quem diz:

> Meu Senhor, as batatas desta companhia [Companhia Promotora das Batatas Econômicas] foram prósperas enquanto os portadores dos títulos não as foram plantar. A economia da nobre instituição consistia justamente em não plantar o precioso tubérculo; uma vez que o plantassem era indício certo da decadência e da morte.

Não soam familiares e contemporâneas essas palavras? No Brasil do Plano Real, especular também dá mais lucros do que plantar.

---

17 Davi Arrigucci Jr. "Fragmentos sobre a crônica". In: *Enigma e comentário. Ensaios sobre literatura e experiência*. São Paulo: Companhia das Letras, 1987, p. 58.

Referências Bibliográficas

ARRIGUCCI JR. Davi. "Fragmentos sobre a Crônica". In: *Enigma e comentário. Ensaios sobre literatura e experiência*. São Paulo: Companhia das Letras, 1987.

BRAYNER, Sonia. "Metamorfoses Machadianas". In: BOSI, Alfredo, *et al.* (orgs.). *Machado de Assis*. São Paulo: Ática, 1982.

GOMES, Eugênio. *"Machado de Assis". Shakespeare no Brasil*. Rio de Janeiro: Ministério da Educação e Cultura, s.d.

HUGO, Victor. *Do grotesco e do sublime*. São Paulo: Perspectiva, 1988.

MACHADO DE ASSIS, Joaquim Maria. "A cena do cemitério". In: GOMES, Eugênio (org.). *Crônicas*. Rio de Janeiro: Agir, 1963.

_______. "O folhetinista". In: COUTINHO, Afrânio (org.). *Obra completa*. Vol. III. Rio de Janeiro: Nova Aguilar, 1992.

Tempo e espaço na forma shandiana: Sterne e Machado de Assis

Sergio Paulo Rouanet
(Academia Brasileira de Letras)

A forma shandiana

"Não consultes dicionários": foi assim que Bentinho chamou atenção, em *Dom Casmurro*, para o uso especial que ele fazia da palavra *casmurro*, diferente do que aparecia nos dicionários de língua portuguesa.[1] Do mesmo modo, recomendo que não consultem os dicionários de inglês para entenderem o título deste artigo. A palavra *shandean*, no *Webster's International Dictionary*, significa "one who has the spirit of Tristram Shandy", e *shandysm* é definido como "the philosophy of Tristram Shandy". Para essa acepção, o shandismo é uma atitude diante da vida, uma concepção do mundo, um modo de enfrentar a vida e seus absurdos. Esse uso é atestado pelo próprio Sterne. "True shandysm", diz ele, "opens the hearts and lungs, forces the blood and other vital fluids of the body to run freely through its channels, makes the wheel of life run long and cheerfully round".[2] A palavra tem às vezes um conteúdo um tanto repreensível, como quando Sterne afirma, virtuosamente, ser menos

---

1 Machado de Assis. *Dom Casmurro*. In: Afrânio Coutinho (org.) *Obra completa*. Vol. I. Rio de Janeiro: Nova Aguilar, 1979, cap. I, p. 809.

2 Laurence Sterne. *The Life and Opinions of Tristram Shandy, Gentleman*. Nova York: The Modern Library, s.d., livro IV, cap. 32, p. 349-350. Doravante TS, seguido de algarismos que indicam o Livro, o capítulo e a página. Há tradução para o português: *A vida e as opiniões de Tristram Shandy*, por José Paulo Paes (Rio de Janeiro: Nova Fronteira, 1984).

shandiano do que as pessoas acreditam. Ela designa uma atitude entre libertina e sentimental, um sensualismo risonho, um humor afável e tolerante, capaz de perdoar transgressões próprias e alheias, mas também de zombar, sem excessiva malícia, dos grandes e pequenos ridículos do mundo. Nessa significação, o shandismo é uma maneira de ver e sentir, no fundo, uma questão de temperamento, e, nesse sentido, podemos falar em personalidades shandianas, sem pensarmos em Sterne, do mesmo modo que aludimos a personalidades pantagruélicas ou quixotescas, sem em nenhum momento pensarmos nem em Rabelais nem em Cervantes.

Em vez disso, proponho usar o termo para designar uma forma literária – a forma shandiana. Em que consiste ela? Paradoxalmente, não é em Sterne que buscaremos uma resposta, e sim num dos mais perfeitos cultores da forma shandiana, nascido 126 anos depois de Sterne e a muitos milhares de quilômetros de sua Irlanda natal: Machado de Assis.

A resposta está nas primeiras páginas de *Memórias póstumas de Brás Cubas*. Releiamos o prefácio ao leitor, de Brás Cubas:

> Trata-se, na verdade, de uma obra difusa, na qual eu, Brás Cubas, se adotei a forma livre de um Sterne ou de um Xavier de Maistre, não sei se lhe meti algumas rabugens de pessimismo. Pode ser. Escrevi-a com a pena da galhofa e a tinta da melancolia, e não é difícil antever o que poderá sair desse conúbio.

No prólogo à terceira edição, o próprio Machado de Assis toma a palavra, acrescentando um terceiro nome, o de Almeida Garrett, e dizendo que toda aquela gente tinha viajado: "Xavier de Maistre à roda do quarto, Garrett na terra dele, Sterne na terra dos outros. De Brás Cubas se pode dizer que viajou à roda da vida". Enfim, no capítulo I, o narrador chama atenção para as liberdades tomadas com a cronologia: em vez de contar em primeiro lugar seu nascimento, começa com a narração de sua morte.[3]

---

3 Machado de Assis. *Memórias póstumas de Brás Cubas*. In: Afrânio Coutinho (org.), *op. cit.*, Vol. I, Prólogo da terceira edição, Ao leitor e cap. I, p. 512-513. Doravante, MP e algarismos indicando o capítulo e a página.

Nessas linhas, Machado delimita uma família intelectual, composta de todos os autores que aderiram a uma certa "forma": Sterne, patriarca da família, dois dos seus "descendentes", Xavier de Maistre e Almeida Garrett, e a ele próprio. E vai mais além: dá contornos conceituais a essa forma. É uma forma caracterizada: 1) pela presença constante e caprichosa do narrador, ilustrada enfaticamente pelo pronome de primeira pessoa: "Eu, Brás Cubas"; 2) por uma técnica de composição difusa e livre, isto é, digressiva, fragmentária, não-discursiva; 3) pela interpenetração do riso e da melancolia; e 4) pela subjetivação radical do tempo (os paradoxos da cronologia) e do espaço (as viagens).

Machado de Assis definiu exaustivamente essa forma, mas não a nomeou. Para preencher esse déficit terminológico, decidi usar o adjetivo "shandiano", para deixar claro que a origem da forma está no romance de Laurence Sterne, *Tristram Shandy*. Não estou querendo dizer com isso que Sterne não tenha tido antecedentes, porque depois que José Guilherme Merquior escreveu um ensaio pioneiro em que enquadrava Machado de Assis na tradição da sátira menipeia,[4] ninguém tem o direito de ignorar que Sterne é herdeiro dessa tradição, que se iniciou no século III a.C. com o filósofo cínico Menipo de Gandara, prosseguiu, na Antiguidade, com Varrão, Sêneca e Luciano de Samósata, e continuou, na Renascença e no Barroco, com Erasmo de Rotterdam e Robert Burton, antes de chegar, no século XVIII, ao autor de *Tristram Shandy*. Mas não me parece que Sterne possa ser incluído, sem maiores mediações, no veio central da tradição menipeia, porque esta, tanto em sua maneira clássica quanto na renascentista, aplicava-se essencialmente à sátira, à comédia, ao diálogo filosófico, enquanto Sterne extraiu da literatura menipeia uma forma aplicável especificamente ao romance. A forma shandiana é a refuncionalização romanesca da tradição menipeia. A esse título, podemos dizer que Sterne inaugurou efetivamente

4 José Guilherme Merquior. "Gênero e estilo nas Memórias póstumas de Brás Cubas". Colóquio/Letras, Lisboa, jul. 1972, *apud* Enylton José de Sá Rego. *O calundu e a panaceia. Machado de Assis, a sátira menipeia e a tradição luciânica*. Rio de Janeiro: Forense Universitária, 1989, p. 198. Segundo Merquior, seriam as seguintes as principais características da sátira menipeia, todas direta ou indiretamente presentes em Machado: 1) ausência de distanciamento com relação aos personagens e à ação; 2) a mistura do sério e do cômico; 3) liberdade do texto com relação aos ditames da verossimilhança; 4) a frequente representação de estados psíquicos aberrantes; e 5) o uso constante de gêneros intercalados.

uma forma, e que embora Machado conhecesse muito bem autores como Luciano e Erasmo, foi à forma shandiana, e não de modo imediato à literatura menipeia, que Machado de Assis se filiou em *Memórias póstumas*.

Um estudo completo da forma shandiana teria que abranger, além do próprio Machado, os três outros autores mencionados em *Memórias póstumas* (Sterne, Xavier de Maistre e Almeida Garrett), e se possível outros, que Machado citou em várias passagens, mas não incluiu na "família", como Diderot, cujo *Jacques le fataliste* é um livro shandiano exemplar. E teria que examinar, em cada um desses autores, em suas semelhanças e diferenças, o funcionamento das quatro características estruturais da forma shandiana: a hipertrofia da subjetividade, a digressividade e a fragmentação, a mistura de riso e melancolia, e a subjetivação do tempo e do espaço.

Tratar de tudo isso nos limites de um artigo é obviamente impossível, e por isso serei duplamente seletivo, restringindo-me aqui a apenas dois autores, Sterne (*Tristram Shandy*) e Machado (*Memórias póstumas de Brás Cubas*)[5] e concentrando-me somente na última característica estrutural da forma shandiana: a subjetivação do tempo e do espaço.

Tempo e espaço em *Tristram Shandy*

Em *Tristram Shandy*, há uma profunda assimetria entre o tempo da ação e o tempo narrativo: em vez de reproduzir o tempo da ação, o tempo da narrativa o violenta. Ironicamente, Sterne cria a impressão de que é o tempo da ação que impõe seu ritmo ao tempo narrativo. Este passa a funcionar como a mimese daquele. Consequentemente, cada minuto da ação que está sendo narrada deve ocupar um minuto do tempo textual, seja na escrita, seja na leitura. Cada dia de trabalho do memorialista deveria ser capaz de abarcar um dia da vida de Tristram. Um trecho que pode ser lido em uma hora deve descrever um episódio que, de fato, teve a duração de uma hora. Mas essa regra autoimposta de correspondência temporal

5 Como o foco deste artigo é a forma shandiana, não mencionarei as analogias de conteúdo entre Sterne e Machado de Assis, já amplamente documentadas por autores como Eugênio Gomes (*Espelho contra espelho*. São Paulo: Instituto Progresso Editorial, 1949) e Helen Caldwell (*Machado de Assis*. Berkeley: University of California Press, 1970).

é evidentemente absurda, e Tristram expõe comicamente os seus numerosos fracassos. Assim, passam-se apenas dois minutos, treze segundos e três quintos entre o momento em que Walter tocara a campainha, mandando o criado Obadiah chamar o Dr. Slop, e o momento em que Obadiah bate na porta, trazendo consigo o médico. Segundo seu método, o narrador deveria ter entremeado entre os dois momentos materiais que pudessem ser lidos em dois minutos, treze segundos e três quintos. Em vez disso, ele é obrigado a reconhecer, diante das objeções de um imaginário "hiper-crítico", ter violado a lei da verossimilhança temporal, intercalando passagens que exigem no mínimo uma hora e meia de leitura.[6] Para seu desespero, ele verifica que estava trabalhando há seis semanas, e ainda não tinha nascido.[7] Suas perplexidades chegam ao clímax quando se dá conta de que já tinham se passado doze meses desde que começara a escrever, e não terminara ainda o relato do seu primeiro dia de vida. Em consequência, tinha mais 364 dias de vida a descrever um ano atrás, de modo que em vez de progredir em sua tarefa com a passagem do tempo, atrasava-se à medida que a tarefa prosseguia. A tarefa é, portanto, propriamente interminável, já que cada dia de sua vida deveria ser descrito de modo tão exaustivo como o do seu nascimento. "At this rate I should live 364 times faster than I should write – it should follow, an' please your worships, that the more I write, the more I shall have to write".[8]

Tendo demostrado pela *reductio ad absurdum* a impossibilidade de imitar em sua narrativa o tempo da ação, Tristram deixa claro que a hegemonia pertence ao tempo narrativo. É este que comanda o jogo. O tempo narrativo captura em sua teia, como um inseto, o tempo da ação, e o dobra a seu jugo. O tempo narrativo, como no episódio da viagem de Obadiah à procura do médico, pode ser mais longo que o tempo da ação, que durou pouco mais de dois minutos. E pode ser mais curto, porque durante essa hora e meia o narrador teve tempo de trazer Toby, ferido em Namur, até a Inglaterra, de mantê-lo inválido na casa de Walter Shandy, em Londres,

6 TS, II, 8, p. 104-105.

7 TS, I, 14, p. 37.

8 TS, IV, 13, p. 296.

durante quatro anos, e de fazê-lo viajar, com Trim, até Yorkshire, para consagrar-se a seu *hobby horse*.[9]

Ora, como quem determina os ritmos do tempo narrativo é o próprio narrador, segue-se que é este o verdadeiro senhor do tempo. O narrador sente-se autorizado a dispor sobre o tempo, porque declarou com todas as letras que não se considerava sujeito a regra alguma – nem às de Boileau, autor da regra da unidade do tempo, nem, muito menos, às de Horácio. "I should beg Mr. Horace's pardon – for in writing what have set about, I shall confine myself neither to his rules nor to any man's rules that ever lived".[10] E sente-se autorizado, também, pela própria ciência: a psicologia de Locke, cujo conceito de tempo Walter explica a seu irmão Toby, quando Mrs. Shandy estava dando à luz. Para Locke, o tempo é uma ideia, uma ideia de duração, obtida pela reflexão sobre a sequência de nossas ideias. O conceito de sucessão surge quando refletimos sobre o aparecimento de várias ideias consecutivas; e a distância entre quaisquer partes dessa sucessão, ou o aparecimento de duas ideias em nossa mente, é o que chamamos duração. A duração é pois puramente subjetiva, e por isso o tempo pode passar lenta ou rapidamente, conforme nosso estado de espírito.

Como narrador, Tristram opera no eixo da duração e não do tempo quantitativo. É a sucessão das ideias do narrador que determina as articulações temporais do livro. Legitimado por Locke, Tristram pode ser tão shandiano quanto quiser. Ele trata o tempo como tratou o leitor. Tristram depende do leitor para existir, mas o maltrata; é vítima do tempo, porque o tempo é a morte que rói os seus pulmões, mas o desafia. A desenvoltura do narrador é a mesma. Se ele se diverte com o leitor, diverte-se também com o tempo, forçando-o a dar cambalhotas e saltos mortais. Através do tempo narrativo, ele age a seu bel-prazer sobre o tempo da ação.

Qual o tempo da ação, em *Tristram Shandy*? Nada mais fácil de reconstituir. Ferido em Namur em 1695, Toby se instala em Londres, em casa do irmão, em julho de 1697, onde permanece em estado de invalidez até o início de 1701. Parte nesse ano para Yorkshire, em companhia de Trim, para dedicar-se a seu *hobby horse*. Prossegue em suas atividades marciais até a paz de Utrecht, em 1713, atividades só perturbadas pelo episódio de Le Fever, em 1706. Depois de 1713, começam os

---

9 TS, II, 8, p. 104-105.

10 TS, I, 4, p. 7.

amores com a viúva Wadman, que se encerram com a fuga para Shandy Hall do herói, ofendido em seu pudor pela curiosidade indecente da viúva. Ele se refugia na casa do irmão na primavera de 1714. Informado do desenlace do "cerco", Walter deblatera contra as mulheres e o ato genital. Na mesma ocasião, o criado Obadiah, que tinha engravidado sua mulher, queixa-se de que o touro, de propriedade de Walter, encarregado de cruzar com as vacas da aldeia, não tinha cumprido seu dever, deixando de emprenhar a vaca de Obadiah. Desde então, os dois irmãos vivem juntos em Yorkshire. Na noite entre o primeiro domingo e a primeira segunda-feira de março de 1718, faz duas coisas rituais, dá corda na pêndula da sala e dorme com sua mulher, gerando Tristram. Este nasce no dia 5 de novembro de 1718. No dia 6, a criança é batizada com o nome indesejável de Tristram, no dia 7, ocorre a discussão entre os teólogos para decidir se era lícito rebatizar o menino. Entre 1719 e 1723, Walter redige um tratado sobre a educação de Tristram. Em 1723, o menino é circuncidado por acidente. Seguem-se as viagens à França e à Itália, até chegarmos ao presente, entre 1759 e 1766, em que Tristram escreve a história de sua vida e opiniões.

Ora, toda essa cronologia é sistematicamente distorcida pelo capricho do narrador. O tempo exterior só existe quando refratado na subjetividade de Tristram. Tudo se passa como se o narrador-personagem, depois de ter organizado sua obra segundo linhas cronológicas "normais", tivesse decidido embaralhá-la em seguida. Tristram se comporta como uma criança voluntariosa, que monta um quebra-cabeça e o desfaz com um gesto raivoso, dispersando todas as peças.

Mas Sterne não é Tristram. Nada é menos infantil que seu método. Com enorme sofisticação, ele cria um tempo narrativo que remaneja o tempo da ação através de técnicas como a imobilização, a inversão, o retardamento e a aceleração. São procedimentos absolutamente cinematográficos.

A imobilização corresponde ao desejo mais profundo de quem sofre com a contemplação da passagem inexorável do tempo. É o *verweile doch, du Augenblick*, de Goethe, ou o *O temps, suspend ton vol*, de Lamartine. Em Sterne, essa angústia se reflete no texto sob a forma tragicômica do que chamarei "efeito Bela Adormecida". É a câmara parando o fluxo do tempo, imobilizando imagens. Um personagem ou conjunto de personagens fica petrificado enquanto o narrador multiplica as digressões, até que o narrador o desperte, como o príncipe, no conto de Grimm, desperta o cozinheiro que durante cem anos ficara mumificado na atitude de esbofetear o ajudante.

O exemplo clássico é a sequência que se estende entre o capítulo 21 do livro I e o capítulo 6 do livro II. Ouvindo um barulho no quarto da cunhada a ponto de dar à luz, o tio Toby diz: "I think...", e faz o gesto de sacudir as cinzas do cachimbo, apoiando-o na unha do polegar esquerdo. Ele fica imobilizado nessa posição durante quarenta páginas de digressões totalmente disparatadas. Concluídas as digressões, Toby se move de novo, jogando fora as cinzas, e dizendo o que pensava: que se tocasse a campainha para mandar o criado chamar o médico.[11] Mas há inúmeros outros exemplos.

Tendo mencionado uma parteira, Tristram a esquece durante seis capítulos, e quando retorna ao tema manifesta algum remorso por um esquecimento tão prolongado. "It has been so long since the reader of this rhapsodical work has been parted from the midwife, that it is high time to mention her again".[12]

Quando Walter Shandy recebe a notícia de que o recém-nascido tivera o nariz achatado, o narrador deixa o pai prostrado na cama, num desespero extravagante. Sua posição não podia ser mais estranha. A palma da mão direita tocava a testa, o nariz repousava na colcha, o braço direito segurava a alça de um pinico, a perna esquerda estava dobrada, a direita pendia fora da cama, cuja beirada tocava a tíbia. Para explicar a aflição de Walter, Tristram o deixa nessa posição durante meia hora.[13] Decidido a aproveitar esse tempo da melhor maneira possível, Tristram informa que a família Shandy sempre dera um alto valor aos narizes grandes, e que Walter tentara dar fundamento científico a essa convicção familiar, lendo todos os tratados que tinham sido escritos sobre os narizes. De repente, dá-se conta de que fora prolixo em excesso, pois já tinham se passado 35 minutos, e o pai continuava deitado na mesma posição.[14] Tristram prossegue, angustiado – tem tantas coisas a dizer, o tempo é tão curto – e acrescenta uma infinidade de digressões, entre as quais a história de um narigudo de Estrasburgo, dotado de um "nariz" cujo tamanho insólito encantava todas as mulheres. Finalmente, catorze capítulos e sessenta páginas adiante, Tristram consente em desfazer o feitiço, libertando Walter de sua catalepsia. O dedo grande

11 TS, I, 21, p. 64; II, 6, p. 100.

12 TS, I, 13, p. 35.

13 TS, III, 30, p. 224.

14 TS, III, 38, p. 241.

do pé do enfeitiçado se mexe, para grande alívio do tio Toby, e Walter recupera sua mobilidade. Tinham se passado não trinta minutos, mas uma hora e meia.

Em outra passagem, Walter é informado do falecimento do seu filho mais velho, e reage à notícia dissertando sobre a natureza da morte e recordando as circunstâncias da morte dos grandes homens, como o pretor Cornelius Gallus, que morrera fazendo amor. Espero que tenha sido com sua esposa, diz Toby. A mãe de Tristram ouve por uma fresta na porta a palavra "esposa", e imagina que fosse ela o assunto da conversa. Em consequência, dispõe-se a escutar o diálogo, pondo o dedo entre os lábios, retendo a respiração e encostando o ouvido à fresta. "In this attitude", diz Tristram, "I am determined to let her stand for five minutes".[15] Seguem-se várias páginas em outro cenário – a cozinha, onde Trim e outros criados discutem a morte do primogênito do casal, imitando à sua moda as dissertações filosóficas de Walter. Seis capítulos depois, Tristram se lembra, cheio de remorso, de ter esquecido sua mãe – "I am a Turk if I had not as much as forgot my mother, as if Nature had plaistered me up, and set me down naked upon the bank of the river Nile, without one".[16] Mas ainda não é tempo de descongelar a mãe. Ela fica paralisada na mesma posição, até que Walter, tendo passado da morte do pretor para a de Sócrates, lembra que em sua defesa o filósofo dissera: "eu tenho três filhos desolados". Só nesse momento a mãe se move, ainda sem saber da morte do filho, e supondo que Walter estivesse falando de si mesmo. Ela abre a porta e diz: "nesse caso o Sr. tem um filho a mais do que eu sei". "Ao contrário", responde Walter, "tenho um a menos". É sua maneira de anunciar a Mrs. Shandy que ela perdera um filho. Passaram-se oito capítulos, durante os quais ela ficara como uma estátua de pedra, o dedo nos lábios e os ouvidos colados à porta.[17]

Em certos trechos, o "efeito Bela Adormecida" se dá literalmente: os personagens adormecem de fato. Depois de tentar em vão explicar a Toby a natureza filosófica do tempo, segundo Locke, Walter fica exausto e cai no sono, sendo imitado por Toby. Tristram os deixa dormindo e aproveita para escrever seu prefácio. "All my heroes are off my hands; 'tis the first time I have had a moment to spare and I'll make use of it,

15 TS, V, 5, p. 372.

16 TS, V, 11, p. 382.

17 TS, V, 13, p. 385.

and write my preface".[18] Terminado o prefácio, Tristram desperta os dois irmãos por intermédio de uma porta mal-azeitada, que range quando Trim a abre.[19]

Outra técnica é a inversão, através da qual o narrador age sobre a flecha do tempo, corrigindo sua irreversibilidade. Há *flash-backs*, *flash-forwards*, e a interpenetração de ambos. O livro começa antes do começo e termina antes do fim. O começo, que deveria ser a história da vida de Walter e Toby, acaba sendo a história das calamidades pré-natais que perturbaram a concepção do herói e dos desastres que presidiram o seu nascimento. O fim, que deveria ser a maturidade do herói, no momento em que ele começa a escrever suas memórias, é o episódio final dos amores do tio Toby, isto é, quatro anos antes do nascimento de Tristram. No último volume, aparece o pastor Yorick, que toma parte na discussão sobre o touro impotente, enquanto o primeiro volume descrevera a morte desse mesmo pastor. Toby e Trim participam ativamente dos acontecimentos relacionados com o nascimento de Tristram, no início do livro, mas sua morte é descrita numa passagem consagrada a episódios que se passaram vários anos antes desse nascimento. No dia do parto, em 1718, aparece de repente um Tristram adulto, escrevendo suas memórias em 9 de março de 1759, isto é, com quase 41 anos. O mesmo Tristram adulto, contemporâneo do que escreve as memórias, ocupa o centro do Livro VII, fugindo a todo galope da morte, grande bloco narrativo que corta em dois a narrativa dos amores de Toby, ocorridos muito antes que o herói viesse ao mundo. Através da inversão, o passado pode tornar-se presente, ser *retrouvé*, no melhor sentido proustiano, e mesmo ser objeto de intervenção do narrador, como quando ele avisa o tio de que a viúva Wadman estava com más intenções.[20] E o futuro pode estar incrustado no passado: no meio das "campanhas" de Toby e de Trim, o narrador transporta o leitor a uma data que ainda estava muito longínqua, a morte desses dois personagens.

Em vez de imobilizar e inverter, a câmara shandiana pode também retardar a ação. Esse efeito de retardamento é obtido principalmente pelas digressões. Desde as primeiras páginas do livro, Tristram pede licença para contar a história à sua maneira, mesmo que isso significasse demorar-se na estrada, "trifling upon the road".[21]

18 TS, III, 20, p. 197.

19 TS, III, 21, p. 209.

20 TS, VIII, 24, p. 601.

21 TS, I, 6, p. 10-11.

Mas assim como o narrador difere o progresso da ação, ele pode fazê-la avançar mais rapidamente. A câmera acelerada substitui a câmera lenta. São os dois extremos do método do narrador. Às vezes ele sente necessidade de contar todos os pormenores, de evitar qualquer empobrecimento do real, de captá-lo em toda sua riqueza de objetos e aspectos, em todos os reflexos que ele projeta na consciência do narrador e dos personagens. Por isso, ele não seleciona nada, não exclui nada, o que exige paradas frequentes, desvios e retrocessos, para que tudo seja observado, registrado, inventariado. Mas em outros momentos, o narrador se impacienta, convence-se da futilidade da descrição enciclopédica, do registro exaustivo, e a narrativa se torna rápida, alusiva, lacunar. O melhor exemplo é a própria autobiografia de Tristram. O narrador não explica nada sobre a vida do personagem, com exceção dos três ou quatro episódios de sua concepção, nascimento e maturidade. É que a câmera, aqui, optou pelo movimento rápido. As imagens desfilaram com tanta velocidade que o espectador só conseguiu captar uma ou outra cena, e acabou tendo que reconstituir o filme em sua imaginação. Num extremo, tudo é importante, e a câmera lenta se impõe, para que nada se perca; no outro extremo, nada vale a pena, ou pouco, e não há razão para evitar os hiatos e lacunas do texto, o que requer uma câmera altamente seletiva, em que as imagens se sucedem com a rapidez do relâmpago.

Esse tratamento arbitrário dispensado ao tempo da ação através das várias técnicas examinadas – imobilização, inversão, retardamento e aceleração – se reflete no caráter arbitrário das diferentes unidades lógicas – dedicatória, prefácio, capítulos.

Num romance normal a dedicatória deveria servir de pórtico ao livro. Tristram faz a sua no final do capítulo 8 do livro I. Ele começa com uma invocação – *My Lord* – deixando em branco o nome do personagem, e oferece a dedicatória, ao preço de cinquenta guinéus, a qualquer duque, marquês, conde ou barão que deseje comprá-la, comprometendo-se, na segunda edição do livro, a preencher o espaço em branco com o nome do comprador.[22]

É óbvio, para qualquer autor não shandiano, que um prefácio deve vir antes do texto. Nada de menos evidente para Tristram. É claro que também para ele o livro deve ter um começo, um meio e um fim, embora não necessariamente nessa ordem. O fim pode estar no começo, o começo no fim, e um e outro podem estar no meio.

22 TS, I, 8, p. 15.

Se é assim, o que impediria um prefácio de vir no meio do romance, por exemplo, no capítulo 20 do Livro III? Consequentemente, é ali que Tristram põe seu prefácio, consagrado à tese de que o espírito (*wit*) e o julgamento não se excluem.[23]

E os capítulos? Normalmente eles deveriam ser consecutivos – o segundo capítulo depois do primeiro, o terceiro depois do segundo etc. Para Tristram, isso é uma tirania insuportável. No último Livro, Tristram decide que precisa escrever o capítulo 25 antes dos capítulos 18 e 19, por mais que os críticos o censurem. Pois "how was it possible that they should foresee the necessity I was under of writing the 25th chapter of my book before the 18th etc.?"[24] Em consequência, ele passa diretamente do capítulo 17 ao 20, e só muito mais tarde escreve os dois capítulos pulados, o que produz a seguinte série: 20, 21, 22, 23, 24, 25, 18, 19... Necessidade? Digamos necessidade shandiana. A inversão dos capítulos reflete a técnica da inversão que Sterne aplicou ao lidar com o tempo da ação, levando-o a terminar antes do começo.

A imobilização é o tempo zero da ação, o tempo sem tempo durante o qual não acontece nada, ou muito pouco. Ela se traduz visualmente em dois procedimentos típicos: a supressão dos capítulos e sua substituição por páginas em branco.

Tristram suprime todo o capítulo 24 do Livro IV. Passamos do capítulo 23 diretamente ao 25, o que se reflete na numeração das páginas. Na edição *Everyman*, o leitor passa da página 312 à 323. Tristram defende a supressão por razões estéticas. As páginas que faltam eram tão bem escritas, tão superiores ao resto do livro, que destruiriam o equilíbrio entre as diferentes partes da obra. Mas que penso a verdadeira explicação é menos gratuita. No capítulo extinto, Tristram descreveria a viagem de Walter e seus companheiros a uma casa em que se realizaria uma reunião de teólogos, para discutir a questão gravíssima da possibilidade de mudar o prenome de Tristram, depois de efetuado o batismo. Ora, toda essa viagem foi feita sob o signo de mais uma excentricidade de Walter. Ela se realiza a cavalo, e não no coche da família Shandy, simplesmente porque as armas pintadas no veículo estavam heraldicamente incorretas, dando a impressão de que havia um ramo bastardo na família. Sterne não deixa dúvida sobre sua opinião a respeito: esse orgulho nobiliárquico era grotesco, e a questão era indigna de ocupar a atenção de pessoas sérias. "Tis scarce credible

23 TS, III, 20, p. 197.

24 TS, IX, 25, p. 659.

that the mind of so wise a man as my father was, could be so much incommoded with so small a matter".[25] Ou seja, insignificante demais, a questão podia ser dada por inexistente, e o episódio da cavalgada até a casa do teólogo, relacionada com essa não-questão, podia ser tratada num não-capítulo. Para todos os efeitos práticos, o tempo em que ela se realizou era um tempo vazio, exatamente como aqueles em que os personagens ficam imobilizados, aguardando o reinício da ação.

Outra maneira de refletir a imobilização é deixar capítulos em branco, como contrapartidas visuais dos tempos em branco. Essa técnica pode ser ilustrada pelos mesmos capítulos 18 e 19 com que ilustrei a técnica da inversão. Sterne não se limita a inverter a ordem, colocando esses capítulos dentro do capítulo 25, mas assinala graficamente os espaços vazios: depois do capítulo 17 vem uma página em branco, representando o capítulo 18, e uma página parcialmente em branco, terminando em uma partitura musical, que representa o capítulo 19. Sterne poderia ter facilmente invertido a ordem dos capítulos, sem ter deixado as páginas em branco. Mas teria com isso omitido uma informação essencial, a de que os dois capítulos correspondiam na verdade a dois não-acontecimentos. No capítulo 18, o tio Toby não fez nada para demonstrar o seu amor. Por inexperiência na arte de fazer a corte, ele se limita a dizer que estava enamorado, e senta-se no sofá, sem acrescentar nada. A viúva espera, em vão, que ele desenvolva o tema; mas o tempo passa, e Toby continua mudo e imóvel. O capítulo 19 descreve outra não-ação. Toby faz uma proposta de casamento, e mergulha no ato contínuo na leitura da Bíblia, na parte mais apaixonante para seus interesses guerreiros – o cerco de Jericó. De novo, ele não acrescenta nada.

> When my uncle Toby had said this, he did not care to say it again; so casting his eye upon the Bible... he set himself to read it over – leaving his proposal of marriage, as he had done his declaration of love, to work with her after its own way. (662)

Nos dois casos, estamos diante de um tio Toby que depois de ter dito coisas completamente insuficientes fica petrificado, seja na posição de uma estátua sentada, seja

25 TS, IV, 25, p. 324.

na de uma estátua lendo as Santas Escrituras. É verdade que esses dois tempos não são totalmente vazios. Apesar de tudo, Toby deflagra certas reações, dizendo no capítulo 18 que amava Mrs. Wadman e no capítulo 19 que queria casar-se com ela. Por isso, os capítulos são suprimidos, porque desaparecem da sequência normal, substituídos por espaços em branco, e não o são, porque reaparecem, misteriosamente, no interior do capítulo 25. Com as páginas em branco, Tristram alude à pobreza dos conteúdos, mas reintroduzindo mais tarde os capítulos, ainda que invertidos, reconhece que eles não foram inteiramente nulos. Retirando esses capítulos de sua sequência normal, Tristram obtém um poderoso efeito estético: cria, de saída, um contraste entre as expectativas amorosas de Toby ao entrar na casa da viúva, descritas no capítulo 17, e a decepção provocada pela curiosidade inconveniente da cortejada, descritas no capítulo que se segue imediatamente, o capítulo 20, cuja primeira frase alude ao desejo da viúva de ver o lugar onde Toby tinha sido ferido. Assim, a inversão desempenha o papel de criar uma relação imediata de contiguidade entre essas duas situações contrastantes, deslocando para depois os episódios intermediários, enquanto as páginas em branco têm a função de designar o vazio relativo dos acontecimentos incompletos.

Esses misteriosos capítulos em branco colaboram também para a realização de outro objetivo shandiano: o retardamento. O retardamento é obtido pela técnica da repetição. Assim, os capítulos 18 e 19 aparecem duas vezes, a primeira como espaço em branco e a segunda como texto. A repetição não está somente no fato de que as indicações "Capítulo 18" e "Capítulo 19" aparecem nas duas vezes, mas no fato de que o capítulo "pleno" se limita a duplicar o capítulo "vazio", que para um olhar atento não é tão vazio assim.

Assim, na versão "plena" do capítulo 18, a viúva Wadman fica olhando para um rasgão que ela estava cerzindo em seu avental, enquanto esperava em vão que o tio Toby acrescentasse alguma coisa às quatro palavras com que ele declarara seu amor. Em inglês, a frase é a seguinte: "Mrs. Wadman naturally looked down, upon a slit she had been darning up in her apron, in expectation, every moment, that my uncle Toby would go on".[26] Ora, se levarmos em conta que *slit* significa também *fenda*, cujo significado sexual é óbvio tanto em inglês como em português, não teríamos dificuldade em

26 TS, IX, 25, 660.

interpretar o gesto da viúva como uma ação sintomática no mais puro sentido freudiano: as palavras de Toby tinham dirigido os pensamentos da viúva para o ato genital. Para os que julgam excessiva essa interpretação, recomendo que meditem a seguinte passagem de Freud, a propósito, precisamente, de *Tristram Shandy*: "Na questão das ações sintomáticas, a observação psicanalítica deve ceder a prioridade aos escritores. O sr. Wilhelm Stross me chama atenção para a seguinte passagem no romance humorístico de Laurence Sterne, *Tristram Shandy*... "[27] Freud cita em seguida, em alemão, uma longa passagem de *Tristram Shandy*, que eu me permito abreviar e citar no original:

> There are a thousand unnoticed openings, continued my father, which let a penetrating eye at once into a man's soul; and I maintain it, added he, that a man of sense does not lay down his hat in coming into a room – or take it up in going out of it, but something escapes, which discovers him.[28]

Por outro lado, o capítulo 19, em sua versão "plena", é uma preparação para a pergunta que se revelaria fatal para os projetos matrimoniais da viúva: ela queria saber o "lugar" em que Toby tinha sido ferido, pergunta que o inocente militar interpreta num sentido geográfico.

Assim, os dois capítulos contêm materiais sexualmente explosivos, apontando, respectivamente, para o polo feminino e masculino da relação genital. É por isso que num primeiro momento eles são censurados, dissolvendo-se numa página em branco (versão "vazia") e só reaparecem num segundo momento (versão "plena") depois de parcialmente dissimulados pela descontextualização e pela inversão, que os retiram de sua sequência natural. Desse modo, para um "penetrating eye", a versão "plena" é uma simples repetição da versão "vazia". A mesma história é por assim dizer contada duas vezes, a primeira pelo silêncio e a segunda pela linguagem. A reiteração se põe a serviço do retardamento.

---

27 Sigmund Freud. *Zur Psychopathologie des Alltagsleben*. Gesammelte Werke. Vol. IV, p. 237-238.

28 TS, VI, 5, p. 430.

A extrema irregularidade no tamanho dos capítulos exprime o arbítrio do narrador no tratamento dos ritmos temporais. Há capítulos anormalmente longos e capítulos brevíssimos, que mostram a alternância entre a técnica do retardamento e a da aceleração. O tempo se arrasta, interminável (não é esse o sentido da palavra *Langeweile*, em alemão?) em capítulos como o 17 do Livro II, contendo um sermão completo de Yorick, com mais de 20 páginas de texto,[29] ou no capítulo inicial, não-numerado, do Livro IV, com o conto atribuído a Slawkenbergius, o douto cronista dos narizes fálicos: nada menos que trinta páginas.[30] Os minutos se esticam, a câmara lenta explora tudo e não poupa nada. No outro extremo, há inúmeros capítulos com menos de dez linhas e vários com pouco mais de duas linhas, como o capítulo 5 do Livro IV, em que Walter se irrita com Toby, dizendo que não é o momento de falar em pensões de granadeiros,[31] o capítulo 15 do Livro VI, em que Walter decide que digam o que disserem ele vai impor ao menino o uso das calças,[32] e o capítulo 9 do Livro IX, seguindo-se à invocação a Jenny, na qual ele dissera: "Heaven have mercy upon us both". Esse capítulo consta unicamente as palavras: "Now, for what the world thinks of that ejaculation – I would not give a groat".[33] Esses capítulos minúsculos dão, evidentemente, a impressão de uma grande velocidade temporal. O contraponto entre capítulos tão longos que põem à prova a paciência do leitor e tão curtos que mal podemos sentir sua necessidade traduz com muita exatidão o modo astuciosamente ambivalente com que Sterne se relaciona com o tempo da ação, ora diferindo a narrativa com intercalações infinitas, ora se movendo com tanta rapidez que anos e mesmo décadas inteiras são telescopadas em poucos minutos de tempo narrativo.

A representação shandiana do espaço é tão caprichosa quanto a do tempo. Assim como o tempo do relógio, o espaço geométrico se desmaterializa, transformando-se em vivência subjetiva. Os personagens viajam, como observou Machado de Assis, mas o espaço que eles percorrem não se estende em linha reta de um ponto a outro, de uma a outra cidade. Este espaço previsível era o dos viajantes do *Grand Tour*, com um itinerário preciso, programado para que os jovens ingleses de classe alta pudessem

29 TS, II, 17, p. 123-145.

30 TS, IV, p. 251-281.

31 TS, IV, 5, p. 286.

32 TS, VI, 15, p. 452.

33 TS, IX, 9, p. 636.

completar e aprimorar sua educação. Era também o espaço do *Bildungsroman*, como nos anos de peregrinação de Wilhelm Meister, em que cada experiência encontrada no meio do caminho contribuía para a formação moral e intelectual do viajante. O espaço shandiano se parece mais com o do romance picaresco, como no *Lazarillo de Tormes*, ou no *Quixote*. Sua lei é o acaso, a contingência dos encontros fortuitos, como no outro *bestseller* de Sterne, *Sentimental Journey*, ou, pelo contrário, a Necessidade, o Destino, a Morte, como no Livro VII de *Tristram Shandy*:

> I will lead him a dance that he little thinks of – for I will galop, without looking once behind me, to the banks of the Garonne; and if I hear him clattering at my heels – I'll scamper away to mount Vesuvius – from thence to Joppa – and from Joppa to the world's end.[34]

O viajante shandiano nunca visita o que interessa aos viajantes normais.

Em *Sentimental Journey*, o pastor Yorick diz que "I have not seen the Palais Royal – nor the Luxembourg – nor the façade of the Louvre – nor have attempted to swell the catalogues we have of pictures, statues and churches".[35] É que o espaço é vivido e recordado de modo tão subjetivo quanto o tempo, ao sabor dos interesses e caprichos do viajante, de suas simpatias e antipatias – afinal, Yorick é um *sentimental traveller*, interessado em pessoas, e não em monumentos, movido por seus afetos e sentimentos, e não pela fria racionalidade de um guia turístico.

Se o viajante se comporta desse modo caprichoso, o narrador que relata essas viagens é igualmente caprichoso, só narrando o que interessa narrar. Aqui o capricho assume a máscara da objetividade: se o historiador vai sempre em frente, desdenhando os caminhos laterais, está omitindo a descrição de regiões inteiras da realidade. Para que o espaço real possa ser transposto sem falsificações no espaço narrativo, a totalidade desse espaço precisa entrar no texto.

34 TS, VII, 1, p. 496-497.

35 Laurence Sterne. *A Sentimental Journey*. Londres: Everyman's Library, 1947, p. 89.

> Could a historiographer drive on his history, as a muleteer drives on his mule – straight forward – for instance, from Rome all the way to Loreto, without ever turning his head aside either to the right hand or to the left – he might venture to foretell you to an hour when he should get to this journey's end – but the thing if morally impossible. For, if he is a man of the least spirit, he will have fifty deviations from a straight line to make with this or that party as he goes along, which he can no ways avoid. He will have views and prospects to himself perpetually soliciting his eye, which he can no more help standing still to look at than he can fly; he will moreover have various accounts to reconcile, anecdotes to pick up, inscriptions to make out, stories to weave in, traditions to sift, personages go call upon... There are archives at every stage to be looked on, and rolls, records, documents, and endless genealogies.[36]

Como o espaço do narrador é sempre o espaço evocado, e nunca o que foi efetivamente percorrido pelo viajante, pode ocorrer que duas viagens feitas no mesmo espaço, mas em momentos diferentes, sejam vividas subjetivamente como simultâneas: o narrador-viajante faz as duas viagens ao mesmo tempo. Assim, ao narrar sua viagem como adulto à cidade de Auxerre, Tristram evoca sua viagem como adolescente à mesma cidade de Auxerre, em companhia de Walter e de Toby, o que leva Tristram a concluir, com sua peculiar lógica shandiana, que ele está fazendo ao mesmo tempo as duas viagens. "Now this is the most puzzled skein of all... for I have been getting forward in two different journeys together, and with the same dash of the pen... I have brought myself into such a situation, as no traveller ever stood before me".[37]

Tempo e espaço nas Memórias póstumas

Machado de Assis leva à perfeição a característica shandiana de transformar o tempo objetivo num tempo subjetivo. Isso é coerente com a lei do capricho, que é o essencial da subjetividade shandiana: déspota em tudo, Brás Cubas quer ser também

36 TS, I, 14, p. 37.

37 TS, VII, 14, p. 534.

senhor do tempo. Mas Brás não é somente um tirano, é também um melancólico, e um dos traços fundamentais da sintomatologia melancólica é a angústia diante da transitoriedade das coisas. Seja como tirano, seja como melancólico, Brás quer a sensação de ter o tempo sob seu controle, e por isso o transforma em coisa sua. Para não estar sujeito ao tempo cronométrico, apropria-se dele como narrador e o maneja a seu bel-prazer. O tempo da ação subordina-se ao tempo narrativo.

O tempo da ação é de facílima reconstituição, porque como Tristram, Brás se esmera em balizá-lo com datas e fatos. O narrador nasceu no Rio de Janeiro, ainda no tempo de D. João VI, no dia 20 de outubro de 1805. Foi batizado em 1806. Desde os cinco anos era um "menino diabo", quebrando a cabeça de escravas e cavalgando moleques domésticos. Em 1814, por ocasião da primeira queda de Napoleão, participou de um jantar de regozijo, e para vingar-se do Dr. Vilaça, que o impedira de comer uma ambicionada compota, anunciou a todos que ele tinha dado um beijo em D. Eusébia, atrás da moita. Frequenta uma escola, que o entedia e onde é condiscípulo de Quincas Borba. Em 1822, ano da independência do Brasil, Brás tem dezessete anos e inicia sua ligação com Marcela. Ela o amou durante quinze meses e onze contos de réis, o que faz supor que a ligação terminou por volta de fevereiro de 1824. Embarca para a Europa, no navio de capitão poeta. Estuda em Coimbra e depois dos "anos da lei" bacharela-se, suponhamos que por volta de 1830. Passa alguns anos na Europa, o que nos leva, digamos, a 1834, quando volta ao Rio. Morre a mãe. Sobe para a Tijuca, e tem um breve namoro com "a flor da moita", Eugênia. Reencontra Marcela, desfigurada pelas bexigas. Conhece Virgília, que o pai lhe reservara como noiva, mas a perde para Lobo Neves. Morre o pai, humilhado com a desfeita sofrida pelo filho: "um Cubas!" Torna-se amante da ex-noiva. Encontra, transformado em mendigo, seu companheiro de escola, Quincas Borba. Brás tem agora cerca de quarenta anos, e estamos em 1845. Aluga uma casa na Gamboa, com a cumplicidade de D. Plácida, para abrigar seus amores com Virgília. Lobo Neves é nomeado para uma Presidência de província, e convida Brás para acompanhá-lo como secretário. Mas Lobo Neves acaba recusando a nomeação, por medo do número treze. Brás acredita que vai ser pai, mas Virgília perde a criança. Lobo Neves chega de surpresa à casa da Gamboa, e quase pega os adúlteros em flagrante. Afinal é assinado novo decreto, com a data de 31, e Virgília parte para a província com o marido. Brás aceita com equanimidade essa partida, e janta bem no Hotel Pharoux. Agora com quarenta e tantos anos, decide casar-se com Nhã-Loló, mas a moça morre de febre amarela. Em 1855, aos cinquenta anos, reencontra Virgília num baile. É eleito deputado, com ambições ministeriais, e estimulado por Quincas Borba, faz um discurso propondo a diminuição da barretina da guarda nacional. Morrem D. Plácida, Lobo Neves, Marcela, e enfim Quincas Borba, inteiramente louco. Brás tem a ideia de inventar um emplastro antimelancólico. E morre de pneumonia, aos 64 anos, às duas horas da tarde de uma sexta-feira do mês de agosto de 1869.

Como tirano e melancólico, Brás Cubas sai dos seus cuidados para sabotar, na narrativa, a linearidade do tempo da ação, recorrendo a todas as estratégias de desorganização temporal adotadas por Tristram Shandy: a imobilização, a inversão, o retardamento e a aceleração.

Imaginando um narrador morto, Machado de Assis ultrapassou de muito tudo o que Sterne inventou em matéria de imobilização do tempo. Tristram está continuamente ameaçado pela morte, fugindo dela em seu galope alucinado pela França, mas é quando estava vivo que ele escreve suas memórias. Ele pode sempre mudar suas opiniões, viver novas aventuras, encontrar outros personagens. Tristram é habitado pela permanente virtualidade da mudança. O narrador faz o que pode para criar para si mesmo a ilusão de controlar o tempo, mas sabe que faça o que fizer está sujeito às suas vicissitudes. Ele está vivo, e portanto é mortal. Machado vai incomensuravelmente mais longe em sua tentativa de exorcizar o tempo: ele se instala, como narrador, num tempo além do tempo, no tempo da eternidade. É um observador imóvel, protegido de qualquer mudança possível. Brás não podia emagrecer, porque as ossadas não emagrecem: "Restavam os ossos, que não emagrecem nunca".[38] O leitor tinha "pressa em envelhecer"[39] – defeito que não se podia atribuir a um autor defunto, que não envelhecia nunca. É o que Brás explica pacientemente a um crítico obtuso: "O que quero dizer não é que esteja agora mais velho que quando comecei o livro. A morte não envelhece".[40] Enfim, seus estados de espírito não mudam, pois ele está além da tristeza e da alegria: "Esta é a grande vantagem da morte, que se não deixa boca para rir, também não deixa olhos para chorar".[41]

38 MP, XXIII, p. 545.

39 MP, LXXI, p. 583.

40 MP, CXXXVIII, p. 627.

41 MP, LXXI, p. 583.

Esse narrador imóvel disserta sobre a contínua mobilidade de todas as coisas, o tempo que não cessa de fluir é observado *sub specie aeternitatis*, e a morte é buscada como refúgio contra os terrores da morte. É um paradoxo que Freud compreenderia bem, pois para ele a pulsão da morte acaba coincidindo com Eros, já que em última análise a morte é repouso, fim do estado de tensão induzido pela incessante variação de todas as coisas.

A ideia do tempo imóvel faz seu aparecimento mesmo entre os vivos. Mas, nesse caso, é uma falsa imobilidade, uma imobilidade que não liberta. Geralmente, ela se manifesta, muito shandianamente, nas excentricidades gráficas, nos capítulos sem título, nos títulos sem texto. Por exemplo, o capítulo LIII, que narra o primeiro beijo de Brás Cubas e Virgília, não tem título. É que não é um verdadeiro capítulo, e sim um prólogo, o prólogo dos amores adúlteros que seriam narrados depois. "Tal foi o livro daquele prólogo".[42] Como prólogo, algo situado antes do início, corresponde a um tempo zero, um tempo imóvel antes que o verdadeiro tempo comece a fluir. Esse tempo imóvel é negativo, é o prólogo de uma vida de medo e hipocrisia, de cóleras, desesperos e ciúmes. O capítulo LV, "O velho diálogo de Adão e Eva", é construído sob a forma de uma peça de teatro, em que aparecem as *dramatis personae* – Brás Cubas e Virgília – mas em que as respectivas falas são substituídas por linhas pontilhadas, exclamações e interrogações. É a comédia universal dos sexos, comum a todas as épocas, além das variações da história, e nesse sentido o reino da intemporalidade, mas uma intemporalidade que nada tem de consoladora, porque é a condição para perpetuar "o legado de nossa miséria". O capítulo CXXXIX, "De como não fui ministro de Estado", também não tem texto: é que também alude a um tempo zero, um tempo vazio, o tempo imóvel de uma ambição frívola que não se realizou.

A inversão é outra estratégia shandiana usada por Brás Cubas. Ela permite ao narrador subverter a flecha do tempo, tornando-o reversível. Assim, o narrador volta atrás em capítulos já escritos, corrigindo-o num capítulo posterior, como faz quando decide intercalar o capítulo CXXX no capítulo CXXIX. Mas o melhor exemplo de inversão temporal está no artifício central do livro, o processo pelo qual Brás Cubas decide começar suas memórias por sua morte, e não por seu nascimento. Duas razões o levaram a essa decisão, diz ele. Primeiro, ele não era um autor morto, e sim um

42 MP, LIII, p. 569.

morto que escrevia livros, e, portanto, podia fazer o que não pôde um Chateaubriand, por exemplo, no livro cujo título Machado de Assis parodiou, *Mémoires d'outre tombe*. Segundo, o escrito ficaria mais novo, distinguindo-se nisso do Pentateuco, em que Moisés também conta sua morte, mas a põe no fim. É uma inversão mais radical que qualquer das inventadas por Sterne, mas que tem a sua lógica, uma lógica shandiana, bem entendido. Se a campa foi o segundo berço de Brás, ele nasceu no momento de sua morte, e com isso a cronologia "normal" se restaura, anulando a inversão. Essa ideia tem um ar curiosamente cristão, porque para certos pregadores sacros a verdadeira vida começa depois da morte.

O efeito de retardamento é obtido especialmente pelas digressões, tema que não posso tratar aqui. Lembro apenas uma grande sequência cheia de digressões, uma das poucas que poderiam gerar algum suspense no leitor – a entrada abrupta de Lobo Neves na casa de D. Plácida, com sua possível sequela de cenas passionais e episódios de violência e até de assassinato. Esse episódio em que nada acontece se arrasta, interminável, ao longo de oito capítulos. No capítulo CII, Brás anuncia que tinha praticado uma ação abominável. No capítulo CIII, revela que a ação abominável era que tinha se atrasado uma hora num encontro com Virgília, em casa de D. Plácida. No próximo encontro, quando ele está conseguindo ser perdoado pela moça, D. Plácida anuncia que o marido enganado estava chegando. Ele chega de fato no capítulo CIV, sem consequências particularmente trágicas, porque Brás não sai da alcova e Virgília explica que estava apenas visitando D. Plácida. No capítulo CV, Brás aplica ao caso presente a lei da equivalência das janelas: seu gesto de querer sair da casa, enfrentando o marido e arrancando-lhe Virgília, ação prudentemente impedida por D. Plácida, era uma forma de neutralizar a humilhação que ele sentira ao ficar escondido na alcova quando Lobo Neves chegara: a alcova fora uma janela fechada, e o gesto de sair, mesmo frustrado, uma janela aberta, destinada a ventilar a consciência. No capítulo CVI, D. Plácida se oferece para ir à casa de Virgília, a fim de verificar o que houvera entre o marido e a mulher. No capítulo CVII, há um bilhete de Virgília, dizendo que não tinha acontecido nada, mas que o marido suspeitava de alguma coisa. No capítulo CVIII, Brás analisa suas emoções ao ler o bilhete. No capítulo CIX, diz que releu o bilhete, antes e depois do almoço, e não se esquece de descrever o cardápio desse almoço, profundamente ascético, para desaprovação de Quincas Borba.

O efeito de aceleração é também muito frequente. Os anos de escola são mencionados em poucas linhas: "Unamos agora os pés e demos um salto por cima da escola, a enfadonha escola, onde aprendi a ler, escrever, contar, dar cacholetas, apanhá-las, e ir fazer diabruras, ora nos morros, ora nas praias, onde quer que fosse propício a ociosos".[43] Começa a falar sobre seu colega de travessuras, Quincas Borba, mas decide dar outro pulo: "Vamos de um salto a 1822, data da nossa independência política, e do meu primeiro cativeiro pessoal".[44] Chamado de volta ao Brasil, Brás quer contar detalhes sobre sua volta, mas contém-se. É preciso ser rápido. "Não alonguemos este capítulo. Às vezes, esqueço-me a escrever, e a pena vai comendo papel, com grave prejuízo meu, que sou autor".[45] Nas cenas de luto, o tempo se abrevia, miniaturiza-se. Ao descrever a morte da mãe, o narrador faz questão de dizer que o capítulo era triste, mas curto. A morte do pai é descrita mais velozmente ainda, sob a forma de notas para um capítulo que não chegou a ser escrito.[46] O mesmo acontece com a morte de Nhã-Loló. Ela é anunciada num epitáfio, e comentada em poucas linhas, no início do capítulo seguinte.

> O epitáfio diz tudo. Vale mais do que se lhes narrasse a moléstia de Nhã-Loló, a morte, o desespero da família, o enterro. Ficam sabendo que morreu; acrescentarei que foi por ocasião da primeira entrada da febre amarela. Não digo mais nada, a não ser que a acompanhei até o último jazigo, e me despedi triste, mas sem lágrimas.[47]

Seguindo a tradição shandiana, Brás Cubas percorre o espaço sem plano preconcebido, sem submetê-lo a categorias racionais. É o que acontece quando Brás caminha sem se dar conta disso em direção ao hotel Pharoux. Ele é conduzido pelas pernas, como um autômato, e não pela razão.

43 MP, XIII, p. 531.

44 MP, XIII, p. 532.

45 MP, XXII, p. 544.

46 MP, XLV, p. 562.

47 MP, CXXVI, p. 621.

> Enquanto eu pensava naquela gente, iam-me as pernas levando, ruas abaixo, de modo que insensivelmente me achei à porta do hotel Pharoux. De costume jantava aí; mas não tendo deliberadamente andado, nenhum merecimento da ação me cabe, e sim às pernas, que a fizeram.[48]

Mas em geral os personagens shandianos se relacionam com o espaço através da viagem, e não através de perambulações automáticas, e Brás Cubas não é exceção alguma. Nisso, Machado de Assis teve uma intuição certeira. Não nos esqueçamos de que "toda essa gente viajou: Xavier de Maistre à roda do quarto, Garrett na terra dele, Sterne na terra dos outros. De Brás Cubas se pode talvez dizer que viajou à roda da vida".[49] Mas pode-se viajar de dois modos, ou seguindo um guia Baedecker ou obedecendo a impulsos subjetivos. A viagem shandiana pertence à segunda categoria. Seu itinerário é guiado pelo capricho, pela volubilidade, ou pelo interesse sentimental. Foi o caso de Tristram Shandy, que não disse uma palavra sobre as atrações de Paris, ou Yorick, em *Sentimental Journey*, que não quis saber do Louvre, do Luxemburgo ou do Palais Royal. Do mesmo modo, Brás Cubas resolve não dizer nada sobre o que viu na Europa, depois de bacharelar-se em Coimbra. Sabemos que percorreu a península, que esteve em outros lugares da velha Europa, onde assistiu às alvoradas do romantismo, e que entre esses lugares estava Vezena, "ainda rescendente aos versos de lord Byron".[50] E é tudo. "Não direi coisa nenhuma. Teria de escrever um diário de viagem e não umas memórias, como estas são, nas quais só entra a substância da vida."[51] Impossível dizer mais claramente que o espaço só interessava na medida em que era evocado, e que só entraria na narrativa de modo impressionístico, arbitrário, determinado pelo processo associativo do narrador.

É dessa natureza, em geral, o espaço que aparece em *Memórias póstumas*. Como o tempo, o espaço é desconstruído, transposto para dentro. O espaço se deforma na evocação e na narração. Torna-se subjetivo. O espaço urbano do Rio se atrofia,

48 MP, LXVI, p. 580.

49 MP, "Prólogo da terceira edição", p. 512.

50 MP, XXII, p. 544.

51 MP, XXIII, p. 544.

se desrealiza, reduzindo-se ao Rocio, onde Brás conheceu Marcela, à Tijuca, onde ele se desfez da Flor da Moita, à rua dos Ourives, onde ele reencontrou Marcela, à Gamboa, onde ele se encontrava com Virgília, e ao Catumbi, onde ele morreu. A distância entre dois pontos do espaço perde seu sentido topográfico, e transforma-se numa extensão abstrata cuja única função é ilustrar estados de alma do narrador ou aspectos de sua personalidade. Assim, a travessia marítima do Rio a Lisboa se destina a ilustrar os sentimentos do narrador com a morte da mulher do capitão – poeta; seu percurso a lombo de jumento entre Coimbra e Lisboa a ilustrar sua mesquinharia; sua viagem da Itália ao Brasil a ilustrar sua tristeza com a morte iminente da mãe.

Mas que queria dizer Machado de Assis quando afirmou que Brás Cubas tinha viajado em torno da vida? Sem dúvida, que seu personagem não tinha mergulhado na vida em si, caso em que teria ido além do seu desejo superficial de brilho, de vaidade, de prestígio, e tinha se limitado a viajar em torno dela, movido por seu ímpeto de "acotovelar os outros, de influir, de gozar... de prolongar a Universidade pela vida afora".[52] A expressão "em roda da vida" lembra a "imagem astronômica" que Brás desenvolveria no capítulo CL: "O homem executa à roda do grande mistério um movimento duplo de rotação e translação; tem seus dias desiguais como os de Júpiter, e deles compõe o seu ano mais ou menos longo".[53] O movimento de translação de Brás Cubas em torno da vida resultou num "ano" de pouco mais de sessenta anos, com "dias" inteiramente consagrados à frivolidade. A comparação astronômica sugere um movimento circular, de volta ao ponto de partida, o que significa que a "viagem" de Brás não o levara a lugar algum. Tinha se agitado muito, mas de fato não saíra do lugar. Com isso, o ideal shandiano do tempo imóvel acaba convergindo para o sonho da imobilidade espacial. Essa imobilidade, por razões diferentes, é a vocação mais íntima de todos os autores shandianos, por mais que viajem, o que só faz reforçar a filiação à forma shandiana de Machado de Assis, esse homem que nunca viajou.

52 MP, XX, p. 542.

53 MP, CL, p. 634.

Referências Bibliográficas

BARTHES, Roland. *Le plaisir du texte*. Paris: Editions du Seuil, 1973.

_______. *Fragments d'un discourse amoureux*. Paris: Editions du Seuil, 1977.

BENJAMIN, Walter. *Das Passagenwerk*. Rolf Tiedemann (org.). Frankfurt: Suhrkamp, 1982.

_______. *Ursprung des deutschen Trauerpiel*. Frankfurt: Suhrkamp, 1963.

CALDWELL, Helen. *Machado de Assis*. Berkeley: University of California Press, 1970.

GOMES, Eugênio. *Espelho contra espelho*. São Paulo: Instituto Progresso, 1949.

MACHADO DE ASSIS, Joaquim Maria. *Memórias póstumas de Brás Cubas*. In: COUTINHO, Afrânio (org.). *Obra completa*. Vol. I. Rio de Janeiro: Nova Aguilar, 1979.

_______. *Dom Casmurro*. In: COUTINHO, Afrânio (org.). *Obra completa*. Vol. I. Rio de Janeiro: Nova Aguilar, 1979.

MERQUIOR, José Guilherme. "Gênero e estilo em Memórias Póstumas de Brás Cubas". *Colóquio/Letras*, Jul. 1972.

ROUANET, Sergio Paulo. "Machado de Assis e a estética da fragmentação". *Revista Brasileira*. Fase VII, 1.2, Abril-Junho 1995.

SÁ REGO, Enylton José de. *O calundu e a panaceia*. Rio de Janeiro: Forense Universitária, 1989.

SCHWARZ, Roberto. *Um mestre na periferia do capitalismo*. São Paulo: Duas Cidades, 1990.

SENNA, Marta de. *O olhar oblíquo do bruxo*. Rio de Janeiro: Nova Fronteira, 1998.

STERNE, Laurence. *A Sentimental Journey*. Londres: Everyman's Library, 1947.

_______. *The Life and Opinions of Tristram Shandy, Gentleman*. Nova York: Modern Library, s.d.

Interpretações

A loucura e suas razões

Adriane Camara de Oliveira
(Colégio Estadual Conselheiro Macedo Soares)

Em texto anterior, "O Alienista": *ou a ciência como religião*,[1] analisei o racionalismo científico e suas contradições como uma das possibilidades de leitura da novela. Ao mesmo tempo, ainda que de forma inicial, mencionei outros textos de Machado de Assis nos quais o tema da loucura era recorrente. No presente ensaio, pretendo aprofundar a ideia. Em outras palavras, e através de gêneros literários diversos, pretendo analisar o papel que a loucura desempenha na imaginação machadiana.

Os estudos da obra machadiana, quase sempre, são divididos a partir dos inúmeros gêneros exercitados pelo autor – crônica, poesia, romance, conto, novela, teatro, crítica e tradução. Já outras pesquisas privilegiam a abordagem cronológica de suas publicações. Minha proposta, porém, ressalta a análise de um tema específico, ressaltando o processo evolutivo, independente de gêneros literários ou de datas. A escolha do tema não foi arbitrária, pois a loucura mostrou-se com mais evidência na maior parte dos textos aqui apresentados.

O *corpus* do trabalho compreende as seguintes obras: crônicas contidas na série *Balas de estalo*; o poema "A mosca azul"; os contos "O machete" e "Frei Simão"; a peça *Não consultes médico*; a novela "O alienista"; os romances *Dom Casmurro, Quincas Borba* e *Memórias Póstumas de Brás Cubas*.

---

1 Adriane Camara de Oliveira. "'O Alienista': ou a ciência como religião." In: João Cezar de Castro Rocha (org.). *À roda de Machado de Assis: ficção, crônica e crítica*. Chapecó: Argos, 2006, p. 333-353.

Como primeiro texto a ser analisado, destaco a crônica publicada em 15 de maio de 1883. Nela, o personagem Lulu Sênior sofre de "comissiomania", ou mania de comissão. Vale recordar que as monomanias fazem parte das observações de outro personagem célebre, o cientista Simão Bacamarte. Na crônica, assim o leitor é apresentado ao maníaco:

> — Não digo louco varrido, formalmente louco; mas padece de alucinações, idéias delirantes; não está bom, não; e se não tiverem cuidado, pode acabar mal, muito mal. A história da comissão foi verdadeira, quero dizer, ele imaginou que tinha a comissão diante de si, conversou com as pessoas, ouviu as palavras e escreveu-as.[2]

Contudo, o autor não trata a loucura como se fosse um fenômeno uniforme, sempre igual a si mesmo, que aparecesse sempre do mesmo modo. Muito pelo contrário, as nuances dominam sua perspectiva. Por exemplo, no poema "A mosca azul", a loucura surge como o resultado de um processo, caracterizado por sua complexidade. No poema, a morte da mosca corresponde à perda da ilusão, consequentemente a loucura se manifesta apenas quando o desejo de tudo saber revela-se uma quimera. Nesse caso, o avesso da loucura já é a inquietação (irracional) de uma razão que se pretende autossuficiente. Há também um significado implícito: a "morte" do poleá, ou seja, a loucura decorre de seu esforço em dissecar o que não pode ser inteiramente entendido: a vida.

> Dissecou-a, a tal ponto, e com tal arte, que ela,
> Rota, baça, nojenta, vil
> Sucumbiu; e com isto esvaiu-se-lhe aquela
> Visão fantástica e sutil.
>
> Hoje quando ele aí cai, de áloe e cardamomo

---

2 Machado de Assis. "Balas de estalo". *Obra completa*. Vol. III. Rio de Janeiro: Aguilar, 1986, p. 429.

Na cabeça, com ar taful
Dizem que ensandeceu e que não sabe como
Perdeu a sua mosca azul.[3]

No poema, portanto, o tema ainda se encontra ***incipiente***, mas já esboçado. Na novela "O Alienista", como se sabe, a análise da loucura conhecerá seu grau máximo, tanto por esmiuçar o tratamento dado ao problema pelas instituições como o Estado, a Igreja e a elite social, quanto por mapear o comportamento humano. Nas duas obras, contudo, no poema e na novela, os personagens possuem características bem próximas, pois pretendem dominar a ilusão de tudo conhecer racionalmente. O poleá almeja dissecar inteiramente a mosca azul, enquanto Simão Bacamarte inventa uma nova "cura" para os males da população de Itaguaí – com os resultados que conhecemos...

Em ambos os casos, o comportamento das personagens se assemelha, pois tratam suas "vítimas" com obstinação – uma autêntica metáfora do desejo de tudo controlar racionalmente. Essa atitude lança os sujeitos do conhecimento num labirinto, sem respostas para o cumprimento das suas próprias expectativas. Portanto, se o poema culmina com a loucura do poleá, o desfecho da novela anuncia a morte do alienista.

No romance *Quincas Borba*, a ironia tem como alvo a própria condição humana, nas questões filosóficas, espirituais e sociais presentes em seu contexto. Então, onde estaria a loucura? Qual o seu lugar preciso? Relembremos essa história, a fim de desenvolvermos melhor o conceito que proponho. Rubião era um ignaro, nas palavras do autor, apesar de ser professor. Ficou próximo ao filósofo Quincas Borba, quando este se encontrava moribundo. Ao morrer, o criador do Humanitismo fez de Rubião seu herdeiro universal, mas com a condição de que deveria cuidar do cão, também chamado Quincas Borba. Rubião, portanto, achou estar diante da compreensão filosófica da máxima, sempre proferida por seu mestre: "—Ao vencedor as batatas".

No entanto, não compreendeu, de fato, a máxima da filosofia de seu mestre, mesmo quando Quincas Borba contou o episódio da morte de sua avó, a fim de elucidar

3 Machado de Assis. "A mosca azul". *Obra completa*. Vol. III. Rio de Janeiro: Aguilar, 1986, p. 162.

a sua doutrina: "A sege no meio do caminho achou um obstáculo e derribou-se; esse obstáculo era minha avó. (...) Humanitas tinha fome. (...) Humanitas precisa comer".[4] Ou seja, era preciso ficar atento, porque os homens sempre lutam entre si. Os vencidos têm como propósito vital servir aos vencedores, numa leitura sociologizante da máxima do filósofo machadiano.

Ora, quando o Palha e sua esposa atravessaram seu caminho, Rubião não reconheceu as palavras do mestre. Eles foram para Rubião a mesma sege que um dia atropelou a avó de Quincas Borba: o casal retirou toda a sua fortuna, depois o esqueceram sem nenhuma dificuldade. O fim trágico dessa história será sublimado, quando finalmente ele começa a compreender a filosofia:

> De repente, como se as sílabas houvessem ficado no ar, intactas, aguardando alguém que as pudesse entender, uniu-as, recompôs a fórmula, e proferiu-a com a mesma ênfase daquele dia em que a tomou por lei da vida e da verdade. Não se lembrava inteiramente da alegoria; mas, a palavra deu-lhe o sentido vago da luta e da vitória.[5]

E, nesse ponto, a loucura terá um outro tratamento; ora, para a compreensão da máxima, Rubião precisou da embriaguez da insanidade: "no dia em que a houveres penetrado inteiramente, ah! nesse dia terás o maior prazer da vida, porque não há vinho que embriague como a verdade".[6] Portanto, a loucura traria uma semente de iluminação; assim, mais do que simplesmente o avesso da razão, a loucura também pode ser vista como um modo alternativo de produzir consciência. Estaríamos diante do elogio da loucura? Nesse caso, é como se Machado revelasse sua afeição pelo célebre livro de Erasmo. Ou, talvez, outra pergunta possa ser formulada: trata-se de mais uma forma de parodiar a teoria evolucionista? Afinal, o próprio Quincas Borba,

---

4 Machado de Assis. *Quincas Borba. Obra completa*. Vol. I. Rio de Janeiro: Aguilar, 1986, p. 647-648.

5 *Idem*, p. 804.

6 *Idem*, p. 648.

um pouco antes de morrer, teria dado indícios de insanidade: "Ouça, ignaro. Sou Santo Agostinho; descobri isto anteontem: ouça e cale-se".[7]

Vemos, portanto, as várias formas em que Machado de Assis trabalhou o tema da loucura: na crônica, na poesia, na novela e no romance. A mosca azul será a representação simbólica do limiar entre a lucidez e a insanidade. O eu-lírico descreve um poleá obstinado em dissecar a ilusão. No entanto, ao dissecá-la, decreta o seu fim, e, em consequência, enlouquecerá. Vale indagar uma outra vez: não teríamos aí uma síntese da novela "O alienista"? Ainda mais: *não encontramos no poleá um esboço da personagem Rubião*, principalmente na imagem final de Quincas Borba e Rubião? Entre "A mosca azul" e *Quincas Borba*, há ainda um outro diálogo virtual: tanto o poleá como Rubião enlouquecem, condecorando-se. O poleá ostenta uma coroa de aloé e cardamomo; Rubião, com a própria imaginação:

> Hoje, quando ele aí vai, de aloé e cardamomo
> Na cabeça, com ar taful,
> Dizem que ensandeceu, e que não sabe como
> Perdeu a sua mosca azul.[8]

> Antes de principiar a agonia, que foi curta, pôs a coroa na cabeça – uma coroa que não era, ao menos, um chapéu velho ou uma bacia, onde os espectadores palpassem a ilusão. (...) só ele via a insígnia imperial, pesada de ouro, rútila de brilhantes e outras pedras preciosas.[9]

Outro fato que favorece o tipo de análise que proponho neste ensaio é a intertextualidade nas obras *Quincas Borba* e *Memórias Póstumas de Brás Cubas*. Já no prólogo a *Quincas Borba*, o próprio Machado de Assis sugere:

---

7 *Idem*, p. 651.

8 Machado de Assis. "A mosca azul". *Obra completa*. Vol. III. Rio de Janeiro: Aguilar, 1986, p. 162.

9 Machado de Assis. *Quincas Borba*. *Obra completa*. Vol. I. Rio de Janeiro: Aguilar, 1986, p. 806.

> Um amigo e confrade ilustre tem teimado comigo para que dê a este livro o seguimento de outro. "Com as Memórias Póstumas de Brás Cubas, donde este proveio, fará você uma trilogia, e a Sofia de *Quincas Borba*, ocupará exclusivamente a terceira parte.[10]

Depois, no mesmo romance, o leitor é apresentado a um médico alienista (M. P. B. C), que recorda o doutor encontrado em "O alienista":

> Saberia Rubião que o nosso Quincas Borba trazia aquele grãozinho de sandice, que um *médico* supôs achar-lhe?[11]

Em *Memórias Póstumas de Brás Cubas*, os capítulos que vão de "O alienista" até "Das negativas" retratam com detalhes a personagem Quincas Borba. Nos capítulos que vão de "O alienista" até "Fase Brilhante", proponho que se retome a trajetória que foi explorada na novela através do personagem Simão Bacamarte: é como se Machado retornasse ao mesmo tema, com um personagem similar, e explorasse consequências diversas. Em *Memórias Póstumas de Brás Cubas*, alguns capítulos foram dedicados à loucura e sua possível cura. No capítulo CLIII, "O Alienista", observamos uma disputa mais direta entre a "sanidade" e a "loucura". A possível aproximação com a novela "O Alienista" também se vê favorecida nos conceitos com os quais o narrador definiria uma e outra. Por exemplo, as atribuições dadas à causa da loucura fariam parte de questões triviais, ou seja, comportamentos facilmente percebidos no cotidiano. Mas o alienista insistiria em buscar meios para separá-las. Machado de Assis inauguraria ali uma nova ordem.

> No dia seguinte, mandou-me o Quincas Borba um alienista. Conhecia-o, fiquei aterrado. Ele, porém, houve-se com a maior

---

10 Machado de Assis. "Prólogo da 3ª edição". *Quincas Borba. Obra completa*. Vol. I. Rio de Janeiro: Aguilar, 1986.

11 Machado de Assis. *Quincas Borba. Obra completa*. Vol. I. Rio de Janeiro: Aguilar, 1986, p. 644, grifo meu.

> delicadeza e habilidade, despedindo-se tão alegremente que me animou a perguntar-lhe se deveras me não achava doido.[12]

Ou seja, agora, não mais o alienista busca a razão perdida dos moradores da pequena e até então pacata vila, mas é o próprio personagem que zombeteiramente questiona sua própria sanidade! (Memórias Póstumas)

Hora de mudar de gênero. Na peça *Não consultes médico*, a personagem Dona Leocádia se intitula médica das enfermidades morais. Isso porque conseguiu na união de Dona Adelaide e Magalhães a cura para a solidão dele e a hipocondria dela. Com o Doutor Cavalcante não foi diferente, este já começava a dar indícios de sérios transtornos psicológicos, devido a um amor não correspondido. Pensou até em ser frade, mas Dona Leocádia o aconselhou a viajar para a China, pois poderia pregar por lá, mantendo-se afastado por dez anos. O remédio amargo serviria para a sua cura, portanto, inicialmente aceitou. Contudo, depois ele mesmo buscou uma outra opção menos dolorosa, casar-se e justamente com a filha da Dona Leocádia, Carlota. Afinal, ela também sofria do mesmo mal de amor. Portanto, a indicação dela o curou ainda mais rápido. Num dos momentos mais engraçados da peça, Dona Leocádia fala com o Doutor Cavalcante:

> Dona Leocádia — A princípio, cuidei que era [louco]. Mas o melhor foi quando se serviu o peru. Perguntei-lhe que tal achava o peru. Ficou pálido, deixou cair o garfo, fechou os olhos e não me respondeu. Eu ia chamar a atenção de vocês, quando ele abriu os olhos e disse em voz surda: "Dona Leocádia, eu não conheço o Peru..." Eu, espantada, perguntei: "Pois não está comendo...?" "Não falo desta pobre ave; falo-lhe da república".[13]

---

12 Machado de Assis. *Memórias Póstumas de Brás Cubas. Obra completa*. Vol. I. Rio de Janeiro: Aguilar, 1986, p. 636.

13 Machado de Assis. *Não consultes médico. Obra completa*. Vol. II. Rio de Janeiro: Aguilar, 1986, p. 1159.

Aqui, a semelhança não é mera coincidência: lembramos dos casos quase incuráveis tratados pelo Doutor Simão Bacamarte. Ele também buscava soluções da mesma natureza:

> então, o alienista atacava outra parte, aplicando à terapêutica o método de estratégia militar, que toma uma fortaleza por um ponto, se por outro o não pode conseguir.[14]

E não é verdade que esse percurso conduz ao perfil de Bento Santiago? Trata-se de uma personagem que, em nenhum momento, permitiu-se desconfiar de suas próprias convicções a respeito de Capitu. Com isso, sugere-se a atmosfera de um possível transtorno psicológico em comparação à novela "O Alienista", pois Simão Bacamarte também tinha total convicção nos dotes que adquirira pela ciência. Nesse caso, não aceitar outra forma de pensamento contrária. Ou seja, creio que, em alguma medida, Bento Santiago pode ser visto como uma forma hiperbólica do médico de Itaguaí – pelo menos no tocante às próprias convicções.

Caso análogo ocorre no romance entre o casal Inácio Ramos e Carlota, do conto "O machete". A esperta Carlota não resistirá à primeira oportunidade de traição. A ambivalência no caráter dos dois, o marido, um casmurro, e a esposa, travessa, será o primeiro sinal da dificuldade futura. No entanto, mesmo antes do fato consumado, não haverá indício de nenhuma mudança significativa na atitude do marido. Pelo contrário, ficará cada vez mais afastado, ruminando o seu ciúme. Essa atitude impassível demonstra um sentimento de derrota antes mesmo da consumação. Ou, então, podemos dizer que já tivesse certeza do adultério, antes que este efetivamente ocorresse – um tanto como seu ilustre companheiro de ficção, Bento Santiago.

Ora, em *Dom Casmurro*, as personagens principais, Bento Santiago e Capitu, têm características bem próximas às das personagens do conto. Além do fato de que a casmurrice de Inácio é a principal motivação para a verdadeira traição de Carlota – aqui, traição sem dúvidas, sem as incertezas que atormentam Bentinho e, por extensão, seus leitores:

---

14 Machado de Assis. "O Alienista." *Obra completa*. Vol. II. Rio de Janeiro: Aguilar, 1986, p. 285.

> Havia no violoncelo uma poesia austera e pura, uma feição melancólica e severa que casavam com a alma de Inácio Ramos.[15]
>
> (...) Aqueles olhos, expressão fiel da alma de Carlota, contrastavam com o olhar brando e velado do marido. Os movimentos da moça eram vivos e rápidos (...)[16]
>
> A alma do marido chorava mas os olhos estavam secos. Uma hora depois enlouqueceu.[17]

No conto "Frei Simão", a história da loucura se dá na descrição da personalidade do frei pelo narrador, sempre solitária e taciturna. Mas as suas memórias revelam pistas para o diagnóstico de sua insanidade. Após a falsa notícia da morte da amada, perdeu a esperança de felicidade e afastou-se do mundo através do monastério. Como seu ingresso não foi por vocação, no instante que se deparou com toda a verdade, desiludiu-se por completo e aos poucos morreu. A similaridade fica mais evidente em seu final, loucura e morte, de igual modo aconteceria com outro Simão, o Bacamarte, da novela "O alienista". Vale, porém, anotar a diferença: um, enlouquece por amor a uma mulher; o outro, por amor à ciência.

Em síntese, o tema da loucura apareceu no poema, "A mosca azul", como ideia central. Em *Memórias Póstumas de Brás Cubas*, foi apresentado em alguns capítulos. Na novela "O Alienista", percorreu a obra inteira. Com *Quincas Borba*, a personagem que melhor a representou é Rubião. Já em *Dom Casmurro*, foi um elevado grau de ciúme que evidenciou o desequilíbrio do narrador. Nos contos "O machete" e "Frei Simão" o desfecho tem como base a explosão da loucura. Na peça *Não consultes médico*, no diálogo entre pseudomédica e seus pacientes, portadores de enfermidades tratadas com um único remédio, o casamento. Loucura maior: como se o matrimônio convencional fosse a chave da felicidade!

---

15 Machado de Assis. "O Machete." *Obra completa*. Vol. II. Rio de Janeiro: Aguilar, 1986, p. 857.

16 *Idem*, p. 858.

17 *Idem*, p. 865.

Coda

Depois das análises efetuadas, podemos traçar um quadro comparativo sobre o tema, a forma e a descrição das personagens. O tema da loucura atravessou todas as obras. Além disso, as formas elaboradas para os seus desdobramentos possuem equivalências e as personagens apresentam, quase sempre, as mesmas características.

Nos contos "Frei Simão", publicado em 1864 e "O machete", em 1878, seus personagens frei Simão e Inácio parecem um esboço da personagem de Bento Santiago, com divergência apenas no final, pois este último não morre. A personagem Carlota não deixa de recordar a futura Capitu.

No romance *Memórias Póstumas de Brás Cubas* (1881), partilhamos o delírio de um defunto autor. Na novela "O Alienista" (1882), a loucura estará em toda parte, dominando a obra. Em *Quincas Borba* (1891), o caminho da verdade será encontrado na embriaguez da loucura; em *Dom Casmurro* (1899), no comportamento obsessivo da personagem de Bento Santiago; na poesia "A mosca azul" (1901) terá seu lirismo na ilusão do poleá.

Em relação às personagens frei Simão, Inácio, Rubião, Quincas Borba e Simão Bacamarte, todas enlouquecem e morrem. O poleá também enlouquece, e o personagem Bento Santiago "demonstraria insanidade" em seu ciúme desmedido.

Para finalizar, proponho uma pergunta: a busca da ***sabedoria*** encontrou na loucura uma forma de duvidar de sua possibilidade? Em outras palavras, a loucura é trágica, mas também irônica. Portanto, seria a loucura o modo *privilegiado* de alcançar a sabedoria?

Referências Bibliográficas

MACHADO DE ASSIS, Joaquim Maria. "A mosca azul". *Obra completa*. Vol. III. Rio de Janeiro: Aguilar, 1986.

_______. "Balas de estalo". *Obra completa*. Vol. III. Rio de Janeiro: Aguilar, 1986.

_______. *Dom Casmurro*. *Obra completa*. Vol. I. Rio de Janeiro: Aguilar, 1986.

_______. "Frei Simão." *Obra completa*. Vol. II. Rio de Janeiro: Aguilar, 1986.

_______. *Memórias Póstumas de Brás Cubas. Obra completa.* Vol. I. Rio de Janeiro: Aguilar, 1986.

_______. *Não consultes médico. Obra completa.* Vol. II. Rio de Janeiro: Aguilar, 1986.

_______. "O Alienista." *Obra completa.* Vol. II. Rio de Janeiro: Aguilar, 1986.

_______. "O Machete." *Obra completa.* Vol. II. Rio de Janeiro: Aguilar, 1986.

_______. *Quincas Borba. Obra completa.* Vol. I. Rio de Janeiro: Aguilar, 1986.

OLIVEIRA, Adriane Camara de. "'*O Alienista*': ou a ciência como religião." In: ROCHA, João Cezar de Castro (org.). *À roda de Machado de Assis: ficção, crônica e crítica.* Chapecó: Argos, 2006, p. 333-353.

Raymundo Faoro, leitor de Machado de Assis[1]

Alfredo Bosi
(Universidade de São Paulo / Academia Brasileira de Letras)

Quando Raymundo Faoro se dispôs a enfrentar a obra de Machado de Assis em um verdadeiro corpo-a-corpo com aquele universo de personagens e situações extraídas do Brasil imperial, a sua obra-prima, *Os donos do poder*, já estava não só pronta, pois fora editada em 1958, como acabava de ser inteiramente refundida, como se adverte no prefácio à segunda edição, que é de 1975. *Machado de Assis: a pirâmide e o trapézio* saiu em 1974. Por essa data depreende-se o quanto a intensa leitura machadiana coincidiu com a retomada e o aprofundamento das suas teses sobre a formação política brasileira.

É grande a tentação de cruzar em um só discurso os esquemas de ambos os livros. Dentro de uma concepção mimética da obra literária, a ficção de Machado deveria espelhar a estrutura do Brasil imperial desvendada pelo cientista político de amplo horizonte que foi Raymundo Faoro. Mas um mínimo de cautela metodológica exige do leitor de Faoro leitor de Machado (operação duplamente metalinguística) que separe taticamente as abordagens, começando por apreender as linhas-mestras de *Os donos do poder* para verificar até que ponto se reconhecem em *Machado de Assis: a pirâmide e o trapézio*.

O que impressiona, à primeira leitura, em *Os donos do poder* é a coerência mantida ao longo de um percurso de quase seis séculos, que vai de D. João I, mestre de Aviz, a Getúlio Vargas. Apesar dessa pletora de dados históricos e através de conjunturas

1 Esse artigo encontra-se publicado no livro *Brás Cubas em três versões*. São Paulo: Companhia das letras, 2006.

políticas díspares, o historiador detecta a permanência de um poder centralizador, o "Estado patrimonial", que serve aos estamentos e deles se serve: primeiro os aristocráticos, eclesiásticos, forenses e militares; depois, os burocráticos, em geral. Com isso, a instância política, em sentido amplo, isto é, o "governo" e os seus prepostos, ganha uma consistência, uma ubiquidade e uma longevidade que relativizam as classes donas da produção às quais o economicismo sempre atribuiu o domínio e a direção da sociedade.

A dependência, que a vulgata marxista sempre apontou, da instância política em relação à máquina econômica, e do ideológico em relação transparente com os interesses de classe, é, em Faoro, em princípio, aceita, mas dialetizada pela dependência inversa, ou seja, pela constatação de que os possuidores da riqueza precisam, estrutural ou conjunturalmente, dos manipuladores do poder oficial. Estes, por seu turno, desfrutam dos excedentes da vida econômica, porque detêm o poder de taxar e confiscar, controlando, em nome do Estado, os produtores de bens. Capital e política acabam convivendo como um casal que ora se abraça, ora briga, mas não se separa nunca definitivamente.

Para sustentar a sua tese, Faoro começa pelas vicissitudes do incipiente capitalismo português na baixa Idade Média até chegar ao tardio capitalismo brasileiro. Mostra o quanto os estamentos e as burocracias coloniais e imperiais, braços do Estado patrimonial, influíram no sentido de regular a vida econômica, ora freando-a, ora tentando estimulá-la, aliciando os homens do dinheiro e atraindo-os para o seu círculo de postos, títulos e comendas, signos de *status* extraordinariamente valorizados até o fim do Segundo Império. O conúbio de titulações honoríficas, empregos administrativos e acesso aos recursos públicos deu ao Império sete marqueses, dez condes, 54 viscondes e 316 barões, sem contar os desembargadores conselheiros, os comendadores e os oficiais da Guarda Nacional. Era "a corporação do poder".

Resumindo Max Weber, Faoro glosa-o e cita: "Os estamentos governam, as classes negociam. Os estamentos são órgãos do Estado, as classes são categorias sociais".[2]

O termo de comparação, por força do contraste, é a sociedade política norte-americana *yankee*, com o puritanismo dos seus peregrinos, a ascensão do *self-made man* e o

---

2 Raymundo Faoro. *Os donos do poder. Formação do patronato político brasileiro*. 5ª ed., vol. I. Porto Alegre: Globo, 1979, p. 47.

triunfo de uma burguesia rude que ignoraria os títulos e os fumos aristocráticos: uma sociedade de competição em que o poder do dinheiro e do lucro aparece legitimado pela ética moderna do trabalho e da produção. O molde weberiano é, no caso, evidente:

> trata-se de avaliar ações sociais norteadas por valores; e são esses valores últimos, introjetados no cotidiano, que condicionam os comportamentos de uma sociedade, não excluídos os econômicos. O lado interiorizado dos valores são os "motivos" que levam os indivíduos a agir desta ou daquela maneira.[3]

No que toca à sociedade brasileira do Segundo Império e do início da República – que será o teatro das personagens machadianas –, a tese de Faoro combina o *quadro sincrônico* (onde se veem estamentos superpostos a classes, burocracias controlando agentes econômicos) e o processo histórico, a *diacronia*, com a lenta emergência de fatores modernizadores, quer no mundo da produção empresarial, quer no mundo das condutas e das ideologias progressistas. A sincronia dá o mapa estático; a diacronia, o movimento e as passagens.

O Segundo Império teria vivido, até a década de 1860, sob a hegemonia de uma política altamente conservadora e centralizante. As oligarquias rurais partilhavam na Câmara e no Senado o poder legislativo. Quanto aos postos da administração, eram repartidos entre os filhos e parentes dos fazendeiros, a magistratura, o exército, o clero, em suma, as chamadas "influências", que, por sua vez, viviam dos excedentes da economia exportadora, cerrando fileiras em torno da Coroa.

A classe econômica dominante (os senhores do açúcar e do café e seus comissários) e os estamentos da burocracia imperial fizeram, necessariamente, vistas grossas à permanência do trabalho escravo, resistindo, até o limite do possível (1850), à pressão inglesa, que exigia o fim do tráfico. O nativismo exacerbado de Alencar combina-se com a aceitação do *status quo* escravista. Os grupos hegemônicos defendiam a prática do liberismo comercial (conquistado pela abertura dos portos em 1808) e de uma forma excludente de liberalismo político, que se reproduzia mediante o

---

3 Ver a excelente introdução que Gabriel Cohn escreveu para a coletânea *Max Weber*. 2ª ed. São Paulo: Ática, 1982.

censo eleitoral arredando os pobres da representação junto às assembleias, à Câmara e ao Senado. Na adoção do liberalismo elitista a política imperial seguia de perto o exemplo francês, cuja lei maior, a Carta da Restauração de 1814, serviu de modelo à nossa Constituição, outorgada em 1824.

É conhecido o quadro eleitoral do Segundo Império. A historiografia recente vem apontando, porém, uma presença significativa de *votantes* de parcos recursos nas eleições anteriores à Lei Saraiva (1881), que excluiu os analfabetos, restringido drasticamente o acesso às urnas. De todo modo, mesmo admitindo um grau considerável de participação na primeira etapa do processo, fica de pé o fato de que os eleitos, deputados e senadores, jamais pertenceram à mesma classe dos votantes pobres. Como ocorria contemporaneamente na Europa, o liberalismo puro e duro era uma prática que interessava diretamente à burguesia, e nada tinha a ver com princípios igualitários, tidos por anárquicos.[4] Para repetir, mais uma vez, o óbvio: *liberalismo, na primeira metade do século XIX, não significou, nem quis significar democracia.*[5]

Uma sociedade conservadora... em mudança

Raymundo Faoro dá argumentos e exemplos convincentes para sustentar a tese da vigência de dois liberalismos ao longo do século XIX brasileiro. O fato de serem duas vertentes ideológicas ostentando a mesma denominação – *liberalismo* – tem sido causa de equívocos renitentes, como a tese das ideias liberais estrangeiras,

4 Um estudo das práticas eleitorais do Segundo Reinado, que traz novos dados para entender o processo no seu conjunto, encontra-se em José Murilo de Carvalho. *A construção da ordem e Teatro de sombras*. 3ª ed. Rio de Janeiro: Civilização Brasileira, 2003, p. 393-416.

5 A distinção fundamental entre liberalismo e democracia, vigente na Europa pós-revolucionária, foi aprofundada na obra clássica de Harold J. Laski. *O liberalismo europeu*. Trad. de Álvaro Cabral. São Paulo: Mestre Jou, 1973. Para Laski, o núcleo duro do liberalismo é a sacralidade da propriedade privada que não guarda relação estrutural alguma com o igualitarismo. "O escravo (é observação de Nabuco) ainda é uma propriedade como qualquer outra, da qual o senhor dispõe como de um cavalo ou de um móvel" (*O Abolicionismo*). A oposição entre liberalismo econômico e ideais democráticos já estava explícita nas palavras do Visconde de Cayru ditas na Constituinte de 1823. "Absolutamente nenhum governo pode tolerar que em quaisquer aulas se ensinem, por exemplo, as doutrinas do contrato social do sofista de Genebra" (citado por José Murilo de Carvalho, *op. cit.*, p. 85).

postiças, fora de lugar, que antes confunde do que aclara a complexa trama ideológica do Segundo Império.[6]

---

6 A tese de que as ideologias correntes ao longo da nossa história política não corresponderiam à "realidade brasileira" conheceu pelo menos dois discursos diferenciados:

a) Em pleno século XIX, por ocasião do debate em torno da Lei do Ventre Livre, o Marquês de Olinda, na esteira do Regressismo de Bernardo Pereira de Vasconcelos e do Visconde do Uruguai (criador do nosso Direito Administrativo), defendia o regime escravista e o centralismo por lhe parecerem mais consentâneos com a nossa economia e nossa estrutura política. A sua recusa das propostas abolicionistas inicialmente formuladas na Europa ("Para cá não servem suas ideias") é exemplo do conservadorismo, que rejeitava *a priori* qualquer mudança em nome de uma especificidade ideológica nacional. Se veio de lá, não pode servir cá. A mesma síndrome nativista e reacionária animou as invectivas de José de Alencar contra o projeto de libertação dos nascituros. De modo geral, a combinação de xenofobia e autoritarismo tende a considerar impertinentes e disparatadas as ideias estrangeiras, sobretudo as reformistas. Assim, o ideário integralista defendeu, no final dos anos de 1920, um brasileirismo extremado de ideias e valores, separando suas águas do Modernismo a que se juntara episodicamente (Ver Antonio Arnoni Prado. *1922: Itinerário de uma falsa vanguarda*. São Paulo: Brasiliense, 1983). Nos anos de 1930, uma corrente nacionalista e autoritária representada por ideólogos que secundaram o Estado Novo, como Azevedo Amaral e Oliveira Viana, contestou o caráter "idealista" e deslocado dos princípios liberais presentes na Constituição republicana de 1891.

b) Entre os intérpretes da história das ideologias no Brasil há estudiosos que, sem o viés ideológico dos nacionalistas citados, defendem a hipótese de que as ideias difundidas por culturas europeias, como o liberalismo inglês ou francês e o positivismo francês, estariam deslocadas, não se ajustando a uma sociedade "de periferia", defasada com o ritmo do Centro. Seriam imitações artificiais. É o "transoceanismo", termo atribuído a Capistrano de Abreu. É a afirmação de que "somos desterrados em nossa própria terra", que percorre *Raízes do Brasil*, de Sérgio Buarque de Holanda, amparando a suposição de que os ideólogos brasileiros preferem abstrações ao corpo-a-corpo com o cotidiano. Enfim, é a expressão "ideias fora do lugar", cunhada pelo crítico literário Roberto Schwarz no seu notável estudo sobre Machado de Assis (*Ao vencedor as batatas*. São Paulo: Duas Cidades, 1977), que leva às últimas consequências a tese da impropriedade de uma ideologia de origem europeia (o liberalismo), em relação a um componente básico da estrutura econômica brasileira (o escravismo). Em outros intérpretes encontramos argumentação contrária às teses mencionadas. Paulo Mercadante vê na simbiose liberalismo-escravidão um uso coerente do liberalismo ocidental (que foi, sem exceção, excludente) em função dos interesses dos fundadores do Estado-Nação brasileiro (*A consciência conservadora no Brasil*. 3ª ed. Rio de Janeiro: Nova Fronteira, 1980); articula-se, nesta obra, uma refutação da hipótese do artificialismo das ideologias ocidentais quando aplicadas à nossa política. Maria Sylvia Carvalho Franco, em estudos de alto rigor conceitual, busca provar a unidade estrutural da economia de mercado aquém e além-Atlântico, que se afirma, apesar do caráter incompleto

O primeiro liberalismo, uma ideologia de longa duração, tem datas de nascimento

---

do capitalismo brasileiro, ainda apoiado no trabalho compulsório (*Homens livres na ordem escravocrata*. São Paulo: USP / Instituto de Estudos Brasileiros, 1969). Maria Sylvia polemiza com a expressão "ideias fora do lugar" no seu texto "As ideias estão no lugar" (em *Cadernos de Debate*, I. São Paulo: Brasiliense, 1976): a produção ideológica do liberalismo estava enraizada no sistema capitalista mundial, que a constituía *internamente*, a partir de cada situação particular. Em toda parte, o liberalismo cimenta e racionaliza os interesses da burguesia dominante, incluindo na sua dinâmica a escravidão e o favor. Do estudo clássico de Jacob Gorender (*O escravismo colonial*. São Paulo: Ática, 1978) depreende-se que a classe dominante no Império não poderia deixar de aderir ao liberalismo, como ideologia arraigadamente proprietista. Para o produtor de açúcar ou de café e para o mercador de escravos, o liberalismo servia, em primeiro lugar, como ideologia do livre mercado. Recentemente, Gorender voltou ao tema contestando a atribuição de "exterioridade" ao liberalismo em nosso regime oligárquico: as ideias liberais "estavam no lugar apropriado, reproduziram o que seus defensores pretendiam" (*Estudos Avançados*, n. 46, 2002). O ensaísta Sérgio Paulo Rouanet formulou uma crítica radical das várias formas de autonomismo ideológico, na medida em que este pretende negar a pertinência de ideias e ideais cujas primeiras formulações tenham sido concebidas fora das fronteiras nacionais ("Elogio do incesto", In: *Mal-estar na modernidade*. 2ª ed. São Paulo: Companhia das Letras, 2003). Para entender as vinculações estruturais entre o sistema escravista e a construção do Estado nacional na fase áurea do liberismo econômico, leia-se o texto incisivo de Luiz Felipe de Alencastro, "L'empire du Brésil" em *Le concept d'empire* (org. por M. Duverger. Paris: PUF, 1980). Reconhecendo a função modeladora das ideologias europeias e, ao mesmo tempo, o pragmatismo, do seu uso pelos políticos do Império, Guerreiro Ramos (*Administração e estratégia do desenvolvimento*. São Paulo: Fundação Getúlio Vargas, 1966) e José Murilo de Carvalho (*op. cit.*) deram contribuições inovadoras à questão do lugar das ideias liberais em nossa vida pública. Fundamental, pela acuidade de suas análises, continua sendo o ensaio de Wanderley Guilherme dos Santos, "A práxis liberal no Brasil" (em *Ordem burguesa e liberalismo político*. São Paulo: Duas Cidades, 1978). Para o autor, o liberalismo oligárquico, escorado na eleição censitária e na permanência do trabalho escravo, acabou sendo a *alternativa viável* de que dispunham os fundadores do novo Estado-Nação como sucedâneo do regime colonial. Este não seria, de resto, o único exemplo do uso perverso da "racionalidade" liberal-capitalista.

De minha parte, elaborei uma crítica ao caráter generalizante e indiferenciado das hipóteses de "deslocamento" e "exterioridade" do liberalismo no Brasil. Trata-se de juízos equivocados enquanto confundem ideias liberais com *igualitarismo* e *democracia*, ignorando a funcionalidade das normas liberal-proprietistas na construção do corpus jurídico e político do Império ("A escravidão entre dois liberalismos", In: *Dialética da colonização*. São Paulo: Companhia das Letras, 1992). Só quando a geração reformista pós-1868 desbloqueou o velho liberalismo, dissociando-o do direito incondicional de propriedade, é que houve condições culturais para que emergisse o militante liberal-democrata e o liberal-abolicionista, que ocuparam a cena precisas em termos de sua instauração na história do Brasil oitocentista: 1808 e 1824. Em 1808 dá-se a abertura dos portos pelo príncipe regente D. João, com o aconselhamento do smithiano ortodoxo Silva Lisboa (depois, Visconde de Cairu). Instala-se o liberalismo econômico, ou liberismo (que, de resto, já convivia em todo o Ocidente com a escravidão), abrindo-se a produção agrícola ao comércio internacional com acentuado favorecimento à Inglaterra, como se verificará pelos tratados assinados em 1810. A medida satisfez às exigências do comércio britânico e, internamente, aos interesses dos produtores asfixiados pelo exclusivo colonial: será o primeiro passo no caminho da Independência. De 1824 é a outorga da Constituição por Pedro I: estabelecem-se as normas da representação política, o voto censitário e o funcionamento dos poderes legislativo e executivo mediante a combinação de parlamentarismo e monarquia. Trata-se de um esquema bastante próximo da Carta restauradora francesa, que introduzira o Poder Moderador de acordo com uma proposta conciliadora de Benjamin Constant.[7]

---

nos anos de 1870 e 1880 (são figuras que, sintomaticamente, não comparecem no romance de Machado de Assis). Parece-me que o conceito de *filtragem ideológica* dá conta das várias modalidades de utilização das correntes ocidentais; hipótese que procurei testar no estudo do liberalismo excludente, do liberalismo democrático e do positivismo social.

Vale, enfim, registrar que todas as ideologias professadas entre nós no século XX filtraram ideias nascidas na Europa, de onde vieram os discursos integralistas, fascistas, socialistas, anarquistas, comunistas, cristãos-de-esquerda, revisionistas etc. As doutrinas de esquerda sempre foram tachadas de "exógenas" e "impróprias" pelos ideólogos conservadores.

7 Sobre a presença do liberalismo conciliador francês de Benjamin Constant na elaboração da Carta de 1824, ver Paulo Mercadante, *op. cit.*, caps. III e IV. A figura do cidadão-proprietário, o único a quem se conferia o direito de eleger e ser eleito, é chave no discurso político de Constant e do liberalismo da Restauração, cujas expressões passaram literalmente para a nossa Carta magna. Benjamin Constant é explícito: "Só a propriedade torna os homens capazes do exercício dos direitos políticos". Quanto à "classe trabalhadora", não teria condições de tempo "indispensáveis à aquisição das luzes, à retidão do julgamento" (*Principes de politique applicables à tous les gouvernements représentatifs et particulièrement à la Constitution de la France* (1815), em *Écrits politiques*. Paris: Gallimard, 1997). Soube, por informação da infatigável pesquisadora Cecília Helena de Salles Oliveira, que há cartas de Benjamin Constant a D. Pedro I, cuja leitura provavelmente trará mais luzes sobre a influência do pensador suíço-francês em nosso liberalismo excludente.

Como ideologia funcional, *o primeiro liberalismo ocupou o seu lugar na sociedade emersa do sistema colonial.* Na medida em que era estruturalmente proprietista, exercia o papel de cimento ideológico legitimando as práticas econômicas e os arranjos políticos dos homens que consolidaram o novo Estado nacional em torno da dinastia.

Após a Independência, o trabalho escravo *continuou a ser* fator constitutivo da economia brasileira; quanto ao liberalismo, *passou a ser* fator ideológico indispensável à montagem do novo Estado-Nação.

Em 1840, a maioridade de Pedro II foi antecipada no bojo de um movimento centralizador destinado a encerrar o ciclo turbulento e centrífugo da Regência. A conquista da estabilidade monárquica coincidirá com a ascensão do café no Vale do Paraíba que, por sua vez, carece de braços e aumenta consideravelmente os seus plantéis de escravos. A propriedade escravista integra-se na ordem dos direitos adquiridos, que é a lógica liberal-proprietista.

O liberalismo oligárquico só conhecerá a primeira crise significativa nos anos de 1860 com a irrupção do segundo ou "novo liberalismo" (Joaquim Nabuco), que empunhará as bandeiras da eleição direta, dos limites do Senado vitalício e do Poder Moderador, bem como, paulatinamente, da "questão servil".

Nessa altura, o proprietismo puro e duro reage coerentemente à proposta da Lei do Ventre Livre promulgada em 1871, mas preparada, sob os auspícios do Imperador, desde 1866. Os políticos tradicionais, independentemente da sua filiação partidária, rezavam pela cartilha da propriedade privada, que o Código Civil napoleônico, paradigma ocidental, sacralizara ao manter a escravidão, embora omitisse qualquer referência à instituição que Bonaparte reintroduzira nas Antilhas francesas em 1802. Cá e lá... as constituições liberais posteriores à Revolução conferiam ao cidadão-proprietário o direito de coagir a liberdade dos pobres, negando-lhe a cidadania, e, no limite, o direito de comprar a liberdade de seres humanos arrancados às costas da África. O efeito extremo do liberalismo era a desigualdade total: capital, de um lado; trabalho forçado, de outro. "*It was freedom to destroy freedom*", na expressão lapidar do abolicionista Du Bois.

A exigência de *indenização* aos senhores de escravos (que os positivistas antiliberais combateriam) foi satisfeita pelos governos inglês, francês e holandês quando se decretou a abolição nas suas respectivas colônias; o que é uma prova cabal de que o direito de propriedade do homem pelo homem vigorava plenamente nas metrópoles regidas por monarquias parlamentares liberais. Direito vigente na Europa e nas Américas.

Essa mesma ideologia – excludente por sua própria formação histórica – estava ainda representada entre nós por Araújo Lima, Marquês de Olinda, pilar do Regressismo nos anos finais da Regência. Era conselheiro de Estado quando Pedro II o consultou, em 1867, sobre a conveniência de se discutir a abolição do trabalho escravo. Ao que o Marquês respondeu drasticamente: "Os publicistas e homens de Estado na Europa não concebem a situação dos países que têm escravidão. Para cá não servem suas ideias".[8] Posição que, nestes mesmos anos de 1860, já estava sendo combatida e virtualmente superada pelo *novo liberalismo*.

Para o já velho credo liberal-proprietista, o abolicionismo era uma ideologia exótica, postiça, fruto do sentimentalismo dos *philanthropists* ou maquinação de utópicos e subversivos que pretendiam solapar as bases da economia e da monarquia nacional. Comenta Nabuco em *O abolicionismo*: "A resistência que a lavoura opôs à parte da lei de 28 de setembro que criou o direito do escravo de ter pecúlio próprio e o de resgatar-se por meio deste, prova que nem essa migalha de liberdade ela queria deixar cair da sua mesa". Os lavradores de Bananal, por exemplo, representando pelos seus nomes a lavoura de São Paulo e dos limites da província do Rio, diziam em uma petição às Câmaras: "*Ou existe a propriedade com suas qualidades essenciais, ou então não pode decididamente existir*". A alforria forçada, com a série de medidas que lhe são relativas, é a vindita armada sobre todos os tetos, a injúria suspensa sobre todas as famílias, o aniquilamento da lavoura, a morte do país".[9] Os liberais abolicionistas, como se sabe, pelo testemunho de Nabuco e de Rui Barbosa, serão chamados de "comunistas" pelos liberais-conservadores que não toleravam a ideia da intervenção do Estado no seu direito *constitucional* de usar e abusar da condição de proprietários.[10]

Tratava-se de um complexo ideológico que envolvia o Ocidente. O liberalismo burguês pós-revolucionário de Napoleão e da Restauração casara-se, em toda a Europa, com uma nítida separação das classes sociais. E fizera um só corpo com a

---

8 Joaquim Nabuco. *Um estadista do Império*. 2ª ed. Rio de Janeiro: Nova Aguilar, 1975.

9 Joaquim Nabuco. *O abolicionismo*. 4ª ed. Petrópolis: Vozes, 1977, p. 133. (A 1ª edição saiu em Londres, em 1883).

10 Rui Barbosa. *Emancipação dos escravos*. Rio de Janeiro, Tipografia Nacional, 1884.

manutenção do cativeiro no Brasil, no sul dos Estados Unidos e nas colônias francesas, holandesas, espanholas e portuguesas, cujos deputados se opunham às propostas de emancipação junto às respectivas câmaras metropolitanas. Nada de exclusivamente brasileiro, portanto, nessa fusão de interesses e racionalização ideológica.

O lugar histórico do velho liberalismo excludente estava demarcado: era a ideologia adequada aos exploradores e desfrutadores da economia de plantagem. Lugar social amplo, pois nele se aninhavam não só os agentes diretos da rede agroexportadora (traficantes, fazendeiros, comissários) como os seus intelectuais orgânicos, os burocratas da Corte, do Parlamento, do Fórum e das instâncias provinciais. Para esse bloco histórico, que outra ideologia enquadraria melhor do que a defesa incondicional do direito de propriedade?

Entretanto, a restrição desse direito, considerada postiça, do ponto de vista da oligarquia ("Para cá não servem suas ideias"), será tida por justa, civilizada e progressista pelo novo liberalismo, que lutará para realizar no Brasil os ideais de democracia que a revolução de 1848 difundiu por toda a Europa. *Só em 1848 a Assembleia nacional francesa aboliu a escravidão.* Se não levarmos em conta a dialética mesma do liberalismo do século XIX, isto é, os seus momentos contrastantes, cairemos no equívoco a-histórico de considerá-lo "deslocado" em relação à nossa realidade. A rigor, tanto o velho quanto o novo ideário liberal ocuparam os espaços que o movimento mesmo do capitalismo ocidental lhes destinava.

Sérgio Buarque, atento aos momentos de crise interna, cunhou a expressão "Liberais contra liberais" para marcar as contradições intrapartidárias que agitaram a cena política nas décadas de 1870 e 1880.[11] Liberais ainda fechados no seu medo ao radicalismo abolicionista *versus* liberais abertos aos ventos progressistas que animariam a campanha da abolição e, paralelamente, a campanha republicana.

Qual o *lugar social* deste segundo e renovado liberalismo?

Faoro situa os novos liberais entre os que não encontravam lugar próprio ou futuroso nos grupos que desfrutavam da centralização monárquica, da alta burocracia e das rendas da escravidão. Nos fins do decênio de 1860, a crise política entra a minar os alicerces do Império até levá-lo à queda vinte anos depois. Faoro entrevê uma transformação sistêmica a partir de 1860-1870: "emerge no quadro estamental

11 Sérgio Buarque de Holanda. *Do Império à República.* 4ª ed. São Paulo: Difel, 1995, p. 195-238.

e hierárquico, comunitariamente seletiva e progressivamente fechada, a sociedade de classes".[12] É o momento em que se ouvirá a voz moderna de Tavares Bastos, de Saldanha Marinho, de Quintino Bocaiúva, de José Bonifácio, o Moço, de Castro Alves, de Souza Dantas, de Silveira Martins, de Luis Gama, de Joaquim Nabuco, de Rui Barbosa, de André Rebouças, de José do Patrocínio. Na esfera do pensamento científico e filosófico, é a hora da geração de 1870, com seu "bando de ideias novas" de Sílvio Romero, que renova a historiografia e a crítica junto a homens da envergadura de João Ribeiro, Capistrano de Abreu, José Veríssimo e Araripe Jr.

As cidades eram, pelo seu poder de concentração e difusão ideológica, os núcleos do novo liberalismo: o Rio dos jornais e dos grêmios, a São Paulo da Academia de Direito, Recife, Salvador, Porto Alegre. Quanto ao Nordeste, depauperado pela extinção do tráfico e pelas crises intermitentes do comércio do açúcar, já não via no escravo o sustento da sua economia; daí, o abolicionismo não ter encontrado, do Ceará à Bahia, a resistência feroz que sofreria nas províncias cafeeiras mais prósperas, fluminense e paulista. O novo liberalismo será urbano e será nordestino.

A leitura de *Os donos do poder* é, mais uma vez, iluminadora. No denso capítulo – "O Renascimento liberal e a República" –, Faoro mostra como o novo liberalismo se enraizou no descontentamento de "grupos inteiros, ativos e poderosos", que "não tinham lugar nem desempenhavam qualquer missão no ordenamento imperial".[13] Eram filhos da fidalguia nordestina em crise e com as antenas ligadas na economia e na política inglesa ou *yankee*. Eram profissionais liberais de classe média que precisavam competir com os apaniguados da oligarquia. Eram abolicionistas radicais que já não mais toleravam os golpes protelatórios da Câmara e do Senado. Eram, enfim, militares de formação positivista e ideal republicano, que se propunham arrancar o país da fase "teocrático-monarquista" na qual, segundo o mestre Comte, ainda estariam encalhadas as caducas dinastias. E todos navegavam nas águas da "maré democrática" que, na leitura de Joaquim Nabuco, definia o espírito do novo liberalismo.

Sem antecipar reflexões que cabem melhor no estudo de Faoro leitor de Machado, parece-me pertinente perguntar: *não terá sido esta a hora ideológica do Machado jovem que militou na imprensa liberal entre 1860 e 1866*, precisamente quando o Partido

12 Raymundo Faoro, *op. cit.*, II, p. 453.

13 *Ibidem.*

Liberal começou a pôr-se em brios para enfrentar os dogmas da agremiação que se vangloriava de ser o Partido da Ordem? Mas, se o velho liberalismo compromissado com as oligarquias lhe parecia enganoso e opressor, então por que o novo liberalismo ou o republicanismo nascente não o empolgaram a partir dos anos de 1870? Por que Machado maduro, pessoalmente simpático aos novos liberais, acabou distanciando-se de uns e de outros? Por que não propôs, nem cogitou, nem ao menos entreviu o caminho de uma alternativa, uma terceira via? O fato a ser interpretado é que Machado de Assis, como cronista (a sua face visível de homem público) não militou em nenhuma das novas correntes, nem sustentou nostalgicamente as antigas, porque, a certa altura, passou a descrer de toda e qualquer ideologia que pretendesse transformar o "barro humano" e a sociedade que nele se fundara. O seu desencanto profundo tê-lo-ia impedido de engajar-se animosamente na luta reformista dos companheiros de juventude e dos que os sucederam. Monarquista e liberal, em senso lato, mas entranhadamente cético, preferiu fixar o lado sombrio ou apenas risível dos que usavam do velho nome "liberal" para defender seus direitos à propriedade e aos cargos políticos.

Os novos liberais, que Machado conheceu igualmente de perto, não lhe inspiraram personagens nem situações ficcionais; o que sugere, mais uma vez, o caráter seletivo do olhar que se quer realista.

O distanciamento de Machado é, em sentido lato, *moralista,* ético e filosófico, de vontade e de pensamento. E será estético, uma vez que a sua linguagem narrativa não se confundirá nem com a do naturalismo ferino e direto dos romancistas do último quartel do século XIX (Adolfo Caminha, Aluísio Azevedo, Inglês e Sousa, Júlio Ribeiro) nem com o expressionismo agônico de Raul Pompeia. Será mordaz, mas diplomático, boca que morde e sopra.

Machado de Assis: A pirâmide e o trapézio

Na perspectiva de Raymundo Faoro, o narrador Machado de Assis representa, *na esfera dos indivíduos,* as marchas e contramarchas dos interesses e dos desejos de poder no nível micro-social: entre homem e mulher, entre irmãos, entre amigos, entre famílias. Em outras palavras: a literatura, como mímesis do real, trabalha com o singular, ao passo que a ciência social constrói o tipo que enfeixa características de uma pluralidade de indivíduos. Neste sentido, *Machado de Assis: a pirâmide e o trapézio* retoma e individualiza *Os donos do poder*.

O romance moderno seria a privatização do gênero épico: esta é a conquista teórica do pensamento marxista formulada exemplarmente por Lukács na *Teoria do Romance*. Faoro cita Lukács uma só vez:[14] trata-se da passagem em que o pensador húngaro critica o realismo do detalhe avulso e valoriza o realismo oposto, que liga os pormenores com o conjunto da composição. Este realismo verdadeiro, que dá sentido aos mínimos gestos das personagens e vai direto ao cerne do drama – as motivações, os interesses encobertos – prende-se ao quadro social englobante, onde o jogo dos mesmos interesses toma forma pública e institucional. Caberia ao romancista moderno configurar a face subjetiva e intersubjetiva dos conflitos. Por isso, o estudioso da ficção não pode ignorar as relações, ora de afinidade, ora de distanciamento, que o narrador entretém com a trama social.

Tomando por assente a relação geral e constante entre romance e sociedade, pedra de toque do realismo, Raymundo Faoro traçará o mapa da vida política e econômica do Segundo Reinado com os olhos postos em personagens e situações machadianas. Um levantamento exaustivo, de que a exposição seguinte tentará captar apenas as linhas mestras.

A construção do livro está representada com nitidez pelas duas figuras geométricas do título: a pirâmide e o trapézio. As figuras, ora superpostas, ora combinadas, constituem o *eixo sincrônico* da tese de Faoro. São a forma do quadro social, tal como se compôs no Segundo Reinado.

A *pirâmide* desenha a estrutura vertical das classes. A base larga reporta-se aos homens do trabalho braçal: os escravos, os forros, os pobres em geral, brancos ou mestiços. O vértice é constituído pela reduzida classe dos proprietários, os fazendeiros, os seus comissários e os banqueiros. O comerciante escalona-se na parte intermediária da pirâmide e gradua-se na proporção dos seus cabedais. A pirâmide tem a ver diretamente com a produção e o negócio. Os seus móveis serão a acumulação, o lucro ou o consumo alto – no vértice –; a base será prioritariamente o escravo, secundariamente o trabalhador assalariado.

14 Raymundo Faoro. *Machado de Assis: a pirâmide e o trapézio*. São Paulo: Companhia Editora Nacional, 1974, p. 492.

O *trapézio* desenha a estrutura horizontal dos estamentos. Superpondo-se à economia agroexportadora, servindo-a, ou dela se servindo, por via dos excedentes tributários, estadeiam-se os estratos burocráticos, os magistrados, os funcionários imperiais e provinciais, o clero, o exército. É o universo das hierarquias assentado em cargos, títulos, prebendas, patentes; as "influências" que formam a "corporação do poder" e que dependem da Câmara, do Senado vitalício e do poder pessoal, o Imperador. Como em *Os donos do poder*, *Machado de Assis: a pirâmide e o trapézio* percorre miudamente esse universo onde o *status* é a suprema ambição, pois traz a reputação, a nomeada, de que tantas personagens terão sede a vida inteira, começando por Brás Cubas.

O *eixo diacrônico* acompanha o curso dos acontecimentos. A sociedade brasileira do Segundo Império foi mudando na direção de um "capitalismo tardio", mas eficaz, sobretudo a partir dos anos de 1860 como efeito parcial da liberação dos capitais propiciada pela cessação do tráfico. Essa mudança traria condutas modernizadoras, fazendo aparecer mais cruamente os móveis econômicos. A crítica ao regime escravista tem em Tavares Bastos (*Cartas do solitário*, *A província*) um colorido progressista *yankee*. Progresso econômico e trabalho livre são os pilares da argumentação de Joaquim Nabuco nos textos candentes de *O abolicionismo*. Ambos almejam o progresso e a modernidade, que não poderá deixar de ser capitalista, embora não forçosamente democrática.[15]

O *eixo sincrônico* fixa a estrutura social, a pirâmide e o trapézio. O eixo diacrônico remete à história das mudanças, das passagens, das resistências. Ambos formam o quadro, os lugares em que Machado vai situar as suas personagens, dando a algumas os traços típicos da sua classe ou do seu estamento, mas reservando a outras o desenho de uma fisionomia própria, capaz de diferençá-las da mediania e do vulgo, que, sabemo-lo desde Maquiavel, constitui a maioria absoluta dos homens.

Chegamos à questão crucial da interpretação do olhar machadiano. Mapeando o quadro social do Segundo Império e acompanhando a passagem de um mundo que custa a retirar-se a outro que força a sua entrada, teria Raymundo Faoro esgotado o seu trabalho de reconstituição do realismo machadiano? Para responder a

15 As considerações de Faoro coincidem com as observações analíticas de Richard Graham em *Grã-Bretanha e o início da modernização no Brasil*. São Paulo: Brasiliense, 1973.

essa pergunta fundamental, o próprio Faoro vale-se da presença de um *terceiro eixo*, que não se limita à representação de aspectos do sistema social, na sua estática e na sua dinâmica (objeto prioritário da Sociologia da Literatura), mas supõe, no olhar do escritor, na sua perspectiva, *uma capacidade de interpretar os comportamentos e as situações ficcionais*.

Pelo eixo hermenêutico busca-se estabelecer a relação do sujeito da escrita com os seus objetos. O sujeito recorda, o sujeito escolhe, o sujeito imagina, o sujeito exprime, o sujeito medita, o sujeito revela, o sujeito julga, o sujeito constrói. Em uma palavra densa de significações: o sujeito *interpreta* o outro e interpreta a si mesmo, enquanto autoconsciência. Todas essas operações, esses movimentos da alma realizados pelo narrador, estão penetrados pela sua história de vida e dependem de um complexo cultural e ideológico que não se confunde, necessariamente, com esta ou aquela corrente de pensamento da sua própria época.

Raymundo Faoro não tematiza um enfoque declaradamente hermenêutico. Historiador, sociólogo e cientista político, a sua tarefa prioritária foi a de encontrar, para cada nicho social, a personagem típica que ilustrasse a estrutura piramidal ou trapezoide da vida pública brasileira. Para perfazer esse desígnio, estudou a ficção de Machado relacionando os seus políticos, distinguindo deputados e senadores, ministeriáveis ou não; passando em revista as figuras da classe proprietária, fazendeiros, capitalistas, rentistas, financistas; detendo-se nos comportamentos dos agregados, dos funcionários, dos empregados, dos operários, dos escravos; analisando as personagens ligadas ao exército e ao clero; ponderando a influência da nobreza e do Imperador; enfim, mapeando, vertical e horizontalmente, a sociedade espelhada nas obras do mais arguto dos nossos observadores.

A tarefa poderia dar-se por bem cumprida, já que o propósito de reconhecer a pirâmide das classes e o trapézio dos estamentos fora levado a termo de modo exemplar. No entanto, sem fazer praça de qualquer metodologia hermenêutica, Faoro sentiu a falta de uma dimensão que o elenco tipológico não comporta: a compreensão do nexo escritor-sociedade vista do lado do olhar, e não do puro quadro empírico; vista do lado da reflexão, e não do puro reflexo.

É significativo que, ao fechar a obra, ocorreu-lhe que não lhe bastava a imagem do *espelho*: o capítulo final chama-se "O espelho e a lâmpada". O espelho já lhe servira ao longo do seu caminho de historiador. Faltava-lhe outro instrumento de prospecção, uma luz que escolhesse os perfis dos objetos representáveis, que iluminasse intensamente um aspecto deixando outros imersos na sombra ou na total escuridão. Uma luz que não se cingisse à passividade do espelho, mas que se movesse em múltiplas e diferentes direções, para fora e para dentro, para cima e para baixo, para frente e para trás, para um lado e para o outro... Uma luz que chegasse muito perto, como faz o olho míope à cata do mínimo e do miúdo; ou mirasse longe, bem longe, como o hipermétrope que só consegue ver claro à distância, divisando o horizonte, o muito alto ou o muito profundo, a seu bel-prazer. Uma luz crua que ofuscasse fazendo o objeto reverberar por todo o campo visual, ou uma luz tênue que deixasse as pessoas e as coisas mergulhadas na penumbra e diluídas na névoa do olhar embaçado que mal distingue os contornos ocultos por trás de manchas e pontos cegos.

Essa lâmpada identifica-se com os movimentos da consciência narrativa. Não se trata de um *ego* absoluto, posto acima ou fora da História, como talvez o constituísse o filósofo idealista. Trata-se de uma consciência formada por uma historicidade mais larga, mais densa e mais profunda do que o tempo fixado no relógio e no calendário. A historicidade imanente à consciência do escritor está saturada de memória cultural, que lhe dá modelos de interpretação e de julgamento capazes de qualificar os estímulos do aqui-e-agora e pensar as situações que as notícias de jornal lhe prodigalizam no cotidiano.

Sílvio Romero, tachando o autor de *Quincas Borba* de "mau retratista", e Labieno, defendendo-o como homem de seu tempo, teriam incorrido, segundo Faoro, no mesmo equívoco: o de julgar Machado exclusivamente pelo critério especular, como se a operação fotográfica desse a medida do valor de um ficcionista. "Este esquema, velho de um século, batido e estéril, converteria o fato literário ao fato não-literário, reduzindo-o aos fatores sociais, transpostos estes para uma moldura preexistente".[16] Faoro ensina a evitar esse escolho do sociologismo menor:

> Mas a raiz comum do pensamento não confunde o fato social com o fato artístico. O historiador e o romancista, perdidos no território de suas perspectivas e perplexidades, armam-se do espelho, para captar

16 Raymundo Faoro, *op. cit.*, 1974, p. 485.

> e refletir a realidade, enquanto a lâmpada, que a projeta, brilha com outra intensidade.[17]
> O objetivismo de base científica esquece o elemento mais característico da apreensão da realidade social: a relevância cultural do dado. A significação do fenômeno social e histórico não se deriva de leis, nem sequer dos fatos neutralizados pela medida, senão que se abre à compreensão por meio de valores. O objeto que se apresenta ao espectador está predeterminado pela significação que o valor lhe infunde, transformando-o em objeto cultural.[18]

As citações acima visam a destacar, nos enunciados de Faoro, os termos de *compreensão*, *cultura* e *valor*. Apoiando-se em Max Weber, o nosso leitor de Machado irá insistir na dimensão cultural e axiológica das escolhas feitas pelos historiadores e, com maior liberdade, pelos romancistas. A cultura é a fonte da valoração, ela dá sentido aos episódios lembrados ou inventados pelo narrador. No caso de Machado, o eixo da interpretação dos comportamentos é a análise das paixões que os motivam, sempre; e esse foi, desde Montaigne a La Rochefoucauld, desde Maquiavel a La Bruyère e a Schopenhauer, o exercício dileto dos moralistas.

A relevância do olhar moralista na obra de Machado já fora apontada por Augusto Meyer, sempre atento aos movimentos prospectivos do bruxo de Cosme Velho. Faoro retoma a intuição daquele extraordinário crítico-artista, acentuando didaticamente a diferença entre o moralista moralizador (passe a tautologia) e o moralista analítico:

> Moralista não quer dizer moralizador, pregador de moral ou censor de costumes. O moralismo nada tem com a moral, mas tem muito a ver com os costumes, *mores*, isto é, "com o gênero de vida e a maneira de ser do homem na realidade concreta, que pode ser *imoral*". Os moralistas não são educadores, nem professores de ética. São observadores, analistas, pintores de homens, infinita é a sua tarefa. Seu estudo se dedica à

17 *Idem*, p. 486.

18 *Idem*, p. 487.

> complicação total da natureza contraditória e da condição banal e concreta do homem, que não se revela senão quando a ética se retira para deixar o campo livre à observação não preconceituosa do real.[19]

O eixo hermenêutico está definido. Compreender o olhar de Machado é pôr-se à escuta de toda uma tradição de análise dos comportamentos humanos, ancorada na percepção do amor próprio onipresente, da vaidade, da precariedade da consciência, da preeminência do interesse e do desejo sobre as exigências do dever, ou, usando categorias freudianas, do princípio do prazer sobre o princípio da realidade.

Que este eixo da interpretação possa coexistir com explicações sociológicas, eis uma constatação que tem a ver com a própria coerência interna de *Machado de Assis: a pirâmide e o trapézio*. A consciência de que se trata de abordagens distintas, até o extremo da oposição, exprime-se no intertítulo – "O moralismo em conflito com a história e a sociedade".[20]

Em que consistiria esse conflito de interpretações?

Faoro crê detectar uma tensão entre a visão moral e psicológica (tal qual o escritor a teria construído modelando as suas experiências pela mão dos moralistas) e o determinismo tipificador com que a sociologia acadêmica opera na hora de explicar as condutas fora e dentro do texto.

Glosando o romancista, diz o crítico: "Um Cromwell ou um Bonaparte chegaram ao topo da pirâmide, não pela conjunção das forças sociais, mas por via do incêndio da ambição de poder".

Em outras palavras: para Machado, a vontade de poder, na medida em que "arde com violência", seria a origem do percurso dos homens que fizeram a História. A afirmação relativiza o puro mecanismo das pressões sociais. Nem por isso Machado teria atribuído ao indivíduo o poder de autodeterminar-se. Na raiz de todos os desejos que animam, há milênios, o ser humano, pulsaria uma força cega, indiferente ao destino dos seres que ela mesma engendrou: essa força é a Natureza, a vontade de viver alegorizada no delírio de Brás Cubas. Nessa ordem de relações, a sociedade é o

19 As aspas remetem a uma citação da obra de Hugo Friedrich sobre Montaigne, *op. cit.*, p. 496.

20 Raymundo Faoro, *op. cit.*, 1974, p. 496.

lugar comum em que as paixões se encontram e desencontram. Paixões que derivam de uma energia difusa que as transcende, as precede e lhes sobrevive e, ao mesmo tempo, as enforma e habita, pois cada desejo individual é inerente à vontade cósmica. A afinidade com o pensamento de Schopenhauer salta à vista.

Mas, apesar da remissão última à Natureza, a construção machadiana das personagens não será naturalista, em senso estrito, pois o mesmo desejo "natural" enfrenta o desafio das normas sociais. Daí, a necessidade da máscara, do negaceio, da hipocrisia e, às vezes, da mentira. Machado é o grande analista das relações turvas entre a primeira e a segunda natureza. O moralista constata o disfarce, mas ergue o véu que mal encobre a natureza eternamente selvagem, a Vida, senhora dos nossos desejos, fonte última de nossa existência neste mundo sublunar.

Mas, se for considerado o plano dos costumes, dos *mores*, como segunda natureza, tão imperiosa como a primeira, no dizer do próprio Machado, teremos acaso construída a ponte de duas mãos entre os instintos e as convenções sociais? Faoro lembra um dos mais agudos pensamentos de Pascal: "O costume é uma segunda natureza, que destrói a primeira. Mas o que é a natureza? Por que o costume não é natural? Temo que esta mesma natureza não seja mais do que um primeiro costume, assim como o costume é uma segunda natureza"[21]

A luta darwiniana e maquiavélica entre os fortes leões e as espertas raposas terá sido transposta para a selva social, onde só os fortes poderão dizer tudo o que pensam, até o limite do cinismo, precisando os fracos recalcar os seus sentimentos e intenções. Mas, então, será justo condenar o que é, nos fracos, necessária defesa? O moralismo deixará de ser, nessa altura, apenas acre desmistificação do *moi haïssable* para assumir tons "realistas", isto é, concessivos, diplomáticos. Ao fraco e pobre, afinal, assistiria o direito de despistar o forte e o rico, porque precisa sobreviver. A ambição do pobre deixará de ser reprovável em razão daquele mesmo direito de ascender a posições de que os ricos desfrutam desde o nascimento. Quanto à ingratidão, posto que negra aos olhos românticos e idealistas, poderá significar o exercício de uma afirmação pessoal, que é o avesso da subserviência a que estava constrangido o dependente, o agregado. Os exemplos de Guiomar e Iaiá Garcia são inequívocos. O moralismo, universalizando os desejos e os interesses do *eu* (ainda que os considere,

---

21 *Pensées*, nº 120 da ed. Brunschvicg.

na origem, detestáveis, por serem vaidade e ambição), irá, no limite, compreender a sede de igualdade que a nova sociedade liberal-individualista desperta no pobre e no dependente. Compreender aqui significa aceitar, conceder, tolerar. Antigas ideias são chamadas para destrinçar situações novas.

O conflito entre a sociologia e a hermenêutica, desenhado por Faoro, poderá atenuar-se, desde que a *interpretação* – assentada sobre a tradição ocidental da análise moral – conceda que as paixões, embora recorrentes, são despertadas por estímulos sociais localizados, variáveis através dos tempos. Por sua vez, a leitura sociológica fechada concederá ao hermeneuta o caráter humano, transtemporal, das paixões, mola de todos os comportamentos, preexistente e sobrevivente às contingências que a acionam. Trans-histórico, o desejo não será, porém, a-histórico. O ódio visceral entre irmãos, que fez Caim matar Abel, Rômulo matar Remo, Esaú e Jacó brigarem no ventre da mãe, e José ser vendido, volta nas figuras burguesas de Pedro e Paulo, inimigos antes de nascerem, *ab ovo*, no romance machadiano. A paixão tem mil formas históricas de manifestar-se e mil ocasiões particulares. O moralista escavará o desejo na sua dinâmica existencial, como o fez durante séculos antes de ceder o seu objeto à Psicanálise. E o sociólogo se aterá aos condicionantes mais próximos das tramas interpessoais.

Retomando a análise do conto "O espelho", Faoro diz que a "alma exterior" de Jacobina, a sua farda de alferes, o seu lado inequivocamente social, aparece, na voz do narrador, como o vencedor da "alma interior", onde residiria o primeiro "homem" antes de ser dominado pelo interesse de subir na vida e destacar-se dos demais. Para a leitura sociológica determinista, a lição última do conto é a vitória indefectível do papel social que estrutura o *eu*. Para a leitura hermenêutica, "O espelho" lembra, ainda uma vez, a fragilidade da alma, sendo mais um dramático exemplo da precariedade da pessoa humana, *da qual, de todo modo, o personagem-narrador tem plena consciência*. A consciência *a posteriori* de Jacobina é a lâmpada, ao passo que o olhar social lhe deu o espelho. A vaidade arma situações que embaçam literalmente a consciência: pecado original para o olhar jansenista de Pascal (o *moi haïssable* e suas armadilhas), ela é, ao mesmo tempo, a pedra angular do teatro social em que é necessário competir para desempenhar papéis... de preferência os principais.

A primeira e a segunda natureza vivem estreitamente enlaçadas, e a verdade é que ainda estamos longe de compreender as relações mútuas do vital com o psicológico, e de ambos com o social.

Em que medida é possível situar *ideologicamente* este Machado maduro? Temos, em princípio, um narrador especialmente sensível às forças condicionantes da trama psicossocial. Mas trata-se de pressões da sociedade, universalmente falando, como segunda natureza que é, ou só de pressões de uma fase específica da sociedade brasileira?

> Machado de Assis, posto na transição de uma ordem solidária para outra, a contratual, entre a coesão fundamental e a reunião dos interesses, suspeita que, nas veredas entrelaçadas, haja um grande engano, que a todos perde e confunde. Se só a alma exterior ilumina os passos do homem, a troca do verdadeiro pelo falso será um fato, com o abandono dos valores universais – isto é, dos valores tradicionais.[22]

Parece-me que, nessa altura, Max Weber toma a mão de Faoro e lhe dita os princípios opostos de sociedade tradicional e sociedade moderna, o par que o historicismo alemão cristalizou nos termos de *comunidade* e *sociedade*.

Embora haja evidências de um Machado fortemente inclinado ao decoro, à compostura, à "pobreza elegante" e à pureza da linguagem, valores tradicionais, eu não diria que a clivagem *tradicional versus moderno* se tingiu na sua obra de conotações marcadas de positivo e negativo, pelo menos no que toca à presença, nele constante, de paixões e interesses observáveis em todos os comportamentos, seja do começo, dos meados ou do fim do século. O egoísmo é transversal, os interesses são pontuais.

A passagem da velha à nova sociedade teria seus tropeços e ridículos, suas ilusões (o que aparece em algumas crônicas), mas não há saudosismo algum arraigado no seu pensamento, pois o moralista clássico encara a História como um agregado de violências e imposturas bem ou mal disfarçadas, não alimentando nostalgias nem utopias. Um exemplo entre tantos: o que é a nomeada, objeto dos cuidados de Brás

22 *Idem*, p. 499.

Cubas e de Rubião? Um nome novo da glória, esta também vã, exacerbação risível da vaidade das vaidades de que fala o *Eclesiastes*. É claro que os instrumentos da velha glória foram potenciados pelas formas múltiplas da publicidade moderna, "esta dona loureira e senhoril". Mas ainda aqui dirá o moralista que, se mudaram os modos e os tempos, o fim último é sempre o mesmo, pois sempre a mesma é a motivação do insaciável *eu*. A modernização não melhora, mas tampouco piora, as condutas regidas pela vontade de viver e pela vontade de poder.

Se há em Machado lucidez ao representar o estilo patriarcalista, ocasião de arbítrios como toda relação de favor, nem por isso a sua visão da sociedade será confiante no mundo modernizado do dinheiro fácil, como se depreende de suas palavras de aversão às corridas do Encilhamento. A frase célebre de Guizot, emblema da nova burguesia europeia, "Enriquecei-vos", parece-lhe nada menos que sinistra.[23]

As personagens que vencem na vida e que, de algum modo, espelham a sociedade em transição para a hegemonia burguesa, não receberão do olhar do narrador uma aura propriamente simpática; será, quando muito, concessiva. Nos romances de juventude, o novo rico, Procópio Dias, é sórdido (*Iaiá Garcia*); e Camargo, em *Helena*, pai interessado no casamento rico da filha, é pouco menos que vilão. Guiomar e Iaiá, moças de origem humilde ou apenas modesta, sobem de classe por suas manobras de astúcia e determinação, ganhando um tratamento antes justificativo do que elogioso: nelas a segunda natureza, tão imperiosa como a primeira, rege e explica suas ações. Em Iaiá, "se ambição havia, parecia ser de boa raça", avaliação que morde e sopra. Na fase madura, as personagens ricas ou que enriquecem serão detestáveis, ou quase... Nas *Memórias póstumas*, Cotrim é ganancioso e cruel; Lobo Neves é ambicioso, mas supersticioso e, afinal, em face do possível adultério da mulher, temerá antes a opinião pública do que a verdade de sua vida conjugal. Quanto a Brás Cubas, que conta a sua história depois de morto, tampouco se poupa ao expor a fatuidade e a prática de driblar os escrúpulos de consciência pela vida afora. Brás mente e sabe que os outros também lhe negam a verdade, mas acaba concordando

23 Trata-se de uma crônica datada de 7 de julho de 1878. *Obra completa*. Rio de Janeiro, Aguilar: 1973, vol. III, p. 386. Fiz alguns comentários sobre o tema em *O teatro político nas crônicas de Machado de Assis*. Coleção Documentos. Série Literatura I (USP, Instituto de Estudos Avançados, 2004).

com a conclusão de um velho conhecido seu, Jacó Tavares, para quem "a veracidade absoluta era incompatível com um estado social adiantado". Assim julga Machado aquela sociedade que começava a "adiantar-se". Virgília, a amante de Brás, não deixaria de dar, o tempo todo, primazia à consideração social, e "era menos escrupulosa que o marido": posto que rica, adulava um velho amigo da família, pois eram vivas "as esperanças que trazia no legado". Falsidade que saberá ser implacável mostrariam Palha e Sofia com o ingênuo Rubião, em *Quincas Borba*: o casal subirá na vida aproveitando-se daquele provinciano desfrutável que abandonarão na sua fase final de loucura e solidão. Em *Dom Casmurro*, Escobar começa pedindo uns dinheiros emprestados à desambiciosa Dona Glória, e logo depois enriquecerá graças a seus finos dotes de calculista. Em *Esaú e Jacó*, Nóbrega, o irmão das almas, adquire bens na base de golpes, e será a sombra má na história de Flora. O banqueiro Santos, pai dos gêmeos, mistura cobiça e desejo de afidalgar-se: "Ganhou muito, e fê-lo perder a outros". Enfim, Tristão, no *Memorial de Aires*, passa de afilhado protegido a moço futuroso, mas a sua carreira deixa no leitor o gosto da ambiguidade: interesseiro ou apenas "político"? Todas as suspeitas, porém, atenuam-se nessa obra crepuscular.

Machado não é saudosista nem evolucionista, no sentido que este último termo confere a uma linha que vai do tradicional ao moderno como um processo que iria do pior para o melhor. Na sua ótica, tanto em um regime como no outro podem prevalecer o interesse e o mais feroz egoísmo, dos quais nada há a esperar senão a reprodução da força ou da astúcia, alavancas do comportamento humano. Em contextos diversos, tanto a arcaica matrona Dona Antônia, de *Casa velha*, quanto o moderno casal subido na vida, Palha e Sofia, de *Quincas Borba*, lançarão as suas redes e vileza para alcançar os seus fins e manter o seu *status*. E, quando há uma personagem "a quem repugnava a ideia de rede", como é Estela, em *Iaiá Garcia*, o seu destino será o de uma altiva mas resignada solidão.

Nessa ordem de razões, a posição existencial do Machado maduro em face do "novo liberalismo" (preconizado por tantos dos seus companheiros de geração) será, no mínimo, reticente. Navegar nas águas progressistas de Saldanha Marinho, Quintino Bocaiúva, Tavares Bastos, Nabuco, Rui, Patrocínio e outros, seria conceder ao barro humano um crédito de confiança que, a rigor, parecia excessivo ao analista moral. A sociedade mudava de figura, sim, mas sempre enraizada no solo da dominação. Como está dito no conto "Pai contra mãe", *a ordem social e humana nem sempre se alcança sem o grotesco, e alguma vez o cruel.* A afirmação parte do Brasil, mas não se restringe ao Brasil: trata-se da "ordem social", conceito aqui construído por um olhar cético transversal.

Dois exemplos ainda, tomados aos últimos romances, cuja ação transcorre entre fins do Império e o começo da República, tempos de modernização do contexto fluminense.

O que esperar dos jovens Pedro e Paulo, irmãos e inimigos desde a infância que, já triunfantes na carreira política, juraram, ao pé da mãe agonizante, que viveriam para sempre reconciliados e, no entanto... pouco tempo depois, voltaram ao ódio de sempre?

O que esperar dos jovens garridos e bem postos na nova sociedade, Tristão e Fidélia, tão amados e servidos pelo casal Aguiar, vistos pelos olhos de Aires no *Memorial*? Que cumpram as leis da Vida e palmilhem a rota da felicidade pessoal, mesmo à custa da solidão dos padrinhos, órfãos às avessas. Será, convenhamos, a mais tênue das desilusões se confrontada, por exemplo, com o destino trágico de Rubião; nem por isso deixará de significar o retorno de antigas e amargas certezas. *Les morts vont vite,* e com eles os velhos: é o que sugere o nosso conselheiro, não por acaso diplomata e aposentado.

Reler *Machado de Assis: a pirâmide e o trapézio* é ser chamado a um diálogo fecundo entre a sociologia e a hermenêutica, a explicação e a compreensão, o quadro e o olhar, o que não desprazeria ao mestre de Raymundo Faoro, aquele Weber que sondou, em toda a sua obra, as intrincadas relações entre o indivíduo e a sociedade.

Referências Bibliográficas

ALENCASTRO, Luiz Felipe de. "L'empire du Brésil". In: DUVERGER, M. (org.). *Le concept d'empire.* Paris: PUF, 1980.

BARBOSA, Rui. *Emancipação dos escravos.* Rio de Janeiro: Tipografia Nacional, 1884.

BOSI, Alfredo. "A escravidão entre dois liberalismos". In: *Dialética da colonização.* São Paulo: Companhia. das Letras, 1992.

_______. *O teatro político nas crônicas de Machado de Assis.* Coleção Documentos. Série Literatura I. São Paulo: USP, Instituto de Estudos Avançados, 2004.

CARVALHO, José Murilo de. *A construção da ordem e Teatro de sombras*. 3ª ed. Rio de Janeiro: Civilização Brasileira, 2003.

FAORO, Raymundo. *Os donos do poder. Formação do patronato político brasileiro*. 5ª ed. Vol. I. Porto Alegre: Globo, 1979.

_______. *Machado de Assis: a pirâmide e o trapézio*. São Paulo: Companhia Editora Nacional, 1974.

FRANCO, Maria Sylvia Carvalho. *Homens livres na ordem escravocrata*. São Paulo: USP, Instituto de Estudos Brasileiros, 1969.

_______. "As ideias estão no lugar." *Cadernos de Debate*. Vol. I. São Paulo: Brasiliense, 1976.

GORENDER, Jacob. *O escravismo colonial*. São Paulo: Ática, 1978.

_______. *Estudos Avançados* 46, 2002.

GRAHAM, Richard. *Grã-Bretanha e o início da modernização no Brasil*. São Paulo: Brasiliense, 1973.

HOLANDA, Sérgio Buarque de. *Do Império à República*. 4ª ed. São Paulo: Difel, 1995.

LASKI, Harold J. *O liberalismo europeu*. Tradução de Álvaro Cabral. São Paulo: Mestre Jou, 1973.

MACHADO DE ASSIS, Joaquim Maria. *Obra completa*. Vol. III. Rio de Janeiro: Aguilar, 1973.

MERCADANTE, Paulo. *A consciência conservadora no Brasil*. 3ª ed. Rio de Janeiro: Nova Fronteira, 1980.

NABUCO, Joaquim. *O abolicionismo*. 4ª ed. Petrópolis: Vozes, 1977.

_______. *Um estadista do Império*. 2ª ed. Rio de Janeiro: Nova Aguilar, 1975.

PRADO, Antonio Arnoni. *1922: Itinerário de uma falsa vanguarda*. São Paulo: Brasiliense, 1983.

RAMOS, Guerreiro. *Administração e estratégia do desenvolvimento*. São Paulo: Fundação Getúlio Vargas, 1966.

ROUANET, Sérgio Paulo. "Elogio do incesto." In: *Mal-estar na modernidade*. 2ª ed. São Paulo: Companhia das Letras, 2003.

SANTOS, Wanderley Guilherme dos. *Ordem burguesa e liberalismo político*. São Paulo: Duas Cidades, 1978.

SCHWARZ, Roberto. *Ao vencedor as batatas*. São Paulo: Duas Cidades, 1977.

WEBER, Max. *Max Weber*. 2ª ed. São Paulo: Ática, 1982.

Machado e a atualidade

Daniel Piza

Sempre achei que uma das carências da bibliografia sobre Machado de Assis fosse uma biografia ao estilo moderno, capaz de combinar narrativa e análise, que não desse ao leitor a impressão de que Machado era uma pessoa tediosa e alienada. Durante os dez anos em que acumulei e pesquisei material sobre sua vida, sua obra e sua época, mais e mais me convenci de tal necessidade. Afinal, para muitos brasileiros – acostumados a ler Machado por obrigação escolar, com pouco auxílio exceto o de datas e classificações históricas – a sensação é a de que seus livros pecam justamente por tédio e alienação. Para minha surpresa, também escritores e críticos importantes do Brasil assim o classificaram. Mário de Andrade, autor de *Macunaíma* e principal ideólogo do Modernismo local, disse que Machado escrevia com "as costas voltadas para o Brasil". Não são poucos os que ainda pensam assim.

O objetivo central da minha biografia, *Machado de Assis – Um Gênio Brasileiro*,[1] passou então a ser o de mostrar a riqueza e a atualidade da obra de Machado. Essa riqueza e atualidade estão intimamente relacionadas com a maneira pela qual Machado observou seu lugar e época. Nas biografias clássicas, como as de Lúcia Miguel Pereira e Raimundo Magalhães Jr., apesar de conterem a grande maioria das informações relevantes, reforçam a ideia de um Machado – ou "Machadinho", como diz Lúcia Miguel Pereira a todo instante – que sobrevoa seu período, sua sociedade, e escreve na torre de marfim. Meu desafio era demonstrar o contrário – sem, no

1 Daniel Piza. *Machado de Assis – Um gênio brasileiro*. São Paulo: Imprensa Oficial, 2005.

entanto, esquecer que a obra de Machado transcendeu sua época e não pode ser explicada mecanicamente por sua vida.

Passei mais de um ano redigindo o livro e, ao final, senti aquele torpor do dever cumprido, ou melhor, do prazer cumprido. A sensação de me transplantar para o Rio do século XIX foi intensa e recompensadora. Mais uma vez ao contrário do que se ensina nas escolas e se escreve nos jornais, o período da monarquia e da transição para a república foi muito menos "estável", muito menos monótono. O Brasil vivia uma situação *sui generis* como único reinado na América do Sul, preservado em parte graças à transferência da corte portuguesa para o Rio em 1808. Depois da Guerra do Paraguai, em especial, o debate político e intelectual se acirrou agudamente entre republicanos e monarquistas, enquanto Dom Pedro II postergava a abolição da escravatura, que o Brasil foi o último país das Américas a fazer. Isso angustiava monarquistas abolicionistas como Machado e seu grande amigo Joaquim Nabuco, que sonhavam com o Terceiro Reinado da princesa Isabel. Além disso, a cidade se transformava rapidamente: quando Machado nasceu, não tinha esgoto e a iluminação era a lampião de azeite; ao longo de sua vida, ele viu a difusão da fotografia e da imprensa, a invenção do telégrafo e da luz elétrica, do bonde, do cinema e até do carro. E se chocou com a febre de ações que se seguiu ao golpe republicano, o qual o fez permanecer dois anos calado, de tão perplexo.

Toda essa agitação contrastava com os relatos sobre o Segundo Reinado e sobre Machado de Assis. Também iluminava várias questões levantadas por sua obra, que ironiza, por exemplo, a retórica do debate entre conservadores e liberais, ciente de que a troca de poder raramente implicava a mudança de estrutura – algo com que a sociedade brasileira convive até hoje. Machado também se pôs a meio caminho no debate causado pela adoção do naturalismo de Zola e Eça entre os escritores brasileiros. Ele era a favor de um realismo que mantivesse lições do romantismo e se concentrasse na vida interior dos personagens, não só em seus sinais exteriores. Outras características de seu estilo – como o tom de conversa, o uso de episódios autônomos, o ritmo dado por capítulos curtos – também podem ser associadas à sua experiência como jornalista, inclusive como colaborador de revistas femininas.

Outro motivo para relacionar Machado e sua época era o entendimento de alguns termos e conceitos, como epilepsia (ainda mais confundida com doença mental do que hoje em dia) e positivismo (que teve adaptações muito curiosas para a realidade brasileira, não tendo sido apenas a adesão à filosofia de Auguste Comte). Outro exemplo: melancolia não era apenas um estado de tristeza ou depressão, como diz nossa noção atual; a palavra também era empregada para descrever alguém que não conseguia "elevar a alma a Deus". Eis um tema – a religião – que a pesquisa sobre a vida e a época de Machado mostrou ser muito mais importante. Machado era tão crítico da religião católica que se recusou a receber o padre para a extrema-unção, cena que fiz questão de usar como abertura do meu primeiro capítulo. Pois nas outras biografias esse gesto, tão raro para aqueles tempos, parece convencional. E disso deriva o menosprezo à influência das sátiras iluministas de Diderot e Voltaire sobre sua escrita, nos contos e nos romances a partir de *Brás Cubas*.

A biografia aparentemente atingiu o objetivo. Uma opinião comum a quase todas as resenhas foi a de que o livro mergulhou Machado mais profundamente em seu tempo e cidade, levando para a abordagem biográfica o que ensaístas como Raymundo Faoro, Roberto Schwarz e John Gledson analisaram nas últimas décadas. Mas poucas se detiveram nas questões específicas, como as que citei aqui, especialmente a antirreligiosidade de Machado. Ou apontaram que, em alguns casos, reverto interpretações de textos importantes, como a frase final de *Brás Cubas* (que, em vez de um reconhecimento da pequenez humana, é o último gesto de arrogância do "defunto autor", que prefere não ter tido filho porque ele não teria sido salvo pelo emplastro), a atração de Bentinho por Escobar (que ele de certa forma transmite a Capitu) e alguns recursos das obras da primeira fase (em que se veem "brotos" do estilo ambíguo e meditativo pós-1880). Resenhas deveriam ser mais pragmáticas.

Também foram poucos os comentaristas que notaram que, ao mergulhar Machado em sua época, eu tentei que ele saltasse ainda mais alto de volta, como uma bola na piscina. Apesar de funcionário público e marido fiel por 35 anos e da vergonha natural que sentia de suas crises e ausências causadas pela epilepsia, ele vivenciou intensamente a vida cultural da corte, frequentando saraus, bailes e espetáculos de teatro e ópera, além de ter sido condecorado pelo imperador e ter escrito hinos a ele. Pertenceu a uma brilhante geração de intelectuais brasileiros daquele período formador da nação: foi amigo (e apadrinhado) de figuras mais velhas como José de Alencar e Joaquim Manuel de Macedo; foi amigo (e apadrinhou alguns) mais novos como Nabuco, Euclides da Cunha, Raul Pompeia, José

Veríssimo, Olavo Bilac e Graça Aranha. E de todo esse material ergueu uma obra incomparável, que supera as demais em sutileza e ousadia – porque Machado enfrentou no papel as questões complexas de seu tempo e, para tanto, formulou um caminho independente. Não foi apenas um crítico da "elite brasileira", como os ensaístas mencionados levam a crer, mas um crítico da humanidade, da natureza humana. Esse é seu legado.

O paradoxo cético em Machado de Assis

Gustavo Bernardo Krause
(Universidade do Estado do Rio de Janeiro)

> Se uma cousa pode existir na opinião, sem existir na realidade, e existir na realidade, sem existir na opinião, a conclusão é que das duas existências paralelas a única necessária é a da opinião, não a da realidade, que é apenas conveniente.

Quem o diz é o narrador do conto "O segredo do bonzo",[1] preparando o terreno cético para os personagens do mais conhecido escritor brasileiro. Segundo esse narrador, a opinião, que supomos contingente, é necessária; a realidade, que supomos necessária, é apenas conveniente. A perspectiva cética e irônica já parece clara.

Astrojildo Pereira, crítico marxista, comentará que o ceticismo machadiano não é subjetivo mas, sim, criticamente objetivo, porque traduz a dúvida do escritor perante o discurso liberal e progressista que o rodeava.[2] Desfaz-se assim o mito do escritor omisso, mostrando como a obra machadiana demole as principais instituições burguesas de seu tempo. Só que Machado o faz sem seguir a cartilha realista, antes estruturando sua obra pela antiga ótica do trágico, enxergando "o irremediável das coisas e a fragilidade de tudo".[3]

1 Machado de Assis. *Papéis avulsos.* Belo Horizonte: Garnier, 1989, p. 125.

2 Astrojildo Pereira. *Machado de Assis.* Rio de Janeiro: Livraria São José, 1959, p. 273.

3 José Barreto Filho. *Introdução a Machado de Assis.* Rio de Janeiro: Agir, 1947, p. 11.

Por isso, no dizer de Dirce Côrtes Riedel, "a obra machadiana é uma busca do sentido da vida sem sentido, é expressão de angústia metafísica".[4] Entretanto, precisamos defini-lo como um trágico moderno, porque ele também não segue a cartilha aristotélica: ao invés de privilegiar a ação e as peripécias, suas narrativas enfatizam a reflexão e, ainda, a reflexão sobre a própria reflexão. Segundo Cecília Loyola, isso explicaria porque a importância do teatro machadiano é minimizada: avaliam-no pelo parâmetro aristotélico. Ora, o caráter não-aristotélico desse teatro constitui sua originalidade, quando se substituem as convenções do teatro pelo teatro das convenções; antecipa-se o distanciamento brechtiano e exibe-se precisamente a condição de teatralidade do gesto social.[5]

Percebe-se a presença do ceticismo desde o primeiro romance, *Ressurreição*, e a partir mesmo do título irônico: anuncia-se várias vezes a ressurreição de um amor que, todavia, nunca se consuma. Ao contrário, Félix, o médico personagem principal, é um cético no mau sentido do termo, isto é, no sentido do senso comum, desconfiando por princípio do caráter da amada. Seu nome é outra ironia: embora ele zele como um usurário por sua felicidade, perde-a à proporção em que tenta protegê-la. A amargura se anuncia desde o primeiro parágrafo, que comenta o primeiro dia do ano: "Tudo nos parece melhor e mais belo – fruto da nossa ilusão – e alegres com vermos o ano que desponta, não reparamos que ele é também um passo para a morte".[6]

A reflexão amarga abre o primeiro romance do escritor que ousava construir, logo na primeira tentativa, caráter tão complexo:

> Do seu caráter e espírito melhor se conhecerá lendo estas páginas, e acompanhando o herói por entre as peripécias da singelíssima ação que empreendo narrar. Não se trata aqui de um caráter inteiriço, nem de um espírito lógico e igual a si mesmo; trata-se de um homem complexo, incoerente e caprichoso, em quem se reuniam opostos elementos, qualidades exclusivas, e defeitos inconciliáveis. Duas faces tinha o

---

4 Dirce Côrtes Riedel. *O tempo no romance machadiano*. Rio de Janeiro: Livraria São José, 1959, p. 104.

5 Cecília Loyola. *Machado de Assis e o teatro das convenções*. Rio de Janeiro: Uapê, 1997, p. 60.

6 Machado de Assis. *Ressurreição*. Belo Horizonte: Garnier, 1988, p. 55.

> seu espírito, e conquanto formassem um só rosto, eram todavia diversas entre si, uma natural e espontânea, outra calculada e sistemática. Ambas porém se mesclavam de modo que era difícil discriminá-las e defini-las. Naquele homem feito de sinceridade e afetação tudo se confundia e baralhava.[7]

A descrição atende a Félix, mas serve a todos os protagonistas machadianos que depois se lhe seguiram. Machado não encontra a sinceridade dissociada da afetação social, assim como não percebe a verdade dissociada completamente da mentira. Caracteriza seus personagens por contraste, representando-os não somente em conflito com os outros, mas principalmente em conflito consigo mesmos. Os caracteres machadianos experimentam a impossibilidade de se reconhecerem iguais a si mesmos: o espelho da literatura os devolve trêmulos. O tempo – a história – afeta a subjetividade a ponto de transtorná-la em dramática duplicidade interna.

Félix se apaixona aos poucos por Lívia e é correspondido, mas esse amor não se adequa bem aos clichês românticos: Lívia é bela, sim, mas viúva e com um filho. Na primeira conversa que Félix tem com a viúva, sente-se muito bem a seu lado, mas de repente lhe escapa "não sei que frase de melancólico cepticismo que fez estremecer a moça".[8] O primeiro grande personagem do escritor é mais melancólico do que cético, voltado antes à observação narcisista de suas desilusões, às vezes antecipando-as, do que à contemplação serena do mundo. O narrador não o define como mau, mas nele reconhece ceticismo "desdenhoso ou hipócrita", conforme a ocasião. O personagem desconfia das pessoas não apenas graças às decepções que vai sofrendo, mas principalmente por ser fraco e volúvel.[9] Depois de alguns encontros, Félix deseja dizer que ama Lívia, mas tanto ele quanto o narrador sabem, ora cínicos, ora céticos, que o amor é uma maneira de dizer – que o amor é também um "como se":

---

7 *Idem*, p. 56.

8 *Idem*, p. 72.

9 *Idem*, p. 110.

> A tarde estava realmente linda. Félix, entretanto, cuidava menos da tarde que da moça. Não queria perder o ensejo de lhe dizer, como se fora verdade, que a amava loucamente.[10]

À proporção que os amantes representam tão completamente o amor que deveras sentem, triângulos amorosos se sucedem, suscitando no leitor a possibilidade e, no personagem, a suspeita: da traição. Por qualquer coisa Félix desconfia de Lívia e lhe escreve cartas ofendidas. Lívia luta por ele a ponto de visitá-lo em casa, o que pode provocar a maledicência do povo. O moço pergunta, reticente, "não receou que os olhos da sociedade...", mas ela lhe responde, procurando sorrir: "a sociedade está tomando chá".[11] Nessa única frase irônica – "a sociedade está tomando chá" – o escritor resume a moralidade social.

Passa a crise, mas acontecem outras. Quando o casal ainda esconde o namoro, um personagem de nome Meneses procura Félix para lhe dizer de sua paixão exatamente por Lívia. "Uma só palavra bastava ao médico para arredar do seu caminho aquele rival nascente", mas Félix repele a ideia por orgulho e por cálculo. O cálculo é diabólico: quer aquilatar "a constância e a sinceridade de Lívia" frente ao assédio do outro. A partir daí, o narrador o vê como único responsável pela dúvida e decepção futuras:

> Assim pois era ele o artífice do seu próprio infortúnio, com as suas mãos reunia os elementos do incêndio em que viria a arder, senão na realidade, ao menos na fantasia, porque o mal que não existisse depois, ele mesmo o tiraria do nada, para lhe dar vida e ação.[12]

Porque "artífice do próprio infortúnio", o final do romance não é feliz para Félix, como não o é também para Lívia. Mas não há mortes ou tragédias abruptas. Tanto duvida Félix sem motivo que a viúva não o perdoa mais e, com dor serena,

---

10 *Idem*, p. 85.

11 *Idem*, p. 100.

12 *Idem*, p. 116.

opta pela solidão ao lado do filho. "No tempo em que os mosteiros andavam nos romances", a viúva acabaria os seus dias no claustro – mas, como esse romance é secular, "os heróis que precisam de solidão são obrigados a buscá-la no meio do tumulto".[13] Lívia envelhece sozinha, com poucos amigos; é logo esquecida. Félix sofre um pouco, mas não demora a ter dúvidas de novo, apesar das muitas provas que teve da honestidade de Lívia. Covarde, se sente aliviado com o desfecho, o que autoriza o juízo final do narrador:[14]

> Dispondo de todos os meios que o podiam fazer venturoso, segundo a sociedade, Félix é essencialmente infeliz. A natureza o pôs nessa classe de homens pusilânimes e visionários, a quem cabe a reflexão do poeta: "perdem o bem pelo receio de o buscar". Não se contentando com a felicidade exterior que o rodeia, quer haver essa outra das afeições íntimas, duráveis e consoladoras. Não a há de alcançar nunca, porque o seu coração, se ressurgiu por alguns dias, esqueceu na sepultura o sentimento da confiança e a memória das ilusões.

O primeiro protagonista de Machado de Assis é menos cético do que narciso e pusilânime. Aquele ceticismo de fachada pode ser desdenhoso ou hipócrita, conforme a ocasião, mas a observação do seu caráter através do romance mostra já um escritor cético a respeito da humanidade, sem que seu ceticismo implique falta de humor ou de ternura. Ainda que a personagem feminina se mostre bastante idealizada, a sociedade é desmontada na base quando tem um Félix por médico. Os outros romances e contos afiarão a pena e cortarão mais fundo, mas desde o início Machado se mostra maduro – porque se revela simultaneamente cético e sereno. Tanto isso é verdade que o enredo e os personagens de *Ressurreição* retornam, vinte e oito anos mais tarde, em 1900, naquela que costuma ser considerada a obra-prima do escritor: *Dom Casmurro*.

---

13 *Idem*, p. 165.

14 *Idem*, p. 166.

A ensaísta norte-americana Helen Caldwell, que em 1953 traduziu *Dom Casmurro* para o inglês, considera esse livro o maior de todos os romances do continente americano.[15] Em 1960, ela publica uma ousada análise do romance, intitulada *The Brazilian Othello of Machado de Assis: a Study of Dom Casmurro*. Esse estudo só foi traduzido para o português em 2002. Helen vê o retorno dos elementos do primeiro romance se dando não na perspectiva de um narrador onisciente mas, sim, na do personagem que se supõe traído e que, na verdade, é o artífice do seu próprio infortúnio: o médico Félix se transformou no advogado Bento Santiago, cabendo-lhe narrar suas desventuras e advogar em causa própria. Lívia torna-se Capitu, aquela que se descreve apenas através dos olhos "oblíquos e dissimulados".

Tanto *Ressurreição* quanto *Dom Casmurro* retomariam *Othello*, a tragédia de Shakespeare, para a cena brasileira, mas no segundo romance a solução é outra: Machado junta num só personagem dois caracteres contraditórios e conflitivos. Bento Santiago é ao mesmo tempo Otelo, o mouro que se supôs traído por Desdêmona graças às intrigas de Iago, e o próprio Iago – não à toa, seu nome "Bento" se duplica no sobrenome como o "Santo Iago".[16] Como "maquinador da própria desonra", para recorrer a uma expressão de Cervantes, Bentinho se torna um dos personagens mais complexos da literatura brasileira – mais do que um Otelo, ele encarnaria um Hamlet brasileiro, em dúvida se é ou se não é: amado.[17]

A ensaísta se espanta como a maior parte dos estudiosos de Machado de Assis assumiu a heroína como culpada de adultério, apesar de a história toda ter sido contada pela ótica do maior interessado em se pôr como vítima. Não há no romance nenhuma evidência conclusiva de que Capitu tenha ou não tenha traído o seu marido Bento Santiago com o amigo Escobar, mas os críticos, desde José Veríssimo, quando o romance foi publicado, até Massaud Moisés, no final do século XX, traem-se tomando o partido do narrador. Moisés, num artigo chamado "Em busca dos olhos gêmeos de Capitu", ao mesmo tempo que diz ter lido o estudo de Caldwell,

15 Helen Caldwell. *O Otelo brasileiro de Machado de Assis*. Tradução de Fábio Fonseca de Melo. São Paulo: Ateliê, 2002, p. 17.

16 *Idem*, p. 41.

17 *Idem*, p. 168.

considera Bentinho um ingênuo incurável e ela "a própria encarnação do maquiavelismo feminino, para dizer o mínimo".[18]

Helen Caldwell sugere que o escritor continuava aplicando rasteiras irônicas nos seus críticos, obrigando-os a traírem, primeiro, seus preconceitos, quiçá seu medo dos olhos oblíquos das Capitus da vida e da ficção, e, depois, seus limites teóricos, denegando a ambiguidade literária e machadiana em nome de uma solução moralista. No entanto, ela resvala na mesma armadilha, ao defender Capitu tão apaixonadamente. Não há como saber se o adultério foi ou não cometido – ou, ainda que o tivesse sido, não há como saber se o amor de Capitu por Bentinho se tornara menor, igual ou até mesmo maior. A qualidade do romance reside no seu *unreliable narrator*, ou seja, em um narrador no qual não se pode confiar, o que parece garantir a suspensão de todo julgamento, ou seja: a *epoché*. Essa indeterminação, essa indecidibilidade, sugere, precisamente, que a traição, em si, é irrelevante. O que importa é outra coisa. Como argumenta Abel Barros Baptista, "a questão da culpa ou inocência de Capitu é uma questão sem solução nem sentido a partir do momento em que se assume que Machado a entregou à decisão do leitor, se por isso se entender deixar o leitor com a narrativa de Dom Casmurro, sem nenhuma outra instância que a complete, confirme ou contradiga, designadamente uma instância que simule falar em nome do próprio autor".[19]

As rasteiras irônicas do escritor prosseguem na história do outro médico, aquele que tem nome de símio (lembrando Darwin) e sobrenome bélico (aludindo à revolução "pela culatra" que ele promove na ciência). Na pequena Vila de Itaguaí, próxima à outrora capital federal, encontramos o ilustre doutor Simão Bacamarte fundando o asilo da Casa Verde, a fim de demarcar os limites da razão e da loucura. A Câmara Municipal da Vila o autoriza a encerrar na Casa qualquer habitante que não corresponda ao critério estabelecido para a saúde mental: "a razão é o perfeito equilíbrio de todas as faculdades".

A experiência, porém, transforma-se numa tragédia para a comunidade: quatro quintos de seus membros são trancafiados na Casa Verde. Revendo seus conceitos à luz dos novos fatos, o doutor Bacamarte modifica o critério para a saúde mental,

18 *Jornal da Tarde*, 19/07/1997.

19 Abel Barros Baptista. *Autobibliografias*. Campinas: Editora da Unicamp, 2003, p. 369.

passando a admitir como normal e exemplar o desequilíbrio das faculdades; em consequência, tornam-se patológicos todos os casos em que aquele equilíbrio se mostra ininterrupto. Todos os internos são libertados, passando a se encarcerarem os melhores da cidade, ou seja, as pessoas mais equilibradas e razoáveis. Mas, como mesmo estes demonstram algum desequilíbrio, resta apenas uma pessoa em toda a cidade que satisfaz o novo critério para a loucura: o próprio Simão Bacamarte. Em nome do rigor científico, o ilustre médico interna a si mesmo no seu asilo, onde virá a perecer sozinho.

Esta é a história d'*O alienista*. A novela foi publicada pela primeira vez e em partes no periódico *A Estação*, de outubro de 1881 a março de 1882. Por essa época, o trabalho burocrático do escritor consistia em lidar com assuntos referentes à escravidão, em especial consultas sobre a aplicabilidade da Lei do Ventre Livre, de 1871. Machado redige alguns textos administrativos que comprovam sua posição ao lado dos escravos, no período em que a campanha abolicionista dava apenas os primeiros passos. A oposição liberdade *versus* escravidão metaforiza-se na oposição sanidade *versus* loucura. A Casa Verde é sobretudo um espaço de privação da liberdade no qual pessoas são escravizadas em nome dos discutíveis e camaleônicos poderes da ciência e da política. Desse modo, a metáfora cumpre seu destino e diz mais do que a analogia da qual partiu, fazendo ver a relação entre a política e o pensamento vigente.

Seis meses depois da publicação de *O alienista*, Machado escreve o conto "O espelho", cujo tema é o questionamento do papel da identidade através da suposta existência de duas almas dentro de uma mesma pessoa – no caso, o personagem Jacobina. Como Guimarães Rosa mais tarde fará em conto de mesmo título, afirmando "sim, são para se ter medo, os espelhos", Machado representa o espelho como signo e agente de dissociação psíquica que faz tremer o real ao refleti-lo. Jacobina descobre aquelas duas almas em si mesmo, quando se percebe solitário logo após a fuga de todos os escravos da fazenda. Jacobina se vê no espelho como uma figura "vaga, esfumada, difusa, sombra de sombra", e afasta-se do reflexo com medo de enlouquecer.[20]

Na novela e no conto, como em toda a sua obra, Machado discute questões políticas e sociais de maneira enviesada e irônica. Jacobina prepara o que viria a ser um dos principais personagens de Machado de Assis: o Conselheiro Aires. Jacobina não

---

20 Machado de Assis. *Papéis avulsos, op. cit.*, p. 161.

discute nunca, defendendo-se da abstenção ao afirmar que a discussão é a forma polida do instinto da guerra, que "jaz no homem como uma herança bestial". Instado por amigos a dar alguma opinião, ou ao menos alguma conjectura sobre a natureza da alma, ele retruca que não lhes dá nem uma nem outra, porque ambas podem permitir o dissentimento, que não lhe interessa. Todavia, se o ouvirem calados, ou seja, sem discutir, eles lhes contará o caso da sua vida, para provar a existência de duas almas convivendo dentro de uma única pessoa.[21]

Em termos visuais, o espelho mostra que, onde parece existir um, há dois. Nos termos da linguagem, a metáfora é uma espécie de espelho mostrando que, onde parece haver apenas um significado, há no mínimo outro significado. Assim como a imagem do rosto não é igual ao próprio, o significado subjacente à metáfora não é igual ao significado aparente da palavra. Com o tempo, no entanto, a metáfora se desgasta em catacrese, ocultando novamente o espelhamento transversal que produzira. Como lembrou Nietzsche, as verdades são "ilusões cuja origem está esquecida, metáforas que foram usadas e que perderam a sua força sensível".[22] O desgaste da metáfora ocorre no cotidiano, quando não enxergamos mais os dedos do pé da mesa, mas também na literatura, por conta de sucessivas interpretações que podem acabar por reificar um sentido único para o que, na origem, teria sido plurissignificativo.

Por isso, André Rios reclama que uma das interpretações possíveis de *O alienista* se tenha tornado quase que oficial, recalcando outros significados possíveis. A interpretação que se tornou tradicional foi a de ver na novela uma crítica ao "despotismo científico", como diz o próprio barbeiro Porfírio no texto. A partir da crítica a esse despotismo, discutem-se as pretensões totalitárias da medicina e da psiquiatria. Rios vai nos lembrar, porém, que esta interpretação já existe no interior da narrativa e é ali mesmo ridicularizada: "quem lê este conto como uma crítica à psiquiatria está, a princípio, se pondo como aliado do barbeiro e teria de explicar o que o excetua de também estar seguindo o caminho da conivência".[23]

---

21 *Idem*, p. 154.

22 Friedrich Nietzsche. *O livro do filósofo*. Tradução de de Rubens Eduardo Ferreira Frias. São Paulo: Moraes, 1987, p. 69.

23 André Rangel Rios. *Mediocridade e ironia*. Rio de Janeiro: Caetés, 2001, p. 12.

Acrescento à observação de Rios que a interpretação dominante da novela tem ainda outra função: a de tentar não-enxergar Simão Bacamarte como uma metáfora arrasadora dos realistas e do realismo. Apenas não vendo essa metáfora os manuais didáticos podem continuar enquadrando o escritor entre os realistas. Há uma espécie de cegueira voluntária: críticos e professores parece que não leram *O alienista* e, ainda, *Memórias póstumas de Brás Cubas,* romance em que o narrador defunto deixava romantismo e realismo na beira da estrada. O próprio Machado fará a seguinte afirmativa categórica: "a realidade é boa, o realismo é que não presta para nada".[24]

No artigo "Machado de Assis e a nota monocórdia", Teresinha Zimbrão especula que as constantes interferências do autor nas suas histórias representam irônicas declarações de guerra às convenções realistas.[25] As observações de Teresinha fazem par com os estudos de José Guilherme Merquior e Enylton de Sá Rego, que reconhecem na ficção machadiana heranças profundas da sátira clássica, mais exatamente de Menipo e Luciano, e com o trabalho de Luiz Costa Lima, que reconhece a poética machadiana assentada no primado do alegórico, o que por si só a desvia da busca do sentido único e "real".[26] Ao invés de criar a máxima ilusão de realidade, o escritor denuncia a ilusão por trás da voz dos diferentes narradores. Essa denúncia, na aparência autorreferente, termina por ricochetear na própria realidade. Deixando sob suspeita o efeito de real tão buscado pela centúria realista, Machado planta no leitor a dúvida sobre o real ele mesmo.

Na novela, o escritor ilude leitor e intérprete, levando-os a seguir o ponto de vista do barbeiro Porfírio, pela ironia demonstrando como seria forte a nossa tendência em seguir Porfírios. Essa tendência é tão forte que sequer a crítica literária abalizada percebe o logro. Rios então suspeita que o tema central da novela não é a loucura mas, sim, a mediocridade: o escritor está a ironizar a mediocridade de seus leitores e críticos. A partir dessa suspeita, André levanta a hipótese de que o diálogo fundamental de Machado não é com os críticos da ciência e da medicina mas, sim, com Erasmo de Rotterdam e seu *Elogio da loucura,* onde se lê:

---

24 José Aderaldo Castello. *Realidade e ilusão em Machado de Assis.* São Paulo: Companhia Editora Nacional, 1969, p. 34.

25 Teresinha Zimbrão. "Machado de Assis e a nota monocórdia". *Ipotesi,* n. 11, 2002.

26 Ivo Barbieri (org). *Ler e reescrever Quincas Borba.* Rio de Janeiro: EdUERJ, 2003, p. 27.

> Dizem os sábios que é um grande mal estar enganado; eu, ao contrário, sustento que não estar é o maior de todos os males. É uma grande extravagância querer fazer consistir a felicidade do homem na realidade das coisas, quando essa realidade depende exclusivamente da opinião que dela se tem. Tudo na vida é tão obscuro, tão diverso, tão oposto, que não podemos certificar-nos de nenhuma verdade.[27]

Em crônica datada de 1884, Machado pergunta se o Hospício Nacional de Alienados deve ficar com o Estado ou tornar à Santa Casa da Misericórdia. Na resposta, opta por nenhum dos dois, sugerindo que os próprios doidos devem administrar o estabelecimento – poucas sugestões terão sido tão subversivas. Em apoio à sua tese, invoca Erasmo: "O grande Erasmo (ó Deus!) escreveu que andar atrás da fortuna e das distinções é uma espécie de loucura mansa; logo, a instituição, fundada por doudos, deve ir aos doudos – ao menos por experiência... O seu ao seu dono".[28]

Tomando por estabelecido o diálogo entre Machado e Erasmo, André passa a questionar a tradução do *Elogio da loucura* – no original latino, *Laus stultitiae*. A tradução abriga um dos sentidos possíveis, mas se revela insuficiente porque Erasmo não trata da loucura como a vemos, isto é, como doença. Entre as palavras latinas que designam loucura, *amentia* e *dementia* são sinônimas, com sentido mais técnico e reservado; *insania* e *stultitia* abrigam sentido mais amplo, mas *insania* se aproxima do uso médico, enquanto *stultitia* traz também o sentido social de desregramento, excesso, insensatez, vaidade, tolice – numa palavra, mediocridade.[29]

Para combater a mediocridade, Machado recorre ao poder da ironia, deixando-a fluir discretamente por trás do narrador. O próprio narrador não é irônico: trata-se de um escrupuloso pesquisador de crônicas antigas, mas pouco crítico e nada criativo. Em Itaguaí, todos seriam medíocres não pelo fato de a cidade ser provinciana, mas porque o mundo todo é medíocre. De fato, "todas as referências ao mundo para

---

27 Erasmo de Rotterdam. *Elogio da Loucura*. Tradução de Paulo de Oliveira. Bauru: Edipro, 1995, p. 72.

28 André Rangel Rios, *op. cit.*, p. 28.

29 *Idem*, p. 14.

além de Itaguaí só corroboram que o próprio da condição humana, universalmente, é chafurdar em mediocridades".[30]

A novela sobrepõe uma ironia à outra: são vítimas da ironia a medicina, a ciência, a política, a razão, a poesia, o provincianismo, a retórica, os advogados, o evolucionismo, os leitores, as estatísticas, as elites, a historiografia, a função do narrador e a sociedade patriarcal. Suas peripécias, suas reviravoltas, são irônicas. A sociedade patriarcal é atingida desde o início do texto por uma ironia particular que tem passado despercebida. Com quarenta anos, o doutor Bacamarte casa-se com dona Evarista, de vinte e cinco, nem bonita nem simpática, viúva de um juiz-de-fora, mas que cientificamente, de acordo com o médico-marido, "reunia condições fisiológicas e anatômicas de primeira ordem, digeria com facilidade, dormia regularmente, tinha bom pulso, e excelente vista; estava assim apta para dar-lhe filhos robustos, sãos e inteligentes".[31]

A primeira pergunta é: como Bacamarte não atina para o fato de que sua consorte já havia sido casada e não tivera filhos? Não seria provável que viesse a tê-los.[32] Os critérios científicos são ridicularizados, mostrando-se como eles encobrem duas decisões pré-científicas, ambas patriarcais e geradoras de pelo menos dois equívocos: escolhe-se a mulher pela prole que ela possa dar ao marido; escolhe-se a esposa com critérios estéticos opostos àqueles com os quais se escolheria uma amante – à esposa, cabe tão-somente ter filhos e cuidar deles.

Curiosas hipérboles enfatizam a mediocridade do casal. Se num momento Evarista encontra-se "apta para dar-lhe filhos robustos, sãos e inteligentes", no seguinte ela se mostra completamente estéril; se num momento Bacamarte tenta resolver a esterilidade da esposa recorrendo a escritores árabes e consultando universidades estrangeiras, no seguinte ele resolve tratá-la com a medicação mais irrisória e mais ineficaz possível: a boa e velha carne de porco de Itaguaí.

A segunda pergunta é: por que a maioria dos leitores e comentadores de *O alienista* parece não perceber esta ironia logo no início da novela? Talvez porque ela se dê ao mesmo tempo sofisticada e dolorosa, atingindo tanto Bacamarte, que não

30 *Idem*, p. 15.

31 Machado de Assis. *Papéis avulsos*, *op. cit.*, p. 17.

32 André Rangel Rios, *op. cit.*, 2001, p. 16.

enxerga o que se encontra na frente dos seus olhos, quanto o leitor, que não enxerga o procedimento de Machado. O comportamento de Evarista contesta a estrutura patriarcal que subjaz à ciência. Evarista contesta quando não tem filhos, quando não segue a dieta e quando reclama da pouca atividade sexual do marido. Ela contesta gastando dinheiro em roupas e joias, ou seja, em futilidades e tolices. A ironia de Machado atinge os dois lados ao mesmo tempo: a tola austeridade do homem de ciência e a não menos tola frivolidade da mulher casada. Não escapa ninguém – nem o narrador, nem o leitor.[33] Entende-se assim porque um dos principais personagens de Machado, o cético Conselheiro Aires, seja um celibatário por vocação: ele parece livre para servir de veículo de crítica à ordem burguesa patriarcal de seu tempo.

Kátia Muricy, no livro intitulado *A razão cética*, mostra como a literatura brasileira da centúria realista rende-se com facilidade à medicalização e psicologização da sociedade, apresentando um desfile de histéricas e neuropatas: "em José de Alencar, Júlio Ribeiro e, sobretudo, em Aluísio Azevedo, desfilam personagens histéricas a que se aplicaria a prescrição higienista de casamento receitada pelo médico de *O homem* à heroína".[34] Machado de Assis, entretanto, nada contra a corrente, criticando os mitos que implantam os mecanismos de normalização social: a crença dogmática na ciência e a suposição de um pensamento esclarecido. Muricy considera que "o ceticismo parece ter sido a inflexão necessária para a elaboração da crítica".[35] Machado, que já dissera que o realismo não presta, vê a própria natureza como "forte, imparcial e cética".[36] Seu ceticismo é amargo mas bem humorado, como mostra crônica publicada na *Semana Ilustrada* em 1872, quando levanta uma etimologia fantasiosa da palavra "medicina":

> Conta-se que, no tempo do rei Numa, o corpo médico era composto unicamente de coveiros, regidos por um coveiro-mor, chamado Cina,

33 *Idem*, p. 25.

34 Kátia Muricy. *A razão cética: Machado de Assis e as questões de seu tempo*. São Paulo: Companhia das Letras, 1988, p. 15.

35 *Idem*, p. 16.

36 José Aderaldo Castello, *op. cit.*, p. 54.

> avô, dizem, da tragédia de Corneille. Adoecia um romano (eterno romano!), iam os coveiros à casa do doente para abrir a sepultura.
> — Mediste, Caio? — perguntava o chefe.
> — Medi, Cina — respondia o coveiro oficial.[37]

A piada pinta os médicos como coveiros preocupados antes em medir os mortos futuros – curar seria secundário, quiçá irrelevante. Ironia semelhante fez Voltaire, quando pôs seu personagem Zadig sofrendo de uma flechada recebida próximo ao olho:

> Mandou-se buscar em Mênfis o grande médico Hermes, que veio com numeroso cortejo. Visitou o doente e declarou que perderia o olho; predisse mesmo o dia e a hora em que esse funesto acidente devia acontecer. "Se fosse o olho direito", disse, "eu o teria curado; mas as feridas do olho esquerdo são incuráveis". Babilônia inteira, lamentando o destino de Zadig, admirou a profundidade da ciência de Hermes. Dois dias depois o abscesso rebentou por si mesmo; Zadig ficou perfeitamente curado. Hermes escreveu um livro no qual provou que ele não devia ter sarado. Zadig não o leu.[38]

O livro de Hermes, citado por Voltaire, lembra a história daquele naturalista que, ao ser apresentado a um ornitorrinco vivo, afirmou peremptoriamente: "esse animal não existe". Ou o diretor de uma escola em que trabalhei: preocupado porque, no ano de 1984, quando o Brasil começava a sair da ditadura militar, eu havia adotado nas minhas turmas do ensino médio o romance *1984*, de George Orwell, ordenou-me explicitamente que não adotasse a obra, em função das suas perigosas inferências subversivas. Sem entrar no mérito da censura, argumentei que o livro já havia sido adotado, que os alunos já o haviam lido e que uma prova a respeito dele já havia

37 Kátia Muricy, *op. cit.*, p. 21.

38 Voltaire. *Zadig, ou: do destino*. Tradução de de Márcia Aguiar. São Paulo: Martins Fontes, 2002, p. 7.

sido aplicada e corrigida. Imperturbável, o diretor consciencioso disse então que eu devia "desadotar" o livro, informando aos alunos que a prova estava cancelada e que eles não haviam lido o livro. Disse-o com toda a calma, como se não fosse absurdo.

Penso que esse diretor, cujo nome não importa, era uma reencarnação de Simão Bacamarte.

A loucura do projeto do médico é criticada do avesso pelo narrador de *O alienista*, quando ele reclama da resistência dos habitantes da vila: eles lhe parecem pouco esclarecidos, porque insinuam à dona Evarista que "a ideia de meter os loucos na mesma casa, vivendo em comum, pareceu em si mesma um sintoma de demência".[39] Fica claro que Machado discorda de seu narrador, como de costume, e antecipa de um século a antipsiquiatria e sua crítica do confinamento de doentes mentais, adequada apenas para, ou piorar o doente, ou tornar doente quem ainda não o era. Machado explicita essa opinião em crônica de 1896, quando os jornais noticiam, ao mesmo tempo, desequilíbrio financeiro no país e uma fuga de loucos do Hospício dos Alienados:

> Nem sempre é fácil distinguir, neste fim de século, um alienado de um ajuizado; ao contrário, há destes que parecem aqueles, e vice-versa. Tu que me lês podes ser um mentecapto, e talvez rias desta minha lembrança, tanto é a consciência que tens do teu juízo. Também pode ser que o mentecapto seja eu. (...) No bonde, na sala, na rua, onde quer que se me deparasse pessoa disposta a dizer histórias extravagantes e opiniões extraordinárias, era meu costume ouvi-la quieto. Nunca me passou pela cabeça que fosse um demente. Todas as histórias são possíveis, todas as opiniões respeitáveis.[40]

O cronista brinca que, graças à fuga dos marcados como loucos, não pode mais distinguir uns dos outros – logo, o melhor é desconfiar de todos. Como não há "certeza na matéria", é melhor não se internar ninguém, ou então fazer uma lei que simplesmente decrete o fim da alienação mental. Afinal de contas, o juízo seria

39 Machado de Assis. *Papéis avulsos, op. cit.*, p. 19.

40 Kátia Muricy, *op. cit.*, p. 49.

tão-somente "uma probabilidade, uma eventualidade, uma hipótese". Ou, como dirá também em *Quincas Borba*: "nós não temos outra prova do mundo que nos cerca senão a que resulta do reflexo dele em nós".[41]

Luiz Dantas, em artigo sobre *O alienista*, observa que a narrativa e o ilustre doutor desenham a loucura através da palavra. Se "o mundo não é senão uma palavra", como já disse Shakespeare, a loucura nasce da (ou está na) palavra. O ato de nomear/criar a loucura é acompanhado de contínua reflexão sobre o peso ambíguo e escorregadio das palavras: "a palavra, como instrumento de conhecimento, é precária, sinuosa, venal, modelável".[42] Não à toa, têm precedência para a internação na Casa Verde aqueles que padecem dos males da retórica. O primeiro a dar entrada no asilo é um rapaz bronco, sim, mas que todos os dias, depois do almoço, faz um discurso acadêmico ornado de tropos, antíteses e apóstrofes. Qualquer semelhança irônica com professores, críticos e deputados baianos não será, decerto, mera coincidência.

Segue-se ao rapaz bronco o eloquente cidadão que resolve elogiar a mulher do alienista, dizendo que "Deus quis vencer a Deus". O homem é imediatamente internado; o leitor suspeita de ciúme, sem perceber que o médico teria poucos motivos para tanto. Na verdade, o elogio foi excessivo. A hipérbole é punida, ainda que a narrativa oscile entre aquelas hipérboles contraditórias.

Há vários outros casos de demência verbal, como mostra o discurso esquizofrênico do barbeiro Porfírio. A palavra se mostra, ao mesmo tempo, todo-poderosa e precária. A experiência de Simão Bacamarte, no fundamental uma experiência com a palavra, termina com seu próprio isolamento e morte na Casa Verde. Como lembra Luiz Dantas, o psiquiatra "manipula e sofre os efeitos dessa palavra servil e traiçoeira. Prisioneiro da sua própria formulação, incapaz de atingir os seus objetivos, encontra a solução para tantos dilemas fechando-se só, no silêncio".[43]

A postura cética e autoirônica de Machado de Assis resta óbvia.

Enquanto o escritor tudo aceita – "todas as histórias são possíveis, todas as opiniões respeitáveis" –, a medicina do seu tempo condena o celibato dos que não sejam padres,

41 José Aderaldo Castello, *op. cit.*, p. 68.

42 Luiz Dantas. "O alienista de Machado de Assis: a loucura e a hipérbole. In: Renato Janine Ribeiro (org.). *Recordar Foucault*. São Paulo: Brasiliense, 1985, p. 146.

43 *Idem*, p. 152.

por permitir a licenciosidade e a falta de higiene. No entanto, o mais conhecido *alter ego* de Machado, o Conselheiro Aires, que aparece em dois dos seus últimos romances, defende o celibato: essa condição lhe permite ocupar lugar equivalente ao do Coro grego, refletindo sobre as tragédias conjugais que o cercam sem se envolver. O caráter do Conselheiro Aires já se anunciava no Jacobina do espelho e no romance *Iaiá Garcia*, quando o narrador se refere a um dos personagens centrais: "Assim vivia esse homem cético, austero e bom, alheio às coisas estranhas, quando a carta de 5 de outubro de 1866 veio chamá-lo ao drama que este livro pretende narrar".[44] Para Machado de Assis, os três adjetivos – "cético, austero e bom" – reforçam-se uns aos outros.

Em *Esaú e Jacó*, sabe-se que Aires foi viúvo, mas casara apenas por necessidade do ofício de diplomata. Viveu com a mulher como se vivesse só; quando ela morreu, não se afligiu com a perda, porque "tinha o feitio do solteirão".[45] Por isso, podia observar melhor o drama de Natividade. Natividade, mãe dos gêmeos Pedro e Paulo, sofre com a discórdia entre os filhos. Eles brigam desde o ventre materno: na juventude um defendia a Monarquia, outro a República. Depois da proclamação da República, se colocam novamente em campos separados. Pedro, que fora monarquista, aceita o novo regime, mas Paulo, ardoroso republicano, surpreendentemente bandeia-se para a oposição, decidindo que aquela não é a República dos seus sonhos.

Por que eles alteram as suas posições, mudando de opinião? É o que a mãe pergunta ao Conselheiro Aires. O amigo demora a responder. Ao fim de minutos arrisca, em voz baixa: "a razão parece-me ser que o espírito de inquietação reside em Paulo, e o de conservação em Pedro. Um já se contenta do que está, outro acha que é pouco e pouquíssimo, e quisera ir ao ponto em que não foram homens".[46] Entretanto, ressalva que tanto pode ser isso quanto outra coisa. Entre os pecados de Aires, não se encontra o pecado da opinião. O Conselheiro não se incomoda de estar certo ou não o estar; na verdade, não lhe importa ser ou não aceito. Responde às perguntas que lhe fazem apenas por gentileza, sem identificar-se com o que diz.

Natividade aceita a sua explicação, mas não se acalma: a discórdia prossegue entre os seus filhos, que apenas trocam de armas para continuar o mesmo duelo. Aires

---

44 José Aderaldo Castello, *op. cit.*, p. 106.

45 Machado de Assis. *Esaú e Jacó*. Belo Horizonte: Garnier, 1988, p. 45.

46 *Idem*, p. 227.

concorda, mas chama a atenção da amiga para a cor do céu, que é a mesma antes e depois da chuva. A mãe dos gêmeos procura o simbolismo oculto na imagem do amigo, mas não o encontra. Talvez ele esteja lhe pedindo para olhar para cima, ou seja, para ampliar sua perspectiva. O Conselheiro Aires a aconselha a ter confiança: "conte com as circunstâncias, que também são fadas. Conte mais com o imprevisto. O imprevisto é uma espécie de deus avulso, ao qual é preciso dar algumas ações de graças; pode ter voto decisivo na assembleia dos acontecimentos".[47]

O conselho é estranho, porque não ajuda muito. À primeira vista, parece dizer apenas: relaxe. Ou: o que tem de ser, será. Ou ainda: é preciso dar tempo ao tempo. O paradoxo do conselheiro cético aqui se mostra, pois os conselhos de um cético não podem ser bons conselhos, se ele não tem verdades a defender, a pregar ou a distribuir.

Entretanto, é o ceticismo de Aires que lhe empresta o atributo de conselheiro. Ele escuta mais do que fala, e quando fala sugere que o interlocutor siga a si mesmo, aceitando o destino como guia. O Conselheiro mostra-se obediente à máxima estoica: "o destino guia quem consente e arrasta quem recusa". Essa máxima, de resto, já a havia enunciado o personagem filósofo, ou seja, Quincas Borba, quando admoestou Brás Cubas: "fica sabendo que a pior filosofia é a do choramingas que se deita à margem do rio para o fim de lastimar o curso incessante das águas. O ofício delas é não parar nunca; acomoda-te com a lei, e trata de aproveitá-la".[48]

Em *Esaú e Jacó*, assim o narrador descreve seu personagem: "tinha o coração disposto a aceitar tudo, não por inclinação à harmonia, senão por tédio à controvérsia".[49] Aires pesa criteriosamente todas as opiniões e encontra em todas mais ou menos o mesmo valor. Poderia ser seu o ditado: "todo mundo tem razão – alguma". Chega a tolerar o intolerável: "a diplomacia me ensinou a aturar com paciência uma infinidade de sujeitos intoleráveis que este mundo nutre para os seus propósitos secretos".[50] Se o acusam de incrédulo, rebate dizendo que, ao contrário, "sendo tolerante,

47 *Idem*, p. 228.

48 Machado de Assis. *Memórias póstumas de Brás Cubas*. Belo Horizonte: Garnier, 1988, p. 200.

49 Machado de Assis. *Esaú e Jacó*, *op. cit.*, p. 45.

50 Machado de Assis. *Memorial de Aires*. Belo Horizonte: Garnier, 1988, p. 124.

professava virtualmente todas as crenças deste mundo".[51] Tende a concordar sempre com o interlocutor, inclusive quando o refutam. Não o faz por desdém da pessoa mas, sim, para não dissentir nem brigar: "tinha observado que as convicções, quando contrariadas, descompõem o rosto à gente, e não queria ver a cara dos outros assim, nem dar à sua um aspecto abominável".[52]

Aires suspeita de que as palavras nos falam antes de as falarmos. No último romance de Machado de Assis, *Memorial de Aires*, publicado no ano da sua morte, o personagem comenta como as suas leituras se anulam e se completam ao mesmo tempo. Ao reler Shelley e Thackeray, percebia: "um consolou-me de outro, este desenganou-me daquele; é assim que o engenho completa o engenho, e o espírito aprende as línguas do espírito".[53] O Conselheiro pede que o papel não recolha tudo o que a pena vadia for escrevendo, se esquive da mesa e fuja pela janela aberta, porque verdade pode se tornar mentira e vice-versa.[54] O acaso, outro nome do deus avulso a que chama de "imprevisto", mostra-se corregedor de mentiras: "um homem que começa mentindo disfarçada ou descaradamente acaba muita vez exato e sincero".[55]

Semelhante ceticismo incomoda tanto que sempre se tenta neutralizá-lo. Dizem os manuais escolares e muitos críticos que Machado de Assis é de fato o maior escritor brasileiro, mas apesar do seu ceticismo e da sua amargura. Sílvio Romero, no século XIX, já chamava o ceticismo do escritor de "pessimismo de pacotilha" e a sua ironia de "humorismo de almanaque". Augusto Meyer, em 1935, cunha um oxímoro drástico para assinalar o que pensava ser uma filosofia absolutamente negativa:

> por mais que ponha nas palavras uma graça incomparável, cheia de perfídias finas e de pulos imprevistos, não sabe disfarçar o pirronismo niilista que forma a raiz do seu pensamento. Com as diversas máscaras superpostas desse voluptuoso da acrobacia humorística, podemos compor uma cara sombria – a cara de um homem perdido em si

51 Machado de Assis. *Esaú e Jacó, op. cit.*, p. 88.

52 *Idem*, p. 182.

53 Machado de Assis. *Memorial de Aires, op. cit.*, 1988, p. 23.

54 *Idem*, p. 44.

55 *Idem*, p. 51.

> mesmo e que não sabe rir. Perdido em si mesmo, isto é, engaiolado na autodestruição do seu niilismo.[56]

O oxímoro de Augusto Meyer aparece na expressão "pirronismo niilista", porque essas duas formas de pensamento contradizem uma à outra: o niilista tem certeza dogmática de que não se pode saber nada, enquanto o pirrônico suspeita até mesmo disso, isto é: ele tem sérias dúvidas sobre a sua própria dúvida. Ivo Barbieri, mais recentemente, considerando que o narrador machadiano transforma as filosofias para zombar da filosofia, entende que "deixou de ser pacífica a aplicação a Machado de Assis de rótulos como cético, niilista, idealista, monista, dualista etc., sem primeiro dar-se ao trabalho de estudar metódica e sistematicamente a história desses conceitos".[57] A advertência do professor Ivo é legítima porque dizer sem mais "Fulano é cético" implica aplicação mecânica de um conceito que exige outras mediações.

O tempo mostrou as avaliações de Romero e Meyer como equivocadas, mas a dificuldade de lidar com o ceticismo de nosso "escritor maior" persiste, quando se supõe que Machado foi bom *apesar* de ter sido cético. Eis porque explicar o ceticismo de Machado de Assis pela circunstância de não ter tido filhos, ou por ter sido epiléptico e mulato, não convence: essas explicações empobrecem o autor e o ceticismo. Enxergar no seu ceticismo uma variante niilista, por sua vez, implica misturar o alho com o bugalho. Como bem comentou Cândido Mota Filho, "a forma de dúvida machadiana, na maioria das vezes pungente e cruel, é uma expressão inicial da luta pelo conhecimento".[58] Assim como Astrojildo Pereira afirmou que Machado é tanto mais nacional quanto mais universal, supomos que Machado de Assis seja um dos mais importantes escritores brasileiros precisamente por causa de um ceticismo que não implica descrença mas sim suspensão do juízo e portanto do sentido, obrigando o leitor a deixar igualmente inconclusa sua interpretação.

---

56 Abel Barros Baptista. *A formação do nome: duas interrogações sobre Machado de Assis*. Campinas: Editora da Unicamp, 2003, p. 117.

57 Ivo Barbieri (org), *op. cit.*, p. 12.

58 Dirce Côrtes Riedel, *op. cit.*, p. 188.

Digo "supomos", acima, menos por modéstia retórica, mais para me apoiar também nos argumentos de José Raimundo Maia Neto que, no seu *Machado de Assis – The Brazilian Pyrrhonian*, publicado por enquanto apenas em inglês, considera precisamente pirrônica a concepção de mundo do escritor e defende o direito de Machado ser incluído entre os grandes céticos modernos. Nesse trabalho fundamental, Maia Neto comenta como as ilusões se revelam a Machado não uma forma de engano mas, sim, o laço fundamental que articula as relações entre as pessoas e torna possível a convivência.

Encontrando novo uso para a divisão em duas fases da obra machadiana, o filósofo brasileiro vê o abandono na segunda fase da posição do narrador onisciente, com a consequente adoção da primeira pessoa, como o traço estilístico fundamental do ceticismo machadiano. Maia vai discordar dos críticos que, como Helen Caldwell, veem *unreliability* nesse narrador machadiano. Sua perspectiva não seria melhor qualificada do que a dos demais personagens, gerando contradições que não se resolvem e permanecem indecidíveis. A indecidibilidade é constitutiva, sim, mas dizer que o narrador não é confiável supõe, primeiro, que o autor o seria, ou seja, que o autor detém a verdade do texto, e supõe, em segundo lugar, que o crítico está qualificado para desvendar a verdade do autor. Brás Cubas, Bento Santiago e Aires são parciais porque não podem não sê-lo, e não porque não apresentem toda a verdade da narrativa, que estaria *implicit or hidden in the novel* – "que estaria implícita ou escondida no romance".[59] Sob o ponto de vista cético, na verdade, não há essa verdade. O narrador de Machado perder sua onisciência e seu *status* epistemológico privilegiado não implica a transferência dessa onisciência e desse *status* para o autor, num primeiro momento, e para o crítico sagaz, no segundo momento. Se José Raimundo está certo, então os críticos, ainda quando percebem a indecidibilidade constitutiva, não resistem a continuar monumentalizando o autor – ou para aumentarem a sua própria estatura, ou para melhor resistirem ao reconhecimento do ceticismo.

Maia enxerga o trajeto cético especialmente em três romances da segunda fase. *Memórias póstumas de Brás Cubas* representaria a *zétesis*, quando o narrador defunto,

---

59 José Raimundo Maia Neto. *Machado de Assis, the Brazilian Pyrrhonian.* West Lafayette: Purdue University Press, 1994, p. 13.

perseguindo a verdade, descobriria que a Natureza não é harmoniosa mas sim caótica, o que só não o leva à loucura porque ele já estaria morto. Brás Cubas exibe, no romance, um ceticismo *à la* Pascal, entendendo a realidade humana como apenas *a brief spasm of being in the immensity of the infinite universe* – "um breve espasmo do ser na imensidade do universo infinito".[60]

Dom Casmurro representaria a *epoché*, quando o narrador casmurrento e misantropo, frente à impossibilidade de decidir sobre a fidelidade ou infidelidade de Capitu, retira-se do mundo, torna-se afásico e, em consequência, suspende seu juízo. Mais do que tentar convencer o leitor de que Capitu seria infiel, Bento Santiago exibe *the groundlessness of any belief whatsoever* – "a ausência de fundamento de qualquer tipo de crença".[61]

Memorial de Aires representaria a *ataraxia*, porque nesse momento o narrador assume de vez a perspectiva cética, inclusive pelo tédio à controvérsia, e pode finalmente conciliar vida e tranquilidade, mostrando-se, ao mesmo tempo, partícipe do mundo e indiferente a ele. O diplomata Aires reconhece o mundo como logro, o que lhe permite agir como um esteta: evitando buscar a verdade e pensando apenas na qualidade estética do jogo de ilusões que nos cerca, permite que a tranquilidade desejada o alcance. A caracterização do Conselheiro Aires é a solução positiva de Machado de Assis *to the problem of whether the skeptic can live his skepticism* – "para o problema de como o cético pode viver seu ceticismo".[62]

O próprio Machado, no entanto, talvez tivesse discordado dessa imputação de ceticismo, como lembram alguns comentadores, citando várias vezes uma de suas últimas crônicas, datada de 28 de fevereiro de 1897, na qual ele parece se afastar da postura cética:

> Não achareis linha cética nestas minhas conversações dominicais. Se destes com alguma que se possa dizer pessimista, adverte que nada há mais oposto ao ceticismo. Achar que uma coisa é ruim, não

60 *Idem*, p. 87.

61 *Idem*, p. 144.

62 *Idem*, p. 160.

> é duvidar dela, mas afirmá-la. O verdadeiro cético não crê, como o dr. Pangloss, que os narizes se fizeram para os óculos, nem, como eu, que os óculos é que se fizeram para os narizes; o cético verdadeiro descrê de uns e de outros. Que economia de vidros e de defluxos, se eu pudesse ter esta opinião![63]

Mas apenas parece; trata-se de mais uma ironia. O escritor corretamente distingue o ceticismo do pessimismo, que seria uma variante negativa do dogmatismo, sugerindo que no final da vida se tem mostrado pessimista. Enquanto o otimista acha que os narizes se fizeram para os óculos – estamos no melhor dos mundos, ou, o que dá no mesmo, o mundo rima conosco e com nossas vontades –, o pessimista entende que os óculos é que se fizeram para os narizes: estamos no pior mundo possível, onde os óculos não se encaixam nos narizes mas têm de ser usados assim mesmo. Entretanto, como o senso comum costuma ver no cético alguém que tudo vê com tintas negativas, Machado dá uma rasteira no leitor ao colocar-se ele mesmo como pessimista, o cético sendo outra coisa: alguém que suspende suas crenças, não se afigurando nem pessimista nem otimista. Logo, o suposto pessimismo do escritor não passaria de um truque retórico, ou seja, de outra bela ironia: seu olhar sobre narradores, personagens e leitores é, antes de tudo, compassivo.

A frase final da sua crônica – "se eu pudesse ter esta opinião!" – deixa claro que Machado gostaria de ser cético, como se não o fosse... Como se ele não suspeitasse de todas as opiniões, apesar de, ou exatamente por, considerá-las mais necessárias do que a realidade: "se uma cousa pode existir na opinião, sem existir na realidade, e existir na realidade, sem existir na opinião, a conclusão é que das duas existências paralelas a única necessária é a da opinião, não a da realidade, que é apenas conveniente".[64] Desse modo, o escritor defende-se da recorrente acusação de ceticismo, respondendo: quem me dera...

63 José Aderaldo Castello, *op. cit.*, p. 70.

64 Machado de Assis. *Papéis avulsos, op. cit.*, p. 125.

Referências Bibliográficas

BAPTISTA, Abel Barros. *A formação do nome: duas interrogações sobre Machado de Assis*. Campinas: Editora da Unicamp, 2003.

_______. *Autobibliografias*. Campinas: Editora da Unicamp, 2003.

BARBIERI, Ivo (org). *Ler e reescrever Quincas Borba*. Rio de Janeiro: EdUERJ, 2003.

BARRETO FILHO, José. *Introdução a Machado de Assis*. Rio de Janeiro: Agir, 1947.

CALDWELL, Helen. *O Otelo brasileiro de Machado de Assis*. Tradução de Fábio Fonseca de Melo. São Paulo: Ateliê, 2002.

CASTELLO, José Aderaldo. *Realidade e ilusão em Machado de Assis*. São Paulo: Companhia Editora Nacional, 1969.

GLEDSON, John. *Machado de Assis, ficção e história*. Tradução de Sônia Coutinho. São Paulo: Paz e Terra, 2003.

LOYOLA, Cecília. *Machado de Assis e o teatro das convenções*. Rio de Janeiro: Uapê, 1997.

MACHADO DE ASSIS, Joaquim Maria. *Esaú e Jacó*. Belo Horizonte: Garnier, 1988.

_______. *Memorial de Aires*. Belo Horizonte: Garnier, 1988.

_______. *Memórias póstumas de Brás Cubas*. Belo Horizonte: Garnier, 1988.

_______. *Papéis avulsos*. Belo Horizonte: Garnier, 1989.

_______. *Ressurreição*. Belo Horizonte: Garnier, 1988.

MADEIRA, Wagner Martins. *Machado de Assis, homem lúdico: uma leitura de Esaú e Jacó*. São Paulo: Annablume, 2001.

MAIA NETO, José Raimundo. *Machado de Assis, the Brazilian Pyrrhonian*. West Lafayette: Purdue University Press, 1994.

MASSA, Jean Michel. *A juventude de Machado de Assis, 1839-1870: ensaio de biografia intelectual*. Tradução de Marco Aurélio Matos. Rio de Janeiro: Civilização Brasileira, 1971.

MOISÉS, Massaud. *Machado de Assis: ficção e utopia*. São Paulo: Cultrix, 2001.

MURICY, Kátia. *A razão cética: Machado de Assis e as questões de seu tempo*. São Paulo: Companhia das Letras, 1988.

NIETZSCHE, Friedrich. *O livro do filósofo*. Tradução de Rubens Eduardo Ferreira Frias. São Paulo: Moraes, 1987.

PEREIRA, Astrojildo. *Machado de Assis*. Rio de Janeiro: Livraria São José, 1959.

RIBEIRO, Renato Janine (org.). *Recordar Foucault*. São Paulo: Brasiliense.

RIEDEL, Dirce Côrtes. *O tempo no romance machadiano*. Rio de Janeiro: Livraria São José, 1959.

RIOS, André Rangel. *Mediocridade e ironia*. Rio de Janeiro: Caetés, 2001.

ROTTERDAM, Erasmo de. *Elogio da Loucura*. Tradução de Paulo de Oliveira. Bauru: Edipro, 1995.

VOLTAIRE. *Zadig, ou: do destino*. Tradução de Márcia Aguiar. São Paulo: Martins Fontes, 2002.

ZIMBRÃO, Teresinha. "Machado de Assis e a nota monocórdia." *Ipotesi,* n. 11, 2002.

Figurações do leitor no romance de Machado de Assis

Hélio de Seixas Guimarães
(Universidade de São Paulo)

O que significa produzir literatura num país onde a imensa maioria não sabe ler e nem indiretamente tem acesso aos livros ou ao que eles contêm? Nessas circunstâncias, como fica uma produção literária que se atribui o papel de cofundadora da nacionalidade e que em grande medida quer não só representar, mas ser representativa da nação?

Essas são questões que a maioria dos escritores brasileiros do século 19 teve de enfrentar, com grau maior ou menor de consciência. Para os românticos, empenhados em forjar imagens, mitos e lendas da nação emergente, a discrepância entre as ambições do projeto e as reais potencialidades da literatura, percebida pela pouca repercussão de suas obras, recebia explicações variadas. Em geral, a baixa ressonância era atribuída à indiferença geral da população com as coisas brasileiras, ao gosto afrancesado dos compatriotas e à competição desleal dos livros estrangeiros, sobretudo os portugueses. Nas primeiras décadas posteriores à Independência, os primeiros românticos acreditaram na existência de um público leitor suficientemente numeroso para justificar e sustentar sua atividade, embora culpassem esse mesmo público pela postura alienada diante das produções brasileiras.

Essa reação dos escritores, recorrente ao longo de todo o século 19, sofreria mudança significativa na década de 1870, coincidindo com o aparecimento do Machado de Assis romancista. Machado introduziu o leitor como figura tão central quanto problemática para a constituição do tão desejado romance nacional. Antes e mesmo depois de Machado, o leitor era uma questão localizada principalmente fora do texto, no mundo empírico, pela grande maioria dos escritores, que não raro se queixavam do desprezo, do despeito, do indiferentismo e do pouco refinamento literário do público brasileiro. Esse leitor problemático, que para José de Alencar e Aluísio Azevedo, por exemplo, parece moldado pela percepção muito vaporosa que um e outro tinham dos seus leitores reais e potenciais, em Machado torna-se, principalmente nos chamados romances da segunda fase, parte integrante das narrativas. O leitor passa a ser ideia fixa dos narradores, constituindo um dos centros nervosos de um universo ficcional em que é constantemente invocado, interpelado e, não raro, agredido pelo narrador, que a certa altura chega a acusá-lo de "único defeito do livro", como ocorre em *Memórias póstumas de Brás Cubas*. Não por acaso, um crítico arguto afirmou que "em Machado de Assis a matéria da obra não passa de um pretexto para atingir os pontos nevrálgicos do leitor".[1]

Apesar de ser figura central e constante na obra, o leitor transforma-se bastante no conjunto dos textos machadianos. Vai um abismo entre o leitor moldável e transformável das décadas de 1850 e 1860, em torno do qual o cronista e crítico Machado de Assis expressa a crença no efeito redentor e educativo do jornal e do teatro, e a multidão de leitores obtusos, incompetentes e irrecuperáveis que povoam seus contos e romances a partir da década de 1870. E parece-me ser possível estabelecer relações – ou pelo menos leituras paralelas – entre as transformações da figura ficcional do leitor e as mudanças da expectativa empírica do escritor em relação a seu público.

No caso específico dos romances, em que me concentrarei aqui, há alterações nítidas no modo como os narradores fazem seus apelos aos leitores e na esperança que parecem nutrir em relação às instâncias de interlocução. Nos nove romances, nota-se uma forte oscilação e uma tensão constante entre as tentativas de produzir identificação entre narradores e leitores e as tentativas de afrontar abertamente os valores e as expectativas destes últimos.

No conjunto das referências diretas ao leitor, que povoam os romances, é notável o fato de que, em paralelo à agressividade no trato com o leitor, que principalmente a partir das *Memórias póstumas* vai turvando e crispando a superfície da narração,

---

1 Augusto Meyer. *Machado de Assis*. 3ª ed. Rio de Janeiro: Presença/Instituto Nacional do Livro, 1975.

há um movimento nas profundezas do texto que supõe – talvez fosse melhor dizer, exige –, pela complexidade mesma da composição dos romances, um leitor cada vez mais preparado, exigente, crítico, reflexivo... e mais raro.

Assim, parece haver nos textos dos romances uma dissociação entre o movimento lépido da superfície do texto, em que o leitor é alvo dos resmungos e de uma certa casmurrice dos narradores, e o movimento denso da prosa, que exige do leitor não só o domínio de um repertório vasto de referências, mas também a capacidade de lidar com procedimentos narrativos complexos. A prosa intrincada pede uma postura reflexiva diante do modo como os narradores manejam repertório e procedimentos do romance – e, no final das contas, uma postura crítica, senão absolutamente desencantada, diante do romance e do mundo.

A associação entre lepidez e gravidade parece contemplar dois tipos de leitores – ou duas possibilidades de leitura. Na superfície, na evocação direta, é como se o narrador procurasse atingir o nervo do leitor contemporâneo, empírico, dialogando com seus gostos e expectativas, algumas vezes para satisfazê-las, mas quase sempre para afrontá-las. Isso se dá por meio, por exemplo, de referências a leituras, fatos e personagens da época, que compõem uma espécie de chão comum que o narrador supostamente compartilha com seu interlocutor. Mas sob a prosa elegante e as cintilações produzidas pela profusão de referências e citações, que, lembrando Antonio Candido, parecem ter dado aos contemporâneos do escritor – mas não só a eles – a sensação de serem inteligentes a preço módico, por baixo dessa nuvem de efeitos, constrói-se uma projeção de leitor e de leitura muito mais exigentes, que não se contentam com a camada faiscante da prosa e se mostram capazes, por exemplo, de moer e remoer a superfície polida, até transformá-la em pó, nada mais que pó, matéria-prima principal de que é feita a miséria de Brás Cubas, de Quincas Borba, de Dom Casmurro e do Conselheiro Aires.

De procedimento ligeiro, empregado para auxiliar e tutelar os movimentos do leitor pelo espaço ficcional, a menção constante às instâncias da recepção – e essa é minha proposta aqui – pode ser lida como comentário dramático sobre as condições difíceis, se não precárias, de circulação e recepção do romance no ambiente cultural brasileiro da segunda metade do século 19. Comentário que lança luz sobre a condição moderna do escritor, que já não sabe para quem escreve, ou talvez escreva apenas para os *happy few*, ou quem sabe para ninguém além de si mesmo. Isso porque no romance de Machado de Assis o leitor pode aparecer figurado como alguém que viverá na posteridade de um defunto-autor, ou então como mero acidente, que somente terá acesso ao texto do romance se não houver tempo para o autor destruí-lo, antes de morrer.

São essas, respectivamente, as situações previstas para o leitor em *Brás Cubas*, colocado na condição absurda de póstero do defunto-autor, e em *Memorial de Aires*, escrito na forma de um diário, para o qual o diplomata aposentado diz não esperar nenhum leitor. Neste último romance, o autor-narrador-leitor Aires põe-se a apostrofar não mais para uma entidade externa ao circuito da escrita, como é frequente nos romances anteriores, mas para o próprio papel em que inscreve seu relato.

Assim, longe de ser entidade monolítica, sempre igual a si mesma, o leitor que aparece de maneiras diversas nos nove romances machadianos é figura polissêmica, ambígua, deslizando constantemente entre as condições de personagem e interlocutor, entre primeira, segunda e terceira pessoa do discurso. Assume importância comparável à do narrador, do qual, aliás, torna-se cada vez mais indissociável, até ambos se fundirem no *Memorial de Aires*, onde autor, narrador e leitor aparecem misturados no Conselheiro Aires, autor, narrador e único leitor garantido dos próprios diários.

Há, portanto, uma crescente interiorização do leitor na fatura do texto. Os romances de Machado de Assis gradualmente deixam de fazer apelo ou de representar, nas cenas de leitura tão comuns nos romances oitocentistas, o leitor moldado – positiva ou negativamente – à semelhança do leitor empírico; e passam a instituir seus próprios leitores enquanto entidades ficcionais. Dito de outra forma, os leitores referem-se menos a uma expectativa externa, empírica, para tornarem-se parte decisiva do jogo ficcional.

Essa integração do leitor ao texto vai se produzindo por estratégias de identificação e desidentificação entre as instâncias de elocução e interlocução. A identificação entre narradores e interlocutores não se dá, no entanto, pela semelhança entre integridades que se espelham. Pelo contrário, a identificação se constrói entre entidades cindidas, que compartilham um mundo de referências lábeis e significados cada vez mais instáveis. Induzido a oscilar entre a identificação e a desidentificação com o leitor evocado pelo narrador, apresentado como dúvida e desestabilizado pela constante incerteza sobre sua possibilidade de existência, o leitor empírico – nós que temos o livro nas mãos – vai sendo desarmado e tragado para o universo ficcional.

O processo se radicaliza a partir de *Brás Cubas*, em que o interlocutor empírico é convidado a ocupar a posição de segunda pessoa da narração para receber lisonjas, embora a qualquer momento possa ver-se constrangido a atribuir sua condição de leitor a um outro, um terceiro, para proteger-se da carga de impropérios lançados em sua direção. Para manter o respeito próprio, o leitor vê-se obrigado a fingir que não é ele, mas um terceiro, o alvo dos destemperos e da agressão do narrador. Com isso, instaura-se um processo – desorientador, para dizer o mínimo – de identificação e desidentificação do leitor empírico com a figura do leitor explicitamente evocado pelo texto, o que por si só coloca em questão a integridade do sujeito leitor.

O constrangimento a essas repentinas mudanças de posição fica ainda mais evidente nos romances em primeira pessoa, onde se forma uma espécie de jogo de espelhos deformadores entre as instâncias da narração e da leitura. De alguns leitores (os mais perspicazes?), espera-se que percebam as armadilhas montadas pelo escritor por meio desses narradores tendenciosos, armadilhas que talvez tenham contribuído para que *Brás Cubas* e *Dom Casmurro*, por exemplo, pudessem ser lidos tanto como cartilhas do comportamento da "gente fina" e bem pensante do Brasil do século 19, como foram lidos por boa parte dos contemporâneos do escritor, quanto como a crítica mais corrosiva jamais escrita sobre a elite brasileira daquele e de outros séculos, que tem sido a leitura dominante nas últimas décadas.

A divergência e a disputa em torno das interpretações destes que talvez sejam os textos mais estudados e criticados da literatura brasileira parecem ser indicativas de que os leitores ali figurados não são meros "guias" para uma leitura correta ou desejável. Ao contrário, são figuras ambíguas, contraditórias, lacunares e desorientadoras, que pressupõem leituras variadas – embora não infinitas –, indicativas de outra novidade representada pelo romance machadiano, que introduziu na prosa brasileira o leitor malicioso, imprestável, preguiçoso, impaciente, que no conjunto formava um público de qualidade duvidosa e numericamente exíguo.

* * *

O estudo das modificações profundas das condições de produção e circulação da literatura no século 19 talvez ajude a entender as mudanças nas expectativas de interlocução observadas no romance de Machado de Assis por meio dos leitores ali figurados. Sabe-se que a partir do final do século 18 e ao longo de todo o século 19, com maior intensidade na Inglaterra, França e Estados Unidos, mas também nos países periféricos que tinham a produção daqueles países como referência, o escritor cada vez mais abandonava o papel de visionário e mestre para se haver com as demandas de um público consumidor de literatura – fosse para atendê-las ou para afrontá-las. Um processo editorial cada vez mais complexo passava a intermediar a relação entre escritor e público, e o texto literário tornava-se mais estreitamente relacionado ao livro, sendo o romance o gênero que aproximava literatura e mercadoria. A tensão entre escritor e público crescia com a profissionalização do escritor e a mercantilização da literatura, e o embate entre o público desejado e idealizado pelos escritores e o público de fato disponível para a obra aflorava no próprio texto literário, por meio da tematização da leitura e da inclusão do leitor no espaço da ficção. Diderot, Sterne e Thackeray são alguns dos escritores que levaram para dentro do espaço ficcional essa nova condição problemática do leitor.

Se as modificações tinham consequências para a produção literária de maneira geral, elas eram particularmente importantes para o romance – gênero diretamente associado a modificações brutais na escala da produção, circulação e difusão do texto literário. Mas se o gênero romanesco podia ser praticado com o mesmo nome nos hemisférios norte e sul, a escala variava, implicando em peculiaridades que eventualmente rebateriam sobre a própria fatura do texto literário. Acontece que, no caso brasileiro, a consciência dessa diferença de escala se deu lentamente, por falta de conhecimento mesmo desses escritores não só da realidade brasileira, mas das reais possibilidades do texto literário no Brasil.

Assim, a percepção do público leitor como um problema, há muito pressentido, tornou-se aguda apenas ao longo da década de 1870, quando dois fatos independentes colocaram o escritor brasileiro diante das possibilidades muito modestas da literatura no Brasil.

O primeiro fato foi a realização do primeiro recenseamento geral, realizado em 1872. A divulgação dos números do censo, quatro anos mais tarde, em agosto de 1876, caiu como uma bomba no Brasil letrado, que imediatamente reagiu nos jornais de Norte a Sul do país, em artigos com dados sobre o índice de analfabetismo seguidos da constatação inexorável: "Somos um povo de analfabetos!"

Os números eloquentes do censo produziam um estrago irreversível nas formulações românticas sobre o país e sobre o papel da literatura na construção da nação. A crônica que Machado de Assis escreveu em 15 de agosto de 1876 deixa transparecer o aspecto doloroso que há na constatação do caráter excludente do processo político (e também do processo literário) no Brasil do Segundo Reinado:

> E por falar neste animal [o burro], publicou-se há dias o recenseamento do Império, do qual se colige que 70% da nossa população não sabem ler.
> Gosto dos algarismos, porque não são de meias medidas nem de metáforas. Eles dizem as coisas pelo seu nome, às vezes um nome feio, mas não havendo outro, não o escolhem. São sinceros, francos, ingênuos. As letras fizeram-se para frases; o algarismo não tem frases, nem retórica.
> Assim, por exemplo, um homem, o leitor ou eu, querendo falar do nosso país, dirá:
> — Quando uma Constituição livre pôs nas mãos de um povo o seu destino, força é que este povo caminhe para o futuro com as bandeiras do progresso desfraldadas. A soberania nacional reside nas Câmaras; as Câmaras são a representação nacional. A opinião pública deste país é o magistrado último, o supremo tribunal dos homens e das coisas. Peço à nação que decida entre mim e o Sr. Fidélis Teles de Meireles Queles; ela possui nas mãos o direito superior a todos os direitos.
> A isto responderá o algarismo com a maior simplicidade:
> — A nação não sabe ler. Há só 30% dos indivíduos residentes neste país que podem ler; desses uns 9% não lêem letra de mão. 70% jazem em profunda ignorância. Não saber ler é ignorar o Sr. Meireles Queles; é não saber o que ele vale, o que ele pensa, o que ele quer; nem se realmente pode querer ou pensar. 70% dos cidadãos votam do mesmo modo que respiram: sem saber por que nem o quê. Votam como vão à festa da Penha – por divertimento. A Constituição é para eles uma coisa inteiramente desconhecida. Estão prontos para tudo: uma revolução ou um golpe de Estado.
> Replico eu:
> — Mas, Sr. Algarismo, creio que as instituições....

> — As instituições existem, mas por e para 30% dos cidadãos. Proponho uma reforma no estilo político. Não se deve dizer: "consultar a nação, representantes da nação, os poderes da nação"; mas – "consultar os 30%, representantes dos 30%, poderes dos 30%". A opinião pública é uma metáfora sem base; há só a opinião dos 30%. Um deputado que disser na Câmara: "Sr. Presidente, falo deste modo porque os 30% nos ouvem ... ." dirá uma coisa extremamente sensata.
> E eu não sei que se possa dizer ao algarismo, se ele falar desse modo, porque nós não temos base segura para os nossos discursos, e ele tem o recenseamento.[2]

Não se sabe de onde o cronista tirou esses 70%, uma vez que os analfabetos correspondiam a 84% do total apurado pelo censo, que dava uma população de 9.930.478 pessoas, somando homens livres e escravos. Tampouco é verdade que toda a população tivesse o direito de votar, como o texto dá a entender, pois havia restrições em relação a gênero, idade, profissão e renda mínima. Ao se concentrar na significação e nas consequências políticas do analfabetismo, eleitor e leitor, letras e política aparecem aproximadas pelo recurso à palavra, ao discurso e à retórica, pela capacidade de formular meias-verdades e forjar falsas totalidades. Tudo isso colocado em oposição ao algarismo, que não é de meias-verdades nem de metáforas. Apesar da visão hoje questionável de que analfabetismo equivalha à incapacidade política, há aí o questionamento das noções de representatividade subsumidas tanto no processo político quanto na atividade intelectual, assim como a sugestão de que o leitor, associado ao eleitor, tem um perfil sociopolítico.[3]

---

2 Machado de Assis. "História de 15 Dias" (originalmente publicado em 15 de agosto de 1876). *Obra completa*. Vol. III. Rio de Janeiro: Nova Aguilar, 1997, p. 344-345.

3 Na crônica de 1876, as mudanças da condição do leitor e do potencial representativo da literatura têm correspondência na prática política, o que fica sugerido pela aproximação entre eleitor e leitor. As alterações verificadas no país entre a década de 1850 e 1880 são exemplificadas por Raymundo Faoro a propósito do conto "O Caso do Romualdo", de 1884, em que a certa altura o personagem do título, um candidato a deputado, desloca-se da corte para o Ceará em busca de votos. Faoro refere-se a esse fato como ilustração das modificações no trato dispensado pelos candidatos a seus eleitores, mostrando que às antigas imposições das influências sucede um trato mais direto com o eleitor, levando o pretendente a percorrer o distrito para

A essa altura, Machado já publicara *Ressurreição* e *A mão e a luva*, este último lançado em folhetim antes de sair em livro. No exato momento em que publicava a crônica reveladora do número de analfabetos, *Helena* ia a público, também em folhetim, nas páginas d'*O Globo*. O escritor que anos antes havia declarado sua crença no jornal, "hóstia social da comunhão pública" cuja "primeira propriedade é o derramamento fácil em todos os membros do corpo social"[4] agora se dava conta do excesso retórico e do infundado das expectativas formuladas nos anos de 1850 e 1860 quanto ao poder transformador da palavra escrita. O artigo reproduzido acima talvez seja a expressão mais aguda de uma tomada de consciência que não se deu da noite para o dia, mas que se foi formando lentamente, como se depreende da análise da produção crítica machadiana que desde o final da década de 1850 refletia com muita frequência sobre as dificuldades de comunicação com o público e sobre a representatividade social da produção artística.

A precariedade do meio intelectual, objeto frequente da indignação de artistas que se colocavam numa esfera à parte, como vítimas do meio, deixava de ser percebida por Machado como pura negatividade e/ou contingência externa à atividade literária, passando a ser tratada como condição inerente à produção literária no Brasil. A indiferença geral, a carência de público e de opinião consistente, a sensação constante de queda no vazio deixam de ser tratadas como acidentes lamentáveis ou

travar uma espécie de corpo a corpo com o eleitor: "Essa política [de distribuição de títulos nobiliárquicos], eficaz na quadra de cinquenta, não teria maior sentido na década de 80. As circunstâncias eram outras – uma nova sociedade estava a emergir, onde a nota tônica recaía sobre as classes, definidas pelos haveres e orientadas no mercado. (...) Mudaram as perspectivas, com a entronização do dinheiro. (...) Outros tempos: diverso é o significado das instituições e seus bordados". Raymundo Faoro. *Machado de Assis – a pirâmide e o trapézio*. 3ª ed. Rio de Janeiro: Globo, p. 43-44. A literatura certamente estava incluída entre as instituições que ganhavam significados diversos com as modificações do país, e penso que a obra de Machado de Assis contém registros dessa transição. Lembrando o paralelo traçado por Machado entre leitores e eleitores no texto de 1876, pode-se pensar que as modificações das posturas dos políticos tenham correspondência com as alterações nas posturas dos escritores, de modo que o contraste entre Romualdo e o político da década de 1850 se assemelhe ao contraste entre Machado e Alencar na relação com seus leitores.

4 Machado de Assis. "A reforma pelo Jornal" (Originalmente publicado em *O Espelho*, 23 de Outubro de 1859). *Obra completa*. Vol. III. Rio de Janeiro: Nova Aguilar, 1997, p. 963-965.

frutos de conspirações, mas fatos de uma sociedade fundada em poderosos procedimentos de exclusão sobre os quais a produção literária deve refletir.

Outro sintoma das condições difíceis da produção literária no Brasil manifesta-se no modo como o texto machadiano refere-se ao livro. A tematização desse objeto como instância fundamental para o processo literário distingue as chamadas duas fases machadianas. Os narradores do romance machadiano mais tardio estão impregnados dessa visão da literatura como algo que se dá por meio do livro, cuja materialidade é abordada sob os mais variados aspectos – dimensão, tipo de encadernação, qualidade do papel, ilustrações, preço etc. A concretude do livro é alvo de considerações até mesmo dos vermes, completamente indiferentes àquilo que roem – ou leem –, e atinge o paroxismo na obsessão dos narradores por papel e tinta, elementos materiais mínimos de que se faz a literatura.

Ao colocar o leitor no centro da sua obra e chamar a atenção para o fato de que a relação entre narrador e leitor está intermediada pela mercadoria "livro", Machado de Assis produzia uma metáfora poderosa dos novos significados que a literatura adquiria com a regularização da produção editorial e a consolidação do livro como objeto ornamental, símbolo de status e poder etc.

Está aí o segundo fator decisivo para a percepção aguda de Machado sobre as condições de produção e circulação de literatura no Brasil: a editora Garnier, que publicou grande parte da sua obra, foi fundamental para a definição do mercado real das publicações brasileiras, por ter sido a primeira a publicar sistematicamente autores nacionais, tendo lançado 655 trabalhos de autores brasileiros no período 1860-1890, além de muitas traduções de autores estrangeiros, como Dumas, Hugo, Montepin, Feuillet etc.[5] Com a Garnier, a atividade editorial ganhava uma regularidade e uma sistematização até então inéditas. Isso possibilitava a celebração dos primeiros contratos de longo prazo entre editores e escritores – e Machado foi dos primeiros beneficiários dessa nova situação –, mas também explicitava o alcance limitado do texto literário no Brasil. As edições de mil exemplares declarados, mesmo as dos grandes medalhões, demoravam

5 Vide Paulo Berger. A *tipografia no Rio de Janeiro: impressores bibliográficos 1808-1900*. Rio de Janeiro: Cia. Industrial de Papel Pirahy, 1984, p. 56. Laurence Hallewell. *O livro no Brasil: sua história*. T. A. Queiroz; Editora da Universidade de São Paulo, 1985, p. 146.

vinte, trinta anos para se esgotar, e constituíam exceção os romances oitocentistas que ganharam segunda edição ainda no século 19.

Os resultados do censo, o fluxo lento de circulação e a baixa repercussão dos livros revelavam ao intelectual brasileiro o disparate entre as expectativas associadas ao romance e sua real possibilidade de comunicação. Um problema que teria de ser desembaraçado pelos escritores, sob o risco de ficarem falando sozinhos ou de serem acusados de insensibilidade ao ambiente em que estavam inseridos, algo certamente não desejado por romancistas que viam a criação de representações literárias para o país como dever patriótico e se consideravam cofundadores da nação brasileira.

A saída de Machado de Assis foi colocar no centro do romance a questão da comunicabilidade do texto literário, ao tematizar o seu caráter precário e fragmentário. De *Brás Cubas* ao *Memorial*, nota-se um aprofundamento da solidão e do isolamento dos narradores e/ou protagonistas, sempre às voltas com as possibilidades (diminutas) de compartilhamento do texto. Por meio de narradores cada vez mais voltados para si mesmos e descrentes da possibilidade de estabelecer um diálogo que não esteja baseado na indução ao engano ou na traição da confiança do interlocutor, o escritor Machado de Assis parece cada vez mais dirigir-se a seu público como quem se dirige a uma plateia que não o entende, um leitor incapaz de compreender e interpretar o sentido da história. Condição compartilhada pelos próprios protagonistas dos romances que, principalmente a partir de *Dom Casmurro*, tornam-se leitores/intérpretes equivocados em relação às suas próprias histórias.

* * *

John Gledson acredita que a singularidade de Machado de Assis na história do romance oitocentista esteja no fato de que os escritores do período "por mais que manifestem horror à realidade, escrevem, em última instância, com um senso de comunidade e nacionalidade", ao passo que Machado "jamais assumiu a existência de ambos".[6] Dostoiévski assim como Stendhal não hesitam em se referir a seus protagonistas como "nosso herói", expressão que pressupõe um chão comum, a que Machado raramente se refere ao longo de sua obra, a não ser de forma jocosa

6 John Gledson. *Machado de Assis: ficção e história*. Rio de Janeiro: Paz e Terra, 1986, p. 255.

em *Quincas Borba,* onde o "nosso herói" é Rubião, um louco. Esse senso de comunidade e nacionalidade, traído pelo uso da primeira pessoa do plural, existe e está em ação nos primeiros romances até *Helena,* mais vai sendo minado a partir de *Iaiá Garcia* e desaparece por completo a partir das *Memórias póstumas,* em que narrador e interlocutor habitam planos muitas vezes incomunicáveis, como ocorre na história de Brás Cubas.

A figuração cada vez mais nítida da ausência ou do aspecto dificultoso da interlocução atinge seu ápice no *Memorial de Aires,* livro calculado para ninguém, onde o narrador conversa com o cão filósofo instalado em seu próprio cérebro, apontando para a precariedade de comunicação que é humana/filosófica/existencial e quem sabe também conjuntural de um país – para onde o Aires retorna depois de décadas de exílio – desprovido de acordos e de repertório comum para a entabulação de diálogos.

Paradoxalmente, talvez seja a construção ficcional desse isolamento do narrador em relação às instâncias de recepção e também em relação a si mesmo, afirmando a precariedade e instabilidade de toda comunicação assim como de qualquer forma de conhecimento, que permita que os cinco últimos romances de Machado de Assis atravessem seu século de existência mantendo forte capacidade comunicativa e ainda hoje possam ser lidos com muito poucos travos dos textos "de época".

Roberto Schwarz já escreveu que a obra de Machado sobrevive à passagem do tempo "porque as circunstâncias que ela cala e frente às quais compôs a sua voz e personagem continuam de pé" e "a despeito de toda a mudança havida, uma parte substancial daqueles termos de dominação permanece em vigor cento e dez anos depois, com o sentimento de normalidade correlato, o que talvez explique a obnubilação coletiva dos leitores, que o romance machadiano, mais atual e oblíquo do que nunca, continua a derrotar"[7] Para além de representar de maneira complexa um universo social "em terceira pessoa", digamos assim, parece-me que a sobrevivência e vigência desses textos têm a ver também com a precariedade que eles postulam para sua relação com as instâncias possíveis de interlocução. O leitor contemporâneo – e não só o brasileiro – não tem dificuldade em reconhecer-se no sujeito esfacelado,

7 Roberto Schwarz. *Um mestre na periferia do capitalismo: Machado de Assis.* São Paulo: Duas Cidades, 1990, p. 11-12.

dissoluto, impotente para os grandes projetos e acordos, subjugado pelo improviso dos arranjos feitos ao sabor dos interesses momentâneos.

São os abismos intransponíveis da própria conformação social do país, onde os interesses públicos e coletivos parecem estar em constante processo de dissolução, que informam a configuração dos leitores projetados pelo texto e passam a pautar também a relação entre os narradores e seus interlocutores, baseada em algo como um individualismo acanalhado, seguindo as pegadas da crítica de Roberto Schwarz. A obra de Machado, a meu ver, é também um testemunho dessa corrosão da possibilidade de diálogo, que está ali flagrada e configurada no leitor cada vez mais mínimo, mais esfacelado e menos íntegro.

Essa talvez seja a face "adiantada" da civilização brasileira que Machado de Assis captou para anunciar, ainda no século 19, um futuro pouco redentor e cada vez mais baseado na iniquidade, na prevalência da imagem sobre as coisas e na crise dos significados comuns e compartilháveis, que daria o tom para a produção artística do século 20. Talvez seja esse realismo *sui generis*, mais desencantado e individualista do que o realismo clássico europeu, que responde pela sobrevivência da obra machadiana e sua modernidade num mundo que caminhou para a atomização da experiência humana em detrimento das experiências nacionais e coletivas anunciadas no século 19.

A produção de um curto-circuito na leitura, que se volta sobre si mesma, é mais uma dimensão da originalidade/especificidade da prosa machadiana em relação à prosa convencional, seja ela romântica, realista ou naturalista. A percepção de Machado de que a constituição do leitor como "cousa nova, metafórica, original" passa pelo processo de interlocução remete à afirmação de Émile Benveniste de que "a consciência de si mesmo só é possível se experimentada por contraste". A emergência de uma voz original, portanto, só pode se dar pelo estabelecimento de um processo novo de interlocução que, no caso de Machado, se faz pela tematização da não-interlocução ou da dificuldade de interlocução ao longo de toda a sua obra, em que a comunicabilidade do texto aparece como questão fundamental.

Ao contrário dos seus antecessores românticos, que se colocavam em oposição ao meio que lhes parecia ingrato, adverso, indiferente, Machado de Assis em seus romances deslocou o embate para a relação do "eu" com o "outro", radicalizando a situação fundamental de toda a escrita, que é a "relação mútua" entre um eu que deseja constituir-se como eu ao mesmo tempo em que procura se comunicar com o outro, constituindo-o também.[8]

A originalidade introduzida por Machado de Assis em relação às questões de leitores e leituras, portanto, relaciona-se ao modo como ele inscreve as circunstâncias problemáticas de produção e circulação da obra literária na fatura do seu texto, *formalizando-as*. Enquanto seus contemporâneos adotavam uma postura pedagógica ou demonstravam irritação com as condições precárias da circulação e recepção do texto literário, Machado ficcionalizava as negatividades dessas condições. Esse é um dos vários aspectos ousados de sua obra, que se perguntava sobre a possibilidade e os limites da comunicação literária – perguntas colocadas pelas circunstâncias dramáticas da produção literária no Brasil oitocentista, mas que também dizem respeito a impasses de outros tempos e espaços.

Referências Bibliográficas

BENVENISTE, Emile. *Problemas de Linguística Geral I*. Trad. Maria da Glória Novak e Maria Luisa Neri. Campinas: Pontes/Unicamp, 1995.

BERGER, Paulo. *A tipografia no Rio de Janeiro: impressores bibliográficos 1808-1900*. Rio de Janeiro: Cia. Industrial de Papel Pirahy, 1984.

CANDIDO, Antonio. "Esquema de Machado de Assis". In: *Vários escritos*. São Paulo: Duas Cidades, 1977.

FAORO, Raymundo. *Machado de Assis – a pirâmide e o trapézio*. 3ª ed. Rio de Janeiro: Globo, 1974.

GLEDSON, John. *Machado de Assis: ficção e história*. Rio de Janeiro: Paz e Terra, 1986.

HALLEWELL, Laurence. *O livro no Brasil: sua história*. T. A. Queiroz; Editora da Universidade de São Paulo, 1985.

MACHADO DE ASSIS, Joaquim Maria. "Bons Dias!" *Obra Completa*. Vol. III. Rio de

8 Cf. Emile Benveniste. *Problemas de Linguística Geral I*. Trad. Maria da Glória Novak e Maria Luisa Néri. Campinas: Pontes/Unicamp, 1995, p. 287.

Janeiro: Nova Aguilar, 1997. (Originalmente Publicado 29 de julho de 1888).

_______. "História de 15 Dias". *Obra Completa*. Vol. III. Rio de Janeiro: Nova Aguilar, 1997. (Originalmente Publicado 15 de agosto de 1876).

_______. "A reforma pelo Jornal". *Obra Completa*. Vol. III. Rio de Janeiro: Nova Aguilar, 1997, (Originalmente Publicado em *O Espelho*, 23 de outubro de 1859).

_______. *Memórias póstumas de Brás Cubas*. *Obra Completa*. Vol. I. Rio de Janeiro: Nova Aguilar, 1997.

SCHWARZ, Roberto. *Um mestre na periferia do capitalismo*: *Machado de Assis*. São Paulo: Duas Cidades, 1990.

MEYER, Augusto. *Machado de Assis*. 3ª ed. Rio de Janeiro: Presença/Instituto Nacional do Livro, 1975.

Ritmos do popular no erudito: Política e música em Machado de Assis

Idelber Avelar
(Tulane University)

Introdução

No romance urbano carioca do século XIX a música sistematicamente aparece como operador chave do enredo e da caracterização dos personagens. Os contos e romances de Machado de Assis atribuiriam à música o papel de marcador simbólico e classista, enquanto que suas crônicas ofereceriam um panorama amplo da evolução de algumas décadas de música no Rio de Janeiro. Muitas vezes representados numa tensão entre criadores e executores – com consequências diversas sobre a comunidade de seus consumidores –, a ópera, o sonatismo, a valsa, a polca e o nunca nomeado maxixe assumem com muita frequência o caráter de cifra simbólica de uma série de tensões na cultura brasileira. Para compreender a representação machadiana dessas cisões, há que se examinar o lugar dos produtores e executores de música em sua obra, além de mapear as situações em que sua *circulação* e o seu *consumo* também cumprem um papel definidor para os personagens. Em *Helena,* Eugênia é uma personagem cuja força e graça se afirmam através da dança e do talento ao piano. Em "Marcha fúnebre", conto de *Relíquias da casa velha,* o Deputado Clodovil se encontra preso entre o desejo de morrer ao som de uma valsa de Strauss (ou pelo menos uma quadrilha) e o terror de expirar ao som de polcas.[1] A obra machadiana registra também um leque de figuras envolvidas com a criação ou execução de música: o artista ainda mecenizado pela Igreja (Mestre Romão, regente e fracassado compositor de "Cantiga de esponsais"), o criador já inserido na profissionalização da emergente cultura de massas mas disconforme com ela (Pestana, o bem-sucedido autor de polcas que sonha em ser sonatista em "Um homem célebre"), o executor de música dividido entre o instrumento profissional, a rabeca, e o instrumento artístico, o violoncelo (Inácio Ramos, em "O machete") ou o sujeito das classes pobres que exerce a maestria musical como bilhete de entrada em círculos de classe média (Barbosa, o artista do cavaquinho, ainda em "O machete").

Ancorado em seu saber de pianista e em vasta pesquisa sobre a história e a música brasileiras, o pesquisador e compositor paulista José Miguel Wisnik toma "Um homem célebre" como o centro de sua leitura dos textos musicais de Machado, nos quais ele observa uma "longa elaboração em movimento, cujos motivos são retomados, expandidos e concentrados, de texto para texto, através de um processo" que seria análogo ao "da própria composição musical".[2] Seguirei aqui várias das pautas de leitura sugeridas por Wisnik, mas movendo ao centro do tabuleiro o outro grande conto de Machado sobre a música popular, "O machete". Em "Um homem célebre", Machado cifra na figura de Pestana a imagem do compositor desajustado que é, no entanto, notável e singular em seu desajuste. Formado nos ideais do sonatismo beethoveniano, abençoado pelos retratos de "Cimarosa, Mozart, Beethoven, Gluck, Bach, Schumann" sobre o seu piano, Pestana sofria ao tentar compor música clássica e ver que cada ideia que lhe aparecia era "eco apenas de alguma peça alheia, que a memória repetia, e que ele supunha inventar" (499). A originalidade de Pestana se devia ao fato de que no campo ao qual ele era explicitamente indiferente, senão hostil – o da polca popular – ele era ineludível, indispensável, exitoso: "os dedos iam arrancando as notas, ligando-as, meneando-as; dir-se-ia que a musa compunha e bailava a um tempo". Pestana reagia "vexado

1 As citações de contos de Machado de Assis mencionados neste ensaio serão feitas no interior do texto, indicando-se os números de página entre parênteses. Ver *Obra completa*: Vol. II: *Conto e teatro*. Rio de Janeiro: Nova Aguilar, 1997.

2 José Miguel Wisnik. "Machado Maxixe". In: *Sem receita*. São Paulo: Publifolha, 2004, p. 87.

e enfastiado" ao sucesso crescente das suas próprias polcas, e mais de uma vez "os mestres retratados o fizeram sangrar de remorsos" (500). Depois do matrimônio com Maria, uma viúva de 27 anos, cantora e tísica, Pestana esperava "engendrar uma família de obras sérias, profundas, inspiradas e trabalhadas", numa relação frustrada entre composição e casamento que já aparecera também em "O machete". Justo a execução que realiza Maria de um noturno, *Ave Maria*, que Pestana acreditava ser de sua autoria, decide em definitivo a "peteca entre a ambição e a vocação". Pestana se dá conta de que se trata de um noturno de Chopin. A peça "sucumbe ao teste do plágio".[3] Depois da morte da mulher, Pestana tenta compor um réquiem infrutiferamente durante um ano, e daí em diante, premido pelas dívidas, cede à tentação das polcas comerciais, aceita um contrato para canções de ocasião, compõe "Bravos à Eleição Direta!" para celebrar a vitória dos liberais em 1878 e vive até 1886, sardonicamente deixando duas polcas, a solicitada para a volta dos conservadores e uma de reserva, "para quando subirem os liberais".

Entre os dados contextuais que Wisnik traz à tona na leitura de "Um homem célebre", um nos interessa em particular: ao analisar os títulos das polcas de Pestana (*Não bula comigo, Nhonhô, Candongas não fazem festa*) e a descrição machadiana de seu impacto e disseminação, Wisnik lê o substrato não nomeado das composições, ou seja, o "fundo secreto" que se anuncia sob a polca abrasileirada: o *maxixe*, prática popular que deixaria profundas marcas na cultura musical do século XIX:

> a polca maxixada vaza os espaços fechados e os contextos de classe implicados no pianismo dos salões: ela se liga com o machete das ruas, com flautas, clarinetes, oficleides, violões e cavaquinhos, com pandeiros e candongas – ela se irradia incontrolável, sai e volta pelo ladrão do inconsciente. É não só mercadoria de massas mas cifra inponderável do mundo brasileiro.[4]

3 *Idem*, p. 56.

4 *Idem*, p. 78.

Wisnik localiza Pestana naquele momento privilegiado de passagem do frisson da polca *strictu sensu*, "ligado ao movimento rápido das semicolcheias, que subdivide os tempos do compasso, sem questionar no entanto a primazia das balizas acentuais que sustentam a binaridade" à polca amaxixada, que já consiste, diferentemente, numa "estrutura de tempos e contratempos em que a pulsação regular do compasso binário (...) sofre a interferência de acentuações que confirmam e deslocam as balizas mestras do compasso".[5]

Segundo Wisnik, Pestana dramatizaria, então, não uma simples oposição binária entre polca e sonata, mas uma estrutura com quatro variáveis: a polca, que é a "face visível do gênero da moda",[6] cuja *realização não realiza* o desejo de arte; a sonata, o ideal erudito cuja *não-realização não realiza* o modelo que emana dos retratos; o maxixe, que é uma espécie de textura subterrânea da polca e cuja *realização realiza* um potencial inomeado da polca; e o réquiem, depois de cujo fracasso há uma reconciliação de Pestana com sua possibilidade. Portanto o quarto elemento, o réquiem, na sua própria não-realização faz acontecer algo fundamental. Ler o personagem em contraponto com a complexa evolução das relações entre os gêneros musicais na segunda metade do século XIX brasileiro, ao mesmo tempo em que se dirige atenção a tudo o que nele *transcende* aquela circunstância, sugerindo uma alegoria do músico e do artista brasileiro enquanto tais: eis aí o movimento duplo, combinado, contrapontístico da leitura de Wisnik. Replicarei aqui esse movimento em relação a "O machete", mas com acentuação em aspectos talvez laterais à leitura de Wisnik, que discute relativamente pouco, por exemplo, a *interferência editorial* no título das composições – as polcas de Pestana já vêm nomeadas –, a *circulação instantânea* – já que uma das polcas "tinha sido publicada vinte dias antes, e já não havia recanto da cidade em que não fosse conhecida" (497) – e outros índices, presentes no conto, de que se está tratando ali também da incipiente indústria cultural da música no Brasil e do precário, contraditório processo de profissionalização do músico.

Machado de Assis retrata um "novo sujeito musical", semiprofissionalizado, no interior de uma estrutura de classes que, apesar de dinâmica e instável, é avessa a ventos demasiado democratizadores. Enquanto que várias crônicas – como a de

5 *Idem*, p. 47-48.

6 *Idem*, p. 82.

novembro de 1876 que relata a comoção pela morte de uma soprano – dão testemunho do nascimento de uma esfera de estrelas musicais de massas, o retrato do músico mais comum na ficção de Machado é o de *um ser precário*. Essa precarização costuma tomar duas formas: ele é vitimado pela falta de capital cultural, no caso do músico erudito, ou é marginalizado de um circuito de reconhecimento simbólico, no caso do músico popular. A originalidade de Machado será explorar os descompassos entre os músicos populares e os eruditos (incluindo-se aí os descompassos de cada um consigo próprio) e, ao mesmo tempo, registrar, nas crônicas, a emergência de algo radicalmente distinto tanto do erudito como do popular pré-moderno. Afinal de contas, o material privilegiado das crônicas de Machado sobre a música será dedicado à música de circulação massiva, global e industrial, distinta e distante tanto do erudito como do popular pré-moderno. A polca e o mundo do bel canto italiano darão a Machado vislumbres do que seria depois chamado de indústria cultural. Esse é o espaço que Machado registra preferencialmente nas crônicas.[7]

Se é certo que na ficção de Machado há sempre um descompasso do músico consigo e com o outro, *não dá na mesma* ser um violoncelista sem público ou um sonatista fracassado, por um lado, e ser um chorão, machetista ou batuqueiro ainda sem acesso ao capital simbólico, por outro. Enquanto que àquele sujeito, o aristocrático em declínio, a única alternativa restante é o ostracismo e a percepção da queda do prestígio de sua arte, ao sujeito popular parece estar aberta uma fresta de possibilidade de legitimação, ainda que acompanhada de um árduo caminho plagado de preconceitos. Se as práticas musicais populares aparecerão na obra de Machado como índices de falta de sofisticação, elas também, por outro lado, aparecerão dotadas da promessa de uma entrada a um mundo mais moderno e dinâmico, inalcançável para os violoncelos da música de elite preferida no Império. As práticas musicais populares deixarão marcas em Machado a partir dessa tensão entre, por um lado, sua sedução e dinamicidade e, por outro, sua falta de "sofisticação" e de capital cultural. O consumidor médio de cultura no Brasil já está, hoje, acostumado a pensar na música popular de massas que se consolidou no século XX na dimensão abarcante que assinala Wisnik (inclusive como repositório de poesia tão "valiosa esteticamente" como

7 Para a elaboração do conceito de indústria cultural como cultura-instrumento do mundo administrado, ver Theodor Adorno e Max Horkheimer, *Dialética do Iluminismo*.

aquela publicada em livros). Mas nem mesmo os leitores especializados – os estudiosos da história e da cultura brasileiras – costumam pensar na obra de Machado de Assis como a primeira reflexão sobre a onipresença social da música popular no Brasil. Este ensaio é uma contribuição a essa recente hipótese de trabalho na crítica machadiana. Privilegio o conto e a crônica sobre os romances porque entendo que é no relato e no ensaio curtos que se condensam com mais dramaticidade as tensões da cultura musical brasileira daquele momento.

Da polca ao maxixe

A chegada da polca ao Rio de Janeiro em 1845 (e a ascensão do seu ritmo binário na preferência das elites cariocas, onde ela paulatinamente substituiu o ternarismo da valsa) representou a chegada de uma sintaxe musical mais apta a conversar com a polirritmia afro-brasileira, que naquele momento já se fazia ouvir em senzalas, quintais e ruas. Essa "conversa" tem um nome no Brasil: *maxixe*. As duas décadas em que Machado se consolida como cronista (1860-80) coincidem com o período de transição entre a consolidação da polca abrasileirada e a emergência maldita, ao mesmo tempo reprimida e libertadora, do maxixe. Como fica claro na leitura dos estudiosos do nascimento do maxixe, o gênero não é uma forma relativamente fixa que tenha se estabelecido no país numa data determinada (como os gêneros importados, a valsa em 1808 e a polca em 1845), tampouco um padrão rítmico determinado cujo nome tenha sido contemporâneo ao fenômeno (como seria depois o caso do samba, constituído enquanto tal aproximadamente entre 1910 e 1933, e nomeado em 1916). No caso do maxixe há um grande descompasso histórico *entre o fenômeno e sua nomeação*, em virtude da censura e repressão que sofre a própria palavra, o nome mesmo do gênero. Aqui não é demais recordar que Ernesto Nazareth, ápice da composição musical no Brasil no século XIX, escolheu, para suas polcas maxixadas e maxixes, a evasiva denominação de "tango brasileiro". No final dos anos 1870, quando Machado publica o conto intitulado "O machete" e se consolida como cronista, o termo *maxixe* ainda é tabu no Rio de Janeiro. Evocando um corpo popular, negro e mulato, o maxixe opera, durante um par de décadas, também como repertório de movimentos corporais proibidos e subversivos.

O maxixe é um daqueles casos singulares em que a *dança gera o gênero*. Como ensina José Ramos Tinhorão:

> Foi, pois, o estilo de tal forma malandra e exagerada de dançar o ritmo quebrado da polca-tango que acabaria por fazer surgir o maxixe como gênero musical autônomo, ao estruturar-se pelos fins do século XIX sua forma básica: a exageração dos baixos – inclusive pelos instrumentos de tessitura grave das bandas – conforme o acompanhamento normalmente já cheio de descaídas dos músicos de choro.[8]

Como notávamos ao princípio, o que se nomeia aqui como "polca-tango" também foi chamado "polca-lundu", "polca-chula", "polca-cateretê", além de "polca brasileira". Esses rótulos designam o mesmo fenômeno, a forma de tocar a polca europeia que se desenvolvia no Brasil, na qual se deixava ouvir nitidamente o registro de sensibilidades musicais afro-atlânticas ou americano-mestiças já de longa história aqui.

As décadas de 1860-80, que assistem o "amaxixamento" da polca, também testemunham a consolidação do estilo de tocar dos chorões, "na base de um solo acompanhado de contracanto e modulações". Tinhorão assinala que a música dos chorões traz um nítido legado do que "se chamara nos fins do século XVIII e início do século XIX de música de senzala".[9] Toma-se a polca europeia e alonga-se a frase musical, introduzindo-lhe modulações que ela até então não conhecia. O uso do contracanto dá aos vocais uma estrutura responsorial, marca das práticas musicais afro-atlânticas. Começa a se constituir ali uma música mestiça urbana que traz um traço marcan-

---

8 José Ramos Tinhorão. *Pequena historia da música popular brasileira: Da modinha à canção de protesto.* 6ª ed. São Paulo: Art, 1991. A fórmula consagrada na historiografia da música popular brasileira é a do gênero que surge "acompanhando" a maneira requebrada de dançar, especialmente da polca já abrasileirada. Do ponto de vista etnomusicológico, há que se questionar, claro, a naturalidade com que se diz que uma determinada necessidade dramática leva necessariamente a um determinado padrão rítmico na música. Carlos Sandroni desenvolve uma crítica bem interessante a essa ideia em *Feitiço decente: Transformações do samba no Rio de Janeiro, 1917-1933*. Rio de Janeiro: Jorge Zahar; UFRJ, 2001.

9 José Ramos Tinhorão, *op. cit.*, p. 55.

te das músicas africanas subsaarianas: a interpolação de agrupamentos binários e ternários, ou seja, a utilização de compassos que misturam agrupamentos de duas e de três pulsações. Como explica Mieczyslaw Kolinski, resenhando o clássico *Studies in African Music,* de A. M. Jones:

> Nossa teoria musical clássica prevê dois tipos de compasso, os simples e os compostos. Nos compassos simples, as unidades de tempo são binárias. Por exemplo, nos compassos 2/4, 3/4 e 4/4, as unidades de tempo são as semimínimas, que, dividindo-se sempre por dois, serão equivalentes a *duas* colcheias ou *quatro* semicolcheias etc. (...) Por outro lado, nos compassos compostos, como o 6/8 ou o 9/8, as unidades de tempo são ternárias e são representadas por semimínimas pontuadas (divididas portanto em *três* colcheias). Mas o fato é que não há compassos que misturem de modo sistemático agrupamentos de duas e três pulsações, como semimínimas e semimínimas pontuadas. É precisamente essa mistura que vai desempenhar um papel muito importante nas músicas da Africa subsaariana.[10]

Essa característica, que começa a penetrar, "invadir" os espaços considerados eruditos no Brasil no século XIX, receberia um nome: *síncope,* que já Mário de Andrade identificava como traço que "percorre com constância formidável toda a música americana" e que, segundo o folclorista e escritor modernista, era "tida em geral como provinda da África".[11] Como explica Carlos Sandroni, a síncope, conceito naturalizado no discurso acadêmico e na fala do leigo como algo "africano", nada mais é que a forma encontrada para registrar dessa *contrametricidade* própria das músicas africanas subsaarianas nos cânones escriturais herdados da música erudita europeia, já então em voga na prática das elites culturais do Brasil:

10 Jones *apud* Carlos Sandroni, *op. cit.*, p. 24.

11 Mário de Andrade. *A melodia do boi e outras peças*. São Paulo: Martins, 1987, p. 409.

> tal sistema [a notação em partitura] não prevê (...) a interpolação de agrupamentos binários e ternários. O resultado é que ritmos desse tipo apareceram nas partituras como deslocados, anormais, irregulares (exigindo, para sua correta execução, o recurso gráfico da ligadura e o recurso analítico da contagem) – em uma palavra, como síncopes.[12]

Em Machado, o movimento corporal que acompanha essas estruturas musicais contramétricas se deixará notar no seu uso de verbos como "saracotear" e "pulular" e em adjetivos como "saltitante" e "buliçosa".

Assim como a partitura herdada da Europa registra a estrutura contramétrica afro-atlântica como uma irregularidade, também o vocabulário do escritor de elite recorrerá a termos insólitos, pouco usuais, para descrever a dança popular. Em contos como "O machete" e "Um homem célebre" a proximidade a esse universo será decisiva para o sentido; também nesses textos a marca do popular será oblíqua, não totalmente visível ou percebida como irregular ou perturbadora. A obra machadiana, apesar de contemporânea à conversa musical que se gesta nos meios populares (e que daria origem ao maxixe), e umbilicalmente ligada à experiência da dança da polca nos salões, *escreve-se sem consciência de que está ocorrendo esse diálogo*. A inconsciência sobre a existência do próprio diálogo é significativa e é parte do que deve ser interpretado, sem dúvida. Ela não impede, no entanto, que a ficção e crônica de Machado deem testemunhos notáveis sobre o lado menos falado desse binômio, o das práticas culturais populares. Apesar de que a cultura musical retratada prioritariamente por Machado se circunscreve aos salões, ele não deixará de registrar, em contos como "O machete" e "Um homem célebre", a migração, o movimento dessa música em direção a espaços situados além dos horizontes do salão burguês: as práticas populares das ruas, no caso de "O machete", e os primórdios da indústria cultural, como em "Um homem célebre".

O maxixe se dissemina fortalecido pela novidade da dança que permitia o entrelaçamento dos corpos, favorecido pelo contato com os "lundus dançados com

12 Carlos Sandroni, *op. cit.*, p. 26.

umbigadas por mestiços e brancos",[13] e nutrindo-se do entusiasmo pelo baile gerado a partir da polca. Tinhorão indica que "o próprio nome de maxixe que a dança tomara pela década de 1870 era usado ao tempo para tudo quanto fosse coisa julgada de última categoria".[14] Seria necessário realizar todo um trabalho de pesquisa para dimensionar o que foi a *censura ao nome* no caso desse gênero. *Requebrado, indecente, lascivo*: a constelação de adjetivos que acompanhou o termo maxixe na segunda metade do século XIX dá ideia do seu papel como repositório de práticas populares erotizadas que cumpriam, naquele momento, uma inegável função democratizadora. O fantasma inaceitável para a elite da época era, sem dúvida, a referência implícita ao corpo negro e mulato ocupando o lugar de sujeito de uma performance pública. Partindo dos bailes do Paraíso, onde se reuniam o baixo meretrício e a capadoçagem do tempo até chegar aos bailes de carnaval, o maxixe vai conquistando as camadas mais altas da sociedade.

Na década de 1870, o maxixe inicia essa trajetória rumo à aceitação pelas elites. A incorporação do gênero ao teatro de revista se dá em 6 de março de 1885 com Arthur Azevedo, na revista *Cocota*, no Teatro Santana. Em 1883 o maxixe era representado no teatro para um público de classe alta, pelo ator Francisco Correia Vasques, enquanto se disseminava também como prática cotidiana das classes populares. A partir do tango *As laranjas da Sabina*, de Artur Azevedo, na peça *República* de 1890, o maxixe iniciaria uma longa carreira de pelo menos 40 anos nos palcos. Na década de 1890 há registros da disseminação do gênero por outras cidades. Em 1899 o *Jornal de Notícias* de Salvador faz referência a um baile em que "um casal dançava tão bem o maxixe que foram brindados com cerveja gelada".[15] O gênero chegaria à Europa em 1905, através do famoso bailarino Duque; o fim do seu auge no Brasil aconteceria por volta de 1918, ocasionado, pelo menos segundo as hipóteses ligeiramente conspiratórias de Tinhorão, pela "a chegada dos fox-trot e charleston".[16]

---

13 José Ramos Tinhorão, *op. cit.*, p. 56.

14 *Idem*, p. 59.

15 Kim D Butler. *Freedoms Given, Freedoms Won: Afro-Brazilians in Post-Abolition São Paulo and Salvador.* New Brunswick: Rutgers UP, 1998, p. 180-1.

16 José Ramos Tinhorão, *op. cit.*, p. 61.

Machado de Assis amadurece, então, como ficcionista e cronista na época do primeiro encontro sistemático entre a música europeia de salão e as tradições polirrítmicas afro-brasileiras. Contemporânea desse processo, a obra de Machado o registrou sob a forma de ecos, que eram, no entanto, determinantes para a forma como se configurava o universo mais frequentemente retratado por ele, a cultura da valsa e da polca nos salões da elite. Estão corretos, então, os que afirmam que Machado manteve uma postura de (relativo, diria eu) preconceito com a cultura popular, mas também está correto Wisnik ao notar que Machado foi o primeiro a registrar a abrangência, a onipresença social da música popular no Brasil. A ambiguidade e a riqueza da posição do nosso maior escritor consistem justo nisso: mesmo avessa a vozes populares de perfil mais radical e democratizador, sua obra capta, imagina e fantasia uma série de *sussurros* que vêm lá de fora, da rua, do produtor cultural ainda não aceito pelas práticas da elite. "O machete" seria o grande registro da dimensão musical desse sussurro.

Machado machete: masculinidade, melodrama e música popular

É irônico que "O machete", conto que narra a dissolução de uma família, tenha sido publicado no *Jornal das Famílias* em 1878; é significativo que Machado não o tenha selecionado para compor *Papéis Avulsos* (1882) ou qualquer outro de seus volumes de contos. Ousado, sexualizado e multicultural, "O machete" é um conto sobre música e adultério. Tendo como sinônimos "machetinho, machim, machinho, mochinho", "machete" é a designação do instrumento depois universalmente conhecido como *cavaquinho*, peça já ali presente em rodas de chorões do Rio de Janeiro como parceiro do violão, do pandeiro e da flauta. Basicamente, o relato narra a história de como Carlotinha, casada com Inácio, troca o violoncelo do marido pelo cavaquinho de Barbosa. O pano de fundo é o momento de emergência da cultura musical urbana no Rio de Janeiro, no qual o conto insere um cenário escandaloso: um casamento plácido entre o violoncelista Inácio Ramos e sua mulher Carlotinha é interrompido pela chegada de *outro homem* e seu machete – por convite do próprio Inácio, que em dado momento viu no machete o complemento para seu violoncelo. As razões de Machado para não incluir o relato em qualquer dos volumes de contos publicados não se devem, no meu modo de ver, a uma suposta insuficiência ou falta de perfeição do texto. Prefiro arriscar outra hipótese: "O machete", com sua representação debochada de um dos primeiros cornos de nossa prosa de ficção, e sua associação explícita da sexualidade com a música popular, terminou sendo um relato demasiado perturbador e heterodoxo para o público de Machado.

Antônio Houaiss localiza em 1716 a primeira ocorrência do vocábulo "machete" como designação de um instrumento musical – "de origem portuguesa, maior que o cavaquinho e menor que a viola, com quatro ou cinco cordas duplas e dedilháveis, afinadas em quintas".[17] Segundo Houaiss, a etimologia do termo se remonta ao espanhol *machete* (1550) "estaca, espada ou faca larga e curta", derivado do espanhol *macho* "maça, clave". Houaiss nota que para Corominas, o antecedente do termo é o moçárabe *mazo* "maço, clave". O instrumento já traz a marca de uma nova cultura, boêmia, de rua e rasgadamente popular. Se na segunda metade do século XIX a música ouvida pelas elites eram em geral "as óperas, operetas e a música leve de salão: polca (...), valsa (...), a schottish, a quadrilha, a mazurca",[18] um instrumento como o machete já configura um deslocamento notável e dá testemunho da emergência e consolidação de outras práticas culturais. O habitat natural do machete não é mais a recepção e a execução dos gêneros europeus na performance de salão, mas a roda de chorões que, naquele momento (1870-80), se encontrava em trânsito entre as cozinhas, quintais e as ruas do Rio, ou seja, o espaço público da cidade.

Implacável, o conto é um dos registros machadianos mais notáveis da irrupção da cultura popular urbana: Inácio Ramos, presa da vocação desde os dez anos, recebe do pai, "músico da imperial capela", rudimentos de música que o tornariam melhor em "bemóis que [n]os verbos" (856). Sabendo o suficiente para ler a história da música, faz-se exímio *executor* e um "rabequista de primeira categoria". Depois veremos que, no conto, seu destino e sua queda não são alheios a essa limitação frequente nos intelectuais e artistas retratados por Machado: a de saber *copiar* e *executar*, mas raramente *criar*. Já rabequista, Inácio continua, no entanto, buscando um instrumento que corresponda às "sensações da alma", quando é cativado pelo violoncelo de

---

17 Conforme o *Dicionário Houaiss de língua portuguesa*. Rio de Janeiro: Objetiva, 2001.

18 Ricardo Cravo Albin. *O livro de ouro da MPB: A história da nossa música popular de sua origem até hoje*. Rio de Janeiro: Ediouro, 2003, p. 38.

um músico alemão em excursão no Rio. Torna-se violoncelista e começa a viver a oposição entre o "simples meio de vida", a rabeca tocada por dinheiro,- e "sua arte", o violoncelo, para o qual reservava "as melhores das suas aspirações íntimas" (857). Inácio replica, de alguma forma, Pestana, o criador de "Um homem célebre", que é capaz de conseguir para si uma grande fatia do mercado compondo polcas, mas sempre fracassa em seus desejos de ser um músico erudito, de compor sonatas. Uma diferença entre Inácio e Pestana seria que o drama de "Um homem célebre" se limita à tensão entre arte e comércio dentro do personagem, enquanto que o Inácio de "O machete" terá que viver a cisão entre esses termos no interior de um *triângulo*. Ao final, a tentação do adultério será correlativa à tentação da música popular, entendida como aquela na qual está ativamente pressuposto o *corpo*, por oposição às "sensações da alma" associadas ao violoncelo e à música erudita.

Inácio Ramos é uma espécie de músico erudito condenado à tristeza tropical. Como um autor de "notas fora do lugar" no seu impecável violoncelo, réplica feliz ingênua, não angustiada, da arte sonatista a que aspira Pestana em "Um homem célebre", ele se encontra em *contradição com a experiência*. Marcado pela morte precoce do pai, Inácio se vê morando com a mãe em "lugar afastado, alheios à sociedade que os cercava e não os entendia". Tocava "a rabeca para os outros, o violoncelo para si, quando muito para sua velha mãe". O narrador registra a presença da mãe como única figura a dar entrada no espaço de execução da "arte pura" de Inácio, que fazia "chorar a boa velha de melancolia e gosto, que ambos estes sentimentos lhe inspirava a música do filho". O vácuo deixado pela morte da mãe o leva a compor no violoncelo uma elegia, "que se não seria sublime como perfeição de arte, mas que o era sem dúvida como inspiração pessoal" (857). Na adversativa Machado já nos dá alguma pista acerca da mediocridade do personagem como compositor. Durante dois anos ninguém ouve a obra e Inácio rompe o silêncio oito dias depois de casado, diante da mulher Carlotinha (em clara função substitutiva em relação à mãe): "não via a mulher, nem o lugar, nem o instrumento sequer: via a imagem da mãe e embebia-se todo em um mundo de harmonias celestiais" (858). A palavra "celestial" invariavelmente aparece em registro irônico e de leve deboche na obra de Machado. Não é diferente aqui, onde ela é usada para caracterizar uma música *divorciada do corpo*. Quando Carlotinha, "mocinha de dezessete anos, parecendo dezenove", se lança à celebração da execução com gritos de "lindo, lindo", Inácio percebe nessa reação uma ofensa, como se a mulher houvesse incompreendido a profundidade e a melancolia da peça. Onde Inácio queria o descanso e o luto, Carlota era puro entusiasmo. Onde ele queria coqueiro, ela era revólver. Embora os dois personagens ainda não saibam, esse *descompasso* entre a recepção real da música e a recepção idealizada pelo artista erudito nacional já anuncia a chegada do terceiro, do mulato, do tocador de machete.

O narrador se refere a um "primeiro milagre do amor" de Carlotinha como a "aceitação por parte da moça do famoso violoncelo" (859). A gravidez gera o comentário de Inácio de que comporia um segundo canto quando o filho nascesse, o que gera a agourenta, mas não propriamente exata, previsão de Carlota de que "o terceiro será quando eu morrer, não?" Com o nascimento do filho, Inácio compõe e executa a peça, "já não entre ele e a mulher, mas em presença de algumas pessoas de amizade" (860), o que propicia o acontecimento que reescreverá a vida de todos. Um par de transeuntes, estudantes de direito em férias, ouvem a música e lançam gritos de "bravo, artista divino!". Vale dizer aqui que o encontro inicial se dá pelo reconhecimento que o artista popular demonstra pela arte praticada pelo outro, pelo erudito, não o contrário. Os dois estudantes são Amaral, "alma cheia de música alemã e poesia romântica... exemplar daquela falange acadêmica fervorosa e moça animada de todas as paixões, delírios e efusões da geração moderna" e, descrito de forma contrastante, seu companheiro Barbosa, "apenas um espírito medíocre, avesso a todas essas cousas, não menos que ao direito que aliás forcejava por meter na cabeça" (860). Só numa visita subsequente Amaral menciona que o amigo Barbosa também é músico. Vale citar o diálogo de Inácio com Barbosa como registro do horizonte de expectativas de um violoncelista encontrando pela primeira vez a cultura musical popular-urbana:

> — Também! exclamou o artista
>
> — É verdade, mas um pouco menos sublime do que o senhor, acrescentou ele sorrindo.
>
> — Que instrumento toca?
>
> — Adivinhe.
>
> — Talvez piano...
>
> — Não.

— Flauta?
— Qual!
— É instrumento de cordas?
— É.
— Não sendo rabeca... disse Inácio como a esperar uma confirmação.
— Não é rabeca, é machete (860-1).

Aqui Machado dirige a atenção do leitor para uma das típicas inadequações de seus personagens à experiência: Inácio é músico e vive no Rio de Janeiro no fim da década de 1870, mas *simplesmente não possui registro* de instrumentos de cordas além dos usuais na música burguesa de salão. Passa, obviamente, ao largo do processo vivo de constituição de uma linguagem musical brasileira através das rodas de chorões. Aqui, a escolha do instrumento de Inácio não poderia ser mais contrastante com o cavaquinho que adentra a sala: o violoncelo é um instrumento que, no fim do século XIX, já indicia uma música erudita algo anquilosada e melancólica, em descompasso inclusive com as preferências da elite dos salões. Quando Inácio convida Barbosa para uma demonstração no cavaquinho, trata-se quase que de um chamado a uma exibição folclórico-etnográfica que não mereceria o nome de arte. Até, é claro, que começa a performance.

A forma como Inácio introduz o machetista tem, por certo, um tom de etnógrafo curioso pesquisando o selvagem dócil. A performance de Barbosa, no entanto, é a do *mau selvagem*, aquele que não se adequa ao lugar que lhe reservara a antropologia. Como notou José Miguel Wisnik,

> o contraste é completo entre o show de exterioridade do virtuosístico e esperto tocador de cavaquinho e o aspecto sóbrio e concentrado do praticante de violoncelo, alheio a qualquer apelo exibicionista e todo voltado à essencialidade da música, para transceder o ofício em arte.[19]

19 José Miguel Wisnik, *op. cit.*, p. 24.

Para Machado, o problema é que essa "arte" ao contrário daquela do performático cavaquinho, já se encontra *divorciada da experiência*. O machete de Barbosa passa a fazer sucesso e ser conhecido da vizinhança; os saraus eram estimulados por Carlotinha, que "não cessava de o elogiar em toda parte" (861). Barbosa, o artista popular, em meio a seu sucesso sugere que Inácio programe um concerto. Este, por fim, cede, agendando uma apresentação em que tocaria "uma das peças já compostas por ele, e duas de dois mestres que escolheu entre as muitas" (862). O conto confirma que até aquele momento Inácio era o autor de *duas* composições; muitas eram, naturalmente, as obras de "mestres" que ele poderia reproduzir. Note-se que nisso, e somente nisso, ele tem o mesmo destino de Pestana, o bem-sucedido compositor de polcas de "Um homem célebre", capaz de criação no ramo da arte "ligeira", "de entretenimento" e que no terreno de seu desejo, o sonatismo erudito, só consegue *reproduzir*. Há uma diferença importante entre a (inicial) satisfação de Inácio com a vida de executor de peças clássicas e a perene insatisfação de Pestana com sua impossibilidade de compor sonatas. Mas eles coincidem na relação meramente reprodutiva com a música erudita. Essa coincidência entre dois personagens tão distintos sugere que Machado também esteja dizendo algo sobre o estatuto da música erudita no Rio de Janeiro do século XIX, mais além de qualquer sujeito em particular. É sobre a impossibilidade de genuína autoria do autor periférico no ramo na música erudita que se está falando aqui: em "O machete", o contraste entre Inácio e Barbosa é também uma cisão entre o artista que se relaciona com a autoria alheia como a dos "mestres" e o artista que executa composições de autoria próxima, pessoal, coletiva ou desconhecida, mas sempre com liberdade de improvisação sobre elas. Mais além de qualquer preconceito de Machado ante a cultura popular, "O machete" anuncia e celebra *a beleza dessa promessa*, a do artista livre da angústia da autoria e, sobretudo, livre para improvisar e trazer o corpo à música.

A preparação de Inácio para o concerto sugerido por Barbosa dá ocasião a dois serões de violoncelo por semana – Carlotinha havia proposto três. Nesses serões "o machete acabava muita vez o que o violoncelo começava" (862). O poder de sedução do machete deixa Inácio cada vez mais melancólico, até que ele surpreende Amaral com a declaração de que "estou arrependido do violoncelo; se eu tivesse estudado o machete!" (863). Formado no idealismo estético e trabalhando com uma oposição já então arcaica entre o valor artístico e o não-valor do entretenimento popular, Amaral não consegue compreender "que rivalidade era aquela entre a arte e o passatempo" (863). Apesar de que o narrador se refere a uma separação entre arte e entretenimento em discurso indireto livre, como que "na cabeça" de um personagem, não se deve daí concluir que o autor subscreveria qualquer separação tranquila entre os dois termos. Na medida em que se desenrola o conto, vai se solapando a confiança do narrador na estabilidade da dicotomia.

Machado certamente teve seus preconceitos com respeito à cultura popular, mas o quadro que sua ficção nos oferece é o do desmoronamento da possibilidade de separação clara entre a arte sancionada como esteticamente válida, por um lado, e o entretenimento, o "passatempo", por outro. Amaral e o próprio discurso indireto livre do narrador gostariam de manter a distinção intacta nesses termos, é certo; mas isso não nos autoriza a daí deduzir que ela assim permanece para Machado. Aqui, neste ponto, creio haver uma diferença importante entre a minha leitura e o estudo de José Miguel Wisnik, em que o autor argumenta que o texto de Machado "supõe e promove a identificação positiva com o mundo representado pelo violoncelo, em clara oposição ao mundo representado pelo cavaquinho".[20] Por mais que seja detectável em Machado alguma nostalgia do tempo em que a arte erudita – metonimizada pelo violoncelo – ainda não havia perdido seu capital cultural, essa "identificação" é menos clara e automática do que nos faria crer Wisnik. O conto é, afinal, uma grande parábola acerca da inépcia dessa arte de câmara; o narrador visivelmente toma distância irônica e debochada ante o personagem de Inácio Ramos, o corno, figura deslocada de seu tempo não por ser subversiva ou intempestiva, mas por ser anacrônica. Voltaremos à questão mais adiante.

Inácio já sabia que havia perdido Carlotinha ali, no momento em que Amaral se esforçava para compreender como o "passatempo" do cavaquinho poderia rivalizar com a "arte" do violoncelo (as aspas nos dois termos significando que Machado os teria entendido distanciadamente). Quando, depois do regresso de Amaral e Barbosa a São Paulo, chega a notícia de que estariam de novo no Rio "por três dias" o leitor já tem elementos para adivinhar o fim. Amaral fica o período combinado e volta. Barbosa adoece, recebe uma carta que "lhe obriga a ficar algum tempo" e quando visita Inácio e Carlotinha para comunicar-lhos, a mulher ouve "alegre a notícia"

20 *Idem*, p. 25.

enquanto que "o rosto de Inácio não tinha nenhuma expressão" (864). Nos novos serões, o machete reina inconteste. Dando o distanciamento irônico perfeito entre o narrador e o corno, o conto nos diz que "o machete deve ser instrumento triste, porque a melancolia de Inácio tornou-se cada vez mais profunda" (864). Quando Amaral retorna para visitar o casal nas férias seguintes, só encontra Inácio com o violoncelo entre as pernas, uma criança de alguns meses ao pé do instrumento, "dominada ao que parece pela música" e ouve o relato da boca do próprio Inácio: "ela foi-se embora, foi-se com o machete. Não quis o violoncelo, que é grave demais. Tem razão; o machete é melhor" (865). Como notou Wisnik, as duas frases finais do conto replicam a fórmula do *melodrama*: "A alma do marido chorava mas os olhos estavam secos. Uma hora depois enlouqueceu". Note-se que a cena final do enlouquecimento se segue a um quadro em que o personagem tem seu filho *ao pé* e o violoncelo *no meio das pernas*. Toda a gestualidade de *trazer o violoncelo para dentro das pernas* está bem enfatizada no conto, em oposição à gestualidade do machete, fálica, tributária de uma performance claramente orientada ao exterior.

Considerando que, como registra Houaiss, o primeiro sentido de *machete* em espanhol (1550) é "estaca, espada ou faca larga e curta", o caráter fálico da performance já se deixa ler no próprio nome do instrumento. Considerando que a raiz de *macho* ressoa paranomasicamente no termo *machete*, teríamos que problematizar, ou tirar todas as consequências, da menção que faz Wisnik ao melodrama. Se é certo que estamos diante de um enlouquecimento clichê, réplica da fórmula melodramática, também é certo que no melodrama esse enlouquecimento ocorre *à mulher*. É raríssimo que a resolução via enlouquecimento se aplique ao herói masculino. Inácio, claro, é um personagem feminizado, e por isso pode sofrer a pena reservada para a mulher no gênero e ainda assim manter intacto o efeito melodramático. Mas *é esse mesmo o deslocamento* imposto por Machado ao melodrama: dentro de uma fórmula genérica caracterizada pelo final feliz, Machado escolhe armar um narrador que fala, em discurso indireto livre, do ponto de vista da vítima, esta sendo já não propriamente um vilão, mas um incauto derrotado pelas circunstâncias, e cuja queda é o preço necessário para que se confirme o final feliz que é a marca do gênero. Dado o fato de que o ponto de vista do narrador é relativamente identificado com o marido abandonado, o "final feliz" termina não o sendo tanto assim, já que o narrador machadiano consegue construir algum grau de empatia com o homem feminizado, derrotado. Daí não decorre, claro, que o conto também não proporcione elementos para uma identificação feliz, celebratória, com *a mulher que se liberta* via machete. O recurso ao melodrama no conto de Machado está, então, problematizado por uma inversão dos papéis e atributos sexuais comuns ao gênero. A libertação se dá via adultério e o enlouquecimento sai da esfera feminina e acontece no personagem masculino feminizado. Esses deslocamentos têm consequências.

A etimologia de *melodrama* não é alheia à temática do conto: *melós drama*, em grego, drama musical, entendendo-se "drama" no sentido original de performance teatral e não no sentido adquirido posteriormente, de "exacerbação do sentimental". *Melodrama* seria, então, na acepção mais estritamente etimológica, a *mímeses teatral da vida feita através da e na música*. Trata-se de um gênero que manteria, então, de alguma forma, a memória das origens da tragédia na música.[21] Naturalmente, o herói melodramático tem pouco em comum com o herói trágico: enquanto que este se encontra isolado da sociedade, de forma a compreender melhor as fraquezas morais, suas e da própria sociedade (culminando na impossibilidade de impedir o desastre implícito e enraizado nas estruturas sociais que estão mais além do controle do personagem), o herói do melodrama é um personagem normativo que alegoriza a incorporação à sociedade. O herói melodramático traz um senso de virtude inata, mas ao contrário do herói romântico, esse senso interior "não o leva a uma oposição byroniana à ordem social: nesse mundo, os ditados do puro coração são sempre consoantes com os da sociedade".[22] O "resgate da mulher" sempre virtuosa e salva pelo herói – clichê narrativo por excelência do gênero – não é nunca, no melodrama, contraditório com as estruturas sociais estabelecidas. Pelo contrário, o tema central do gênero é a "socialização do profundamente pessoal"[23] nessas estruturas, que as termina reforçando e consolidando. Para mim daí não se segue, como pareceria seguir-se para Wisnik, que o melodrama é um gênero necessariamente conservador e

---

21 Friedrich Nietzsche. *A origem da tragédia no espírito da música*. Trad. Álvaro Ribeiro. Lisboa: Guimarães, 1978.

22 Robert G. Allen. *Horrible Prettiness: Burlesque and American Culture*. Chapel Hill: University of North Carolina Press, 1991, p. 82.

23 Peter Brooks. *The Melodramatic Imagination: Balzac, Henry James, Melodrama, and the Mode of Excess*. New Haven: Yale University Press, 1995, p. 227.

conformista. Trata-se de recordar o postulado dos Estudos Culturais já aludido na discussão acima sobre o papel social da valsa: o fato de que o tema central teatralize uma incorporação não problemática à ordem social vigente não quer dizer que paralelamente a ele não se estejam produzindo toda sorte de efeitos perturbadores e subversivos. É o que ocorre, nos parece, em "O machete".

Não deve surpreender que a identificação fundamental da voz narrativa em "O machete" seja com o marido abandonado. Se o diferencial era a presença da musicalidade, do ritmo e da performance corporal de Barbosa e sua ausência em Inácio, era natural que Machado construísse um narrador que se identificasse com este. Se é correto que se vê em "O machete" o "pressuposto implícito da superioridade da cultura letrada, isenta dos apelos fáceis da música vulgar",[24] em meu entender a identificação com o mundo da alta cultura estaria aqui atravessada pela ironia. A cultura "superior" gera um personagem que é um dos primeiros cornos de nossa ficção urbana, abandonado pela mulher e derrotado pelo descompasso entre a alta música de câmara e a realidade do Rio de Janeiro de fins do século XIX. Barbosa, descrito como "medíocre" por um narrador que compartilha o "pressuposto implícito da superioridade da cultura letrada", triunfa porque traz um saber musical *vinculado à experiência.*

Permanecem as diferenças entre as duas práticas musicais, a de Inácio e a de Barbosa. Para efeitos de resolução do conto, no entanto, as mais importantes dessas diferenças – mais relevantes que um ou outro traço de preconceito ante a cultura popular que inevitavelmente encontraremos no narrador – seriam as seguintes: 1) Inácio reproduz peças alheias, não compõe quase nada e mantém com a tradição uma relação reverente, enquanto que Barbosa toca peças anônimas, coletivas ou próprias e sobre elas exerce improvisação pessoal; 2) o violoncelo pressupõe um corpo estático, enquanto que a musicalidade do cavaquinho é inseparável de uma performance corporal dinâmica; 3) o violoncelo pede ao ouvinte uma escuta recatada e passiva, enquanto que o cavaquinho ativamente convida o espectador a participar da produção musical; 4) o valor da arte de Inácio vem de um capital cultural residual, oriundo de uma arte outrora hegemônica e agora decadente, enquanto que a arte de Barbosa é emergente, e de alguma forma é umas das responsáveis pela diminuição do espaço social do violoncelo de Inácio.

24 José Miguel Wisnik, *op. cit.*, 2004, p. 25.

A relação entre as diferentes esferas culturais é, então, não só dinâmica mas de dinamismo dialético e mútuo. Qualquer alteração no estatuto de uma das esferas provoca um rearranjo na posição das demais. Mais que pressupor a superioridade "essencial" de uma cultura sobre a outra, o conto faz a crônica de uma queda e de uma transição. Se a música erudita de câmara já havia cedido lugar, na preferência da corte, à nova música dançante de salão (polca, habanera, mazurca), serão os primeiros acordes da música popular urbana de rua, do maxixe, que marcarão em definitivo o divórcio entre sonatismo erudito e experiência social real na grande metrópole brasileira da época. Entende-se, então, porque Pestana, cuja idealização da música clássica como objeto de desejo o leva a ter uma relação de amargura com o seu próprio sucesso, adquire o caráter de emblema machadiano das antíteses que atravessam o campo musical brasileiro do século XIX. Pestana não é simplesmente um "desajustado". Como notou Wisnik, ele exerce verdadeira maestria no terreno em que compõe, o da polca, ou mais exatamente (se levamos em consideração títulos como *Não bula comigo, Nhonhô*) o da polca "abrasileirada", ou seja, o do maxixe. A maestria na arte popular não bastaria para Pestana porque ele aspira outro valor, a *glória*, distinto da *celebridade* porque pressupõe uma aura de esteticamente transcendente e eterno. No outro conto, em "O machete", Barbosa é uma espécie de Pestana feliz consigo mesmo, alguém que esqueceu a angústia de desejar o sonatismo. Inácio, o violoncelista, é um Pestana que, partindo da felicidade inicial consigo enquanto *executor* de peças clássicas (ou seja, como Pestana, incapaz de acrescentar ao repertório clássico, mas tranquilo e reconciliado com isso), é levado pelas circunstâncias a desejar ser um Barbosa, a reconhecer o vazio do ideal com o qual ele se satisfazia enquanto músico erudito em terras periféricas.

A mirada de Machado sobre o campo musical brasileiro do século XIX não é, portanto, binária. Como num padrão rítmico afro-atlântico, os acasalamentos são produzidos e desfeitos de forma a gerar não somente pares, mas também triângulos. Inácio é "autenticamente erudito" somente na medida em que a erudição pode ser autêntica em terras periféricas, ou seja, ele é um exato e perfeito *executor*, não *criador*, de peças. É inautenticamente autêntico. Pestana, criado 10 anos depois, é o emblema machadiano do momento em que ocorre a *autoconsciência dessa inautenticidade*, o seu dar-se conta de si mesma. Angustiado por não poder ser criador onde queria ser e, ao fim, irônico, reconciliado com a fabricação de mercadorias, ele é o autenticamente inautêntico. Traz à periférica existência do músico erudito tupiniquim (sua "inautenticidade") consciência e lucidez que lhe permitem transcender a derrota de sua vontade artística e realizar algo para o qual ainda "não há lugar no sistema de classificações estéticas vigentes".[25]

Se nos ativéssemos a esses dois personagens, ainda estaríamos restritos ao círculo vicioso da cultura de elite periférica, mesmo considerando o sucesso mercantil do Pestana das polcas. Trata-se de um círculo vicioso do qual Inácio não se dá conta, mas Pestana sim: ser autêntico para a sua arte só ao preço de ser inautêntico para o mundo (e vice-versa). Esse dilema não é uma aporia "universal" inescapável, mas a contingência específica de uma cultura de elite colonial e pós-colonial. A saída que encontra Pestana é respeitável; é, afinal, a possibilidade que lhe estava dada: recolher-se ao fracasso do projeto de um sonatismo tupiniquim e acionar pelo menos alguma ironia, alguma galhofa, no momento de ser absorvido pela indústria da música que ele desprezava.

Mas é com a entrada de um *terceiro* personagem que o círculo vicioso da autenticidade inautêntica se desfaz: Barbosa, o músico oriundo das classes populares, interrompe a "peteca entre ambição e vocação" na medida em que representa uma produção cultural onde essas duas coisas não são antagônicas. Barbosa pode quebrar o círculo vicioso porque inicia o conto em total inautenticidade, em ausência completa de qualquer capital cultural: lembre-se aqui o longo interrogatório de adivinhações a que Inácio o submete, tentando descobrir qual era o instrumento que ele tocava. A ascensão de Barbosa, ao contrário da de Pestana, não implica nenhuma concessão, nenhum abraço do inautêntico como fatalidade do mundo. Trata-se de uma *conquista de terreno real*, uma redefinição do conceito de autenticidade. Inicialmente invisível e inqualificável no campo cultural de elite, a prática popular vai penetrando-o. A música é, sem dúvida, a arte onde esse processo ocorre com mais visibilidade e força no Brasil. A obra de Machado, quando lida no contraponto entre ficção e crônica – e com mais atenção à sua notável contística – se revela a grande reflexão que a literatura dedicou ao processo em que o popular vai tomando dimensões porosas, ubíquas, não facilmente localizáveis no Brasil. A trajetória de Barbosa alude precisamente a essa consolidação dos espaços das práticas musicais afro-mestiças rumo à

25 *Idem*, p. 83.

sua absorção pela cultura de elite. A incorporação do maxixe ao teatro de revistas e a posterior emergência e nacionalização do samba seriam dois momentos marcantes dessa absorção.

A obra de Machado de Assis, que foi com frequência acusada de ignorar as classes populares e apresentar um quadro "elitista" do Brasil do segundo Império, nos ofereceu o esboço de um mapa dos albores da constituição de um campo genuinamente popular e urbano na música brasileira. Essas pegadas do popular demonstram que os dilemas de autenticidade nos quais estavam imersos tantos outros personagens machadianos não tinham nada de universais ou essencialmente humanos: eram dilemas específicos relacionados à construção de uma cultura de elite europeizante numa sociedade periférica escravocrata. A ficção mostra que a ruptura do círculo vicioso da cultura da elite periférica só ocorreria pela entrada de um sujeito exterior, anteriormente não representado no círculo. Seria um exagero ver em Machado qualquer traço de celebração triunfante da entrada do cavaquinho aos nossos salões de elite, mas na literatura brasileira foi ele quem primeiro compreendeu a dimensão do que aquela introdução representava. Sem trair o ceticismo que era sua marca registrada, ele não deixou de saudar esse novo ator que adentrava o tabuleiro com um sorriso de canto de lábios, quase alegre.

Referências Bibliográficas

ALBIN, Ricardo Cravo. *O livro de ouro da MPB: A história da nossa música popular de sua origem até hoje*. Rio de Janeiro: Ediouro, 2003.

ALLEN, Robert G. *Horrible Prettiness: Burlesque and American Culture*. Chapel Hill: University of North Carolina Press, 1991.

ANDRADE, Mário de. *A melodia do boi e outras peças*. São Paulo: Martins, 1987.

AVELAR, Idelber. "Machado de Assis e o Aprendizado do Esquecimento". *Romance Notes* 34, 1994.

_____. *The Untimely Present: Postdictatorial Latin American Fiction and the Task of Mourning*. Durham: Duke UP, 1999.

BROOKS, Peter. *The melodramatic imagination: Balzac, Henry* James, *Melodrama, and the Mode of Excess.* New Haven: Yale UP, 1995.

BUTLER, Kim D. *Freedoms Given, Freedoms Won: Afro-Brazilians in Post-Abolition São Paulo and Salvador.* New Brunswick: Rutgers UP, 1998.

FAORO, Raymundo. *Machado de Assis: A pirâmide e o trapézio.* 1974. 4ª ed. São Paulo: Globo, 2001.

GLEDSON, John. "Os Contos de Machado de Assis: O machete e o violoncelo". In: *Contos: Uma antologia.* São Paulo: Companhia das Letras, 1988.

MACHADO DE ASSIS, Joaquim Maria. *Obra Completa.* Vol. II. *Conto e teatro.* Rio de Janeiro: Aguilar, 1997.

MAGALHÃES JÚNIOR, Raimundo. *Vida e obra de Machado de Assis.* 5 vols. Rio de Janeiro: Civilização Brasileira/INL, 1981.

MOOG, Viana. *Heróis da decadência: Petrônio, Cervantes, Machado de Assis.* Rio de Janeiro: Civilização Brasileira, 1964.

NIETZSCHE, Friedrich. A origem da tragédia no espírito da música. Trad. Álvaro Ribeiro. Lisboa: Guimarães, 1978.

PEREIRA, Lúcia Miguel. *Machado de Assis: Estudo crítico e biográfico.* [1936]. 6ª ed. Belo Horizonte: Itatiaia, 1988.

SANDRONI, Carlos. *Feitiço decente: Transformações do samba no Rio de Janeiro, 1917-1933.* Rio de Janeiro: Jorge Zahar; UFRJ, 2001.

SCHWARZ, Roberto. "As ideias fora do lugar." In: *Ao vencedor, as batatas* [1977]. 5ª ed. São Paulo: Duas Cidades/ Editora 34, 2000.

TINHORÃO, José Ramos. *Pequena história da música popular brasileira: Da modinha à lambada.* 6ª ed. São Paulo: Art, 1991.

WISNIK, José Miguel. "Machado Maxixe". In: *Sem receita.* São Paulo: Publifolha, 2004.

Machado de Assis, nosso contemporâneo

João Almino

A literatura de Machado de Assis e seu relativamente pouco reconhecimento mundial provam duas teses. A primeira é que a qualidade de uma obra literária independe da expressão política ou econômica do país onde foi produzida. A segunda é que essa expressão política ou econômica, bem como a língua empregada, podem determinar a divulgação internacional daquela obra.

"Estou espantada", diz Susan Sontag em artigo publicado em *The New Yorker* de 7 de maio de 1990, "que um escritor de tal grandeza não tenha ainda ocupado o lugar merecido." E acrescenta: Machado "tem sido muito pouco conhecido e lido no resto da América Latina – como se ainda fosse difícil digerir o fato de que o maior autor produzido na América Latina escreveu em português".

Num ensaio de 1998, intitulado *Machado de La Mancha*, o escritor mexicano Carlos Fuentes concorda com essa avaliação. "Isso é um milagre", diz ele, "O Brasil confere sua nacionalidade, sua imaginação, sua língua, ao maior – por que não dizer, o solitário – romancista ibero-americano do século passado".

Ainda leio Machado como se fosse um escritor contemporâneo. Não existe a necessidade de desculpá-lo por ter escrito noutro século. Ele é o mestre por excelência de minha geração literária no Brasil e me influenciou e a outros escritores, como fez com gerações passadas.

No Brasil, cada geração descobre seu Machado de Assis, a quem estudiosos de diferentes tendências têm também aplicado distintos enfoques. Não causa surpresa, portanto, encontrar um Machado para estudos culturais, outro para enfoques estruturalistas e historicistas; ver seu trabalho considerado no âmbito do romantismo, do realismo ou do barroco, ou ainda vê-lo caracterizado como moderno ou até mesmo pós-moderno. Obviamente, seu trabalho não pode ser reduzido a qualquer desses enfoques, interpretações ou correntes estéticas, talvez por causa de sua ambiguidade, sua visão distante e oblíqua, sua falta de linearidade, suas perspectivas subjetivas e o fato de que não endossa qualquer das grandes correntes ideológicas e não se conforma aos dogmas de seu próprio tempo – a segunda metade do século XIX e começo do século XX.

Machado foi verdadeiramente um pensador independente, que exerceu a dupla crítica aos românticos e ao naturalismo, então uma nova tendência realista. Ele não acreditava cegamente no progresso. Não era adepto do positivismo, do evolucionismo, nem de outras formas de determinismo. Não era socialista, republicano nem abolicionista. No entanto, todas essas correntes filosóficas, políticas e estéticas são tratadas, à distância, em sua obra.

Embora escrevendo de maneira digressiva – de fato, em alguns de seus romances as digressões são às vezes mais relevantes do que o enredo principal –, ele estava mais próximo do realismo do que do barroco. Seu realismo era imaginativo, um realismo da ambiguidade, no qual a objetividade não existe fora de uma perspectiva subjetiva frequentemente centrada num eu inconsequente e frustrado. A imaginação mais ousada está a serviço da verdade mais crua, como no caso das memórias de um homem morto, Brás Cubas, cuja primeira virtude é a sinceridade.

Sua distância de todos os absolutos derivava de seu ceticismo e pessimismo. Esse pessimismo tem uma força crítica num país sempre disposto a crer no futuro e diante das expectativas positivas não somente da nova geração no Brasil – sobre a qual ele escreve –, mas também das ideias europeias de sua época.

Já se disse que o Brasil não oferece exemplos de grandes tragédias na literatura. No século XX, Graciliano Ramos poderia provar a falsidade dessa tese. Mas o leitor de Graciliano, conhecendo o compromisso político que guiou o autor, poderia esperar alguma redenção social, se algum dia a revolução chegasse. Não o leitor de Machado. Ele não levanta qualquer expectativa e não oferece qualquer esperança. Para ele, não há redenção, assim como não há utopia, nenhum "paraíso no fim", nem qualquer "seleção social", para usar suas próprias expressões em artigo sobre "A Nova Geração", publicado em 1879.

Talvez seja no campo do amor onde seu pessimismo é mais evidente. Seus romances em geral narram as desventuras do desejo.

Em *Memórias Póstumas de Brás Cubas*, publicado em 1881, o protagonista não se fixa numa única mulher e aquela que ele poderia amar, Virgilia, é casada. Ele não terá a coragem de assumir plenamente sua relação, que permanece clandestina e leva, entre outras desventuras, à concepção e aborto de um filho. Passados vinte anos, "de dois grandes namorados, de duas paixões sem freio, nada mais havia ali... ; havia apenas dois corações murchos, devastados pela vida e saciados dela", como observará o narrador.

Não é seguramente melhor a situação do pobre Rubião em *Quincas Borba*, de 1891, que se enamora da bela mulher de Cristiano Palha, Sofia. Esta faz um jogo ambíguo com Rubião, somente para servir aos desejos de especulação comercial do marido ambicioso. Em *Dom Casmurro*, de 1899, o narrador Bento está obcecado pela imagem – imaginada ou verdadeira – da infidelidade de sua mulher Capitu, que o teria traído com seu melhor amigo, Escobar, que seria o verdadeiro pai do filho de Capitu. Em *Esaú e Jacó*, romance publicado em 1904, os irmãos gêmeos Pedro e Paulo amam Flora, que tem de decidir por um dos dois, mas não pode, porque se sentiria reduzida pela metade se escolhesse um só e finalmente morre, sem decidir.

No entanto, esse pesimismo está temperado pelo humor. A tragédia das *Memórias Póstumas de Brás Cubas*, por exemplo, somente se revela completamente nas últimas frases do livro e, mesmo assim, é oferecida ao leitor a possibilidade de misturar a dor do ressentimento com o prazer do humor:

> Não alcancei a celebridade do emplasto, não fui ministro, não fui califa, não conheci o casamento. Verdade é que, ao lado dessas faltas, coube-me a boa fortuna de não comprar o pão com o suor do meu rosto. Mais; não padeci a morte de Dona Plácida, nem a semidemência do Quincas Borba. Somadas umas coisas e outras, qualquer pessoa imaginará que não houve míngua nem sobra, e, conseguintemente que saí quite com a vida. E imaginará mal; porque ao chegar a este outro lado do mistério, achei-me com um pequeno saldo, que é a derradeira negativa deste capítulo de negativas: – Não tive filhos, não transmiti a nenhuma criatura o legado da nossa miséria.

Nem tudo o que disse Sílvio Romero em seu *Machado de Assis: Estudo Comparativo de Literatura Brasileira*, de 1897, está equivocado. Mas algo do que ele que via como defeito, pode-se considerar virtude. Ele observou corretamente que Machado não tinha a força épica de um Flaubert. Na tragédia amorosa das *Memórias Póstumas de Brás Cubas*, o fato de que Virgília não é inteiramente correspondida por Brás Cubas, que não se decide por ela, de que ela continua vivendo com seu marido uma vida de felicidade medíocre, nada disso é comparável à situação de uma Madame Bovary. O adultério é quase aceito pelos personagens sem um grande drama e não há sequer "o vigor da verdade descoberta no flagrante", de cuja ausência se queixaria Romero. Embora a marca seja de pessimismo e estejam presentes os ingredients de uma tragédia, a relação entre Brás Cubas e Virgília talvez seja relativamente a mais estável e sã das relações amorosas da fase madura da obra de Machado, posto que, sob a forma da amizade, pôde sobreviver até os últimos dias da vida do personagem principal, que Virgília vem visitar em seu leito dias antes de sua morte. Não, definitivamente Virgília não é uma Madame Bovary, mas é precisamente este tom de aparente trivialidade que contribui para a atualidade da narrativa machadiana.

Nos romances principais de Machado não encontramos dramas extraordinários, suicídios, assassinatos, crimes passionais ou paixões enlouquecedoras. Pensemos em como vários outros autores do século XIX retrataram as consequências de relações extraconjugais e comparemos esses relatos com a forma como é narrada a citada relação entre Brás Cubas e Virgília, em *Memórias Póstumas de Brás Cubas*.

Podemos dizer que em Machado os grandes, até mesmo trágicos dramas não têm a aparência do drama. A própria tragédia de viver oferece material suficiente para uma narrativa na qual cada frase é de interesse para o leitor. Machado nos diz que devemos rir deste mundo sem conserto e seguir vivendo.

Machado de Assis tem contribuído para uma longa tradição brasileira de literatura urbana que tem evitado o descritivismo e o pitoresco. Ele aplicou um enfoque equilibrado e aberto para a questão da nacionalidade e da relação entre a cultura local e os principais centros culturais. A este respeito é um precursor do modernismo, sem o otimismo e a confiança excessiva dos modernistas. Não idealizava a cultura local. Por outro lado valorizava a originalidade e a criação, e criticava o que fosse mera cópia. No seu muito citado ensaio "Instinto de Nacionalidade", publicado em 1873, disse que "o que se deve exigir do escritor antes de tudo, é certo sentimento íntimo, que o torne homem do seu tempo e do seu país, ainda quando trate de assuntos remotos no tempo e no espaço". (...) "Perguntarei," disse no mesmo ensaio, "se o *Hamlet*, o *Otelo*, o *Júlio César*, a *Julieta e Romeu* têm alguma coisa com a história inglesa nem com o território britânico, e se, entretanto, Shakespeare não é, além de um gênio universal, um poeta essencialmente inglês". A própria obra de Machado – em parte inspirada em Laurence Sterne e Xavier de Maistre – demonstra como a tradição e a contribuição estrangeira podem estar a serviço de expressões artísticas locais e inovadoras.

Ele não idealizou o Brasil nem a Europa. Não existe um Brasil *a priori* em sua obra, que resulta ao mesmo tempo universal e bem brasileira. Em outras palavras, ele estabeleceu um exemplo de abertura e universalidade que caracteriza muito da cultura brasileira. Não hesito em dizer que nenhum outro escritor poderia representar melhor o Brasil e que alguns de seus livros deveriam ser incluídos entre as mais altas expressões da literatura mundial.

O desenvolvimento de uma visão de vida cética na ficção de Machado de Assis[1]

José Raimundo Maia Neto
(Universidade Federal de Minas Gerais)

Neste artigo, revejo o trabalho que publiquei em 1994 sobre o ceticismo nos romances e contos de Machado de Assis.[2] Começo por algumas observações metodológicas introdutórias sobre as abordagens filosóficas à literatura de Machado. Então resumo minha interpretação do desenvolvimento de uma visão cética de vida na ficção de Machado, mostrando algumas de suas principais conexões com as formas de ceticismo antiga (principalmente Pirroniana) e moderna (principalmente Pascaliana). Na conclusão, apresento uma breve consideração daquilo que é provavelmente o aspecto mais polêmico de meu trabalho: a ausência de *Quincas Borba* em meu exame da dimensão filosófica ou reflexiva na obra de Machado.

1 Tradução do texto original em inglês de Maria Lucia Mancinelli.

2 Refiro-me a meu livro *Machado de Assis, the Brazilian Pyrrhonian*. West Lafayette: Purdue University Press, 1994. O livro é uma tradução revisada de minha dissertação de Mestrado *A condição de observador na obra de Machado de Assis*, orientada por Eduardo Jardim de Moraes e defendida no Programa de Graduação em Filosofia, na Pontifícia Universidade Católica no Rio de Janeiro (PUC-RJ) em 1987. Ceticismo é uma escola filosófica helenística cujas origens foram traçadas por Pirro de Elis (meados IV a.C) e posteriormente por Sócrates (início IV a.C.). Existiram duas escolas de ceticismo antigo: Pirronismo, cujo único original remanescente são os escritos de Sextus Empiricus (início de d.C. II), e o ceticismo acadêmico, cujos maiores expoentes são os líderes da Academia fundada por Plato Arcesilaus (III a.C.) e Carneades (II a.C.). Ambas as escolas suspenderam julgamento (époche) sobre qualquer reivindicação de conhecimento.

À medida que meu livro relaciona a ficção de Machado a uma tradição filosófica,[3] surge a questão de como um intérprete pode alegar um conteúdo filosófico em obras que não são filosóficas, mas ficcionais. É certo que esta questão pode ser levantada sobre qualquer atribuição de qualquer conteúdo filosófico em qualquer obra literária. Como não sou crítico literário nem filósofo especialista em literatura e estética, limito minha posição à questão relativa à ficção de Machado.[4] E, a esta altura, gostaria de me retratar sobre o que digo no prefácio ao livro, já que não corresponde a meu esforço analítico. Aleguei ali que tomei os romances mais importantes que examinei em meu livro como obras escritas mais por pensadores céticos que por autores literários e, de acordo com isso, que minha abordagem era a de um filósofo e não a de um crítico literário. Agora acho que essa distinção não faz sentido na ficção

3 Para a relação entre literature e ceticismo em geral, ver Gustavo Bernardo Krause. *A Ficção Cética*. Rio de Janeiro: Annablume, 2004.

4 "Maia Neto discute os romances e contos de Machado como obras escritas por um pensador cético, e não por um autor literário, e de acordo com isso, emprega o vocabulário crítico e o método 'de um filósofo, não de um crítico literário' (XIII), suas leituras da ficção do escritor brasileiro são detalhadas, perfeitas, e reveladoras, e merecem ser lidas com atenção também por aqueles cujo interesse seja precisamente a complexa literatura de Machado" (Anna Klobucka. "Review". *Hispania* 79, 1996, p. 69). "O livro se destaca ainda pelo modo como expõe o seu argumento. Nele nunca acontece, como é usual no tratamento que os profissionais de filosofia dão aos textos literários, de estes serem tomados como simples ilustrações de teses filosóficas, como se só as ideias, e não a própria forma literária, pudessem constituir a matéria de interesse filosófico. No caso deste livro faz-se um meticuloso trabalho de descrição do ceticismo de Machado de Assis, considerando-o como o ponto de chegada de um percurso que se inicia com a composição dos personagens-chave dos primeiros contos e romances ... até chegar ao Conselheiro Aires do *Memorial*, quando se encontra a perspectiva cética plenamente elaborada" (Eduardo Jardim de Moraes. *Kriterion* 35:93, 1996, p. 206). "El esquema de interpretación que propone Maia Neto en Machado de Assis, The Brazilian Pyrrhonian resulta, sin duda, sumamente sugerente. En definitiva, es un intento novedoso de aproximación al universo machadiano buscando un principio articulador que permita dar cuenta de los modos de composición formal de la obra sin reducir su ambigüedad inherente ni remitirla exclusivamente a una racionalidad – o a una racionalidad-irracionalidad – extrínseca a la instancia textual, como son los enfoques literario-sociológicos del tipo de los intentados por autores como Roberto Schwarz (quien lee a la obra de Machado como expresión de la ambigüedad de Brasil en tanto que nación periférica)" (Elias José Palti. "Review". *Revista de Critica Literaria Latinoamericana* 25:51, 2000, p. 193-194).

de Machado, tal como a interpretei. Várias críticas a meu livro fizeram-me ver que o ponto mais forte de minha interpretação é que o "conteúdo filosófico" que indiquei na ficção de Machado – ceticismo – não é – e gostaria de acrescentar agora – não pode – ser extraído ou abstraído da forma literária em que está veiculado.[5] Esta genuína distinção entre forma e conteúdo parece inadequada em minha visão, de acordo com a qual não existe doutrina filosófica na ficção de Machado, mas uma visão cética de vida indistinguível da forma literária dos romances em que ela é exibida. Meus livros não abordam Machado abraçando doutrinas filosóficas cujos exemplos são extraídos das falas das personagens e comentários dos narradores, mas apresenta uma análise da ficção de Machado de um ponto de vista cético, um ponto de vista completamente elaborado e desenvolvido a partir do universo ficcional em si. Tal filosofia cética pode então existir em lugar algum, exceto nos romances e contos de Machado. No caso de Machado, eu poderia achar tão errado abstrair o conteúdo filosófico de sua forma literária quanto analisar a forma literária em abstração de seu conteúdo filosófico cético. Duas consequências desta posição metodológica valem ser mencionadas. Primeiro, a decisão que tomei de enfocar exclusivamente a ficção de Machado. Exceto por uma ou duas referências, não utilizei os ensaios críticos, as crônicas e a correspondência de Machado para corroborar minha interpretação. Isto diferencia meu trabalho da maioria dos estudos que tratam dos aspectos filosóficos da literatura de Machado.[6] A maioria destas críticas assumem que Machado abraça alguma doutrina filosófica – de Pascal, de Montaigne, de Schopenhauer, de Spencer ou algum tipo de ecletismo – que ele ilustra ou afirma através de algum personagem ou narrador em seus romances e contos. Declarações não fictícias de Machado têm nesta abordagem um status privilegiado já que revelam a verdadeira visão de Machado.[7] Em minha abordagem, a própria visão de Machado está realmente além

5 Ver, por exemplo, Afrânio Coutinho. *A Filosofia de Machado de Assis e Outros Ensaios*. Rio de Janeiro: Vecchi, 1940, e Miguel Reale. *A Filosofia na Obra de Machado de Assis & Antologia Filosófica de Machado de Assis*. São Paulo: Pioneira, 1982.

6 Isto não é para dizer que tais estudos valem pouco. Muito pelo contrário, eles traçaram as principais influências filosóficas no pensamento machadiano. Nenhuma abordagem filosófica séria da ficção de Machado pode descartar estes estudos.

7 Eu agora me arrependo da escolha do título do meu livro, pode ele dar a impressão de que identifico o ceticismo exibido na obra de Machado com um tipo específico de ceticismo,

da questão e as aproximações com filósofos (com os céticos antigos e os modernos, Montaigne e Pascal) são feitas uma vez que os conceitos e os problemas intrínsecos ao universo ficcional são independentemente construídos, ou seja, construídos inteiramente em termos de elementos fictícios. Apresento o desenvolvimento de uma visão de vida cética que surge e se desenvolve dentro da ficção de Machado através da articulação dos conceitos machadianos. Relaciono esta específica variedade machadiana de ceticismo a outras formas filosóficas de ceticismo, a fim de esclarecê-la ao apontar semelhanças e diferenças.[8]

Uma segunda consequência relacionada é a aparente pouca atenção que dedico ao que é frequentemente considerado a maior declaração filosófica na obra de Machado: o Humanitismo.[9] Acredito que a fonte do erro em tomar o Humanitismo como o emblema da filosofia de Machado é seu distanciamento do contexto literário do romance em que é apresentado, *Memórias Póstumas de Brás Cubas*. A visão cética de vida desenvolvida no Epitáfio é a completa refutação empírica a esta doutrina. O Humanitismo representa o tipo dogmático de filosofia criticado pelos céticos. Discuto mais longamente este assunto no decorrer do ensaio.

A fim de traçar a origem e o desenvolvimento da visão cética de vida na ficção de Machado, aceito a tradicional divisão da obra de Machado em duas fases (antes e depois de *Memórias Póstumas*) e situo as condições prévias para a visão na primeira fase, e sua origem e desenvolvimento na segunda. Isto significa que apesar da divisão

---

chamado antigo Pirronismo, embora eu claramente explique ao longo do texto que não é esse o caso. Esta confusão está na base da única crítica negativa do livro: a de Richard Bett. Veja sua resenha em Richard Bett. *Manuscrito* 19:1, 1996, p. 257-267. Fui levado ao infeliz título por minha ânsia em distinguir minha abordagem do tratamento usual dado ao "ceticismo" de Machado, por críticos que entendem pelo termo não o conceito filosófico, mas o popular de "não acreditar".

8 Tal ponto está implícito na reclamação de Klobucka, de que "não incluo... o que é discutivelmente o mais 'filosófico' entre os romances de Machado, *Quincas Borba*" (*op. cit.* p. 69). A crítica de minha exclusão de *Quincas Borba* é bastante justa (volto a isso no final). Mas não concordo que este seja o romance mais filosófico de Machado. Suspeito que esta visão derive da crença de que a obra ilustra de alguma forma a doutrina do Humanitismo, a filosofia abraçada por Quincas Borba, que supostamente expressaria as ideias filosóficas de Machado.

9 Esta história é contada por Sextus Empiricus nos primeiros capítulos de seu livro *Outlines of Pyrrhonism*. Cambridge University Press, 1994, livro I, p. 8-10, 12, e 25-27.

das fases – que chama atenção para uma maior inovação na ficção de Machado a partir de *Memórias Póstumas*, mais precisamente, o aparecimento da visão cética de vida –, afirmo que existe também uma continuidade desde o aparecimento desse ceticismo; e que seu desenvolvimento através da segunda fase é a solução – e o refinamento desta – para os problemas que aparecem nos primeiros contos escritos por Machado. Divido ainda cada fase em outras. A primeira é subdividida em duas: contos escritos entre 1861 e 1871 e romances e contos escritos entre 1872 e 1878. A segunda fase é dividida em três momentos, sendo que cada um apresenta uma elaboração e um refinamento adicionais à visão de vida cética. Cada uma destas corresponde a romances que têm focos narrativos restritos: *Memórias Póstumas de Brás Cubas, Dom Casmurro* e *Memorial de Aires*. A coincidência da visão filosófica cética e o ponto de vista literário restrito tornam impossível a separação da forma e conteúdo indicada acima. O ceticismo é a genuína estrutura formal destes romances.

Das duas escolas antigas do ceticismo, o Pirronismo é a mais relevante no contexto da ficção de Machado dado o seu impulso moral e prático. De acordo com os antigos pirronianos, a motivação de qualquer investigação é livrar-se do incômodo causado ao perceber um conflito nas coisas. Por exemplo, se de um lado parece que o mundo é regulado pela Providência, de outro (um terremoto acabou de provocar a morte de centenas de inocentes) é um mero acaso. Perturbado por esta contradição, o investigador começa a examinar a questão esperando encontrar a verdade sobre o assunto e por meio disso alcançar a tranquilidade. A diferença específica dos Pirronianos é que sua investigação rigorosa os leva à equivalência entre as coisas conflitantes examinadas (uma alternativa não parece mais verdadeira ou mais falsa que a outra) e por isso à impossibilidade de aquiescer a qualquer delas (*époche*). Esta situação inesperadamente faz nascer a tranquilidade perseguida (*ataraxia*).[10]

As histórias de Machado – todos os seus romances e a maioria de seus contos – são estruturados por um triângulo amoroso: uma mulher disputada por dois homens. Os dois homens exibem visões de vida contrárias. Seguindo as categorias dadas na

10 Em meu livro segui os críticos que tomam esta obra como sendo de Machado, atribuindo à modéstia e timidez a autoapresentação do jovem Machado como tradutor. Eu não estava ciente da indicação de Jean-Michel Massa, do texto original em francês por Victor Heraux, *De l'amour des femmes par les sots (1850)*.

primeira publicação de Machado, "Queda que as mulheres têm pelos tolos",[11] chamarei estes dois tipos ideais de homem por "tolo" e "homem de espírito". O primeiro é completamente compromissado em alcançar sucesso pessoal e social, e não hesita em mentir e decepcionar a fim de atingir seus objetivos. Ele exibe uma estratégica visão da vida. O homem de espírito é compromissado com a verdade e a sinceridade, e não só desconhece como fazer ou se recusa a agir de um modo moralmente questionável necessária para o sucesso: ele exibe uma visão ingênua da vida.

Nos primeiros contos escritos por Machado entre 1861 e 1871, o homem de espírito é perturbado pela aparência contraditória exibida pela mulher. Numa ocasião, a mulher parece interessada nele, em outra parece ignorá-lo. A condição de homem de espírito é análoga à do "homem de talento" descrito por Sextus na proposição inicial de uma trajetória que eventualmente o levará ao ceticismo (PH I.12). Esta situação inicial de perplexidade evolui para um desapontamento muito profundo, já que o enredo do triângulo amoroso normalmente resulta a favor do homem tolo. Como o título da primeira obra de Machado publicada indica, a maioria das mulheres prefere o homem tolo em lugar do homem de espírito. Esta preferência das mulheres significa para o homem de espírito que a falsidade e a dissimulação prevalecem no mundo. Entretanto, o que é mais característico nos contos desta primeira fase é que existe uma minoria de mulheres que preferem os homens de espírito. Por meio do casamento com estas mulheres, os homens de espírito se salvam da misantropia e encontram a felicidade. Então, considerando que a vida social (Machado a chama de "vida exterior") é o lugar, por excelência, da estratégia, da falsidade e da dissimulação, existe uma alternativa para isso na ficção inicial de Machado: o casamento, caracterizado por ele como "paz doméstica". Embora seja difícil alcançá-la, dado o poder da "vida exterior", o homem de espírito pode evitar os incômodos causados pelas mulheres ao encontrar a "paz doméstica" no casamento. Encontramos então uma clara distinção entre a verdade (casamento) e falsas aparências (vida social), e embora difícil de alcançar – pois a maioria das mulheres preferem os homens tolos – os homens de espírito conseguem obter a tranquilidade ao alcançar a verdade.

---

11 Os céticos antigos, bem como Sócrates antes deles, afirmavam que a investigação filosófica pode ser feita apenas enquanto não se assume que a verdade foi descoberta, pois é precisamente a sua busca. "Cético" significa, etimologicamente, "investigador".

Um paradigma desta situação é o conto "Felicidade pelo casamento". Nesta história, narrada em primeira pessoa pelo protagonista, um homem de espírito, inicialmente desiludido, conta sua pessimista visão da vida, com referências a Pascal e ao Eclesiastes. Mas então ele conta que tudo mudou quando encontrou e casou-se com Ângela, com quem deixou a cidade do Rio de Janeiro. Por ela ser do interior, diferentemente das mulheres do Rio de Janeiro, ela não exibe falsas aparências. Outro exemplo é "Anjo Rafael". Antero, o homem de espírito convertido, anuncia seu suicídio. Mas ele não está literalmente morto. Ele está morto para a "vida social exterior", que viveu até então. Esta mudança em sua vida coincide com seu casamento com Celestina (literalmente "do céu"). Como esta mulher foi criada por um homem louco – Anjo Rafael – ela nunca deixou a casa de seu pai e, como consequência, embora do Rio de Janeiro, era completamente inocente da corrupção da vida social. Ao casar-se com ela, Antero está morto para a falsidade, e nasce para a verdade. O resultado essencial em ambas as histórias é que devido à situação problemática (perturbação e infelicidade) dos homens de espírito, causada pela relação com mulheres e resolvida por meio do casamento com estas "mulheres de espírito", a postura reflexiva incipiente que começavam a exibir é abortada pelo encontro com a verdade. Por conseguinte, não encontramos nos contos deste período uma visão filosófica de vida, reflexiva.[12]

A situação fictícia muda nos contos e romances escritos entre 1872 e 1878. A principal novidade é que o casamento está integrado à vida social, que por meio deste torna-se hegemônica. Não encontramos mais mulheres interessadas em homens de espírito. Elas se ajustam aos homens tolos como as luvas às suas mãos. Correspondendo a esta mudança, os homens de espírito tornam-se personagens fracos e os homens tolos muito mais sofisticados. As aparências sociais que eles manipulam parecem muito mais com a realidade do que as aparências grotescas dos primeiros contos.[13] Para citar um conto do período, Ângela, uma viúva quieta e aposentada em "Antes que Cases"

12 Um bom exemplo é Luis Batista, de Ressurreição. Este romance dramatiza o fim da situação otimista dos primeiro contos. Ele relata a queda do homem de espírito (Félix), que não é suficientemente forte para superar as decepções do homem tolo (Luis Batista), sendo portanto incapaz de casar com a verdade (Lívia).

13 Para o problema de como a suspensão do julgamento de valores pode afetar a ação, ver Julia Annas. "Doing Without Objective Values: Ancient and Modern Strategies". *The Norms of Nature*. Cambridge: Cambridge UP, 1985, p. 3-29.

torna-se uma pessoa completamente diferente quando se casa com o protagonista. Isto é, mais do que uma alternativa para a vida exterior (decepcionante), o casamento torna-se o principal acesso para ela. Portanto, a verdade torna-se problemática junto com o personagem comprometido com ela. Os homens de espírito tornam-se exóticos personagens loucos, como os protagonistas de "Capitão Mendonça", "Sem Olhos" e "Um Esqueleto". O tipo desaparece do centro da ficção de Machado junto com a incipiente dimensão reflexiva que exibiam nos primeiros contos, mas que não desenvolveram devido à obtenção da felicidade e verdade.

A segunda fase da obra literária de Machado começa com *Memórias Póstumas de Brás Cubas*. A principal novidade é o aparecimento da visão cética de vida. O aparecimento desta visão de vida coincide formalmente com aquela do foco narrativo restrito. Esta visão cética (autoria cética) é a primeira solução ao problema do homem de espírito que desaparece – ou vira um personagem marginal – no período de 1872 a 1878.

Como no período precedente, a "vida exterior" é absoluta e o casamento não só está integrado a ela, mas tornou-se seu centro. O homem de espírito perde a mulher para o pragmático. Brás Cubas perde Virgília para Lobo Neves, que promete e lhe dá um status social mais elevado. Enquanto no período de 1861 a 1871 o homem de espírito curava sua infelicidade casando-se com a verdade (pois havia algumas mulheres de espírito), depois de 1872-1878 esta solução dogmática não está mais disponível, a vida social substitui a total realidade (o casamento torna-se parte dela). Em termos filosóficos, o que era a verdade, a alternativa às falsas aparências, tornou-se o centro irradiador de falsas aparências. Isto estabelece a condição para o surgimento da visão cética de vida. O homem de espírito, que foi deslocado do centro do enredo, encontra uma posição central, não como personagem engajado no enredo – já que não há mais lugar para ele no mundo das aparências – mas em uma espécie de tímida reflexão cética sobre isso, possível porque ele vem a ocupar o foco narrativo da história. A mulher – que, a partir de agora, desde que nasceu um narrador, torna-se objeto de observação e análise (ela representa o mundo) – exibe a dualidade e a falsidade da vida social. O observador é o antigo amante que denuncia essa dualidade: ele sabe que o ser humano decepciona. Como um observador e escritor defunto, ele denuncia livre e objetivamente a vaidade da vida humana e do mundo, já que não tem mais nenhum interesse nisso (seja sentimental, social ou político). A visão filosófica apresentada por Brás Cubas narrador (que não deve ser confundida com a de Brás Cubas, personagem vivo, que exibe uma visão ingênua da vida) é a visão pascaliana, da miséria do homem sem Deus mas – diferentemente de Pascal – sem qualquer indicação de possibilidade de ser feliz com Deus. A perturbação sofrida pelo Brás Cubas vivo e filosoficamente exposta pelo autor defunto é a contradição entre "ideias fixas" e a fragilidade da vida. "Ideias fixas" são basicamente crenças de valor: os projetos, as metas e as tentativas de alcançá-los (basicamente, a celebridade). A fragilidade da vida aparece no romance na forma de decadência (a bela mulher Marcela reaparece velha e deformada), miséria (a pobreza de Dona Plácida e de outros), tirania (a relação do jovem Brás com seu escravo Prudêncio), luxúria (seu caso amoroso com Virgília), loucura (Quincas Borba) e morte (sua mãe, seu pai, seu amor, seus projetos políticos, seu jornal de oposição, sua noiva Eugênia, ele mesmo). Ele enfoca particularmente a contradição entre a rigidez destes valores e planos e a precariedade e mutabilidade da realidade. Esta contradição que perturba o homem de talento – o homem de espírito – já aponta para o que será a solução: suspensão de julgamento, no caso em questão, precisamente sobre um sentido da vida, crenças de valor. Isto é o que acontece com Brás Cubas no momento de sua morte, que é, como ele diz, seu nascimento como autor, isto é, como um cético que já não possui nenhuma crença de valor, as crenças de valor que perturbavam Brás Cubas enquanto vivo, pois o forçavam a agir, causando desapontamento de não agir com sucesso.[14] Esta posição filosófica cética é exatamente contrária ao Humanitismo, de acordo com o qual o único mal é não ter nascido. O Humanitismo é uma espécie de teodiceia para evitar o problema do mal de da miséria, que é precisamente o que Brás Cubas preserva em sua autobiografia. O gênero autobiográfico é perfeito para transmitir esta visão cética de vida já que contém um critério filosófico do que deve ser preservado no balanço da vida de alguém: o que mostra a miséria humana. A vida de Brás Cubas, tal como contada pelo defunto autor Brás Cubas, é uma refutação empírica do Humanitismo de Quincas Borba.

14 A doutrina de Pascal, de que existe um aspecto de grandeza na humanidade, nomeadamente, embora, é aludida e "corrigida" por Brás Cubas, que define o ser humano como uma errata pensante do ser, cuja última edição é dada aos vermes (e não a Deus ou ao diabo).

A visão cética de vida de Brás Cubas não é completamente cética porque a própria alegação de que não existe lugar para a verdade no mundo – há corrupção e miséria por toda a parte – pressupõe uma noção ideal de verdade, apesar desta não ter determinação alguma exceto a denúncia da própria falsidade. A posição de Brás Cubas assemelha-se parcialmente à resposta de Pascal sobre o problema da miséria. A própria denúncia da miséria pelos homens indica a grandeza dos homens, a saber, a capacidade de pensar, denunciar e não se conformar com esta miséria que, entretanto, os seres humanos não conseguem evitar – para Pascal, sem graça sobrenatural; para Brás Cubas, não conseguem evitar sob qualquer condição.[15] Por não haver no mundo um lugar imune à corrupção – estamos muito distantes da visão ingênua do Anjo Rafael – o mundo deve ser abandonado e rejeitado. Os jansenistas compartilhavam a visão de Pascal e por isso se retiraram do mundo, o que também fez Brás Cubas, de uma maneira bastante radical e literal.[16] A autoria de Brás Cubas é portanto apenas uma solução ainda insatisfatória para o caráter problemático do homem de espírito. Como a postura do espectador, em seu caso, exigia a morte do personagem, Brás Cubas é um cético que não apenas não consegue viver seu ceticismo, mas que não consegue viver sob nenhuma condição.[17]

A visão cética de vida progride em *Dom Casmurro*. Como em *Memórias Póstumas de Brás Cubas*, a tímida autoria continua a ser a solução para o problema do homem de espírito, mas o escritor agora não é mais um defunto, está apenas aposentado. Ele é um cético que consegue viver, mas ainda não vive o seu ceticismo ao passo que não concilia seu ponto de vista reflexivo com um entrosamento vivo e ativo no enredo.

15 Mas deve-se lembrar da diferença crucial de que enquanto os jansenistas se esquivam do mundo para serem capazes de pensar só em Deus, é este mesmo mundo corrupto que o narrador cético de Machado toma como seu objeto de investigação. "Jansenistas" era o nome pejorativo atribuído por seus adversários, jesuítas em sua maioria. Eles preferiam ser chamados de Solitários de Port-Royal. O próprio Pascal não se afastou desta maneira porque pensou que deveria lutar pela causa de Deus no mundo.

16 Ver Myles Burnyeat. "Can the Skeptic Live His Skepticism?" In: M. Schofield; J. Burnyeat. (orgs.). *Doubt and Dogmatism: Studies in Hellenistic Epistemology*. Oxford: Clarendon Press, 1980, p. 20-53. Um dos principais desafios para um filósofo cético é sua sustentabilidade na vida ordinária.

17 Ver Sylvia Giocanti. *Penser l'irrésolution. Montaigne, Pascal, La Mothe Le Vayer. Trois itinéraires sceptiques*. Paris: Honoré Champion, 2001.

Então, embora represente um progresso na constituição da vida cética, a solução final aparece apenas com Aires. O romance também favorece a visão cética de vida do ponto de vista de seu conteúdo. Ele exibe uma análise mais cética sobre o problema da verdade. A mulher em questão, Capitu, não expressa dualidade como Virgília – cujas mentiras e dissimulações foram testemunhadas pelo narrador – mas opacidade. O foco narrativo restrito não tem acesso às intenções e ações reais subjetivas de Capitu. Ele e o leitor – já que ele é o narrador – não sabem e nem podem saber se Capitu o traiu ou não. Colocando esta nova situação em termos céticos gerais, o inquisidor não pode fazer qualquer afirmação sobre a realidade das coisas, independentemente de como as coisas pareçam. Sua tímida perspectiva não é aquela do ex-amante (como Brás Cubas), mas a do ex-marido. Assim, diferentemente de Brás Cubas, que era um ex-amante que podia afirmar que Virgília havia traído seu marido (Lobo Neves), Bento não sabe se Capitu o traiu com Escobar.

Em *Dom Casmurro*, o que era, no início da ficção de Machado, a "paz doméstica" (casamento), continua a ser o local exato da inquietação. Capitu é a suprema expressão da variabilidade e contraditoriedade que perturbam Bento. Ao descrevê-la, Dom Casmurro usa a metáfora do mar e seu movimento; ora, esta é uma tradicional metáfora cética cuja origem remonta à doutrina heracliteana dos mares, como exposto no *Thaetetus* de Platão e que é bastante explorado pelos primeiros céticos modernos, especialmente por François de La Mothe Le Vayer.[18] Tudo muda continuamente, logo, nenhum conhecimento – que necessita de alguma estabilidade de vida – é possível. *Dom Casmurro* intensifica esta imagem já que o mundo – representado por Capitu – parece para Bento não apenas como um mar em movimento, mas como um mar de ressaca. O romance também enfatiza o efeito deste mundo em movimento sobre o homem de talento (homem de espírito), que é atraído e carregado pela maré. A inquietação do homem de espírito é mais cética no caso de Bento do que em Brás Cubas. A precariedade não é agora metafísica – sobre as coisas do mundo – mas epistêmica: sobre as convicções. Convicções – e convicções cruciais tal como a convicção de que a esposa de alguém trai – mudam continuamente, radicalmente e completamente sem fundamento, deixando o homem espiritual completamente transtornado nesta maré.

18 Ver Sextus Empicurus, *op. cit.*, livro I, p. 3, 13-14, 19-20.

Bento é o personagem de Machado que mais vivencia uma crise cética. Quando se torna escritor, a questão principal de sua narração é precisamente a de que não se pode transcender as aparências de Capitu (o mundo) para determinar uma realidade independente do que parece. De acordo com isso, o gênero literário que ele escolhe não é mais uma autobiografia filosófica, mas um livro de memórias, um gênero adequado para expressar as impressões subjetivas do autor. Comparado a Brás Cubas, que ainda adota um ponto de vista metafísico, embora este seja negativo, a narrativa de Dom Casmurro aproxima-se à pirroniana, que relata somente o que aparece para ele, e não a realidade das coisas.[19] Tudo o que pode ser dito é que o mundo parece assim ou assado, e que estas aparências dão a impressão de contraditórias. Às vezes vemos Capitu como a manipuladora e falaz amante do seu melhor amigo, outras como uma fiel e sincera esposa.[20] Podemos reconhecer nas memórias de Dom Casmurro o emprego de *tropoi* pirronianos, por meio dos quais a *zetesis* (investigação) pirroniana é realizada, tanto as que concernem ao objeto (relacionado a Capitu e sua mutabilidade e opacidade) quanto as que concernem o sujeito (as coisas parecem diferentes para Bento dependendo de seu humor, sua posição etc.).[21] Esta *zetesis* acaba numa transparente situação de equivalência, que não pode mas deixa o narrador com a clara consciência de que a questão não pode ser decidida.[22] Bento no entanto, escolhe acreditar no adultério a fim de escapar do fluxo de fenômenos encarnados por Capitu, pois este é o ponto de vista que implica em sua separação. Eu defendo que este julgamento, de que Capitu o tenha traído, é – no momento em que ele escreve suas memórias – conscientemente sem fundamento, exatamente como um lapso de fé.

A reaparição do antigo ceticismo no Renascimento e nos primeiros filósofos modernos era associado com o fideísmo.[23] O ceticismo – *époche* sobre qualquer afirmação

---

19 O pirroniano diz que por parecer doce em algumas situações e amargo em outras, o mel não pode ser realmente considerado nem um nem outro.

20 Existem modos pirronianos relacionados ao sujeito julgando e ao objeto julgado, ver PH I. 38.

21 Os capítulos "O retrato" e "A fotografia" representam exatamente a equipolência estabelecida por Dom Casmurro em sua narrativa. Enquanto o primeiro alega semelhança física bem como baseada em afinidade, o segundo alega exatamente o contrário.

22 Montaigne é provavelmente o principal autor cético a apresentar essa conexão.

23 Richard Bett criticou minha visão de que Bento suspende o julgamento. Ele toca aqui em uma das alegações mais polêmicas do meu trabalho. Sem dúvida, mesmo aqueles leitores de *Dom*

de conhecimento meramente humano – era apresentado como propedêutico para a aceitação da fé religiosa na ausência de qualquer justificação. Dado isso, convincentes argumentos racionais teístas não podem ser apresentados segundo estes céticos, e alguns deles propuseram tipos pragmáticos de justificativa, como o que atribuo a Bento (para evitar a perturbação de continuar com Capitu). Pierre Charron, por exemplo, e mais notadamente Pascal, embora este não seja tão fideísta, sustentam que embora crer em Deus seja tão sem fundamento quando não crer, a primeira possibilidade é mais útil aos seres humanos – pela possibilidade de felicidade eterna que oferece – que a segunda. Acho que Bento faz um cálculo similar. A vida com Capitu – ou seja, a vida real – era cheia de prazer e alegria, mas também cheia de angústia. Esta angústia era tão terrível – tal é a força que crenças completamente sem fundamento têm sobre nós – que isolar-se do fluxo dos fenômenos (do mundo) era a opção pragmaticamente justificada.[24] Se estivesse propenso a interpretações especulativas, diria que Bento de certo modo cumpre a promessa de sua mãe de devotar sua vida a Deus, embora não da maneira que ela havia previsto. Não indo para o seminário, seu trajeto não foi o da justificação racional da fé, de São Tomás de Aquino, mas o abraço fideísta sem qualquer justificação racional. Porém, novamente pode-se ressaltar que o fideísmo de Bento é secular, não religioso. Como o de Brás Cubas, o afastamento do mundo empreendido por Bento não tem motivação religiosa. Não é uma maneira de ficar mais perto de Deus. O que desperta seu interesse é este mundo, com suas ambiguidades, opacidades e variações que, como um autor aposentado, ele recorda e descreve, imune à perturbação causada pelo fluxo de fenômenos que o levam a seu isolamento. Assim como Brás

Casmurro que concordariam que a questão da fidelidade de Capitu não tem solução possível no romance, atribuiriam esta posição a Machado, o autor real, e não a Bento, o autor fictício. Concordo que a posição de Bento não é exatamente aquela da *époche*, já que ele não acredita que Capitu o tenha traído e que eu deveria ter deixado isto mais claro em meu livro. Mas desde que a confiança de Bento é como um lapso de fé, a *époche* é de certo modo mantida, pois o lapso é subsequente à consciência da falta de fundamento da crença. No fideísmo, a fé não precisa suprimir a *époche*, que é mantida em seu próprio domínio de evidente fundamento, mas o transcende ao introduzir novos critérios ou motivação de crença, no caso em questão, o pragmatismo. Ver referência de minha polêmica com Bett na nota 7, acima.

24 Esta questão aparentemente tola tem uma dimensão "filosófica" no contexto do que a mulher representa na ficção de Machado (o mundo).

Cubas, Dom Casmurro é um autor reservado (um escritor "casmurro"), e ele expressa um tipo de rejeição filosófica suicida ao mundo, embora em seu caso as razões sejam mais inteiramente pirronianas que em Brás Cubas, dado que a verdade já não é pressuposta de forma ideal e negativa, mas algo completamente opaco.

A última – e final – etapa no desenvolvimento da visão cética de vida é o personagem Conselheiro Aires. Em *O Memorial de Aires,* o homem de espírito finalmente encontra seu próprio lugar: o ponto de vista de um observador e escritor vivo. A narrativa descreve a realização de Aires, de que sua vocação não é a de marido, mas de observador e escritor. Ele escreve sobre acontecimentos contemporâneos dos quais é testemunha. De Brás Cubas a Aires, passando por Dom Casmurro, o observador cético é gradualmente construído. No caso de Brás Cubas, a condição requer uma ruptura completa com a própria vida. No de Dom Casmurro, um radical isolamento e distanciamento. Aires encontra o meio pelo qual um cético pode viver seu ceticismo. Isto é, assumindo uma atitude estético-cognitiva. No triângulo amoroso do romance, ele substitui com uma atitude estético-cognitiva a atitude de amor/paixão de seus antecessores. Ele não é um ex-amante como Brás Cubas, nem um ex-marido, como Dom Casmurro, mas alguém que durante a primeira parte do romance sublima seu interesse inicial em tentar conquistar Fidélia. Em vez disso, assume uma atitude estético-cognitiva a respeito dela. Cognitiva: ela vai permanecer viúva ou vai se casar com Tristão?[25] Estética: Fidélia é bonita e Aires quer

25 Em sua crítica a meu livro, Eduardo Jardim de Morais (*op. cit.* p. 209) ressalta que este caráter estético de Aires indica uma limitação do modelo cético bem na fase final do desenvolvimento de Machado de um ponto de vista reflexivo. A referência filosófica a este aspecto não seria então ceticismo, mas atitude desinteressada, o que, de acordo com Kant em seu *Critic of Judgment,* caracteriza julgamento estético. Concordo que a ficção de Machado contenha uma reflexão sobre arte que se desenvolve continuamente até *Memorial de Aires* (como tem sido demonstrado pelos estudiosos de Machado) e que, consequentemente, a estética de Kant pode ser um modelo bastante relevante para chegar até este aspecto da ficção de Machado. Entretanto, o ceticismo também pode ser exibido nesta perspectiva. Na medida em que o cético suspende o julgamento sobre natureza, essência e realidade verdadeira, ele reconhece e declara o que aparece. Esta valorização da aparência é declarada em termos de prazer estético por um dos principais céticos do século XVII: François de La Mothe le Vayer. "Le Sceptique porte sa consideration et donne atteinte à tout, mais c'est sans pervertir son goust, et sans s'opiniastrer à rien, demeurent juge indifferent de tant de mets, et de tant de saulces diverses,

desfrutá-la como desfrutamos obras de arte.[26] A forma literária que ele escolhe é a mais adequada à sua posição: um diário em que ele deposita sua impressão estética e faz suas observações cognitivas sobre o comportamento de Fidélia. De todos os personagens de Machado, Aires é quem mais exibe traços pirronianos, notadamente a tranquilidade (*ataraxia*), buscada e alcançada pelo pirroniano maduro.[27] Sendo o cético mais aperfeiçoado entre todos os personagens de Machado, ele também exibe em sua forma mais desenvolvida o outro procedimento em duas etapas da trajetória pirroniana, mas de um modo original. Sua investigação é, obviamente, sobre mulheres – que em Machado representam ou o mundo, ou a realidade. No entanto, a mulher parece para ele de maneira diferente de como parece para Brás Cubas e Bento. A aparência conflitante das coisas – na ficção de Machado, das mulheres – está lá, mas, exceto pelo momento inicial quando Aires cogita a possibilidade de tentar estabelecer um relacionamento amoroso com Fidélia, ela não o perturba pois ele assume o ponto de vista do observador. E ainda mais interessante é Fidélia não parecer para ele como dupla e decepcionante (como Virgília parecia para Brás, seu ex-amante) ou opaca e misteriosa (como Capitu parecia para Bento, seu ex-marido)

comme la plus notable personne du convive, au milieu d'une table qu'elle trouve esgalement bien servi par tout. C'est en ce beau milieu que l'ataraxie se rend maistresse de toutes nos opinions, et que la metriopathie donne le temperament à toutes nos passions par le moyen de nostre divine *Epcohe*"(François de La Mothe Le Vayer. *Dialogues faits à l'imitation des anciens*. Paris: Honoré de Champion, 2001, p. 386). Ver a passagem em *Esaú e Jacó* em que Aires descreve sua posição cética em contraposição àquela dos dogmáticos Pedro e Paulo à mesa de jantar.

26 Mesmo sendo crítico em relação à minha proposta de afinidades entre a ficção e Machado e o pirronismo, Bett reconhece que Aires "alcança alguma semelhança com o ponto de vista pirroniano" (*op. cit.* p. 266), embora ele negue que sua tranquilidade seja efeito da suspensão de julgamento. Acredito que a *époche*, embora presente (ver abaixo), não é particularmente enfatizada em *Memorial de Aires*, mas nos dois romances precedentes, *Esau e Jacó* (onde Aires é o próprio personagem cético) e *Dom Casmurro*. Tomo a ficção de Machado como se fosse uma única obra escrita (retrabalhada) em continuação: na primeira fase como uma obra pré--cética, na segunda como uma obra cética que atinge sua forma mais elaborada com Aires. É como se Aires pudesse preservar não apenas sua experiência cética ficcional de *Esaú e Jacó*, mas também aquela de seus predecessores Brás Cubas e Dom Casmurro.

27 O valor estético das mulheres não aparece com Fidélia. Notamos uma elaboração contínua deste aspecto desde Virgília, passando por Capitu até Fidélia.

mas simplesmente como um bonito e interessante objeto de observação.[28] O que agora chama a atenção do observador são as belas e intercambiáveis aparências: a bonita e jovem, mas triste e leal viúva, de negro ao túmulo de seu falecido marido; tocando o piano e proporcionando ao observador o prazer estético da arte executada e da performance da artista; feliz, comprometida com Tristão. As aparências conflitantes, do ponto de vista do homem de espírito ingênuo – Fidélia como uma triste e leal viúva e Fidélia como uma feliz noiva – não parecem mais contraditórias para o observador cético. Pois ele não está mais preocupado com alguma verdade essencial imutável escondida por detrás das aparências – o que Brás considerava impossível de ser exibida por seres humanos vivos e que Dom Casmurro achava impossível perceber e possuir –, mas com as próprias aparências. Aires aprecia estas aparências como um esteta e as investiga como um cientista empírico, não como um metafísico. Ele traça hipóteses baseado no que observa e no que sua irmã conta, e as revê quando tem novos dados. Como eu afirmei em meu livro, o ceticismo tem, além de seu lado negativo mais conhecido, um positivo: ao bloquear o discurso metafísico sobre natureza ou realidade, o ceticismo esclarece e legitima o discurso sobre as aparências.[29] A lealdade de Fidélia para com seu falecido marido e seu casamento com Tristão são contraditórios apenas dentro de um sistema dogmático de crenças que assume uma única verdade essencial. Do ponto de vista de Aires, a verdade não é problemática como o é para Brás Cubas, nem obscura como era para Dom Casmurro. É uma noção metafísica sem sentido inventada por mentes dogmáticas doentias.

Gostaria de concluir tratando rapidamente duas críticas levantadas contra meu trabalho. A primeira é a objeção de que eu me antecipei em criticar aqueles que

28 Os céticos antigos não desenvolveram este lado positivo, mas alguns dos modernos, como Pierre Gassendi, sim. Para a compatibilidade do ceticismo com um dos modelos da ciência moderna que despontaram durante o século XVII, ver Richard Popkin. *The History of Skepticism from Savonarola to Bayle.* Nova York: Columbia University Press, 2003. Para uma análise filosófica desta compatibilidade, ver Oswaldo Porchat Pereira. "Verdade, Realismo, Ceticismo." *Discurso* 24, 1994, p. 235-295. Para este lado positivo no pirronismo antigo, ver Françoise Caujolle-Zaslawsky. "La Méthode des sceptiques grecs". *Revue Philosophique de la France et de l'Etranger* 172:2, 1982, p. 371-381.

29 Anna Klobucka, *op. cit.*, p. 69.

levantaram o problema da confiabilidade nos narradores fictícios de Machado.[30] Admito que eu possa ter simplificado meu relato sobre esta posição ao considerá-la inadequada e imprópria para ser considerada numa ficção cética.[31] O problema é que qualquer referência ao significado do autor real implicado pelas declarações dos autores fictícios desqualificam o foco narrativo deste último, comprometendo a visão cética tanto do ponto de vista filosófico quanto do formal. A distinção crucial a ser feita é, acredito, não entre autor real e fictício, mas entre o personagem atuante/engajado e o narrador reflexivo/recuado. O ponto de vista do Brás Cubas vivo é diferente do ponto de vista do narrador morto, assim como o de Bento é diferente do de Dom Casmurro. Ambos começam defendendo uma visão ingênua da vida, e a história que contam relata como eles evoluíram desta para a visão cética, que assumem como autores. A mudança exigiu que uma crise cética ocorresse, afetando o personagem de espírito, cuja queda é superada quando assume um ponto de vista cético. Isto ocorre no desenvolvimento da ficção de Machado como um todo, e em cada personagem que se torna um observador cético nos romances. Aires é o único que não percorre essa trajetória, sendo cético desde o início, embora ele também tenha transformado seu interesse inicial em Fidélia em indiferença cognitiva e estética. A tendência geral da ficção de Machado é em direção ao ceticismo, que aparece como a única posição filosófica aceitável, ainda que difícil de sustentar. Machado dá uma resposta positiva e original à polêmica questão, se um cético pode ou não viver seu ceticismo. Um cético sincero deve ser alguém como Aires, com a experiência

30 Mas notem que "dogmático" tem o sentido técnico dado pelos pirronianos, de abraçar dogmas ou doutrinas positivas. Aqueles que critico estão ao lado dos maiores filósofos da tradição ocidental. "Dogmático", em meu trabalho, não tem o sentido popular de simplista e cabeça dura. Deixem-me dizer que considero criteriosa e imaginativa a análise daqueles críticos que desafiaram os narradores fictícios.

31 Esta lacuna foi lamentada por muitos críticos, por exemplo Gregory Rabassa: "No final das contas, considero este estudo uma grande contribuição à crítica machadiana, válida tanto para aqueles familiarizados com sua obra quanto para aqueles que desejam familiarizar-se com ela por meio deste livro. Minha única queixa é que Maia Neto não seja mais maleável e não tenha incluído uma detalhada análise de *Quincas Borba* ao lado dos outros romances. Mesmo que ele não estenda sua limitação ao protagonista-narrador, acho que existe um grande material no romance não abordado em seu estudo". Gregory Rabassa. "Review". *Journal of the History of Philosophy* 34:4, 1996, p. 626.

prévia de Brás Cubas e Dom Casmurro. Alguém que vivenciou o conflito nas coisas, que vivenciou o fluxo do mundo, para finalmente estar apto para lidar com a posição estético-cognitiva cuja possibilidade é dada pela autoria.

Levantou-se uma segunda crítica contra o meu trabalho, relacionada à primeira. A ausência de um dos romances de Machado pertencentes à segunda fase, por não apresentar um foco narrativo em primeira pessoa: *Quincas Borba*.[32] Sempre pensei que o romance deveria ser integrado a meu trabalho, mas não desenvolvendo a visão cética de vida, que considero ausente do livro. É certo que o romance pode apresentar algum tipo de ceticismo, e é natural que isto ocorra, dado que Machado é seu autor. No entanto, este seria um tipo de ceticismo diferente na forma e provavelmente também em conteúdo – eu havia demonstrado a falta de sentido nesta distinção na ficção de Machado – do proposto na visão cética de vida, que tracei em sua obra. O avanço que vejo em Quincas Borba é a visão ingênua e pragmática de vida. Com *Quincas Borba,* Machado suspende por um momento seu desenvolvimento da visão cética e decide explorar novamente o personagem problemático típico do período de 1872-1878. Considero este um movimento retrógrado, para assegurar-se, mas não sem provocar interesse, já que a caracterização do personagem problemático (Rubião) é muito mais refinada que a de Rafael Ângelo ou dos outros loucos da primeira fase. Rubião certamente ajuda a esclarecer o cético, por contraste. Como um homem de espírito que não se torna cético, ele sofre o destino daqueles espíritos que não são suficientemente fortes para conquistar o violento mar do mundo e adquirir a estabilidade e integridade internas que, contrárias a uma outra visão popular do ceticismo, é exatamente o oposto da loucura.[33]

---

32 A associação do ceticismo com a loucura pode ter uma origem filosófica, isto é, a apropriação de Descartes da antiga dúvida para suas próprias finalidades metafísicas.

33 A associação do ceticismo com a loucura pode ter uma origem filosófica, isto é, a apropriação de Descartes da antiga dúvida para suas próprias finalidades metafísicas.

Referências Bibliográficas

ANNAS, Julia. "Doing Without Objective Values: Ancient and Modern Strategies." In: SCHOFIELD, M; STRIKER, G. (orgs.). *The Norms of Nature*. Cambridge: Cambridge UP, 1985.

BETT, Richard. *Manuscrito* 19:1, 1996.

BURNYEAT, Myles. "Can the Skeptic Live His Skepticism?" In: SCHOFIELD, M; BURNYEAT, J. (orgs.). *Doubt and Dogmatism*: *Studies in Hellenistic Epistemology*. Oxford: Clarendon Press, 1980.

CAUJOLLE-ZASLAWSKY, Françoise. "La Méthode des sceptiques grecs". *Revue Philosophique de la France et de l'Etranger* 172:2, 1982.

COUTINHO, Afrânio. *A Filosofia de Machado de Assis e Outros Ensaios*. Rio de Janeiro: Vecchi, 1940.

EMPIRICUS, Sextus. *Outlines of Pyrrhonism*. Cambridge: Cambridge University Press, 1994.

GIOCANTI, Sylvia. *Penser l'irrésolution. Montaigne, Pascal, La Mothe Le Vayer. Trois itinéraires sceptiques*. Paris: Honoré Champion, 2001.

KLOBUCKA, Anna. "Review". *Hispania* 79, 1996.

KRAUSE, Gustavo Bernardo. *A Ficção Cética*. Rio de Janeiro: Annablume, 2004.

LE VAYER, François de La Mothe. *Dialogues faits à l'imitation des anciens*. Paris: Fayard, 1988.

MAIA NETO, José Raimundo. *Machado de Assis, the Brazilian Pyrrhonian*. West Lafayette: Purdue University Press, 1994.

MASSA, Pierre Jean. "Machado de Assis traducteur." *Atas do V Colóquio Internacional de Estudos Luso-Brasileiros*. Vol. IV, Dezembro, 1966.

MORAES, Eduardo Jardim de. *Kriterion* 35:93, 1996.

PALTI, Elias José. "Review". *Revista de Critica Literaria Latinoamericana* 25:51, 2000.

PEREIRA, Oswaldo Porchat. "Verdade, Realismo, Ceticismo." *Discurso* 24, 1994.

POPKIN, Richard. H. *The History of Skepticism from Savonarola to Bayle*. Nova York: Columbia University Press, 2003.

RABASSA, Gregory. "Review". *Journal of the History of Philosophy* 34:4, 1996.

REALE, Miguel. *A Filosofia na Obra de Machado de Assis & Antologia Filosófica de Machado de Assis*. São Paulo: Pioneira, 1982.

Machado de Assis – um olhar aguçado sobre a identidade brasileira do século XIX[1]

Maria Aparecida Ferreira de Andrade Salgueiro
(Universidade do Estado do Rio de Janeiro)

Na História da humanidade existiram autores cujos livros foram capazes de provocar diferentes tipos de revoluções específicas, no que diz respeito ao seu impacto sobre as pessoas. Essas revoluções foram estéticas, políticas, religiosas ou humanas. Se examinarmos as obras de Machado de Assis compreendemos que estamos nos deparando com um exemplo muito completo; estamos lidando com um autor que tinha uma compreensão muito clara não apenas da realidade de seu tempo e país, mas principalmente da natureza humana. Um autor que produziu uma obra complexa e sutil que não admite ser restringida a paradigmas de análise restritos, polarizados. Em meio a todos os autores e críticos que escreveram sobre ele, muitos repetiram o lema de que se não fosse pelo status internacional da língua na qual ele escreveu, Machado poderia, com toda a certeza, ser mais visivelmente listado entre os principais autores da literatura ocidental. É exatamente por causa de todos os autores que escreveram sobre ele e por tudo que tem sido escrito sobre o mesmo que aceitar a presente tarefa é um enorme desafio.

Machado, que foi classificado por Susan Sontag como "o maior autor já produzido na América Latina"[2] e por Salman Rushdie como "o líder de uma dinastia na

1 Texto originalmente escrito em inglês. Tradução para o português de Renata Thiago.

2 Susan Sontag. "Afterlives: the case of Machado de Assis". *The New Yorker*. New York, May 7, 1990, p. 104.

literatura latino-americana",[3] nasceu no Rio de Janeiro em 1839 de mãe portuguesa e pai brasileiro e mulato em uma família extremamente pobre que não podia conduzir um neto de escravos para além do nível básico da educação formal. Contrariando todas as circunstâncias presumíveis para tal caso no Brasil, Machado ultrapassou as barreiras para a ascensão social, incluindo raça, educação e renda familiar, e não se tornou mais um excluído do sistema nacional de cultura.

A história de Machado, apesar de atípica em seu país e um tanto estranha para alguns, na verdade não difere da história de outros, poucos, mas não desprezíveis em número, brasileiros do final do século XIX e da primeira metade do século XX que fizeram contato com o mundo das publicações ainda bem jovens e que seguiram trabalhando como tipógrafos ou revisores. Tal história, geralmente não muito visível, é fundamental para a compreensão de Machado de Assis em seu contexto. O próximo estágio para esse jovem normalmente seria se tornar um escritor de generalidades para diferentes jornais, um ambiente rico que poderia levá-lo a frequentar discussões literárias em boas livrarias, ler muito, fazer contatos enriquecedores e começar a escrever seus próprios textos.

E o que fez a diferença entre Machado e os outros? A grande diferença foi a genialidade. O crescimento da reputação de Machado como escritor começou com o amadurecimento estável, o refinamento e o fulgor de seus trabalhos. Assim como com os convites para diferentes cargos, que viriam a dar a ele alguma estabilidade financeira e permitiriam que tivesse tempo para escrever. Ele foi o primeiro presidente da Academia Brasileira de Letras. Na época de sua morte em 1908, Machado de Assis havia alcançado o auge do mundo intelectual no Brasil. Igualmente motivados pelo mesmo impulso que levou Machado a Academia Brasileira de Letras, João do Rio e Lima Barreto, no início do século XX, foram candidatos a um lugar na Academia. Ambos eram negros ou mulatos e tentaram sua entrada por três diferentes vezes. Na verdade, apenas João do Rio conseguiu um lugar na Academia quando Machado já havia morrido.

Amplamente reconhecido como o romancista mais importante da América Latina antes de 1940, tendo testemunhado a queda da monarquia brasileira e a

---

3 Salman Rushdie. "Machado iniciou pedigree sul-americano". *Folha de São Paulo*, São Paulo, 12 de julho de 2005.

ascensão do regime republicano, assim como o intenso debate ideológico e crítico da segunda metade do século XIX, Machado tinha um estilo moderno surpreendente: ele sustentava que a maneira para escrever um livro interessante era omitir coisas. Ao não revelar dados, afirmava ele, o livro estimulava a imaginação do leitor, da mesma forma que alguns outros escritores, tais como Edgar Allan Poe, nos Estados Unidos, iriam insistentemente afirmar também. Ao fazê-lo, Machado contribuía para o sólido estabelecimento de estratégias alternativas para a construção das características literárias nacionais no Brasil, como Sergio Bellei mostrou de maneira brilhante em seu livro *Nacionalidade e literatura: os caminhos da alteridade*.[4] Nesse livro, Bellei também analisa autores próximos a Machado tais como Cooper, Poe e Alencar.

Um ponto que não deve ser ignorado na constituição de seu olhar aguçado sobre a identidade brasileira do século XIX é que Machado era tradutor. Não um tradutor qualquer, mas um tradutor muito importante, trabalhando não apenas com textos em prosa (ficção e ensaios), mas com poemas tão difíceis quanto *The Raven* (O corvo) de Edgar Allan Poe. Nessa tradução, é claro que Machado estava indiscutivelmente decidido a encarar os desafios que o próprio Poe havia assinalado em seu texto analítico sobre a criação do poema, seu ensaio perene *The Philosophy of Composition* (*A Filosofia da Composição*). A relação de Machado com a tradução foi longa e proveitosa e teve enorme impacto sobre a sua formação e a construção de seu trabalho. Entre os autores traduzidos por ele, podemos citar Shakespeare (*Hamlet*), Dickens (*Oliver Twist*), Victor Hugo (*Les travailleurs de la mer/ Os trabalhadores do mar*), Dante (*Inferno*), demonstrando a sua cultura, seu conhecimento de diferentes línguas e seu escopo artístico e humano. Igualmente, encontramos em Machado uma percepção específica, nada clara para outros em sua época: ele estava absolutamente consciente da tensão existente na tradução, ou em outras palavras, tinha clareza que, ao mesmo tempo em que a tradução pode atuar como um veículo de modernização, ela pode também agir como um obstáculo ao desenvolvimento de talentos nacionais.

Hoje em dia, o número de trabalhos de crítica literária abordando os trabalhos de Machado é enorme, com ampla variedade de autores e lugares, tendo influenciado áreas tão diferentes e complementares como a Literatura, a História, a Psicologia, a

4 Sérgio Luiz Prado Bellei. *Nacionalidade e literatura: os caminhos da alteridade*. Florianópolis: UFSC, 1992.

Psicanálise, a Antropologia, as Ciências Sociais e a Pedagogia. O estudo da astuta observação de Machado da sociedade e da natureza humana, de sua ironia, assim como de seu delicado e profundamente cruel humor, está sempre presente nesses trabalhos. Os textos de Machado, sempre revelando um autor incansavelmente ávido por entender sua época e o país no qual nasceu e viveu, estão cheios de

> uma sabedoria melancólica: levemente fatigada e ressentida, imensamente divertida. Anedotas, fábulas, epigramas e analogias surgem de maneira tão profusa em suas páginas que certamente só enriquecem sua assinatura. Mas contribuem elas para uma voz? Em caso positivo, de que voz? Ou melhor, da voz de quem?[5]

Uma questão delicada que tem sido abordada com bastante frequência nos últimos tempos, mas ainda de maneira rápida e superficial, é a hipótese de que Machado possa ter tido problemas em aceitar sua identidade racial. Alguns críticos apontam que a barba e a o cabelo rigorosamente escovados em suas fotografias poderiam ser uma tentativa de esconder traços africanos. Outros mencionam sua preferência por personagens da aristocracia em seus trabalhos como indicador de um possível complexo de inferioridade racial ou social. O crítico brasileiro José Veríssimo[6] e o abolicionista Joaquim Nabuco[7] apresentam descrições opostas da maneira como Machado se relacionava com sua cor. Os personagens de Machado frequentemente falam de um desejo de paternidade ou expressam sua ansiedade se privados dessa condição.

Embora um tema recorrente hoje em dia, quando o Brasil aprofunda o debate sobre sua formação cultural e racial, tanto na sociedade quanto no meio acadêmico, a cor da pele de Machado e sua possível tentativa de negá-la ainda não foram

5 Michael Wood. "Master among the Ruins". In: João Cezar de Castro Rocha (org.). *The Author as Plagiarist – The Case of Machado de Assis. Portuguese Literary & Cultural Studies* 13/14, University of Massachusetts-Dartmouth 2006, p, 293.

6 José Veríssimo. *História da Literatura Brasileira – de Bento Teixeira (1601) a Machado de Assis (1908)*. Brasília: Editora da Universidade de Brasília, 1963, p. 304.

7 Joaquim Nabuco. "Carta de Nabuco a Veríssimo sobre a morte de Machado de Assis". *Revista da Academia Brasileira de Letras*. Rio de Janeiro: ABL, ano XXII, n. 115, julho de 1931, p. 387.

claramente discutidas. Considerado por alguns uma discussão irrelevante ou não digna de mérito, o fato é que o desconhecimento de qualquer texto que possua a assinatura de Machado que apresente uma luta explícita contra a injustiça de uma situação tão desprezível como a escravidão, que a maioria de seus textos nunca apresente um olhar ideologicamente fraternal ou solidário em relação ao pobre e ao oprimido, a maioria deles negros, que entraram em conflito com o luxo e a sofisticação da Belle Époque, desgosta e enraivece outros. Em oposição ao que acontece na obra de Balzac, por exemplo, não existe nenhum negro, personagem principal em seus romances, que tenha ascendido socialmente. O porquê é sempre contraditório para seus diversos biógrafos, visto que ele era um autor que explorava os mais diferentes tópicos e temas em seus trabalhos.

Em todo caso, embora não tenha sido um homem que subisse em um púlpito e fizesse um discurso pomposo, não se deve esquecer que em seus escritos podemos encontrar páginas vigorosas sobre a mentalidade brasileira em relação aos escravos naquela época e sobre o racismo, nem sempre velado, no Brasil. Talvez o fato de a atenção dos críticos estar geralmente voltada para os romances de Machado tenha deixado de lado a agudeza de seus contos. Seguindo essa linha, não poderíamos deixar de mencionar textos como "O caso da vara" e "Pai contra mãe". O eminente folclorista e jornalista Édson Carneiro insiste em incluir a última história em seu estudo referencial e recentemente reeditado *Antologia do negro brasileiro* (1950), como um daqueles indicadores da presença dos negros na construção da nacionalidade brasileira.[8] Embora a maior parte dos romances de Machado tenha as classes mais abastadas da burguesia do Rio de Janeiro como seus personagens principais, não podemos esquecer a forte crítica de Machado em relação aos valores sociais estabelecidos. A sua mais famosa trilogia, *Memórias póstumas de Brás Cubas*, *Quincas Borba* e *Dom Casmurro*, revela uma mente muito cética comentando o cinismo e a desonestidade de uma sociedade supostamente honrada e uma visão muito inflexível do indivíduo como sendo sempre motivado pelo egoísmo e pelo orgulho.

Prosseguindo com uma breve pesquisa de diferentes opiniões sobre o tema em tela, podemos começar com o crítico e professor brasileiro Domício Proença Filho, por exemplo, que é muito claro sobre sua postura em relação a Machado de Assis.

8 Edison Carneiro. *Antologia do negro brasileiro*. Rio de Janeiro: Agir, 2005, p. 8.

A partir da afirmação dos pontos de vista de diferentes críticos, no que se refere à questão racial no trabalho de Machado, ele finalmente conclui:

> no meu ponto de vista, compreendo que a literatura escrita por Machado de Assis é indiferente aos problemas dos negros e de seus descendentes (como o próprio Machado). Mesmo seus dois contos que envolvem escravos, "O caso da vara" e "Pai contra mãe", não estão centrados na questão étnica, mas no egoísmo humano e na fraqueza do personagem.[9]

Uma postura similar é adotada por David Brooksaw em seu livro *Raça e Cor na Literatura Brasileira,* quando ele classifica o trabalho literário de Machado como "totalmente divorciado de suas origens raciais" e Machado de Assis como o autor de uma obra que "nunca se preocupou com o problema racial e raramente abordou as questões referentes à escravidão, cuja abolição ocorreu enquanto ele ainda estava vivo".[10] Por outro lado, Heloisa Toller Gomes afirma:

> o discurso irônico tem sido a principal opção de autores como Machado de Assis, Herman Melville e Mark Twain, na abordagem da escravidão e das relações inter-raciais. Instigando a inteligência e a sensibilidade de seus contemporâneos com a exibição das máscaras grotescas da escravidão, como Machado fez em "Pai contra mãe" (...) eles elaboraram uma crítica social que olhava o seu tempo com agudeza, mas que também o transcendia.[11]

9 Domício Proença Filho. "A trajetória do negro na literatura brasileira. In: SANTOS, J. R. *Negro brasileiro negro. Revista do Patrimônio Histórico e Artístico Nacional.* IPHAN, n. 25, 1997, p. 166.

10 David Brookshaw. *Raça e cor na literatura brasileira*. Tradução de Marta Kirst. Porto Alegre: Mercado Aberto, 1983, p. 152-153.

11 Heloisa Toller Gomes. *As marcas da escravidão*. Rio de Janeiro: Editora UFRJ / EDUERJ, 1994, p. 197-198.

Para tratar de tais ideias sem se restringir a paradigmas fixos que, como já foi mostrado, simplesmente não se encaixam na riqueza e complexidade do trabalho de Machado, não podemos esquecer o renomado estudo de Roberto Schwarz sobre a obra de Machado, *Um mestre na periferia do capitalismo*.[12] O principal autor e teórico brasileiro do influente conceito das *ideias fora do lugar* concentra sua análise literária e cultural *em As memórias póstumas de Brás Cubas*, que foi publicado em 1880. De acordo com a tradição marxista, Schwarz investiga em particular como a estrutura social é internalizada como uma forma literária, argumentando que o estilo de Machado reproduz e revela as divisões de classe profundamente estabelecidas no Brasil do século XIX. Schwarz argumenta que a narrativa vanguardista de Machado reflete a classe dos proprietários brasileiros e seu *status* peculiar tanto no contexto nacional como internacional, e mostra porque o sucesso desse romance não foi acidental. O autor estava apto a confrontar algumas das mais prestigiosas ideologias do século XIX com algumas verdades constrangedoras; a não menos constrangedora delas era a de que a escravidão continuava sendo a base da economia do Brasil.

Muitas vezes visto como contraditório, Machado era um ser humano vivendo o seu próprio e incoerente país e sua época turbulenta. O fato de ele não ter participado ativamente na campanha abolicionista ou não ter tomado uma posição firme em suas obras a favor dos negros e de seus descendentes certamente o coloca como objeto da crítica dos teóricos da era pós-colonial. Mas, esses fatos, associados a tudo que Machado significa na literatura brasileira hoje, apenas reforçam a imagem final que temos da identidade brasileira do século XIX produzida por seu olhar aguçado. A imagem de questões profundas, complexas, não discutidas, delicadas e sempre presentes relacionadas à etnicidade que afligem uma sociedade que não se reconhece como descendente de negros africanos, prenunciando fatos e leituras que iriam surgir com força total no final do século XX.

12 Roberto Schwarz. *Um mestre na periferia do capitalismo: Machado de Assis*. São Paulo: Duas Cidades, 1990.

Referências Bibliográficas

BELLEI, Sérgio Luiz Prado. "Machado de Assis: uma poética da nacionalidade". *Travessia* (Travessia) Florianópolis, 1989; 2 (19), p. 24-38.

_____. *Nacionalidade e literatura: os caminhos da alteridade.* Florianópolis: UFSC, 1992.

BOSI, Alfredo. "O Realismo na obra de Machado de Assis". In: JUNQUEIRA, Ivan. (org.) *Escolas Literárias no Brasil.* Rio de Janeiro: Academia Brasileira de Letras, 2004. Tomo I – p. 374-401.

BROOKSHAW, David. *Raça e cor na literatura brasileira.* Tradução de Marta Kirst. Porto Alegre: Mercado Aberto, 1983.

CANDIDO, Antonio. *Formação da literatura brasileira (Momentos decisivos).* São Paulo: Livraria Martins Editora, 1959.

CARNEIRO, Edison. *Antologia do negro brasileiro.* Rio de Janeiro: Agir, 2005.

DIXON, Paul B. *Retired Dreams: Dom Casmurro, Myth and Modernity.* West Lafayette, Indiana: Purdue University Press, 1989.

ESTUDOS AVANÇADOS – Universidade de São Paulo. *Dossiê: O Negro no Brasil.* São Paulo: Instituto de Estudos Avançados, janeiro/abril 2004. Vol. 18, n. 50.

GOMES, Heloisa Toller. *As marcas da escravidão.* Rio de Janeiro: Editora UFRJ / EDUERJ, 1994.

MACHADO DE ASSIS, Joaquim Maria. *Contos / Uma Antologia.* Seleção, Introdução e Notas de John Gledson. São Paulo: Companhia das Letras, 1998. Vols. I e II.

_______. *Obra completa.* Afrânio Coutinho (org.). Rio de Janeiro: Editora Nova Aguilar, 1985.

NABUCO, Joaquim. "Carta de Nabuco a Veríssimo sobre a morte de Machado de Assis". *Revista da Academia Brasileira de Letras.* Rio de Janeiro: ABL, ano XXII, n. 115, julho de 1931, p. 387.

PIZA, Daniel. *Machado de Assis – Um gênio brasileiro.* São Paulo: IMESP, 2006.

POE, Edgar Allan. "The Philosophy of Composition". In: MCMICHAEL, G. *Concise*

Anthology of American Literature. Nova York: Macmillan Publishing Company, 1985, p. 431-439.

PROENÇA FILHO, Domício. "A trajetória do negro na literatura brasileira". In: SANTOS, J. R. *Negro brasileiro negro. Revista do Patrimônio Histórico e Artístico Nacional.* IPHAN, n. 25, 1997, p. 159-177.

RABASSA, Gregory. *O Negro na ficção brasileira.* Trad. de Ana Maria Martins. Rio de Janeiro: Edições Tempo Brasileiro, 1965.

RIEDEL, Dirce Cortes. *O tempo no romance machadiano.* Rio de Janeiro: Livraria São José, 1959.

RUSHDIE, Salman. "Machado iniciou pedigree sul-americano". *Folha de São Paulo,* São Paulo, 12 de julho de 2005.

SONTAG, Susan. "Afterlives: the case of Machado de Assis". *The New Yorker.* Nova York, May 7, 1990.

SCHWARZ, Roberto. *Um mestre na periferia do capitalismo: Machado de Assis.* São Paulo: Duas Cidades, 1990.

_______; GLEDSON, John. (org.) *Misplaced Ideas: Essays on Brazilian Culture.* Londres: Verso, 1992.

SOARES, Maria Nazaré Lins. *Machado de Assis e a análise da expressão.* Rio de Janeiro: Instituto Nacional do Livro, 1968.

VERÍSSIMO, José. *História da Literatura Brasileira – de Bento Teixeira (1601) a Machado de Assis (1908).* Brasília: Editora da Universidade de Brasília, 1963.

WOOD, Michael. "Master among the Ruins". In: ROCHA, João Cezar de Castro (org.). *The Author as Plagiarist – The Case of Machado de Assis. Portuguese Literary & Cultural Studies* 13/14, University of Massachusetts-Dartmouth, 2006.

Machado e o custo da leitura

Marisa Lajolo
(Universidade Estadual de Campinas / Universidade Mackenzie)
Regina Zilberman
(Universidade Federal do Rio Grande do Sul)

> Esta peça, concluiu o velho tenor, durará enquanto durar o teatro, não se podendo calcular em que tempo será ele demolido por utilidade astronômica. O êxito é crescente. Poeta e músico recebem pontualmente os seus direitos autorais, que não são os mesmos, porque a regra da divisão é aquilo da Escritura: "Muitos são os chamados, poucos os escolhidos". Deus recebe em ouro, Satanás em papel.
>
> (Machado de Assis, *Dom Casmurro*)

Se Brás Cubas amou Marcela por alguns meses e uns poucos contos de réis, a relação de Machado de Assis com o mundo editorial durou bastante mais: de 1855, quando publica o poema "Ela" na *Marmota Fluminense*, de Paula Brito, até 1908, quando edita pela Garnier o último livro, o *Memorial de Aires*, transcorrem 53 anos. Ao longo desse mais de meio século, suas relações com a base técnica e econômica disponível para a produção literária no Brasil da época parece ter sido abundante e variada, deixando traços dentro e fora de sua ficção. Editores, livreiros, gráficas, jornais, crítica e instituições literárias foram em diferentes momentos preocupações de um escritor prolífico e de muita intimidade com os meandros do sistema literário que ele, com a discrição que lhe recobre a figura, ajudou a construir.

O presente trabalho pretende discutir algumas representações internas e externas dessa atividade, começando por lembrar que nem tudo são flores na relação entre escritores – fornecedores da matéria-prima da literatura – e os profissionais responsáveis pela transformação dessa matéria-prima em produto, pela distribuição e venda da mercadoria produzida – o livro, e pela chancela de sua qualidade.

Como autor de obra autônoma e individual, a estreia de Machado de Assis no mundo dos livros deu-se através de curtos dramas e comédias,[1] que publicou no início da década de 60 pela tipografia do mesmo Paula Brito, cujo jornal acolhera suas primícias poéticas. O teatro era um gênero em moda, porém de menor repercussão literária, reservando-se os louros para a poesia. Esse gênero, tido como de maior envergadura literária, dá ensejo ao livro de 1864, *Crisálidas*, acolhido pela Livraria de B. L. Garnier, como se lê na capa da primeira edição da coletânea de versos. E é com esta casa, pedra fundamental na história editorial brasileira, que Machado entretém seu principal e mais permanente intercâmbio editorial.

Antes dos livros, porém, veio a imprensa, para a qual o futuro romancista contribuiu com assiduidade, assinando crônicas em diários e semanários, espaço de onde observava com atenção e argúcia a cena literária. Acompanhava o aparecimento das novidades, comentava as práticas vigentes e não perdia oportunidade para registrar a lentidão e escassez da produção letrada, conforme resume em crônica de 1862:

> O nosso movimento literário é dos mais insignificantes possíveis. Poucos livros se publicam e ainda menos se lêem. Aprecia-se muito a leitura superficial e palhenta, do mal travado e bem acidentado romance, mas não passa daí o pecúlio literário do povo.[2]

---

1 *Queda que as mulheres têm pelos tolos* (tradução); *Desencantos*; *Hoje avental, amanhã luva* constituem as peças inaugurais de Machado de Assis.

2 Machado de Assis. *Diário do Rio de Janeiro*. Crônica de 24 de março de 1862. In: *Crônicas*. Vol. 1: 1859-1863. São Paulo: Mérito, 1959, p. 148.

No mesmo ano, ele reitera, em *O Futuro*:

> Em cata de notícias procuro lembrar-me se durante os últimos quinze dias houve alguma publicação literária, ou mesmo iliterária, de que dar parte. Em outra parte não haveria necessidade de procurar: com certeza o revisteiro encontraria, ao começar o seu trabalho, a mesa cheia de publicações. Tudo porém é relativo, e o movimento das publicações entre nós ainda é, como outras coisas, lento e raro.[3]

Dois anos depois, é dele um dos títulos que ampliam o movimento editorial: contrato assinado em 1864 ajusta a impressão de *Crisálidas*. Na transação, fica estabelecido que o autor receberia 150 réis por exemplar, a serem pagos por ocasião do lançamento da obra: na linguagem da época, quando fossem expostos à venda. Ressalte-se ainda que o contrato estabelecia cessão da "propriedade plena e inteira não só da primeira como de todas as seguintes" edições do mesmo livro.[4]

Machado fazer parte do movimento literário não parece, porém, ter aplacado as desconfianças com que o observa. Em crônica de 25 de abril do mesmo ano, lamenta por não "ter um capítulo literário nesta correspondência. O Rio de Janeiro não produz com frequência e só de longe em longe aparece no horizonte um livro ou um poeta".[5]

Em 1866, dois anos depois da estreia em livro de poemas, continua a avaliar negativamente a cena letrada:

> A temperatura literária está abaixo de zero. Este clima tropical, que tanto aquece as imaginações e faz brotar poetas, quase como faz brotar flores, por um fenômeno, aliás explicável, torna preguiçosos os espíritos, e nulo o movimento intelectual. Os livros que aparecem são raros,

---

3 Machado de Assis. 30 de novembro de 1862. *Crônicas, op. cit.*

4 MINISTÉRIO DE EDUCAÇÃO E SAÚDE. *Exposição Machado de Assis. Centenário do nascimento. 1839-1939*. Rio de Janeiro: Ministério de Educação e Saúde, 1939, p. 177.

5 Machado de Assis. *Correspondência da Corte*. Ver Jean-Michel Massa. *Dispersos de Machado de Assis*. Rio de Janeiro: Instituto Nacional do Livro, 1965, p. 183.

> distanciados, nem sempre dignos do exame da crítica. Há decerto exceções tão esplêndidas quanto raras, e por isso mesmo mal compreendidas do presente, graças à ausência de uma opinião. Até onde irá uma situação semelhante, ninguém pode dizê-lo, mas os meios de iniciar a reforma, esses parecem-nos claros e símplices, e para achar o remédio basta indicar a natureza do mal.
>
> Há duas razões principais desta situação: uma, de ordem material, outra de ordem intelectual. A primeira, que se refere à impressão dos livros, impressão cara, e de nenhum lucro pecuniário, prende-se inteiramente à segunda, a falta de gosto formado no espírito público. Com efeito, quando aparece entre nós esta planta exótica chamada editor, se os escritores conseguem encarregá-lo, por meio de um contrato, da impressão de suas obras, é claro que o editor não pode oferecer vantagens aos poetas, pela simples razão de que a venda do livro é problemática e difícil. A opinião que devia sustentar o livro, dar-lhe voga, coroá-lo, enfim, no Capitólio moderno, essa, como os heróis de Tácito, brilha pela ausência. Há um círculo limitado de leitores: a concorrência é quase nula, e os livros aparecem e morrem na livraria. Não dizemos que isso aconteça com todos os livros, nem com todos os autores, mas a regra geral é essa.
>
> Se a ausência de uma opinião literária torna difícil a publicação dos livros, não é esse o menor dos seus inconvenientes; há outro, de alcance maior, porque é de futuro: é o cansaço que se apodera dos escritores, na luta entre a vocação e a indiferença. Daqui se pode concluir que o homem que trabalha, apesar de tais obstáculos, merece duas vezes a bênção das musas... [6]

Se, por um lado, para o Machado de Assis que assina a divertida crônica acima, a produção literária brasileira continua precária, o olhar que a analisa discerne a complexidade de um sistema literário moderno. No texto, distinguem-se as três

6 Machado de Assis. "Semana Literária". In: *Obra completa*. Vol. III. Rio de Janeiro: Aguilar, 1962, p. 841. Ver também Jean-Michel Massa, *op. cit.*, p. 228-9.

instâncias que, na lição de Antonio Candido,[7] configuram um sistema literário: autores, obras e públicos, vislumbrando-se a percepção das mediações entre os três elementos, representados pela menção às tipografias, às editoras, à profissionalização do escritor e à crítica literária.

Se, porém, a situação brasileira continua a mesma na perspectiva do crítico, o escritor parece desfrutar de melhores condições para a publicação de seus livros. Em contrato assinado em 1869, relativo ao lançamento de *Contos fluminenses* e *Falenas*, a remuneração do escritor sobe cinquenta réis: dos 150 que recebia por exemplar de *Crisálidas*, passa a receber duzentos réis. O contrato informa ainda a tiragem da edição das obras – mil exemplares – e mantém a cláusula de cessão da "propriedade plena e inteira não só da primeira como de todas as seguintes".[8] Outro contrato do mesmo ano sugere uma alteração digna de nota no valor de mercado da obra machadiana.

O documento em que Garnier, também em 1869, contrata a impressão de *Ressurreição*, *O manuscrito do licenciado Gaspar* e *Histórias da meia-noite*, registra, em primeiro lugar, substancial incremento na remuneração do escritor. Embora, como antes, continue a vender "a propriedade plena e inteira da primeira e demais edições" das obras,[9] recebe quatrocentos mil réis pela edição; supondo que a edição some, como nas situações anteriores, mil exemplares, cada volume é pago ao custo de quatrocentos réis, dobrando o valor de duzentos réis, relativos aos *Contos Fluminenses* e *Falenas*.

O contrato, porém, inclui duas cláusulas dignas de atenção. A primeira registra que o autor receberá quatrocentos mil réis "por cada edição que fizer destas três obras",[10] sugerindo a venda casada dos originais, tal como ocorre no documento anterior, referente aos *Contos Fluminenses* e *Falenas*. A cláusula seguinte confirma a hipótese, ao afirmar: "Se de uma ou de outra edição destas obras esgotar-se antes das

7 Cf. Antonio Candido. "A literatura e a vida social". In: *Literatura e sociedade. Estudos de teoria e história literária*. São Paulo: Nacional, 1965.

8 MINISTÉRIO DE EDUCAÇÃO E SAÚDE, *op. cit.*, p. 177.

9 *Idem*, p. 178.

10 *Idem*.

outras, o editor terá o direito de a mandar reimprimir, pagando ao autor a terceira parte da quantia acima mencionada, no artigo primeiro".[11]

Machado passa a receber mais dinheiro na qualidade de adiantamento de direitos autorais, adiantamento garantido pelo artigo terceiro: "o pagamento da primeira edição destas três obras será feito no ato de assinar o presente contrato e das outras no dia em que cada uma for exposta à venda".[12] Porém, para ganhar mais, era preciso oferecer maior quantidade do produto que sabia fabricar. Por outro lado, se, no contrato de *Crisálidas*, cada volume foi pago à razão de 150 réis o exemplar, este, nos termos do documento relativo ao grupo *Ressurreição, O manuscrito do licenciado Gaspar* e *Histórias da meia-noite*, ficou mais barato para o editor, já que cada original foi adquirido ao custo de aproximadamente 130 réis.

Em 1872, vários desses livros, a saber, *Contos fluminenses, Ressurreição, Crisálidas* e *Falenas*, estão à venda nas boas casas do ramo, na cidade do Rio de Janeiro. Os mais baratos, em brochura, são comercializados por dois mil réis,[13] significando que o autor recebia, provavelmente, menos de dez por cento do valor de capa de cada uma de suas obras, independentemente do número estipulado no contrato assinado.

Machado não devia ter grandes ilusões a respeito da lucratividade da escrita, bem como da situação do mercado das letras. Por isso, não se estranha que, em conto publicado num destes livros, *Histórias da meia-noite*, de 1873, uma das obras constantes do pacote dos quatrocentos mil réis, mas colocada à venda por três mil réis o exemplar, ele não desminta a imagem, cultivada por todo o Romantismo e então já bastante desgastada, do poeta mendicante:

> Não havia que duvidar; o rapaz dera em poeta. Para o velho aposentado era isto uma grande desgraça. Esse, ligava a ideia do poeta à ideia de mendicidade.

---

11 *Idem.*

12 *Idem.*

13 Cf. Marisa Lajolo; Regina Zilberman. *A formação da leitura no Brasil.* São Paulo: Ática, 1996. Ver também Delso Renault. *O dia-a-dia no Rio de Janeiro segundo os jornais (1870-1889).* Rio de Janeiro: Civilização Brasileira; Brasília: Instituto Nacional do Livro, 1988.

> Tinham-lhe pintado Camões e Bocage, que eram os nomes literários que ele conhecia, como dois improvisadores de esquina, espeitorando sonetos em troca de algumas moedas, dormindo nos adros das igrejas e comendo nas cocheiras das casas grandes. Quando soube que o seu querido Luís estava atacado da terrível moléstia, Anastácio ficou triste.[14]

O romance *Helena*, ajustado em 1876 com a mesma editora Garnier, mantém a remuneração a que o autor fazia jus em 1869. Joaquim Maria Machado de Assis vende a B. L. Garnier a primeira edição, publicada originalmente, e em folhetim, entre 6 de agosto e 11 de setembro de 1876, por *O Globo*.[15] Aproveitando provavelmente a impressão da tipografia que fazia o jornal em questão, Garnier oferece seiscentos mil réis pela edição de 1500 exemplares. Por unidade, o preço de venda do volume continua o mesmo de antes; mas, comprometendo-se a reproduzir um número maior de exemplares, aceita que seu editado receba mais dinheiro pelo seu terceiro romance.

O aumento da tiragem, o pagamento contra a entrega dos originais, o adiantamento – eis uma série de manobras que sugerem o interesse da editora na manutenção do autor em seu catálogo. No caso específico de Machado, tal interesse pode explicar-se pela presença constante e cada vez mais acatada do autor na imprensa, pela liderança que exercia no meio intelectual e, provavelmente, pela intuição de que o ficcionista respondia às expectativas do público, a quem seduzia não apenas por causa dos folhetins publicados nos periódicos da época, a quem oferecia aguadas narrativas sentimentais, mas também por intermédio da colaboração permanente para o *Jornal das Famílias*, empreendimento de sucesso patrocinado por seu editor, B. L. Garnier.

Assim, nos anos 70 do século XIX, Machado, autor em franca ascensão no mercado e na república das letras, dispõe de meios de exibir significativas experiências enquanto um autor que negocia com editores diferentes condições para a publicação de sua obra. Esta experiência se manteve ao longo de toda sua vida, e nem sempre – como se disse ao início – tudo foram flores nesse percurso.

---

14 Machado de Assis. "Aurora sem dia". In: *Histórias da meia-noite*. São Paulo: Mérito, 1959, p. 174-5.

15 MINISTÉRIO DE EDUCAÇÃO E SAÚDE, *op. cit.*, p. 178-179.

O ano de sua morte é o mesmo de publicação da derradeira obra, *Memorial de Aires*. Machado faleceu em 29 de setembro de 1908, e, em carta de 8 de maio, comenta com Joaquim Nabuco que a impressão do livro se fazia na França e – com uma ponta de tristeza e de resignação – registra a demora na produção do livro: "escrevi o ano passado um livro que deve estar impresso agora em França. (...) Diz-me o editor (Garnier) que virá este mês, mas já em março me anunciava a mesma coisa e falhou".[16] Em 16 de julho, retoma o assunto em rápida troca de bilhetes com Mário de Alencar. Como este menciona a Alfândega e um alto funcionário da editora Garnier ("Estive no Garnier, e pedi notícias do *Memorial*. Tinha esperança de encontrá-lo e projetava ir com um exemplar levar-lhe a boa nova. Jacinto [funcionário da livraria] me disse que a demora é só da Alfândega")[17], Machado replica: "A demora da Alfândega é a mesma causa que o Lansac me dá há muitos dias; melhor é não insistir no caso".[18]

Não apenas como autor Machado exercitou-se pelos meandros da infraestrutura que o sistema literário de seu tempo disponibilizava para escritores. Desde o final dos anos 1860, detinha uma posição sólida nas rodas literárias, graças ao já mencionado acesso à imprensa. Por causa do prestígio alcançado por Machado enquanto crítico e colunista, José de Alencar solicita a ele, em 1868, o apoio a um jovem e talentoso poeta, Castro Alves, divulgando o trabalho do rapaz egresso da Bahia. Em 1883, é José Veríssimo, desde o Pará, onde dirigia a *Revista Amazônica*, que recorre ao colega carioca e futuro amigo:

> Com esta receberá V. Ex.ª o primeiro n.º da *Revista Amazônica*, da qual sou Diretor.
>
> É uma tentativa, talvez utópica, mas, em todo o caso, bem intencionada. Não sei se terá mais, ou, pelo menos, tanta vida como a *Brasileira*. Eu por mim o que posso prometer é que farei tudo para que viva. Mas eu só, e no meio de uma sociedade onde os cultores das letras não abundam, nada posso; e se não fosse confiar na

16 Machado de Assis. *Correspondência*. São Paulo: Mérito, 1959, p. 117.

17 *Idem*, p. 277.

18 *Idem*.

> proteção daqueles que, como V. Ex.ª, conservam vivo o amor do estudo, não a publicaria.
> É, pois, para pedir a sua valiosíssima colaboração que tenho a honra de escrever a V. Ex.ª, de quem, há muito que sou admirador sincero.[19]

Machado de Assis foi ainda solicitado a atuar como intermediário entre escritores e editores, como ilustra a carta enviada a Salvador de Mendonça em 8 de outubro de 1877, correspondência que evidencia o caráter mercantil do tipo de trabalho oferecido e com o qual se imiscuía o criador de Capitu:

> Vai aparecer no dia 1º do ano de 78 um novo jornal, *O Cruzeiro,* fundado com capitais de alguns comerciantes, uns brasileiros e outros portugueses. O diretor será o Dr. Henrique Correia Moreira, teu colega, que deves conhecer.
> Incumbiu-me este de te propor o seguinte:
> 1° Escreveres duas correspondências mensais.
> 2° Remeteres cotações dos gêneros que interessem ao Brasil, principalmente banha, farinha de trigo, querosene e café, e mais, notícias do câmbio sobre Londres, Paris, etc., e ágio do ouro.
> 3° Obteres anúncios de casas industriais e outras.
> Como remuneração:
> Pelas correspondências, 50 dólares mensais.
> Pelos anúncios, uma porcentagem de 20%.
> Podes aceitar isso? No caso afirmativo, convém remeter a primeira carta de maneira que possa ser publicada em janeiro. Caso não te convenha, o Dr. Moreira pede que vejas se o nosso amigo Rodrigues, do *Novo Mundo,* pode aceitar o encargo, e em falta deste algum outro brasileiro idôneo.
> Os industriais que quiserem mandar os anúncios poderão também remeter, se lhes convier, os *clichés* e gravuras. Quando ao preço

19 *Idem,* p. 127-128.

> dos anúncios, não está ainda marcado, mas regulará o do *Jornal do Comércio* ou ainda alguma coisa menos.[20]

Nenhum desses exemplos, porém, equipara-se ao intercâmbio epistolar mantido por mais de uma década com o diplomata e aspirante a poeta Magalhães de Azeredo, que parece ser o contratante dos serviços de Machado, tal a diligência com que o romancista cumpre as determinações do jovem intelectual.

Tais determinações manifestam-se desde as primeiras missivas, como a datada de 2 de junho de 1889, em que Magalhães de Azeredo aceita a oferta dos bons préstimos machadianos enquanto intermediário, junto a uma editora, para uma proposta de edição de uma obra do remetente. A carta é detalhada: menciona tiragem, tipo de papel, formato da obra, incluindo as expectativas de minimizar os custos. Encerra-a pedindo brevidade na resposta e encarregando o intermediário de um prefácio também já prometido:

> V. Ex.ª teve a bondade de tomar sobre si o encargo de propor ao Sr. Lombaerts a impressão do meu livro de versos e informar-me do que houver a respeito.
> Aproveitando-me dessa fineza, a qual de todo o coração sou grato, devo dizer a V. Ex.ª – porque convém que o editor o saiba – que o volume com certeza não passará de 200 páginas, quando muito, em 8°, que o papel deverá ser bem regular, o tipo proporcional à dimensão das folhas, e que não são precisos mais do que 450 ou 500 exemplares. Isto, V. Ex.ª far-me-á o obséquio de comunicá-lo ao Sr. Lombaerts, não esquecendo empregar toda a sua influência com ele para que faça tudo pelo mínimo preço; pois, ainda que sei que um escritor, ao publicar o seu primeiro trabalho, não deve mirar a nenhum lucro, contudo cumpre reconhecer que a economia deve presidir aos gastos de quem, como eu, embora haja de que viver, ainda, por sua pouca idade e suas condições, não pode ganhar honradamente com o suor de seu rosto aquilo que consome.

20 *Idem*, p. 333-334.

> Espero que V. Ex.ª, logo que puder, me escreverá sobre este negócio, e me fará o prefácio, que gentilmente prometeu para o meu livro.[21]

Em 3 de julho, Azeredo dá novas instruções ao escritor fluminense:

> Quanto às condições, que a casa Lombaerts apresenta para imprimir o meu livro, devo responder afirmativamente. O papel é ótimo e o tipo conveniente. Contudo, se isso importasse considerável abatimento na despesa, não faria mal que o papel fosse um pouco inferior. Quando V. Ex.ª falar com o editor, pode dizer-lhe isso; contudo, se a diferença no preço não for grande, prefiro esta qualidade de papel.[22]

Em carta de 21 de outubro, multiplicam-se as tarefas que Azeredo incumbe a Machado, travestido este da função moderna de agente literário, só que sem remuneração pecuniária. O pagamento, como tantas vezes ocorre na república das letras, será simbólico, mas virá a seu tempo: em 1895, o diplomata, em artigo no *Jornal do Comércio*, defenderá o amigo da crítica negativa que, no mesmo ano, lhe faz Silvio Romero e apoiará, depois de 1896, as ações de Machado com vistas à fundação, implantação e consolidação da Academia Brasileira de Letras, cuja presidência o ficcionista ocupará. A nova incumbência é escrever uma apresentação que, chancelando o poeta estreante, tentaria transferir para ele o prestígio de que gozava o romancista:

> O caso é este: na véspera da minha vinda, fui ao Lombaerts tratar da impressão do meu livro. Pediram-me por mil exemplares um conto e cem mil réis. Como vê, não é soma para desdenhar; e não sei se nesta ocasião me acho em condições de despendê-la. Não seria possível entrar em um acordo com a casa Lombaerts, ou outra de mesmo gênero,

21 Carmelo Virgílio (org.). *Correspondência de Machado de Assis com Magalhães de Azeredo*. Edição prefaciada por Carmelo Virgílio. Rio de Janeiro: Instituto Nacional do Livro, 1969, p. 15.

22 *Idem*, p. 16.

> já não digo para me comprarem a edição, mas para m'a fazerem, com o papel e o tipo que eu escolhesse, gratuitamente, ou por preço muito menor, ficando ela pertencendo ao editor, e tendo eu apenas direito a 150 ou 200 exemplares? Como V. Ex.ª deve ter grande prática destas coisas, e eu não tenho nenhuma, pensei logo em consultá-lo acerca desta ideia; rogo-lhe me diga com franqueza se haverá possibilidade de realizá-la. Creio que, continuando eu a colaborar por algum tempo na *Gazeta*, adquirindo assim o meu nome certa publicidade aí, o livro será procurado – tanto mais que terá no prólogo de V. Ex.ª a melhor apresentação para o público.[23]

No cotejo com o percurso editorial de Machado, a correspondência com Azeredo constrói o perfil de escritores de diferente envergadura: um Machado que recebe de editoras, e um Magalhães disposto a pagar por suas edições. A diferença não é pequena. Mas se o capital cultural de que Machado então dispõe é muito grande, seu cacife para negociações com o mundo editorial parece bem menor do que sonha a vã filosofia de Azeredo.

O caso é que no mesmo final do século XIX, Machado experimenta a assimetria das relações entre escritor e editor. Apesar de seu interesse e empenho, não consegue que Garnier autorize a tradução de uma obra sua para o alemão, o que lhe teria sido proposto por Alfredo Ellis, a quem o escritor responde em julho de 1889:

> Ex.mo Sr. Dr. Alfredo Ellis:
> Acabo de escrever para Paris ao Sr. H. Garnier, pedindo-lhe que diretamente dê autorização à senhora, de quem V. Ex.ª me fala no seu bilhete, para a tradução dos meus livros em alemão. A razão disto é, conforme já disse a V. Ex.ª, haver eu transferido àquele editor a propriedade de todos eles, até agora publicados.

23 *Idem*, p. 17.

> Logo que receba a resposta (se ele não puser objeção, o que não espero) farei entrega dela a V. Ex.ª para que se sirva dar-lhe o conveniente destino.[24]

A menção a Garnier, não mais o abrasileirado Baptiste-Louis, mas seu irmão e herdeiro, François-Hyppolite, se justificava: em 16 de janeiro de 1899, Machado assinara "certidão de escritura de venda da propriedade inteira e perfeita" de sua obra literária, pelo que recebeu "a quantia de oito contos de réis":

> Escritura de venda de propriedades literárias que faz Joaquim Maria Machado de Assis a François Hyppolite Garnier. Saibam quantos esta virem que, no ano do nascimento do Nosso Senhor Jesus Cristo de mil oitocentos noventa e nove, aos dezesseis dias do mês de janeiro, nesta Capital Federal dos Estados Unidos do Brasil, em meu cartório e perante mim, tabelião, compareceram: como outorgante vendedor Joaquim Maria Machado de Assis e como outorgado comprador François Hyppolite Garnier, residente atualmente em Paris e neste ato representado por seu bastante procurador Stephane Marie Etienne Lasalle (...). E, em presença das mesmas testemunhas, pelo outorgante foi dito que, sendo autor e possuidor das obras intituladas: *Páginas recolhidas*; *Dom Casmurro*; *Brás Cubas*; *Quincas Borba*; *Iaiá Garcia*; *Helena*; *Ressurreição*; *A mão e a luva*; *Papéis avulsos*; *Histórias sem data*; *Histórias da meia-noite*; *Contos fluminenses*; *Americanas*; *Falenas* e *Crisálidas*: pela presente e na melhor forma de Direito, fez venda, de hoje para sempre, da propriedade inteira e perfeita, das ditas obras, acima mencionadas, ao outorgado, pelo preço e quantia em que se ajustaram de oito contos de réis, que o outorgante recebeu neste ano, do outorgado, por seu procurador, em dinheiro corrente, contado e certo, perante mim, tabelião, e as testemunhas, do que dou fé; e assim, pago e satisfeito do preço desta venda, dele dá ao outorgado plena, geral e absoluta quitação, para nada mais repetir-lhe por

24 Machado de Assis. *Correspondência*, *op. cit.*, p. 373.

> semelhante motivo, e lhe cede e transfere todo o direito e ação, domínio e posse, que tinha o outorgante sobre as referidas obras, e, por si, seus herdeiros e seus sucessores, obriga-se a fazer esta escritura boa, firme e valiosa a todo o tempo, por o comprador a paz e salvo de contestações futuras e a responder pela evicção do Direito. Disse mais o outorgante que obriga-se a não escrever outros trabalhos literários sobre os mesmos assuntos que são objeto das obras acima mencionadas, a fim de não prejudicar a venda das ditas obras, a que vai proceder o outorgado em seu estabelecimento comercial. Pelo outorgado foi dito que aceitava a presente escritura nos termos em que está concebida.[25]

Esse ajuste foi mantido até o final da vida de Machado de Assis, que acrescentou ao negócio as obras publicadas no século XX, como *Poesias completas, Várias histórias, Esaú e Jacó, Relíquias de casa, Memorial de Aires*. Em seu testamento, o escritor menciona que "a propriedade das minhas obras literárias pertence ao meu editor H. Garnier",[26] razão por que não as inclui na distribuição de bens.

Contudo, a escritura não se refere às traduções, publicáveis no exterior, o que leva Machado a pensar ser factível a proposta proveniente da Alemanha. A carta a Garnier, mencionada na correspondência enviada a Alfredo Ellis, fundamenta-se nessa pressuposição:

> Senhor Garnier,
> Há pouco recebi um pedido de autorização para a tradução de minhas obras em alemão. Foi feito pela Senhora Alexandrina Highlana que se encontra em São Paulo (Brasil) e deve retornar à Alemanha dentro de oito meses. Como, em nosso contrato, não reservei o direito de tradução, escrevo-lhe para solicitar sua autorização direta a esta senhora.
> Não peço ao senhor nenhum ganho para mim, uma vez que já é uma vantagem poder ser conhecido em uma língua estrangeira cujo

25 MINISTÉRIO DE EDUCAÇÃO E SAÚDE, *op. cit.*, p. 186.

26 *Idem*, p. 136.

> mercado é tão diferente e distante do nosso. Acredito que seja também uma vantagem para o senhor. Se também pensa desse modo, envie-me uma autorização por escrito, sem qualquer condição pecuniária. Eu a entregarei ao Senhor Ellis, deputado e proprietário em São Paulo, que me encaminhou o pedido da Senhora A. Highlana. Pois não a conheço: sei somente que é uma pessoa distinta, que durante muitos anos viveu no Brasil, e que aprecia nossa língua e nossos autores.[27]

Na carta, Machado parece abrir mão de qualquer remuneração, mas ao mesmo tempo sinalizar ao editor a autonomia dos mercados pelos quais circulariam as diferentes edições. Curiosamente, a carta de Machado, que menciona remuneração e mercado, é respondida pelo editor que, argumentando com originalidade e amor dos leitores, denega a solicitação de Machado; ou melhor, aceita-a, desde que a tradutora pague cem francos franceses por cada volume a ser traduzido:

> Senhor,
> Recebi sua carta do dia 10 de junho na qual solicita que eu autorize à Senhora Alexandre [sic] Higland [sic] de São Paulo a tradução de suas obras em alemão. O senhor não ignora que um autor, por melhor que seja traduzido, perde sempre sua originalidade em uma língua

---

27 *Idem*, p. 199. Texto original:
Monsieur Garnier: Je viens de recevoir une demande d'autorisation pour la traduction de mes ouvrages en allemand. C'est de la part de Madame Alexandrina Highlana, qui demeure à Saint-Paul (Brésil) et doit retourner em Allemagne dans huit mois. Comme je n'ai pas réservé, dans notre contract, le droit de traduction, je vous écris pour demander votre autorisation directe à cette dame.
Pour moi, Monsieur, je ne lui exigerait aucun bénéfice, trouvant que c'est déjà un avantage de me faire connaître dans une langue étrangère qui a son marché si différent et si éloigné du nôtre. Je pense que c'est aussi un avantage pour vous. Si vous le pensez aussi, envoyez-moi une autorisation en due forme, sans aucune condition pécuniaire. Je la remettrai a M. Ellis, député et propriétaire à Saint-Paul, qui m'a transmis la demande de Madame A. Highlana. Car je ne la connais pas: je sais seulement que c'est une personne distinguée, qui a vécu plusieurs années chez nous, et qui aime notre langue et nos auteurs.

> diferente da sua; os admiradores de um escritor preferem lê-lo em sua língua materna. O senhor nada ganha se for traduzido em alemão.
> Eis porque sinto não poder conceder gratuitamente o direito de tradução solicitado – os alemães, por sua parte, sabem muito bem exigir o que lhes é devido. Assim, a Senhora Higland [sic] deverá me pagar cem francos por cada volume que ela venha a traduzir.
> Lamento não poder atender a seu desejo em tal circunstância, e renovo os meus sentimentos de consideração e estima./ F. H. Garnier[28]

Aparentemente, o caso marca com força a trajetória machadiana pelos números por detrás das letras. Em 31 de março de 1901, uma carta de Machado a Figueiredo Pimentel revisita a questão:

> Exmo Sr. Figueiredo Pimentel:
> Respondo à sua carta agradecendo as notícias que me dá relativamente a Phileas Lebesgue, e à solicitude de V. Ex.ª em fazer com que este traduza os meus livros. Entretanto não posso ordenar que o editor lhos envie, como V. Ex.ª me pede, nem sequer autorizar a tradução, porquanto a propriedade das minhas obras está transferida ao Sr. Garnier, de Paris, com todos os respectivos direitos. Só ele poderá resolver sob esse ponto.

---

28 *Idem*. Texto original:
Monsieur
J'ai l'honneur de vous accuser réception de votre estimée du 10 Juin me demandant pour Mme. Alexandre [sic] Higland [sic] de S. Paul mon autorisation de traduire vos ouvrages en allemand. Vous n'ignorez pas, monsieur, qu'un auteur quelque bien traduit qu'il soit, – perd toujours de son originalité dans une langue autre que la sienne; les admirateurs d'un écrivain aiment mieux le lire dans sa langue mère. Vous n'avez rien à gagner à être traduit en allemand.
Aussi ai-je le regret de ne pas pouvoir accorder gratuitement le droit de traduction demandé – Les Allemands savent fort bien se faire payer de leur côté; Mme. Higland [sic] devra donc me verser cent francs par chaque volume de vous qu'elle se proposerait de traduire.
Je suis ennuyé de ne pas pouvoir déférer à votre désir en pareille circonstance et je vous renouvelle Monsieur l'expression de mes meilleurs sentiments de considération. / F. H. Garnier

Sou, com apreço e consideração, de V. Ex.ª, atº venerador e obrgº / Machado de Assis.[29]

As poucas linhas do escritor ao cronista sugerem um Machado bem mais atento (e submisso) ao enevoado, complexo e assimétrico mundo em que, no Brasil de seu tempo, trocavam piparotes e mesuras não apenas narradores, leitores e leitoras, mas também escritores e editores.

Referências Bibliográficas

CANDIDO, Antonio. "A literatura e a vida social". In: *Literatura e sociedade – Estudos de teoria e história literária*. São Paulo: Nacional, 1965.

LAJOLO, Marisa; ZILBERMAN, Regina. *A formação da leitura no Brasil*. São Paulo: Ática, 1996.

MACHADO DE ASSIS, Joaquim Maria. "Aurora sem dia". In: *História da Meia-Noite*. São Paulo: Mérito, 1959.

_______. *Correspondência*. São Paulo: Mérito, 1959.

_______. *Crônicas*. Vol. I (1859-1863). São Paulo: Mérito, 1959.

_______. "Semana Literária". In: COUTINHO, Afrânio (org.) *Obra completa*. Vol. III. Rio de Janeiro: Aguilar, 1962.

MASSA, Jean-Michel. *Dispersos de Machado de Assis*. Rio de Janeiro: MEC/INL, 1965.

MINISTÉRIO DE EDUCAÇÃO E SAÚDE. *Exposição Machado de Assis – Centenário do nascimento (1839-1939)*. Rio de Janeiro: Ministério de Educação e Saúde, 1939.

RENAULT, Delso. *O dia-a-dia no Rio de Janeiro segundo os jornais* (1870-1889). Rio de Janeiro/ Brasília: Civilização Brasileira/INL, 1988.

29 Machado de Assis. *Correspondência, op. cit.*, p. 382.

VIRGÍLIO, Carmelo (org.). *Correspondência de Machado de Assis com Magalhães de Azevedo*. Rio de Janeiro: INL, 1969.

Um mestre entre ruínas[1]

Michael Wood
(Princeton University)

As obras de Joaquim Maria Machado de Assis são repletas de sabedoria melancólica ou de algo que se parece à sabedoria melancólica: ligeiramente cansada, ligeiramente amarga, altamente divertida. Piadas, fábulas, epigramas e analogias florescem tão profusamente em suas páginas que acabam por se tornar uma assinatura. Mas será que chegam a ser uma voz? E, nesse caso, voz de quem? Antonio Candido, o grande crítico brasileiro, apontou há muito tempo que, em Machado, "as mais desmedidas surpresas" surgem "na razão inversa de sua prosa elegante e discreta".

Assim, no romance *Quincas Borba*, uma pobre mulher está sentada, chorando, ao lado de seu casebre ainda em chamas. Um bêbado aproxima-se e pergunta se pode acender seu charuto nas labaredas. Não tardamos a deduzir a moral – a indiferença ao sofrimento alheio, a exploração da miséria dos outros – e nos damos por satisfeitos. Machado deduz essa moral também, ainda que mal se demore nela antes de passar a outra, bem mais inesperada. O bêbado, diz ele, demonstra respeito genuíno ao "princípio da propriedade – a ponto de não acender o charuto sem pedir licença à dona das ruínas". A piada é sobre a propriedade ou sobre o culto ao princípio?

Machado foi sem dúvida um "mestre", como quer o título de um dos livros de crítica resenhados aqui (um mestre na periferia do capitalismo), coeditado no Brasil pelas editoras 34 e Duas Cidades, um dos grandes escritores de todo o mundo. Mas um mistério paira sobre sua obra. Ou melhor, dois mistérios: um é brasileiro,

1 Este texto foi traduzido por Samuel Titan Jr.

o outro, internacional. O mistério brasileiro refere-se ao desenvolvimento de sua ficção mais longa.

Machado escreveu nove romances, os quatro primeiros numa veia que ele mesmo chamou de "romântica" – Roberto Schwarz, renomado crítico brasileiro, considera-os "um conjunto de narrativas médias e provincianas". São eles: *Ressurreição* (1872), *A Mão e a Luva* (1874), *Helena* (1876) e *Iaiá Garcia* (1878). Vêm em seguida cinco obras indiscutivelmente maiores, e o mistério está na diferença entre os dois conjuntos. Os cinco romances maduros são *Memórias Póstumas de Brás Cubas* (1881), *Quincas Borba* (1891), *Dom Casmurro* (1900), *Esaú e Jacó* (1904) e *Memorial de Aires* (1908). Creio que a fenda entre os dois tende a ser exagerada, e o último romance de Machado, por sutil e elegíaco que seja, é talvez tênue e lento demais para ser uma obra-prima. Aliás, não difere tanto dos primeiros em tom e estilo. Seja como for, há algo a ser decifrado.

A primeira explicação para o mistério brasileiro, afirma John Gledson em sua introdução ao livro de Schwarz, concentrava-se em aspectos da vida de Machado (uma doença grave, a visão comprometida), no suposto pendor pessimista ou em influências literárias como *Tristram Shandy* (de Laurence Sterne, 1713-68). Mas a verdadeira questão, ao menos de início, é formal e interna. Como entender a súbita mudança de método, a passagem da graciosa narração em terceira pessoa aos extravagantes trejeitos modernistas, incluindo a cronologia emaranhada, o comentário reflexivo, as digressões, narradores em primeira pessoa altamente inconfiáveis, alusões proliferantes, histórias omitidas ou interrompidas, páginas cheias de pontos, títulos idiossincráticos, referências constantes ao caráter livresco dos livros e apóstrofes provocativas a vários leitores imaginários, como na *Lolita* de Nabokov?

Schwarz (p. 142), cujo livro *Um Mestre na Periferia do Capitalismo* foi publicado em português em 1990, não descarta uma explicação biográfica e afirma ponderadamente:

> Talvez se pudesse imaginar que Machado havia completado a sua ascensão social, mas não alimentava ilusões a respeito, nem esquecia os vexames da situação anterior.

Mas Schwarz concentra-se nas propriedades formais dos romances maduros e indaga menos a origem que o sentido da mudança. Contudo, tanto para Schwarz quanto para o Lukács da *Teoria do Romance* (ed. 34), a forma não é uma abstração e não se esquiva ao tempo e à história. Ela é:

a) uma regra de composição da narrativa;
b) a estilização de uma conduta própria à classe dominante brasileira.

Para esse modelo, a literatura não apenas representa a história como conjunto de eventos singulares e cumulativos como também a habita e articula, falando a língua com que cada época dialoga consigo mesma. O lance de Machado é ao mesmo tempo estético e político, um modo de espreitar as classes dominantes sem parecer divergir delas, um modo de fazer – como diz Schwarz a certa altura – com que se condenem por si sós, sem que saibam o que estão fazendo. De resto, para isso foram feitos os narradores inconfiáveis: há sempre uma condenação, ainda que nem sempre a condenação de uma classe inteira.

Memórias póstumas

Um Mestre na Periferia do Capitalismo é dedicado exclusivamente ao romance inovador de Machado, as *Memórias Póstumas de Brás Cubas*. Nem tudo o que está dito aí vale para as obras seguintes, mas tudo o que se diz sobre o romance em pauta é convincente. Em seu contexto ficcional, as memórias são literalmente póstumas. Como ele mesmo anuncia num maravilhoso jogo de palavras, Brás Cubas não é um escritor que morreu ("um autor defunto"), mas um morto que deu para escrever ("um defunto autor"). Ele quer que acreditemos que sua situação o torna superior às trivialidades da vida cotidiana, e muitos leitores e críticos levaram-no a sério.

Mas é evidente, como escreve Schwarz, que Brás Cubas é "tão mesquinho e perseguido por vaidades sociais quanto a mais lamentável de suas personagens (...). A comédia está justamente nas paixões terrenas do vivíssimo defunto". Brás Cubas morto quer fazer com suas palavras o que bem entender, assim como imagina ter feito com sua vida o que bem entendesse. Ele reconta sua infância de mimos, suas dissipações de adulto e seu fracasso em deixar qualquer marca sobre sua época, como se tudo isso formasse uma narrativa de sucessos superlativos. Mas é claro que o capricho extremado é uma forma de cativeiro, e esse é um romance fundado sobre aquilo que Schwarz chama de "inadequação calculada das atitudes do narrador ao material representado".

No caso, "inadequação" significa menos "insuficiência" que "incompreensão", um lapso moral e psicológico. A perfeição da escrita reside na complexidade dos erros arremedados. Schwarz cita Benjamin, que descrevia Baudelaire como "um agente secreto – um agente da insatisfação secreta de sua classe com a própria dominação". Se Machado é um agente, Brás Cubas é sua fachada desavisada e complacente. Um bom exemplo que suscita o melhor da crítica lúcida e veemente de Schwarz é a defesa cínica que Brás Cubas faz de seu cunhado Cotrim – uma defesa que representa a perdição para o acusado e o defensor. Há quem diga que Cotrim é um bárbaro: "O único fato alegado neste particular era o de mandar com frequência escravos ao calabouço, donde eles desciam a escorrer sangue: mas, além de que ele só mandava os perversos e os fujões, ocorre que, tendo longamente contrabandeado em escravos, habituara-se de certo modo ao trato um pouco mais duro que esse gênero de negócio requeria, e não se pode honestamente atribuir à índole original de um homem o que é puro efeito de relações sociais". O "único fato" parece mais que o bastante, e o ligeiro excesso de dureza ("o trato um pouco mais duro") é desmentido pelo sangue que escorre. A menção ao contrabando tenta transformar o crime em desculpa, e o argumento a respeito das relações sociais põe o pensamento liberal de ponta-cabeça. Schwarz nota que as verdades vexaminosas não são escamoteadas, apenas reinterpretadas. Isso equivale à "civilidade intraelite, fazendo mostra do melhor da cultura contemporânea".

Graça soturna

O que o livro de Schwarz não nos diz é por que o romance é tão engraçado quanto soturno. Nem sempre Brás Cubas é a mera fachada de Machado: muitas vezes ele é crítico e irônico por si só. O próprio Schwarz tem ouvido para o humor e examina várias vezes os efeitos cômicos e farsescos da obra. Mas sua tese é um tanto severa e inflexível, mesmo quando o assunto não é a escravidão. E se não formos cativados para a "comédia ideológica brasileira" em cena? Será que a única alternativa consiste em cair presa dos encantos narrativos de Brás Cubas, tornando-nos cúmplices de classe à distância? Schwarz preocupa-se com isso: "Machado se vale, com absoluta mestria, dos recursos ideológicos e literários mais prezados por sua vítima", gerando "uma semelhança entre a crítica feroz e a apologia, o que pode levar a confusão".

Com isso, chegamos ao segundo mistério, agora internacional. Os romances de Machado têm sido publicados em inglês e em outras línguas há uns cinquenta anos. Não há quem o leia sem considerá-lo um mestre – mas quem o lê, quem já ouviu falar dele? Quando converso sobre Borges, tenho que pronunciar claramente o nome, mas não tenho que dizer quem ele é. Em 1990, apresentando uma nova edição das *Memórias Póstumas,* Susan Sontag se dizia "espantada ao ver que um escritor dessa grandeza ainda não ocupe o lugar que lhe cabe".

Ela então concluía com eloquência: "Amar este livro implica tornar-se menos provinciano quanto à literatura e às suas possibilidades". Será que nós nos tornamos menos provincianos nestes últimos anos?

Agora temos quatro novas traduções para o inglês: *Posthumous Memoires of Bras Cubas, Quincas Borba, Dom Casmurro* e *Esau and Jacob* (lançadas no fim dos anos 1990 pela Oxford University Press). São fluentes e firmes – mas as antigas, em sua maioria, também o eram.

Na coletânea de ensaios organizada por Richard Graham (*Machado de Assis: Reflectionson a Brazilian Master Writer,* University of Texas Press), Gledson formula a pergunta espinhosa; ele se refere a *Dom Casmurro,* mas podemos ampliar seu âmbito para o conjunto da obra: "Será que estamos vendendo o romance errado?" Gledson quer dizer que nos esforçamos para promover o romance a obra-prima internacional, sem maior disposição para falar de seu contexto brasileiro.

Creio que há alguma razão nisso – e concordo que Machado é um mestre por conta de seu ambiente e de seus temas brasileiros, não apesar deles. Mas ainda precisamos saber em que consistem a mestria e a modernidade de Machado, por que seus romances são mais que documentos históricos, mais que os documentos oblíquos e sofisticados que Schwarz identifica.

A meu ver, há um começo de resposta na hipótese de João Adolfo Hansen (recolhida na coletânea de Graham), para quem Machado construiu seu estilo a partir das "ruínas de um tempo morto", dos "resquícios arruinados de um mundo pré-moderno". Essa não é uma busca do tempo perdido, mas um memorial de sua perda, e mesmo o memorial pode ser uma ficção. Em seu ensaio sobre "O Narrador", Walter Benjamin escreveu que um provérbio é "uma ruína no lugar de uma velha história", e poderíamos dizer que Machado escreveu provérbios narrativos irônicos, que sabem de seu próprio desamparo. Nada mais moderno que uma ruína dessas.

A situação configura-se mais claramente em *Dom Casmurro*, cujo narrador, Bento Santiago, está tentando reconstruir sua vida, alcançando apenas o que ele mesmo reconhece como simulacro. Bento é um narrador ainda mais inconfiável que Brás Cubas: mesmo que possa ser engraçado, ele é mais ansioso e ignorante.

Mas o texto que ele escreve não é estritamente ambíguo, e sim indeterminado. Bento é suficientemente tolo e obnubilado para ser facilmente traído, além de suficientemente vaidoso para inventar o adultério da mulher a partir de nada. Está convencido de sua própria história: "Uma cousa fica, e é a suma das sumas, ou o resto dos restos, a saber, que a minha primeira amiga e o meu maior amigo, tão extremosos ambos e tão queridos também, quis o destino que acabassem juntando-se e enganando-me...".

Destino ou paranoia? Ou mero conto?

Podemos aceitar a história de Bento, como fizeram os primeiros críticos, ou podemos rejeitá-la, como tendem a fazer os críticos modernos, mas não podemos fazer as duas coisas ao mesmo tempo, e Machado não está nos convidando a um cômodo ceticismo quanto à verdade alcançável. Ele nos faz lembrar que temos que tomar decisões a partir do que sabemos, o que raras vezes é o bastante. "A verossimilhança (...) é muita vez toda a verdade", diz Bento ao início de seu conto.

Ele quer dizer que as aparências são muitas vezes tudo o que temos e que as coisas às vezes são o que parecem ser.

Entretanto, uma vez que essa proposição vem de um homem que devastou várias vidas, incluindo a própria, com base em sua leitura dos olhos alheios e em pouco mais que o que lhe parecia uma inegável semelhança entre o filho e o amigo, podemos chegar a uma conclusão diferente. Poderíamos dizer que cada um pode fazer o que bem entender com as aparências, na medida em que não tenha mais que elas.

Em *Quincas Borba*, o provérbio recorrente é a expressão aparentemente simples "ao vencedor as batatas", que Schwarz tomou emprestado para título de seu estudo sobre os primeiros romances de Machado, publicado em 1977 (ed. 34). Trata-se obviamente de uma versão burlesca de expressões como "quem ganha leva"; em seu contexto, sugere também a "sobrevivência dos mais aptos". A frase é cunhada pelo filósofo excêntrico Joaquim Borba dos Santos, que aparece tanto no romance que leva seu nome quanto nas *Memórias Póstumas*. Quincas é fundador de uma doutrina que chama de "humanitismo", a qual ensina, entre outras coisas, que não há morte, apenas mudança e luta pela vida. Isso é darwinismo social livre de culpa, o travesti machadiano das ideias modernas retrabalhadas pelo subdesenvolvimento. Estamos no melhor dos mundos possíveis, e Quincas repetidamente assevera que Pangloss não era o tolo por que Voltaire o tomava.

Quincas morre e deixa sua fortuna considerável para o amigo Rubião, que agora entende o humanitismo como nunca antes. "Ao vencedor as batatas", diz consigo, até que adota a expressão como mote mental. Não porque tenha lutado por seu dinheiro ou tenha feito algo para consegui-lo, exceto por alguns atos de gentileza em direta contradição com a teoria militante de Quincas, mas só porque agora o dinheiro é seu. Não é que o vencedor fique com as batatas – o dono das batatas é que é o vencedor, não importa como as tenha conseguido. Machado comenta laconicamente: "Tão certo é que a paisagem depende do ponto de vista, e que o melhor modo de apreciar o chicote é ter-lhe o cabo na mão".

Ao fim do livro, Rubião gastou, emprestou ou perdeu todo o dinheiro que Quincas lhe deixara, ficando sozinho com o cachorro de Quincas Borba, que também atende pelo mesmo nome. Rubião não tem batatas, mas ainda adora a fórmula, que lhe serve de obscuro consolo. "Não se lembrava inteiramente da alegoria; mas a palavra deu-lhe o sentido vago da luta e da vitória." Rubião e o cachorro vagueiam pelas ruas chuvosas de uma cidade na província brasileira, ambos encharcados – mas o cão, sem o consolo de uma frase de efeito. "Ao vencedor as batatas", grita Rubião. Pouco depois ele morre, vítima não da sociedade ou da natureza, mas da incapacidade generalizada de compreender que os provérbios e o mundo não caminham em pé de igualdade.

Em *Esaú e Jacó*, encontramos aquela que provavelmente é a mais interessante dessas ruínas, uma alegoria tão transparente que parece excluir a interpretação alegórica. Pedro e Paulo são irmãos gêmeos, ambos apaixonados pela mesma mulher, Flora. Ela ama os dois, ou melhor, ela ama o par. Quando um deles se ausenta, ela sente que seu amor não é completo. Os irmãos supostamente brigam entre si desde o ventre da mãe, como Esaú e Jacó, e vêm mantendo a tradição desde então. Pedro é médico, Paulo é advogado; Pedro é monarquista, Paulo é republicano desde a infância – e possuem retratos de Luís XVI e Robespierre, respectivamente. Sua mãe gostaria que fizessem as pazes; Flora só quer vê-los juntos.

Sem ter como escolher entre eles, Flora morre como uma heroína vitoriana, de uma moléstia que não pode ser outra coisa senão seu dilema intratável. À beira do leito de morte, os gêmeos prometem que não lutarão mais e quebram a promessa. Prometem o mesmo à mãe moribunda, mas também não cumprem. O que esperávamos? Que Esaú e Jacó reescrevessem sua história e partilhassem seus pratos de sopa?

Sabemos que Bento Santiago inventou a história de seu destino, por verdadeiro que este seja. Mas por que Pedro e Paulo não podem parar de brigar? Qual seria a natureza dessa necessidade? Num certo nível, a questão é descabida. "Necessidade" é apenas um outro nome para "Machado", uma vez que foi ele quem montou o enredo esquemático e insolúvel. Com alguns golpes de pena, poderia ter transformado os gêmeos ou obrigado Flora a escolher. Mas, com isso em mente, podemos olhar com outros olhos para o que ele de fato fez.

Machado montou uma alegoria óbvia demais para ser aceita em seus termos, rígida demais para não incluir uma troça da noção de alegoria, por toda a proliferante realidade política e psicológica que ela deixa de fora. Mas a alegoria não é falsa. Países e pessoas têm que escolher e muitas vezes não conseguem escolher, meramente embaralhando as alternativas e imaginando ter encontrado um centro qualquer.

Isso é o que Flora não faz, preferindo morrer. Além disso, partidos políticos e grupos sociais prolongam suas lutas além de qualquer razão para lutar, pois muitas vezes a luta se tornou razão de viver, definição de suas essências. No *Memorial de Aires* (1908), Machado comenta de modo esquivo que "a reconciliação eterna, entre dois adversários eleitorais, devia ser exatamente um castigo infinito". Ao armar a estrutura alegórica simultaneamente como destino (para as personagens) e como ficção (para o autor e o leitor), Machado convida-nos a pensar não apenas nas escolhas que fazemos, mas também sobre a própria possibilidade de escolha, sobre aqueles momentos em que, a despeito de todas as aparências de liberdade, não sabemos exatamente quão livres somos.

Schwarz cita Benjamin, que considera Baudelaire nosso contemporâneo (ou ao menos contemporâneo de Benjamin), porque as condições que ele havia explorado e dramatizado ainda não se foram. Eu diria que Machado é nosso contemporâneo porque suas preocupações ressurgem em todo lugar, como formações de nuvens ou protestos políticos, e porque não temos certeza sobre quem ele é. Suas obras são como aqueles "livros omissos" que Bento Santiago nos recomenda.

Os provérbios e ruínas que acabo de evocar – o jogo de aparência e desejo, o mundo de contingências difusas – têm domicílio no Brasil de Machado, mas também topamos com eles em outros lugares e provavelmente não vamos parar de reencontrá-los. Não que o mundo não tenha mudado ou que os países não sejam diferentes entre si. Mas a mudança e a diferença têm formas históricas precisas, e Machado soube agarrá-las em movimento. "O tempo é um tecido invisível", diz seu narrador em *Esaú e Jacó*, "em que se pode bordar tudo, uma flor, um pássaro, uma dama, um castelo, um túmulo. Também se pode bordar nada. Nada em cima de invisível é a mais sutil obra deste mundo, e acaso do outro".

Como se vê, o nada de Machado não era pouca coisa.

Machado e o Modernismo

Raul Antelo
(Universidade Federal de Santa Catarina)

> A instituição de loteria tem ainda algumas boas décadas de existência. Deus a conserve! Ela é o auxílio da piedade econômica, organizada em irmandades, que alumiam o Altíssimo com a porcentagem de basbacaria humana que é (...) a melhor apólice que conheço sem desfazer as do Estado. Ela distribui o pão, o lençol, levanta pontos, conserta estradas, cuida do homem todo, corpo e alma, por fora e por dentro, na vida e na morte.
> Quando porém não fosse assim, a ciência nada tem que ver com a utilidade ou perversidade das instituições. O lado social não lhe pertence, mas só o mecânico. Demais, há um princípio de solidariedade que liga todas as instituições de um país, a loteria e a engenharia.
>
> (Lélio – *Balas de estalo*, 24 de março de 1885)

Sabemos que toda efeméride sagra a vitória do planejamento em relação ao arbítrio. Impõe uma ordem cíclica àquilo que não passaria de uma continuidade esvaziada de valor em si. Destaca a relevância do evento, singular e homogêneo, que assim se vê recortado em relação a uma série anônima de acontecimentos heterogêneos. Distribui valores. Fixa um consenso cultural. Consolida, enfim, a liturgia laica dos intelectuais, reforçando, *en passant*, a construção de identidades nacionais a partir dos recursos do Estado.

A efeméride requer um rito específico, o da religião civil, aquela que se define em função do respeito religioso, ou quase religioso, devotado aos valores e às tradições cívicas que recorrentemente aparecem na história do Estado político.[1]

Porém, sabemos também que todo esse esforço civilizatório eufemiza as forças desestabilizadoras de toda construção cultural. Nietzsche chamou essa compulsão celebratória do Ocidente de história monumental, um relato que invoca antecedentes ilustres para apaziguar, quando não para evitar, um presente problemático. Freud reconheceu nesse gesto uma não elaborada rivalidade filial que aguarda o desaparecimento dos pais fundadores para consagrar-lhes devoção e respeito póstumos. Através dessa prática, a imitação, sentimento possível na simultaneidade de tempos dissímeis, cede lugar à comemoração como um modo de nos separarmos desse passado e, ao mesmo tempo, de evitarmos um confronto direto entre precursores e pósteros. Borges, mais próximo de Nietzsche do que de Freud, soube ver na invenção de precursores uma estratégia transgressiva, a da atribuição errônea e do anacronismo deliberado, maneiras oblíquas de sequestrar o duelo entre o cânone e suas margens. Wittgenstein, por sua vez, não deixou de apontar nosso radical desengajamento em relação aos antigos mestres, reconhecendo, por trás da linguagem celebratória e condescendente das comemorações, uma atitude ambivalente, misto de honraria e banimento, através do qual se manifesta o desejo contemporâneo de suspender a obediência retrospectiva às instituições tradicionais.

Esse complexo de representações ambíguas aparece, com pungência, não digo já neste centenário de *Dom Casmurro*, porém, em alguns textos de 1939, ano do centenário machadiano. Mário de Andrade, por exemplo, postula nessa ocasião um peculiar divórcio entre ética e estética ao constatar que "acontece isso da gente ter às vezes por um grande homem a maior admiração, o maior culto, e não o poder amar". Visto que "a um Machado de Assis só se pode cultuar protestantemente", isto é, na condição de celebrante *meticuloso*, caberia interpretar a leitura de Mário como parte da dialética edipiana de amor e medo com que ele próprio lê o romantismo brasileiro. Podemos facilmente reconhecer, em sua leitura machadiana,

1 Ver Robert Nisbet. "Civil Religion". *The Encyclopedia of Religion*, 3, 1987, p. 524.

os mesmos ingredientes de obediência retrospectiva, paródica, ficcionalizados em "O peru de Natal", essa alegoria das ambivalências homoeróticas do menor em relação ao maior, nada desdenhosa, seja dito de passagem, da integração grupal que deriva do sequestro pulsional, ou até mesmo, valores simulacralmente machadianos que o próprio escritor modernista põe em prática ao redigir, precisamente em 1939, "Quatro pessoas".

Não devemos esquecer entretanto que 1939, sendo o centenário machadiano, é também o ano da morte de Freud, momento de conclusão de um ciclo vital ameaçado pela guerra. Não pode nos surpreender, portanto, que, em um exercício autorreferente à sua própria condição de prócer modernista, dilacerado pela abjeção boêmia e a reverência pública, Mário de Andrade louve o decoro machadiano, que "desautoriza por completo a inquietação sexual, e mesmo a inquietação moral do artista, pela vida honestíssima que viveu". Essa sublimação individual redunda, porém, em inequívocos benefícios éticos coletivos já que Machado se tornaria assim, no olhar dos modernistas, um depurado e decantado exemplo cívico nacional:

> Agora, mais do que nunca, neste período de domínio do espontâneo técnico em que vivem quase todos os nossos artistas, teríamos que buscar em Machado de Assis aquela necessidade, pela qual todos os grandes técnicos são exatamente forças morais.[2]

Pautada pela abstenção e o rigor, a leitura de Mário de Andrade orienta-se, como vemos, por um esforço de autorização, isto é, um esforço de tornar-se autor, nacional e unânime. Já outro modernista, Aníbal Machado, em um ensaio infelizmente não recuperado, mas igualmente publicado, como o de Mário, pelo *Diário de Notícias* do Rio de Janeiro,[3] desautoriza a força moral e nacional desse processo canônico, o que em última análise, pressuporia, para retomarmos a expressão de Mário, reconhecer

2 Mário de Andrade. "Machado de Assis". *Aspectos da literatura brasileira*. São Paulo: Martins, 1972, p. 95.

3 Aníbal Machado. "Machado de Assis". *Diário de Notícias*. Rio de Janeiro, 25 junho de 1939, p. 1-2.

uma inquietação moral, senão sexual, que desestabilizasse a solidez do cânone nacional. Diz Aníbal:

> Não se pode evidentemente avaliar "a nota íntima da nacionalidade" de um escritor pela natureza dos temas de que se serve e isto está entendido no final da observação de Machado, "independente face externa das coisas". Merimée escrevendo *Carmen*, novela espanhola, não deixa de ser francês, como Shakespeare continua inglês em *Antonio e Cleópatra*, ou em qualquer de suas peças tiradas de Plutarco. Machado não é brasileiro à maneira por que Cervantes e Unamuno são espanhóis, Voltaire e Giraudoux são franceses, Schiller é alemão, Dostoiewsky é russo e Whitman, americano – porque em cada um deles se reconhece a nota íntima da respectiva nacionalidade, o que não me parece ocorrer em Machado, escritor que pintou admiravelmente os costumes cariocas e que estaria dotado para realizar na França, por exemplo, o que Merimée, francês e Hemingway, americano, fizeram magistralmente em Espanha. Será brasileira a obra de Machado pelo simples fato do escritor haver tomado os seus tipos à sociedade carioca numa das etapas de sua evolução? Mas os motivos eram como dissemos acima, simples pretexto para que ele pudesse afirmar uma tendência do espírito e uma atitude humana em que me parece entrar muito pouco do psiquismo brasileiro.

A ninguém escapa que a passagem dialoga, na verdade, com o "Instinto de nacionalidade", porém, com evidentes ressalvas. Onde Machado apostava, confiado, no porvir, "a literatura será brasileira", Aníbal nuança os arroubos antepondo uma pergunta cautelosa, "será brasileira a obra de Machado?" Se este preferira avaliar o nacional em termos de instinto, Aníbal Machado, entretanto, pende inequivocamente para uma definição institucional do nacional, com o qual acaba por separar instituição de cânone.

Cabe relembrar, sumariamente, que o cânone limita, de maneira objetiva, as ações simbólicas, ao passo que a instituição fornece um modelo positivo para tais ações. As teorias normativas do cânone, como sabemos, só veem positividade fora do social, por exemplo, na condição natural de uma identidade biológica e, via de regra, encaram a limitação contratual societária como algo negativo. Astrojildo Pereira é um dos críticos que exalta a conceituação machadiana de instinto nacional a partir do conceito de nação de Stalin.[4] Já a teoria modernista da instituição, que Aníbal Machado, apesar de seu apoio à posição de Astrojildo,[5] muito bem ilustra, põe sua ênfase negativa fora do social, digamos, nas necessidades insatisfeitas; porém, ela também nos apresenta o social como um espaço inventivo do vínculo, o que, em última instância, equivale a uma versão política das trocas sociais que tentam, a todo custo, satisfazer, isto é, saturar as necessidades. Entretanto, tais necessidades, por serem impossíveis de satisfazer e, ainda, pelo fato de sua saturação ser meramente satírica, na medida em que ilusória, elas continuam insatisfeitas, embora não menos necessárias; em outras palavras, permanecem infinitas e políticas por definição.

Nesse sentido, como essas necessidades nunca se poderiam satisfazer de fato, elas se afastam decididamente da inércia biológica do instinto e preparam o terreno para a autonomia acéfala das pulsões. Portanto, a leitura de Aníbal Machado está não só desconstruindo o caráter nacional da instituição Machado-de-Assis. Mostra, simultaneamente, o caráter *Unheimliche* de toda representação canônica nacional.[6]

4 Astrojildo Pereira. "Instinto e consciência de nacionalidade". In: *Machado de Assis*. Rio de Janeiro: São José, 1959, p. 43-85.

5 Observa Aníbal que, "ao contrário do que se afirma desde Sylvio Romero e José Veríssimo, até Lúcia Miguel Pereira e Astrojildo, cujo trabalho na *Revista do Brasil*, terá que acrescentar-se aos grandes estudos sobre Machado – faltava ao autor de *Brás Cubas* aquele 'modo de sentir que dá a nota íntima da nacionalidade, independente da face externa das coisas', segundo as suas próprias palavras referindo-se a José de Alencar". Aníbal Machado, *op. cit.*

6 Argumenta Kristeva que o enraizamento do específico no que a universalidade humana, através da palavra, pode ter de diversificado, nas várias línguas nacionais, acompanhava entre os românticos a ideia de um fundamento invisível da natureza visível e universal. Tal *Grund*, colado à natureza, estava assim mais entregue a uma busca emocional, o *Gemut*, do que intelectual, daí que as pesquisas dos estados não-conscientes (sonho, vigília, loucura) tentem apreender o estranho. O resultado, conclui a autora, é que o *Einfühlung*, isto é, o acordo unificador, com o diferente e estranho acabe se impondo como traço distintivo do homem culto cosmopolita. É dessa base que surgirá uma noção heteróclita de *inconsciente* que funciona, alternativamente, como laço profundo do homem com a natureza, como dinamismo inteligente de inspiração hegeliana ou então como vontade inerente às representações, ideia,

A tarefa não se torna por isso mais fácil e Aníbal é consciente do desafio, que por outro lado envolve representações pulsionais, quando admite:

> Isso obriga a uma aventura perigosa, que é definir esse psiquismo. A essência dele menos facilmente será encontrada nos laboratórios de análise do que no nosso folclore e pela iluminação instantânea da poesia. Não se pode ainda definir com rigor, em termos conceituais, as características da alma brasileira, não obstante as notáveis tentativas sociológicas dos últimos tempos. Entretanto, sente-se que essas características estão quase ausentes do espírito da obra de Machado. Certamente, nesse terreno obscuro só nos poderá guiar um instinto secreto, menos inseguro por enquanto do que o conhecimento lógico. Só assim poderemos falar em espírito brasileiro antes de defini-lo claramente. Essa desordem lírica, essa instabilidade e avidez, esse frêmito superficial diante da vida, essas incoerências miúdas, esses heroísmos instantâneos e entusiasmos sem prosseguimento, essa preguiça e essa doçura de um lado; do outro lado, o sopro da terra, o drama das populações rurais, a interferência da paisagem na vida poética do homem, todas essas forças, formas e densidades só pelo lirismo podem ser traduzidas.

Aníbal Machado alimenta certa desconfiança com relação às construções reguladas hegelianamente pela ideia de formação, superação e racionalidade. Inclina-se, entretanto, como bom surrealista, pelos "elementos de fundo poético-irracional", isto é, pelas representações culturais recolhidas pela pesquisa antropológica bem como pelas iluminações produzidas pela poesia, o que o coloca em aberta sintonia com aquilo que se verificava na Europa de entreguerras.

---

esta última, tão dominante em Schopenhauer e no próprio Machado de Assis. Julia Kristeva. *Estrangeiros para nós mesmos*. Tradução de M. C. Carvalho Gomes. Rio de Janeiro: Rocco, 1994, p. 177-202. Para a articulação entre a ficção machadiana e a tradição ética, ver Alfredo Bosi. *O enigma do olhar*. São Paulo: Ática, 1999, notadamente o capítulo "Materiais para uma genealogia do olhar machadiano".

Com efeito, a ideia de um surreal etnográfico disseminado entre artistas dissidentes da vanguarda, notadamente, entre acefálicos e minotáuricos; a reivindicação benjaminiana do fragmentário, em sua teoria da experiência e do narrador, bem como a própria leitura lacaniana de Freud são elaborações que coincidem todas em um ponto: a busca de um para-além do sistema, algo que nos permita sair da lógica binária das vanguardas. Esse para-além reside, em todos esses casos, na ideia de que a lei existe para ser violada. Em *O erotismo*, por exemplo, Georges Bataille argumenta:

> Se a proibição se contivesse nos limites da razão, significaria necessariamente a condenação das guerras e colocar-nos-ia perante esta opção: ou aceitá-la e fazer tudo para eliminar o morticínio militar, ou então combater, considerando a lei puramente ilusória. Mas as proibições sobre as quais repousa o mundo da razão não são, por causa disso, racionais. Inicialmente, uma calma oposição à violência não teria bastado para dividir os dois mundos. Se a oposição não tivesse, de algum modo, participado da violência, se um violento sentimento negativo não tivesse tornado a violência horrível, para uso de todos, o mero raciocínio não teria bastado para definir com suficiente autoridade os limites da oscilação. Só o horror e o terror insensatos podem subsistir junto aos desmedidos excessos. É essa a natureza do *tabu*, que torna possível um mundo de calma e de razão, mas é, ele próprio, no seu princípio, um tremor que se não impõe à inteligência mas à sensibilidade, como aliás sucede com a violência (essencialmente a violência humana é consequência, não de um cálculo, mas de estados sensíveis: a cólera, o medo, o desejo, etc.). Temos que tomar em conta o caráter irracional das proibições se quisermos compreender uma indiferença à lógica que não deixa de lhe estar ligada. No domínio irracional em que as nossas considerações nos encerram, devemos dizer: "Por vezes, uma intangível proibição é violada, o que não quer dizer que ela deixe de ser intangível". Podemos levar esta afirmação até ao absurdo: "A proibição existe para ser violada". Proposição que não é, como pode parecer à primeira vista, um paradoxo, mas o correto enunciado de uma inevitável relação entre emoções de sentido contrário. Sob o peso da emoção negativa, devemos obedecer à proibição. Violamo-la se a

> emoção é positiva. A violação cometida não é de natureza a suprimir a possibilidade e o sentido da emoção oposta, antes é dela justificação e origem. Não seríamos tão aterrorizados pela violência se não soubéssemos, ou pelo menos se disso não tivéssemos obscura consciência, que ela nos pode levar ao pior.[7]

Nessas considerações sobre a clandestinidade da despesa festiva, Bataille vai muito além de acompanhar a teoria da transgressão desenvolvida por Caillois em *O homem e o sagrado*. Ao definir a transgressão não como a negação de uma proibição senão como sua ultrapassagem, isto é, como seu suplemento, Bataille, em última instância, corporifica a noção, tomada aliás de Marcel Mauss, de que os tabus foram feitos para serem violados e, assim fazendo, nos fornece, simultaneamente, três respostas diferentes: uma teoria da guerra (o presente da enunciação,1939), uma teoria do Estado (dominado pelo acaso e não pela razão) e, por último, uma teoria econômica (baseada na despesa e não na acumulação).

Através desse mecanismo, encena-se um conflito, de fundo ético e histórico, que é nossa grande herança do século XIX: o rebaixamento dos valores. Conhecemos várias traduções desse processo: o retorno, para Marx, da tragédia em força revolucionária; o tema nietzschiano do último homem e do Eterno Retorno ou, ainda, as diatribes de Michelet contra seu próprio tempo, que por sinal é o tempo do tédio. Machado acompanha, de fato, essa mesma lamentação, que por sinal nada tem de saudosista sendo, antes pelo contrário, peculiarmente progressista; porém, mais do que uma avaliação ética feita nesses termos, que sutilmente nos desliza a avaliações binaristas indesejadas, caberia pensar, à maneira de Bataille, que a modernidade (pós-moderna) de Machado consiste, precisamente, em aventar uma saída à fatalidade paradigmática do binarismo. Contra a emulação nobiliárquica de uma sociedade cujo valor de trabalho encontra-se, na prática, sequestrado, em função do regime escravocrata, Machado de Assis não opera com a oposição mestre/escravo, isto é, digno/indigno. Ao contrário, através do regime cético de sua ironia, ele introduz uma instância antiparadigmática que aponta o caráter anômico da sociedade de seu

7 Georges Bataille. *O erotismo*. Lisboa: Moraes, 1968, p. 56-7.

tempo. Relembremos a pontuação de Barthes a esse respeito. O terceiro, neste caso, o abjeto, não aponta qualquer regularidade ou previsibilidade. Não é o neutro (que não é digno nem indigno) mas também não é o misto (que é digno e indigno ao mesmo tempo).[8] É uma ideia excêntrica e excessiva colocada não digo *fora do lugar* (eurocêntrico de uma produção),[9] porém, fora da lei estrutural da própria sociedade. Não há nada de fortuito, portanto, no fato de alguém tão próximo a Bataille como Caillois se valer, justamente, de um dos relatos de *Relíquias da casa velha*, o "Jogo do bicho", para ilustrar as loterias culturais como normas de uma sociedade de pós-produção como aquela que emerge, na Europa, depois da última guerra.

Há, pontualmente, nesse conto de Machado, mas também, poderíamos dizer, em escala maior, na própria modernidade periférica, algo que excede a ordem emulativa ou agonística preconizada pela modernização. Diríamos então, em poucas palavras, que o jogo machadiano antecipa, a rigor, o caráter aleatório das instituições sociais pós-modernas, retomando, assim, por outro caminho, a observação de Silviano Santiago,[10] segundo a qual a estética machadiana da disciplina questiona a própria noção de disciplina, no momento mesmo de sua maior dominância, e suscita, em virtude de aposta tão arriscada, uma verdadeira reviravolta causal que faz com que os autênticos precursores de Machado sejam, a rigor, os praticantes da literatura de exaustão – Mallarmé, Joyce, Borges –, o que, em última análise, coloca Machado de Assis no bojo e no jogo da linguagem contestatória de toda comunicação ou produção de estocagem.

Com efeito, a *alea* ou jogo de dados, cifra singular da exaustão produtiva e sob cuja lógica funcionam as sociedades contemporâneas de controle, marca e revela, em todo transe, o favor do destino. Nela o jogador jamais exibe esforço mas, pelo contrário, transparece a mais completa passividade diante das necessidades. Não se vale de qualidades nem de disposições inatas. Não carece, do seu ponto de vista, possuir habilidades ou recursos de engenho. Tão somente esperar um valor social, a justiça ou a felicidade,

8 Roland Barthes. "Les sorties du texte". In: *Oeuvres Complètes*. Vol. II. Paris: Seuil, 1994, p. 1614-22.

9 Roberto Schwarz. *Ao vencedor as batatas*. São Paulo: Duas Cidades, 1977; e *Um mestre na periferia do capitalismo: Machado de Assis*. São Paulo: Duas Cidades, 1990.

10 Silviano Santiago. "Toda a memória do mundo". *Folhetim. Folha de S. Paulo,* 13 de agosto de 1988, p. 3-5.

na forma de um não-valor, a decisão arbitrária da sorte. Essa justiça ou felicidade que é, em todo caso, tardia, privada e oblíqua, recompensa o jogador proporcionalmente a seu risco, mas com rigorosa exatidão, embora, como vemos, de maneira inversa ao empenho agonístico. Na sociedade da produção e do trabalho, matéria do romance de formação, as probabilidades dos concorrentes no jogo são igualadas pelo labor e pelo afinco. Entretanto, na sociedade da despesa, do jogo e da guerra (pouco importa, seja dito de passagem, se guerra nacional, como a do Paraguai, internacional, como a das vanguardas, ou global, como a das megafusões financeiras), o jogo do aleatório nega o trabalho, a paciência, a habilidade, a qualificação; elimina o valor profissional, a regularidade e o treino, cancelando, num simples lance de sorte, todos os resultados acumulados. Como resume Caillois, a *alea* apresenta-se como uma insolente e soberana derrisão do mérito que, ao separar a visão do olhar, faz com que a consciência se revire sobre si própria e *se veja a se ver.*[11]

Uma atitude agonística, como a dos modernistas e sua ansiedade de influência, tende a reivindicar a responsabilidade pessoal, enquanto, por sua vez, a chance aleatória marca, em compensação, uma demissão da vontade pessoal e um abandono ao destino, tornando assim mais crua a relação com o dinheiro. Não há, na chance, qualquer mediação de mérito ou qualificação que regule as relações do sujeito com o capital; ao contrário, abole-se todo tipo de superioridade individual face ao império aleatório da sorte e ao ilícito de qualquer enriquecimento súbito.

Mas seria certamente limitado afirmar que a vontade de chance pós-moderna se opõe à luta modernista; antes complementa-a, simetricamente, através de uma mesma lei compartilhada por ambas: a da criação arbitrária e artificial de uma igualdade entre pares que se vê normalmente recusada e forcluída na sociedade de massas.[12]

Para Aníbal Machado, essa igualdade arbitrária, artificial e aleatória era derivada de uma peculiar concepção niilista da vida que Machado expôs ao longo de sua

11 Retomo as considerações sobre pulsão escópica que, a partir da *Méduse & Cie*, de Caillois, e da *Jovem Parca*, de Valéry, são formuladas por Lacan em *O seminário*. Livro 11. *Os quatro conceitos fundamentais da psicanálise*. Tradução de M. D. Magno. Rio de Janeiro: Zahar, 1979, p. 75.

12 Roger Caillois. *Jeux et Sports. Encyclopédie de la Pléiade*. Paris: Gallimard, 1967, p. 162-5. Para uma discussão histórica do problema, ver Micael Herschmann e Kátia Lerner. *Lance de sorte. O Futebol e o jogo do bicho na Belle Époque carioca*. Rio de Janeiro: Diadorim, 1993.

obra como a irrealidade imediata e espacial do presente, através do caráter ilusório de toda referência presente. Desenha-se, portanto, em suas ficções, um divórcio entre o evento e seu valor. Para que haja relato em Machado, algo, de fato, teve de acontecer e passou a pertencer, sem dúvida, ao registro da história; porém, o enigma de seu valor continua aí como signo presente de algo ausente. Postula-se, em consequência, algo bem mais complexo do que uma simples oposição binária entre vida e morte. Por isso, certamente, diz Aníbal, "da vida só interessava ao escritor aquilo que servisse para instruir a sua concepção previamente desencantada da vida". Há em Machado, portanto, ao menos tal como interpretado pela matriz poético-irracional do modernismo, uma bifurcação da vida em uma vida ordeira e normal e uma vida escabrosa, infame ou abjeta, esboçando-se, assim, uma cisão daquilo que não cessou de morrer, porém já está, de fato, morto em vida. Do lado da morte, igualmente, temos uma morte inerte e palpável mas há outra, entretanto, não menos real, a maquínica, que é puro movimento, donde a oposição básica vida /morte é suplementada agora pela noção parasitária de um entre-dois onde se instala o tédio. Em Machado de Assis, argumenta Aníbal, o tédio é o elemento obtuso que coloca seu autor fora da lei estrutural – e, portanto, para além do realismo, para além do nacionalismo, para além do materialismo.

> Machado, sem fé, sem confiança, parece estar a dizer que o mal é inevitável, que a dor e só a dor é própria da condição humana; que não adianta fazer nada; que o que se pode arranjar de melhor, até que a morte chegue, é divertir-se com o espetáculo risível dos outros. Isento de paixões ou tendo-as recalcado e dissolvido pelo espírito, Machado atingiu uma altura serena donde pôde acompanhar os meandros do real, de que preferiu fazer o inventário risonho e cruel a erguer o canto (...). E Machado, muito correto, muito pontual, pedindo desculpas aos amigos imediatos, assestou contra a humanidade a sua máquina de sarcasmo e ironia. Máquina ao mesmo tempo admirável, terrível e silenciosa. A humanidade era então a classe burguesa do Segundo Império. Mas não importava: o principal não era fotografá-la em pose demorada; era expor uma concepção geral e niilista da existência,

> fazer exalar através da ficção literária um tédio que "n'est en soi que la vie toute nue, quand elle se regarde clairement" (Valéry).

O importante não é o particular absoluto ou a contingência soberana de uma pose. Não é, digamos, a fadiga modernista, mas o tédio pós-modernista o que acaba por nos revelar uma vida desajustada às técnicas de disciplinamento e disponível, enfim, a se afundar na abjeção da vida nua. Porém, como argumenta ainda Aníbal Machado, essa infidelidade à vida, que poderia ter feito de Machado "um suicida anônimo ou um desesperado profundo do tipo Kierkegaard", foi, de fato, "compensada por um dom que por si só vale a existência: o poder de exprimi-la". Atente-se, não obstante, que essa expressão está longe de servir aos valores solares de uma biopolítica integradora; ela esboça, antes pelo contrário, a acefalidade de uma *zoé* em constante deslocamento.

> Não é, como se está vendo, destaca o autor de *João Ternura*, o canto da vida que essa voz entoa; é ao contrário, a negação de tudo que ela nos convida, negação formulada com uma graça diabólica por alguém que mediu a sua própria solidão e depois sorri e se delicia, em mostrar a miséria moral do homem nas suas molas mais mesquinhas.

Define-se assim, em última análise, uma soberania do artista situada para-além da instituição.

> A arte acudia a salvar a vida. Já a glória lhe sorria na velhice. — A vida é boa! Disse certa vez José Veríssimo. Estava consagrado. Consagrado, não por ter negado simplesmente a vida, mas por tê-la afirmado de certa maneira no vigor com que genialmente a negou. A vida que lhe recusou tantos favores, só lhe foi generosa na qualidade da arma que lhe botou nas mãos para dizer mal dela. Com o uso dessa arma, pôde aceitar a sua sorte e apoiar-se na sua arte. Com essa arma ganhou Carolina, a consoladora; ganhou o ramo do carvalho de Tasso; ganhou a admiração pública. As exterioridades afinal o envolveram. Triunfava na vida o escritor

> que mais zombara dela. Esta, sempre indiferente, ainda amparou o seu negador. Poderosa força é o espírito. São coisas dos deuses. Cauteloso, avisado e sábio, Machado parecia estar rejeitando a própria vida com toda a experiência de uma anterior, tal como aquele personagem José Maria do seu conto "A segunda vida". A cada sentimento espontâneo ou gesto livre, opunha uma reflexão que tratava tudo.

E Aníbal Machado que, antes mesmo de Blanchot, chegou a desenvolver uma peculiar e sutil teoria do desastre, feita de precipitação nefasta de ritmos, interrupção da tutela astral, e súbito atropelo de quantidades, admite então:

> Machado devia ter horror aos desastres, tanto os do plano físico, como os do plano moral. Sua seta estava sempre voltada para o Nirvana. Será que na raiz dessa angústia estava um homem a conferir todas as aparências do mundo com um modelo fixo ideal para tudo, desconhecendo a contradição dialética das coisas? Para quem a realidade era eternamente imutável e sempre asfixiante? Um homem assim decepcionado, sem esperança, sem alegria; um escritor que ao contrário de Dickens e Balzac nunca simpatiza com os personagens, a não ser com os loucos de sua galeria, com os quais parece mesmo manter uma cumplicidade secreta tão largo acolhimento lhes dá. Aqui se sente uma liberdade proporcional à opressão anterior, como se ao lado de seus malucos quisesse o autor manifestar melhor a sua desconfiança, senão o asco, ao bom senso que dirige os autômatos do quotidiano. Até o estilo parece ganhar nesses momentos maior graça e o poder inventivo da loucura mansa.

Neste ponto da análise, Aníbal Machado vale-se de um aspecto da teoria do desastre, a de que a alegria de quem escapa a um desastre é proporcional ao número dos que nele morreram, para nos apresentar um Machado de Assis crivado pelo viés da *alea* e redefinido, sob esse prisma, como um escritor tão nacional quanto estranho ou estrangeiro:

> Esse artista excepcional que perdeu o poder de embriagar-se com as imagens do mundo; que tinha medo de se enganar, do abandonar-se às forças ingênuas da vida, que era cruel e sádico ao tratar a matéria humana, afigura-se-nos assim, o menos brasileiro dos nossos grandes escritores. O que não impede e até de certo modo favorece a sua universalidade.

Estabelece-se, então, como vemos, uma sintomática ambivalência valorativa. Deparamo-nos, de um lado, com um certeiro fracasso universalista: Machado não é Dickens, nem Merimée, nem Hemingway. Constatamos, porém, de outro, uma relativa vitória universalista, que, é bom salientar, não é exclusiva do autor, mas do sistema em que ele se insere, porque a extraterritorialidade machadiana é meramente precursora de outras não menos eloquentes. É, portanto, nas limitações inerentes à extraterritorialidade dessa ficção que se vislumbra a linha de fuga do presente, 1939, entre os narradores que o tomam como referente. No acerto das contas modernistas com a tradição, nos diz Aníbal:

> a Machado faltou esse estado de disponibilidade, de consentimento à passagem caótica das coisas. Ficou-lhe uma poderosa consciência, isolada de um meio cuja confusão nada falou à sua concepção extraterritorial do homem. Soube, entretanto, reter e apresentar, como ninguém, alguns dos aspectos de nossa vida justamente quando ela, pela Sociedade do Segundo Império, se isolava artificialmente desse caos não recebendo dele senão esmaecidos reflexos. Foi por esse lado de sua obra que Machado abriu brecha para entrar no seu Nirvana. Se ele não nos abandonasse à porta dessa entrada, nós é que o abandonaríamos.[13]

---

13 E prossegue: "a tendência geral da comunhão brasileira é essa marcha apressada e um tanto desordenada para a vida, – marcha que se for presidida por um ideal superior e assegurada por melhores condições materiais e culturais da coletividade, – irá fatalmente levar o povo à conquista da alegria, com a qual não se coaduna a melancolia sem remédio de Machado. No fundo de nossa vontade de viver existe mais sofreguidão de que inquietação de raízes filosóficas.

Sua incredulidade perante os relatos fez com que estes passassem a ser recebidos, anomicamente, como efeitos aleatórios de uma felicidade esquiva. Como o incrédulo Camilo de "A cartomante", Machado já não acreditava em nada, mas também não formulava, à maneira dos modernistas, argumentos contrários à fé. "Limitava-se a negar tudo" – diz Aníbal – "E digo mal, porque negar é ainda afirmar, e ele não formulava a incredulidade". Valha então, entre parênteses, uma digressão textual que pode muito bem esclarecer o axioma da credulidade aleatória que estamos reconstruindo em nosso autor, autêntico *homo ludens* da modernidade.

Borges, ou seu espectro,[14] ao traduzir esse mesmo relato de *Várias histórias*, "A cartomante", destacou, de maneira suplementar, certas passagens reveladoras do tipo de leitura possível para uma sensibilidade modernista. Confiscou, por exemplo, a comunidade paritária entre as personagens, omitindo a frase "liam os mesmos livros, iam juntos a teatros e passeios", porém, não deixou de destacar que a diferença, que para Machado se estabelecia "por outras palavras", para ele, Borges, se "hacía con palabras", isto é, como um *culto protestante*, como diria Mário, efetivado através da linguagem, o que só reforça o sentido global do relato de Machado, o de que a felicidade aleatória da literatura consiste em transferir o maior ao menor, o canônico ao nacional ou, nas palavras do próprio narrador, em traduzir Hamlet em vulgar.[15] Por isso, enfatizando o gesto supremo de que a diferença é traço, é *parergon*, é pala-

---

Entre tantas indeterminações e movimentos incoerentes do nosso psiquismo descobre-se uma permanente predisposição feliz para a vida.

Dentro desse psiquismo caminham bem próximas, e com possibilidades de se fundirem algum dia as forças que nascem na natureza e as que vêm do espírito. O solitário, o grande Machado de Assis, contou só com as do espírito". Aníbal Machado, *op. cit.*

14 Em março de 1934, e sem qualquer indicação de tradutor, "A cartomante" foi estampado, com ilustrações de Guevara (mais tarde desenhista e diagramador, na imprensa carioca, dentre outros jornais, do *Dom Casmurro*) no número 31 da *Revista Multicolor de los Sábados* do jornal *Crítica*, suplemento dirigido por Borges e por outro escritor modernista, Ulises Petit de Murat.

15 A noção moderna de cultura, *Bildung*, nasce, com efeito, de uma tradução. Quando Lutero empreende a tradução da Bíblia, parte a rigor da premissa de que a dona de casa e o homem do povo falam daquele jeito e, portanto, sua aposta torna-se dúplice, ao postular, alternativamente, fidelidade aos modelos tradicionais, mas também amplificação do registro e acervo nacionais da língua, o que, em última análise, configura um claro projeto transculturador. Não é outra a intenção de Machado.

vra, Borges, ou quem seja, opta por rebatizar "A cartomante" com um desses títulos vulgares com que ele denomina os capítulos de sua história pós-nacional da infâmia, "El impostor inverossímil Tom Castro", "El asesino desinteresado Bill Harrigan", "El incivil maestro de ceremonias Kotsuké no Suké", e desse modo o relato de Machado passa a se chamar, a versão de *Crítica*, "El incrédulo frente a la cartomante".

Há um dado, porém, mais revelador ainda dessa sutil apropriação modernista. Trata-se de um pequeno deslize sintático que destaca a pungência escabrosa da contingência soberana. Quando Camilo, devorado pela incerteza em relação ao futuro e temendo se encontrar prestes da morte, topa por acaso com a casa da cartomante, decide subir a consultá-la. Machado escreve: "ela fê-lo entrar. Dali subiram ao sótão". Borges, entretanto, traduz: "... ella lo hizo pasar. Entraron. De allí subieron al desván". O ritmo estacado da versão, ralentizando a ação de entrar que assim ganha, por sinal, autonomia, coincide, sintomaticamente, com a estrutura da enunciação do *aleph* no sótão da casa familiar na rua Garay. Dirá o narrador de *Ficções*: "Cerré los ojos, los abrí. Entonces vi el Aleph. Arribo, ahora, al inefable centro de mi relato".

"A cartomante", de Machado, hipotexto de "O Aleph" borgiano. A ficção original, centrada porventura na invenção (*invenit*: ela encontra), aponta, em seu retorno, o de uma versão infiel, na direção de um encontro que falta em si. Repete-se agora, de forma mecânica (não esqueçamos que "El incrédulo frente a la cartomante" não passa de uma tradução irreverente de Machado de Assis, publicada em um jornal sensacionalista portenho), como algo da ordem do inassimilável, algo que não poderá jamais se dar existencialmente porque é próprio do evento atrair a atenção em torno a si, sem equivalência ou passagem possível a outro registro. Assim sendo, como escansão da contingência soberana de uma tradução crivada pela *alea* descentralizadora, a nova sintaxe exalta e pontua, em meio aos "meandros do real" (Aníbal Machado), a *tiquê*, a ocasião, a chance, isto é, o encontro com o "anjo-máquina de costura-caos" [16]ou, em poucas palavras, o encontro com o Real.[17]

---

16 Murilo Mendes. "A cartomante." *Revista Nova*, ano 1, n. 4, 15 dez. 1931, p. 526-7.

17 Diz Lacan, em seu *Seminário 11*, que nenhuma práxis, mais do que a análise, é orientada para aquilo que no coração da experiência, é o núcleo de real já que do que se trata na análise é de um encontro marcado com um real que constantemente escapole. E para tanto nos propõe o conceito aristotélico de *tiquê* (por ele traduzido como encontro com o real) para se referir a

Dissemos acima que a problemática extraterritorialidade de Machado desenhava uma linha de fuga para a ficção posterior à dele. A mais óbvia é a desleitura, que continua sendo agonística. Quando, por exemplo, Aníbal Machado nos dizia que cauteloso, avisado e sábio, Machado parecia estar rejeitando a própria vida com toda a experiência de uma anterior, tal como a personagem José Maria do seu conto "A segunda vida", de *Histórias sem data*, antepondo uma reflexão a cada sentimento espontâneo ou a cada gesto livre, estava, a rigor, revelando uma cena traumática que ele próprio, Aníbal Machado, rearma em "Viagem aos seios de Duília" como resgate de uma origem impossível a partir de uma saturação de experiência. Como não há coincidências fortuitas, e como, além do mais, trata-se de histórias sem data, quem evoca o vigor dos vinte anos e vive paranoicamente, ou até mesmo refuta, a passagem avassaladora do tempo, tanto no relato do primeiro quanto no do segundo Machado, tem um mesmo nome por sinal ambivalente: José Maria. Tendo, num certo sentido, a mesma moldura, "A segunda vida" e "Viagem aos seios de Duília" narram, à maneira de Brás Cubas, a vida a partir da morte com o qual, portanto, deslimitam ou, por assim dizer, desaforam o fim.

Poderíamos, ainda, para os fins da análise, congelar esse encontro com o Real, abjeto e irrepresentável, e voltar ao encontro imaginado por Machado em "A cartomante", e mais tarde transformado por Borges em "El incrédulo frente a la cartomante", para observar, finalmente, seu retorno diferido em mais um relato de Clarice Lispector. Talvez assim melhor se destaque a passagem da simples fadiga modernista à exaustão pós-moderna ou, em outras palavras, a mudança da desleitura em desconstrução.

A fadiga, como já disse, está vinculada à prática de um combate que nivela, artificialmente, as possibilidades de vitória entre parceiros dissímeis. Remete à busca imaginária de uma igualdade de oportunidades, princípio essencial da rivalidade entre agonistas, que recorrem a uma atenção redobrada, um esforço contínuo, uma deliberada vontade de vitória e a um conjunto variado de técnicas de disciplina e

algo que está para além do *autômaton*, ou seja, do simples retorno. Para Lacan, o que se repete, com efeito, é sempre algo que se produz *como por acaso* e estipula, ainda: "a função da *tiquê*, do real como encontro – o encontro como que podendo faltar, enquanto que essencialmente faltoso – se apresenta primeiro, na história da psicanálise, de uma forma que, só por si, já é suficiente para despertar nossa atenção – a do traumatismo", ou seja, na forma daquilo que é *inassimilável*. Jacques Lacan, *op. cit.*, p. 55-6.

perseverança para desmanchar o jogo vitorioso. Nada disso, entretanto, se verifica na exaustão desconstrutiva.

Com efeito, em *A hora da estrela*, a narradora vai além do simples *rallentir* sintático de Borges quando se defronta com idêntica iminência de encontro fortuito com a chance. Nesse ponto, e não em outro, a *tiquê*, "que de tão morena parecia a estátua da Fatalidade",[18] irrompe e interrompe subitamente toda identificação para dobrar a reflexão à ação representada, de modo tal que lemos:

> madama Carlota mandou Macabéa entrar. (Como é chato lidar com fatos, o cotidiano me aniquila, estou com preguiça de escrever esta história que é um desabafo apenas. Vejo que escrevo aquém e além de mim. Não me responsabilizo pelo que agora escrevo).[19]

Machado, como vimos, dá o primeiro passo no sentido de situar-se fora da estrutura. Apreende a lógica aleatória do favor como o vínculo social preponderante na modernidade periférica. Borges, por sua vez, chega a vincular essa situação com a reprodução em série e de massa. Clarice Lispector, cada vez mais afastada da lógica agonística, compreende, de fato, sua prática como um "sistema para além do ser"[20] e, renunciando a toda a responsabilidade e perseverança disciplinar do modernismo, coloca sua escrita "aquém e além de mim" porque desconstruir essa máquina chamada literatura consiste em pensar na literatura como uma máquina e, mais ainda, pará-la no ponto (*punctum*) em que essa promessa de vida confina com sua própria morte. Em parêntese esclarecedor dessa posição, não já de incredulidade, porém, de autêntica exaustão diante da experiência moderna, a narradora de *A hora da estrela* completa: "(Vejo que não dá para aprofundar esta história. Descrever me cansa)".

Para os pósteros Machado é o ponto. Guimarães Rosa anotou em uma caderneta íntima, em 1939 e em Paris, que Machado era o ponto cego, o equívoco da literatura

18 Murilo Mendes, *op. cit.*

19 Clarice Lispector. *A hora da estrela*. Rio de Janeiro: Rocco, 1998, p. 72.

20 Rudolph Gasché. *The Tain of the Mirror*. Cambridge: Harvard University Press, 1986, p. 177-255.

brasileira. Continuar se reportando a ele era a forma de se extraviar e se perder. Porém, caberia raciocinar que boa parte da escritura pós-machadiana é uma *re-flexão* do problema do niilismo contemporâneo antecipado pelo próprio Machado.

É possível interpretar o niilismo como a transformação do valor de uso em valor de troca. Cabe perguntar, porém, quais e quantos são os usos? Dois tipos de negação, a meu ver, se impõem no horizonte da literatura moderna. A primeira, antitética, é afirmativa. Autoportadora de sua própria negação, ela carrega o peso da tradição de um problema ao afirmar, imperativamente, apenas um lado de uma disjunção ou dilema: *tupy or not tupy*? A negação antitética entende que o nada nadifica enquanto *néant*, positivando, em compensação, a noção de humanidade.

A segunda negação, porém, é negativa porque, sendo tética, nela a afirmação vem na frente. Marca a distância, a diferença, em relação à história do problema. Traça-lhe um exterior que é, no entanto, inclusivo: tupy e não-tupy, bárbaro e civilizado. A negação tética interpreta que o nada nadifica sem resto, enquanto *rien* acefálico.

O modernismo pautou-se pela negação antitética. Machado de Assis estimula, entretanto, a negação tética. Sua incredulidade perante a chance irá se traduzir, mais tarde, em Guimarães Rosa, como *nonada* ou *tutameia*,[21] em Murilo Mendes como ossos-de-borboleta, "um ceitil, um sexto de real ou irreal, um milésimo do zero",[22] em Clarice Lispector como *objecto*,[23] e, enfim, em Paulo Leminski ou Régis Bonvicino, como autoatravessamento pelo outro.[24] Em todos esses casos, o distanciamento em relação à Coisa, que aliás só se tornaria possível quando essa coisa estivesse distanciada dela própria, situada num ponto paradoxal onde convergem o fora e o dentro, ele implica o caráter não totalizado, disseminado ou endividado da própria verdade a ser exprimida. Mais do que sublinhar a totalidade imaginária implícita

---

21 "Tutameia: nonada, baga, ninha, inânias, ossos-de-borboleta, quiquiriqui, tuta-e-meia, mexinflório, chorumela, nica, quase-nada; *mea omnia*". João Guimarães Rosa. *Tutameia*. 5ª ed. Rio de Janeiro: José Olympio, 1979, p. 166.

22 Murilo Mendes. "Ossos de borboleta". *Poliedro*. Rio de Janeiro: José Olympio, 1972, p. 50.

23 Raul Antelo. *Objecto textual*. São Paulo: Memorial da América Latina, 1997.

24 Régis Bonvicino. *Ossos de borboleta*. São Paulo: Editora 34, 1998. Da borboleta freudiana de *O homem dos lobos* ao hímen mallarmaico de *Um lance de dados*, estamos sempre às voltas com o problema da castração. Jacques Derrida. *La dissémination*. Paris: Seuil, 1972, p. 300-1.

em todo vínculo social, esse todo-não-verdadeiro da negação tética torna-se efeito de uma verdade-não-toda materializada em sua própria heterogeneidade.[25] É justamente essa autoinvenção do vivente que conspira contra qualquer homogeneidade do moderno entendido como Todo imaginário.

Nesse sentido, sendo possível ler um pós-modernismo de Machado, em sua busca de uma saída não binária ao risco sempre iminente de afundar no vazio da representação, continua, entretanto, aberta a possibilidade de pontuar o modernismo de Machado, em seu intuito de confortar o desassossego de uma identidade descentrada através de um logocentrismo instintivo com rastro biológico.[26]

Constata-se assim que a negação antitética dos modernistas mostra-nos, em última análise, que o agonismo pode até mesmo funcionar sem lei ou sua matéria se reduzir a um simples vazio. Em compensação, a negação tética dos pós-modernistas mostra-nos isso mesmo, mas também o caráter aleatório, indiferente e arbitrário do próprio jogo, cujo objeto funciona, alternativamente, como aparição carismática e dejeto repulsivo, como desrepressão sublime e abjeção informe. Vemos, portanto, que para se consolidar como movimento de redefinição da vida nacional, o modernismo precisou recalcar a convulsiva beleza do arbítrio machadiano a fim de autorizar por completo, como disse Mário de Andrade, a inquietação sexual e mesmo a inquietação moral do artista, em função da vida honestíssima que eles, modernistas, imaginavam que Machado teria vivido. Era essa, em suma, sublimada e recalcada, a vida possível em 1939.

---

25 Aliás, a soberania de si, o *souci-de-soi*, é justamente essa nonada que consiste em um processo de heterogênese indefinida. Recuperemos os ecos bataillanos ou sua tradução como *nuda vita* em Agamben no final de *Grande Sertão*: "O senhor é um homem soberano, circunspecto. O diabo não há! É o que digo, se for... Existe é homem humano. Travessia".

26 Em seu ensaio sobre veredas de política e ficção no "Grande sertão: Brasil", Heloísa Starling destaca a dimensão política desse *nonada* pós-moderno que ora é entendido como desterro (vertente da carência detectada nos ensaios de interpretação nacional de Sérgio Buarque de Holanda, em *Raízes do Brasil*, a Jorge Luis Borges, em *El tamaño de mi esperanza*), ora como reterritorialização modernizadora (vertente do excesso, orientada a capitalizar o nomadismo desenraizado). A *nonada*, sob essa perspectiva, constituiria uma alegoria da diferença possível e passível de ser integrada no conjunto da nação. Ver Mario Valdes *et al.* (org.). *Literary Cultures of Latin America. A Comparative History*. Oxford: Oxford University Press, 2005.

Referências Bibliográficas

ANDRADE, Mário de. "Machado de Assis". In: *Aspectos da literatura brasileira*. São Paulo: Martins, 1972.

ANTELO, Raul. *Objecto textual*. São Paulo: Memorial da América Latina,1997.

BARTHES, Roland. "Les sorties du texte". In: *Oeuvres Complètes*. Vol. II. Paris: Seuil, 1994.

BATAILLE, Georges. *O erotismo*. Lisboa: Moraes, 1968.

BONVICINO, Régis. *Ossos de borboleta*. São Paulo: Editora 34, 1998.

BOSI, Alfredo. *O enigma do olhar*. São Paulo: Ática, 1999.

CAILLOIS, Roger. *Jeux et Sports. Encyclopédie de la Pléiade*. Paris: Gallimard, 1967.

HERSCHMANN, Micael; LERNER, Kátia. *Lance de sorte. O Futebol e o jogo do bicho na Belle Époque carioca*. Rio de Janeiro: Diadorim, 1993.

DERRIDA, Jacques. *La dissémination*. Paris: Seuil, 1972.

GASCHÉ, Rudolph. *The Tain of the Mirror*. Cambridge: Harvard University Press, 1986.

KRISTEVA, Julia. *Estrangeiros para nós mesmos*. Tradução de M. C. Carvalho Gomes. Rio de Janeiro: Rocco, 1994.

LACAN, Jacques. *O seminário*. Livro 11. *Os quatro conceitos fundamentais da psicanálise*. Tradução de M. D. Magno. Rio de Janeiro: Zahar, 1979.

LISPECTOR, Clarice. *A hora da estrela*. Rio de Janeiro: Rocco, 1998.

MACHADO, Aníbal. "Machado de Assis". *Diário de Notícias*. Rio de Janeiro, 25 de junho de 1939.

MENDES, Murilo. *Poliedro*. Rio de Janeiro: José Olympio, 1972.

________. "A cartomante". *Revista Nova*, ano 1, n. 4, 15 de dezembro de 1931.

NISBET, Robert. "Civil Religion", *The Encyclopedia of Religion*, 3, 1987.

PEREIRA, Astrojildo. *Machado de Assis*. Rio de Janeiro: São José, 1959.

ROSA, J. Guimarães. *Tutameia*. 5ª ed. Rio de Janeiro: José Olympio, 1979.

SANTIAGO, Silviano. "Toda a memória do mundo". *Folhetim. Folha de S. Paulo*, 13 de agosto de 1988.

SCHWARZ, Roberto. *Ao vencedor as batatas*. São Paulo: Duas Cidades, 1977.

_______. *Um mestre na periferia do capitalismo: Machado de Assis*. São Paulo: Duas Cidades, 1990.

VALDES, Mario *et al.* (org.). *Literary Cultures of Latin America. A Comparative History*. Oxford: Oxford University Press, 2005.

Romance

Cinco capítulos dados como perdidos da primeira versão de *Quincas Borba*[1]

Ana Cláudia Suriani da Silva
(University College London)

Encontra-se na Livraria A Sereia, em São Paulo, uma coleção do suplemento literário da revista ilustrada *A Estação*, na qual Machado de Assis publicou o romance *Quincas Borba*, a novela *Casa velha* e vários contos, entre eles "O alienista", "Dona Benedita" e "Capítulo dos chapéus". Apesar de não corresponder à coleção completa da revista (que circulou entre os anos de 1879 e 1904), o lote é de raridade absoluta, uma vez que alguns fascículos ali presentes estão faltando nas coleções de *A Estação* pertencentes à Biblioteca Nacional do Rio de Janeiro, à Casa de Rui Barbosa e ao Instituto Histórico Geográfico de São Paulo.

Visitei a livraria em São Paulo na esperança de recuperar os capítulos de *Quincas Borba* que não haviam sido localizados pela Comissão de Machado de Assis, quando da elaboração da edição crítica.[2] Nela faz-se o cotejo das três edições do romance

---

1 Para a edição da primeira versão de Quincas Borba em hipertextos, preaprada por Ana Cláudia Suriani da Silva e John Gledson, ver http://www.machadodeassis.net/hiperTx_romances/index. Para um estudo sobre as duas versões de Quincas Borba e a publicação dos romances de Machado de Assis em folhetins, ver o livro *Philosopher or Dog? Machado de Assis from Serial to Book Form* (Oxford: Legenda, 2010), o qual em breve será publicado em português: *Machado de Assis do folhetim ao livro*, São Paulo: Editora Nverso.

2 A Comissão de Machado de Assis foi criada pelo Ministério da Educação e Cultura em 1958. Era composta por Austregésilo de Ataíde, José Renato Santos Pereira, Antônio Cândido de Melo e Sousa, Antônio Houaiss, Antônio Chediak, Augusto Meyer, Aurélio Buarque

em livro, publicadas em vida do escritor (1891, 1896, 1899). A versão seriada do romance é apresentada *in extenso*, em volume-apêndice, e colacionada com a tradição em livro.[3] Os trechos do folhetim que coincidem na versão em livro aparecem, dessa forma, em itálico. A Comissão adota as seguintes siglas remissivas para essas quatro edições do romance:

> *A* – *A Estação, Jornal Ilustrado para a Família,* Rio de Janeiro: Tipografia Lombaerts, June 15 1886 to September 15 1891;
> *B* – Machado de Assis, *Quincas Borba,* Rio de Janeiro: B. L. Garnier, 1891;
> *C* – Machado de Assis, *Quincas Borba,* segunda edição, Rio de Janeiro: H. Garnier (1896);
> *D* – Machado de Assis, Da Academia Brasileira de Letras, *Quincas Borba,* terceira edição, Rio de Janeiro: H. Garnier (1899).

Na introdução crítico-filológica, Antônio Chediak fornece o dia, mês, ano, número, página e coluna do suplemento literário de *A Estação* em que foi publicado cada capítulo de *Quincas Borba*. Além disso, encontramos para todo capítulo em *A* o correspondente em *B* e vice-versa.[4]

Quando fui à livraria levei comigo todas essas informações bibliográficas e pude assim procurar especificamente os capítulos dados como perdidos. Mas a lacuna existente na coleção durante os meses do verão de 1887 frustrou a minha curiosidade de leitora moderna em primeira mão. Não encontrei o fascículo de 15 de janeiro de 1887, no qual muito provavelmente se publicaram os capítulos 44 ao 47. Lá deveria estar

---

de Holanda Ferreira, Barreto Filho, Brito Broca, Celso Ferreira da Cunha, Ciro dos Anjos, Eugênio Gomes, J. Galante de Sousa, José Simeão Leal, Lúcia Miguel Pereira, Marco Aurélio de Moura Matos, Mário Gonçalves de Matos e Peregrino Júnior. A Comissão foi responsável pela preparação de edições críticas de obras de Machado de Assis, publicadas pelo INL e pela Civilização Brasileira.

3 Machado de Assis. *Quincas Borba*. Rio de Janeiro: Civilização Brasileira, INL, 1975; e *Quincas Borba*: *apêndice*. Rio de Janeiro: Civilização Brasileira, INL, 1975.

4 "Introdução Crítico-filológica". In: Machado de Assis, *Quincas Borba*, *op. cit.*, p. 39-102.

contido o enigmático episódio do enforcamento de um escravo, que Rubião relembra em uma de suas andanças pelas ruas do Rio de Janeiro, no caminho da casa de Palha para sua mansão em Botafogo, depois de ter descido o morro de Santa Teresa.

Restava ainda rastrear o número de 15 de abril 1887, que havia sido parcialmente recuperado pela Comissão Machado de Assis, desta vez no Instituto Histórico e Geográfico de São Paulo. Para minha surpresa, na primeira página do suplemento, encontravam-se nove poemas ao invés da esperada continuação de *Quincas Borba*. O número dessa página é 27. É preciso esclarecer aqui que a numeração da revista, ou seja, do seu caderno de modas e parte literária, era contínua e começava a cada ano no número de 15 de janeiro. Os editores normalmente não destinavam muito espaço para a poesia. Encontramos em média um poema por número.

Na verdade, a parte literária de *A Estação* não tinha um formato muito rígido. Os elementos textuais eram distribuídos em três colunas verticais. Nas páginas internas, as colunas eram comprimidas por ilustrações de tamanhos variados. E os anúncios de produtos importados, na maioria franceses, ocupavam muito frequentemente um terço ou mais do pé da primeira e última páginas. A serialização de *Quincas Borba* também se sujeitava a essas restrições tipográficas. Ao contrário do que se pensava até então, essa parte da revista era composta e impressa no Brasil, pela própria Tipografia Lombaerts. O caderno de modas também era impresso por Lombaerts, mas composto entre Berlim e Leipzig, pela editora Lipperheide.[5] A impressão das gravuras se dava muito provavelmente através dos blocos enviados da Alemanha para o Rio pela linha do vapor de Hamburgo. Pelo menos durante o ano de 1889, o

5 Na edição crítica, a informação é de que a revista era composta e impressa em Paris (*Quincas Borba*, p. 39). Laurence Hallewell também escreve que Lombaerts mandava imprimir *A Estação na Europa* (Hallewell. *Books in Brazil*. London and Metuchen: The Scarecrow Press, 1982, p. 113). Para uma história de *A Estação* ver Marlyse Meyer. "Estações". In: *Caminhos do Imaginário no Brasil*. São Paulo: Edusp, 1993, p. 73-107; e meus artigos "Da Alemanha para o Brasil: história da revista A Estação, um empreendimento multinacional", *2º Congresso da História do Livro e da Leitura no Brasil*. Campinas, UNICAMP, 22-24 de julho de 2003; e "A travessia transatlântica das gravuras da revista alemã Die Modenwelt para a revista brasileira A Estação", IX Congresso Internacional da ABRALIC. Porto Alegre, UFRGS, 18-21 de julho de 2004.

paginador da revista era Alfredo Leite.[6] Sua função era arranjar as imagens, os anúncios, as charadas, as traduções e os textos em prosa ou verso dos colaboradores brasileiros pelas páginas deste caderno da revista produzido localmente.

Essa página de número 27, pouco comum, atraiu a minha atenção por um momento, porque o nome de Machado se encontrava impresso lá. Para minha surpresa, ele estava entre os nove poetas, muitos deles, como o próprio Machado, colaboradores frequentes com a *A Estação*. Seu soneto "As náufragas" era o primeiro poema e foi dado perdido por Galante de Sousa em seu livro *Bibliografia de Machado de Assis*. Apareceu posteriormente transcrito no volume de versos e prosa dispersos organizado pelo próprio Galante de Sousa em 1957.[7]

A continuação de *Quincas Borba* aparece na página seguinte (p. 28), onde se encontram os capítulos 58 a 61 e a primeira parte do 62, que não foram transcritos no apêndice da edição crítica. O fascículo do romance nesse número da revista se estende até a página 29, esta já documentada pela Comissão Machado de Assis. A coleção da Livraria A Sereia possui ainda os números 10, de 31 de maio de 1887, e 14, de 31 de julho de 1891, que também não haviam sido localizados pela Comissão de Machado de Assis. Pude assim verificar, como já se suspeitava, que *Quincas Borba* não havia sido publicado nesses números. Com esses três achados, podemos então confirmar que a versão seriada do romance foi publicada

6 "Não porei o ponto final sem recomendar às leitoras um livro de versos, que ultimamente apareceu, intitulado *Musgos*. O poeta, Alfredo Leite, é o paginador da *Estação*, – um artista cujo trabalho obscuro Suas Exas. estão fartas de apreciar, sem conhecer o autor ("Croniqueta", *A Estação*, 31 de janeiro de 1889). Encontramos outra referência ao paginador da parte literária de *A Estação* na "Croniqueta" de 30 de junho de 1887: "E termino aqui, porque o paginador da *Estação* recomendou-me que escrevesse muito pouco".

7 Os outros poemas publicados junto com "As náufragas" são "Mutação" de Artur Azevedo, "Poema Triste" de Xavier da Silveira Júnior, "Teatro encantado" de Guimarães Passos, "Estrofes musicais" de Luiz Murat, "Per tacitum nemus" de Luiz Delfino, "Pianto del cuore" de Soares de Souza Júnior, "Le mot de la fin" de Silva Tavares, and "Apoteose" de J. Moraes Silva (*A Estação*, 15 de abril de 1887, p. 27). Depois de ter sido publicado em *A Estação*, "As náufragas", segundo Galante de Sousa, foi posteriormente transcrito na seção "Entrelinhas" da *Gazeta de Notícias*, de 17 de abril de 1887. Sobre "As náufragas", ver Galante de Sousa. *Bibliografia de Machado de Assi.* Rio de Janeiro: Instituto Nacional do Livro, 1955, p. 593; e Machado de Assis, *Poesia e Prosa* (organização e notas de Galante de Sousa. Rio de Janeiro: Civilização Brasileira, 1957, p. 66-67.

quinzenalmente em *A Estação* de 15 de junho de 1886 a 15 de setembro de 1891, com as seguintes interrupções:

> 1887: 31 de maio, 31 de outubro;
> 1888: 15 de março, 30 de abril, 15 de maio, 15 de junho a 15 de outubro;
> 1889: 15 de janeiro, 15 de fevereiro, 15 de abril, 15-31 de maio, 15 de julho, 15 de agosto a 15 de novembro;
> 1890: 30 de abril, 30 de junho, 15 de setembro, 31 de outubro, 31 de dezembro;
> 1891: 31 de maio, 15 de julho a 15 de agosto.

Segue abaixo o cotejo desses cinco capítulos da primeira versão de *Quincas Borba* (*A*) com os capítulos 58 a 60 das três edições em livro (1891 – *B*; 1886 – *C*; 1891 – *D*). Sigo o texto da edição crítica estabelecido pela Comissão de Machado de Assis. Como na edição crítica, também adoto *D* como texto-base. Atualizei, no entanto, a ortografia conforme a norma vigente do português no Brasil tanto no texto-base como nas variantes, estas transcritas nas notas finais.

Capítulo 58

> Dias antes, indo passar a noite em casa de um conselheiro, viu ali Rubião. Falava-se[8] da chamada dos conservadores ao poder, e[9] da dissolução da câmara. Rubião assistira à sessão em que o ministério ltaboraí pediu os orçamentos. Tremia ainda ao contar as suas impressões, descrevia a câmara, tribunas, galerias cheias que não cabia um alfinete, o discurso de José Bonifácio, a moção, a votação... Toda essa narrativa nascia de uma alma simples; era claro. A desordem dos gestos, o calor da palavra tinham a eloquência da sinceridade. Camacho escutava-o atento. Teve

8 *A:* Falava-se de política. O principal assunto da noite foi a mudança da situação, com a chamada

9 *A:* e a dissolução

modo de o levar a um canto da janela, e fazer-lhe considerações graves sobre a situação. Rubião opinava de cabeça, ou por palavras soltas e aprobatórias.

— Os conservadores não se demoram no poder, disse-lhe finalmente Camacho.
— Não?
— Não; eles não querem a guerra, e têm de cair por força. Veja como andei bem no programa da folha.
— Que folha?
— Conversaremos depois.
No dia seguinte, almoçaram no *Hotel de la Bourse*, a convite de Camacho. Este referiu ao outro que fundara, meses antes, uma folha com o único programa de continuar a guerra a todo o transe... Andava muito acesa a dissensão entre liberais; pareceu-lhe que o melhor modo de servir ao próprio partido era dar-lhe um terreno neutro e nacional.
— E isto agora serve-nos, concluiu ele, porque o governo inclina-se à paz. Já amanhã sai um artigo meu, furibundo.

Rubião ouvia tudo, quase sem tirar os olhos do outro, comendo rapidamente, nos intervalos em que o próprio Camacho inclinava a cabeça ao prato. Folgava de ver-se confidente político; e, para dizer tudo, a ideia de entrar em luta para colher alguma coisa depois, um lugar na câmara, por exemplo, espanejou as asas de ouro no cérebro do nosso amigo. Camacho não lhe[10] disse mais nada; procurou-o no dia seguinte, e não o achou. Agora, pouco depois de entrar, vinha o Palha interrompê-los.

Capítulo 59

— Sim, mas eu preciso ir a Minas, teimou Rubião.

— Para quê?,[11] perguntou Camacho.[12]

---

10 *A*, *B*: lhe falou em mais

11 *A*: quê? pergunta Camacho. / E o Palha

12 *B*: Camacho. / E o Palha

Palha fez-lhe igual pergunta. Para que iria a Minas, salvo se era negócio de pouco tempo. Ou já estava aborrecido da Corte?
— Não, aborrecido não estou; ao contrário...

Ao contrário, gostava muito dela; mas a terra natal, – por menos bonita que seja, – um lugarejo, – dá[13] saudades à gente; – ainda mais quando a pessoa veio de lá homem. Queria ver Barbacena.[14] Barbacena era a primeira terra do mundo. Durante alguns minutos, Rubião pôde subtrair-se à ação dos outros. Tinha a terra natal em si mesmo: ambições, vaidades da rua, prazeres efêmeros, tudo cedia ao mineiro saudoso da província. Se a alma dele foi alguma vez dissimulada, e escutou a voz do interesse, agora era[15] simples alma de um homem arrependido do[16] gozo, e mal acomodado na própria riqueza.

Palha e Camacho olharam um para o outro... Oh! esse olhar foi como um bilhete de visita trocado entre as duas consciências. Nenhuma disse o seu segredo, mas viram os nomes no cartão, e cumprimentaram-se. Sim, era preciso impedir que o Rubião saísse;[17] Minas podia retê-lo.[18] Concordaram que[19] lá fosse; mas depois, – alguns meses depois; – e talvez o Palha fosse também. Nunca vira Minas; seria excelente ocasião.

— O senhor? perguntou Rubião.
— Sim, eu; há muito que desejo ir a Minas e a São Paulo. Olhe, há mais de ano que estivemos vai não vai... Sofia é companheira para estas[20] viagens. Lembra-se quando nos encontramos no trem da estrada

13 *A*: dá saudade à

14 *A, B:* Barbacena. E Barbacena

15 *A*: era a simples

16 *A*: do amor, e

17 *A*: saísse, ainda que por algum tempo. Minas

18 *A*: retê-lo. Que era ele na Corte mais que um hóspede de alguns meses? Entenderam-se os dois, e uniram-se na ação. Concordaram

19 *A*: que fosse a Minas, mas

20 *A, B*: estas coisas. Lembra-se

de ferro?... Vínhamos de Vassouras; mas[21] este projeto de Minas nunca nos deixou. Iremos os três.

Rubião[22] agarrou-se às eleições próximas; mas aqui interveio Camacho, afirmando que não era preciso, que a serpente devia ser esmagada cá mesmo na capital; não faltaria tempo depois para ir matar saudades e receber a recompensa.[23] Rubião agitou-se no canapé. A recompensa era, com certeza, o diploma de deputado.[24] Visão magnífica, ambição que nunca teve, quando era um pobre diabo... Ei-la que o toma, que lhe aguça todos os apetites de[25] grandeza e[26] de glória.[27] Entretanto, ainda insistiu por poucos dias de viagem, e, para ser exato, devo jurar que o fez sem desejo de que lhe aceitassem a proposta.

A lua estava então brilhante; a enseada, vista pelas janelas, apresentava aquele aspecto sedutor que nenhum carioca pode crer que exista em outra parte do mundo. A figura de Sofia passou ao longe, na encosta do morro, e diluiu-se no luar; a última sessão da câmara, tumultuosa, ressoou aos ouvidos[28] de Rubião...

---

21 *A, B*: mas esta ideia de Minas

22 *A*: Rubião agitava-se no canapé, um pouco trêmulo. Sorria, abanava a cabeça. Camacho alegava os sucessos políticos... / — Por isso mesmo, as eleiçõs, interrompia Rubião. / — Não, deixe lá as eleições. Cá temos muito que fazer por ora. Precisamos lutar aqui mesmo, na capital; aqui é que devemos esmagar a cabeça da cobra. Lá irá quando for tempo; irá então receber a recompensa e matar as saudades... E sabia que político não tem saudades; e o dever do cidadão é entregar-se ao seu partido, militar no ostracismo para triunfar no dia da vitória. / A recompensa

23 *B*: recompensa... Rubião

24 *A*: deputado. Rubião entendeu bem, posto que o outro não lhe falasse em tal. Visão deliciosa, ambição

25 *A*: de grandezas e

26 *B*: e glória... Entretanto

27 *A*: glória... De outro lado, o amigo Cristiano continua a falar da necessidade de ficar, por enquanto, – mormente agora que acaba de saber da vocação política do amigo. Concorda com o outro, sem saber bem por que, nem para quê. Tudo é que fique. / — Mas uma viagem de alguns dias, disse Rubião sem desejo de lhe aceitarem a proposta. / — Vá de alguns dias, concordou Camacho. / A lua

28 *A, B*: ouvidos do Rubião

Camacho foi até à janela e voltou logo.

— Mas quantos dias? perguntou ele.
— Isso é que não sei, mas poucos.
— Em todo o caso, amanhã[29] conversaremos.
Camacho despediu-se. Palha ficou ainda alguns instantes, para dizer-lhe que seria esquisito[30] voltar a Minas, sem que eles liquidassem as contas... Rubião interrompeu-o. Contas? Quem lhe[31] pedia contas?

— Bem se vê que o senhor não é homem de comércio, redarguiu Cristiano.
— Não sou, é verdade; mas as contas pagam-se quando se podem. Entre nós, tem sido isto. Ou, quem sabe? Seja franco; precisa de algum dinheiro?
— Não, não preciso. Obrigado. Tenho que propor um negócio, mas há de ser mais demoradamente. Vim vê-lo para não botar anúncios nos jornais: "Desapareceu um amigo, por nome Rubião, que tem um cachorro..."

Rubião gostou da facécia. Palha saiu e ele foi acompanhá-lo até a esquina da rua Marquês de Abrantes. Ao despedir-se prometeu[32] visitá-lo em Santa Teresa, antes de ir a Minas.

Capítulo 60

Pobre Minas! Rubião voltou para casa, sozinho, a passo lento, pensando no modo de lá não ir agora.[33] E as palavras dos dois andavam-lhe no cérebro, como peixinhos de ouro em globo de vidro, abaixo, acima, rutilantes: "*aqui é que*

29 *A, B*: amanhã falaremos. / Camacho

30 *A*: esquisito que voltasse para Minas

31 *A, B*: lhe falava em contas

32 *A*: prometeu ir visitá-lo

33 *A*: agora, visto que era necessário ficar. E

se deve esmagar a cabeça da cobra"; –*"Sofia é companheira para estas*[34] *viagens"*. Pobre Minas![35]

No dia seguinte recebeu um jornal que nunca vira antes, a *Atalaia*.[36] O artigo editorial desancava o ministério; a conclusão, porém,[37] estendia-se a todos os partidos e à nação inteira: – *Mergulhemos no Jordão constitucional.* Rubião achou-o excelente; tratou de ver onde se imprimia a folha para assiná-la.[38] Era na rua da Ajuda; lá foi, logo que saiu de casa; lá soube que o redator era o Doutor Camacho. Correu ao escritório dele.

Mas, em caminho, na mesma rua:

> — Deolindo! Deolindo! bradou[39] angustiadamente uma voz de mulher à porta de uma colchoaria.

---

34 *A, B:* estas coisas." Pobre

35 *A*: Minas! / Capítulo 61 / No

36 *A*: *Atalaia,* sem nome de redator, artigos anônimos, várias notícias, poucos anúncios e de grandes letras. O artigo

37 *A, B*: porém estendia-se

38 A: assiná-la. Freitas, que veio almoçar com ele, deu-lhe explicações sobre a Atalaia. Era redigido pelo Dr. Camacho, um Camacho... / — Conheço; ainda ontem esteve aqui comigo, interrompeu Rubião. / — É dele, e não é má. Que diz o número de hoje? / Freitas leu o artigo com ênfases, por modo que o Rubião ainda o achou melhor do que quando o lera na cama. Concordaram que era magnífico. Ao almoço, falaram muito do Camacho, confessando Rubião que simpatizava com ele, e pedindo ao outro a sua opinião. A opinião era a mesma. Depois indagou dos costumes da pessoa, da consideração em que a tinham, e todas as respostas foram agradáveis; era homem circunspecto, estimado, perfeito cavalheiro, um gentleman. / Capítulo 62 / Nesse mesmo dia foi ao escritório de Camacho. Queria elogiar o artigo e assinar a folha. Ia andando pela rua da Ajuda, quando sucedeu dar com um menino de dois anos, se tanto, no meio da rua, e um carro que descia a trote largo, com o cocheiro distraído. A mãe, que estava à porta de uma colchoaria, deu um grito angustioso, mas não teve forças para correr a salvá-lo. / — Deolindo!

39 *A*: bradou a pobre mulher. / Rubião ouviu o grito primeiro; depois é que viu o perigo. Tudo foi rápido. O carro vinha já sobre a criança. Rubião correu ao meio da rua, bradou ao cocheiro que parasse. A criança, tendo ouvido a mãe, ia a voltar para ela, mas deu com o carro, atarantou-se e caiu. O cocheiro refreou os animais, mas a marcha em que vinha não permitia fazê-los parar de súbito. Então o nosso amigo deitou a mão com força ao freio de um deles, e

Rubião ouviu o grito, voltou-se, viu o que era. Era um carro que descia e uma criança de três ou quatro anos que atravessava a rua. Os cavalos vinham quase em cima dela, por mais que o cocheiro os sofreasse. Rubião atirou-se aos cavalos e arrancou o menino ao perigo. A mãe, quando o recebeu das mãos do Rubião, não podia falar; estava pálida, trêmula.[40] Algumas pessoas puseram-se a altercar com o cocheiro, mas um homem calvo, que vinha dentro, ordenou-lhe que fosse andando.[41] O cocheiro obedeceu. Assim, quando o pai, que estava no interior da colchoaria, veio fora, já o carro dobrava a esquina de São José.

> — Ia quase morrendo, disse a mãe. Se não fosse este senhor, não sei o que seria do meu pobre filho.

Era[42] uma novidade no quarteirão. Vizinhos entravam a ver o que sucedera ao pequeno; na rua,[43] crianças e moleques espiavam pasmados. A criança tinha apenas um arranhão no ombro esquerdo,[44] produzido pela queda.[45]

> — Não foi nada,[46] disse Rubião; em todo caso, não deixem o menino sair à rua; é muito pequenino.
> — Obrigado,[47] acudiu o pai; mas onde está o seu chapéu?

---

com a outra pegou do menino, que já estava entre as patas de ambos. Podia ser envolvido por eles, mas conseguiu salvar a criança. / A mãe

40 *A*, *B*: trêmula, e chorava. Algumas

41 *A*: andando, sem demora. O colcheiro continuou o seu caminho. Assim

42 *A*: Era um acontecimento no

43 Fim da página 28.

44 *A*: esquerdo, e certamente produzido

45 *A*: queda, não pelos cavalos. / — Ah! mas você é descuidada, Josefina! dizia o marido. Como é que você deixa sair assim o menino? / — Estava aqui na calçada, redarguiu a mãe. / — Qual calçada! A criança o que quer é brincar. Você é muito distraída… / — E você também não é? Quero ver se você também não se distrai. / — Não foi

46 *A*: nada, interveio Rubião

47 *A*: Obrigado, disse o marido; mas

Rubião advertiu então que perdera o chapéu. Um rapazinho esfarrapado, que o apanhara, estava à porta da colchoaria, aguardando a ocasião de restituí-lo. Rubião deu-lhe uns cobres em recompensa, coisa em que o rapazinho não[48] cuidara, ao ir apanhar o chapéu. Não o apanhou senão para ter uma parte na glória e nos serviços. Entretanto, aceitou os cobres,[49] com prazer; foi talvez a primeira ideia que lhe deram da venalidade das[50] ações.

— Mas, espere, tornou o colchoeiro, o senhor feriu-se?

Com efeito, a mão do nosso amigo tinha sangue,[51] um ferimento na palma, coisa pequena;[52] só agora começava a senti-lo. A mãe do pequeno correu a buscar uma bacia e uma toalha, apesar de dizer o Rubião que não era nada, que não valia a pena. Veio a água; enquanto ele lavava a mão, o colchoeiro correu à farmácia próxima, e trouxe[53] um pouco de arnica. Rubião curou-se, atou o lenço na mão; a mulher do colchoeiro escovou-lhe o chapéu;[54] e, quando ele saiu, um e outro agradeceram-lhe muito o benefício da salvação do filho. A outra gente, que estava à porta e na calçada,[55] fez-lhe alas.[56]

* * *

De uma versão para a outra Machado reescreve alguns trechos, suprime diálogos e funde os três últimos capítulos. São essas as principais alterações que ocorrem no

48 *A*: não pensara, ao

49 *A*, *B*: cobres com

50 *A*: das coisas. / — Mas

51 *A*: sangue; havia um

52 *A*, *B*: pequena, e que ele não podia saber se era obra do dente do cavalo, se de algum ferrão das correias. A verdade é que só agora

53 *A*: trouxe o medicamento necessário. Rubião

54 *A*: chapéu, e

55 *A*: calçada fez-lhe

56 *A*: alas. Rubião seguiu o seu caminho. / (Continua)

processo da reescrita. Focalizarei os três grupos de variantes que considero mais importantes como um todo, porque revelam em um nível microscópico o trabalho de Machado sobre a caracterização de Rubião.

No capítulo 59 de ambas as versões, Camacho e Palha encontram-se na casa de Rubião: “Palha e Camacho olharam um para o outro... Oh! esse olhar foi como um bilhete de visita trocado entre as duas consciências. Nenhuma disse o seu segredo, mas viram os nomes no cartão, e cumprimentaram-se”. A essa altura da narrativa Rubião está pensando em voltar para Minas, pois ele havia tolamente declarado seu amor por Sofia e sentia-se constrangido pela ideia de permanecer no Rio. O capítulo 59 revela os interesses de Camacho e Palha em manter Rubião na corte. Primeiro, Palha tenta convencer Rubião a adiar seus planos, propondo-lhe uma viagem a Minas na sua companhia e na da mulher: “Sofia é companheira para estas coisas”.

O primeiro trecho reescrito aqui analisado começa quando Rubião tenta justificar seu retorno a Barbacena com as eleições. Agora é a vez da intervenção de Camacho. Na versão seriada, o diálogo entre Rubião e Camacho é apresentado em discurso direto. No livro, o diálogo é condensado e incorporado à voz narrativa. Em seguida, Machado suprime uma outra intervenção de Palha e mais uma vez incorpora as palavras de Rubião à voz narrativa.

Tabela 1: Capítulo 59 em A e D

A	A Estação, 15 de abril de 1887	D	Quincas Borba, p. 178
	Rubião agitava-se no canapé, um pouco trêmulo. Sorria, abanava a cabeça. Camacho alegava os sucessos políticos... — Por isso mesmo, as eleições, interrompia Rubião. — Não, deixe lá as eleições. Cá temos muito que fazer por ora. Precisamos lutar aqui mesmo, na capital; aqui é que devemos esmagar a cabeça da cobra. Lá irá quando for tempo; irá então receber a recompensa e matar as saudades... E sabia que político não tem saudades; e o dever do cidadão é entregar-se ao seu partido, militar no ostracismo para triunfar no dia da vitória. A recompensa era, com certeza, o diploma de deputado. Rubião entendeu bem, posto que o outro não lhe falasse em tal. Visão deliciosa, ambição que nunca teve, quando era um pobre diabo. Ei-la que o toma, que lhe aguça todos os apetites de grandezas e de glória... De outro lado, o amigo Cristiano continua a falar da necessidade de ficar, por enquanto, ⊠ mormente agora que acaba de saber da vocação política do amigo. Concorda com o outro, sem saber bem por quê, nem para quê. Tudo é que fique. — Mas uma viagem de alguns dias, disse Rubião sem desejo de lhe aceitarem a proposta. — Vá de alguns dias, concordou Camacho. A lua estava então brilhante...		Rubião agarrou-se às eleições próximas; mas aqui interveio Camacho, afirmando que não era preciso, que a serpente devia ser esmagada cá mesmo na capital; não faltaria tempo depois para ir matar saudades e receber a recompensa... Rubião agitou-se no canapé. A recompensa era, com certeza, o diploma de deputado. Visão magnífica, ambição que nunca teve, quando era um pobre diabo... Ei-la que o toma, que lhe aguça todos os apetites de grandeza e glória... Entretanto, ainda insistiu por poucos dias de viagem, e, para ser exato, devo jurar que o fez sem desejo de que lhe aceitassem a proposta. A lua estava então brilhante....

O processo de eliminação e incorporação de diálogos à voz narrativa dá a esse trecho um novo ritmo. Machado cria uma nova cadência de vozes, tornando mais tênue a passagem do discurso direto para o discurso indireto livre. Esse movimento nos permite penetrar nos pensamentos de Rubião, sem a quebra do diálogo, como acontecia na versão seriada. Como escreve Mattoso Câmara, ao invés do narrador

> apresentar o personagem no palco da narração como uma figura dramática, que fala por si (discurso direto) ou de lançá-lo aos bastidores para nos informar objetivamente sobre o que ele disse (discurso indireto estrito), o narrador associa-se ao seu personagem, transpõe-se para junto dele e fala em uníssono com ele.[57]

A adoção do discurso indireto livre, continua Mattoso Câmara, "conserva os traços afetivos, mas não impõe ao leitor a noção de que o personagem pensou em frases definidas e nítidas, pois as frases apresentadas são do autor, tendo apenas a coloração afetiva do personagem".[58]

Além do mais, o que era na revista seis parágrafos condensa-se em um só no livro. O foco passa do jogo de persuasão de Camacho e Palha (cujas falas se alternam) para os efeitos das palavras pronunciadas pelas duas personagens no presente estado mental de Rubião. O herói começa a ter ambições políticas e está mais próximo de desenvolver sua megalomania imperial.

Na tabela 2, a supressão de uma passagem torna a narrativa mais concisa, além de facilitar a junção dos capítulos 61 e 62. Estamos agora na manhã seguinte à visita de Camacho e Palha a Rubião, no primeiro parágrafo do capítulo 61 do folhetim. No romance em livro, o trecho corresponde ao segundo parágrafo do capítulo 60, pois Machado já havia fundido na reescrita o curto capítulo 60 ao 61. Rubião recebe em casa o jornal *Atalaia* e está lendo o artigo furibundo de Camacho. Na versão em livro, Rubião está todo o tempo sozinho, ao passo que na primeira versão o protagonista recebe a visita de Freitas no almoço. Freitas lê mais uma vez o artigo em voz alta. Depois os dois amigos ainda conversam sobre a *Atalaia* e seu editor. No capítulo seguinte (*A*: 62), Rubião se dirige ao escritório de Camacho, mas no caminho um incidente ocorre:

---

57 Mattoso Câmara Jr. "O discurso indireto livre". In: *Ensaios machadianos*. Rio de Janeiro: Livraria Acadêmica, 1962, p. 30-31.

58 *Idem*, p. 39.

Tabela 2: Capítulos 61 e 62 em A; capítulo 60 em D

A	D
A Estação, 15 de abril de 1887 61 No dia seguinte recebeu um jornal que nunca vira antes, a Atalaia, sem nome de redator, artigos anônimos, várias notícias, poucos anúncios e de grandes letras. O artigo editorial desancava o ministério; a conclusão, porém estendia-se a todos os partidos e à nação inteira: — Mergulhemos no Jordão constitucional. Rubião achou-o excelente; tratou de ver onde se imprimia a folha para assiná-la. Freitas, que veio almoçar com ele, deu-lhe explicações sobre a Atalaia. Era redigido pelo Dr. Camacho, um Camacho... — Conheço; ainda ontem esteve aqui comigo, interrompeu Rubião. — É dele, e não é má. Que diz o número de hoje? Freitas leu o artigo com ênfase, por modo que o Rubião ainda o achou melhor do que quando o lera na cama. Concordaram que era magnífico. Ao almoço, falaram muito do Camacho, confessando Rubião que simpatizava com ele, e pedindo ao outro a sua opinião. A opinião era a mesma. Depois indagou dos costumes da pessoa, da consideração em que a tinham, e todas as respostas foram agradáveis; era homem circunspecto, estimado, perfeito cavalheiro, um gentleman. 62 Nesse mesmo dia foi ao escritório de Camacho. Queria elogiar o artigo e assinar a folha. Ia andando pela rua da Ajuda, quando sucedeu dar com um menino de dois anos, se tanto, no meio da rua, e um carro que descia a trote largo, com o cocheiro distraído. A mãe, que estava à porta de uma colchoaria, deu um grito angustioso, mas não teve forças para correr a salvá-lo. — Deolindo!...	(capítulo 60, segundo parágrafo) No dia seguinte recebeu um jornal que nunca vira antes, a *Atalaia*. O artigo editorial desancava o ministério; a conclusão, porém, estendia-se a todos os partidos e à nação inteira: – *Mergulhemos no Jordão constitucional*. Rubião achou-o excelente; tratou de ver onde se imprimia a folha para assiná-la. Era na rua da Ajuda; lá foi, logo que saiu de casa; lá soube que o redator era o Doutor Camacho. Correu ao escritório dele. Mas, em caminho, na mesma rua: — Deolindo! Deolindo! Bradou angustiadamente uma voz de mulher à porta de uma colchoaria.

Em primeiro lugar, Machado elimina a participação de Freitas da ação. A sua aparição era curta, mas apresentava todos os elementos componentes de uma cena, com mudança de cenário, entrada e saída da personagem e os diálogos constitutivos. Mais uma vez o foco cai sobre Rubião, pois agora ele está só na cena. Ao invés de falar com uma outra personagem (com Freitas, nesse caso), ele é deixado sozinho mergulhado em seus pensamentos.

Machado também suprimiu o primeiro parágrafo do capítulo 62, que tinha o objetivo de introduzir uma nova situação dramática, com novo cenário, personagens e diálogos. É o episódio de Deolindo, que vai transformar Rubião em herói entre as testemunhas do incidente e mais tarde em notícia de jornal. Nesse caso, o resultado da supressão é a intensificação da natureza dramática do romance. Rubião tenta impedir que Deolindo seja atropelado pela carruagem desgovernada. No folhetim, a apresentação do acidente é retardada pela abertura do capítulo (e também pela aparição de Freitas). Mas no livro a cena é apresentada sem nenhum interposição ou explicação.

Na tabela 3, flagramos a supressão da discussão entre os pais de Deolindo a respeito do incidente da carruagem.

Tabela 3: Capítulo 62 em A; capítulo 60 em D

A	D
A Estação, 15 de abril de 1887; Quincas Borba apêndice, p. 59 — Ia quase morrendo, disse a mãe. Se não fosse este senhor, não sei o que seria do meu pobre filho. Era um acontecimento no quarteirão. Vizinhos entraram a ver o que sucedera ao pequeno; na rua, crianças e moleques, espiavam pasmados. A criança tinha apenas um arranhão no ombro esquerdo, e certamente produzido pela queda, não pelos cavalos. — Ah! mas você é descuidada, Josefina! dizia o marido. Como é que você deixa sair assim o menino? — Estava aqui na calçada, redargüiu a mãe. — Qual calçada! A criança o que quer é brincar. Você é muito distraída... — E você também não é? Quero ver se você também não se distrai. — Não foi nada, interveio Rubião; em todo caso, não deixem o menino sair à rua; é muito pequenino. — Obrigado, disse o marido; mas onde está o seu chapéu?	— Ia quase morrendo, disse a mãe. Se não fosse este senhor, não sei o que seria do meu pobre filho. Era uma novidade no quarteirão. Vizinhos entravam a ver o que sucedera ao pequeno; na rua, crianças e moleques, espiavam pasmados. A criança tinha apenas um arranhão no ombro esquerdo, produzido pela queda. — Não foi nada, disse Rubião; em todo caso, não deixem o menino sair à rua; é muito pequenino. — Obrigado, acudiu o pai; mas onde está o seu chapéu?

Ao cortar essa sequência de quatro diálogos, Machado não elimina as duas personagens da ação, como ele havia feito com Freitas. O escritor no entanto limitou a participação delas. O pequeno atrito entre os pais de Deolindo não tinha nenhuma conexão com Rubião. Apenas trazia para a narrativa problemas familiares de personagens menores. Talvez seja esta a razão por que Machado resolveu eliminá-los. O escritor manteve apenas as falas dirigidas a Rubião: "Ia quase morrendo, disse a mãe. Se não fosse este senhor, não sei o que seria do meu pobre filho."; "– Obrigado, acudiu o pai; mas onde está o seu chapéu?"

Há elementos em comum na reescrita desses três excertos. Neles Machado encurtou o texto, através da supressão da abertura de um capítulo ou da redução do papel (ou mesmo da eliminação da participação) de personagens secundárias. A supressão ou condensação de partes da narrativa pode ter sido motivada por fatores externos, pela necessidade de tornar o romance mais curto, por razões editoriais. Quanto mais páginas tem um romance, maior é o custo da produção do livro, principalmente por causa do preço do papel. Machado suprimiu aproximadamente 25 a 30 por cento do texto para a publicação do romance no formato do livro. A Comissão de Machado de Assis foi a primeira a observar que as duas versões deixam em evidência "um fino trabalho de legítimo artesanato estético".[59] É o que esses cinco capítulos redescobertos comprovam, mesmo que eu tenha chamado atenção para apenas um aspecto do trabalho de redefinição estética do romance. O escritor usou estratégias diferentes para mudar o texto, desde a reescrita cuidadosa de frases até a supressão de cenas inteiras. Além disso, parece-me que o objetivo central de Machado foi centralizar o foco em Rubião. Na tabela 1, como vimos, o foco muda do jogo de persuasão de Camacho e Palha para os efeitos das palavras dessas duas personagens na constituição do estado mental de Rubião. Na tabela 2, a supressão de Freitas da ação deixou Rubião sozinho no palco falando com os seus botões, até que ele é tirado dos seus pensamentos pela necessidade urgente de salvar Deolindo. Na tabela 3, Machado evitou uma intriga familiar pequena que não acrescentava nada a respeito do herói propriamente dito.

* * *

Limitamos até agora a investigação de como Machado centrou o foco da narrativa em Rubião ao estudo das variantes desses cinco capítulos recuperados. A mudança alcançada pela revisão cuidadosa de Machado não teria tido, entretanto,

59 Machado de Assis. *Quincas Borba, op. cit.*, p. 16.

nenhum impacto se o mesmo princípio não tivesse sido aplicado à narrativa como um todo. De fato, a caracterização de Rubião parece ter estado entre as principais preocupações de Machado durante a reescrita de todo o romance. John Gledson, um dos poucos críticos a oferecer uma interpretação para a relação entre as duas versões, mostrou-nos incisivamente que "foi com Rubião que (…) Machado enfrentou suas maiores dificuldades".[60] Gledson interpreta o trabalho paciente de Machado sobre a caracterização da personagem como um alegoria política da nação, seguindo a sugestão de Araripe Júnior: "Quem nos diz que este personagem não seja o Brasil?"[61] Meu interesse aqui reside, no entanto, no papel desempenhado pelas mudanças feitas em relação a Rubião na reestruturação do *plotting* de *Quincas Borba*. Peter Brooks prefere o termo *plotting* a *plot*, uma vez que a forma no gerúndio enfatiza o aspecto dinâmico da narrativa,

> que nos faz, enquanto leitores, avançar no texto narrativo; que nos faz – como muitas vezes faz aos heróis do texto, e certamente aos seus próprios autores – querer e ao mesmo tempo precisar de enredo (*plotting*), buscando no texto narrativo, à medida que ele se desdobra diante de nós, uma precipitação de forma e sentido, um vago entendimento de como o sentido pode ser construído sobre e através do tempo.[62]

O trabalho sistemático de Machado sobre Rubião da versão seriada para o livro foi um dos principais agentes na redefinição do enredo e, consequentemente, na forma como lemos a versão em livro. Essa suposição implica que as duas versões

---

60 John Gledson. *Machado de Assis: ficção e história*. 2ª ed. revista e ampliada. Rio de Janeiro: Editora Paz e Terra, 2003, p. 90.

61 Araripe Júnior. "Ideias e sandices do ignaro Rubião". *Gazeta de Notícias*. Rio de Janeiro, 5 de fevereiro de 1893, p. 1, *apud* Hélio de Seixas Guimarães. *Os leitores de Machado de Assis: o romance machadiano e o público de literatura no século XIX*. São Paulo: Nankin Editorial; Edusp, 2004, p. 405.

62 Peter Brooks. *Reading for the Plot: Design and Intention in Narrative*. Cambridge, Massachusetts: Harvard Universty Press, 2003, p. 35.

proporcionam experiências de leitura diferentes. É o que eu gostaria de comprovar agora a partir da apresentação de um exemplo chave.

O processo de centralização do foco em Rubião começa quando Machado reordena os eventos apresentados nos primeiros vinte capítulos do romance. A versão seriada, nas palavras de Augusto Meyer, "começava então pelo começo", pela revelação da doença do filósofo e pelo prognóstico de sua morte.[63] No começo, Quincas Borba é a personagem principal. A figura de Rubião já recebe destaque, porém subordina-se à do filósofo, não passando na escala social de um simples agregado. Somente no capítulo 3, ou seja, no segundo fascículo do folhetim, é que o narrador vai explicar quem é Rubião e as circunstâncias que uniram as duas personagens. Até o capítulo 18, a ação toma lugar em Barbacena. Só no capítulo 20 é que a sua ascensão à posição de capitalista e de personagem principal será concretizada, com a cena em que Rubião admira a enseada de Botafogo da mansão que herdou do amigo. Além disso, Rubião é no folhetim, mais do que no livro, claramente ambicioso e egoísta, como Gledson já havia observado.[64]

Na versão em livro, Machado opera uma rotação na ordem dos eventos, trazendo para o início do romance o que estava no capítulo 20 do folhetim. O resultado é que, quando o livro começa, Rubião já é um homem de posses, firmemente estabelecido no Rio de Janeiro, mesmo que essa situação, ao mesmo tempo social e de espírito, seja apenas transitória. O fato é que, no romance em livro, a ordem de apresentação dos episódios parte do auge da riqueza e da saúde mental de Rubião, se acreditarmos que o nosso herói foi algum dia são. Os eventos que tomam lugar em Barbacena são apresentados em *flashback*, assim como a viagem de trem e os encontros subsequentes de Rubião com o casal Palha até o dia da cena de abertura, em que Rubião se encontra sozinho na varanda da mansão de Botafogo. O *flashback* é tão longo – vai do capítulo 4 ao 27 – que, sem a advertência do narrador, talvez não fôssemos capazes de perceber que no capítulo 27 a narrativa retorna àquela mesma cena de Rubião na varanda da

63 Augusto Meyer. "Quincas Borba em variantes". In: *A chave e a máscara*. Rio de Janeiro: Edições Cruzeiro, 1964, p. 174.

64 John Gledson, *Machado de Assis: ficção e história, op. cit.*, p. 90.

mansão: "Tudo isso passava agora pela cabeça do Rubião, depois do café, no mesmo lugar em que o deixamos sentado, a olhar para longe, muito longe".[65]

Machado está jogando aqui com a distinção entre *fabula* e *sjužet*. Apesar de em ambas as versões "o que realmente aconteceu" (*fabula*) é o mesmo, a ordem dos eventos apresentados no discurso narrativo (*sjužet*) é diferente. Ao reordenar a matéria dos vintes capítulos, o escritor deu ao romance uma nova "dynamic shaping force", que conduz a um novo *plotting*, no qual Rubião é o eixo principal.[66] Quando alcançamos o capítulo 27 do livro, somos capazes de compreender a transformação de Rubião, a qual a própria personagem se referiu de modo tantalizador no capítulo 1 da versão em livro: "—Vejam como Deus escreve direito por linhas tortas".[67] A versão seriada não oferece a mesma articulação narrativa, porque os eventos que tomam lugar em Barbacena haviam sido narrados antes da mudança de Rubião para o Rio. Os leitores estão assim menos inclinados a ver os acontecimentos desses vinte e sete capítulos como um todo. O folhetim põe ênfase no início na ordem cronológica dos eventos e por isso não fornece uma visão muito clara de que as condições simultâneas que afetaram o herói nessa primeira parte do romance formam uma unidade.

É provável, no entanto, que Machado, ao escrever a versão seriada, já tinha em mente criar sentido através de envergaduras narrativas muito mais longas do que os fascículos da revista. Encontramos no folhetim uma tentativa de abordagem da matéria narrativa considerada antes como um todo, para ser lida num só fôlego, do que como uma estória que se desenvolve gradualmente na progressão linear do tempo. Já na primeira versão, Machado havia criado uma unidade narrativa de um dia, não tão longa quanto na versão em livro, mas que mesmo assim teve que ser dividida em treze fascículos, levando mais de seis meses para ser publicada. O dia que começa no capítulo 20 do folhetim – "Aqui está o nosso Rubião no Rio

---

65 Machado de Assis. *Quincas Borba*: *apêndice*, *op. cit.*, p. 28.

_______. *Quincas Borba*, *op. cit.*, cap. 27, p. 133.

66 Peter Brooks, *op. cit.*, p. 13.

67 Machado de Assis. *Quincas Borba*: *apêndice*, *op. cit.*, p. 107.

de Janeiro"[68] – só vai terminar na conclusão do capítulo 50 de 28 de fevereiro de 1887, que havia começado em 1 de janeiro de 1887: "Não, senhora minha, ainda não acabou este dia tão comprido".[69] Do capítulo 20 ao 50, Rubião brinca com seu cachorro, almoça com Freitas e Carlos Maria, recebe a cestinha de morangos de Sofia. Mais à tarde Rubião vai à casa de Sofia. Lá Dona Tonica e seu pai suspeitam de que Rubião e Sofia são amantes. Sofia, por sua vez, acha o comportamento de Rubião ultrajante, mas Palha não poderá romper relações com o mineiro, como quer a mulher, porque o comerciante lhe deve muito dinheiro. Não devemos nos esquecer de que, ainda no mesmo dia já de noite, depois de sair da casa de Sofia, Rubião vai se lembrar daquele episódio do enforcamento do escravo, mencionado anteriormente.

As experiências de leitura do folhetim e livro são diferentes, desta forma, primeiramente por causa do formato de publicação. A publicação estendida por mais de cinco anos muito provavelmente foi determinante no envolvimento do leitor com a estória e no seu entendimento do romance. Infelizmente não encontramos nenhum registro das suposições temporárias que os leitores do folhetim iam construindo à medida que o romance se desdobrava de fascículo a fascículo. Além disso, entre as resenhas publicadas depois do lançamento da primeira edição em livro, a "Croniqueta", de Artur Azevedo, é a única a mencionar o folhetim:

> Depois das *Aleluias*, de Raimundo Correia, formoso livro que tem passado completamente despercebido, tivemos o *Quincas Borba*, de Machado de Assis.
>
> As leitoras conhecem o romance, que durante muito tempo foi publicado nas colunas da Estação; mas essa leitura dosimétrica naturalmente pouco aproveitou, e eu recomendo-lhes que o leiam de novo no volume editado pelo Sr. B. L. Garnier.
>
> *Quincas Borba* é, como as *Memórias Póstumas de Brás Cubas*, um dos livros mais notáveis da nossa literatura; deve figurar na

68 Machado de Assis. *A Estação*, Rio de Janeiro, 31 de agosto de 1886.
________.*Quincas Borba: apêndice, op. cit.*, p. 22.

69 Machado de Assis. *Quincas Borba: apêndice, op. cit.*, p. 47.

> biblioteca de quantos se interessam pelo progresso das letras brasileiras. ("Croniqueta". *A Estação*. 31 de janeiro de 1892).[70]

Artur Azevedo está escrevendo especificamente para os assinantes de A Estação, leitores potenciais da versão seriada de Quincas Borba. Seu primeiro objetivo é sem dúvida promover comercialmente o livro. Mas o cronista também chama a atenção para o fato de que, mesmo que eles já tenham lido o romance no formato seriado, isso não significa que o livro viria a oferecer uma mesma experiência de leitura. Eu não diria, como Artur Azevedo, que a leitura do folhetim foi pouco proveitosa. Antes, o envolvimento do leitor com um trabalho publicado durante um período de tempo tão estendido foi provavelmente muito diferente do envolvimento do leitor com o livro, sendo este capaz de ler todo o romance em apenas algumas semanas ou dias. A leitura do folhetim era feita em fatias e circundada por outras estórias, ensaios, ilustrações e anúncios. O processo de leitura na revista embutia-se assim numa armação material muito diferente do livro em volume. Tinha-se no campo de visão a continuação da narrativa seriada e outros elementos textuais e iconográficos, todos amarrados pelo mesmo princípio editorial. É muito possível que o leitor do folhetim, predominantemente feminino, estava mais propenso a ligar imediatamente a trama de Quincas Borba à moda, assunto principal de A Estação. Como toda revista de modas, A Estação promovia o desejo de ascensão social, porque a moda assume um papel importante na mobilidade entre as classes. De acordo com Gilda de Mello e Souza, "como as modas vigentes são sempre as da classe dominante, os grupos mais próximos estão, a cada momento, identificando-se aos imediatamente superiores através da imitação da vestimenta".[71] A inclinação editorial da revista desempenhou assim um papel muito importante na construção imaginária do romance, porque ele transforma em ficção as aspirações sociais do seu público alvo. Ao retratar "uma sociedade em

70 Estou levando em conta as resenhas compiladas por Hélio de Seixas Guimarães em "Resenhas e cometários sobre os romances machadianos": "Sobre Quincas Borba", *op. cit.*, p. 355-406. Essa "Croniqueta" de Artur Azevedo também foi transcrita lá, nas páginas 371-372.

71 Gilda de Mello e Souza. *O espírito das roupas: a moda no século XIX*. São Paulo: Companhia das Letras, 1987, p. 130.

mutação", Machado criou o ambicioso casal Palha, capaz de tudo para ascender socialmente.[72] O romance não é somente a história da fortuna e ruína de Rubião, mas também a história da escalada social do par Sofia e Cristiano. Cada novo patamar social alcançado pela personagem feminina fica muito bem caracterizado, mesmo que Machado não se detenha muito em descrições, seja pela vestimenta, pelas joias, pelos gostos literários, pelos círculos de amizades, pelos hobbies, pela mobília ou pelos objetos de ornamentação que Sofia adquire, abandona, troca ou mantém, continuamente, durante todo o desenvolvimento da narrativa. Não podemos nos esquecer que o casal Palha muda de endereço três vezes, de uma casa em Santa Teresa em direção à prestigiosa Zona Sul em expansão, cada vez mais procurada pelos *noveaux-riches* da cidade. Na Zona Sul, o casal se instala primeiro na praia do Flamengo e depois ainda mais longe do centro, no palacete construído em Botafogo.

Além disso, o formato livro oferece uma experiência diferente de leitura, por causa das mudanças feitas no texto por Machado. Ao mesmo tempo em que a primeira edição em volume fica desprovida dos artigos, gravuras e anúncios com que dividia espaço nas páginas de *A Estação*, ela oferece ao leitor um texto profundamente revisado. Machado levou ao extremo o seu plano inicial de construir sentido através de envergaduras narrativas muito mais longas do que os fascículos originais. Quando o leitor alcança o capítulo 50 do livro, ele ou ela será capaz não somente de entender a transformação de Rubião, mas também as relações complexas entre o herói e o casal Palha, que são ao mesmo tempo afetivas e financeiras. O leitor poderá ver até onde Rubião chegou desde o início do romance e é convidado a refletir tendo em mente o quadro construído em torno deste único dia – do capítulo 1 ao 50.

Machado fez em *Quincas Borba* algo que ele nunca tinha feito antes, nem mesmo em *Memórias Póstumas de Brás Cubas*. Ele construiu uma unidade narrativa de um longo e único dia, que ocupa os cinquenta primeiros capítulos do romance, ou seja, um quarto do livro. É verdade que *Brás Cubas* inicia o que chamamos a fase madura da obra literária de Machado, devido seja à sua técnica narrativa ou à ironia crescente. No entanto, *Brás Cubas* manteve uma relação muito próxima com formas literárias bem adaptadas ao formato seriado, tais como o romance

72 John Gledson. *Machado de Assis: ficção e história, op. cit.*, p. 83.

de formação e a crônica. *Brás Cubas* constitui-se de uma sequência de episódios vividos pelo narrador-personagem, mesmo que ele os intercale com seus comentários frequentes, deixando a impressão de uma história que se desenvolve gradualmente no tempo. Gledson já observou que *Brás Cubas* se adaptou muito bem ao formato seriado:

> (*Brás Cubas*) se divide em episódios, anedotas etc. que na maioria das vezes são autossuficientes, e, com frequência, lembrados por si mesmos – "O almocreve" (capítulo 21) é o exemplo mais famoso, mas o livro inteiro é construído desse modo. Onde as personagens do princípio reaparecem no fim – como é o caso de Marcela e Eugênia, por exemplo –, esse reaparecimento é igualmente episódico e a moral bem evidente. Memórias póstumas de Brás Cubas foi originalmente publicado em fascículos, e, tivesse sido ou não escrito como um seriado, o fato é que se adapta a essa forma.[73]

Por um lado, *Brás Cubas* se aproxima do romance de formação, porque conta no final das contas a história da vida da personagem principal, mesmo que o narrador tenha resolvido começá-la pelo final. Nesse sentido, o romance é uma paródia ao romance de formação. Do capítulo 10 em diante, a progressão cronológica da narrativa é no entanto linear, levando-nos do nascimento à morte de Brás Cubas. Por outro, Machado incorporou ao romance o estilo rápido de narrar e a habilidade do cronista de mudar de assunto e comentar sobre tudo ao mesmo tempo. Isso foi possível porque Machado era ele mesmo um cronista experiente e porque estava conscientemente escrevendo no estilo fragmentado de *Tristram Shandy*.

Aqui talvez resida uma das principais diferenças entre *Memórias Póstumas de Brás Cubas* e *Quincas Borba*: a construção do romance em fragmentos autossuficientes em oposição à ênfase à simultaneidade dos elementos que afetam a vida, não somente de Rubião, mas de todas as personagens. No entanto, *Quincas Borba* traz também

73 John Gledson. *Machado de Assis: Impostura e realismo*. Tradução de Fernando Py. São Paulo: Companhia das Letras, 1991, p. 25.

uma história que se desenvolve gradualmente no tempo. A megalomania de Rubião e a ascensão social do casal Palha se desdobram progressivamente para o leitor à medida que a narrativa avança. *Quincas Borba* parece dessa forma oferecer dois padrões de leitura que não são necessariamente opostos, mas antes coexistentes: o leitor é convidado a interpretar o romance a partir de envergaduras narrativas mais longas do que os fascículos originais, mas também está interessado em acompanhar o desenvolvimento social, econômico e/ou mental das personagens. *Quincas Borba* é o último romance de Machado publicado originalmente de forma seriada. *Dom Casmurro* já não sairia mais na imprensa periódica, com exceção da redação primitiva dos capítulos 3 e 4, publicada sob o título "Um agregado", na *República,* em 15 de novembro de 1896.

O estudo das duas versões de *Quincas Borba* nos traz muitas revelações. Proporciona-nos a oportunidade quase única de se investigar o processo criativo de um romancista tão contido como Machado. No nível microscópico, revela-nos o trabalho cuidadoso da reescrita de frases; e, no macroscópico, a reestruturação da narrativa para mudar levemente a direção do foco do romance. As duas versões de *Quincas Borba* também nos ajudam a entender a evolução da prosa madura de Machado, principalmente de *Brás Cubas* a *Dom Casmurro. Last but not least,* também é documento da herança temática e estrutural deixada pelo folhetim ao livro, e de que mesmo a mente criativa de Machado teve que se submeter às condições materiais para a produção de ficção.

Referências Bibliográficas

A Estação. Rio de Janeiro, 15 de junho de 1886 a 15 de setembro de 1891.

BARBIERI, Ivo (org.). *Ler e reescrever Quincas Borba*. Rio de Janeiro: EdUERJ, 2003.

BROOKS, Peter (1984). *Reading for the Plot: Design and Intention in Narrative*. Cambridge, Massachusetts: Harvard Universty Press, 2003.

COSTA LIMA, Luiz. *Dispersa demanda: ensaios sobre literatura e teoria*. Rio de Janeiro: Francisco Alves, 1981.

GLEDSON, John. *Machado de Assis: ficção e história*. 2ª ed. revista e ampliada. Tradução de Sônia Coutinho. Rio de Janeiro: Editora Paz e Terra, 2003.

______. *Machado de Assis: Impostura e realismo.* Tradução de Fernando Py. São Paulo: Companhia das Letras, 1991.

GOMES, Eugênio. *Machado de Assis: influências inglesas.* Rio de Janeiro: Editora Pallas, 1976.

GUIMARÃES, Hélio de Seixas. *Os leitores de Machado de Assis: o romance machadiano e o público de literatura no século XIX.* São Paulo: Nankin Editorial; Edusp, 2004.

HALLEWELL, Laurence. *Books in Brazil.* Londres: Scarecrow Press, Metuchen, 1982.

KINNEAR, J. C. "Machado de Assis: To Believe or Not to Believe?" *Modern Language Review,* 71: 1, jan. 1976, p. 54-60.

MACHADO DE ASSIS, Joaquim Maria. *Quincas Borba.* Rio de Janeiro: Civilização Brasileira. INL, 1975.

______. *Poesia e prosa.* Galante de Souza (org.). Rio de Janeiro: Civilização Brasileira, 1957.

______. "Apêndice." *Quincas Borba: apêndice.* Rio de Janeiro: Civilização Brasileira, INL, 1975.

MATTOSO CÂMARA Jr., J. *Ensaios machadianos.* Rio de Janeiro: Livraria Acadêmica, 1962.

MERQUIOR, José Guilherme. "Gênero e estilo das *Memórias póstumas de Brás Cubas*". *Colóquio Letras* 08, julho de 1972, p. 12-20.

MEYER, Augusto. *A chave e a máscara.* Rio de Janeiro: Edições Cruzeiro, 1964.

MEYER, Marlyse. *Caminhos do imaginário no Brasil.* São Paulo: Edusp, 1993, p. 73-107.

QUADROS, Jussara Menezes. "The Book and the Format of the Novel". In: DJELAL AND VALDÉS, Mario. *Literary Cultures of Latin America: A Comparative History.* Vol. II. Nova York, Oxford: Oxford University Press, 2004, p. 147-155.

SÁ REGO, Enylton José de. *O calundu e a panaceia: Machado de Assis, a sátira menipeia e a tradição luciânica.* Rio de Janeiro: Forense Universitária, 1989.

SILVA, Ana Cláudia Suriani da. "A travessia transatlântica das gravuras da revista alemã *Die Modenwelt* para a revista brasileira *A Estação*. IX Congresso Internacional da ABRALIC, Porto Alegre, UFRGS, Julho18-21, 2004.

______. "Da Alemanha para o Brasil: história da revista *A Estação*, um empreendimento multinacional". 2º *Congresso da História do Livro e da Leitura no Brasil*, Campinas, UNICAMP, Julho 22-24, 2003.

SOUSA, Galante de. *Bibliografia de Machado de Assis*. Rio de Janeiro: Instituto Nacional do Livro, 1955.

SOUZA, Gilda de Mello e. *O espírito das roupas: a moda no século XIX*. São Paulo: Companhia das Letras, 1987.

TRIGO, Luciano. *O viajante imóvel: Machado de Assis e o Rio de Janeiro de seu tempo*. Rio de Janeiro: Record, 2001.

Comércio sentimental e contabilidade moral: A linguagem da economia em *Memórias Póstumas de Brás Cubas*

Bluma Waddington Vilar
(Doutora em literatura comparada
– Universidade do Estado do Rio de Janeiro)

Esta é uma análise de algumas das metáforas, comparações, imagens, reflexões e situações ligadas ao universo do dinheiro e da economia em *Memórias póstumas de Brás Cubas* (1881). É parte de um estudo mais amplo, que inclui os demais romances da maturidade e procura compreender o alcance e a fecundidade desse campo semântico na ficção romanesca de Machado de Assis.[1] A presença dessa imagística relaciona-se à importância do tema do *favor* no romance machadiano, demonstrada sobretudo por Roberto Schwarz, e do tema mais geral das *relações assimétricas*, ou seja, relações em que um dos termos estabelece ou confirma uma superioridade qualquer sobre o outro. A análise exposta a seguir busca esclarecer o impacto das metáforas e pecuniárias sobre os sentimentos e a conduta moral nesse romance, evidenciando como *a lógica da economia é incorporada às esferas moral e afetiva no próprio plano do estilo*. Haveria, portanto, uma contaminação dessas esferas por valores mercantis, e esse contágio *decorreria tanto*

1 Ver Bluma Waddington Vilar. "Um caloteiro devoto: a contabilidade moral em *Dom Casmurro*". In: João Cezar de Castro Rocha (org.). *À roda de Machado de Assis: ficção, crônica e crítica*. Chapecó: Argos, 2006. Tanto o presente ensaio quanto esse outro foram ampliados e refinados, constituindo, portanto, versões preliminares dos ensaios definitivos a serem reunidos em livro aos demais ensaios resultantes de minha pesquisa – "Metáforas pecuniárias: a contabilidade moral no romance machadiano" – como bolsista de pós-doutorado o CNPq na Fundação Casa de Rui Barbosa, de outubro de 2006 a março de 2008.

dos atos das personagens e das situações por elas vividas quanto da linguagem utilizada pelo narrador-protagonista. Vamos ao texto machadiano:

> Dito isto, expirei às duas horas da tarde de uma sexta-feira do mês de agosto de 1869, *na minha bela chácara de Catumbi*. Tinha uns sessenta e quatro anos, rijos e *prósperos*, era solteiro, possuía cerca de *trezentos contos* e fui acompanhado ao cemitério por *onze amigos*. Onze amigos! Verdade é que não houve cartas nem anúncios. Acresce que chovia – peneirava uma chuvinha miúda, triste e constante, tão constante e tão triste, que levou *um daqueles fiéis da última hora* a intercalar esta engenhosa ideia no discurso que proferiu à beira de minha cova: "Vós, que o conhecestes, meus senhores, vós podeis dizer comigo que a natureza parece estar chorando a perda irreparável de um dos mais belos caracteres que têm honrado a humanidade. (...)"
> *Bom e fiel amigo! Não, não me arrependo das vinte apólices que lhe deixei.*[2]

No segundo parágrafo do capítulo inicial de *Memórias póstumas*, após a data e hora precisa de sua morte, a condição econômica é o primeiro aspecto informado e realçado pelo narrador-protagonista: ao indicar o local do falecimento – "minha bela chácara de Catumbi", assinala também o fato de ser um rico proprietário. Em seguida, revela sua idade na ocasião, enfatizando mais uma vez o aspecto socioeconômico: "Tinha uns sessenta e quatro anos, rijos e *prósperos*". No mesmo período, ainda nos fornece três informações cuja proximidade não é casual: "era solteiro, possuía *trezentos contos* e fui acompanhado ao cemitério por *onze amigos*". Tanto é sintomática essa vizinhança de celibato, contos de réis e amigos, que, no parágrafo seguinte, fica clara a contaminação da esfera afetiva, das relações de amor, amizade ou gratidão, pelo dinheiro. A reciprocidade daqueles sentimentos mescla-se a outro comércio, agora em sentido próprio. E essa mercantilização de afetos e gestos, que subordina a ordem moral à ordem material, monetária, põe necessariamente

2 Machado de Assis. *Memórias póstumas de Brás Cubas*. 2ª ed. Rio de Janeiro/Brasília: Civilização Brasileira, INL, 1977, cap. 1, "Óbito do autor", § 8 e 9, p. 99-100, grifos meus. As páginas e os parágrafos indicados nas demais citações referem-se a essa edição.

sob suspeita aqueles que ocupam a posição inferior nas relações assimétricas entre indivíduos de condições sociais diversas, como é o caso das relações paternalistas de *favor* entre privilegiados e necessitados, em especial entre proprietários e agregados, um dos principais temas da ficção romanesca do autor. Aos agregados cabe o papel de "devedores" dos proprietários que os acolhem em suas casas. Em troca do teto e da proteção, prestam serviços, mas a "dívida" permanece como traço determinante no convívio com seus benfeitores. O benefício recebido estigmatiza o beneficiado, tem algo de degradante. Ser agregado é, por definição, estar em débito, e estar em débito implica uma inferioridade *vis-à-vis* ao credor. Obviamente, a gama das relações de favor é bem mais extensa, abarcando outros favorecidos que não os agregados, conforme veremos.[3]

Voltando à passagem inicialmente transcrita, o celibato de Brás, solteiro tanto de amores duradouros quanto de amigos sinceros, é consequência não apenas de seu hegemônico amor-próprio, mas também da corrupção mencionada e de sua

---

3 Além de Raymundo Faoro, em *Machado de Assis: a pirâmide e o trapézio* (São Paulo: Companhia Editora Nacional, 1974), Roberto Schwarz tratou exaustivamente do tema do paternalismo, das relações de dependência, de clientela, de favor, ao analisar o romance machadiano. Entre outros títulos de leitura obrigatória do mesmo autor, vejam-se: *Ao vencedor as batatas. Forma literária e processo social nos inícios do romance brasileiro.* São Paulo: Duas Cidades, 1977; *Um mestre na periferia do capitalismo: Machado de Assis.* São Paulo: Duas Cidades, 1990; "A novidade das Memórias póstumas de Brás Cubas". In: Antonio Carlos Secchin, José Maurício Gomes de Almeida, Ronaldes de Melo e Souza (orgs.). *Machado de Assis. Uma revisão.* Rio de Janeiro: In-Fólio, 1998, p. 47-64; "A contribuição de John Gledson" e "Um mestre na periferia do capitalismo (entrevista)". In: *Sequências brasileiras: ensaios.* São Paulo: Companhia das Letras, 1999, p. 106-112 e 220-226. Embora não faça uma análise estilística, não tratando especificamente das metáforas pecuniárias e do papel da linguagem na disseminação do favor e dos valores mercantis pelo universo moral e afetivo, ao contrário deste ensaio, *Verso e reverso do favor no romance de Machado de Assis* (Viçosa: Imprensa Universitária da Universidade Federal de Viçosa, 1994), de Therezinha Mucci Xavier, comenta algumas das passagens de *Memórias póstumas* aqui analisadas. Há, obviamente, convergências e divergências entre as duas análises, que não discutirei neste trabalho, limitando-me a referir o capítulo "O favor às avessas" (p. 49-69), dedicado às *Memórias*. Em *Um defunto estrambótico: análise e interpretação das Memórias póstumas de Brás Cubas.* São Paulo: Nankin Editorial, 2002, Valentim Facioli dedica a seção intitulada "Dinheiro" ao papel exercido por este no romance em questão e ao tema inevitável das relações de favor. Como no caso do livro de Mucci Xavier, não apontarei aqui os pontos de contato entre o texto de Facioli e este ensaio.

descrença fundamental do ser humano, talvez um pouco mais do resto da humanidade que de si mesmo em alguns momentos, mas, ao fim e ao cabo, como evidencia o último capítulo, o narrador póstumo inclui-se igualmente em "nossa miséria". Ao longo do romance machadiano, o campo do comportamento moral e emotivo tende a ser contaminado, quando não exclusivamente dominado por interesses de outra ordem (reais ou supostos) e pelo "cálculo", termo caro ao autor, que norteia as ações até mesmo nesse terreno. Tal contaminação, que ora amesquinha os sentimentos e as atitudes, ora os invalida por completo, *ocorre muitas vezes mediante o uso, cômico ou irônico, do vocabulário da economia para descrevê-los*. E, em se tratando de sentimentos e atos religiosos, esse uso irreverente de comparações e metáforas econômicas se torna sacrílego (o narrador de *Dom Casmurro*, em particular, é pródigo em blasfêmias desse tipo). Na passagem citada, assim como a fortuna, os amigos são quantificados com exatidão numérica, não são "poucos", são "onze", nem mais, nem menos. A atitude de "um daqueles fiéis da última hora" de discursar enaltecendo o morto mediante uma "engenhosa ideia" confirma o justo preço pago por aquela "amizade", corretamente avaliada por Brás Cubas em vinte apólices.

Dívidas perdoadas, dívidas renovadas

No capítulo 11, "O menino é pai do homem", o termo "devedor" é empregado pela primeira vez, quando Brás descreve sua rotina matinal na infância, rotina repetida, não sem motivo, à noite, antes de dormir. Embora destituído de qualquer fervor religioso, o menino reza, e o narrador expõe esse hábito referindo o penúltimo versículo do pai-nosso, que suplica "perdoai-nos as nossas ofensas, assim como nós perdoamos aos que nos ofenderam" (Mateus 6, 12), porém em tradução mais literal, mais próxima da tradução latina e do original grego. Na Vulgata, diz o *Pater Noster*: "*et dimitte nobis debita nostra, sicut et nos dimittimus debitoribus nostris*". Ou seja, "perdoa-nos as nossas dívidas assim como nós perdoamos aos nossos devedores". Vejamos a passagem do romance:

> Minha mãe doutrinava-me a seu modo, fazia-me decorar alguns preceitos e orações; mas eu sentia que, mais do que as orações, me governavam os nervos e o sangue, (...). De manhã, antes do mingau, e

> de noite, antes da cama, *pedia a Deus que me perdoasse, assim como eu perdoava aos meus devedores*; mas entre a manhã e a noite fazia uma grande maldade, e meu pai, passado o alvoroço, dava-me pancadinhas na cara, e exclamava a rir: Ah! brejeiro! ah! brejeiro![4]

A tradução mais literal da súplica era a mais corrente na época, era a forma usual de rezar, mais tarde substituída pela versão dominante hoje, em que se trocam "dívidas" por "ofensas" e "devedores" por "os que nos ofenderam", aproximando o versículo 12 dos dois versículos seguintes à oração: "Porque, se perdoardes aos homens as suas ofensas, vosso Pai celeste também vos perdoará. Mas, se não perdoardes aos homens as suas ofensas, tampouco vosso Pai perdoará as vossas ofensas" (Mt 6, 14-15).[5]

Embora não se trate de uma escolha do autor, vale notar, no entanto, a conveniência da versão literal, dada a tendência do romance machadiano de mercantilizar a esfera moral, subjugada pelo poder do dinheiro. E, nesse contexto, orações e promessas religiosas ganham caráter de barganha ou, se se preferir, têm essa dimensão acentuada. É como se o perdão dos pecados ficasse no mesmo nível que o perdão de uma dívida monetária, equiparado à simples dispensa de pagar a quantia de dinheiro devida a alguém. Entretanto, o ato de perdoar a seus devedores é atribuído pelo narrador ao menino Brás, que evidentemente não podia ter devedores no sentido pecuniário. O termo designaria então aqueles que lhe negaram alguma vontade, que o impediram direta ou

---

4 *Op. cit.*, 1977, cap. 11, "O menino é pai do homem", p. 118, § 102.

5 Na *Bíblia* de David Martin (1707, revista em 1744), cuja tradução para o francês retomava a da *Bible de Genève*, o versículo 12 é traduzido assim: "Et nous quitte nos dettes, comme nous quittons aussi [les dettes] à nos débiteurs." Na *Bíblia* de Jean-Frédéric Ostervald (1744, revista em 1996), teólogo e pastor protestante, que reviu e corrigiu a tradução de Martin, além de acrescentar-lhe seus "Arguments e réflexions sur l'Écriture Sainte", lemos: "Pardonne-nous nos péchés, comme aussi nous pardonnons à ceux qui nous ont offensés". Na Bíblia dita de Lausanne, publicada em 1872, encontramos: "Et remets-nous nos dettes, comme nous les remettons nous-mêmes à nos débiteurs". Na tradução do *Novo Testamento* pelo pastor protestante Louis Segond, publicada em 1880 e revista em 1910, figura: "pardonne-nous nos offenses, comme nous aussi nous pardonnons à ceux qui nous ont offensés". Em português, a tradução do *Novo Testamento* feita por João Ferreira d'Almeida e publicada em 1712, registra: "e perdoa as nossas dívidas, assim como nós também temos perdoado aos nossos devedores".

indiretamente de conseguir algo bem concreto. E a nenhum deles o "menino diabo",[6] merecedor do apelido, jamais perdoava. Ao contrário, procurava vingar-se, como fez quebrando a cabeça da escrava que lhe recusara uma colher do doce de coco ainda em preparo[7] e denunciando a infidelidade conjugal do Doutor Vilaça, que sem querer o privara da sobremesa tão aguardada.[8] Mas, se a expressão "perdoar aos devedores" não se aplica a uma criança, muito menos a um pirralho "voluntarioso", "opiniático, egoísta e algo contemptor dos homens",[9] essa impropriedade não atenua, antes reforça o modo cômico e nada católico, em todos os sentidos, de rogar o perdão divino. Ao negociar com Deus, a má-fé do menino, confessadamente matreiro,[10] residiria na tentativa de ludibriar o Todo-poderoso, fraudar a negociação, alegando em sua defesa algo que não era verdadeiro, pois, desde pequeno, Brás esteve longe de amar seus inimigos. Mas, se sempre contava com a indulgência paterna cá embaixo, por que não contaria com a lá de cima? Por que o Pai celeste não haveria de seguir o exemplo de infinita misericórdia de seu pai aqui na terra?

Amores de algibeira

No capítulo 14, "O primeiro beijo", Brás conta o início de sua paixão por Marcela, de seus amores o mais comercial, *et pour cause*! Vejamos como Brás descreve a si mesmo e à cortesã amada:

> Sim, eu era esse garção bonito, airoso, *abastado*; e facilmente se imagina que mais de uma dama inclinou diante de mim a fronte pensativa, ou levantou para mim os olhos cobiçosos. (...) A que me cativou foi uma dama espanhola, Marcela, a "linda Marcela", (...). Era boa moça, lépida, *sem escrúpulos*, um pouco tolhida pela austeridade do tempo, (...)

6 Cap. 11, § 100.

7 *Idem.*

8 Cap. 12, § 118 e 128.

9 Cap. 11, § 100 e 101.

10 Cap. 11, § 99.

> luxuosa, impaciente, *amiga de dinheiro e rapazes*. Naquele ano, morria de amores por um certo Xavier, sujeito *abastado e tísico, – uma pérola*.[11]

O que torna Brás alvo dos "olhos cobiçosos" de "mais de uma dama", poderíamos imaginar, é o ser "bonito" e "airoso". Mas, ao fim do parágrafo, quando ele caracteriza Marcela como "amiga de dinheiro e rapazes", nessa ordem, percebe-se uma óbvia hierarquia: a qualidade mais importante no autorretrato do protagonista adolescente é sua privilegiada condição socioeconômica. A cobiça por ele despertada é menos de natureza erótica e sentimental que de índole mercantil. A referência ao rival na disputa por Marcela reitera aquilo de que efetivamente se trata: o valor de ambos no mercado das relações amorosas. A característica comum aos dois rapazes é o *status* de jovem "abastado", que torna Brás cobiçável e, associado à saúde precária, faz de Xavier "uma pérola".

Nos capítulos 15 – "Marcela", 17 – "Do trapézio e outras coisas", e 18 – "Visão do corredor", entre as passagens que mais explicitam o caráter comercial da relação entre Brás e Marcela, estas são especialmente dignas de nota:

> Teve duas fases a nossa *paixão*, ou *ligação*, ou qualquer outro nome, que eu de nomes não curo; teve a fase consular e a fase imperial. Na primeira, que foi curta, regemos o Xavier e eu, sem que ele jamais acreditasse dividir comigo o governo de Roma; mas, quando a credulidade não pôde resistir à evidência, o Xavier depôs as insígnias, e eu concentrei todos os poderes na minha mão; foi a fase cesariana. *Era meu o universo; mas, ai triste! não o era de graça. Foi-me preciso coligir dinheiro, multiplicá-lo, inventá-lo*.[12]

> ...Marcela amou-me durante quinze meses e onze contos de réis; nada menos.[13]

11 Cap. 14, "O primeiro beijo", § 135, p. 127, grifos meus.

12 Cap. 15, "Marcela", § 143, p. 129, grifos meus.

13 Cap. 17, "Do trapézio e outras coisas", § 162, p. 132.

> Achava-me feliz. Certo é que *os diamantes corrompiam-me um pouco a felicidade*; mas não é menos certo que uma dama bonita pode muito bem amar os gregos e os seus presentes. E depois eu confiava na minha boa Marcela; podia ter defeitos, mas amava-me... [14]

Na primeira passagem, a metáfora política que associa a conquista do coração de Marcela (ou pelo menos de suas atenções) ao governo de uma cidade-Estado termina por atribuir esse poder ao dinheiro. Marcela seduz Brás, e este "colige" os recursos necessários para governar aquela mulher-Estado, explorando as "larguezas" do pai, que sempre fez todas as suas vontades.[15] Mas nem a generosidade paterna resiste ao "abuso" do filho, que então induz a mãe "a desviar alguma cousa".[16] Não obtendo capital bastante dessa maneira, recorre a outro expediente: "entrei a sacar sobre a herança de meu pai, a assinar obrigações, que devia resgatar um dia com usura".[17]

Na conhecida citação do capítulo 17 – "Marcela amou-me por quinze meses e onze contos de réis", o narrador alia de forma bem-humorada a informação autobiográfica precisa a uma verdade universal: em se tratando do amor de uma cortesã, tempo sem dúvida é dinheiro. No capítulo 15, o leitor já tinha sido comunicado de que "o universo" não saía "de graça" ao protagonista, que tê-lo só para si lhe custava caríssimo. O custo exato de quinze meses de exclusividade do "universo" é revelado dois capítulos depois – "onze contos de réis".

Na passagem extraída do capítulo 18, vemos mais um exemplo de degradação da esfera afetiva por interferência da ordem material e econômica: pedras excepcionalmente duras, os diamantes não se deixam arranhar, mas certamente arranham a felicidade de Brás, que ainda procura mitigar o impacto do último presente que resolve dar a Marcela – "a melhor joia da cidade",[18] a fim de persuadi-la a ir com ele para a Europa. É a "ideia salvadora" que ocorre ao apaixonado de "pedir-lhe por um meio

---

14 Cap. 18, "Visão do corredor", § 188, p. 135-6, grifos meus.

15 Cap. 15, "Marcela", § 143, p. 129.

16 *Idem.*

17 *Idem.*

18 Cap. 17, § 174, p. 134.

mais concreto que a súplica", o único, acredita ele, capaz de "fasciná-la" e "arrastá-la"[19] para o Velho Mundo. Contrariando as evidências, Brás ainda argumenta que "uma dama bonita pode muito bem amar os gregos e seus presentes"; mas, com essa formulação, apenas reafirma o efeito corrosivo da joia: o presente de grego funciona aqui de maneira invertida, prejudicando não quem o recebe, mas quem o oferece; ou, conservando o sentido habitual da locução, o presente dado para "salvar" o amor dos dois põe em dúvida esse amor.

Pregão da sovinice

No famoso capítulo 21, "O Almocreve", acompanhamos uma sucessão de correções, de retificações, numa espécie de *leilão às avessas*, no qual o corajoso ato do almocreve, que salvou a vida de Brás, vai sendo depreciado por este. O muladeiro, por seu lado, parece esperar a provável recompensa, exibindo um comportamento excessivamente zeloso e algo adulador:

> O almocreve salvara-me talvez a vida; era positivo; eu sentia-o no sangue que me agitava o coração. Bom almocreve! enquanto eu tornava à consciência de mim mesmo, ele cuidava de consertar os arreios do jumento, *com muito zelo e arte*. Resolvi dar-lhe três moedas de ouro das cinco que trazia comigo; *não porque tal fosse o preço da minha vida*, – essa era inestimável; mas porque era *uma recompensa digna da dedicação com que ele me salvou*. Está dito, dou-lhe as três moedas.
> (...)
> Fui aos alforjes, tirei um colete velho, em cujo bolso trazia as cinco moedas de ouro, e durante esse tempo *cogitei se não era excessiva a gratificação*, se não bastavam *duas moedas. Talvez uma*. Com efeito, uma moeda era bastante para lhe dar estremeções de alegria. Examinei-lhe a roupa; *era um pobre-diabo*, que nunca jamais vira uma moeda de ouro. *Portanto, uma moeda*. Tirei-a, vi-a reluzir à luz do sol; não a viu o almocreve, porque eu tinha-lhe voltado as costas; *mas suspeitou-o*

19 *Idem*.

> *talvez, entrou a falar ao jumento de um modo significativo*; dava-lhe conselhos, dizia-lhe que tomasse juízo, que o "senhor doutor" podia castigá-lo; um monólogo paternal. Valha-me Deus! até ouvi estalar um beijo: era o almocreve que lhe beijava a testa.
> (...)
> Ri-me, hesitei, meti-lhe na mão *um cruzado em prata*, cavalguei o jumento, e segui a trote largo, um pouco vexado, melhor direi um pouco incerto do efeito da pratinha. Mas a algumas braças de distância, olhei para trás, o almocreve fazia-me grandes cortesias, com evidentes mostras de contentamento. Adverti que devia ser assim mesmo; eu *pagara-lhe bem, pagara-lhe talvez demais*. Meti os dedos no bolso do colete que trazia no corpo e senti *umas moedas de cobre*; eram *os vinténs que eu devera ter dado ao almocreve*, em lugar do cruzado em prata. Porque, enfim, ele não levou em mira nenhuma recompensa ou virtude, cedeu a um impulso natural, ao temperamento, aos *hábitos do ofício*; acresce que a circunstância de estar, não mais adiante nem mais atrás, mas justamente no ponto do desastre, parecia constituí-lo *simples instrumento da Providência*; e de um ou de outro modo, *o mérito do ato era positivamente nenhum*. Fiquei desconsolado com esta reflexão, chamei-me pródigo, lancei o cruzado à conta das minhas *dissipações antigas*; tive (por que não direi tudo?) tive remorsos.[20]

E Brás arremata o capítulo com essa equiparação do "pagamento" pelo auxílio do almocreve ("pagara-lhe talvez demais") à fortuna injustificavelmente gasta com Marcela. Dessa forma, o ato heroico é rebaixado ao mesmo nível da atitude fingida, interesseira e exploradora da amante profissional: o leilão invertido – no qual o arrematante só disputava consigo mesmo – atinge assim seu lance mais baixo, o máximo da desvalorização. Embora o almocreve não reafirme o caráter desinteressado de seu gesto, recusando a recompensa oferecida, nem isso nem sua atitude subserviente e bajuladora desqualificam a tal ponto a façanha.

---

20 Cap. 21, "O almocreve", p. 142 e 143, § 224, 230 e 233, grifos meus.

De mocinhas pobres e rapazes ricos

No capítulo 33, "Bem-aventurados os que não descem", encontramos mais um dos muitos exemplos desse narrador-protagonista inclinado à profanação que é Brás Cubas, superado apenas, nesse aspecto, pelo ex-seminarista Bento Santiago, em *Dom Casmurro*. Além disso, importa destacar nesse capítulo a assimetria da relação entre Brás e Eugênia, moça cuja posição social é delicada, duvidosa, por ser a filha bastarda do letrado Doutor Vilaça e da irmã de um sargento-mor, Dona Eusébia. Eugênia tem ainda um defeito físico, daí a dupla ironia de seu nome. Vejamos os seguintes trechos do capítulo:

> Manhãs bonitas, frescas, convidativas – lá embaixo a família a chamar-me, e a noiva, e o Parlamento, e eu sem acudir a cousa nenhuma, enlevado ao pé da minha Vênus Manca. Enlevado é uma maneira de realçar o estilo; não havia enlevo, mas gosto, uma certa *satisfação física e moral*. Queria-lhe, é verdade; ao pé dessa criatura tão singela, *filha espúria e coxa, feita de amor e desprezo, ao pé dela sentia-me bem, e ela creio que ainda se sentia melhor ao pé de mim*. (...) Dona Eusébia vigiava-nos, mas pouco; *temperava a necessidade com a conveniência*.
> Não desci, e acrescentei um versículo ao Evangelho: – Bem-aventurados os que não descem, porque deles é o primeiro beijo das moças. Com efeito, foi no domingo esse primeiro beijo de Eugênia, – o primeiro que nenhum outro varão jamais lhe tomara, e não furtado ou arrebatado, mas *candidamente* entregue, *como um devedor honesto paga uma dívida*. Pobre Eugênia! Se tu soubesses que ideias me vagavam pela mente fora naquela ocasião! Tu, *trêmula de comoção*, com os braços nos meus ombros, a contemplar em mim o teu bem-vindo esposo, *e eu com os olhos em 1814, na moita, no Vilaça, e a suspeitar que não podias mentir ao teu sangue, à tua origem*...[21]

21 Cap. 33, "Bem-aventurados os que não descem", § 328 e 332, p. 160 e 161, grifos meus.

Na primeira passagem citada, é nítida a assimetria da relação entre Brás, excelente partido, e Eugênia, "filha espúria e coxa", para quem casar-se com ele seria socialmente vantajoso. Dois elementos patenteiam essa situação. Um deles é a atitude alcoviteira e calculista da mãe da moça, que moderava a vigilância exigida pelo decoro, no intuito de favorecer o romance da filha e a consequente ascensão social de ambas mediante o possível casamento com um noivo rico. O segundo elemento consiste na "satisfação física e moral" sentida por Brás ao lado de Eugênia. Afinal, na visão do protagonista, além de economicamente inferior, por ter condição bem menos privilegiada que a sua, a jovem é fisicamente inferior a ele, por ser manca; social e moralmente inferior, por ser ilegítima e aceitar um flerte tão proveitoso.

Porém, no capítulo 35, "O caminho de Damasco", Brás não deixa de reconhecer a candura e a dignidade da sincera Eugênia, em tudo tão diferente da mãe. E a inocência e a nobreza de espírito da jovem de 16 anos só tornam mais cafajeste o comportamento preconceituoso do protagonista, que a julga incapaz de "mentir ao (...) sangue, à (...) origem" e se aproveita dela sem maiores escrúpulos. Age, na verdade, como se lhe concedesse um privilégio, usando-a recreativamente por pouco mais de uma semana. Isso se evidencia na comparação que se segue à paródia de versículos do "Sermão da Montanha", tal como aparecem em Mateus 5, 1-12. Antes de analisar essa comparação, examinemos os versículos parodiados, os de número 3 e 10: "Bem-aventurados os que têm um coração de pobre, porque deles é o Reino dos céus!" e "Bem-aventurados os que são perseguidos por causa da justiça, porque deles é o Reino dos céus!" Brás mantém a anáfora – "bem-aventurados os que..." e o início da parte final desses versículos – "porque deles é..." e dessacraliza, profana seu significado, substituindo-o por um conteúdo sexual ingênuo e ao mesmo tempo mal-intencionado, pelas razões já apontadas.

Em seguida, compara o modo como a estreante Eugênia lhe deu o beijo à forma como "um devedor honesto paga sua dívida". Essa é a segunda e última vez que a palavra "devedor" é usada no livro. Não por acaso, o termo se refere à pessoa em posição inferior do ponto de vista socioeconômico. Eugênia pode ser assimilada a um "devedor honesto", porque se sabe em débito e paga a dívida quando o credor quer. Dessa maneira, até a honestidade, virtude que a moça de fato demonstra, é corrompida, pois não passa do reconhecimento de uma inferioridade, do servilismo moral a ela pretensamente atrelado. A própria "comoção" da adolescente sai abalada à luz do oportuno, do cômodo preconceito manifestado pelo narrador-protagonista. Não há lugar para sentimentos autênticos, de saída descartados ou envilecidos nesses contextos assimétricos.

A maliciosa alcunha de "Vênus Manca", com que Brás resume seu inconformismo – "Por que bonita, se coxa? Por que coxa, se bonita?" –, duplica na linguagem a aliança de contrários existente no plano físico. Diferentemente de outros, como "música silenciosa", "sol negro", "alegria triste", o oxímoro escolhido conjuga elementos incompatíveis não apenas no plano semântico, mas também no plano estilístico: a referência mitológica, o recurso ao nome de uma deusa latina seria próprio de um estilo elevado, e o adjetivo "manca", embora nada tenha de chulo, conviria melhor a um estilo baixo ou, pelo menos, seria mais corriqueiro nesse último. A antonomásia cria portanto uma dupla oposição no plano linguístico (entre significados contraditórios e entre estilos conflitantes), repetindo, desse modo, a dupla oposição que também se verifica no plano "real", uma vez que, além da aliança entre beleza e deformidade, há o impasse social vivido pela adolescente: Por que digna, se bastarda? Por que bastarda, se digna? A alcunha "Vênus Manca" implicaria então um espelhamento análogo àquele entre os pares beleza-deformidade e dignidade-bastardia, reunidos na figura de Eugênia.

Embora, como se disse, o capítulo 35 mostre o brio e a franqueza da "flor da moita", isso não impede Brás de descer da Tijuca, evitando envolver-se mais com uma criatura socialmente indigna dele e que ainda alia essa deficiência social a outra, invocada até certo ponto como pretexto: "e o terror de vir a amar deveras, e desposá-la. Uma mulher coxa!".[22] Cabe perguntar se Brás teria a mesma frivolidade ou os mesmos pruridos de esteta em relação a uma herdeira riquíssima ou a uma legítima descendente da nobreza, ainda que arruinada.

Dignidade de pobre é defeito...

Já ao louvar a retidão moral de seus pares na escala social, o narrador deixa a ambivalência de lado, ainda quando se trata de um rival como Lobo Neves, casado com Virgília, que quase foi sua noiva e depois se tornou sua amante:

22 Cap. 35, § 335.

> Virgília nutria grandes esperanças em que esse velho parente, avaro como um sepulcro, lhe amparasse o futuro do filho, *com algum legado*; e, se o marido tinha iguais pensamentos, encobria-os ou estrangulava-os. Tudo se deve dizer: havia no Lobo Neves certa *dignidade fundamental*, uma camada de rocha, que *resistia ao comércio dos homens.*[23]

Ao contrário da linguagem corrente, em que o termo "comércio", na acepção metafórica de "relações sociais", não é pejorativo, aqui sentido figurado e sentido próprio se associam, ressaltando a parte de negócio, de trato mercantil, presente nas relações humanas. A resistência a esse comércio é tanto mais difícil, quanto maiores as carências materiais enfrentadas, daí a capitulação da honesta e trabalhadeira Dona Plácida, antiga "costureira e agregada" em casa de Virgília,[24] que termina cúmplice remunerada do romance clandestino entre esta e Brás:

> e tudo ficou sob a guarda de D. Plácida, suposta, e, a certos respeitos, verdadeira dona da casa.
>
> Custou-lhe muito a aceitar a casa; *farejara a intenção e doía-lhe o ofício; mas afinal cedeu.* Creio que chorava, a princípio: *tinha nojo de si mesma.* Ao menos, é certo que não levantou os olhos para mim durante os primeiros dous meses; falava-me com eles baixos, séria, carrancuda, às vezes triste. Eu queria angariá-la, (...); forcejava por obter-lhe a benevolência, depois a confiança. Quando obtive a confiança, imaginei uma história patética dos meus amores com Virgília, (...). Dona Plácida não rejeitou uma só página da novela; aceitou-as todas. Era uma *necessidade da consciência.* Ao cabo de seis meses, *quem nos visse juntos diria que D. Plácida era minha sogra.*
>
> *Não fui ingrato; fiz-lhe um pecúlio de cinco contos,* – os cinco contos achados em Botafogo, como um pão para a velhice. D. Plácida *agradeceu-me com lágrimas nos olhos, e nunca mais deixou de rezar por mim,*

23 Cap. 87, "Geologia", § 746, p. 228, grifos meus.

24 Cap. 67, § 613.

> todas as noites, diante de uma imagem da Virgem, que tinha no quarto. *Foi assim que lhe acabou o nojo.*[25]

A dívida anterior de Dona Plácida com Virgília (que, por isso, sem dúvida se sente à vontade para cobrar-lhe esse serviço) e a contraída depois com o casal de amantes são explicitadas no capítulo 74, "História de Dona Plácida":

> — (…) Não tinha ninguém mais no mundo e estava quase velha e doente. Foi por esse tempo que conheci a família de Iaiá; boa gente, *que me deu que fazer, e até chegou a me dar casa.* Estive lá muitos meses, um ano, mais de um ano, agregada, costurando. Saí quando Iaiá casou. Depois vivi como Deus foi servido. Olhe os meus dedos, olhe estas mãos… E mostrou-me as mãos grossas e gretadas, as pontas dos dedos picadas da agulha. — Não se cria isto à toa, meu senhor; Deus sabe como é que isto se cria… *Felizmente, Iaiá me protegeu, e o senhor doutor também…* Eu tinha um medo de acabar na rua, *pedindo esmola…*[26]

No mesmo capítulo, duas outras passagens merecem destaque. Depois de contar a Brás que enviuvou cedo e teve de sustentar sozinha a filha pequena e a mãe, Dona Plácida também lhe confidencia que teria casado novamente, mas ninguém quis de fato casar com ela. Em seguida, lemos:

> A mãe tinha a rabugem do temperamento, dos anos e da necessidade; mortificava a filha para que *tomasse um dos maridos de empréstimo e de ocasião* que lha pediam. E bradava:
> — Queres ser melhor do que eu? Não sei donde te vêm essas *fidúcias de pessoa rica.* Minha camarada, a vida não se arranja à toa; não se

25 Cap. 70, "Dona Plácida", § 631, 632 e 633, p. 207 e 208.

26 Cap. 74, "História de Dona Plácida", § 650, p. 210, grifos meus.

> come vento. Ora esta! Moços tão bons como o Policarpo da venda, coitado... Esperas algum fidalgo, não é?[27]

Na visão da mãe, Dona Plácida deveria ser mais plácida e menos dona do próprio nariz, mais prudente e menos presunçosa, deixando de lado qualquer vaidade de "pessoa rica", pois semelhante atitude não caía bem numa mulher de sua condição. A pragmática senhora adverte à filha que mais vale "toma[r] um dos maridos de empréstimo e de ocasião" que lhe aparecem. A escolha lexical do narrador ao referir o parecer materno é significativa. Entre as muitas expressões idiomáticas em que figura o verbo tomar, o dicionário *Caldas Aulete* (1980) registra "tomar marido", noutras palavras, "casar-se a mulher". Há evidentemente a expressão usual "tomar emprestado", em que o objeto do empréstimo não raro é o dinheiro. Entre as acepções do verbo, encontramos "Alugar; contratar (aposento ou serviços): *Tomar* uma casa; *tomar* um criado." (*Caldas Aulete*); "pedir emprestado", como em "vive tomando dinheiro aos (dos) amigos" (*Houaiss*, 2001). Desnecessário lembrar que "emprestar" e "empréstimo" têm acepções de natureza econômica e, ainda quando empregados no sentido de cessão temporária e gratuita de alguma coisa que não dinheiro, supõem o compromisso da devolução, o vínculo da dívida. Considerando-se o contexto (ver § 648) e as locuções "de empréstimo" (ou seja, temporariamente cedido para uso alheio, devendo ser restituído a quem de direito) e "de ocasião" (isto é, vantajoso, uma pechincha; diz-se de *negócio, preço*), o narrador não está falando de casamento, mas sim de amasio e, no caso de um *marido de empréstimo*, talvez até de concubinato adulterino. O único aspirante a amasiado que a mãe cita é um comerciante, dono ou empregado de uma mercearia – "o Policarpo da venda", diga-se de passagem.

O segundo trecho a ser destacado no capítulo 74 é este:

> D. Plácida vivia com imensos cuidados, levando-a consigo [a filha de 14 anos], quando tinha de entregar costuras. A gente das lojas arregalava e piscava os olhos, convencida de que ela a levava *para colher*

27 Cap. 74, "História de Dona Plácida", § 646 e 647, p. 211, grifos meus.

> *marido ou outra cousa*. Alguns diziam graçolas, faziam cumprimentos; a mãe chegou a receber *propostas de dinheiro*...[28]

Como sugere o texto, para ter a dignidade posta em dúvida, ou melhor, para vê-la totalmente desacreditada, basta ser pobre e relacionar-se com alguém de condição menos modesta. Quanto aos afortunados, basta recorrerem a alguém mais afortunado ou a um igual em posição de favorecê-los. Notem que é justamente "a gente das lojas" quem aposta na comercialização dos sentimentos e das pessoas, fazendo até ofertas de compra.

A contabilidade moral

No capítulo 51, "É minha!", em que Brás formula a "lei da equivalência das janelas", novamente observamos a promiscuidade assinalada de início entre afeto e dinheiro, entre ordem moral e ordem pecuniária. Após duas valsas com Virgília, durante uma reunião em casa dela, o sentimento de posse da mulher desejada apodera-se de Brás:

> — É minha! disse eu comigo, logo que a passei a outro cavalheiro; e confesso que durante o resto da noite, foi-se-me a ideia entranhando no espírito, não à força de martelo, mas de verruma, que é mais insinuativa.
> — É minha! dizia eu ao chegar à porta de casa.
> Mas aí, como se o destino ou o acaso, ou o que quer que fosse, se lembrasse de dar algum passo aos meus *arroubos possessórios*, luziu-me no chão uma cousa redonda e amarela. Abaixei-me; era *uma moeda de ouro*, uma meia dobra.
> — É minha! repeti eu a rir-me, e meti-a no bolso.
> Nessa noite não pensei mais na moeda; mas no dia seguinte, recordando o caso, senti uns repelões da consciência, e uma voz que me

28 Cap. 74, "História de Dona Plácida", § 648, p. 212, grifos meus.

> perguntava por que diabo seria minha uma moeda que eu não herdara nem ganhara, mas somente achara na rua.[29]

De modo cômico e aparentemente fortuito, passa-se de uma esfera a outra, do moral ao monetário. Como Virgília já é uma senhora casada a essa altura, os "arroubos possessórios" de Brás são ilegítimos, condenados pela lei e pela moral. Para ser achado na rua, um objeto precisa ter sido perdido pelo proprietário, como a moeda de ouro de que Brás se apossa indevidamente. Nas duas circunstâncias, idêntico desejo de posse leva-o a exclamar: "É minha!" Mas a analogia entre ambas as situações, ou seja, o caráter moralmente ilícito dessas circunstâncias nas quais nosso protagonista usurpa o alheio, mulher ou moeda, autoriza a terceira exclamação que aproxima e iguala fatos de esferas distintas.

Brás relata como sua consciência reage em ambos os episódios e, refletindo a respeito, encontra um meio de mantê-la em paz ou, no vocabulário do narrador, suficientemente arejada, ventilada. Basta regular a conduta moral pela "lei da equivalência das janelas" por ele formulada. Em termos lexicais, a metáfora é arquitetônica, não econômica; mas a "lei" descoberta implica um *raciocínio contábil*. Trata-se, na verdade, de uma espécie de lei das compensações, de um cálculo ou de uma *contabilidade* cujo objetivo é equilibrar despesas e receitas, perdas e ganhos, como fica evidente na enunciação dessa lei ao fim do capítulo. Antes, porém, vejamos de que modo Brás chega a essa formulação final:

> Minha consciência valsara tanto na véspera, que chegou a ficar sufocada, sem respiração; mas a restituição da meia dobra foi uma janela que se abriu para *o outro lado da moral*; entrou uma onda de *ar puro*, e a pobre dama respirou à larga. *Ventilai as consciências*! não vos digo mais nada.[30]

---

29 Cap. 51, "É minha!", § 454, 455, 456, 457 e 458, p. 180 e 181, grifos meus.

30 Cap. 51, "É minha!", § 459, p. 181, grifos meus.

A restituição da moeda de ouro constitui um ganho moral, uma receita considerável, que compensa amplamente a despesa de ter valsado com Virgília. E esse ganho moral se traduz monetariamente na seguinte imagem:

> Vi, claramente vista, a meia dobra da véspera, redonda, brilhante, *multiplicando-se por si mesma,* – ser dez – depois trinta – depois quinhentas, – exprimindo assim o *benefício* que me daria *na vida e na morte* o simples ato da restituição. (...) *achava-me bom, talvez grande.*[31]

A imagem da multiplicação da moeda "por si mesma" sugere os juros que rende a alguém um capital investido. Por sua ambiguidade semântica, por significar tanto "bem que se faz gratuitamente; favor, mercê, graça", quanto "vantagem, ganho, proveito", "lucro, interesse", o próprio termo "benefício" reúne sentidos que se referem às duas ordens, moral e pecuniária, tantas vezes misturadas nos romances do escritor, em óbvio prejuízo da primeira.

Vem então a *formulação definitiva* da lei mencionada antes:

> Assim, eu, Brás Cubas, descobri uma lei sublime, a *lei da equivalência das janelas,* e estabeleci que o modo de *compensar* uma janela fechada é abrir outra, a fim de que a moral possa arejar continuamente a consciência.[32]

No capítulo seguinte, "O embrulho misterioso", o nobre ato de restituir a meia dobra começa a render dividendos. À noite, numa recepção na casa de Lobo Neves, Brás é apresentado ao chefe de polícia a quem escrevera dias antes uma carta enviando-lhe o achado e solicitando sua devolução ao dono. O chefe de polícia relata o episódio aos convidados, Virgília parece "saborear" a atitude, e os demais resolvem "contar uma anedota análoga".[33] Para a aflição do protagonista, isso acontece depois de uma multiplica-

---

31 Cap. 51, "É minha!", § 461, p. 181-2, grifos meus.

32 Cap. 51, "É minha!", § 462, p. 182, grifos meus.

33 Cap. 52, "O embrulho misterioso", § 467, p. 183.

ção tão imprevista quanto literal da moeda de ouro encontrada à porta de sua casa: no mesmo dia da recepção dos Lobo Neves, Brás acha na praia um embrulho com cinco contos de réis e, ao contrário da moeda, não cogita devolvê-los:

> *não era crime achar dinheiro*, era uma felicidade, um bom acaso, era talvez um lance da Providência. (...) Crime é que não podia ser o achado; *nem crime, nem desonra, nem nada que embaciasse o caráter de um homem*. Era um achado, um acerto feliz, *como a sorte grande, como as apostas de cavalo, como os ganhos de um jogo honesto* e até direi que a minha felicidade era merecida, porque eu *não me sentia mau, nem indigno dos benefícios da Providência.*[34]

Se Brás não se sentisse "mau, nem indigno dos benefícios da Providência", evidentemente não diria a si mesmo, três semanas depois, que a ideia era utilizar em breve os cinco contos em "alguma ação boa", como "um dote a alguma menina pobre".[35] Mas, nesse episódio em particular, o benefício menos palpável da admiração alheia não se mostra tão atraente ao protagonista quanto a vantagem mais direta que obtém, fazendo da ajuda financeira a uma criatura socialmente desfavorecida um oportuno suborno – o aliciamento de Dona Plácida, do qual já se tratou aqui. Bastaram teto e comida para que Dona Plácida aceitasse, não sem resistir, o ofício moralmente dolorido de acobertar o romance extraconjugal de Virgília, passando por dona da casa onde os amantes mantinham seus encontros. Entretanto, só deixou de demonstrar contrariedade e amargura no cumprimento de sua incumbência, depois de pelo menos dois meses em que Brás, desejando "angariá-la", tratou-a "com carinho e respeito",[36] além de inventar "uma história patética" que justificasse aos olhos dela o amor ilícito com Virgília. Os cinco contos vêm então reiterar, de modo mais concreto e eloquente, o suborno sentimental.

---

34 Cap. 52, "O embrulho misterioso", § 468, p. 183.

35 Cap. 52, "O embrulho misterioso", § 469, p. 183.

36 Cap. 70, "Dona Plácida", § 632, p. 208, grifos meus.

No capítulo 76 – "O estrume", Brás é interpelado por sua consciência. Esta assinala que a intervenção dele na vida da agregada tinha sido a de fazer "*capitular a probidade* de Dona Plácida (...) à custa de *obséquios* e *dinheiro*".[37] Brás admite ter corrompido Dona Plácida por esses meios, mas apela para a "lei da equivalência das janelas", lançando mão de outro raciocínio contábil para zerar seu *déficit* moral, arejar a consciência e ganhar fôlego para persistir no vício:

> Concordei que assim era, mas aleguei que a velhice de Dona Plácida estava agora ao abrigo da mendicidade: *era uma compensação.* Se não fossem os meus amores, provavelmente Dona Plácida acabaria como tantas outras criaturas humanas; donde se poderia deduzir que o vício é muitas vezes o estrume da virtude. O que não impede que a virtude seja uma flor cheirosa e sã. A consciência concordou, e fui abrir a porta a Virgília.[38]

Tempo é dinheiro

O capítulo 54, "A pêndula", oferece uma versão dramática do provérbio "tempo é dinheiro". "O tempo vale ouro", porque cada minuto não é mera unidade temporal, "medindo" também a própria vida. Daí este outro equivalente em inglês do mesmo provérbio: *gain time, gain life*. Mas o que se ganha também se perde. E, se tempo gasto é vida gasta, então, segundo a máxima atribuída ao ateniense Antífon, "a despesa mais cara, mais custosa é o tempo".[39] Eis como bate a pêndula no capítulo em questão:

---

37 Cap. 76, "O estrume", § 654, p. 213-214, grifos meus

38 Cap, 76, "O estrume", § 655, p. 214, grifos meus.

39 Ver Roberto Cortes de Lacerda, *et al. Dicionário de provérbios: francês, português, inglês*; provérbios franceses definidos por Didier Lamaison. Rio de Janeiro: Lacerda Ed., 1999.

> Usualmente, quando eu perdia o sono, o bater da pêndula fazia-me muito mal; esse tique-taque soturno, vagaroso e seco parecia dizer a cada golpe que eu ia ter um instante menos de vida. Imaginava então um velho diabo, sentado entre dous sacos, o da vida e o da morte, *a tirar as moedas da vida para dá-las à morte*, e a contá-las assim:
>
> — Outra de menos...[40]

Assim figurado por Brás como o velho, o eterno diabo que transfere as moedas da vida para a morte, o tempo gasta a vida. O tiquetaque do relógio de pêndulo, que sonoriza o fluxo temporal, é como uma contagem regressiva – "a cada golpe (...) um instante menos de vida", é como o tilintar de cada moeda subtraída ao pecúlio vital e jogada no outro saco. Ao contrário da vida, a morte não sofre o desgaste imposto pelo tempo, "a morte não envelhece", conforme dirá Brás no capítulo 138, "A um crítico". Aliás, conforme ele já havia dito no capítulo 6, o tempo é que está a serviço dela, é "o ministro da morte". Lembremos aqui a passagem de *Dom Casmurro* na qual o narrador-protagonista, Bento Santiago, traz consigo o veneno recém-comprado, morte portátil como um relógio de bolso. Nessa passagem, a eternidade e a incorruptibilidade da morte são expressas em mais outra metáfora pecuniária:

> Sei que escrevi algumas cartas, comprei uma substância, que não digo, para não despertar o desejo de prová-la. A farmácia faliu, é verdade; o dono fez-se banqueiro, e o banco prospera. Quando me achei com a morte no bolso senti tamanha alegria como se acabasse de tirar a sorte grande, ou ainda maior, porque o prêmio da loteria gasta-se, e *a morte não se gasta*.[41]

---

40 Cap. 54, "A pêndula", § 473 e 474, p. 185, grifos meus.

41 Machado de Assis. *Dom Casmurro*. 2ª ed. Rio de Janeiro/Brasília: Civilização Brasileira/INL, 1977, cap. 133, "O dia de sábado", § 1319, p. 244.

Até a morte, "prêmio" que não se gasta, pode ser *comprada* numa trivial farmácia. Nesse papel, de fornecer um meio não para salvar a vida, mas para extingui-la, a farmácia também teria falido, falhado em seu propósito último. Coincidentemente, quando há uma ameaça à vida, uma "falência" da farmácia, as finanças florescem: "O dono fez-se banqueiro, e o banco prospera." No começo deste ensaio, sublinhou-se a intromissão negativa, a degradadora influência do dinheiro e da lógica econômica tanto na vida dos dependentes, dos devedores, quanto na dos socialmente mais afortunados a quem devem: os sentimentos, como o papel-moeda, falsificam-se, os valores espirituais e morais colapsam, acomodando-se a outros mais baixos, e assim se estreita e empobrece o horizonte das relações pessoais.

Teoria do benefício ou a vaidade travestida

As relações de dívida moral recebem uma formulação particularmente interessante na "teoria do benefício", do amigo dileto de Brás, Quincas Borba. O narrador dedica o capítulo 149, que traz aquele título, ao diálogo com o pai do Humanitismo, no qual este desenvolve a teoria, divertidamente exposta, nem por isso menos procedente. Vejamos qual é essa reflexão, inspirada pelo descumprimento de uma dívida de gratidão do cunhado de Brás:[42]

> — Não me podes negar um fato, disse ele; é que *o prazer do beneficiador é sempre maior que o do beneficiado*. Que é o *benefício*? é *um ato que faz cessar certa privação do beneficiado*. Uma vez produzido o efeito essencial, isto é, uma vez cessada a privação, torna o organismo ao estado anterior, ao estado indiferente. (...) *A esperança de outros favores, é certo, conserva sempre no beneficiado a lembrança do primeiro*; mas este fato, aliás um dos mais sublimes que a filosofia pode achar em seu caminho, explica-se pela *memória da privação*, ou, usando de outra fórmula, pela privação continuada na memória, que repercute a dor passada e aconselha a precaução do remédio oportuno. *Não digo que*, ainda sem esta circunstância, *não aconteça*, algumas vezes,

42 Cap. 148, § 1007.

> *persistir a memória do obséquio*, acompanhada de certa afeição mais ou menos intensa; *mas são verdadeiras aberrações*, sem nenhum valor aos olhos de um filósofo.
>
> — Mas, repliquei eu, se nenhuma razão há para que perdure a memória do obséquio no obsequiado, menos há de haver em relação ao obsequiador. Quisera que me explicasses este ponto.
>
> — Não se explica o que é de sua natureza evidente, retorquiu o Quincas Borba; mas eu direi alguma cousa mais. *A persistência do benefício na memória de quem o exerce explica-se pela natureza mesma do benefício e seus efeitos.* Primeiramente há *o sentimento de uma boa ação*, e dedutivamente *a consciência de que somos capazes de boas ações*; em segundo lugar, recebe-se *uma convicção de superioridade sobre outra criatura*, superioridade no estado e nos meios; e esta é uma das cousas mais legitimamente agradáveis, segundo as melhores opiniões, ao organismo humano.[43]

O prazer do beneficiador é sempre maior que o do beneficiado. Sendo mais prazerosa, a memória do obséquio é mais persistente no obsequiador que no obsequiado. O maior prazer e a maior persistência do benefício na memória de quem o concede se devem não apenas ao sentimento da boa ação praticada e à consciência de sermos capazes de boas ações, mas também à convicção de superioridade sobre o semelhante – nem tão semelhante, afinal. Em suma, na concepção borbiana, a *vaidade* revela-se um importante, se não o principal motor da generosidade. Embora "o sentimento de uma boa ação" possa ser entendido, nesse discurso de Quincas Borba, como aquele ligado aos impulsos altruístas e à compaixão, o que segue tem sobretudo a ver com amor-próprio. O grande atrativo de sermos generosos residiria na lisonjeira autoimagem moral daí derivada e na orgulhosa afirmação de uma segunda preeminência, a "superioridade no estado e nos meios". No tocante à autoimagem, recordemos uma ilustrativa passagem do capítulo 61, "Um projeto", no qual ocorre a

43 Cap. 149, "Teoria do benefício", § 1010, 1011 e 1012, p. 291-2, grifos meus.

Brás a ideia de reabilitar Quincas Borba, depois de encontrá-lo reduzido a "mendigo e gatuno" (§ 528):

> A necessidade de o regenerar, de o trazer ao trabalho e ao respeito de sua pessoa enchia-me o coração; eu começava a sentir um bem-estar, uma elevação, *uma admiração de mim próprio*...[44]

No capítulo 157, significativamente intitulado "Fase brilhante", o narrador reitera o mesmo fenômeno de contabilidade social e psicológica que tanto beneficia e motiva o beneficiador:

> E vede agora a minha modéstia; filiei-me na Ordem Terceira de ***, exerci ali alguns cargos, foi essa a fase mais brilhante da minha vida. Não obstante, calo-me, não digo nada, não conto os meus serviços, o que fiz aos pobres e aos enfermos, nem as recompensas que recebi, nada, não digo absolutamente nada.
> Talvez a *economia social* pudesse *ganhar* alguma cousa, se eu mostrasse como todo e qualquer prêmio estranho vale pouco ao lado do *prêmio subjetivo e imediato*; mas seria romper o silêncio que jurei guardar neste ponto. (...) Afirmo somente que foi a fase mais brilhante da minha vida. Os quadros eram tristes; tinham a monotonia da desgraça, (...). Mas a alegria que se dá à alma dos doentes e dos pobres, é recompensa de algum valor; *e não me digam que é negativa, por só recebê-la o obsequiado*. Não; eu *recebia-a de um modo reflexo*, e ainda assim grande, tão grande *que me dava excelente ideia de mim mesmo*.[45]

A "economia social", ou seja, a caridade que transfere ganhos dos ricos aos desvalidos, sem dúvida cresceria, se os primeiros se convencessem de que tais gastos são compensados menos pela oportunidade de ocupar cargos honoríficos que pelo "prêmio subjetivo e imediato", a mais valiosa das recompensas. Por isso, a doação

44 Cap. 61, "Um projeto", § 532, p. 194, grifos meus.

45 Cap. 157, "Fase brilhante", § 1038 e 1039, p. 298, grifos meus.

do filantropo não é positiva para quem a recebe e negativa para ele, cujo patrimônio eventualmente sofre ligeira redução: como um espelho, o obsequiado reflete a imagem que o obsequiador quer ou até mesmo pagou para ver.

Uma vez sanada a dificuldade, a tendência de quem recebeu o benefício é esquecer o gesto de seu benfeitor. Ainda assim, Quincas Borba admite existirem motivos para o beneficiado lembrar-se do benefício. A "memória da privação", o desejo de evitá-la no futuro e a "esperança de outros favores" que novamente a remediem, caso necessário, são as razões habituais para que a "memória do obséquio" perdure no obsequiado. Nosso filósofo chega a mencionar outra razão, ressalvando não passar de exceção à regra, anomalia, extravagância: o reconhecimento desinteressado, a pura gratidão a quem nos obsequiou.

A exposição feita por Quincas Borba diz respeito à moral e sobretudo à psicologia, ao quadro mental de uma situação comumente vivida. É a análise dos efeitos psíquicos da ação, moralmente recomendável, de prestar auxílio a alguém, beneficiar o próximo.

Na metade final de sua resposta à objeção levantada por Brás, Quincas recorre a dois exemplos. Vejamos o primeiro deles, quando o amigo de infância do protagonista menciona Erasmo de Roterdã e alude a uma passagem do *Elogio da Loucura*, obra cujo título traduz de forma jocosa:

> — Erasmo, que no seu *Elogio da Sandice* escreveu algumas cousas boas, chamou a atenção para a complacência com que dous burros se coçam um ao outro. Estou longe de rejeitar essa observação de Erasmo; mas direi o que ele não disse, a saber que se um dos burros coçar *melhor* o outro, esse há de ter nos olhos algum indício especial de *satisfação*.[46]

O exemplo dos burros que coçam um ao outro é particularmente iluminador. A reciprocidade da ação explicita o caráter bifronte de todo benefício realizado: ainda quando não se trate de uma ação recíproca como essa entre burros nada ineptos,

46 Cap. 149, "Teoria do benefício", § 1012, p. 292, grifos meus.

todo benefício possui uma face voltada para o beneficiado e outra para o beneficiador, que aufere as vantagens identificadas no texto e já discutidas aqui.

Nunca é demais insistir, contudo, na *assimetria* da relação entre beneficiador e beneficiado. É essa desigualdade que o imodesto Quincas Borba ilustra, ao emendar Erasmo aventando a hipótese de um burro coçar *melhor* o outro. Ao superar seu sócio, o animal mais talentoso nesse ofício, introduziu não só uma distinção, mas também uma *hierarquia*. Se todo benefício é sempre mútuo, nem todo benefício supõe uma reciprocidade simétrica. Segundo a hipótese borbiana, até no atritado intercâmbio entre os burros, a simetria desaparece. As posições de beneficiador e beneficiado, de agente e paciente deixam de ser permutáveis. No ato de beneficiar outro, dissecado por Quincas Borba, só o beneficiador pode ocupar ambos os lugares. Ele é agente e paciente do benefício que praticou; e o beneficiado, apenas paciente, seja como fim, seja como meio, como instrumento para que o beneficiador beneficie narcisicamente a si próprio. Mas, ainda que se eliminasse qualquer generosidade, qualquer altruísmo do gesto (não é o caso: a argumentação de Quincas Borba sugere antes a coexistência de motivações altruístas e egoístas), o benefício exercido ainda teria aparência de virtude, situando o beneficiador em posição moralmente vantajosa, engrandecendo sua imagem aos olhos alheios e aos seus próprios, pois, como diz Brás no capítulo 24, "à força de embaçar os outros, embaça-se um homem a si mesmo". A essa superioridade moral, meritória ou fraudulenta, soma-se outra, a "superioridade no estado e nos meios", conforme já se assinalou.

Essa última superioridade não depende da prestação de favor, advém simplesmente de diferenças sociais. De acordo com a amplitude semântica que se confira ao termo "meios", tal superioridade poderia também referir-se a habilidades e atributos inatos. Passemos então ao segundo exemplo mencionado antes, precisamente o da superioridade física de um dom natural, exemplo que suscita uma comparação com a esfera dos princípios morais:

> — (...) Por que é que uma mulher bonita olha muitas vezes para o espelho, senão porque se acha bonita, e porque isso lhe dá certa *superioridade* sobre uma multidão de outras mulheres menos bonitas ou absolutamente feias? *A consciência é a mesma cousa*; remira-se a miúdo,

> quando se acha bela. Nem o remorso é outra cousa mais do que o trejeito de uma consciência que se vê hedionda.[47]

No capítulo 51, foi apresentada a estratégia contábil para manter a consciência arejada. Aqui se revela o resultado "estético" dos atos generosos, dos gestos nobres, ou seja, da abertura de janelas, para retomar a metáfora daquele capítulo. Aqui a estratégia moral anteriormente exposta se converte na *cosmética* capaz de "embelezar" uma consciência, de garantir a superioridade dessa beleza em relação a tantas outras consciências. Noutras palavras, pela boca de Quincas Borba, cujas opiniões e cujo sistema filosófico Brás tinha em alta conta, o texto insiste no tema da *vaidade* e seu peso, seu papel preponderante no comportamento moral.

> "(...) *não gastei dinheiro*, cuidados, empenhos, *para te não ver brilhar, como deves, e te convém, e a todos nós*; é preciso continuar o nosso nome, continuá-lo e *ilustrá-lo ainda mais.* (...) *Teme a obscuridade* (...). *Não estragues as vantagens da tua posição, os teus meios*...,"[48]

advertia o pai de Brás no capítulo 28. Por mais que a *superioridade*, sempre em questão em *Memórias póstumas*, possa ter, na origem, caráter objetivo (inato ou social), o texto invariavelmente a encaminha para o terreno dos efeitos psíquicos, comportamentais e morais.

Sempre a vaidade

Declaradamente movido pela vaidade – "amor da glória", "sede de nomeada", nas palavras dele –, Brás, Quincas Borba e outras personagens das *Memórias* buscam a superioridade que sua condição social e seus dotes físicos e intelectuais lhes facultam.

Desde cedo, Quincas Borba manifesta essa disposição de espírito:

47 *Idem.*

48 Cap. 28, "Contanto que...", § 291, p. 153.

> (...) Era um gosto ver o Quincas Borba fazer de imperador nas festas do Espírito Santo. De resto, nos nossos jogos pueris, ele escolhia sempre um papel de rei, ministro, general, *uma supremacia, qualquer que fosse.*[49]

Mais tarde, a supremacia por ele escolhida foi a de criador de um sistema filosófico, o Humanitismo, capaz de "explica[r] e descreve[r] a origem e a consumação das cousas", dando "um grande passo adiante de Zenon e Sêneca, cujo estoicismo era um verdadeiro brinco de crianças ao pé [de sua] receita moral". Tinha pensado em chamar seu sistema de "borbismo", mas essa "primeira ideia revelava uma grande enfatuação" – reconhece ele. Era uma "denominação vaidosa, além de rude e molesta" – penitencia-se, para em seguida afirmar seu contentamento de "haver enfim apanhado a verdade e a felicidade", "após tantos séculos de lutas, pesquisas, descobertas, sistemas e quedas".[50]

Com Brás não é diferente. Embora malogradas, suas ambições nunca foram modestas. Mas, ou sua megalomania pecava pelo caráter genérico, difuso, ou faltavam-lhe dedicação e tenacidade. A ideia de um medicamento (de uso externo!) contra a melancolia humana, única "ideia fixa" que verdadeiramente se empenhou em concretizar, levou-o a descuidar da própria saúde, e uma pneumonia matou-o. E assim morreu com ele a invenção do "emplasto Brás Cubas", que lhe daria "o primeiro lugar entre os homens, acima da ciência e da riqueza", por ser "a genuína e direta inspiração do céu".[51] Por causa dessa ideia, no capítulo 5 – "Em que aparece a orelha de uma senhora", Brás enxergava a si mesmo não mais como o "pavão" da época em que disputava uma noiva e um lugar de deputado com Lobo Neves; agora ele era a "águia": "Via-me, ao longe, ascender do chão das turbas e remontar ao céu, como uma águia imortal".[52] A caminho da Europa, onde iria estudar na Universidade de Coimbra, o jovem Brás já especulava sobre seu destino:

49 Cap. 13, "Um salto", § 133, p. 126, grifos meus.

50 Cap. 91, "Uma carta extraordinária", § 782.

51 Cap. 160, "Das negativas", § 1047.

52 Cap. 5, "Em que aparece a orelha de uma senhora", § 25, p. 105.

> Grande futuro? Talvez naturalista, literato, arqueólogo, banqueiro, político, ou até bispo, – bispo que fosse, – uma vez que fosse um cargo, *uma preeminência, uma grande reputação, uma posição superior*.[53]

Uma vez adulto e alforriado, até Prudêncio, o moleque regularmente maltratado pelo menino Brás (cap. 11, § 100), deixa a prudência de lado, compra um escravo que ratifica seu novo *status* e a quem transferisse os maus tratos sofridos, "as pancadas recebidas",[54] ascendendo, por assim dizer, de oprimido a opressor, e, nessa ascensão social, conquistando uma superioridade acessível e compensatória:

> Agora, porém, que era livre, dispunha de si mesmo, dos braços, das pernas, podia trabalhar, folgar, dormir, desagrilhoado da antiga condição, *agora é que ele se desbancava*: *comprou* um escravo, e ia-lhe *pagando, com alto juro*, as *quantias* que de mim recebera.[55]

Ironicamente, o narrador-protagonista escolhe uma metáfora monetária, para descrever uma relação que não envolve dinheiro, não comporta pagamento, quer em espécie, quer *in natura*, a não ser no ato da compra que a institui – a relação entre um escravo e seu dono (mais precisamente, o filho de seu dono). As "quantias" que Prudêncio recebeu de sinhozinho Brás foram os maus tratos deste. Como não podia protestar, muito menos revidar, ou seja, *pagar na mesma moeda*, pancada por pancada, acabou por adiar a vingança, transferindo-a, anos depois, para um objeto substituto. Como Brás jamais sofreria as consequências de seus desmandos, jamais *pagaria* pelos abusos cometidos, que dirá "com alto juro", Prudêncio conseguiu-lhe um dublê tardio. Na passagem citada, o narrador modifica o sentido passivo da expressão "pagar com juros" (ou seja, "amargar severamente as consequências de um ato", segundo o dicionário *Houaiss*), ajustando-a, de certa maneira, à nova condição de Prudêncio, homem livre e proprietário de um escravo: nessa posição, podia ter

53 Cap. 20, "Bacharelo-me", § 220, p. 140, grifos meus.

54 Cap. 68, § 625.

55 Cap. 68, "O vergalho", § 625, p. 206, grifos meus.

dinheiro e dele fazer uso, comprando um cativo, por exemplo, a quem devotadamente "pagava" o mesmo "salário" recebido de Brás, porém aumentado de "juros". Elevados, claro, após tanto tempo acumulando-se.

Mas a vaidade, o amor-próprio quase sempre se dobra à "posição superior". O Prudêncio liberto não deixou de agir servilmente diante do filho de seu ex-dono. Brás reverenciava o intelecto e as lições de Quincas Borba: "Vê-se nas menores coisas o que vale a autoridade de um grande filósofo".[56] Já o pai do Humanitismo, após herdar uma fortuna, restituiu o relógio furtado ao amigo Brás, que lhe dera gorda esmola em época de vacas macérrimas e a quem tratava com certa condescendência. Além disso, julgava seu pensamento muito melhor, mais profundo e verdadeiro que o de qualquer outro (Zenon, Sêneca, Pascal, Voltaire, Erasmo...).

Balanço

Cumpre mencionar ainda o conhecido parágrafo final do último capítulo, "Das negativas". Nele, o narrador autobiógrafo faz o balanço póstumo de sua vida, recorrendo a metáforas contábeis, ou melhor, metáforas que já se tornaram lugares-comuns, metáforas reduzidas ao sentido figurado que os dicionários registram para aqueles termos. Diz ele então:

> *Somadas umas cousas e outras,* qualquer pessoa imaginará que não houve míngua nem sobra, e conseguintemente que saí *quite com a vida.* E imaginará mal; porque ao chegar a este outro lado do mistério, achei-me com *um pequeno saldo,* que é a derradeira negativa deste capítulo de negativas: – Não tive filhos, não transmiti a nenhuma criatura o legado da nossa miséria.[57]

Segundo calcula Brás, ele não saiu "quite com a vida", isto é, sem dever nada e sem nada lhe ser devido em termos materiais, morais e emocionais, pois não

56 Cap. 137, "A barretina", § 962.

57 Cap. 160, "Das negativas", § 1048, p. 301, grifos meus).

considera que as perdas tenham sido iguais aos ganhos, não tendo havido falta nem excedente. Julga ter-lhe restado um saldo *positivo*, que, como os demais ganhos e vantagens de sua ociosa existência, é *negativo*: "Não tive filhos, não transmiti a nenhuma criatura o legado da nossa miséria". Assim, a única herança deixada por Brás teria sido a pecuniária, os trezentos contos de réis que possuía ao morrer. À medida que o dinheiro estende sua jurisdição à esfera afetiva, reduz-se o território dos sentimentos autênticos e desinteressados. As vinte apólices legadas ao amigo que discursou no enterro do protagonista asseguraram não a amizade, mas seu simulacro: afeição de mentira custa dinheiro de verdade. Não sem ironia, o legado de Brás alimenta dessa forma nossa miséria, estimula a fraqueza e a indignidade humanas. A afirmação final é portanto desmentida pelo início do livro, sarcástico legado do defunto autor.

Eis como se entrelaçam em *Memórias póstumas* os temas do amor-próprio, da vaidade, da dignidade, do dinheiro e das relações assimétricas entre indivíduos, geradoras de dívidas sociais e morais, a exemplo das relações de benefício ou favorecimento – temas esses recorrentemente expressos mediante um vocabulário ligado à economia e cujo uso está longe de ser neutro e inócuo. Tal linguagem contamina o que toca como um Midas infamante: ao ganhar valor de mercado, sentimentos, gestos e atitudes se desvalorizam, tudo o que se preza no campo moral e afetivo tem sua natureza desvirtuada.

Referências Bibliográficas

FACIOLI, Valentim. *Um defunto estrambótico: análise e interpretação das Memórias póstumas de Brás Cubas*. São Paulo: Nankin Editorial, 2002.

FAORO, Raymundo. *Machado de Assis*: *a pirâmide e o trapézio*. São Paulo: Companhia Editora Nacional, 1974.

LACERDA, Roberto Cortes de, *et al. Dicionário de provérbios*: *francês, português, inglês*. Provérbios franceses definidos por Didier Lamison. Rio de Janeiro: Lacerda, 1999.

MACHADO DE ASSIS, Joaquim Maria. *Memórias póstumas de Brás Cubas*. 2ª ed. Rio de Janeiro: Civilização Brasileira/Brasília: INL, 1977.

______. *Dom Casmurro*. 2ª ed. Rio de Janeiro/Brasília: Civilização Brasileira/INL, 1977.

SCHWARZ, Roberto. "A contribuição de John Gledson" e "Um mestre na periferia do capitalismo (interview)." In: *Sequências brasileiras: ensaios*. São Paulo: Companhia das Letras, 1999.

______. *Um mestre na periferia do capitalismo: Machado de Assis*. São Paulo: Duas Cidades, 1990.

______. "A novidade das Memórias Póstumas de Brás Cubas." SECCHIN, Antonio Carlos; ALMEIDA, José Maurício Gomes de; SOUZA, Ronaldes de Melo e (orgs.). *Machado de Assis, uma revisão*. Rio de Janeiro: In-Fólio, 1998.

______. *Ao vencedor as batatas. Forma literária e processo social nos inícios do romance brasileiro*. São Paulo: Duas Cidades, 1977.

XAVIER, Therezinha Mucci. *Verso e reverso do favor no romance de Machado de Assis*. Viçosa: Imprensa Universitária da Universidade Federal de Viçosa, 1994.

Dicionário Aurélio Eletrônico – Século XXI, Versão 3.0, 1999, Rio de Janeiro: Lexicon Informática Ltda (corresponde à versão integral do *Novo Dicionário Aurélio – Século XXI*, de Aurélio Buarque de Holanda Ferreira, publicado pela Editora Nova Fronteira).

Dicionário eletrônico Houaiss da língua portuguesa, versão 1.0, Dezembro de 2001, Rio de Janeiro: Editora Objetiva (o conteúdo do programa corresponde à edição integral do *Dicionário Houaiss da Língua Portuguesa*).

A forma bela da tristeza – sobre *Memorial de Aires*

Hans Ulrich Gumbrecht
(Stanford University)

1.

A história contada no último romance de Machado de Assis, publicado em 1908, ano de sua morte, é facilmente resumível. Trata-se da história de Aguiar, o administrador de um banco na Rio de Janeiro do final do Império, e de sua esposa Carmo. O que o texto nomeia como sua "velha idade" (o epíteto insistentemente recorrente de Dona Carmo é "a boa velha") deve ser um estágio em suas vidas que, hoje, não consideramos especialmente avançado. Os Aguiares podem bem estar na casa dos sessenta, sessenta e poucos anos – como Machado em 1904, quando sua amada Dona Carolina morreu. Assim como os Machados, os Aguiares são um casal sem filhos, e porque Machado queria que imaginássemos que pais bons e atenciosos eles teriam sido, descreve sua existência como uma "orfandade avessa". Mas os Aguiares encontraram maneiras para preencher o vazio em suas vidas com "filhos postiços". Muito antes de 1888, quando a ação do romance começa, eles ajudaram a criar seu afilhado, Tristão, que tinha então encontrado seus pais brasileiros em Lisboa e de quem não recebiam notícia alguma há muito tempo. Mais recentemente, os Aguiares ofereceram uma casa a Fidélia, uma viúva muito jovem e muito bonita que, após a morte prematura de seu marido, não podia retornar para sua família porque o casamento havia sido a realização de um *Romeu e Julieta*

– como paixão – uma paixão contra a vontade dos pais. O longamente anunciado retorno do jovem Tristão para o Rio de Janeiro marca o evento central do romance e abre um tempo de uma felicidade quieta e intensamente aproveitada pelos pais de criação. Poucos dias antes do retorno marcado a Portugal, entretanto, onde um futuro político espera por Tristão, ele confessa a seus pais de criação e em breve também à boa sociedade do Rio de Janeiro seu amor por Fidélia, com quem, para regozijo de todos, ele em pouco tempo se casa. Mas o rapaz não renuncia ao sonho de um futuro político. Fingindo (e talvez até semiacreditando) que eles deixariam o Brasil apenas temporariamente, pois assim Fidélia poderia conhecer os verdadeiros pais de Tristão, o jovem casal parte para uma vida em Portugal, encerrando definitivamente a felicidade tardia dos Aguiares.

2.

Este enredo é o que Hollywood chama de "bitter-sweet story" (história doce-amarga) – e ainda pode ser uma rendição irreconhecível para alguém que tenha lido *Memorial de Aires* sem "ler pelo enredo." Pelo enredo, deve faltar o que dá ao último romance de Machado a qualidade de uma obra única – tanto que um de seu primeiros críticos, Almáquio Diniz, lamentou o fato de Fidélia, a seu ver "a personagem principal do livro," ser "franzina", e também achou que a forma do livro não era "justificada." O formato do romance é o de um "memorial," um diário de recordações no qual o Conselheiro Aires, um diplomata aposentado (cujo nome, Christian, o leitor jamais saberá) escreve, bastante irregularmente, notas e reflexões sobre o curso vagaroso de sua vida como aposentado. Deve-se dizer que o duplo mal-entendido de Almáquio Diniz foi exceção entre as reações contemporâneas a *Memorial de Aires*. Muitos leitores de então louvaram a maestria estilística de Machado, que estava então no auge, como o escritor brasileiro mais exaltado na emergente nação brasileira (com um estilo "tão perfeito quanto o de qualquer outro escritor português"). Acima de tudo, apreciavam a graça e a clareza de seu toque literário, e tinham ainda um grande argumento – argumento, entretanto, advindo mais de uma vaga intuição que baseada em certeza analítica – ao comparar Machado de Assis a Gustave Flaubert. Mas ninguém, parece, jamais explicou que aspectos específicos contribuem para a impressão da grandeza incomparável deste livro. Ao contrário, *Memorial de Aires* tem sido ofuscado pelos romances anteriores de Machado – embora seus leitores pareçam concordar, ainda que sem palavras, sobre sua magnífica qualidade.

3.

O segredo da grandeza deste romance, um daqueles segredos que permanecem secretos exatamente por serem tão explícitos, jaz em sua forma; e é o uso complexo da forma de "memorial" feito por Machado, que confere ao seu autor fictício, o Conselheiro Aires, o status de verdadeiro herói do livro. Este herói parece ser indolente e relaxado – mas está sempre em completo controle reflexivo de seus sentimentos e de sua dignidade. Aires se acredita de uma disposição particularmente serena e branda: "eu não odeio nada nem ninguém, – *perdono a tuti* (sic), como na opéra" (p. 36). Se era parte de sua obrigação e competência profissional como diplomata não acreditar nas pessoas, Aires agora quer acreditar na sinceridade de todos – e pode dar-se ao luxo de fazê-lo: "Quando eu era do corpo diplomático efetivo não acreditava em tanta coisa junta, era inquieto e desconfiado; mas, se me aposentei foi justamente para crer na sinceridade dos outros. Que os efetivos desconfiem!" (p. 192). Acima de tudo, a perspectiva de sua vida calma parece manter tudo e todos a uma certa distância – de maneiras muito diferentes. Até mesmo seus impulsos e reações espontâneas são experimentadas com tal distância que Aires mal percebe que as sente. Esta, na verdade, é a atitude com que ele entra no romance. A irmã de Aires, Rita, sua única parente viva, uma viúva em feliz paz com sua vida e seu mundo, escreve-lhe um recado desculpando-se por não ter escrito no dia anterior para comemorar o aniversário de seu retorno ao Rio, e propõe visitarem o túmulo da família no dia seguinte "para agradecer pelo seu feliz retorno." O comentário de Aires, na linha seguinte, representa o feitio de seu complexo caráter, lacônico: "Não vejo necessidade disso, mas respondi que sim" (p. 32).

4.

Na verdade, tudo torna-se remoto no diário de Aires, muitas vezes remoto até mesmo no espaço. Remotos são os lugares para onde o trabalho como diplomata levou o Conselheiro (embora consigamos saber em que países eles realmente esteve).

Remotos permanecem até os dramáticos eventos políticos no Rio de Janeiro durante os anos cobertos pelo seu diário, 1888 e 1889, os anos da abolição e da fundação do Brasil como uma República. Em determinado ponto, um antigo amigo convida Aires para se unir a ele em seu coche, numa manifestação política. Mas após alguma hesitação, ele recusa, acreditando dever tal distância a seu caráter e sua antiga profissão: "Estive quase, quase a aceitar, tal era o meu atordoamento, mas os meus hábitos quietos, os costumes diplomáticos, a própria índole e a idade me retiveram melhor que as rédeas do cocheiro aos cavalos do carro, e recusei" (p. 65). Remoto acima de tudo é o mundo do qual Tristão chega e para o qual retornará. Este é o mundo europeu de políticos espirituosos circundados pelos sons opulentos de músicas de ópera que de início unem Tristão e a bela Fidélia, em torno do piano na casa de seus pais de criação, concretizando assim a promessa de seus nomes operísticos. Mas a distância do mundo europeu – sobretudo a consciência incessante da distância do centro do mundo – mantém o mundo do Brasil no status de colônia. Vindo do centro, Tristão é o protagonista que tem sempre uma palavra à mão para cada sentimento que o domina. É Tristão quem fala sobre humores "elegíacos" e sobre sua "melancolia" ao sempre melancólico Aires. Mas poderia alguém acreditar nestas palavras e na promessa lírica se até o nome de Tristão parece tão errado? Tristão é um jovem homem empreendedor incapaz de tristeza – e Fidélia, sua futura esposa, quebrará enfim todas aquelas profissões de fé conjugal que dedicou a seu recém-falecido marido. Contrastando com o mundo que Aires deixou, o "hic et nunc" de sua vida como aposentado e de seu "memorial" é o mundo do Rio de Janeiro pós-colonial e seus arredores: Flamengo e Botafogo, Petrópolis e Niterói. Mas ele nunca descreve a sublime paisagem dessa cidade, nem nos dá pistas para imaginar a casa onde todos os apontamentos do diário são escritos. Em algum momento, sua irmã Rita lhe escreve "pedindo informações sobre um leiloeiro". E é nesta ocasião que, em um surpreendente acesso de emoção, Aires tenta deslocar até mesmo a ideia de sua própria morte para uma distância confortável: "Que sei eu de leiloeiros nem de leilões? Quando eu morrer podem vender em particular o pouco que deixo, com abatimento ou sem ele, e a minha pele com o resto; não é nova, não é bela, não é fina, mas sempre dará para algum tambor ou pandeiro rústico. Não é preciso chamar um leiloeiro" (p. 68f.).

5.

Completamente dependente das anotações que se espera que Aires escreva em seu diário, um leitor ansioso por saber como o enredo vai prosseguir pode bem começar a sentir que falta alguma coisa. Pois num sentido específico, Aires é um "escritor indigno de confiança". Cada palavra do romance deveria ser tomada como a sincera expressão de sua personagem principal, mas esta personagem escreve com grande irregularidade. Algumas vezes suas entradas começam indicando um mês e um dia, outras vezes mencionam apenas o dia da semana, outras ainda apenas o momento do dia. Existem enormes hiatos temporais entre algumas das entradas, e Aires insiste, novamente, que estes hiatos dependem de sua disposição física e emocional, mais do que do invariável curso vagaroso dos eventos: "*9 de junho* – Este mês é a primeira linha que escrevo aqui. Não tem sido falta de matéria, ao contrário; falta de tempo também não; falta de disposição é possível. Agora volta. A matéria sobra" (p. 76). Ou, um pouco mais dramaticamente, perto do fim do romance: "*Sem data* – já lá vão dias que não escrevo. A princípio foi um pouco de reumatismo no dedo, depois visitas, falta de matéria, enfim preguiça. Sacudo a preguiça" (p. 183). Toda vez que o leitor não tem que se preocupar em seguir a ação, toda vez que o autor do diário parece ter encontrado um ritmo, este ritmo pode ser dolorosamente ou deliciosamente lento. Aires tem o hábito de voltar a suas anotações anteriores, revisando, comentando e interpretando-as, quase infinitamente: "*21 de março* – Explico o texto de ontem. Não foi o medo que me levou a admirar o espírito de D. Cesária, os olhos, as mãos, e implicitamente o resto da pessoa. Já confessei alguns dos seus merecimentos. A verdade porém, é que o gosto de dizer mal não se perde com elogios recebidos, e aquela dama, por mais que eu lhe ache os dentes bonitos, não deixará de mos meter pelas costas, se for oportuno. Não; não a elogiei para desarmá-la, mas para divertir-me, e o resto da noite não passei mal" (p. 187f.). Mas existe algo muito mais inquietante, quase mais filosoficamente inquietante, do que a irregularidade e a lentidão obsessiva do narrador. Pois algumas vezes Aires observa que ele escreve mesmo quando não tem nada sobre o que escrever:

> *13 de julho* – Sete dias sem uma nota, um fato, uma reflexão, posso dizer oito dias, porque também hoje não tenho que apontar aqui.

> Escrevo isto só para não perder longamente o costume. Não é mau este costume de escrever o que se pensa e o que se vê, e dizer isso mesmo quando se não vê nem pensa nada" (p. 91).

Na realidade, este é o ponto onde o narrador fictício de *Memorial de Aires* encontra Gustave Flaubert, o autor que, na correspondência com sua amante, uma vez descreveu excelentemente o sonho de escrever um livro "baseado em nada," um livro cuja estrutura não dependeria de enredo algum, livre de qualquer referente. O *Memorial de Aires* de Machado de Assis e o "memorial" do Aires fictício muitas vezes parecem "vazios" neste sentido restrito – mas diferente de Flaubert, que sonhou com um livro "sobre nada" como puro desafio estético, Aires parece sugerir que escrever com regularidade, mesmo escrevendo sobre o nada e sem qualquer direção clara (como se "delirasse"), pode dar forma à existência de alguém: "cansei de o escrever nestas páginas de vadiação. Chamo-lhes assim para divergir de mim mesmo. Já chamei a este *Memorial* um bom costume. Ao cabo, ambas as opiniões se podem defender, e, bem pensado, dão a mesma coisa. Vadiação é bom costume" (p. 96). Mais uma vez, Aires prova ser um mestre em dar forma ao curso vagaroso de seu cotidiano e até mesmo aos conceitos sobre os quais ele reflete todos os dias. Porém há um sentido de inutilidade diferente, mais agressivo no texto do narrador e em sua vida, um sentido que supera a inutilidade do escritor, já que consiste na falta de um referente. Aires, como sua irmã e como Fidélia, perdeu sua esposa, mas o túmulo dela está muito distante, na Europa. Aires, diferentemente dos Aguiares, não tem sequer crianças que ocupem seus lugares. Suas crianças "nunca saíram do berço da inutilidade". Não há nada que fale com ele além do som vindo do relógio na parede, a cada hora:

> Eu tenho a mulher embaixo do chão de Viena e nenhum dos meus filhos saiu do berço do Nada. Estou só, totalmente só. Os rumores de fora, carros, bestas, gentes, campainhas e assobios, nada disto vive para mim. Quando muito o meu relógio de parede, batendo as horas, parece falar alguma coisa, – mas fala tardo, pouco e fúnebre. Eu mesmo, relendo estas últimas linhas, pareço-me um coveiro (p. 129).

6.

E contudo, apesar dessa impiedosa e quieta desolação, *Memorial de Aires* também é um terno romance sobre ilusões perdidas, de ilusões, para ser preciso, nas quais Aires e os Aguiares nunca acreditaram completamente. Aires vê a bela Fidélia pela primeira vez durante aquela visita ao cemitério com a qual o romance se inicia, e quando ele observa à irmã que o nome de Fidélia pode não ser obstáculo para contrair um novo matrimônio, Rita zomba que ele, Aires, poderia ser o homem que colocaria fim à sua viuvez. Não obstante a diferença de idade, na boa sociedade do final do século XIX este não seria necessariamente um pensamento impossível, ou um desfecho socialmente impossível; sobretudo não na boa sociedade do mundo colonial. Ao passo que Aires começa a fazer amizade com Fidélia ao frequentar a casa de seus pais de criação, começa também a enamorar-se desta ideia de sua irmã. Mas na primeira confissão que ele se permite sobre esta atração, Aires ainda se esforça para acreditar que está apenas fascinado, como um observador, pelo caráter interessante da viúva. Escrevendo como se falasse com o papel de seu diário, o solitário observador do mundo e de si mesmo menciona: "Escuta, papel. O que naquela dama Fidélia me atrai é principalmente certa feição de espírito, algo parecido com o sorriso fugitivo, que já lhe vi algumas vezes. Quero estudá-la se tiver ocasião. Tempo sobra-me" (p. 61). Algumas páginas depois, Aires imagina como Fidélia viria à sua casa perguntar-lhe se ela deveria continuar viúva para sempre, como ele diria a Fidélia que a viuvez não foi feita para ela; e como então ela confessaria que estava na verdade pensando nele como seu futuro marido. Em sua solidão, Aires leva algum tempo para finalmente "entender" o que era este sonho – e para "achá-lo divertido" (p. 72). Aires retoma o controle, ao menos por um instante, convencendo-se que, contrário à sua primeira intuição, a bela Fidélia no final das contas permaneceria viúva para sempre – sem excluir que pode ter sido apenas ciúme ou inveja que o fizeram mudar de ideia (p. 82). Quando Tristão finalmente entra em cena, o espaço para os sonhos de Aires, e até mesmo o espaço para aquelas racionalizações por meio das quais ele tenta manter o ritmo calmo de sua vida, começa a minguar. Poucos dias antes de Tristão pedir a mão de Fidélia (mas enquanto Tristão ainda não tem certeza sobre a afeição de Fidélia), Aires confessa a si mesmo que não pode mais permitir-se ser claro consigo mesmo: "Aires amigo, confessa que ouvindo ao moço Tristão a dor de não ser amado, sentiste tal ou qual prazer, que aliás não foi longo nem se repetiu. Tu não a queres para ti, mas terias algum desgosto em saber a apaixonada dele; explica-te se podes; não podes" (p. 158).

7.

Em conversas similares consigo mesmo, Aires não precisa confessar completamente sua perda de esperança em se tornar um dia marido de Fidélia, porque ele jamais admitiu completamente que esta esperança de fato existia. Mas estamos tão familiarizados com a impossibilidade de reprimir em absoluto um sentimento de perda em situações semelhantes, que sentimos a dor de Aires por mais que ele finja que não a sente. Da posição de observador externo, para Aires as coisas parecem muito mais claras em relação à perda de seus amigos, os Aguiares. Pois, no fim, o nome do sempre feliz Tristão adota um sentido bastante apropriado já que é ele, Tristão, quem causa a perda e, deste modo, abre a ferida que só cicatrizará com a morte de seus pais de criação. A partir do momento em que Fidélia e Tristão anunciam que querem viajar para Portugal, Dona Carmo e seu marido parecem saber que sua vida familiar chegará em breve ao fim. Na última cena do romance, na última entrada do diário ("*Sem data*"), Aires entra na casa dos Aguiares por uma porta deixada aberta. Vendo, de longe, sua tristeza solene, decide não falar com eles. No entanto, seu olhar final e as duas últimas frases do romance constroem um bonito retrato da tristeza de Aires: "Ao transpor a porta para a rua, vi-lhes no rosto e na atitude uma expressão a que não acho nome certo ou claro; digo o que me pareceu. Queriam ser risonhos e mal se podiam consolar. Consolava-os a saudade de si mesmos" (p. 210). Aires quer ver em seus amigos uma tentativa de sorriso e serenidade. Mas o que realmente os conforta é "a saudade de si mesmos". Imagino que uma leitura bastante superficial (e levemente não-gramatical) entenderia estas palavras finais como "solidão deles," querendo dizer que os Aguiares encontrariam de alguma forma "consolo em sua própria solidão". Mas o significado da palavra portuguesa "saudade" é mais complexo do que "solitudo," sua origem latina, pode sugerir. Sobretudo, "saudade" se refere ao desejo por uma situação passada que está irreversivelmente perdida. Levando em conta este significado mais complexo da palavra "saudade," podemos parafrasear – ou na realidade interpretar – a frase final de *Memorial de Aires* da seguinte maneira: "o que lhes consolava era a memória de seu passado de felicidade, uma felicidade que eles sabiam havia sido para sempre perdida". Ou na forma de um paradoxo existencialista: "O que lhes confortava era a percepção de que eles mesmos sempre haviam sido inapropriados". A simultaneidade entre o passado feliz relembrado e a consciência de um presente e futuro de perda dá forma à dor de Aguiar, uma forma que Aires julga personificada em sua aparência: "Ao fundo, à entrada do saguão, dei com os dois velhos, olhando um para o outro. Aguiar estava encostado ao portal direito, com as mãos sobre os joelhos. D. Carmo, à esquerda, tinha os braços cruzados à cinta." É difícil dizer o que exatamente achamos bonito nesta imagem e na forma da tristeza dos Aguiares. Não vou me perder em especulações psicológicas inevitavelmente banais sobre esta questão. Entretanto Joaquim Machado de Assis oferece a seus leitores a possibilidade de apreciar a beleza da dor de seus protagonistas – uma possibilidade que, bastante surpreendentemente, não tem nada de cinismo porque somente pode ser baseada na identificação do leitor com a dor dos protagonistas.

8.

Em se escrevendo sobre um autor da periferia da cultura ocidental, parece uma obrigação atual confirmar que ele estava (cada partícula!) no ápice intelectual e estético da literatura europeia e aliás de seu tempo. Certamente, *Memorial de Aires* de Machado de Assis presta-se perfeitamente a tal – inevitavelmente condescendente – avaliação. Podemos dizer, por exemplo, que o Conselheiro Aires é um típico "observador de segunda ordem", ou seja um observador que não pode evitar observar a si mesmo no ato da observação. Deste modo, Aires ilustra um papel epistemológico, como o que havia surgido durante o Romantismo Europeu, sendo parte daquela profunda transformação na visão de mundo predominante no ocidente que Michel Foucault eternamente batizou de "a crise da representação". Mas se cabe às conquistas do observador de segunda ordem descobrir que cada representação de mundo depende da perspectiva do observador e que existe uma infinidade de perspectivas, Aires é bem sucedido em subjugar tal complexidade potencial de observador. Pois se ele quer acreditar nas pessoas, ele quer ver seu mundo da maneira com que se espera que um diplomata aposentado o veja e, acima de tudo, ele encontra consolo ao perceber que sua própria visão de mundo tende a convergir com a visão de mundo de seus amigos, os Aguiares. Outro sinal da honra acadêmico-intelectual que *Memorial de Aires* claramente merece é a "modernidade flaubertiana". Machado de Assis chega tão perto quanto qualquer romancista dos séculos XIX e XX de escrever um romance "baseado em nada", baseado em um mundo sem eventos e num tempo que parece imobilizado.

Porém sem jogar o jogo, de alguma forma cafona (como esconde-esconde), do histórico "atraso" e "antecipação", gostaria de terminar sugerindo que, com os recursos específicos de um romance, *Memorial de Aires* está engajado em um problema intelectual que aflorará, quase duas décadas mais tarde, em *Sein und Zeit,* de Martin Heidegger (publicado em 1927), sem ali encontrar um desenvolvimento conceitual completo. Faço referência a uma passagem no parágrafo 68b de *Sein und Zeit,* onde Heidegger tenta esclarecer o conceito de "Stimmung" como indicativo de uma importante dimensão da existência humana. A palavra pode ser traduzida por "ânimo" ou por "afinação" (a segunda possibilidade parece mais precisa porque leva em conta o significado da palavra "Stimme," isto é, "voz," o radical de "Stimmung"). Como exemplos do que as afinações são, Heidegger escreve sobre "medo" e "raiva", "esperança", "alegria", entusiasmo", "serenidade" e "aborrecimento". Surpreendentemente ainda, ele então muda, alegando que a análise das diferentes afinações fornecerá um conhecimento especialmente profundo sobre a "thrownness" da existência humana, de sua posição entre as dimensões de tempo "extático" de um futuro que não contém nada além de "inutilidade" e um passado que, como "tradição", já predeterminou como sempre o que podemos ser no presente. "Mas o que as diferentes afinações tem a ver com o 'tempo'?" Heidegger se questiona, tentando responder sua própria pergunta ao mostrar como cada afinação é moldada por algo que repousa na dimensão existencial do passado.

É desta perspectiva que podemos ler *Memorial de Aires* e *Sein und Zeit* como textos convergentes. *Memorial de Aires,* como tentei mostrar, não é simplesmente um romance sobre tristeza, mas um romance que mostra como a tristeza pode evoluir para uma forma entre as dimensões e através dos movimentos do tempo. Se os Aguiares ganham "consolo" da "nostálgica memória de seu passado feliz", isto significa que seu presente é vazio e que não há expectativas de que seu passado consumado se insira no vazio do presente. Entre um futuro existencial que pode conter apenas o nada, um presente que se tornou vazio, e um passado que está agora recuando a partir do presente, o tempo parece se mover lentamente, como se alcançasse a imobilidade. Mas o que é apenas uma descrição desolada de um estado de existência humana quando descrito em termos filosóficos, pode tornar-se a bela forma da tristeza quando projetada na literatura. Tristeza, sem dúvida, é o "Stimmung" mais típico da velhice na vida humana – quando temos que viver, de modo crescente, nas memórias dos momentos de felicidade que vão irreversivelmente desaparecendo. Formando um estranho quiasma, entretanto, a tristeza é também uma afinação típica do Novo Mundo – do Novo Mundo visto como um mundo colonial onde a vida do centro esvanece em um passado que se torna mais remoto a cada momento. Sabemos há tempos que o mundo tropical é um mundo de tristeza. Por meio do último romance de Machado de Assis, este conhecimento pode passar a ser uma experiência própria do leitor.[1]

Referências Bibliográficas

MACHADO DE ASSIS, Joaquim Maria. *Memorial de Aires*. Rio de Janeiro: M. Cavalcanti Proença Ed., s.d.

HEIDEGGER, Martin. *Sein und Zeit*. Faltam a cidade, a editora e o ano da publicação.

MACHADO, Ubiratan. [ed.]. *Machado de Assis – Roteiro da Consagração*. Rio de Janeiro, 2003.

O mistério da (in)consciência: *Dom Casmurro*[1]

Karl Ludwig Pfeiffer
(Universität Siegen)

I.

Importantes áreas do pensamento contemporâneo, desde a teoria sistêmica de Niklas Luhmann à neurobiologia, têm se preocupado há algum tempo não apenas com o papel cognitivo básico das emoções, mas também com uma distinção crucial – embora talvez, à primeira vista, contraintuitiva – entre emoções e sentimentos. Esta distinção aparece sob várias formas. Permitam-me adotar, para este propósito, uma definição de sentimentos como a autoconsciência básica do organismo humano. Originados dos padrões de atividade das áreas somato-sensoriais do cérebro, os sentimentos (partindo de níveis como o sentimento de fome, dor ou alegria) representam a consciência, que precede qualquer outra coisa, de um certo estado corporal em conexão com a consciência de pensar/sentir de uma certa maneira.[2] Em nossa existência social, os sentimentos são transformados o tempo todo em emoções.

1 Tradução do texto original em inglês de Maria Lucia Mancinelli.

2 Sigo aqui, mais ou menos e também por sua conexão com a filosofia de Spinoza, o neurobiólogo português-norte-americano Damásio, *Ao Encontro de Espinosa: As Emoções Sociais e a Neurobiologia do Sentir*. Já que posteriormente me ocupo de Shakespeare, o "plagiário", preciso admitir imediatamente que o título deste ensaio é um plágio de outro livro de Damásio, *O mistério da consciência: do corpo e das emoções ao conhecimento de si.*

Ou seja, os sentimentos são diferenciados e codificados como emoções segundo critérios e demandas linguísticas, contextuais e culturais. Estamos então discutindo, e tentando compreender, tanto as palavras que usamos para designar quanto as múltiplas formas sob as quais emoções se apresentam: o amor, o ódio, o ciúme, o prazer, a piedade, a humilhação etc.

Estes teoremas, ou talvez *insights*, vieram à tona no começo do século XXI. A velha distinção entre racionalidade e irracionalidade ainda não está abolida. Mas está severamente enfraquecida. Agora podemos vislumbrar inteligência nas próprias emoções e, de modo inverso, reconhecer que a inteligência, ou a racionalidade, se separada da coloração emocional que a permeia, não passa de uma abstração.[3] O século XX não poderia realmente dar esse salto, preso que estava pela longa, contínua e, sem dúvida, difícil distinção entre razão (racionalidade) e irracionalidade (emoções). É como se os "pensamentos sentidos" da poesia metafísica inglesa estivessem retornando e a notória "dissociação de sensibilidade", de T. S. Elliot, nunca tivesse "realmente" acontecido.

Dom Casmurro, publicado no final do século XIX ou início do século XX, pode nos ilustrar sobre tal situação, proporcionando ainda riqueza de detalhes acerca desse tema.[4] Trata-se de mais do que uma coincidência o fato de Hans Ulrich Gumbrecht, ao analisar *Memorial de Aires*, ter recorrido a uma categoria relacionada – à noção de modo, afinação (*Stimmung*). *Dom Casmurro*, em perspectiva semelhante, seria então um romance "sobre" sentimentos vagos e não-resolvidos, emoções fragmentadas, para o qual uma "reconciliação" por meio da atmosfera não parece possível.

Imerso na experiência da leitura, principalmente de literatura europeia, norte-americana e japonesa, o que primeiro me chamou atenção foi o manejo peculiarmente incomum de Machado de recursos narrativos tradicionais. *Dom Casmurro* conta uma história muito comum; na verdade, mesmo banal. A maior parte do romance é dedicada ao processo que conduz Dom Casmurro – que significa "inflexível, cabeça-dura" ou, como ele mesmo prefere interpretar o nome, "homem calado e metido consigo",[5]

3 Ver *Upheavals of Thought. The Intelligence of the Emotions*, de Martha Nussbaum. Este livro está repleto de toda a história filosófica do problema.

4 Para a escolha das datas como 1899 ou 1900, ver JohnGledson.

5 Machado de Assis. *Dom Casmurro*. In: Afrânio Coutinho (org.). *Obra completa*. Vol. I. Rio de Janeiro: Aguilar, 1986, p. 809. A partir desta citação, apenas mencionarei o

– a apaixonar-se e casar com sua vizinha, Capitu (Capitolina Pádua), a despeito do enorme hiato social que os separa. Uma parte muito menor trata da separação, após Bento ter visto (ou achar que tenha visto) evidências irrefutáveis de que "seu" único filho Ezequiel é, na verdade, filho de Capitu com seu melhor amigo, Escobar.

Neste plano da história, estamos lidando com um paralelo com Otelo, que o próprio Bento constrói: a obsessão com a "prova ocular". "Dê-me uma prova ocular", Diz Otelo a Iago; Bento acha que encontrou essa prova na grande semelhança entre Ezequiel e Escobar, que convenientemente morre – ou se suicida – antes da descoberta, ao nadar no mar selvagem, "bravio" (926). Este paralelo não só proporcionou a Helen Caldwell o título para seu livro *The Brazilian Othello of Machado de Assis* (1960), mas também deu a críticos brasileiros uma linha para suas interpretações. O próprio Bento insiste nisso. Depois de assistir a uma performance de *Otelo,* de Shakespeare, ele afirma "estimei a coincidência" (934) e descobre, durante o ato final, "que não eu, mas Capitu devia morrer" (935).

Isto nos leva a um segundo plano – a maneira relativista de contar a história; ponto ao qual retornarei. Contudo, pode-se dizer de início que o método não é menos banal que a história em si. O paralelo com Otelo, por mais óbvio que possa parecer, também não deixa de ser ridículo, isto é, como um comentário indireto, irônico e autoirônico sobre a relação entre a banalidade do evento e a pressão de dizer algo aparentemente significante sobre ele. Trata-se de um comentário indireto, explorando o prestígio e o *pathos* de Shakespeare, mas mantendo viva a suspeita de que mesmo em Shakespeare estas qualidades são ameaçadas pelo caráter ridículo do comportamento, ou seja, pela falta de sincronização entre o ato e a emoção. Bento pode realmente ter ouvido a história de Otelo pela primeira vez no teatro, perto do final do romance. No entanto, este é um fato improvável, dada a educação, provavelmente muito anterior, que recebeu do tenor italiano Marcolini, nos campos da ópera e do teatro de Shakespeare, o "plagiário" (819), tema ao qual retornarei no final.

Por enquanto, permitam-me insistir que o "som e a fúria" sobre o suicídio planejado de Bento, sobre a ideia de assasinar Capitu, ou, voltando-nos para o gênero do grotesco, sobre o assassinato brevemente planejado do pequeno Ezequiel, não revelam qualquer controle emocional por parte do protagonista. Não revelam uma

número da página no corpo do texto.

emoção claramente definida, que poderia ser qualificada como motivação, intenção, ou prelúdio de ação. Apesar de Otelo, ele somente considera assassinar Capitu por um breve momento. O impulso suicida, por sua vez, perde-se entre algumas considerações concernentes a Capitu, paralelos com o suidício do romano Catão e Ezequiel repentinamente abraçando seus joelhos (935-36). Por razões desconhecidas, como Beckett poderia ter escrito, o "segundo impulso" (poderia ter havido três, se o assassinato de Capitu tivesse sido uma real opção), o envenenamento de Ezequiel tampouco ocorre. "Mas não sei que senti que me fez recuar". Talvez fosse porque "o café [contendo o veneno] estava frio" (936). Se este artigo fosse escrito em alemão, a última frase daria ensejo a um trocadilho talvez pertinente; "café frio" em alemão refere-se a uma ideia sem graça e envelhecida.

O modo relativista de contar a história liga-se então, embora ainda de maneira incerta, com o que se transforma no terceiro nível do texto, a saber, o tópico de sentimentos e emoções. Dom Casmurro consegue entender seus sentimentos? Existe uma lógica, ou várias, talvez apenas lógicas ambíguas, em suas emoções ao lidar com uma situação reconhecidamente delicada? Além disso, já que as emoções são codificadas linguística e socialmente, o que são as formas pelas quais elas são relacionadas à ação e ao mundo? Ou seriam talvez – como o repetido motivo de Otelo,[6] o capítulo de Machado sobre a ópera e Shakespeare – apenas as artes e a mídia, nas quais encontramos suas codificações mais atraentes, com pouca chance de projetá-las e "objetificá-las" dentro dos mundos chamados história e sociedade? Além disso, existem talvez diferenças ou atritos significativos no modo com que as artes e a mídia codificam e representam as emoções? E, para completar o que pode não ser um desfecho inesperado: estas diferenças poderiam ter repercussão na vida em si mesma?

II.

Para os defensores de um sentido realista na "maneira do mundo" (como se sabe, título de uma peça inglesa, de Congreve), ou nos "modos de construir mundos" (título de um livro do filósofo Nelson Goodman), ou, mais concretamente ainda, na própria história brasileira, minhas observações acerca dos códigos emocionais

---

6 Ver também os capítulos LXII, LXXII.

parecerão excessivas. Afinal, e este poderia ser o quarto nível, o romance é sem dúvida permeado por uma presença marcante da história brasileira do século XIX. Antes de mais nada, insiste-se tanto na moldura cronológica autobiográfica da história, desde 1850 e até o final do século, que sua contextualização histórica torna-se quase que automaticamente necessária. Então, como sabemos, e somos repetidamente relembrados, a família de Bento é representante da aristrocracia, que fez sua fortuna provavelmente com a economia do açúcar; essa sociedade ainda prospera em grande escala devido à escravidão. Sabemos que a diferença social que separa Bento e Capitu é grande; que essa diferença, mesmo podendo ser superada especialmente entre crianças (como Bento e Capitu), pode ser reforçada por aqueles que ocupam as posições intermediárias na estrutura social. Logo, José Dias, que insiste para que as distinções sejam feitas, não é um escravo, mas um agregado – uma forma de dependente social, não sexual. Ele obteve seu lugar ao sol começando como um falso médico homeopata na plantação da família até tornar-se um membro aparentemente indispensável da família. É Dias, e não Bento, quem desagradavelmente insite para que um representante da família Santiago tome parte, e especialmente que carregue mastros, não apenas velas, em uma procissão religiosa.[7] Mas Dias é, ou foi, também um liberal autorreprimido que às vezes alude descuidadamente às suas convicções antigas e talvez ainda alimentadas.[8] E, é claro, ele não consegue evitar que Capitu, que é no mínimo tão inteligente quanto ele, termine conquistando o coração de Dona Glória, mãe de Bento. Finalmente, não pode impedir o casamento com Bento – fato que sela sua ascensão social.[9]

Bento, na ocasião da condução da vara do pálio, diz algo sobre estar comovido com "a dor e a humilhação" de seu vizinho (839 e 840). Não é claro, no entanto, se ao fazer esta distinção entre um sentimento (dor) e uma emoção (humilhação) ele realmente sabe o que diz. Ele também, assim como Dias, presta muita atenção e aprecia aqueles que "mostravam a compostura do ato" (não como Pádua) (838-840). Ele

7 Ver capítulo XXX. Ver também o início do capítulo III, onde Dias tenta prevenir qualquer relação mais próxima entre Bento e Capitu mesmo quando crianças, por medo de um posterior "namoro" que poderia tornar mais difícil separá-los.

8 Ver capítulos III e XXXV.

9 Capítulo LXVI, p. 877-8.

fala com facilidade (talvez também com ironia) sobre "todas essas belas instituições sociais", como "o aljube, a presiganga, o quartel dos Barbonos e a Casa de Correção" (855). E, contrariamente a Escobar que precisa fazer várias contas para sustentar-se, Bento conta com uma confortável herança. Desde a morte do pai, a fortuna da família foi convertida em bens imobiliários; desse modo, a família Santiago passou a viver de rendas. Bento nem sabe sobre a rentabilidade daí advinda. A renda é calculada por Escobar em uma de suas façanhas aritméticas – importante para um homem de negócios –, pelas quais ele é famoso.[10]

Tio Cosme nos proporciona mais alguns subsídios indiretos para entender a fortuna da família. Ele vive desse capital já que sua renda como advogado não cobre suas despesas. O mesmo acontece ou provavelmente acontecerá com o próprio Bento. Ele se torna um advogado e trabalha para "algumas casas ricas", mas somente após ter sido admitido, com grande contribuição de Escobar, no escritório de um "advogado célebre" (910). Já que ele está sujeito a perder casos por negligência e lhe "custa escrevê-los" (920), ele certamente precisa também da renda de cujas casas ele é o único herdeiro. Bento, em outras palavras, não é um homem de futuro, tampouco é realmente um homem do passado.

Não há necessidade aqui de aprofundar a discussão sobre a escravidão, ou mesmo sobre as consequências, vagamente mencionadas no romance, da abolição da escravatura e da estrutura latifundiária. Ou melhor: se Escobar é realmente o pai de Ezequiel (ainda não tenho completa certeza disso), Bento é superado por ele tanto no domínio paternal quanto – sem sombra de dúvida – no domínio econômico. Escobar trabalha principalmente com café, ou seja, um futuro mais rentável que o proporcionado pelo açúcar. O Brasil, como ninguém ignora, tornou-se o maior produtor mundial de café do século XIX.

No âmbito político, a tendência retrógrada associada a Bento é igualmente notável. O Imperador, Dom Pedro II, é frequentemente descrito como um monarca iluminado. Mesmo assim, os resultados positivos de seu reinado foram em muito ofuscados pelo fato do Brasil ter sido o último país do mundo a sobreviver de uma economia escravocrata. O Imperador pode ter sido pessoalmente a favor da abolição, mas por razões completamente óbvias (por exemplo, a crucial aliança com os grandes latifundiários),

10 Capítulo XCIV, p. 900-902.

ele não lutou por isso. No contexto do romance, o que chama a atenção é antes de tudo o poder sobre, ou, nas palavras de Luis Costa Lima, o controle do imaginário de seus súditos. Bento escreve a história durante a República.[11] Porém, as imagens mais atraentes que revela sobre sua constituição mental estão ligadas ao Imperador. Ele chega a fantasiar uma visita do Imperador à casa de sua família na Rua de Matacavalos.[12] No devaneio do menino, o Imperador aconselha sua mãe a mandá-lo para a escola de medicina, não para o abominável seminário.

Apesar de sua orientação retrógrada, Bento não é vitimado pela mudança histórica. A princípio, entretanto, o romance exibe uma separação radical entre o indivíduo e as forças sócio-históricas. Não há alusão alguma a possíveis ligações ou, como alguns podem querer dizer, "relação construtiva" entre pessoas, política e lucro. O impacto da "história" e das tendências sociais sobre o indivíduo é considerável, embora contingente. Esta pode ser a razão por que o romance alude repetidamente a fatos históricos, mas nunca chega a analisá-los. Antes nos presenteia com um capítulo quase alegórico no qual a realidade dos fatos históricos e seu possível significado separam-se de um modo quase absurdo. O capítulo conta a "polêmica" de dois meninos: Bento e o então já falecido Manduca. Os dois discutem sobre a guerra da Crimeia.[13] Os dois antagonistas consideram seus argumentos irrefutáveis. Eles estão convencidos da relevância de noções ("emocionalizadas" – *emotionalized*) como a justiça. No entanto todas essas "preocupações" limitam-se a absurdos repetidos mecanicamente, tais como: "Os russos não hão de entrar em Constantinopla! (...). Não entraram, efetivamente, nem então, nem depois, nem até agora. Mas a predição será eterna?" (897-98). Bento continua chafurdando numa especulação sem sentido: os turcos morrerão, como o garoto Manduca, "porque a morte não poupa a ninguém".

Sem dúvida – mas o que sabemos, agora que a Turquia está prestes a entrar para a União Europeia, sobre essa ou qualquer outra morte político-social? Machado de Assis parece tomar sarcasticamente como certo que, por mais massivo que o peso dos fatos históricos possa ser, eles não podem realmente ser integrados em nossa constituição mental e emocional. É quase impossível não extrapolar o romance aqui

11 Ver capítulo CXIV.

12 Ver o capítulo XXIX.

13 Ver o capítulo XC.

e mencionar a peculiaridade da situação de Machado, que Luis Costa Lima, entre outros, analisou. Ora, o acadêmico, o escritor, é também um funcionário público. Essa mesma combinação fez com que Machado permanecesse atento ao hiato existente entre cultura de ideias e emoções, o universo da política, e, por fim, as lacunas entre a sociedade e a história.[14]

III.

Dediquei um espaço considerável à estrutura da história e da sociedade que surge ao longo da história. Se, do ponto de vista pessoal, trata-se de uma história trivial, de um amor incipiente, consumado e frustrado, o que podemos acrescentar? Por mais verdadeira que tal síntese seja, também há complexidades mesmo neste nível. Capitu, a mulher descrita repetidamente com seus "olhos de ressaca", pode ser uma das mestras da (dis)simulação de Machado (uma qualidade que pode ser novamente relacionada a um fato histórico, a posição da mulher no Brasil e no resto do mundo, àquele tempo). Ora, o próprio Bento é uma combinação de uma forte carga sentimental, talvez também grande sensibilidade, e monstruosa frieza emocional. Afinal, ele é alguém que, depois de saber da morte de "seu" filho, devido à febre tifoide perto de Jerusalém, janta bem e vai ao teatro. Ele mostra a mesma "insensibilidade" no comportamento com as moças que visitam sua casa no Engenho Novo, depois do exílio e morte de Capitu (944).

Mas tais aspectos, como a complexidade de seu "caráter", não parecem ser a razão pela qual uma história trivial, a despeito de sua trivialidade, deva ser contada – a menos que sirva para ilustrar uma complexidade menos óbvia. O impressionante é o que me parece ser um escape ingênuo de Machado a um dilema, que vem assombrando a narrativa europeia desde o Realismo, via Naturalismo até o Modernismo e Pós-Modernismo. Estes movimentos primeiro recorreram a histórias triviais com tipos de alta e depois de baixa extração (realismo, naturalismo e afins). Então, depois que esses tipos haviam sido explorados e utilizados de modo completo e exaustivo, o modernismo simplesmente recusou-se a contar histórias. O Pós-Modernismo

14 Ver, de Luis Costa Lima, *O Controle do Imaginário*, para um estudo sobre a teoria politico-social brasileira e a obra de Machado de Assis.

passou por este círculo em alta velocidade. Ao mesmo tempo, o diagnóstico de que o romance está praticamente morto e de que está sempre ressuscitando ocasiões tornou-se tão enfadonho quanto a maioria dos romances contemporâneos.

Parece-me que Machado de Assis continua contando uma história trivial com personagens moderadamente complexos, porque ela está repleta de implicações altamente complexas e não triviais. Não será uma surpresa se eu propuser a distinção conceitual inicial entre sentimentos e emoções a fim de compreender tais implicações. De acordo com Damásio, a distinção inclui as maneiras pelas quais a consciência e os pensamentos agem como se "sentissem" sentimentos e estivessem imersos em emoções – para Damásio dificilmente existe qualquer objeto emocionalmente neutro, uma falta de neutralidade particularmente evidente naqueles objetos sobre os quais as pessoas escrevem livros. Sentimentos, para recordar (fome, alegria, medo etc.), são sinais pelos quais o indivíduo, em processo homeostático, torna-se consciente de seu estado físico e mental. Nossa consciência em relação a eles pode ser vaga, mas em geral os sentimentos não são obscuros. Dada a multiplicidade das situações sociais e da interação pessoal, diferenciá-los em emoções interativamente relevantes pode, entretanto, tornar-se altamente problemático. Machado de Assis desenrola assim um panorama completo de técnicas pessoais com as quais as pessoas tentam transformar sentimentos vagos ou bem definidos na heterogeneidade e no atrito dos códigos emocionais.

O problema consiste em não apenas ter ou sentir as emoções codificadas, que se tornam conscientes por meio de sua formulação. Este é um processo para o qual o ato narrativo é particularmente adequado, talvez para o qual tenha sido inventado – pelo menos parcialmente. O problema também consiste em administrá-lo em diferentes contextos e em competição com outros códigos criados através da interação com outras pessoas.

Escobar, Capitu e José Dias parecem ter habilidades especiais em administrar as emoções e lidar com os códigos. Isto é verdade tanto para suas próprias emoções quanto para as de terceiros, deixando essa administração próxima à manipulação. Poderíamos "explicar" estas habilidades ressaltando que estas são uma necessidade, já que todos eles tentam galgar posições na hierarquia social ou ao menos manter sua posição social precária. Com Escobar e Capitu, estamos tratando do que o lugar-comum descreveria como negócios ou prudência feminina e restrição em produzir os códigos que eles usam de forma explícita. Ao utilizar os códigos de uma forma mais implícita, eles testam, antecipam e guiam os códigos empregados por outros; daí sua capacidade manipuladora. Tanto o homem de negócios quanto a mulher poderiam ser expostos a riscos relativamente altos se estes não souberem controlar as emoções com cautela e cuidado. Na fração conservadora da sociedade brasileira, à qual Bento e Capitu pertencem em níveis diferentes, isto é mais verdade para o comportamento sexual das mulheres. Isto se tornaria plausível, caso assumíssemos que Escobar é o pai de Ezequiel, ou seja, caso Bento não se desse conta da possibilidade – embora os casais fossem "inseparáveis", embora Bento encontre Escobar na porta de sua casa em horas estranhas, embora existam várias outras "dúvidas" (inclusive a frieza de sua mãe em relação a Ezequiel) e embora ele e Sancha, a esposa de Escobar, tenham por sua vez chegado muito perto de uma atração erótica mútua.[15] Como último item e sobre a manipulação de Bento, é notável que ele não consiga decidir se descreve a "atração" como um sentimento ("sensação fulgurante") ou como uma emoção; e, se assim fosse, que emoção seria ("movimento invencível", "capricho", "intenção sexual", "paixão não era nem insinuação", "deslealdade") (923-24). O resto é "incerto", "confusão". Uma página e dois capítulos depois, tudo isto é chamado primeiro de "abominações da véspera" (925) e em seguida, na próxima linha, de "alucinações".

Dias é conhecido por seu uso dos superlativos. Eles são sempre aplicados a pessoas ou coisas que estão do lado certo da hierarquia. Apenas duas vezes ele, como já mencionado, esquece de suas restrições e revela algumas inclinações moderadamente liberais. Os superlativos (o último foi "lindíssimo", aplicado ao céu à hora de sua morte) são empregos inteligentes do código social, porque não podem ser refutados. No caso de opiniões divergentes, o julgamento de uma pessoa ou coisa pode sempre ser adicionalmente qualificado de tal maneira para agradar também a quem discorda. A prima Justina, tia viúva de Bento, faz exatamente o contrário. Ela sempre critica as pessoas primeiro diretamente, e então tem dificuldades em qualificar suas críticas face às objeções. Apesar de sua loquacidade, ela frequentemente fica calada por essa razão. A mãe de Bento, por sua vez, retirou-se, após a morte do marido, para sentimentos religiosos intocáveis.

15 Ver capítulo CXVIII, p. 923-4, e ver também capítulo CXIII, p. 918-9.

O caso de Bento é todo diferente. Nascido em uma certa classe social, encontra-se por um bom tempo protegido de ter que cuidar de toda a administração emocional, por assim dizer. De acordo com isso, ele tampouco desenvolve as capacidades correspondentes. Por conseguinte, ele é completamente incapaz – a despeito de seus sentimentos muito intensos contra a carreira religiosa planejada pela mãe – de fazê-la abdicar da promessa que o destinou a ser padre. De fato, ele mal consegue tocar no assunto. Este é o motivo pelo qual, em um fantástico processo laborioso, ele precisa da ajuda combinada de Dias, Capitu e Escobar, que formulam para ele uma eficiente linguagem de emoções. Provavelmente não seria exagero dizer que Bento, desde sua vida de criança nos anos 1850 até seu papel de narrador autobiográfico em 1890, não encontrou realmente um estilo de administração emocional que seja flexível e determinado pela ocasião.

Deste modo, os temas de uma identidade não encontrada, de uma memória mais falha que formadora, que poderia relacionar este romance a muitos romances modernos ocidentais – "falto eu mesmo, e esta lacuna é tudo" (810) –, apenas aparentemente contradito por um paralelo com Montaigne sobre "mon essence", também são indicativos de um sentimento/emoção complexo que é mais concreto e mais complicado. Seu primeiro beijo com Capitu é seguido pela – poderíamos sarcasticamente dizer, algo prematura, mas três vezes repetida – ejaculação ("esta palavra de orgulho"): "Sou homem!". Certamente, na distância proporcionada pela narrativa, tal exclamação é temperada pela frase "talvez abuse um pouco das reminiscências osculares" (845-46). Mas é difícil dizer que tipo de (auto)ironia está em operação aqui. É difícil ver se Dom Casmurro se liberta do que ele mesmo chama de ideias sem pernas e ideias sem braços (848), ou seja, impulsos emocionais que não encontram nem sua completa expressão, nem chegam a afetar o interlocutor.

O segundo beijo com Capitu não foi o resultado de seus próprios esforços laboriosos e incompetentes, mas aconteceu, no contexto da cena descrita, como um beijo surpreendente e "espontâneo" de Capitu, dado no último momento. Esse fato é ressaltado como um clichê hiperbólico: "a alma é cheia de mistérios!" (849). Hipérbole é uma forma de impotência emocional, demonstrada por Bento mais completamente quando ele tem que reagir à proposta feita por Capitu, de que ele deveria batizar seu primeiro filho no caso de tornar-se realmente um padre. Bento reage com um capítulo muito breve (XLV) e com uma passagem de um gênero conhecidamente não ingênuo: pede que o leitor balance a cabeça e faça todos os gestos de incredulidade. Mas se aqui opera a ironia, resta o fato de que Bento também demonstra sua impotência emocional: "não achei palavra nem gesto; fiquei estúpido" (858). Tomemos como outro exemplo a frase oposta, mas equivalentemente hiperbólica: a admissão de que Escobar no seminário "veio abrindo a alma toda" não perde sua ingenuidade nem mesmo quando é seguida pela ridícula, além de irônica, metáfora espacial: "a alma da gente, como sabes, é uma casa assim disposta, não raro com janelas para todos os lados, muita luz e ar puro" (868).

Os jogos de Dom Casmurro com seu leitor variam da ironia, via sarcasmo e mesmo impertinência, até uma franqueza desconcertante. Contudo, os cortes irônicos, imprudentes e grotescos das unidades narrativas não transformam esta narrativa em apenas outro exemplo de metaficção. Certamente, há inúmeras passagens que nos dizem que a história, como nos é contada, em capítulos muito curtos, quase retalhados, poderia ou deveria ter sido oferecida de outra forma. O jogo com o leitor torna-se um embate quando nos é dito que devemos lembrar de certas coisas de que o narrador não tem obrigação de lembrar;[16] que podemos querer fazer uma pergunta ao narrador num determinado momento, quando deveríamos ter perguntado no início.[17] O ultimo exemplo pode ser importante, porque o narrador aqui propõe responder por que construiu a casa toda nova quando a intenção era, e o resultado sem dúvida foi, construir uma mera réplica da casa antiga. Sua resposta é igualmente crucial, porque se refere novamente à questão dos códigos emocionais: "e toda a casa me desconheceu" (941).

Em consequência, o modo relativista de contar a história de Machado de Assis (ou antes de Dom Casmurro) faz dele um vizinho de Beckett. A sintaxe carrega todas as marcas de restrição, qualificação e negação das coisas apenas ditas. Poderia-se até mencionar a *Aufhebung* para caracterizar o efeito narrativo da sintaxe. Mas esta estratégia sintática é, contrariamente ao modo de Beckett de empobrecimento narrativo, ainda ligado a uma história definida, mais ou menos bem construída, embora trivial. Portanto, as camadas intertextual e metaficcional estão sujeitas a ecoar na questão dos códigos emocionais. Isto também poderia ser aplicado à maneira

16 Ver, por exemplo, o capítulo CXL, p. 938-9.

17 Ver, por exemplo, o capítulo CXLIV, p. 941.

acelerada de contar a história, isto é, o curto tempo da narrativa em contraste com a extensão do tempo narrado. Em relação aos eventos, do casamento à separação, os fatos importantes só acontecem a partir do capítulo XCVIII, ou seja, apenas na terça ou quarta parte final da história. Esta parte cobre, em contraste com os 18 anos anteriores (contando do nascimento de Bento), um período de tempo de no mínimo 30 ou 40 anos (Escobar morre em 1871 quando, podemos supor, ele e Bento estão próximos aos seus 30 anos. Outra referência ao tempo histórico ocorre no capítulo CXII, com uma alusão ao "recente ministério de Rio Branco"). De alguma forma, então, a questão de como os códigos emocionais são formados e aplicados, embora gradualmente, é mais ou menos enfraquecida pelo próprio Bento.

O leitor não deveria ter a tarefa de resumir tal história com um mero comentário do tipo "assim é a vida". Bento pode muito bem tentar antecipar questões posteriores reforçando repetidamente que ele apenas aquiesceu com um aceno de cabeça "como me sucedia nas matérias que eu não sabia bem nem mal" (923). Seus esforços em produzir um soneto, para não dizer nada sobre seu comportamento, mantêm a necessidade de perspectivas mais sutis e definitivas – como as repetidas observações sobre seus pensamentos "difusos e confusos" mas urgentes, imagens de tentações femininas, além do difícil meio-termo entre consciência e imaginação (869-70). Posso recordar ainda suas reclamações sobre a falta de expressividade nostálgica, sua tese sobre a suposta ligação entre emoção e experiência real "sem o que tudo é calado e incolor" (871), e suas observações arrebatadoras sobre "dias sombrios" e "temporais", "contínuos e terríveis" entre Capitu e ele na última crise (932-34). A "imaginação", nos diz o próprio Bento, "foi a companheira de toda a minha existência, viva, rápida, inquieta... capaz de engolir campanhas e campanhas, correndo" (852). Contudo, sua habilidade em formular e lidar de forma flexível com os códigos inteligíveis não corresponde à imaginação vívida, mas jamais transparente: é bom, ele nos conta em tom autoirônico, "ser enfático, uma ou outra vez, para compensar este escrúpulo de exatidão que me aflige" (861). Sem dúvida, a frase irônica "não estou aqui para emendar poetas [como Dante]" (843) é literalmente verdade, como se fosse uma vingança.

Em nenhum outro lugar a importância material da substância metaficcional é mais evidente do que no modo, outra vez mascarado por uma leveza de tom entre brincalhão e sarcástico, pelo qual Dom Casmurro tenta explorar códigos literários para preencher suas lacunas. Em primeiro lugar, e significativamente, o rótulo de Dom Casmurro lhe é atribuído por um poeta amador, que é desapontado pela (falta de) resposta à leitura de seus versos no trem: "pode ser que não fossem inteiramente maus", "— Continue, disse eu, acordando. — Já acabei, murmurou ele. – São muito bonitos" (809). A mesma reação indiferente abre caminho para a manipulação de Bento sobre o "Panegírico de Santa Mônica" produzido por um colega no seminário. Quando o poeta, anos depois, pergunta a Bento se ele guardou a cópia que lhe deu, este não consegue nem mesmo se lembrar do fato, que dirá do poema; sem dúvida ruim.[18]

A reação de Bento funciona como uma faca de dois gumes: não só destaca sua falta de competência emocional, como também implica questões desagradáveis sobre o valor da literatura, ao qual voltarei mais tarde. Por enquanto, deixem-me continuar com o tópico da competência emocional, seguindo a sequência imediata ao "Panegírico". Bento tenta então compor um soneto. Ele finge não conseguir se lembrar da razão: "as cócegas [um *sentimento*, em minha terminologia] pediam-me unhas, e eu coçava-me [um código *emocional*] com alma". As cócegas produzem o presumível primeiro verso de um soneto: "Oh! Flor do céu! Oh! Flor cândida e pura!", uma linha poética tão ridícula pretende iniciar, mesmo que ironicamente, a manipulação do complexo sentimental-emocional "Capitu". No entanto, outros versos necessários para uma elaboração desse complexo não seguirão o primeiro. Exceto pelo último verso do soneto, um estereótipo arrastado até o outro, de um contexto muito geral: "Perde-se a vida, ganha-se a batalha." O máximo que se pode dizer para a habilidade de Bento em elevar sua competência de códigos, é sua consciência de que, se o soneto – estando ele mesmo no seminário sem esperança aparente – é uma codificação do complexo de Capitu, aquele último verso poderia ser lido, sem muita poesia: "Perde-se a vida, ganha-se a batalha!" (866). Por certo, deve ser divertido para um leitor do sexo masculino ouvir jocosamente: "Pois, senhores, nada me consola daquele soneto que não fiz!" (867). Mesmo assim, teria sido "bonito", para usar o comentário de Bento sobre os versos do poeta no trem, ter recebido mais que duas maltraçadas linhas ou confissões gratuitas, feita desta vez para a "leitora", de que sem dúvida "tudo isto é obscuro" (875). Bento não consegue tomar o "banho de inspiração" necessário, isto é, uma inspiração que ditasse como formular emoções. Ao contrário, frustrado em seus esforços para escrever um soneto (tradicionalmente a mais concisa forma para tais formulações), outra coisa acontece:

18 Ver o capítulo LIV.

"Tive alguns ímpetos de raiva". Este é precisamente o ponto: ele está consciente deste sentimento poderoso, definindo seu próprio estado, mas por outro lado continua sem conseguir se comunicar. A distinção alemã entre *Wut* (raiva), um sentimento, e *Zorn* (ira), uma emoção, deixa bem clara esta distinção crucial. Poderíamos, por exemplo, atribuir ira a Deus, mas não raiva.

IV.

"E bem, e o resto?" O que é "o resto do livro"? (944). No que concerne à história de Dom Casmurro, não é garantida a reconciliação, a "beleza da tristeza", na feliz expressão de Hans Ulrich Gumbrecht, ou qualquer outra coisa; ela permanece vítima da irresolução. "Qualquer que seja a solução, uma coisa fica": Capitu e Escobar acabaram "juntando-se e enganando-me". A afirmação, longe de ser sutil ou necessariamente verdadeira, não pode ser tomada ao pé da letra, embora carregue o peso de uma palavra final. Contudo ela nos confronta com uma emoção discordante, que conduz Bento de uma atividade incongruente à outra: recebendo mulheres indiferentes ("caprichos de pouca dura", "dessas caprichosas") e lançando-se a escrever a *História dos Subúrbios* (as últimas palavras do romance).

Inevitavelmente, entretanto, o jogo de Machado de Assis com a mescla de esforço literário e fragmentos emocionais de Bento levanta outras questões muito mais importantes sobre os usos e abusos não apenas do literário, mas também de outras formas como ferramentas de observação sofisticada, de sugestão, de representação e, claro, decifração dos códigos emocionais. Novamente, o paralelo com Beckett vem à mente, poucas pessoas são igualmente impiedosas ao decifrar os códigos, mostrando suas implicações na linguagem. Pode parecer uma última incongruência irônica que a primeira imagem de literatura que o fundador da Academia Brasileira de Letras nos apresenta seja a dos vermes que Bento consulta após ter examinado as preciosas informações contidas nos livros em que esses vermes moram. Bento quer escrever sobre o tópico concentrado na frase bíblica: "Não desprezes a correção do Senhor; Ele fere e cura!" Os vermes, no entanto, confessam não saber absolutamente nada sobre os textos que roem. Como exemplo da neutralidade emocional que os humanos não conseguem alcançar, eles não amam nem destestam o que roem – "nós roemos" (827).

Mais tarde, existem as referências mais heterogêneas à literatura, desde a menção a passagens de Dante[19] até alegados lamentos sobre "não ser um poeta romântico para dizer que isto era um duelo de ironias!" (857), e algo sobre o autor-de-um-livro-só, do "Panegírico de Santa Mônica". Autor este que se agarra desesperadamente à pretendida importância de seu texto. Mas há também o tipo oposto. Bento parece muito impressionado com os primeiros versos, ao modo de Junqueira Freire, de um outro colega seminarista. Anos depois, quando se encontram novamente, Bento pede que leia seus "últimos versos". Espantado, o presumido poeta pergunta: "Que versos?" e custa a lembrar que havia escrito alguns versos no passado. Bento especula que alguém pode ser curado da "cócega" em escrever na juventude, mas que essa sarna "quando pega aos cinquenta anos, não despega mais" (857).

Este jogo com os usos da literatura (ou mesmo sua falta) torna-se quase sério quando Bento concentra-se em *Otelo*. Embora vida e literatura nunca realmente se mesclem, *Otelo* delineia a possível dimensão deste ponto de encontro. A ordem dos eventos do destino seria mais inteligível se a pudéssemos ler como um roteiro de teatro ao revés. Começando pelo último ato (Otelo matando Desdêmona e se suicidando), este ato explica "o desfecho do primeiro"; além disso, o espectador "ia para a cama com uma boa impresão de ternura e amor" (883-84) – em outras palavras, com ao menos uma imagem bem formada das emoções.

Idealmente, as emoções pareceriam naturais e ao mesmo tempo encenadas. Assim, Capitu emprega considerável destreza em demonstrar sua "estupefação" e "indignação", quando Bento a acusa de adultério (937). De outra parte, o lado mais feliz do casamento, a lua-de-mel do casal foi satisfatória; não há nada que a diferencie do efeito combinado de palavras e música "à maneira de uma ópera de Wagner".

Poderia parecer então que a bem-sucedida – e isso poderia significar apenas temporária – codificação de emoções deve de alguma forma surgir de uma encenação previamente organizada. Isto poderia explicar porque a literatura, no sentido de textos meramente escritos e impressos, pode muito bem ser um meio supremo de observação, mas tem dificuldades em transmitir tanto a codificação quanto a encenação das emoções e suas mudanças dinâmicas. As emoções não residem necessariamente em algum lugar, sejam palavras, pessoas ou coisas. Quanto mais rapidamente alguém confiar

19 Ver os capítulos XXXII e CXXIX.

na pseudo-substancialidade das palavras e dos objetos, ao invés de dedicar-se a uma complexa interpretação semiótica, de caráter hermenêutico, mais frequentemente do que se imagina instala-se a loucura da suspeita. Isto acontece a Bento (e é por isso que alguns críticos acham que toda a "tragédia" existe apenas em sua cabeça).[20] Ele não presta atenção "à linguagem de Capitu, aos seus gestos, à dor que a retorcia, a coisa nenhuma" (937). Ainda assim, a despeito de seu ceticismo em relação à sua memória, ele loucamente assume que a "confusão" de Capitu, ao olhar para a foto de Escobar, torna-se "confissão pura" (938), e assim ele resolve o quebra-cabeças.

É aqui que entra a teoria da ópera de Marcolini, o tenor italiano – e a tese de Shakespeare como um "plagiário". É fácil esquecê-la, já que aparece no início do romance (principalmente no Cap IX, com algumas referências nos capítulos VIII e X) e à qual são feitas poucas referências explícitas no decorrer do livro. Contudo, ela está lá, e de forma pesada. Deus é o poeta, o libretista, Satanás escreve a música do destino da vida. O fato de Deus se recusar em tomar parte na composição musical trouxe algumas passagens obscuras e desconcertadas à vida, vista enquanto ópera; certos motivos são repetidos à exaustão. Os amigos do maestro juram que não existe nada melhor que a ópera. Os amigos do poeta, talvez teólogos, sustentam que a música distorce o sentido das palavras, e que também leva o drama (a "história") para o lado grotesco. Além disso, eles afirmam que Shakespeare e sua "farsa" são uma transcrição traiçoeiramente habilidosa das palavras originais de Deus. Shakespeare parece autor da composição, mas "evidentemente, é um plagiário" (819).

Qualquer interpretação desta passagem parecerá tola; ainda assim, faz-se necessária. A teoria é sobre ópera e drama no sentido de "a vida é uma ópera", mas também respeita as diferenças entre as artes da ópera e do drama no tocante à sua capacidade de representar parcialmente a vida – de encenar e representá-la de forma tão poderosa que esta se torna uma experiência real e assim, potencialmente, uma experiência do real. A história de Deus, o drama original da vida, é um drama de sofrimento, mas também de redenção. Shakespeare providenciou imagens dramáticas que chegam mais perto disso do que qualquer outra coisa. Ele vira um plagiário uma vez que se diz (provavelmente não ele mesmo, mas seus admiradores) que estas imagens alcançam a completude do drama original – ou, como alegam os "satanistas", simulam a completude do

20 Consultar o ensaio de João Adolfo Hansen. Ref. 4, p. 245-258 e 258, nota 3.

efeito operático no uso virtuoso das palavras (incidentalmente, a teoria de que muitas passagens shakespearianas deveriam ser sistematicamente identificadas como árias é seriamente tratada em estudos atuais. Richard Wagner, de forma igualmente plausível, optou pelo outro extremo e identificou os dramas de Shakespeare com romances, devido às complexas questões pessoais e históricas presentes. Não posso discutir essa complexa questão neste ensaio).

A ópera enquanto vida pode tender para o grotesco. Em um sofrimento ultra-enfatizado exemplificado neste caso por Abel e "os coros da guilhotina e da escravidão", a ópera sacrifica a forma original do libreto de Deus. Enquanto a concepção do poeta, ou seja, de Deus, é sublime, permitindo então uma perfeita harmonia, o "gênio essencialmente trágico" de Satanás volta-se para o grotesco das "massas corais". Em outras palavras, um efeito trágico não pode ser sustentado continuamente. Uma vida completa, ou uma peça completa, no que diz respeito ao assunto, não pode ilustrar qualidades trágicas todo o tempo.

Isto é esclarecido pela arte: tanto pela ópera, quanto pela tragédia – especialmente em Shakespeare; pensemos, por exemplo, se as pretensões do Rei Lear ou a ingenuidade de Otelo são realmente trágicas. Exemplos posteriores desta falha de sustentabilidade trágica poderiam ser encontrados nas transições do século XVIII, de *pathos* para *bathos*, ou nos aspectos ridículos dos heróis trágicos satânicos de Byron. O que se pode dizer então sobre a ópera como uma forma de arte? Na ópera, o grotesco, que é a forma representada do trágico, não é um modo de significar inadequado, mas um modo de intensificação. Prestamos atenção não apenas no significado da guilhotina ou da tragédia de pessoas morrendo, mas na beleza das canções, que subjuga a moldura trágica.

Marcolini fica furioso quando Bento acha graça em sua teoria. A fúria – talvez uma oscilação entre um sentimento (raiva) e uma emoção (ira) – desponta do fato de Bento não compreender seu ponto principal: um dia, "quando todos os livros forem queimados por inúteis", as pessoas descobrirão que "tudo é música". Elas saberão porque talvez um tenor, "e talvez italiano", ensinará a ver isso. "Que é demasiada metafísica para um só tenor, não há dúvida". Porém Bento ao menos parece sondar que a "perda da voz" de Marcolini explica esta empática teoria musical. Em outras palavras, é realmente a voz que canta quem dá corpo à música – motivo pelo qual os "imparciais" podem concordar que as "partes orquestrais" são irrepreensíveis?[21]

O tom de encenação musical da intensidade emocional na ópera poderia tornar-se, com as devidas modificações, um modelo para a vida. A intensidade das canções encenadas poderia então ser transformada em uma manipulação das emoções pelo menos parcialmente lúdica, abafada pela heterogeneidade e ameaçada pelo dogmatismo. Eis o que Bento não entende. Sua própria vida, como a de Otelo, parece mais uma farsa trágica, dogmaticamente fora de alcance em ambos os lados; mais ou menos em colapso, em um relativismo conformado, mas talvez não completamente autoconfiante. Bento se esquece das lições de Marcolini. Ele ignora a intensidade performática, a fusão do código e da intensidade na ópera e torna-se vítima dos padrões de sentido do drama, quer dizer, não do libreto de Deus, mas do elaborado por Shakespeare – um libreto, aliás, bastante unilateral, apenas parecido com o libreto de *Otelo*, tal como escrito por Shakespeare. Já que esses padrões o levam à loucura da suspeita (que poderia ser loucura ainda que sua suposição sobre o adultério de Capitu estivesse correta), ele precisa em algum momento colocar um ponto final na trama. "Dom Casmurro" é um rótulo razoavelmente correto, colocado por terceiros para o curso subsequente da neutralização emocional em que ele embarca. O narrador ocupa-se com a *História dos Subúrbios* sem nos dizer uma palavra sobre sua motivação (exceto pelo fato, não de se admirar, de que precisa "variar um pouco") ou do "interesse humano" potencial de seu objeto de estudo (exceto pela perspectiva desmotivante do projeto, que requer "documentos e datas como preliminares, tudo árido e longo"). Nesta história dos subúrbios, se o livro fosse realmente escrito, nosso narrador encontraria ao longo do caminho não Deus, mas os vermes dos livros.

Referências Bibliográficas

DAMASIO, Antonio R. *Looking for Spinoza. Joy, Sorrow, and the Feeling Brain.* Nova York: Harcourt, 2003.

______. *The Feeling of What Happens: Body and Emotion in the Meaning of*

21 Todas as citações são dos capítulos IX, p. 817-8-9 e X, p. 819.

Consciousness. Nova York: Harcourt Brace & Company, 1999.

GLEDSON, John. "*Dom Casmurro*: A Foreword". In: MACHADO DE ASSIS. *Dom Casmurro*. Tradução de Jonh Gledson. Oxford: Oxford University Press, 1997.

HANSEN, João Adolfo. "*Dom Casmurro*, the Fruit and the Rind: An Afterword". In: MACHADO DE ASSIS. *Dom Casmurro*. Tradução de Jonh Gledson. Oxford: Oxford University Press, 1997.

LIMA, Luis Costa. *Die Kontrolle des Imaginären. Vernunft und Imagination in der Moderne*. Frankfurt am Main: Suhrkamp, 1990.

MACHADO DE ASSIS, Joaquim Maria. *Dom Casmurro*. In: COUTINHO, Afrânio (org.). *Obra completa*. Vol. I. Rio de Janeiro: Aguilar, 1986.

NUSSBAUM, Martha C. *Upheavals of Thought. The Intelligence of the Emotions*. Cambridge: Cambridge University Press, 2001.

A ironia de Machado em *Dom Casmurro* – reflexão sobre a cordialidade antitrágica

Kathrin H. Rosenfield
(Universidade Federal do Rio Grande do Sul)

Machado de Assis é famoso pela sua impiedosa – embora discretíssima – análise da luxúria de um capitalismo cartorial embasado na "Teoria do medalhão". São bem conhecidos também seus retratos irreverentes dos êxtases adulterados (e adúlteros) dos personagens que se movem nessa sociabilidade. O que passou quase despercebido pelo grande número de seus leitores é a sutil análise dos fantasmas masculinos no âmbito do patriarcalismo. *Dom Casmurro* poderia ser lido como a figuração dos fantasmas e não ditos cordiais da opressão patriarcal. Nessa leitura apareceria, quiçá, o espírito antitrágico e a guinada cômica que camuflam (ao mesmo tempo que expõem veladamente) uma reflexão mais séria sobre os fracassos trágicos da amizade e do amor.

Essa reflexão a propósito dos complicados elos entre corpo e mente encontra sérias resistências na cordialidade antitrágica (e anticrítica). Não é um acaso que a proposta (feita para vários editores há mais de dez anos) de traduzir *Les égarements du coeur et de l'esprit* de Crébillon Fils até hoje não encontrou ressonância. Um prefácio para esse tipo de livro trataria do movimento libertino e do trabalho paradoxal da civilização libertina, na qual a exibição do desejo leva à interiorização dos sentimentos. Um retrato desse processo civilizatório dos costumes – e excessos – eróticos deveria interessar o público brasileiro que "cultua" a sensualidade, porém pouco reflete sobre ela. No entanto, é sintomática a cordial indiferença dos editores que parecem temer esse tipo de sutileza literária francesa que está na contracorrente dos silêncios e conflitos no avesso da aparente espontaneidade sensual. Esse pendor de "conciliação" pelo silêncio alimenta, sem dúvida, as enigmáticas ausências do espírito trágico na cultura luso-brasileira e sua suplantação pela comicidade, pelo riso que descarrega as tensões no chiste e na farsa. Nada há na literatura brasileira que se aproxime da autoencenação do indivíduo ficcional nas refinadas perversões francesas ou na dor e no dilaceramento que caracterizam a literatura alemã e sustentam sua visão pessimista da sociabilidade.

A ironia de Machado difere daquela modulação da ironia europeia (de Flaubert a Nietzsche e Kierkegaard – contemporâneos de Machado –, e de Kafka a Musil), que descobre insuspeitados arabescos para os "desvarios do coração e do espírito".[1] Se os autores europeus sempre implicam o narrador como voz que garante a autenticidade da experiência dolorosa – apesar do tom irônico ou do distanciamento reflexivo[2] –, a ironia machadiana se sustenta em tons mais sarcásticos e burlescos que recusam uma identificação íntima do narrador com os fracassos sentimental e moral, intelectual e prático dos heróis. Deste modo, a seriedade trágica, embora presente como possibilidade, é absorvida pelos acentos gritantes do sarcasmo ou da farsa (por exemplo, pastiches da recepção bacharelesca de Shakespeare ou de outros grandes autores), que dão uma guinada burlesca à elaboração da tragicidade latente. Propomos assim uma releitura de *Dom Casmurro* na perspectiva da cordialidade antitrágica.

A infidelidade e a polarização moral das leituras convencionais

Num capítulo do livro recente *Machado de Assis. Uma revisão*, Antonio Carlos Secchin apresenta uma revisão crítica – e espirituosamente irônica, bem no estilo machadiano – da fortuna crítica de *Dom Casmurro*. "Em torno da traição"[3] é um ensaio que projeta uma luz verdadeiramente esclarecedora sobre os determinismos da interpretação. De 1900 a 1960 predomina exclusivamente a certeza da traição do marido

1 Nesse sentido, poderíamos ver suas obras como variações musicais em torno do motivo das *Confissões* (de Santo Agostinho a Rousseau).

2 Eis a razão pela qual Flaubert disse "Madame Bovary, c'est moi!".

3 Antonio Carlos Secchin, José Maurício Gomes de Almeida, Ronaldes de Melo e Souza (orgs). *Machado de Assis. Uma revisão.* Rio de Janeiro, 1998, p. 127-134.

pela ardilosa Capitu. Somente sessenta anos após a primeira publicação, uma crítica americana, Helen Caldwell, escreveu um ensaio mostrando que o suposto ardil do personagem Capitu se apoia num ardil textual, ardil da composição literária do autor. Este inscreve no nome de Bentinho (santo diminuto), Santiago, o eco do Iago shakespeariano, daquele que atiça injustos ciúmes e provoca assim o desencadeamento de sentimentos incontroláveis do amante-marido. Dom Casmurro torna-se assim um personagem no qual se comprimem dois personagens antagônicos e hostis – um sincero e passional, o outro passivo e negativo. Deste modo, Helen Caldwell sugere que haveria duas almas morando no peito de Bentinho – duplicidade esta que permite ao leitor ver a suposta traição e a rejeição de Capitu em dois registros opostos: ou como um conflito que se passa (porém não necessariamente) na realidade objetiva, ou como um simulacro que se passa na alma de um personagem passivo que costuma ceder às suas próprias fraquezas, encobrindo-as com fantasmas incongruentes.

Entretanto, poucos leitores brasileiros mostraram-se dispostos a assumir a liberdade de leitura que a ambiguidade e a ironia – isto é, a arte machadiana – concedem. Secchin historia os conceitos e preconceitos que fixaram, ao longo do último século, o olhar exegético. Sempre de novo, "prova-se" o "ardil" e a "perfídia", a "hipocrisia", a "infidelidade" e a "culpa" de Capitu. Com pouquíssimas exceções, mantém-se, até depois da análise dos ardis artísticos machadianos por Helen Caldwell, a lógica da probabilidade rasteira que se compraz na constatação desabusada da traição. Ela é o avesso do não menos frequente moralismo burguês, o qual, embora muitas vezes se confunda com pura hipocrisia, não tolera uma sombra de suspeita a ferir a honra patriarcal – e, por isso mesmo, produz suspeitas em todo e qualquer lugar. De José Veríssimo (1900) a Dalton Trevisan (1994), qualquer argumento é bom para provar a culpa de Capitu – até mesmo o silêncio do autor que se absteve, na sua sabedoria irônica, de comentar as opiniões dos críticos de seu romance. Não há muito a opor a esta moral sólida que parece saber, de antemão, como as coisas são e devem ser e que, firme nas suas certezas, sente-se capacitada a emitir juízos unívocos que não permitem mais dúvida. Assim, ao mesmo tempo, anula-se qualquer *prazer do texto*, isto é, o pacto artístico propriamente dito.

Pois sabemos desde as ardilosas tramas das tragédias gregas (e, desde Kant, dispomos de uma prova teórica desta sabedoria poética) que a verdade estética não se confunde com o conceito do conhecimento, nem com o juízo moral. As coisas "belas" ou "estéticas", diz Kant, "dão muito a pensar" – muito mais do que um ou vários conceitos ou juízos poderiam captar, e "ela pensa o inexprimível junto com o conceito".[4] Suponhamos, portanto, que, também no Brasil (apesar das aparências de moralidade rigorista e austera da crítica machadiana) existem aqueles leitores que amam a literatura por esta sua sutileza estética e apreciam os deslizes de inúmeros pontos de vista,[5] o manejo da instância narrativa que viabiliza o surgimento da "ideia estética" que une o pensamento ao impensável e ao inexprimível. Na arte de Machado, a sutil diversificação das perspectivas produz a "moral em estado gasoso" – isto é, a arte dos contos de Flaubert, de Musil ou de Guimarães Rosa, que "decolam" de conteúdos e pensamentos positivos. Para este tipo de leitor, o pessimismo da pessoa Machado de Assis, sua visão desabusada do Brasil no qual viveu e sua leve misoginia não impedem que o autor Machado desempenhe sua riqueza de imaginação, desdobrando as ideias e complicando as convicções cotidianas, até o leitor ingênuo se enredar, com seus supostos juízos certeiros, na armadilha poética que desvenda nada além dos pontos de vista e dos (pré)conceitos do próprio leitor. Não se tem notícias que Machado tenha sido um assíduo leitor de Kant (embora a leitura deste filósofo era a regra no final do século XIX), mas é possível mostrar, na construção do romance *Dom Casmurro,* que o romancista dominou à maravilha os ardis dos grandes poetas (trágicos e romanescos) – dos gregos a Shakespeare e a Flaubert –, cujas tramas densas captam o que há além da lei e dos juízos positivos: os paradoxos de situações singulares que nos colocam face à limitação do juízo e à finitude do entendimento humanos.

---

4 Immanuel Kant. *Crítica da faculdade do juízo.* Rio de Janeiro: Forense, 1993, # 49, p. 162: "a ideia estética é uma representação da faculdade da imaginação associada a um conceito dado, a qual se liga uma tal multiplicidade de representações parciais no uso livre das mesmas, que não se pode encontrar para ela nenhuma expressão que denote um conceito determinado, o qual permite pensar de (junto com) um conceito muita coisa inexprimível, cujo sentimento vivifica as faculdades de conhecimento, e à linguagem, enquanto simples letra, insufla espírito".

5 Ronaldes de Melo e Souza, em *Machado de Assis. Uma revisão,* fala do multiperspectivismo e demonstra a estratégia deliberada de Machado em privilegiar a "habilidade protiforme que faz [o ator e o autor] diferir indefinidamente de si mesmo a fim de vivenciar e representar os mais diversos caracteres", p. 77-8.

Machado, entre o pessimismo e a idealização romântica

Machado de Assis é um pessimista – eis uma das opiniões mais compartilhadas pela crítica, embora saibamos que o autor registrava com certa suscetibilidade o fato de ser assim considerado.[6] Esta objeção deve-se à diferença entre o pessimismo vulgar e um certo espírito negativo que recebe nas personagens bíblicas, em Jó e em *Cohelet*, sua mais digna expressão. Estes textos fornecem o modelo de um ideal, o da aceitação sóbria e desiludida dos males do mundo. O que está em jogo é a resignação sem ressentimento, que não nega as belezas raras e poucas deste mundo. Ora, é bem verdade que muitos personagens machadianos não seguem este modelo bíblico. Ao contrário, há na obra machadiana uma nítida nota de ressentimento, que recebe em *Dom Casmurro* seu nome e sua encarnação. Entretanto, ao mesmo tempo, esta obra é também uma luta contra os sentimentos reativos, contra o ácido da prosa, contra o niilismo que corrói tudo que é nobre, grande, puro. O protesto do autor contra o rótulo "pessimista" tem sua base em estratégias sutis, na riqueza das nuances nas quais se desenha o esforço de não deixar o tom niilista invadir – e estragar – o equilíbrio narrativo.

Quanto mais levamos em consideração a apurada técnica narrativa – técnica que resulta de uma intensa reflexão sobre os ideais românticos e os então novos parâmetros da fidelidade realista –, mais compreendemos a suscetibilidade de Machado. Com efeito, a técnica machadiana trabalha o romantismo de sua obra inicial, confronta os temas românticos ao realismo, atenua o pendor pessimista e cínico tanto pelo humor, como pelos traços discretos do ideal romântico, do qual o autor nunca abriu mão.[7] Ele está além do romantismo "estafado" que exagera o contraste entre o bem e o mal e além também da desilusão realista, mantendo a tensão entre a tristeza reativa, que registra os males do tempo, e um luto positivo que conserva viva a chama da paixão pelos valores rarefeitos, perdidos e desperdiçados. Machado não

6 Ver, por exemplo, carta enviada a Joaquim Nabuco em 29 de Agosto de 1903.

7 Ver o ensaio de 1878 de Machado de Assis sobre o realismo naturalista, assim como sua crônica de 25 de Dezembro de 1892; ver também o "Estudo crítico", de Afrânio Coutinho, em Machado de Assis, *Obra completa*. Vol. I, p. 29 ss. Nossas citações de *Dom Casmurro* remetem a esta edição e indicaremos o capítulo e o número da página.

fustiga como um moralista qualquer a timidez e a audácia, a dissimulação e a desconfiança, o acanhamento passivo e o ardil calculista dos seus personagens. Desde o primeiro romance, seu alvo é o de

> pôr em ação aquele pensamento de Shakespeare: "Nossas dúvidas são traidores / Fazem-nos perder o bem que poderíamos ganhar / Por medo de ousar"[8]
> Não quis fazer romance de costumes; tentei o esboço de uma situação e o contraste de dois caracteres. (Advertência da primeira edição de *Ressurreição*)

Em *Dom Casmurro*, esta encenação do pensamento de Shakespeare – que não julga, mas apenas mostra a ação – chega à sua mais perfeita elaboração. Bentinho não é traído nem pela esposa, nem pelas calúnias ou insinuações de falsos amigos, mas pelas dúvidas que ele mesmo fabrica, entregando-se ao "medo de ousar". E esse "medo de ousar", ele não ocorre por alguma causa exterior. É Bentinho que parece ser ou encarnar este medo, ele é a figura paradigmática das ações determinadas por este medo. O romance nada tem a ver com traições reais que podem – ou não – ter ocorrido, mas que a arte não pretende julgar nem representar.

É claro, portanto, que Machado tomou todo o cuidado de não se pronunciar a respeito das causas efetivas que desencadearam o ciúme e o medo, e o desfecho da história. O que ele põe em ação é a estrutura viva, o modo de ser deste medo – para além de fatores que ocasionalmente encadeiam as ações. Seria, portanto, um engano procurar a culpa de Capitu, confundir sua curiosidade vivaz com a conivência interesseira dos pais subalternos que depositaram na filha as suas esperanças de ascensão social. Machado não escreveu um romance de costumes denunciando a corrupção das virtudes humanas, ele não quis ilustrar a traição que anula o precioso amor juvenil, mas ele faz aparecer constelações vivas nas quais evoluem dois personagens antagônicos. Na mistura de escárnio e de carinho, o narrador estabelece uma relação complexa com seus personagens, ora se aproxima, ora se afasta de ambos. Ironiza,

8 "Our doubts are traitors/And make us lose the good we oft might win,/ By fearing to attempt".

com ternura, a tímida frouxidão de Bentinho, simplesmente pelo contraste com a firmeza de Capitu: *caput* – "femme de tête" – é o desafio que representa para os tímidos o desejo espontâneo e firme. É inigualável como o artista escolhe os olhos e a boca de Bentinho para descrever a amada, de forma que esta aparece ao leitor como o próprio enigma da vida. Ela é a mobilidade, elástica e palpitante, que desejam e temem os seres carentes de vontade ardente, cujo amor não resiste às contingências do tempo e cuja confiança "extingue-se como lâmpada a que faltou óleo" (capítulo final de *Ressurreição*, p. 195). A lâmpada a que faltou óleo é a metáfora que designa tanto o mundano volúvel como a outra face deste, o tímido casmurro.

Nas reminiscências do velho Dom Casmurro aparece claramente o medo camuflado na distração e na dúvida, aquele pendor passivo do Bentinho tímido, que é totalmente contrário à curiosidade vivaz, aos olhos de ressaca, sem medo nem dúvida de Capitu. O "contraste de dois caracteres" não leva a um desencontro direto entre vilão e anjo. Esta era a temática romântica que ainda representava o romance *Ressurreição*. Dom Casmurro desenvolve um desencontro mais sutil, adiado, ao longo do qual Machado põe em cena todas as nuances de uma ação minada pelo medo e pela omissão, pela dúvida e pela timidez camufladas em confusas sentenças.

A paradoxal associação de romantismo e realismo, de elevação trágica e de abatimento prosaico cria uma curiosa – embora aparente – contradição na obra de Machado. De um lado, há em toda parte a ânsia de ações magnânimas e grandiosas, do outro, essa ânsia não passa da retórica que mal esconde um aplacamento aterrador, bem à moda de Maupassant e de Flaubert. Como podemos compreender poeticamente esta tensão, isto é, sem reduzi-la a um reflexo da situação socioeconômica? De que maneira o problema da forma artística sobredetermina e dá sentido à trama do romance *Dom Casmurro*? São estas as perguntas que eu me coloco, assumindo um ponto de vista estético, isto é, uma atitude que se preocupa em ouvir e ver o cromatismo que produzem os elementos e temas que Machado combina e entrelaça à sua maneira.

Machado não cria uma tragédia romanesca, mas seu romance é um simulacro trágico. É claro que a trama de *Dom Casmurro* parece confirmar – no entendimento do personagem – a teoria do trágico de Schopenhauer, mas, seja dito de antemão, esta teoria só vale para a suspeita opinião do único Bentinho. A definição schopenhaueriana do trágico da qual parte Machado é a seguinte:

> O que dá ao trágico seu elã particular, que nos provoca a elevação, é o alvorecer do reconhecimento de que o mundo e a vida não podem nos fornecer uma verdadeira satisfação e que eles, portanto, não são dignos de nosso apreço; e nisso consiste o espírito trágico: ele nos conduz consequentemente à resignação.[9]

Esta formulação de Schopenhauer é, sem dúvida, um dos pontos de referência para a obra de Machado de Assis. Contudo, é uma referência que funciona como um engodo, pois ela corresponde, no máximo, às convicções algo imprecisas do personagem, das quais o narrador (isto é, o ponto de vista) se distancia, ironizando-as. Entre a prosa cínica e o entusiasmo da consciência trágica estabelece-se um diálogo que registra o quanto as estruturas da ação trágica se esvaziaram. E onde não há grandes ações, aspirações da vontade, não pode tampouco haver uma verdadeira resignação – sobra, então, apenas a casmurrice.

A definição do trágico nos moldes do estoicismo e da resignação tem, aliás, um campo de aplicação muito restrito. Ela é adequada *strictu sensu* somente para o drama de Corneille, onde circunstâncias objetivas impedem o sujeito de realizar suas inclinações conflitantes – por exemplo, a guerra e o amor (o guerreiro, enquanto ele pretende realizar-se como homem de ação, é obrigado a renunciar a ser amante). No entanto, esse esquema não se aplica nem à tragédia shakespeariana, nem à raciniana, quanto menos à tragédia dos antigos. Embora não tenha aqui o espaço para uma exposição destes problemas formais – que são importantes para a avaliação da ironia de Machado –, mostrarei algumas das estratégias com as quais ele "espreme" e ridiculariza as falhas do seu herói, cujo universo só pode ser o universo prosaico do romance e a prosa do mundo da sociedade civil-burguesa.

Com efeito, lendo entre as linhas da trama, da anedota, *Dom Casmurro* analisa em todos os detalhes as condições que impedem que a matéria do relato – as histórias de Bentinho e de Capitu – alcance qualquer estatuto dramático ou heroico. A dilatação do tempo nos capítulos hipersegmentados e numerosos acentua a essência do romance, que se tornou pequena história, *fait divers*, onde as contingências

---

9 Arthur Schopenhauer. *Sämtliche Werke*. Vol. II. A. Hübscher (org.). Leipzig: Brockhaus, 1938, Vol. II, p. 298 s.

se atropelam, ora favorecendo, ora impedindo a "ação". "Ação" com aspas, porque o namoro entre Bentinho e Capitu é, em si mesmo, mais uma contingência do que um engajamento passional do qual se originariam verdadeiras afirmações da vontade; aquilo que Schopenhauer chama de "vontade" e "representação" mingua e some do universo dos personagens machadianos. A dialética schopenhaueriana do trágico é esvaziada por um namoro circunstancial, fruto não da "vontade" ilimitada e das formas da "representação" social, mas da vizinhança contingente, da falta de atividades viris do menino tímido, favorecido pelos interesses dos pais da menina, interrompido pelos temores maternos, relançado pelos interesses do agregado – enfim, por necessidades alheias aos amantes. Machado arma discretamente, porém com muita precisão, os pequenos detalhes que denunciam esta ausência da vontade no sentido schopenhaueriano, a debilidade de um querer propriamente trágico que jorra livre do fundo do ser, produzindo as ações que ultrapassam as necessidades cotidianas e os limites da reflexão. Recorde-se, por exemplo, a cena do cavalo que Bentinho não quer montar, sendo assistido e apoiado em sua timidez pela mãe medrosa – é uma pequena pincelada, mas ela é como um corte nítido e definitivo que separa Bentinho do universo da ação. Assim, o menino entrega-se, na sua timidez, aos projetos miúdos, às meticulosas previsões maternas, aos mesquinhos "lances" de agregados e vizinhos e à firme teimosia de sua jovem amiga. Quando seus difusos afetos e pendores são atropelados pela garra de Capitu, o resultado é regularmente um recuo na inação. Há algo larvar nesta passividade que contrasta com a palpitante expansão da amada. É Capitu que se revolta de modo viril e enérgico contra os excessos maternos, explodindo em xingamentos – "beata, carola, papa-missas" (XVIII, 827) –, reação que não era esperada por parte do filho. É ela só que reage, se revolta e trama para salvar o namoro ameaçado. É Capitu que pensa e age: "Capitu refletia (...). A atenção de Capitu estava agora particularmente nas lágrimas de minha mãe. Não acabava de entendê-las" (XVIII, 828). Bentinho, ao contrário, entrega-se ao estado larvar, refugia-se em gestos regressivos: afoga as mágoas em doces cocadas e enreda-se em ponderações morais, sentenças e categorias totalmente inadequadas para a situação: na pergunta da teologia bacharelesca da "perfeição ou da imperfeição" – pergunta prematuramente inoculada na mente juvenil pelas visitas eclesiásticas da casa e pelas repetições do seu "douto" tutor José Dias. Bentinho se parece com uma larva de borboleta, o estômago e o cérebro embrulhado em difusos sentimentos e ponderações que lhe amortecem o choque com a realidade.

Encaixado desde o nascimento na teia dos mimos e dos medos maternos e acostumado a eles ao ponto de perder todo ímpeto que poderia gerar atritos, Bentinho não consegue compreender nem sequer o sentido da pergunta de sua amada: "Você tem medo?" (cap. XLIII) As constelações das contingências diluíram seus sentimentos espontâneos, ao ponto que ele não percebe os limites estreitos que sua passividade impõe à imaginação. Assim secou a fantasia – alma dos grandes desafios, das aspirações e das ações desmedidas que estão na origem da tragédia. Os personagens roídos pelos ciúmes na obra de Machado – de Félix a Bentinho – não são Otelos que destroem o bem pelo excesso de paixão, mas homens com uma alma e uma paixão pobres, cujo amor "extinguiu-se como lâmpada a que faltou óleo".

O romantismo de Machado consiste em jamais esquecer o despojamento lastimável dos conflitos que conferem ao herói sua grandeza trágica. Lembremos rapidamente as duas grandes etapas da transformação do trágico: na tragédia antiga, a ação do herói se choca contra as potências cósmicas, a vontade e a vida do herói sucumbem à incomensurabilidade destas potências em relação às suas forças finitas. Mas no modo de opor-se, enfrentando o perigo absoluto, a morte, ele ultrapassa esta sua finitude, tornando-se imortal.

O verso de Bentinho "Perde-se a vida, ganha-se a batalha" repete ou plagia este núcleo do trágico, mas ele o faz no registro da retórica vazia, rompante de seminarista deitado na sua cama e entregue a tímidos esforços poéticos. Pura sentença, o verso não corresponde a qualquer saber ou experiência autênticos. Não há forças cósmicas a serem enfrentadas nas histórias de Machado. E não há tampouco o que caracteriza a tragédia moderna: aquelas forças mais sutis das necessidades históricas e sociais, morais e psicológicas que são os temas de Racine e Shakespeare. É sobre esta perda (presente em ausência) que repousa a ironia machadiana, tendo em vista que a tragédia shakespeariana é um ponto de referência, tanto para o personagem Bentinho como para o narrador. Para estas duas instâncias, o modelo de *Otelo* significa, evidentemente, duas coisas bem diversas. Apenas Bentinho acredita estar envolvido em uma trama trágica; enquanto narrador sabe, e assinala para o leitor, que este engano não passa de uma indulgente hipocrisia com a qual o frouxo personagem procura dar certo lustro à sua triste inépcia prosaica. Pois os ciúmes e as desconfianças de Bentinho repousam sobre uma estrutura totalmente diversa da de Otelo – sobre uma estrutura antitrágica que o hábil narrador obtém invertendo a estrutura da tragédia de Shakespeare.

Vejamos rapidamente a verdadeira estrutura trágica de Shakespeare que interioriza um conflito real. Otelo é mouro, portanto excluído da cidadania e do direito de amar uma veneziana, mas ele é veneziano enquanto chefe vitorioso que salva Veneza. Esta duplicidade, ele a supera na vida real, mas lhe é, no entanto, inoculada na alma pela incredulidade do pai de Desdêmona – firmemente convencido de que sua filha não pode amar um mouro, mas que este amor só pode ser um capricho perverso que, mais cedo ou mais tarde, irá vitimar o próprio amante. Shakespeare faz o conflito real retornar na consciência sorrateira dos seus personagens, de forma que uma palavra fortuita ou ideia objetiva irrompem, tardiamente, como suspeita, medo e terror subjetivos e, enquanto tais, insuperáveis, do sujeito.

Machado é bastante explícito quanto a este intertexto trágico do seu romance. Ele deixa Bentinho assistir ao *Otelo* de Shakespeare – tragédia na qual o personagem Bentinho acredita reconhecer seu próprio destino, ao passo que a ironia do narrador nega-lhe o benefício desta grandeza, mostrando o abismo que separa a estrutura do drama trágico de Otelo do dramalhão de Bentinho. O conflito que impede temporariamente o casamento com Capitu inverte os papéis, excluindo a amada (não o amante) da dignidade de ser desposada. Ele não é superado pela ação enérgica e o mérito do personagem, mas desaparece por si só, após longos anos de dócil espera que Bentinho passa à mercê dos interesses mutáveis e de inúmeras intrigas miúdas dos familiares e dos seus agregados. Destaca-se, neste jogo de interesses medíocres, a razão principal que mudou a opinião do agregado José Dias: este admira a futura noiva no registro mais prosaico, pelas suas virtudes econômicas, pelos seus reflexos de poupança. O tema será desenvolvido novamente, e com ironia feroz, na cena em que Bentinho tenta fazer sonhar sua esposa com as estrelas, enquanto ela sonha com… dez libras esterlinas.

São infinitas circunstâncias minúsculas que se tornam os motores ínfimos desta história sem tensão dramática, que a arte de Machado apresenta através da lente prosaica de Baudelaire, atiçando – como o fará mais tarde T. S. Eliot – as veleidades medianas para além do interesse estético, o "voyeurismo" do seu leitor, companheiro do triste universo prosaico. A este leitor Machado se dirige, seguindo

Baudelaire, como a um "irmão" e a um cúmplice. No mar de "ponderações infinitas", não há mais espaço nenhum para a ação e a paixão – tudo torna-se re-ação e ressentimento. Mostra-o, com malícia e sarcasmo, a cena da descoberta do amor, que se revela a Bentinho não na própria cena do beijo e da graciosa entrega de Capitu, mas nas sentenças de José Dias. Por mais que possamos ser inclinados a achar "tocante" o amor de Bentinho, por mais que o leitor letrado e culto possa se lembrar de Dafnis e Cloé, Machado é implacável e mostra que a aura da ingenuidade romântica não passa de saudosa ilusão: não há nada de belo, espontâneo, impulsivo no amor de Bentinho. Este é e permanece uma veleidade frágil, débil querer à mercê das vontades e das opiniões alheias: "Eu amava (...). Tudo isto me era agora apresentado pela boca de José Dias. Esse primeiro palpitar da seiva, essa revelação da consciência de si próprio, nunca mais me esqueceu, nem adiei que lhe fosse comparável qualquer outra sensação" (XII, 821).

O narrador deixa o personagem falar da "seiva", isto é, do impulso natural e da criatividade autônoma que se manifesta soberana nas paixões infantis, independentemente da razão e da consciência – negação da "vontade" schopenhaueriana que domina o mundo.[10] Contudo, o narrador mantém as rédeas e mostra quanta ilusão e quanto pretensão há nesta postiça afirmação passional, pois a "paixão" de Bentinho se escora numa "autoconsciência" passiva, induzida pelas opiniões ocasionais dos outros. Tanto para o reconhecimento do amor, como para a decisão de casar, o herói aguarda, pacientemente, que o agregado lhe descreva com os lugares-comuns da praxe.

Outro exemplo desta técnica de esvaziamento das paixões legítimas é o capítulo CXXXV, "Otelo", que esboça as grandes linhas da paixão trágica por excelência. Observe-se que este capítulo sobre o ciúme paradigmático surge apenas no final do romance, sendo precedido e anunciado somente por duas ocorrências inteiramente banais em cenas anteriores, onde o ciúme toma uma forma bastante corriqueira e "pedestre". A ironia de Machado consiste em deixar seu personagem fabricar seus ciúmes *ex post facto*. Após longos anos de feliz, pacífica e confiante convivência, quando a morte já pôs fim aos agrados – e aos virtuais atritos – com o eficaz Escobar,

10 Essa vontade encontra-se, no entanto, na obra de Machado: transformou-se na necessidade anônima da "economia", da acumulação do dinheiro.

Bentinho substitui o luto do amigo pela inveja do rival (não vou elaborar aqui as implicações psicanalíticas dessa economia psíquica, cujo objeto principal não é tanto Capitu, mas o amigo Escobar.) Machado não deixa nenhuma dúvida de que estes ciúmes não são espontâneos, mas produtos da inércia que Bentinho só começa a registrar quando lhe vem a faltar o elemento ativo, a eficácia e o motor de Escobar: o combustível da "lâmpada a que faltou óleo". Com um toque psicológico bem mais sutil do que em *Ressurreição* (onde a ausência física da amada extingue o amor), Machado esboça o complicado labirinto do ressentimento que desvia as paixões ingênuas para alvos secundários e assim as desperdiça. Inação, dúvida, timidez – eis os "traidores" que nos fazem perder "os bens que poderíamos ganhar", substituindo-lhes os sentimentos reativos, "formações secundárias " segundo Freud, que aqui tomam as formas convencionais do enfado, da misantropia, do pessimismo vulgar. No ciúme deslocado – tanto no tempo como no espaço – canalizam-se múltiplas cobiças e invejas, impulsos e medos, que a timidez impediu de formular.

Não é preciso salientar com que ironia feroz Machado revela os traços psicológicos desta passividade insuperável, desta preguiça da mente e da alma, que não consegue distinguir quais são as fontes das suas confusas sensações, quais os destinos que a vontade larvar desta mente infantil poderia lhes dar. Cite-se como exemplo o capítulo-chave CVIII, em que da "mão de Sancha" aos braços musculosos do amigo Escobar, os devaneios de Bentinho vão num *crescendo* sem controle, no qual se misturam paixões infantis e adultas, o desejo erótico por Sancha, a amizade tingida de conotações homoeróticas e o sentimento de inferioridade e a inveja em relação ao amigo grande, forte e paterno. Logo depois de intoxicar-se com a ilusão de que Sancha nutriria paixões por ele, Bentinho sucumbe à admiração pelos braços fortes do seu amigo:

> Apalpei-lhe os braços, como se fossem os de Sancha. Custa-me esta confissão, mas não posso suprimí-la; era jarretar a verdade. Nem só os apalpei com essa idéia, mas ainda senti outra cousa; achei-os mais grossos e fortes que os meus, e tive-lhes inveja; acresce que sabiam nadar. (CXVIII, 924)

Trata-se de uma rivalidade subliminar e subalterna, uma mistura paradoxal de afeto filial e de rechaço quase edipiano que agitam Bentinho, até o momento em que o retrato severo do amigo lhe devolve a docilidade infantil, a calma e o sono. Com malícia, Machado mostra Bentinho mergulhado não num conflito que o coloca entre um amigo e a esposa deste, mas entre um "amigo e a atração". A fórmula embaralha totalmente a distinção – tão importante nas obras de Pascal e de Montaigne – entre a amizade e o amor, entre amor, cobiça e volúpia, entre o amigo e o amante. Mas além desse palimpsesto dos grandes moralistas que Machado amava, as fórmulas sugerem uma constelação psicológica inusitada para o romance brasileiro da época – a constelação quase proustiana do amor edípico invertido, isto é, do tímido recuo diante do conflito edípico[11] ao qual se substitui a superfetação da cumplicidade masculina – a amizade com conotações homossexuais (não assumidas):

> Sinceramente, eu achava-me mal entre um amigo e a atração. A timidez pode ser que fosse outra causa daquela crise; não é só o céu que dá as nossas virtudes, a timidez também, não contando o acaso, mas o acaso é um mero acidente; a melhor origem delas é o céu. Entretanto, como a timidez vem do céu, que nos dá a compleição, a virtude, filha dela, é, genealogicamente, o mesmo sangue celestial. Assim refletiria, se pudesse; mas a princípio vaguei à toa. Paixão não era inclinação. Capricho seria o quê? Ao fim de vinte minutos era nada, inteiramente nada. O retrato de Escobar pareceu falar-me; vi-lhe a atitude franca e simples, sacudi a cabeça e fui deitar-me. (CXVIII, 925)

11 Freud prevê, como se sabe, uma dupla relação edípica – a "normal" e a "invertida". De um lado, a relação de rivalidade com a figura paterna ligada ao amor pela mãe, resulta no Édipo normal, do outro, o amor pelo pai pode provocar uma sujeição amorosa a este, o Édipo invertido. Outras vicissitudes ocorrem quando a rivalidade não é bem resolvida, o amor recebe conotações secundárias; ele pode tornar-se ou frágil e ambivalente (amor-ódio) ou excessivamente acrescido pelo sentimento de culpa/compensação ou erotizado. Sigmund Freud, *op. cit.*, Vol. XIII, "Das Ich und das Es", p. 256-267.

A timidez – que supostamente "veio do céu" – impediu, quem sabe, que Bentinho reconhecesse na sua amizade por Escobar um certo excesso comprometedor que só começa a se manifestar quando o amigo está fisicamente ausente. A confusão dos sentimentos é o corolário de uma aterradora imprecisão afetiva e intelectual, ironizada pelo subjuntivo "assim refletiria". Machado é rico em fórmulas que expressam, sem qualquer moralismo, bem na tradição fria e quase cínica de Maupassant e de Flaubert, essa espécie de implosão da inteligência e da imaginação que os medievais costumavam chamar de *acedia*, e que os grandes mestres da ética moderna, Santo Agostinho, Pascal e Montaigne, temiam mais do que o vício: a inércia da alma e do espírito, cuja irmã é a melancolia. O narrador assume o eu do personagem e fala do seu *alter ego* no condicional: "assim eu refletiria, se pudesse".

O que Machado nos mostra aqui? Uma falha afetiva, um defeito da inteligência ou uma falha moral? Impossível de separar estas três facetas da alma – a representação estética mostra como elas são interconectadas, como elas se determinam mutuamente. O romanesco adquire feições analíticas e reflexivas.

Afetos larvares, não reconhecidos, não assumidos, movem a alma para não se sabe onde, tanto o personagem concorda em abandonar toda a sua história ao cuidado de figuras paternas, acomodando-se nas suas sentenças, conselhos, decisões. Delegadas no início a José Dias, mais tarde, a Escobar, as intuições norteadoras do nosso herói começam a faltar quando o amigo morre, provocando o progressivo desmoronamento de sentimentos, reflexões e atos. É a falta do amigo que destrói a organização de sua alma e abandona sua inteligência à deriva total – os ciúmes aparecem assim como mera "formação secundária".[12]

---

12 Machado analisa e ironiza as diversas facetas do caráter do seu herói, cujas virtudes "sem intenção" (XCI, 898) são sistematicamente "adiadas" (LXVIII, 880-881): plagiando um Montaigne às avessas e um Pascal invertido, o narrador deixa seu personagem confessar medíocres crimes imaginários. O manejo do duplo ponto de vista (o "eu" do personagem e o "*alter ego*" do narrador) permite pôr em cena e expor/criticar as estratégias casuísticas, a covarde apologia do vício através das sentenças decoradas no convívio com padres e agregados. Estas "confissões" – ora do ódio da mãe superprotetora que irrompe na esperança "Mamãe defunta, acaba o seminário" (LXVII, 879), ora do voyeurismo fantasmático desencadeado pela cena das ligas no meio de um reboliço de saias de uma senhora caída (LVIII, 869) – esvaziam a essência da verdadeira confissão, cujo alvo é a ampliação da consciência e da perspicácia ética

Machado constrói todo o romance sobre a dúvida vista como espontaneidade negativa, timidez reativa. Ao longo da ação, Bentinho tem diversas oportunidades que lhe permitiriam constatar o quanto são equívocos olhares, impressões e sentimentos subjetivos. Acometido por repentinos impulsos adúlteros, ele ora acredita ter percebido olhares insinuantes da amiga Sancha, ora vê a convicção se desfazer em sombras ilusórias. A paixão invencível que ele se inventa na cena noturna, não passa, a partir do dia seguinte, da amizade mais convencional. Ora, a lição que lhe forneceram os olhares de Sancha e a instabilidade dos próprios sentimentos não parece valer para os olhares da esposa. O que se revelou cabalmente como uma fonte de ilusões alimentadas pela disposição subjetiva torna-se prova num processo inquisitorial.

Não é trágica, é hilária a deliberação com que Bentinho se esforça em juntar os elementos rasos da sua vida num espelho grandioso que reflete – embora de modo torto e contrafeito – os grandes dramas de outrora. Machado, entretanto, rastreia as técnicas da torção com as quais o personagem consegue esconder de si mesmo as feições legítimas da sua própria história, embaralhando e borrando seus sentimentos e raciocínios numa nebulosa inextricável. A justaposição com a peça de Shakespeare apenas deixa clara a inadequação das suspeitas, sua incongruência com os fatos.

Contudo, Bentinho é aplicado em tramar inferências sem nexo lógico, passando de um *non sequitur* ao próximo, segundo o lema "como me sucedia nas matérias que eu não sabia nem bem nem mal" (CXVII, 923). A aplicação selvagem de provérbios a situações inadequadas, as confusas analogias da experiência vivida com sentenças

---

e psicológica. Parodiando os grandes mestres da consciência e da virtude – Santo Agostinho, Pascal, Montaigne –, Bentinho se arranja com suas inclinações medianas, travestindo a prática do vício sob o manto de uma árdua luta contra este:

"Vindo o mal pela manhã adiante, tentei vencê-lo, mas por um modo que o não perdesse de todo. Sábios de Escritura, adivinhai o que podia ser. Foi isto. Não podendo rejeitar de mim aqueles quadros, recorri a um tratado entre a minha consciência e a minha imaginação. As visões feminis seriam de ora avante consideradas como simples encarnações dos vícios, e por isso mesmo contempláveis, como o melhor modo de temperar o caráter e aguerri-lo para os combates ásperos da vida. Não formulei isto por palavras, nem foi preciso; o contrato fez-se tacitamente, com alguma repugnância, mas fez-se. E por alguns dias, era eu mesmo que evocava as visões para fortalecer-me, e não as rejeitava, senão quando elas mesmas, de cansadas, se iam embora". (LVIII, 870).

e constelações totalmente alheias, fornecem os "motivos" para uma retração, que repete, ironia de si mesma, os tímidos – para não dizer nulos – esforços do adolescente à procura do seu próprio rumo.

Depois da morte do amigo, a timidez – cuja função é, desde o início, a do auto-engano – começa a reinar. A dúvida sem fundamento claro legitima a falta de iniciativa, de determinação, de vontade, para fazer face, sem o concurso do amigo, às duas mulheres dessa família gêmea, que, anteriormente, vivia tão unida e feliz. Com um surpreendente raciocínio que revela as laboriosas "iniciativas" reativas do personagem, Bentinho assiste ao drama de Otelo, não para constatar o caráter ilusório dos seus ciúmes, mas para ver no destino de Desdêmona a prova da infidelidade de Capitu. É magnífico como Machado mina o discurso direto do próprio Bentinho, injetando, nas suas observações, os comentários sarcásticos do narrador, comentários que revelam o caráter defensivo, deliberadamente confuso e incoerente desses ciúmes, aos quais falta qualquer fundamento legítimo:

> Vi as grandes raivas do mouro, por causa de um lenço – um simples lenço! – e aqui dou matéria à meditação dos psicólogos deste e de outros continentes, pois não me pude furtar à observação de que um lenço bastou a acender os ciúmes de Otelo e compor a mais sublime tragédia deste mundo. Os lenços perderam-se, hoje são precisos os próprios lençóis; alguma vez nem lençóis há, e valem só as camisas. Tais eram as idéias que me iam passando pela cabeça, vagas e turvas à medida que o mouro rolava convulso, e Iago destilava a sua calúnia.

A frouxidão do raciocínio totalmente inepto, seus *non sequitur* sistemáticos, a mistura de elementos sem qualquer pertinência, os contrassensos das deduções, Machado os resume e destaca novamente numa das reflexões do seu personagem durante o intervalo da peça: "Então eu perguntava a mim mesmo se alguma daquelas [senhoras da plateia] não teria amado alguém que jazesse agora no cemitério, e vinham outras incoerências, até que o pano subia e continuava a peça". Com este procedimento imbecil e absurdo, Bentinho chega afinal à moral da sua história absurda, um lamento sobre a inocência de Desdêmona que lhe oferece paradoxalmente a prova da culpa de Capitu: "E era inocente, vinha eu dizendo rua abaixo; – que faria o público, se ela deveras fosse culpada, tão culpada como Capitu?"

Se o leitor se der o trabalho de traduzir a pergunta do personagem na linguagem do narrador, a questão se colocaria nos seguintes termos: "O que faria o público do romance realista e naturalista, o público prosaico e cada vez mais hostil às soluções trágicas e aos ideais românticos?" Machado oferece a resposta através das disposições do seu Bentinho, que, primeiro, se lamenta escrevendo cartas "longas e difusas", "claras e breves", mas depois as queima para deixar falar apenas a timidez e o cinismo reativo: as suspeitas que nos dita a probabilidade estatística. Mantendo as aparências civil-burguesas, este público acanhado encarnado em *Dom Casmurro* suprime a verdade – seja ela qual for –, asfixiando a alma e a ação nos nebulosos fantasmas do ressentimento. Não seria precisamente esta mesquinha melancolia que inspira ao leitor saudades da bela vivacidade de Capitu – sopro de vida abafado pela "contração cadavérica" da existência sepulcral do herói? Embora o narrador nos transmita a intensa sensação da vivacidade de Capitu, a presença de um ser concreto e distinto se apaga progressivamente ao longo do romance. Isto não é um acaso, nem uma falha poética do autor. O tornar-se esquemático desta figura corresponde, ao contrário, ao olhar do marido que não percebe sua esposa com muita precisão e, quem sabe nem quer percebê-la assim. Ela tem, diz Bentinho uma vez, "uma meia dúzia de gestos inigualáveis" que a distinguem e individualizam entre todas as outras mulheres, mas o personagem, evidentemente, é incapaz de dar a menor pista, a menor metáfora, a menor imagem, que poderia captar uma faísca, um reflexo, uma refração longínqua do segredo da beleza de Capitu. Assim, a tarefa é lançada para o leitor: com ironia, o autor nos obriga a imaginar e a pensar sua apologia.

Bentinho é incapaz de fazer esse trabalho de reconhecimento. Machado alfineta sua incapacidade de apanhar e segurar o detalhe específico, de identificar a particularidade amável e de fazer dela – pelo menos transitoriamente – o ponto de apoio do reconhecimento e da dialética da identificação. A limitação poética é a fonte da desconfiança e da secura hostil de *Dom Casmurro*.

Com algum recuo, seria possível ver que o avesso triste dos fantasmas cordiais dos tímidos – que oscilam entre o rancor do mal-amado e os impulsos românticos dos bem-amados – tem seu *pendant* na história da literatura brasileira. João Cezar de

Castro Rocha e Marcos Roberto Flamínio Peres assinalaram essa falha na poesia e na biografia de Gonçalves Dias. A secura do poeta que nutre secretos rancores aflora na abstração da *Canção do exílio* – que, no lugar de adjetivos que captem a coisa única, se espraia em comparações competitivas e universalizantes.[13]

Machado identifica, analisa e ironiza a misoginia patriarcal, mas ele o faz com requintes de tanta discrição que o leitor não precisa perceber essa crítica implícita. Ambíguo, ele subverte a cordialidade – e compactua com ela. Pois, como ele, seus contemporâneos não desconhecem os conflitos, porém evitam identificá-los e a burla irônica do conflito (trágico ou romanesco) é o segredo do estilo "elegante"[14] do autor e pode muito bem transformar em *wishful thinking* a ideia de Roberto Schwarz, valorizadora do pacto crítico de Machado com seu público.

Referências Bibliográficas

COUTINHO, Afrânio. "Estudo crítico". In: *Obra completa*. Vol. I. Machado de Assis. Rio de Janeiro: Aguilar, 1962.

FREUD, Sigmund. *Sämtliche Werke*. Frankfurt: Fischer, 1972.

KANT, Immanuel. *Crítica da faculdade do juízo*. Rio de Janeiro: Forense, 1993.

MACHADO DE ASSIS, Joaquim Maria. *Dom Casmurro. Obra completa*. Vol. I. Rio de Janeiro: Aguilar, 1986.

ROCHA, João Cezar de Castro. *O exílio do homem cordial: ensaios e revisões*. Rio de

13 João Cezar de Castro Rocha. *O exílio do homem cordial*. Rio de Janeiro: Editora do Museu da República, 2005, p. 128-131.

14 Se uma parte dos críticos reparava nos defeitos do "estilo pobre", oriundo da "gagueira" do autor, outros críticos, como Sílvio Romeiro, tiravam vantagem do elogio do estilo elegante – "escorregadio, maneiroso, suave" – para insinuar que a leveza machadiana no manejo do ponto de vista múltiplo poderia ser sinal do pensamento e do conteúdo levianos do autor. Não é aqui o lugar de entrar nos detalhes da fortuna crítica. Para uma avaliação sintética, ver o já mencionado volume *Machado de* Assis. *Uma revisão*, em particular, o capítulo de Ronaldes de Melo e Souza, "O estilo narrativo de Machado de Assis", p. 65-80, do qual reproduzimos aqui as ideias principais (p. 70 ss.).

Janeiro: Editora do Museu da República, 2005.

SCHOPENHAUER, Arthur. *Sämtliche Werke*. Vol. II. A. Hübscher (org.). Leipzig: Brockhaus, 1938.

SECCHIN, A. C.; ALMEIDA, J. M. G. de; MELO e SOUZA, R. de (orgs.). *Machado de Assis. Uma revisão*. Rio de Janeiro: In-Fólio, 1998.

Os sonhos do Conselheiro[1]

Pedro Meira Monteiro
(Princeton University)

Eternity is in love with the productions of time.
(William Blake, *The Marriage of Heaven and Hell*)

I. Introdução: uma crítica divisa

Uma questão delicada parece aflorar entre alguns comentadores de Machado de Assis. Correndo o risco das simplificações, poderíamos imaginar que o autor do Cosme Velho anda ultimamente oscilando entre os extremos do engajamento e da despreocupação, como se estivéssemos, por meio de lentes críticas diferentes, divisando dois Machados: o historiador e o moralista, o autor compromissado com as questões de seu tempo e o esteta cujo único compromisso é penetrar com deleite as finezas da psicologia humana. Conquanto não seja minha intenção traçar um quadro da crítica sobre Machado de Assis – procedimento a exigir tempo e espaço mais largos –, valeria a pena, ainda assim, enfatizar uma tensão que marca a compreensão dos

1 O texto aqui publicado, escrito há mais de dez anos, corresponde a uma etapa inicial da pesquisa que resultou no livro *Futuro abolido: Machado de Assis e o Memorial de Aires (tempo, história e literatura)*, a ser publicado em breve pela editora e-Galáxia.

escritos machadianos, dando origem, de forma talvez equívoca, a um campo crítico cindido, como se de fato houvesse aqueles dois Machados, opostos e incomunicáveis. Tal tensão, se nos entregarmos brevemente à ilusão dos "módulos de leitura", poderia situar, num dos polos da crítica, aqueles comentadores que, de uma forma ou outra, desenvolvem e radicalizam as possibilidades de leitura abertas há décadas por Roberto Schwarz. Destes, conviria porventura destacar John Gledson e Sidney Chalhoub, ambos a provocar certo mal-estar entre leitores cultores de uma literatura "elevada" – aquela que pairaria acima da poeira da história, batendo a escrita para retirar-lhe as marcas incômodas do tempo.[2] Neste módulo de leitura, ressalvadas as diferenças entre os autores, a história deixa de ser simples pano de fundo, para fornecer as chaves que permitem romper a criptologia do texto machadiano, desentranhando-lhe os *motivos* históricos, de um lado, e a *estrutura* mesma da narrativa, de outro. O leitor já terá percebido onde nos situamos: quanto mais nos aproximarmos da compreensão da voz narrativa pela atenção aos conflitos de classe que regem o universo social brasileiro do segundo Império (aí compreendidos os descompassos entre a norma civilizada e sua dupla irrealidade na perifeira do sistema), mais próximos estaremos da complexidade e da novidade das análises de Roberto Schwarz. Resumindo, um dos resultados principais desta possibilidade crítica é a emergência de um narrador não confiável, de que Brás Cubas e sua volubilidade são rematado exemplo.

De outro lado, temos autores que, embora tampouco descurem da história, parecem contudo ater-se mais decisivamente às estratégias de composição narrativa, convidando o olhar a deslocar-se numa perspectiva temporal mais larga, buscando mapear este que é o terreno mais estritamente "literário" do texto machadiano: suas referências, suas filiações mais ou menos ilustres, suas preocupações menos instantâneas, por assim dizer. Não é necessária muita imaginação para perceber que, amiúde, tais críticos

2 É curioso que a insistente provocação de Chalhoub (*Machado de Assis, Historiador*), ao identificar em Machado um "historiador", logre colher tantos desafetos quanto incompreensões, pois que nem sempre se percebe a riqueza de uma abordagem como a sua, comprometida que está com a qualidade do texto, isto é, com sua especificidade como texto não "literário", neste caso, mas simplesmente, ou especificamente, "machadiano". Contudo, não resisto a voltar o reproche contra o próprio Sidney, a quem, se não me engano, muitos dos esforços da crítica "literária" parecerão pura nefelibatice – o que o condena, se tampouco aqui me engano, a não perceber a especificidade dessa mesma crítica, em sua variedade e complexidade.

serão acusados de anacronismo, hermetismo etc. Sendo este o campo mais amplo, torna-se difícil destacar dele apenas alguns autores. Porém, assumindo o risco da impropriedade, lembro aqui dois comentadores que, embora bastante diferentes, alinham-se no esforço de examinar o texto em suas entranhas literárias: por um lado, Gilberto Passos nos oferece um admirável conjunto de interpretações da malha intertextual que sustenta a poética de Machado de Assis; de outro, é Alfredo Bosi quem ultimamente aparece para revalorizar a filiação humanista do maior escritor brasileiro, mostrando-o devedor de um "moralismo" que nada tem de moralizador, mas que, bem ao contrário, caracteriza-se pela descrição das mínimas ações do homem em sociedade, com a revelação de sua dissimulação deixando flagrar, em cada gesto desinteressado, o poderoso império do *self-interest* (de classe ou individual).

A questão toda parece repousar na relação do escritor com o seu tempo. O curioso é que, se nos afastarmos do artificialismo desta cisão do campo crítico, evitando ver em Machado de Assis *ou* o homem inteiramente devotado ao seu tempo *ou* o escritor dele apartado, seremos então capazes de verificar, com grande proveito crítico, que *compromisso* e *indiferença* formam um par indissolúvel na prosa do inventor do Brás Cubas. Em outros termos, é hora de ver, ou verificar, como o "interesse" de Machado pode revelar-se exatamente ali onde ele parece mais inacessível, mais dissimulado, mais etéreo. Ali onde o narrador se afasta e se desprende dos problemas que o cercam, ali exatamente encontraremos o aguilhão do tempo, a penetrar fundo na alma – tão mais dolorido quanto invisível se faça.

II. Realidade: o narrador se afasta, o tempo se dissolve

Atenho-me neste ensaio ao *Memorial de Aires*, de 1908, onde Machado de Assis parece verdadeiramente empenhado em subtrair-se ao tempo. A vida do Conselheiro Aires, nos estertores do Império brasileiro, é toda ela, de fato, uma ligeira suspensão do mundo, como se fora possível, por um instante apenas, pará-lo e observá-lo, sem sequer comover-se.[3] A sensação será de recolhimento e quase descrença em relação ao burburinho do mundo, que fica noutro lugar, noutro tempo que o do narrador:

3 Retomo aqui os caminhos abertos por um texto anterior (Pedro Meira Monteiro. "Um Sonho Machadiano". *Estudos Avançados* 42, 2001, p. 449-470), em que eu discutia exatamente esse

> Estou só, totalmente só. Os rumores de fora, carros, bestas, gentes, campainhas e assobios, nada disto vive para mim. Quando muito o meu relógio de parede, batendo as horas, parece falar alguma coisa, – mas tardo, pouco e fúnebre. Eu mesmo, relendo estas últimas linhas, pareço-me um coveiro.[4]

Esta suspensão do mundo, dê-se no recanto sombrio e meio acolhedor em que se esconde Aires, ou no arroubo místico dos anacoretas, sugere a vontade de transcender o tempo, ou o mundo do século – *esquecimento do mundo e de tudo, fora Deus*, na conhecida fórmula de Pascal.[5] Já em Machado de Assis, é a música que parece permitir, aqui e ali, que nos apartemos também do mundo, para finalmente nos esquecer dele.[6]

No *Memorial de Aires*, Fidélia alegra-se com uma carta e vai tocar o piano; momento em que as notas vão longe, talvez ao lugar distante onde está o noivo:

---

afastamento do mundo como uma eficaz simulação do descompromisso do narrador machadiano, segundo um procedimento que oculta seus interesses e simpatias, para revelá-los em poucos e fugidios momentos, como no sonho do Conselheiro Aires, que aqui se analisará. Naquele meu ensaio, entretanto, eu procurava explorar o que me parece um diálogo possível, e plausível, entre Machado de Assis e certas concepções musicais que remontam a Santo Agostinho, pelo menos. Para quem se interesse por tais relações etéreas, recomendo vivamente a leitura daquele texto, cuja recomposição neste novo ensaio, porventura mais claro que aquele, não teria sido possível sem o diálogo com os alunos de um curso de graduação sobre Machado de Assis, ensinado na primavera de 2003, em Princeton.

4 Machado de Assis. *Memorial de Aires*. In: *Obra Completa*. Vol. I. Afrânio Coutinho (org.) Rio de Janeiro: Nova Aguilar, 1997, p. 1155.

5 Blaise Pascal. "Pensées" (ed. Philippe Sellier). *Moralistes du XVIIe Siècle*. Ed. Jean Lafond. Paris: Robert Laffont, 1992, p. 564.

6 Um informativo estudo sobre a música em Machado de Assis encontra-se no livro de Carlos Wehrs. (Carlos Wehrs, *Machado de Assis e a Magia da Música*. Rio de Janeiro: Sette Letras, 1997). Agradeço a Francisco Foot Hardman a preciosa indicação. Numa chave diversa, criticamente iluminadora, o ensaio de José Miguel Wisnik, "Machado Maxixe", é obrigatório se se quiser compreender a música em Machado de Assis. (In: *Sem Receita*. São Paulo: Publifolha, 2004).

> Vendo que esta gostava da conversa, não lhe pedi música; ela é que foi de si mesma tocar piano, um trecho não sei de que autor, que se Tristão não ouviu em Petrópolis não foi por falta de expressão da pianista. A eternidade é mais longe, e ela já lá mandou outros pedaços da alma; vantagem grande da música, que fala a mortos e a ausentes.[7]

A eternidade, ou o estado de bem-aventurança em que se lançam o ouvinte e a expressiva instrumentista, nos põem diante da perfeita harmonia dos sons, lembrando que o enlevo diante da música é também o desligamento momentâneo do mundo. Paradoxalmente, no entanto, os próprios sons, isto é, as sensações despertadas em nosso corpo, podem conduzir-nos ao máximo enlevo, ao instante em que pairamos acima e além do mundo da matéria, acercando-nos ao sentido último e misterioso das vibrações, quando elas se tornam pura consonância com a alma, deixando que nos toque essa música *interior* que é silêncio e harmonia, a um só tempo.

Não andamos distantes, aqui, das complexas concepções musicais de Santo Agostinho, preocupado que esteve, tantos anos antes de Pascal, com isso a que os gregos chamavam "analogia", isto é, as perfeitas relações entre os números, que nossa alma dilacerada em sua imperfeição mal alcança, salvo em momentos gloriosos como aquele vivido pela jovem pianista fluminense: "*a eternidade é mais longe, e ela já lá mandou outros pedaços da alma*".

Leitora de Santo Agostinho, e do mesmo Pascal que fascinara Machado de Assis, Simone Weil, em sua desesperada resistência, sugere que Deus se posta no infinito, à máxima distância de nós, não nos restando mais que a falta dilacerante da harmonia, vedada por aquela distância mesma que nos separa d'Ele. Há no entanto um instante fugidio em que o dilaceramento é vencido, graças à música:

> Deus (...) criou seres capazes de amor a todas as distâncias possíveis. Ele mesmo foi, porque nenhum outro poderia fazê-lo, à máxima distância, a distância infinita. Esta distância infinita entre Deus e Deus, dilaceramento supremo, dor de que nenhuma outra se aproxima, maravilha

7 Machado de Assis. *Memorial de Aires, op. cit.*, p. 1186.

> do amor, é a crucifixão. Nada pode estar mais longe de Deus que aquele que foi maldito. Este dilaceramento por sobre o qual o amor supremo sustém o laço da suprema união ressoa perpetuamente através do universo, no fundo do silêncio, como duas notas separadas e fusionadas, como uma harmonia pura e dilacerante. É esta a Palavra de Deus. Toda a criação não é mais que a sua vibração. Quando a música humana na sua maior pureza nos atravessa a alma, é aquela que nós ouvimos através desta. Quando nós tivermos aprendido a ouvir o silêncio, é aquela que nós escutamos, mais distintamente, através dele.[8]

Mas onde buscar as sublimes proporções deste canto analógico e místico? Não nos próprios sons, decerto, desde que, no registro agostiniano, o sensível deste mundo, desassistido do exercício atormentado do espírito, é uma vilania inominável. Mas que música será essa, capaz de elevar a alma, carregando-a por sobre as montanhas para falar a ausentes e mortos? Música, sugere o Conselheiro, que vai lá longe, num tempo infindável em que a alma se esvai, como os sons que morrem e vão não se sabe para onde. Vibrações que avançam, avançam, avançam, para perder-se no infinito, tornando-se, finalmente, silêncio.

A silentio... Da ausência completa de vibrações, virá, como por milagre, o sentido. O sentido esconde-se, ou revela-se, nas exatas analogias que presidem o canto. Há um momento, enfim, em que a música simplesmente significa, conquanto não nos reste uma vibração sequer. Momento em que restaram apenas as relações entre os números, quando a música pode ser apenas imagem – do universo, ou da alma. Idealidade pura.

Ouçamos ainda o testemunho do mesmo fictício Aires, numa célebre passagem de *Esaú e Jacó*, quando Flora vai ao piano, no dia seguinte à queda do Imperador:

> Flora não era avessa à piedade, nem à esperança, como sabeis; mas não ia com a agitação dos pais, e meteu-se com o seu piano e as suas músicas. Escolheu não sei que sonata. Tanto bastou para lhe tirar o

8 Simone Weil. "L' Amour de Diet et le Malheur". *Œuvres*. Ed. Florence de Lussy. Paris: Gallimard, 1999, p. 697.

> presente. A música tinha para ela a vantagem de não ser presente, passado ou futuro; era uma coisa fora do tempo e do espaço, uma idealidade pura. Quando parava, sucedia-lhe ouvir alguma frase solta do pai ou da mãe: "...Mas como foi que...?" — "Tudo às escondidas..." – "Há sangue?" Às vezes um deles fazia algum gesto, e ela não via o gesto. O pai, com a alma trôpega, falava muito e incoerente. A mãe trazia outro vigor. Já lhe sucedia calar por instantes, como se pensasse, ao contrário do marido que, em se calando, coçava a cabeça, apertava as mãos ou suspirava, quando não ameaçava o tecto com o punho.
> — *Lá, lá, dó, ré, sol, ré, ré, lá,* ia dizendo o piano da filha, por essas ou por outras notas, mas eram notas que vibravam para fugir aos homens e suas dissensões.
> Também se pode achar na sonata de Flora uma espécie de acordo com a hora presente. Não havia governo definitivo. A alma da moça ia com esse primeiro albor do dia, ou com esse derradeiro crepúsculo da tarde, – como queiras, – em que nada é tão claro ou tão escuro que convide a deixar a cama ou acender velas. Quando muito, ia haver um governo provisório. Flora não entendia de formas nem de nomes. A sonata trazia a sensação da falta absoluta de governo, a anarquia da inocência primitiva naquele recanto do Paraíso que o homem perdeu por desobediente, e um dia ganhará, quando a perfeição trouxer a ordem eterna e única. Não haverá então progresso nem regresso, mas estabilidade. O seio de Abraão agasalhará todas as coisas e pessoas, e a vida será um céu aberto. Era o que as teclas lhe diziam sem palavras, *ré, ré, lá, sol, lá, lá, dó...*[9]

O presente, como instante que é, dissolve-se num ideal enlevar-se, derramando-se a alma da moça pela linha do tempo, para anulá-lo, ao fim. Mas é claro que não se compreenderá Machado de Assis apenas com o enlevamento, ou o sublime das sensações.

Flora e Fidélia, criaturas de exceção, alcançam esse trânsito com a "eternidade [que] é mais longe", mas os ruídos, aqui neste caso, não parecem casuais ou

9 Machado de Assis. *Esaú e Jacó*, p. 1036-1037.

desimportantes. À melodia, capaz de roubar a alma da moça ao salão, contrapõem-se umas frases soltas, e há que prestar-lhes atenção: "... Mas como foi que... ?", "Tudo às escondidas...", "Há sangue?"

Lá fora, no avesso do recanto floral, a máquina do mundo funciona, e não se pode entendê-la apenas com as notas musicais. A bem dizer, o leitor do matreiro Aires – aqui escrevendo sob a forma narrativa – é convidado a recompor o quadro de suas personagens precisamente no contraste (melhor seria dizer: contraponto) entre o enlevo, quando a música tende à "idealidade pura", e os ruídos, onde se esconde parte do segredo da história. Diante da cena, há que deixar-se enlevar – este é o convite das notas – e prestar atenção àquelas expressões meio fora do lugar.

Estamos diante da República que se anuncia no horizonte e do Império que fenece; assim sendo, as três perguntas, "frases soltas", ganham especial dimensão se analisadas com cuidado. A surpresa não se esconde ("... Mas como foi que... ?"), podendo também sugerir certo desconcerto diante de uma mudança que, sabemos pela narrativa, poderia talvez resumir-se à troca das tabuletas... A ponto de que tudo se tivesse feito, quem sabe, "às escondidas". E a pergunta – "Há sangue?" – revela, talvez mais que a face pretensamente incruenta da história brasileira, o pasmo das personagens diante de uma mudança que prescinde deste elemento vital nas revoluções, capaz de torná-las terríveis e sublimes, a um só tempo.

"Flora não entendia de formas nem de nomes". Regresso, Progresso, República, Império, liberais, conservadores, *luzias*, *saquaremas*... Várias são as maneiras de aduzir o vazio dos nomes, mas talvez nenhuma seja mais eficaz que a montagem de um quadro em que a vanidade das paixões, expressas no tempo dos homens, revela-se pelo seu contrário, que é o infindo e elevado da experiência de Flora e Fidélia ao piano.

O silêncio significante será, então, o momento de descolamento (tira-se-nos o presente), que pode, paradoxalmente, trazer para mais perto do leitor o bulício do mundo, o qual, pelo efeito do contraste, tornou-se mais audível que nunca. Mas é desta tensão, ou desta sensação de uma ordem eterna e única, que pode nascer o sentido duplo do mundo que se deixa e da música que deixa o mundo.

Por que insistir no silêncio, finalmente?

A silentio. Agostinho, na visão de Borges, perturbava-se diante do singular espetáculo de mestre Ambrósio a ler em silêncio.[10] Inaugurava-se, neste crepúsculo da "cultura antiga", uma leitura intimista, que buscaria agora a prosódia interior, ou aquilo que apenas uma percepção internalizada seria capaz de perceber e receber.

Música sem som. Este é o limite que permite atingir, como numa pletora mística (*"Alegria, alegria, alegria, lágrimas de alegria"*), a harmonia perdida – aquela mesma que "um dia [se] ganhará". Mas um canto que o tempo não arrebata não será audível senão por essa complexa combinação de percepções que transcenderam já o sensível, operando num meio etéreo, isto é, num lugar que não é lugar. Não se tratará contudo do vazio, porque mesmo a poética agostiniana se ancora, justamente, na auscultа misteriosa de um *homo interior*,[11] capaz de revelar-se, no amor divino, por meio deste canto sem vozes que o dedilhado despretensioso de Flora ou Fidélia parece anunciar. Tais personagens de Machado de Assis encontram-se, no arrebatamento sereno dos que estão ao piano, diante deste "céu aberto", acolhedor e harmônico seio de Abraão. Momento em que a significação prescinde já do sensível, quando as vibrações parecem ter atingido aquele limite em que se tornam silêncio, inencontráveis já, capazes de confundir-se, enfim, com as exatas harmonias da Ideia. "*Idealidade pura*", no dizer do narrador.

Transcender o sensível é furtar-se ao tempo: recurso encontradiço na prosa machadiana, embora, nela, o acolhimento reconfortante do seio divino, neste momento de gloriosa "estabilidade", pareça definitivamente impossível, ou antes, pareça revelar-se muito fugazmente, como num lampejo, aqui e ali; como nestes dois momentos, em que Flora e Fidélia vão ao piano. Já em Santo Agostinho, o trânsito com o mundo será o tormento inelutável do espírito, conquanto um horizonte de bem-aventurança deixe-se também lobrigar na experiência da prece silenciosa, ou da música sem sons. A diferença, se existe, é de tom. Machado opera com os ruídos, e, em sua prosa, a metafísica destas inefáveis harmonias parece funcionar justamente para revelar o que não é harmonia, o que é ruído baixo e inescapável ("*vai vassouras*!")

---

10 Lorenzo Mammi. "*Canticum Novum*. Música Sem Palavras e Palavras Sem Som no Pensamento de Santo Agostinho". *Estudos Avançados 38*, 2000, p. 349.

11 Saint Augustin. "La Musique". Jean-Loius Dumas. *Œuvres*. Ed. Lucien Jerphagnon. Paris: Gallimard, 1998.

do mundo.[12] Como se Aires, brincando perigosamente com o eterno, nas raias do século, quisesse fixar, precisamente, o quadro do tempo. Como se, ameaçando partir deste mundo, ouvindo as melodias silenciosas do além, ele se tornasse um auditor especial, capaz de, fugindo ao tempo, auscultá-lo como ninguém.

Esse desprendimento do tempo – onde se mede o movimento das coisas e da sociedade – pode ser a afirmação de fé no poder do espírito, em tudo superior ao mundo e a seus movimentos. No caso de Machado de Assis, diferentemente, o desprendimento é a artimanha narrativa que permite, ao espírito do escritor, deslocar-se, ágil e graciosamente, pela linha temporal. Estratégia radicalmente *permissiva*, que a crítica tratou de relacionar, com detalhe e riqueza, à complexidade intertextual dos dois últimos romances machadianos.[13]

A *permissividade* deste narrador pode ir sempre além. Livre das amarras do século, ele é capaz de desfechar um olhar agudo, quando o presente é o único existente, ferindo indelevelmente as vistas e os ouvidos do observador. Note-se, entretanto, que estamos ainda naquele jogo de contrastes, quando a simulação do eterno permite compreender e sentir a vanidade da história humana, que é a vanidade do próprio ser no tempo. Mas, aqui, devem-se alterar bruscamente os registros, porque a dúvida sobre o tempo presente, que não é nada senão o puro instante de que fugimos, substitui-se pela certeza angustiante de que o presente é tudo o que nos resta. A bem da verdade, é no presente que o tempo mesmo nos espreita, como causa suficiente da destruição do mundo e dos homens.

Eis que nos lançamos, das alturas da metafísica, para a observação cética da física das paixões dos homens, que se movem no instante da história. Trata-se de outro plano, que Machado, entretanto, labora com maestria. Acompanhemo-lo brevemente.

---

12 A referência aos vendedores de vassouras, que aparecerão logo mais no texto, ensejou uma conhecida observação de John Gledson, para quem a presença do pregão no entrecho do *Memorial* referiria, cifradamente, a crise por que passava a região cafeeira do Vale do Paraíba – fonte tradicional da prosperidade de uma elite cujas formas de enriquecimento vinham se alterando drasticamente no fim do Império brasileiro. John Gledson. *Machado de Assis: Ficção e História*. Trans. Sônia Coutinho. Rio de Janeiro: Paz e Terra, 1986, p. 219.

13 Gilberto Pinheiro Passos. *As Sugestões do Conselheiro*. São Paulo: Ática, 1996.

III. O sonho: o narrador se aproxima, o tempo se condensa

O "grande lascivo". Assim referia-se Augusto Meyer a Machado de Assis.[14] A chave, recorde-se, está no moralismo de La Rochefoucauld e de La Bruyère, inclementes observadores da natureza humana. Contudo, não se trata, aqui, de retornar ao *grand siècle* e a este claro-escuro dos retratos clássicos, capazes de atravessar a máscara do homem que frequenta os salões, jogando com as perspectivas, para compor a imagem quase deliquescente das virtudes humanas. Cabe aqui, apenas, observar o deslocamento ligeiro de um olhar agudo, que se abriga, ao que tudo indica, nas franjas do tempo, isto é, nas raias do eterno.

Os sonhos, tecidos por uma poética *sui generis*, podem facultar aquele efeito de contraste e a sensação de baralhamento dos tempos, jogando com registros tão vários quanto o enlevamento de uma paixão ideal, que nos faz abandonar o presente, e o barulho da rua, que nos desperta para ele:

> Esta manhã, como eu pensasse na pessoa que terá sido mordida pela viúva, veio a própria viúva ter comigo, consultar-me se devia curá-la ou não. Achei-a na sala com o seu vestido preto do costume e enfeites brancos, fi-la sentar no canapé, sentei-me na cadeira ao lado e esperei que falasse.
> — Conselheiro, disse ela entre graciosa e séria, que acha que faça? Que case ou fique viúva?
> — Nem uma cousa nem outra.
> — Não zombe, conselheiro.
> — Não zombo, minha senhora. Viúva não lhe convém, assim tão verde; casada, sim, mas com quem, a não ser comigo?
> — Tinha justamente pensado no senhor.
> Peguei-lhe nas mãos, e enfiamos os olhos um no outro, os meus a tal ponto que lhe rasgaram a testa, a nuca, o dorso do canapé, a parede e foram pousar no rosto do meu criado, única pessoa existente no

14 Augusto Meyer. "Da Sensualidade na Obra de Machado". In: *À Sombra da Estante*. São Paulo: José Olympio, 1947, p. 37.

> quarto, onde eu estava na cama. Na rua apregoava a voz de quase todas as manhãs: "Vai... vassouras! vai espanadores!"
> Compreendi que era sonho e achei-lhe graça. Os pregões foram andando, enquanto o meu José pedia desculpa de haver entrado, mas eram nove horas passadas, perto de dez. Fui às minhas abluções, ao meu café, aos meus jornais.[15]

Embora a descoberta do sonho se dê apenas ao fim deste fragmento, o tom onírico já se anunciara em seu início, com a estranhamente indiscreta – e portanto excitante – visita matinal da viúva, num à vontade que se torna inexplicável, se tentarmos recompor o quadro das relações e da etiqueta que regem as posturas e a fala dos homens de então. Um complexo universo social, repleto de regras e contrarregras tácitas, dá o tom a este devaneio, que termina, aliás, na face servil do valete. O enlevamento do sonho se quebra com o estribilho dos pregões ("Vai... vassouras!"), capaz de divertir o leitor. Mas a aparente faceta da cena encobre a agudeza do olhar com que também nós, leitores/auditores/espectadores, penetramos aquela ambiência narrativa, montada no contraste brutal das desigualdades sociais. O aguilhão do trabalho, afinal, é um elemento importantíssimo na prosa machadiana, ferindo tão mais fundo quanto se faça discreto, temperado pelo humor ou pela poética onírica em questão. No mesmo *Memorial*, o moralismo de Aires se expressara já, numa pequena e preciosa observação: "Não é que a poesia seja necessária aos costumes, mas pode dar-lhes graça".[16]

Que se compreenda o sentido deste "moralismo" gracioso, que é o dos *moralistes* La Rochefoucauld e Pascal, tão diversos, mas tão profundamente agostinianos, ambos: o primeiro, no quadro sombrio debuxado por suas máximas, e na crença, arraigada entre jansenistas, quanto à falsidade das virtudes humanas e ao império do amor-próprio, neste mundo decaído; o segundo, no efeito de claro-escuro que desmascara o verbo mundano, revelando-lhe a precariedade, para jogar-nos, humanos, num balanço de esperança e desesperança, a um só tempo mortal e vivificante.

---

15 Machado de Assis, *Memorial de Aires, op. cit.*, p. 1121-1122.

16 *Idem*, p. 1108.

O olhar pode ser, neste sentido, o de um moralista, de fato. Olhar capaz de penetrar e analisar as paixões agindo nos corpos, mas incapaz de atravessar, incólume, a dura realidade do trabalho. Rasgamos, com Aires, o corpo diáfano da deliciosa viúva (num movimento de uma sensualidade arrebatadora), mas nossos olhos estacam no rosto sem adjetivos do criado, "meu" criado, única pessoa realmente *existente* naquela alcova. A dureza da cena se disfarça, porém, sob a graça pueril do sonho, finalmente descoberto. Tudo então volta ao normal: o criado se desculpa, servil e próximo ("meu José"), e o aguilhão é esquecido, cedendo espaço aos hábitos preguiçosos e aristocráticos do diplomata aposentado: abluções, café, jornais... O aguilhão foi esquecido, engolido pela cena. Mas não se pode dizer que a ferida, aberta por ele, se deixasse pensar instantaneamente. Só um milagre o faria.

Mas nos resta ainda um sonho, um raro e extremo sonho.[17] Ouçamo-lo, e aos seus preâmbulos:

> Parece que a gente Aguiar me vai pegando o gosto de filhos, ou a saudade deles, que é expressão mui engraçada. Vindo agora pela Rua da Glória, dei com sete crianças, meninos e meninas, de vário tamanho, que iam em linha, presas pelas mãos. A idade, o riso e a viveza chamaram-me a atenção, e eu parei na calçada, a fitá-las. Eram tão graciosas todas, e pareciam tão amigas que entrei a rir de gosto. Nisto ficaria a narração, caso chegasse a escrevê-la, se não fosse o dito de uma delas, uma menina, que me viu rir parado, e disse às suas companheiras:
>
> — Olha aquele moço que está rindo para nós.
>
> Esta palavra me mostrou o que são olhos de crianças. A mim, com estes bigodes brancos e cabelos grisalhos, chamaram-me moço! Provavelmente dão este nome à estatura da pessoa, sem lhe pedir certidão de idade.
>
> Deixei andar as crianças e vim fazendo comigo aquela reflexão. Elas foram saltando, parando, puxando-se à direita e à esquerda, rompendo alguma vez a linha e recosendo-a logo. Não sei onde se dispersaram; sei que daí a dez minutos não vi nenhuma delas, mas outras, sós

17 "Pelo meio reconhecemos o perfeito diplomata; mas é pelos extremos, pelos raros extremos, que vislumbramos o homem". Alfredo Bosi, *Machado de Assis: o Enigma do Olhar*. São Paulo: Ática, 1999, p. 143.

> ou em grupos de duas. Algumas destas carregavam trouxas ou cestas, que lhes pesavam à cabeça ou às costas, começando a trabalhar, ao tempo em que as outras não acabavam ainda de rir. Dar-se-á que a não ter carregado nada na meninice devo eu o aspecto de "moço" que as primeiras me acharam agora? Não, não foi isso. A idade dá o mesmo aspecto às cousas; a infância vê naturalmente verde. Também estas, se eu risse, achariam que "aquele moço ria para elas", mas eu ia sério, pensando, acaso doendo-me de as sentir cansadas; elas, não vendo que os meus cabelos brancos deviam ter-lhes o aspecto de pretos, não diziam cousa nenhuma, foram andando e eu também.
>
> Ao chegar à porta de casa dei com o meu criado José, que disse estar ali à minha espera.
>
> — Para quê?
>
> — Para nada; vim esperar V. Ex.ª cá embaixo.
>
> Era mentira; veio distrair as pernas à rua, ou ver passar criadas vizinhas, também necessitadas de distração; mas, como ele é hábil, engenhoso, cortês, grave, amigo de seu dever, – todos os talentos e virtudes, – preferiu mentir nobremente a confessar a verdade. Eu nobremente lho perdoei e fui dormir antes de jantar.
>
> Dormi pouco, uns vinte minutos, apenas o bastante para sonhar que todas as crianças deste mundo, com carga ou sem ela, faziam um grande círculo em volta de mim, e dançavam uma dança tão alegre que quase estourei de riso. Todas falavam "deste moço que ria tanto".
>
> Acordei com fome, lavei-me, vesti-me e vim primeiro escrever isto. Agora vou jantar. Depois, irei provavelmente ao Flamengo. (1148)[18]

O presente de ordinário nos fere, disse-o Pascal.[19] E é ferida, aos olhos e ouvidos, qualquer comentário, após as palavras de Machado. Contudo, perdoe-me o leitor, que é preciso, criticando textos, aditar-lhes uns tantos comentários. Vá lá.

Não parece que o "legado da nossa miséria", segundo a expressão defunta de Brás, possa compreender-se sozinho, sem algo que se lhe apresente como contrapeso.

---

18 *Idem*, p. 1148.

19 Blaise Pascal, *op. cit.*, p. 337.

Assim como não há jansenismo sem Deus,[20] não haverá miséria humana sem enlevamento. A miséria, se ouvirmos Pascal, é fonte paradoxal da grandeza humana. E Machado, a acreditar-se nas palavras dirigidas ao velho amigo Joaquim Nabuco, não lia as *Pensées* por distração. (Assis, "Crítica" 939)[21]

Mas se de fato há um fundo jansenista, agostiniano, a explicar o pessimismo do criador do Brás Cubas, não é possível compreendê-lo sem, justamente, aquelas "estabilidade" e "perfeição" que sugerem, afinal, não ser esta nossa vida mais que a *falta*, constante e radical, de algo que lá foi e ficou, perdido num tempo ou num lugar ideal. O sonho ainda é, para todos os efeitos, o espaço para a manifestação daquilo que desejamos e perdemos.

Sigo afirmando, porém, que Machado de Assis se fixa no terreno do *tempo*, podendo ser mui instrutiva sua prosa. Aquelas primeiras e alinhadas crianças, que ele de fato *viu*, através de seu narrador, causaram-lhe o riso que, depois, se perderia na visão cruel das crianças trabalhadoras. O aguilhão do trabalho infantil, a doer-nos ainda hoje, ganha ali um retrato tão mais pungente quanto se revela em seu contrário, isto é, na anarquia harmônica daquela fila original, a romper-se e recoser-se numa alegria pueril, toda inocência, para os olhos embevecidos de um velho.

Esta, aliás, é a condição mesma da "gente Aguiar", casal a desejar aquilo que lhes pertence, sem pertencer, aquilo que se distancia e some, no momento mesmo em que parece ganhar-se. Seus filhos postiços se vão, restando-lhes nada, ou quase nada. Nada, aliás, que os consome, na melancolia final da cena do *Memorial*.

Não será casual, tampouco aqui, se as crianças felizes e inocentes, imaculadas ainda pelo trabalho, vão confundir a idade – o *tempo* – do narrador, enquanto as outras, sem a graça das primeiras, calam-se, porque calou-se este, incapaz de sorrir. A um conselheiro condoído ("...doendo-me de as sentir cansadas..."), a cena desconcerta, tornando-se dura e tosca. A ponto de que, num extremo raras vezes empregado, o narrador diz, não aquilo que vê e é (registro moralista), mas aquilo que deveria ser

20 A estranha expressão é de Afrânio Coutinho, em seu estudo sobre a influência pascalina em Machado de Assis. Lembra aliás a chave crítica (o "jansenismo laicizado") que marcaria a leitura de La Rochefoucauld por Jean Lafond.

21 Machado de Assis. "Crítica". *Obra Completa*. Vol III. Afrânio Coutinho (org.). Rio de Janeiro: Nova Aguilar, 1997, p. 939.

(registro prescritivo, ético): "elas, não vendo que os meus cabelos brancos *deviam ter-lhes* o aspecto de pretos, não diziam cousa nenhuma, foram andando e eu também" (ênfase minha). Em seguida, o registro familiar, mergulhando o leitor no universo doméstico de uma certa classe, num certo tempo da história brasileira, retorna, cheio de significados, com os negaceios de um criado que opera, maravilhosamente, os elementos de sua própria subordinação ("hábil, engenhoso, cortês, grave, amigo de seu dever"). "Diálogos políticos", aqui.[22]

O instante seguinte, vinte minutos de sono, encerra a cena porventura mais tocante do livro,[23] quando uma indistinção original ("todas as crianças deste mundo, com carga ou sem ela...") enseja o *congraçamento* ("...faziam um grande círculo em volta de mim, e dançavam uma dança tão alegre que quase estourei de riso") que, bem analisado, tem sentido... religioso. Tudo *graça* nesta cena, tão mais milagrosa quanto o próprio Aires, decano, torna-se "moço", finalmente ("Todas falavam 'deste moço que ria tanto' ").

Mas há que acordar, cair, abandonando o enlevo. É quando o tempo, com suas marcas e ritmo, vem novamente: "Acordei com fome, lavei-me, vesti-me e vim primeiro escrever isto. Agora vou jantar. Depois, irei provavelmente ao Flamengo". Uma cadeia de acontecimentos prosaicos mergulha o velho, novamente, na faina preguiçosa dos ricos, permitindo que o entrecho prossiga e a trama seja retomada, recosturando-se os fios da história.

A ferida abriu-se, e só o milagre do sonho pôde pensá-la. Bastou, entretanto, que o tempo (a história) entrasse novamente em cena, para que ela voltasse a doer. À leveza daquela roda primitiva, e à beleza da primeira fila de crianças, contrapõe-se o pesado fardo do trabalho fora de hora, quando o riso se consome, cedendo espaço à meditação infinita, perplexa do narrador. *Perplexo*: na raiz latina, também aquele que deixou-se atravessar pelo golpe...

---

22 Sidney Chalhoub. "Diálogos Políticos em Machado de Assis." In: Sidney Chalhoub; Leonardo Affonso de Miranda Pereira. *A História Contada: capítulos de história social da literatura no Brasil*. São Paulo: Nova Fronteira, 1998.

23 Numa sentença feliz, Afrânio Coutinho refere a cena: "um momento a razão cedeu. Faz lembrar aquela lágrima de La Rochefoucauld, certa vez em face de um ato de grandeza da alma, e que Sainte-Beuve chamou de uma homenagem muda rendida à natureza humana, por quem não tinha sido generoso para com ela" (p. 140).

Final toque de ironia, deste Aires/Machado: "Dar-se-á que a não ter carregado nada na meninice devo eu o aspecto de 'moço' que as primeiras me acharam agora?"

Antes do congraçamento, veio a dor partilhada da exclusão. Mas nem a graça final desta vida fácil da personagem (?) pode vencer a violência da cena passada e presente, que o homem ainda é capaz de ver e sentir, no seu semelhante. Como em Pascal, a grandeza nasceu da miséria.

IV. Conclusão: Machado de Assis, um moralista?

Creio que se justifique, a despeito de sua aparência excêntrica, uma crítica que retorne a autores tão longínquos na formação da literatura machadiana, como é o caso de Pascal ou mesmo de Santo Agostinho. Afinal, eles podem nos ensinar a escutar o silêncio sobre o qual repousa a harmonia de Flora e Fidélia ao piano. Sem tal harmonia, o ruído do mundo – forma figurada a significar a história concreta dos homens – tornar-se-ia, talvez, menos perceptível, ou menos audível. É claro: no cimo da montanha, o bulício da cidade pode ser ouvido com certo desdém, mas com alguma fascinação.

O desdém completo só é possível naqueles que já se distanciaram demasiado do mundo, desenlaçando-se do sensível, alcançando o plano fulgurante das ideias, suspendendo-se os juízos morais. Neste plano, que é o limite do pensamento, tudo se torna compreensível: *pelo espaço o universo me compreende e me engole como um ponto, pelo pensamento eu o compreendo.*[24] Tudo se *compreende* nesta análise privilegiada, que é o exercício *moralista* por excelência.

Trata-se de uma verdadeira ascese, espécie de recolhimento exemplarmente simulado por Machado de Assis, que age por meio de seu fino e desinteressado Conselheiro Aires. A afetação deste desinteresse deve, porém, ocultar-se, para que a figura naturalmente eclipsada e aérea do memorialista torne-se verossímil. Aí se desenha o narrador que necessariamente fenece, no espaço rarefeito da escrita.[25] Um "aprendiz de morto", como o chamou José Paulo Paes.

---

24 Blaise Pascal, *op. cit.*, p. 351.

25 O que empresta ao texto um índice de indefinição muito interessante, já que o ato de escrever provém de um narrador que rompe, ao menos aparentemente, o pacto "clássico" da literatura, o qual pressupõe um significado a revelar-se ao fim da leitura. A bem da verdade, Aires não está

Deslocando a visada, para utilizar sem grande cerimônia uma análise ilustre, estaríamos, talvez, diante desse formidável "*estilo da ausência*", definidor de uma literatura que se rendeu à pura descrição; literatura de *honnêtes hommes*, enfim:

> Se a escritura é verdadeiramente neutra, se a linguagem, no lugar de ser um ato atravancador e indomável, reduz-se ao estado de uma pura equação, não tendo mais espessura que a álgebra em face do vazio do homem, então a Literatura foi vencida, os problemas humanos se descobriram e apareceram sem cor, o escritor é sem volta um *honnête homme*.[26]

Aires estará, porventura, ensaiando o limite desta linguagem-equação, não por acaso desenvolvida na forma fragmentária do diário, mantendo-se perigosamente estacionado diante deste abismo que fascina o escritor: o silêncio diante do vazio humano.

É uma literatura moralista e, assim sendo, desfecha o olhar agudo que se oculta na fímbria do tempo. Tantas vezes a figura do moralista fez par à do anacoreta, e tampouco será casual se Aires se furta ao bulício do mundo, frequentando-o como se lá não estivesse completamente, não ao menos com as mesmas paixões e dissimulações dos homens. É esta, entretanto, a suprema dissimulação dos moralistas, arma

---

de todo distante destes momentos em que a inscrição da intenção narrativa luta artificialmente contra a perda do significado da história – um "perigo" a rondar todo texto escrito sob a forma do diário. Mas dessa vibração – entre o que o narrador supõe querer dizer e o que efetivamente diz – nasce muito da força do relato, o qual, por seu turno, tem no papel a superfície sobre a qual se gravará um discurso em si mesmo indeciso, incapaz de cerrar completamente o sentido do que diz, como se o próprio texto se amarrasse e se desatasse num único tempo, à maneira daquela fila infantil com que sonha o Conselheiro. Tomo de empréstimo, com bastante liberdade, o interessante desenvolvimento de Abel Barros Baptista quanto à legibilidade do *Dom Casmurro*. Para o desenvolvimento de uma pesquisa futura, aponto ainda a importância da ideia da *aposta* (a cena inicial do último romance de Machado de Assis) como figuração dessa impossibilidade de conhecer, *a priori*, os resultados do curso da escrita. Curioso, aliás, que na tradução mais recente do *Memorial de Aires* para o inglês, R. L. Scott-Buccleuch o intitule *The Wager*.

26 Roland Barthes. "L'Écriture et le Silence". In: *Le Degré Zero de l'Écriture Suivi de Nouveaux Essais Critiques*. Paris: Seuil, 1972, p. 60-61.

de fino e perigoso manejo. Suprema dissimulação, porque tudo não passa de uma engenhosa arquitetura, de uma rede discursiva a que nos prendemos, capaz de fixar nosso olhar em pontos exatamente escolhidos pelo narrador, estacionados, estrategicamente, nos interstícios das falas e dos gestos das personagens, onde normalmente vão esconder-se, por desabonadores, os seus reais interesses e desejos.

Mas não tornemos Machado de Assis mais niilista do que é. Aliás, há que perguntar-se se há mesmo tal demônio a soprar-lhe aos ouvidos. Quem fala "moralista", atendo-se devidamente à etimologia, fala das ações humanas e seu sentido, do que se esconde, finalmente, sob os *costumes* da fala e dos gestos.

Não se trata tampouco de sugerir apenas o resgate de alguma *ética* machadiana, ou de uma crença sua no homem e na humana simpatia, desfalecida esta, sem dúvida, sob o torpor de um discurso envenenado – discurso de moralista. Mas tampouco devemos imaginar que certo setor da crítica, recentemente, esteja visando apenas resgatar o velho bruxo das malhas do pessimismo, criando um Machado de Assis todo crente no humano e em seus afetos. O interessante é que a busca crítica da veracidade (mais até que verossimilhança) das personagens, mediante a ausculta atenta da voz narrativa, em busca de seu foco, aprofunda questões de sentido que, de fato, podem revelar o olhar e a esperança de pessoas quase reais, enquanto, simultaneamente, desvelam-se mecanismos históricos de exploração e representação sociais.[27]

Parece-me que, assim como não poderemos jamais compreender La Rochefoucauld ou Pascal sem seu tempo, Machado de Assis exige, também, uma leitura voltada para os aspectos históricos que informam e conformam sua prosa, no jogo de revelação e ocultamento por meio do qual a própria história é contada.[28]

---

27 Alfredo Bosi, *op. cit.* "O Teatro Político nas Crônicas de Machado de Assis". *Estudos Avançados*, col. "Documentos" 1. São Paulo, 2004.

28 Referindo-se às vozes dos subordinados, e à dissimulação operada pelo discurso, quando se trata de escavar os espaços de liberdade numa sociedade paternalista, Sidney Chalhoub lembra-se de personagens como Helena, Luís Garcia e Capitu, todos a "afirmar a diferença no centro mesmo dos rituais da dominação senhorial. Tratava-se de uma arte arriscada, que ratificava a ideologia paternalista na aparência mesmo quando roía-lhe os alicerces. Arte de sobrevivência em meio à tirania e à violência, exercida no centro do perigo, tal discurso político dos dominados envolvia a capacidade de atingir objetivos importantes utilizando

Mas, como no caso dos moralistas franceses, compreendê-lo somente será possível, ao que tudo indica, se deixarmos que se cruzem, na folha de papel, olhares distintos, incidindo ora sobre o singular ora sobre o universal, ora sobre o instante (o homem em seu tempo) ora sobre o eterno ("o homem", simplesmente). Somente assim, penso, resgata-se a história do texto de Machado de Assis, que é afinal tecido por diálogos com o seu tempo, mas também com a literatura de todos os tempos.

Mas ao fim os historiadores terão sua razão. É ainda a urgência do tempo, da história, que faz partir a escrita: a música não fez mais que nos permitir notar o sentido e a importância de frases aparentemente soltas, mas de fato bem amarradas à malha da história, à República e suas promessas vãs; o apaixonado olhar onírico, por sua vez, topou com a dura realidade da exploração e da dominação, num mundo em que o trabalho sustenta a alegria fátua, mas cheia de significados, dos salões fluminenses. Eis o nó machadiano: na fatuidade da Política, em sua incapacidade de responder aos homens e suas urgências, repousa o desalento do narrador, não importa quantas máscaras o ocultem. No entanto, a falência mesma da Política enseja as estratégias políticas que estão no fundo das relações sociais, dissimuladas nos gestos e nas falas dos homens, ricos e pobres, dependentes e senhores. Aí o campo de observação do moralista Machado de Assis.

---

criativamente – e reforçando, ao menos aparentemente – os rituais associados à própria subordinação. Tratava-se da produção de um outro texto, contratexto, que se revelava nas entrelinhas (mas não a qualquer observador), na piada talvez ingênua, no dito chistoso, na ambivalência das palavras, na ambiguidade da intenção. Essa era a arte do diálogo em Machado de Assis." (Chalhoub, "Diálogos Políticos", *op. cit.*, p. 99). Conquanto o historiador refira-se, especificamente, aos "diálogos políticos", parece bastante razoável supor que a ambivalência e a ambiguidade sejam uma arma empunhada também por um Conselheiro Aires que, longe de qualquer resistência ou felonia à sua classe, é um eterno subordinado (embora privilegiado) e, assim sendo, opera também a arte da dissimulação dos diálogos, fazendo vir à tona elementos que desvelam a lógica e os sentidos da dominação, de que ele, aliás, é um agente, ainda que sua altivez se tempere com a bonomia própria dos diplomatas. De qualquer maneira, não estaríamos demasiado distantes, talvez, daquilo que Gilberto Passos chamou de uma "poética diplomática".

Referências bibliográficas

AUGUSTIN, Saint. "La Musique". Trans. Jean-Louis Dumas. *Œuvres*. Ed. Lucien Jerphagnon. Paris: Gallimard, 1998.

BAPTISTA, Abel Barros. "A Reforma Hermenêutica. Acerca da Legibilidade de *Dom Casmurro*". In: *Nenhum Brasil Existe*: *Pequena Enciclopédia*. Ed. João Cezar de Castro Rocha. Rio de Janeiro: Topbooks/ UniverCidade, 2003.

BARTHES, Roland. "L'Écriture et le Silence". In: *Le Degré Zéro de l'Écriture Suivi de Nouveaux Essais Critiques*. Paris: Seuil, 1972.

BOSI, Alfredo. *Machado de Assis*: *o Enigma do Olhar*. São Paulo: Ática, 1999.

_______. "O Teatro Político nas Crônicas de Machado de Assis". *Estudos Avançados*, col. "Documentos" 1. São Paulo, 2004.

______. *Machado de Assis, Historiador*. São Paulo: Companhia das Letras, 2003.

COUTINHO, Afrânio. *A Filosofia de Machado de Assis e Outros Ensaios*. Rio de Janeiro: Livraria São José, 1959.

GLEDSON, John. "Introduction". In: SCHWARZ, Roberto. *A Master on the Periphery of Capitalism*. Durham/Londres: Duke University Press, 2001.

_______. *Machado de Assis*: *Ficção e História*. Trans. Sônia Coutinho. Rio de Janeiro: Paz e Terra, 1986.

LAFOND, Jean. *La Rochefoucauld*: *Augustinisme et Littérature*. Paris: Klincksieck, 1986.

MACHADO DE ASSIS, Joaquim Maria. *Obra Completa*. Vol. I. Afrânio Coutinho (org.). Rio de Janeiro: Nova Aguilar, 1997.

_______. "Crítica". *Obra Completa*. Vol. III. Afrânio Coutinho (org.). Rio de Janeiro: Nova Aguilar, 1997.

MAMMÌ, Lorenzo. "*Canticum Novum*. Música Sem Palavras e Palavras Sem Som no Pensamento de Santo Agostinho". *Estudos Avançados* 38, 2000, p. 347-366.

MEYER, Augusto. "Da Sensualidade na Obra de Machado". In: *À Sombra da Estante*. São Paulo: José Olympio, 1947.

MONTEIRO, Pedro Meira. "Um Sonho Machadiano". *Estudos Avançados* 42, 2001, p. 449-470.

PAES, José Paulo. "Um Aprendiz de Morto". In: *Gregos e Baianos*. São Paulo: Brasiliense, 1985.

PASCAL, Blaise. "Pensées" (ed. Philippe Sellier). *Moralistes du XVIIe Siècle*. Ed. Jean Lafond. Paris: Robert Laffont, 1992.

PASSOS, Gilberto Pinheiro. *O Napoleão de Botafogo*. São Paulo: Annablume, 2000.

_______. *As Sugestões do Conselheiro*. São Paulo: Ática, 1996.

_______. *A Poética do Legado*. São Paulo: Annablume, 1996.

SCHWARZ, Roberto. *Ao Vencedor as Batatas*. São Paulo: Duas Cidades, 1977.

_______. *Um Mestre na Periferia do Capitalismo: Machado de Assis*. São Paulo: Duas Cidades, 1990.

WEHRS, Carlos. *Machado de Assis e a Magia da Música*. Rio de Janeiro: Sette Letras, 1997.

WEIL, Simone. "L'Amour de Dieu et le Malheur". *Œuvres*. Ed. Florence de Lussy. Paris: Gallimard, 1999.

WISNIK, José Miguel. "Machado Maxixe". In: *Sem Receita*. São Paulo: Publifolha, 2004.

Quatro estômagos e um cérebro: Uma interpretação de *Esaú e Jacó*

Stephen M. Hart
(University College London)

No oitavo e penúltimo romance de Machado de Assis, *Esaú e Jacó*, publicado em 1902, e chamado por Earl E. Fitz de um "romance complexo e frequentemente negligenciado",[1] o narrador personagem Conselheiro Aires usa a metáfora do aparelho digestório da vaca para aludir à relação entre leitor e autor: "O leitor atento, verdadeiramente ruminante, tem quatro estômagos no cérebro, e por eles faz passar e repassar os atos e os fatos, até que deduz a verdade, que estava, ou parecia estar escondida".[2] Uma maneira de interpretar esta frase pode indicar que o romancista brasileiro está se referindo aos quatro níveis de significação do texto literário, tradicionalmente reconhecidos pela retórica medieval: literal, alegórica, moral e anagógica.[3] Visto desta perspectiva, *Esaú e Jacó* teria um significado literal (é a história de dois homens, Pedro e Paulo, pertencentes a uma poderosa família do Brasil do século XIX; os dois disputam o amor de uma bela jovem chamada Flora, que morre de forma trágica), um significado alegórico (o romance é uma alegoria da luta entre Monarquia e República no Brasil do Século XIX), um significado moral (ao mostrar

1 Earl E. Fitz. *Machado de Assis*. Boston: Twayne, 1989, p. 59.

2 Machado de Assis. *Esaú e Jacó*. Eugênio Gomes (ed.). Rio de Janeiro: José Aguilar Editora, 1973, cap. LV, p. 149.

3 Ver Gabriel Jospovici. *The world and the book: a study in modern fiction*. Stanford: University of Stanford Press, 1971, p. 124.

como Pedro e Paulo re-representam a narrativa bíblica de Esaú e Jacó, a história nos permite interpretar suas ações em termos de certo e errado), e um significado anagógico (o romance é uma fábula sobre o pecado original e os perigos que advêm quando um homem briga com seu irmão; a morte de Flora seria então o "pagamento" pelos pecados cometidos). Por mais tentador que possa ser seguir esta linha de interpretação no romance de Machado de Assis, neste ensaio tentarei provar que tal abordagem seria um equívoco na leitura. Machado de Assis viveu na Era da Dúvida, no tempo do Crepúsculo dos Deuses (na frase de Nietzsche), quando a certeza epistemológica subjacente ao esquema retórico medieval descrito acima havia sido dissipado. Se é que a impossibilidade de confiar no narrador na ficção de Machado de Assis, a que se referiram vários críticos[4] – e notem que a noção de falta de confiança não consta do esquema epistemológico medieval –, nos daria razão para duvidar da aplicabilidade global de tal esquema na ficção de Machado de Assis. Mas minha intenção não é "jogar o bebê fora com a água da bacia" e, neste ensaio, tentarei defender a ideia que Machado de Assis chama de os "quatro estômagos", e por meio desta tecer uma interpretação de *Esaú e Jacó* que privilegie os quatro níveis, mantendo o importante ingrediente do narrador indigno de confiança.

Nossa primeira questão claramente será: em que consistem esses quatro níveis? A melhor maneira de fazê-lo é avaliar a crítica escrita até agora sobre o romance para ver se encontramos algum padrão. Baseado na crítica literária, aliás, acredito que quatro distintas abordagens sobrepostas de *Esaú e Jacó* podem ser identificadas. Elas são as seguintes:

> 1. O imanentismo mítico-religioso: devido a este tipo de leitura, a vida dos dois garotos, Pedro e Paulo, re-interpreta a narrativa bíblica de Jacó e Esaú no Velho Testamento, bem como Pedro e Paulo no Novo Testamento, e por meio destes cumpre a profecia descrita no primeiro capítulo;
>
> 2. a alegoria nacional: a vida de Paulo e Pedro encapsulam o drama do nacionalismo brasileiro, sua progressão de Monarquia a República;

4 Sobre este assunto, ver em particular John Gledson. *The Deceptive Realism of Machado de Assis: A Dissenting Interpretation of Dom Casmurro*. Liverpool: Francis Cairns, 1984.

3. o narrador como um cético: segundo esta abordagem, o narrador Aires descreve, sem nisso acreditar, os vários significados míticos e alegóricos atribuídos à vida de Paulo e Pedro, a saber, os descritos nos itens 1 e 2 acima;

4. o romance como um "romance cifrado" (*roman à clé*): aqui a história seria vista não tanto como uma batalha entre Pedro e Paulo para conquistar a mão de Flora, mas como a história oculta do amor inconfesso entre Flora e o narrador Aires.

I: A leitura mítico-religioso-imanentista

A abordagem mítico imanentista é a exemplificada no ensaio de Eugênio Gomes, "O testamento estético de Machado de Assis," que aparece como introdução à edição do romance de 1973.[5] Gomes oferece uma cuidadosa análise do papel do mito no romance de Machado de Assis, argumentando que "a mitização dos personagens de certas cenas reclamava linguagem figurada, através de uma atmosfera de transfigurações, ampliando-se, com isso, consideravelmente, as perspectivas do romance" (p. 20). Instigado pelo *Anatomy of Criticism*, de Northrop Frye, Gomes analisa os modos pelos quais uma série de arquétipos extraídos da Bíblia (a história de Esaú e Jacó vem do Velho Testamento, os apóstolos Pedro e Paulo do Novo Testamento), vários mitos (Oráculo de Delfos, maternidade, renascimento, paraíso, profecia, Tempo), textos filosóficos (Schopenhauer) e literários (Homero, Dante, Shakespeare) fornecem um cenário apropriadamente mitificado que anima os eventos retratados em *Esaú e Jacó*. A descrição, no Capítulo I, da visita de Natividade e Perpétua à "cabocla" no Morro do Castelo, por exemplo, particularmente de Barbara que tinha "um pouco de sacerdotisa," (p. 59) "O mistério estava nos olhos,"[6] e o momento em que "toda era pouca para arrancar a palavra ao Destino,"[7] sugere que o narrador está preparado para encorajar a possibilidade de expressão de uma verdade mais profunda, "mítica". Mesmo a frase

5 Machado de Assis. *Esaú e Jacó*, *op. cit.*, p. 13-43.

6 *Idem*, p. 59.

7 *Idem*, p. 60.

que abre o capítulo seguinte – "Todos os oráculos têm o falar dobrado, mas entendem-se"[8] – parece aceitar a possibilidade de haver verdade na declaração do oráculo. Introduzido no Capítulo I, o leitmotiv mítico-religioso-imanentista tece seu caminho através do romance, transparecendo em comentários relacionados à história de Esaú e Jacó (Capítulo XV, p. 46), no comentário de Natividade sobre "Cousas futuras!",[9] no comentário de Perpétua de que "quando rezei estes dous nomes senti uma cousa no coração,"[10] e o comentário do narrador sobre a enfermeira de Pedro que "parece que era mandada de Deus",[11] aparentemente sem ironia. Em todas estas instâncias, a hipótese é que, enquanto leitores, estamos espiando por sobre o ombro do narrador, bisbilhotando o que é dito, e tomando tudo o que "testemunhamos" ao pé da letra.

II: O romance como alegoria histórica

A segunda abordagem ao romance consiste em sua leitura como uma alegoria ao importante momento de transição na História do Brasil. Eugênio Gomes, por exemplo, menciona o fato na passagem: "Outra interpretação do sentido alegórico do *Esaú e Jacó* será aquela pela qual Flora figura como a República ou a Nação e os dois gêmeos como dois partidos, que se digladiam implacavelmente, disputando-lhe a posse" (p. 33), mas não vai além disso. Earl E. Fitz faz alguma alusão a esta leitura do romance quando chama *Esaú e Jacó* de "a mais simbólica e mítica das obras de Machado" e, além disso, sustenta que a morte de Flora pode ser interpretada como uma alegoria nacional: "Quando Flora(...) depois morre, o idealismo que autorizava a república parece morrer também. Os gêmeos, inimigos políticos, sofrem sua perda, implicando que os brasileiros de qualquer tendência política poderiam legitimamente sofrer a queda da República."[12] Alguns críticos veem isto como o aspecto mais importante do romance. Danubio Rodrigues, por exemplo, afirma:

8 *Idem*, capítulo II, p. 61

9 *Idem*, p. 64.

10 *Idem*, p. 72.

11 *Idem*, p. 72.

12 Fitz, *op. cit.*, p. 59.

> Ora, *Esaú e Jacó* é o mais político dos romances de Machado de Assis. A rivalidade entre os irmãos Pedro e Paulo simboliza muito mais que uma simples rusga amorosa e lírica por Flora; fundamentalmente ambos encarnam as ideias partidárias que explodiam nas ruas à época, e também nos salões, com a República ameaçando desabar sobre o país.[13]

A principal referência a este substrato no romance ocorre no capítulo XXIII. Apesar de nascidos no mesmo dia (7 de abril de 1870), os dois jovens dão interpretações diametralmente opostas ao significado histórico do evento:

> Pedro repetiu vagarosamente:
>
> — Nasci no dia em que Sua Majestade subiu ao trono.
>
> E Paulo, em seguida:
>
> — Nasci no dia em que Pedro I caiu do trono.[14]

Ambas são leituras legítimas do significado histórico daquele dia. O tema do copo "meio vazio ou meio cheio" é explorado na sequência seguinte de engenhosos capítulos (XXIV-XXVI), que descrevem o debate sobre os dois quadros, um de Robespierre (o arquiteto da Revolução Francesa) e o outro de Luís XVI (o último monarca francês, executado em 1793). Esta ideia é reforçada nos capítulos subsequentes, quando os dois jovens expressam suas visões absolutamente opostas sobre a proclamação da República, descrita primeiro sob o ponto de vista do narrador Aires (capítulos LXIII-LXIV), e então sob o ponto de vista dos dois filhos (em particular no capítulo LXV que compara o coração duro de Pedro com o "coração livre" de Paulo). Pode-se certamente argumentar, de acordo com esta interpretação mítico-nacionalista, que Flora representa o Brasil. Apesar de sua ardente inclinação política, os dois jovens sonham com a bela Flora:

---

13 Machado de Assis. *Esaú e Jacó, op. cit.,* p. 9-11 (p. 9).

14 *Idem*, p. 94.

> Durante o sono cessou a revolução e a contrarrevolução, não houve monarquia nem república, D. Pedro II nem Marechal Deodoro, nada que cheirasse a política. Um e outro sonharam com a bela enseada de Botafogo, um céu claro, uma tarde clara e uma só pessoa: Flora.[15]

De acordo com o tropo clássico do romance latino-americano do século XIX anunciado por Doris Sommer, Flora, conquanto represente o prêmio do Brasil conquistado por um partido político em especial, não percebe sua alegorização: "Enquanto eles sonhavam com Flora, esta não sonhou com a República".[16] A questão interessante nesta leitura particular do romance de Machado de Assis é que – dado que nem Pedro nem Paulo ficam com a moça – *Esaú e Jacó* torna-se uma alegoria da fracassada experiência política tanto do republicanismo quanto do monarquismo no Brasil do século XIX.[17] A morte de Flora, segundo esta fórmula, poderia ser interpretada como a manifestação externa do fracasso político, interno.

III: O narrador como um cético

A terceira e a quarta abordagem assemelham-se por serem baseadas na ideia de que a ironia é intrínseca à forma do romance, e particularmente no contexto da postura do narrador face à realidade que descreve, mas existe uma diferença, como veremos. Esta terceira abordagem ao romance – que foca o ceticismo de Aires – é exemplificada pela monografia de José Raimundo Maia Neto, *Machado de Assis, The Brazilian Pyrrhonian* (1994).[18] Neste estudo, Maia Neto argumenta que Machado

---

15 *Idem*, p. 170.

16 *Idem*.

17 Para mais discussões, ver Doris Sommer. *Foundation Fictions: The National Romances of Latin America*. Berkeley: University of California Press, 1991. Sommer fornece uma leitura de dois romances brasileiros do século XIX, *O Guaraní* e *Iracema*, na qual interpreta a história de amor também como um drama da nação brasileira. Ver p. 138-71. Ela não menciona, entretanto, os romances de Machado de Assis.

18 A esse respeito, consultar José Raimundo Maia Neto. *Machado de Assis, The Brazilian Pyrrohnian*. Lafayette: Purdue University Press, 1994.

"merece uma lugar na história da tradição cética" e, além disso, que deveria ser visto como "um pensador cético antes que um autor literário" (p. XIII), especialmente por pertencer à tradição pirroniana, caracterizada como

> uma habilidade, ou atitude mental, a qual opõe aparências a julgamentos não importando os meios, resultando que, devido à equipolência dos objetos e razões assim opostas, somos levados primeiramente a um estado de suspense mental e depois a um estado de "imperturbabilidade" ou "quietude" (p. 1).

No capítulo sobre o Conselheiro Aires – que enfoca Aires tanto quando aparece em *Esaú e Jacó* quanto em *Memorial de Aires* (1908) – embora apareça menos no primeiro, infelizmente –, Maia Neto argumenta que "o ponto único e principal sobre Aires é que apesar de voltar à vida social, ele está intimamente alheio a ela. Ele mantém a postura teórica e se deixa tocar pelas aparências da vida social sem ser perturbado por elas" (p. 164).

Mas como, nos perguntamos, esta postura cética se manifesta em *Esaú e Jacó*? O primeiro ponto é que Aires frequentemente parece adotar uma posição irresistivelmente distanciada dos eventos que descreve. Helen Caldwell sugere o seguinte: "Embora a narrativa seja em terceira pessoa, Aires (como Júlio César) apresenta-se como um dos atores. Como narrador, Aires permanece rigidamente na personagem: ele é sempre o velho diplomata, jamais Machado de Assis".[19] Mas a comparação com Júlio César acaba aí. Vemos Aires pela primeira vez no capítulo XI quando diz "estendo a mão ao recém-chegado",[20] e isto é tão verossimilhante quanto o narrador-modelo de Julio Caesar pode fazer crer. Em outras situações, a separação entre o narrador Aires e o homem Aires torna-se logicamente insustentável, e Aires chega arriscadamente perto daquilo que normalmente entendemos por papel do narrador no romance do século XIX. O capítulo XLI, por exemplo, começa assim: "Se Aires

19 Helen Caldwell. "Translator's Introduction". *Esau and Jacob*. Berkeley: University of California Press, 1965, p. V-XV (p. VII-VIII).

20 (p. 78).

obedecesse ao seu gosto, e eu a ele, nem ele continuaria a andar, nem eu começaria este capítulo; ficaríamos no outro, sem nunca mais acabá-lo" (p. 121). A subjetividade do narrador é problematizada em tal extensão que, como bem se vê em obras de autores como Pirandello, Unamuno e Borges, não há espaço lógico no qual possa existir um sentido empírico. Trata-se de um não-espaço, um pouco como aqueles ambíguos quadros de labirintos, que mostram formas se unindo de vários modos, que o espaço euclidiano não pode aceitar.

Há muitos exemplos deste tipo de narração *trompe l'oeil* no romance. No final do capítulo V, por exemplo, somos deixados no ar: "Se a alma de João de Melo os visse de cima, alegrar-se-ia do apuro em que eles foram rezar por um pobre escrivão. Não sou eu que o digo: Santos é que o pensou" (p. 67). Algumas vezes, o narrador parece incerto a respeito de certos detalhes: "Quanto ao tempo que os três gastaram nessa agitação de compras e escolhas, visões e comparações, não há memória, dele, nem necessidade. Tempo é propriamente ofício de relógio, e nenhum deles consultou o relógio que trazia" (p. 152). Esta percepção do narrador indigno de confiança é levado a um outro patamar quando Aires reinterpreta um acontecimento já descrito no texto, de uma outra maneira. A cena que testemunhamos no capítulo III, em que um mendigo recebe uma nota de 2.000 réis de Natividade, recebe outro tratamento quando volta no capítulo LXXIV. O narrador ainda tenta se explicar:

> Não, leitor, não me apanhas em contradição. Eu bem sei que a princípio o andador das almas atribuiu a nota ao prazer que a dama traria de alguma aventura. Ainda me lembram as palavras dele: "Aquelas duas viram passarinho verde!" Mas se agora atribuía a nota à proteção da santa, não mentia então nem agora. Era difícil atinar com a verdade (p. 181).

Existem ainda outros vários exemplos no texto – que se tornam cada vez mais frequentes conforme o texto avança – o que aos poucos vai corroendo a habilidade do narrador em atribuir importância ao que está testemunhando. O seu efeito cumulativo gradual é desconstruir o significado mítico-religioso-nacionalista dos acontecimentos. É então possível que os eventos não sejam consequência de nada grandioso como o Fado ou o Destino, mas que ocorram simplesmente por acaso.

IV: Esaú e Jacó como um romance cifrado (*roman a clé*)

O exemplo mais próximo de uma abordagem da ficção de Machado de Assis vista como um romance cifrado é a proposta por John Gledson em sua monografia, *O realismo ilusório de Machado de Assis* (*The Deceptive Realism of Machado de Assis* – 1984), embora ele não utilize este termo para descrever *Esaú e Jacó*.[21] Gledson enfoca o narrador de *Dom Casmurro*, mostrando-o "ilusório" nos sentido de ser "um impostor que está pronto a nos convencer de uma versão dos fatos de sua história".[22] É importante ressaltar que a abordagem de Gledson – embora envolva o senso de ironia do autor – difere em alguns pontos cruciais da abordagem de Maia Neto anteriormente descrita (seção III). Maia Neto, por exemplo, menciona a já referida monografia de Gledson, bem como seu mais recente e importante artigo sobre o narrador de *Memorial de Aires*,[23] para sustentar o seguinte:

> Meu desacordo com os críticos começa quando eles afirmam que as visões de Brás Cubas, Dom Casmurro e Aires são falsas ou parciais, na medida em que não apresentam toda a verdade que está presente no romance. Isto implica portanto que é trabalho do crítico descobrir a descrição da verdade (ou a verdade por inteiro) que está implícita ou escondida no romance.

Um importante traço da abordagem de Maia Neto a *Esaú e Jacó* é que ele toma como certo o completo "destacamento" do Conselheiro Aires em relação às pessoas que o circundam (incluindo Flora), uma questão que se tornará crucial na análise do quarto nível de interpretação do romance.

21 Gledson, *The Deceptive Realism of Machado de Assis: A Dissenting Interpretation of Dom Casmurro, op. cit.*

22 *Idem*, p. 17.

23 John Gledson, "The Last Betrayal of Machado de Assis: *Memorial de Aires*". *Portuguese Studies*, 1, 1985, p. 121-50.

Agora passemos da evidência externa, a visão dos críticos,[24] para a evidência interna, dentro do texto em si, a fim de avaliar se *Esaú e Jacó* pode legitimamente ser interpretado como um *roman à clé*. A peça mais importante da evidência interna, é claro, é a citação que inicia este ensaio: "O leitor atento, verdadeiramente ruminante, tem quatro estômagos no cérebro, e por eles faz passar e repassar os atos e os fatos, até que deduz a verdade, que estava, ou parecia estar escondida" (Capítulo LV, p. 149). É, sem dúvida, uma característica do *roman a clé* a verdade da história estar "escondida". No entanto, esta não é a única evidência. No capítulo III, Aires se refere à epígrafe de seu livro nos seguintes termos: "Ora, aí está justamente a epígrafe do livro, se eu lhe quisesse pôr alguma, e não me ocorresse outra. Não é somente um meio de completar as pessoas da narração com as ideias que deixarem, mas ainda um par de lunetas para que o leitor do livro penetre o que for menos claro ou totalmente escuro" (p. 81). A referência ao leitor "penetrando" o significado dos acontecimentos reforça a ideia de que existe um nível escondido para as ações descritas no romance. Uma outra evidência interna precisa ser mencionada, a que acontece no capítulo XLI, intitulado "O caso do burro", um capítulo extremamente irônico. Aires imagina que pode ouvir o burro meditando, e então lemos a seguinte observação:

---

24 Como já foi sugerido, a referência em primeira instância deveria ser feita a *The Deceptive Realism of Machado de Assis*, de Gledson, embora seu trabalho seja referente a *Dom Casmurro*, bem como seu artigo, "The Last Betrayal of Machado de Assis: *Memorial de Aires*" p. 121-50, que igualmente não faz referência a *Esau e Jacó*. Referência também a J. C. Kinnear. "Machado de Assis. To Believe or Not to Believe?" *Modern Language Review*, 71, 1976, p. 54-65, e Maria L. Nunes. *The Craft of an Absolute Winner: Characterization and Narratology in the Novels of Machado de Assis*. Westport, CT: Grrenwood, 1983. Mas esta abrodagem deveria ser comparada pela referência a Maia Neto, bem como a Dixon. Para dar um exmplo da divisão entre estes dois gripos de críticos, cito a seguinte afirmação de Maia Neto sobre o artigo de Gledson, de 1985: "John Gledson is uneasy about the fact that Aires's point of view is perspectival, relative, and shaped by his subjectivity. Gledson assumes that there must be a plain, objective, absolute truth and reality, so Aires's version of the plot is unreliable and must be dismissed by the intelligent reader. A more subtle, political plot must be 'allegorically' deduced – this is Machado's point of view (Gledson, "Last Betrayal", *op. cit.*). Gledson's interpretation is inappropriate because it is a dogmatic one, whereas the novel is skeptical" (p. 219, cap. 7, n. 2).

> Depois riu de si para si, e foi andando. Inventara tanta cousa no serviço diplomático, que talvez inventasse o monólogo do burro. Assim foi; não lhe leu nada nos olhos, a não ser a ironia e a paciência, mas não se pôde ter que lhes não desse uma forma de palavra, como as suas regras de sintaxe. A própria ironia estaria acaso na retina dele. O olho do homem serve de fotografia ao invisível, como o ouvido serve de eco ao silêncio (p. 122).

O desinteresse irônico assumido por Aires em relação a seus pensamentos e interpretação da realidade é extraordinário e traz um nível de incerteza ao texto que dissipa a certeza ao mesmo tempo em que não invalida a necessidade de interpretar ou produzir interpretações da realidade fenomenal. Que a "ironia" esteja na "retina" de Aires sugere que mesmo o ato de percepção traz uma nota de ironia (a saber, distância). Não que a realidade seja percebida e somente então adicione-se ironia. Esta passagem também traz a ideia que o olhar do romancista está apto para "fotografar o invisível", ou seja, o romancista está apto para trazer à consciência – revelar, para continuar com a metáfora da fotografia – o que é invisível para os outros.[25]

---

25 O caráter intrigante dos romances de Machado de Assis é que eles parecem simultaneamente expessar uma visão de mundo mítica, imanentista, ao mesmo tempo em que expressam uma visão irônica daqueles mesmos princípios. Roberto Schwarz tem um ensaio interessante, "Machado de Assis: A Biographical Sketch", que lança alguma luz no que pode ser chamado de efeito claro-escuro da ficção tardia de Machado. O pai de Machado de Assis era um pintos de casas, mas mais importante que esta denominação era o fato de fazer parte da classe dos *agregados* que, nas especiais circunstâncias sociais e econômicas do Brasil do século XIX, era dependente da classe dominante. Como Schwarz apontou, enquanto Machado de Assis ascendeu socialmente – ele se tornou um funcionário publico aos 27 anos e subiu até eventualmente virar um funcionário de alto escalão –, "é impreciso dizer que Machado estava rompendo com o paternalismo;" Roberto Schwarz. "Machado de Assis: A Biographical Sketch." In: *Misplaced Ideas: Essays on Brazilian Culture*. John Cledson (ed.). Londres: Verso, 1992, p. 78-83 (p. 78). "Na primeira fase da obra de Machado, que durou até seus quarenta anos, Machado de fato praticou o sistema paternalista 'você-coça-as-minhas-costas-que-eu-coço-as-suas' com insuperável elegância" (*Idem* p. 81). Mas isso mudou a partir de 1880. Como sugere Schwarz:

> Depois de olhar a sociedade brasileira do ponto de vista do pobre dependente, que brilha pelo discernimento com que expressa seu apreço pela ordem estabelecida, desenvolvendo

Na metade do capítulo VI, por exemplo, Aires dirige-se ao leitor de tal maneira que só pode ser interpretado como zombaria: "Leitor, não é muito que percebas a causa daquela expressão e desses dedos abotoados. Já lá ficou dita atrás, quando era melhor deixar que a adivinhasses; mas provavelmente não a adivinharias..." (p. 67). Esta não é de modo algum uma zombaria gentil, e poderia legitimamente ser vista como uma ardilosa referência de Machado de Assis a seu romance como um *roman a clé*. Mas o que este nível escondido representa para o texto?

O mistério do *roman a clé*

Há dois aspectos essenciais no *roman à clé:* em primeiro lugar, que deve haver um significado escondido e, em segundo lugar, que o inconsciente leitor não deveria ficar mais esperto uma vez terminado o romance (para este leitor inconsciente, por exemplo, os dois primeiros níveis de *Esaú e Jacó* devem ser evidentes *prima facie* – a saber, os níveis mítico-religioso e o alegórico – mas não seu enredo secundário, oculto.) Existem, é claro, alguns mistérios em *Esaú e Jacó* (por que Aires escreve sobre si mesmo na terceira pessoa? Por que Flora não escolhe entre Paulo e Pedro? Por que Flora vê os dois irmãos, como sugerem seus desenhos, como uma só pessoa? Por que ela recusa a oferta de casamento de Nóbrega? Qual é a doença que a matou tão rapidamente?), mas o mistério mais significante – mistério em torno do qual os outros mistérios aglutinam-se como planeta em torno de uma estrela – é a identidade do terceiro partido, a pessoa a quem Flora realmente ama. Conforme lemos no capítulo XCV:

---

seu talento a fim de ser reconhecido e escolhido pela elite dominante, o escritor poderia então olhar a sociedade do ponto de vista de alguém confortavelmente estabelecido. Havia chegado o tempo de relativizar a experiência que havia ganho. Em vez da visão positiva, ele agora adota a desiludida, cujo objetivo não é criticar, mas autorizar o esplendor e a calma de uma inteligência desacorrentada; é como se entender o mecanismo da sociedade fosse uma consolação pela falta de significado deste mesmo mecanismo, e por seu horror. (p. 82-83)

Como Schwarz salienta, a mudança de paradigma não envolve simplesmente uma progressão do conformismo para a crítica desde que Machado era, até certo ponto, dependente do sistema, mesmo que presenciasse seus horrores. Isto poderia explicar por que encontramos na ficção tardia de Machado, e particularmente em *Esaú e Jacó*, uma leitura imanentista dos eventos sociais unida – parecendo um modelo paradoxal – a uma leitura irônica dos mesmos eventos.

> Lembras-te daquela veranista de Petrópolis que atribuiu um terceiro namorado à nossa amiguinha? "Um dos três," disse ela. Pois aqui está o terceiro namorado, e pode ser que ainda apareça outro (p. 210).

O terceiro partido apresentado neste capítulo é Gouveia, mas quando Flora finalmente o recusa, revela-se que sua identidade como o terceiro partido era um bode expiatório. O mesmo com Nóbrega, que pede sua mão em casamento, mas também é recusado por Flora.

Como o texto sugere, a identidade de seu amado é um segredo que ela leva consigo para o túmulo: "mas que crime teria cometido aquela moça, além do de viver, e porventura o de amar, não se sabe a quem, mas amar?" (Capítulo CVII, p. 227). Aires traz especificamente a ideia de "não se sabe a quem" ela ama. O comentário de Aires exatamente após esta observação é significante porque lança a possibilidade de que Aires fosse seu admirador secreto. E ele continua: "Perdoai estas perguntas obscuras, que se não ajustam, antes se contrariam. A razão é que não recordo este óbito sem pena, e ainda trago o enterro à vista..." (p. 227). Isto revela um nível de interesse de sua parte que seria apropriado para um amigo que está abalado pela perda de um amigo, mas o detalhe que "ainda trago o enterro à vista..." revela una nota de obsessão que vai além da amizade platônica. Como veremos, existem outros detalhes no texto que confirmam a possibilidade de que exista uma ligação amorosa entre Aires e Flora, porém estes não são apresentados de um modo direto e sem dúvida sugerem que é possível interpretar essa ligação de várias maneiras.

O amor inconfesso de Aires por Flora

A primeira leitura possível é que Aires sinta um amor inconfesso por Flora, do qual nem ele mesmo está ciente. Existem alguns momentos críticos no romance que revelam que Aires se sente atraído por Flora. Sua conversa com Flora no capítulo XXXIV, por exemplo, é interrompida pela chegada de Paulo e Pedro, e nós lemos: "Flora esqueceu um assunto por outro, e o velho pelos rapazes. Aires não se demorou mais que o tempo de a ver rir com eles, e sentir em si alguma cousa parecida com remorsos. Remorsos de envelhecer, creio" (p. 111). Aires está começando a sentir ciúme, mas o narrador se recusa a confirmar o fato, já que a afirmação é abrandada pela frase "creio". Apontando na mesma direção, quando Aires evoca a gratidão de Flora por seu comentário de que "Toda alma livre é imperatriz!" (Capítulo XLVIII, p. 135), ele escreve "A meiga criatura agradeceu-me estas cinco palavras" (p. 136), sua escolha da expressão "meiga criatura" já indica que ele está desenvolvendo uma afeição por ela. Existe um nível no texto que nos permite interpretar os sentimentos ocultos de Aires por Flora como latentemente sexuais, mas encobertos com a discreta pátina do paternalismo: "Ao cabo de alguns instantes, Aires ia sentindo como esta pequena lhe acordava umas vozes mortas, falhadas ou não nascidas, vozes de pai" (Capítulo LIII, p. 144). A mesma noção de paternidade reaparece mais tarde no romance, mas desta vez está encoberta na ambiguidade. Aires está envolvido numa conversa com Flora e repentinamente somos autorizados a acessar seus pensamentos:

> Quisera vê-la feliz, se a felicidade era o casamento, e feliz o marido, sem embargo da exclusão; o excluído seria consolado. Agora, se era por amor deles, se dela, é o que propriamente se não pode dizer com verdade. Quando muito, para levantar a ponta do véu, seria preciso entrar na alma dele, ainda mais fundo que ele mesmo. Lá se descobriria acaso, entre as ruínas de meio celibato, uma flor descorada e tardia de paternidade, ou, mais propriamente, de saudade dela... (Capítulo LXXXVII, p. 198).

Há dois aspectos nesta passagem para os quais gostaria de chamar a atenção. O primeiro é aquele que apresenta a noção de que o narrador – e por sua vez o leitor – penetrou mais fundo na alma de Aires do que ele mesmo teria feito. Apesar disto subverter uma das regras primordiais do texto – o narrador é Aires e portanto não poderia saber mais sobre si mesmo do que já sabia até antão –, introduz uma dimensão muito interessante ao texto, de que Aires não percebe as profundezas de sua alma. Como foi sugerido acima, há vários outros detalhes no texto que confirmam esta leitura, de que Aires está apaixonado por Flora mas rejeita o fato. Esta dupla camada do texto é confirmada quando lemos a seguir que a "flor da paternidade" começou a desabrochar em sua alma. Esta frase é ambígua. Ela poderia significar que (i) Aires tem sentimentos paternais em relação a Flora (o que Aires acha) ou que (ii) Aires deseja ter filhos com Flora (o que Aires não percebe mas nós, enquanto leitores, percebemos). Como vimos, existem vários elementos em *Esaú e Jacó* que sugerem que o romance de Machado de Assis pode ser interpretado como um romance cifrado, retratando o amor que Aires sente por Flora embora não tenha consciência dele.

O amor inconfesso de Flora por Aires

A segunda possibilidade é que Flora também sente um amor inconfesso por Aires. Isto é sugerido pela primeira vez no capítulo XXXI, quando Aires comenta que considera Flora "um mistério". Santos o convida para jogar cartas (típico dos efeitos claro-escuro deste romance, trata-se de um jogo de sombras), mas ele recusa porque percebe o efeito que seu comentário exerceu sobre Flora: "Aires não teve ânimo de aceitar, tão inquieta lhe pareceu Flora, como os olhos nele, interrogativos, curiosos de saber por que é que ela era ou viria a ser inexplicável" (p. 106). O fascínio de Flora é sugerido pelo detalhe que conclui o capítulo: "Lá se foram ao voltarete, enquanto Aires ficava no salão, a ouvir a um canto as damas, sem que os olhos de Flora se despegassem dele" (p. 107). Não tirar os olhos de alguém durante toda uma noite é frequentemente uma indicação de algo além de um interesse casual. Se Flora estava apaixonada por Aires, isso explicaria por que ela morreu tão inesperadamente; existem indicações de que a misteriosa doença que a matou é amor não-correspondido (tal é a suposição de Aires em todo caso, como já mencionado). Isto não seria certamente uma ocorrência incomum no romance do século XIX.

O romance como uma cortina de fumaça

A terceira possibilidade é que Aires e Flora sejam amantes, e que o texto não passe de um deliberado disfarce para seu relacionamento. Isto significaria que o texto é o resultado de esquema cínico montado para fazer o desavisado leitor de tolo. Aires menciona em várias ocasiões – já aludimos a algumas delas – que sua carreira como diplomata o ensinou a mentir. A possibilidade de que este artifício possa ser especificamente associado a Flora é sugerida pelo comentário que completa o capítulo XCVIII. O Doutor Aires está tentando diagnosticar a misteriosa doença de Flora (ela tem uma febre), e ele vê em seus olhos algo que considera difícil definir:

> É ler muito, mas os bons diplomatas guardam o talento de saber tudo o que lhes diz um rosto calado, e até o contrário. Aires fora diplomata excelente, apesar da aventura de Caracas, se não é que essa mesma lhe aguçou a vocação de descobrir e encobrir. Toda a diplomacia está nestes dois verbos parentes (p. 214).

Existem (ao menos) duas maneiras mutuamente contraditórias de interpretar essa passagem. A primeira, e mais óbvia, é vê-la como referência à habilidade de Aires em ver as profundezas da alma de Flora, e em ver (podemos especular) que ela está apaixonada. Isto seria interpretar a análise que Aires faz do olhar fixo de Flora, em termos de sua habilidade em "descobrir" a verdade. A segunda e menos óbvia interpretação nos leva a ver uma certa malandragem nesta descrição, pois o texto diz que diplomatas têm o dom de não só "descobrir", mas também de "encobrir" a verdade. Esta passagem poderia então – embora mais tendenciosamente – ser interpretada como uma sugestão de que Aires esteja deliberadamente encobrindo a verdade por detrás do olhar fixo de Flora. Poderíamos especular que Aires e Flora estão prestes a se tornar amantes, e que este olhar é uma palavra-código para seu relacionamento secreto.

A possibilidade de Aires e Flora estarem comprometidos, antes de sua morte, em um relacionamento, é sugerida por vários acontecimentos que carecem de um correlativo objetivo. O texto, por exemplo, não fornece uma razão coerente para a necessidade de Flora sair do Rio de Janeiro e se mudar para a casa da irmã de Aires, Dona Rita, que mora em Petrópolis. O capítulo imediatamente seguinte à "consulta médica" feira por Aires é intitulado "A título de ares novos". Se o título do capítulo for interpretado literalmente – e é certamente possível que ele não deva ser interpretado assim – ele sugere inequivocamente que a mudança de Flora para Petrópolis é um pretexto. Surge então a possibilidade que Flora tenha se mudado para lá a fim de facilitar os encontros com Aires, por intermédio de sua irmã. Caso contrário, por que Aires lhe diria o seguinte: "Vou arranjar-lhe uma casa boa, disse ele, à despedida"? (Capítulo XCIX, p. 124) Esta hipótese – e isto deve permancer no âmbito da especulação – explicaria alguma das ambiguidades subjecentes aos comentário de Aires sobre Paulo e Pedro. Uma vez transferida para a casa de sua irmã, por exemplo, ele pensou consigo: "Não os vendo, esquece-os" (Capítulo XCIX, p. 215). O motivo de Aires para desejar que Flora esqueça os gêmeos não é claro. Quando Flora lhe mostra um desenho dos gêmeos retratados como uma só pessoa, ele simplesmente o estraçalha (Capítulo C, p. 217). Existe outro detalhe que sugere haver mais nos acontecimentos do que o narrador deseja revelar, trata-se do abraço que acontece no espaço vazio, não-dito, situado entre o final do capítulo IC e o início do capítulo C. Dona Rita, Flora e Aires estão envolvidos numa discussão sobre a decisão de Dona Rita de cortar seus cabelos e colocá-los no caixão do marido faclecido, e lemos o que segue:

> Aqui foi D. Rita que lhe pegou nas mãos, pô-las sobre os seus ombros, e concluiu o gesto por um abraço. Todas as pessoas louvaram-se a abnegação do ato; esta era a primeira que a achou única. E daí outro abraço longo, mais longo... (Capítulo IC, p. 216).

A julgar pelas aparências, é claro, Dona Rita e Flora abraçaram-se duas vezes. E isto parece ser confirmado pela três frases de abertura do capítulo seguinte: "Tão longo foi o abraço que tomou o resto do capítulo. Este começa sem ele nem outro. O mesmo aperto de mão de Aires e Flora, se foi demorado, também acabou" (Capítulo C, p. 216). Dado, entretanto, que existe tanta ambiguidade pairando sobre as circunstâncias da estada de Flora na residência de Dona Rita, é possível ver o texto sob outra luz, talvez como uma referência cifrada de um abraço entre Flora e Aires. Visto sob este ângulo, a frase "E daí outro abraço longo, mais longo..." seria uma referência codificada para o amor que nascia entre Flora e Aires. Admito que esta seja uma leitura sutil do texto, mas o fato de o narrador deliberadamente atrair a atenção para um véu que foi estendido sobre a fresta entre os capítulos IC e C ("Tão longo foi o abraço que tomou o resto do capítulo"), e de haver anteriormente se referido à sua habilidade em "encobrir", sugere que esta é uma leitura possível do abraço não contado, que nós enquanto leitores fomos impedidos de testemunhar.

Coda

Neste ensaio, sugere-se que *Esaú e Jacó* de Machado de Assis contenha quatro níveis de significado – o mítico, o alegórico, o irônico e, também, que pode ser interpretado como um *roman à clé*, este último em três maneiras (o amor inconfesso de Aires por Flora, o amor inconfesso de Flora por Aires, ou o romance como uma cortina de fumaça). Não estou sugerindo que a mais ousada destas interpretações (o romance como uma cortina de fumaça cifrada) seja a leitura "correta" de *Esaú e Jacó*, no entanto suporta-se mais que os outros quatro níveis através de uma verossímil rede de alusões. O mistério final do romance é que estes quatro níveis de interpretação (especialmente os dois primeiros versus os dois últimos) excluem-se mutuamente, deixando o leitor num estado de suspensão hermenêutica. Para o leitor ruminante, *Esaú e Jacó* permanece indigesto.

Referências Bibliográficas

MACHADO DE ASSIS, Joaquim Maria. *Esau and Jacob*. Translated by Helen Caldwell. Berkeley: University of California Press, 1965.

_______. *Esaú e Jacó*. Eugênio Gomes (ed.) Rio de Janeiro: José Aguilar Editora, 1973.

CALDWELL, Helen. "Translator's Introduction." In: *Esau and Jacob*. Berkeley: University of California Press, 1965.

DIXON, Paul B. *Retired Dreams: Dom Casmurro, Myth and Modernity*. West Lafayette: Purdue University Press, 1989.

FITZ, Earl E. *Machado de Assis*. Boston: Twayne, 1989.

GLEDSON, John. "The Last Betrayal of Machado de Assis: *Memorial de Aires*." *Portuguese Studies*, 1, 1985.

_______. *The Deceptive Realism of Machado de Assis: A Dissenting Interpretation of Dom Casmurro*. Liverpool: Francis Cairns, 1984.

JOSPOVICI, Gabriel. *The World and the Book: A Study in Modern Fiction*.

Stanford: University of Stanford Press, 1971.

KINNEAR, J. C. "Machado de Assis: To Believe or Not to Believe?" *Modern Language Review*, 71, 1976.

MAIA NETO, José Raimundo. *Machado de Assis, The Brazilian Pyrrhonian*. Lafayette: Purdue University Press, 1994.

NUNES, Maria L. *The Craft of an Absolute Winner: Characterization and Narratology in the Novels of Machado de Assis*. Westport, CT: Greenwood, 1983.

SCHWARZ, Roberto. "Machado de Assis: A Biographical Sketch." In: *Misplaced Ideas: Essays on Brazilian Culture*. John Gledson (ed.). Londres: Verso, 1992.

SOMMER, Doris. *Foundation Fictions: The National Romances of Latin America*. Berkeley: University of California Press, 1991.

Em que diferem a primeira e a segunda vidas de Brás Cubas?[1]

Victor K. Mendes
(University of Massachusetts Dartmouth)

Para (e em parte de) Anna Klobucka

1. No parágrafo final de *Memórias Póstumas de Brás Cubas*, o narrador faz um balanço da sua primeira vida a partir do ponto de vista vantajoso da sua segunda, uma vida minimalista além da morte. "A segunda vida" é um título de um conto de Machado de Assis (mais sobre ele adiante); por agora, em sentido restrito, chamo *segunda vida* às ações explícitas e implícitas de Brás Cubas depois da sua morte em Agosto de 1869 e que se podem ler precisamente nos termos em que este romance de Machado de Assis está escrito. Em sentido lato, recorro à alegoria duma segunda vida para descrever esse observador de segundo nível (*second-order observer*) que permite sobretudo interpretar o mesmo observador e participante na sua primeira vida.[2] A atividade de Brás Cubas na sua segunda vida está bastante circunscrita à

---

1 Uma versão anterior deste ensaio, com o título "How Is the Second Life of Brás Cubas Different from His First One?", foi publicada na versão em inglês deste livro (cf. prefácio de João Cezar de Castro Rocha).

2 O conceito de "observador de segundo nível" é de Niklas Luhmann (cf. "Observations of the First and of the Second Order". In: *Art as a Social System*. Trad. Eva M. Knot. Stanford: Stanford University Press, 2000, p. 54-101). O projeto neste caso não é *aplicar* Luhmann a Machado de Assis, pois seria uma traição ao trabalho crítico, mas antes ler cuidadosamente

escrita das suas memórias nas quais os jogos em torno da sua *filosofia da composição* são uma componente relevante.[3] O caso do último parágrafo do último capítulo do livro, intitulado "Das Negativas", revela alguns aspectos positivos, apesar da promessa radical inscrita no seu título:

> Este último capítulo é todo de negativas. Não alcancei a celebridade do emplasto, não fui ministro, não fui califa, não conheci o casamento. Verdade é que, ao lado dessas faltas, coube-me a boa fortuna de não comprar o pão com o suor do meu rosto. Mais; não padeci a morte de D. Plácida, nem a semidemência do Quincas Borba. Somadas umas cousas e outras, qualquer pessoa imaginará que não houve míngua nem sobra, e conseguintemente que saí quite com a vida. E imaginará mal; porque ao chegar a este outro lado do mistério, achei-me com um pequeno saldo, que é a derradeira negativa deste capítulo de negativas: – não tive filhos, não transmiti a nenhuma criatura o legado da nossa miséria.[4]

A lista de insucessos de Brás Cubas inclui o emplasto que, por coincidência, na adaptação cinematográfica do romance por André Klotzel, é transformado num sucesso que atravessa as décadas do século XX, numa espécie de futuro alternativo para o fracasso desta invenção do herói.[5] Resta sempre a ambiguidade de saber se é delírio. Em qualquer dos casos, esta conversão fílmica dum fracasso em imagens muito específicas de sucesso indicia uma leitura para a qual alguns dos aspectos negativos do balanço de Brás Cubas apresentam certamente aspectos positivos. Com efeito, não há no texto uma coincidência entre "negativas" e infelicidades de Brás Cubas. Por exemplo, não ter que trabalhar para ganhar dinheiro é descrito pelo narrador como uma "boa

---

algumas passagens de *Memórias Póstumas* que, por vezes, convocam a associação com a melhor visão cognitiva de Luhmann.

3 A expressão é de Edgar Allan Poe, "Philosophy of Composition" (1846).

4 Machado de Assis. *Memórias póstumas de Brás Cubas*. In: Afrânio Coutinho (org.). *Obra completa*. Vol. I. Rio de Janeiro: Aguilar, 1986, p. 639. A partir desta citação, apenas mencionarei o número da página no corpo do texto.

5 Refiro-me ao filme *Memórias Póstumas de Brás Cubas* (Brasil, 2001).

fortuna". Quanto à própria morte do autor Cubas em 1869, a narrativa que podemos ler no primeiro capítulo é um hino suave às pulsões de morte freudianas.

Cubas entra na contabilidade entre o que chamei a primeira vida e a segunda com vocabulário da aritmética ("somadas umas coisas e outras") e das finanças ("saldo"). Como de costume ao longo do livro, o leitor, na figura de "qualquer pessoa" é fustigado com a denúncia do engano; pensará que Brás Cubas saiu "quite com a vida", quando saiu com um "pequeno saldo". O termo *quite* em português usa-se justamente para designar *livre de dívida*. O *saldo* é a diferença entre duas somas de débito e crédito. Como o narrador foi um homem rico na sua primeira vida e não se deitou a perder nos seus negócios, esperaríamos que o saldo fosse positivo.

Interessantemente, neste caso, o saldo apresentado é negativo – somos nós, leitores, muito explicitamente advertidos por Brás Cubas –, e consiste em não ter tido filhos. A relação entre não ter filhos e não transmitir "o legado da nossa miséria" aponta para a hereditariedade biológica como fator de transmissão. Pelo contrário, "o legado da nossa miséria" parece mais apropriadamente transmissível no livro que acaba precisamente com essa mesma expressão; o romance pode ser lido como ambiciosa divulgação do "legado da nossa miséria", que nenhum emplasto pode curar. A conclusão negativa do narrador segundo a qual não transmitiu a ninguém "o legado da nossa miséria" é cega perante o fato de que inscreve num objeto cultural, um livro, que terá pelo menos cinco leitores, mesmo na hipótese muito modesta do prefácio "Ao leitor".[6] Porém, o autor Brás Cubas afirma que espera "angariar as simpatias da opinião". Neste sentido, o autor tem a melhor expectativa de transmitir a muitas criaturas que o leem o legado da sua miséria escrita. Por outras palavras, o livro *Memórias Póstumas* faz exatamente o contrário daquilo que o narrador afirma conclusivamente que ele fez. Também por esta razão sutil, Brás Cubas enquanto narrador é pouco digno de confiança.[7]

---

6 Este tipo de cegueira do narrador pressupõe um observador de terceiro nível: o protagonista Brás Cubas é um observador de primeiro nível em boa parte dos casos; o narrador é um observador de segundo nível; a leitura crítica desta passagem sugere um terceiro nível de observação. Por conseguinte, este ensaio procura especializar-se na análise do que é mais difícil de ver para o protagonista, narrador e outros críticos.

7 Roberto Schwarz destaca com itálicos que Brás Cubas é "[...] *um narrador voluntariamente importuno e sem credibilidade*", em *Um Mestre na Periferia do Capitalismo*. São Paulo: Duas

Para a coleção de gestos nos quais Brás Cubas diz uma coisa e o seu livro ostensivamente faz exatamente o oposto, podemos nos beneficiar da leitura do último parágrafo do Cap. XCVIII:

> Estou com vontade de suprimir este capítulo. O declive é perigoso. Mas enfim eu escrevo as minhas memórias e não as tuas, leitor pacato. Ao pé da graciosa donzela, parecia-me tomado de uma sensação dupla e indefinível. [...] Não; decididamente suprimo este capítulo (603-04).

O que lemos sugere um performativo – "Não; decididamente suprimo este capítulo". A intenção expressa de Brás Cubas e o que a linguagem faz bifurcam-se, arruinando a confiança que possamos ter nele. Paralelamente, no registro psicológico, Brás Cubas revela-se incapaz de controlar a passagem da intenção à ação num episódio sintomático da sua relação com Marcela:

> Marcela deixara-se estar sentada, a estalar as unhas nos dentes, fria como um pedaço de mármore. Tive ímpetos de a estrangular, de a humilhar ao menos, subjugando-a a meus pés. Ia talvez fazê-lo; mas a ação trocou-se noutra; fui eu que me atirei aos pés dela, contrito e súplice. (537)

A perda de controle intencional da ação necessita de ser descrita duma forma mais rigorosa. No último parágrafo do livro, no caso do capítulo XCVIII — que Cubas diz que suprime, mas que não foi suprimido —, como também no episódio cômico e revelador com Marcela (Cap. XVII), estamos perante intenções declaradas que são trocadas pelos seus contrários. Em *Memórias Póstumas*, a perda de controle intencional corresponde a uma conversão dum tipo especial que procede por contrários, quer no registro da ação, quer no registro da filosofia da composição.

2. A expressão *segunda vida* usada acima é justamente um título de Machado de Assis num dos seus contos do livro de 1884, *Histórias sem data*, no qual é encenado

---

Cidades, 1998, p. 19.

um caso de transmigração duma alma, teoria que conhecemos pelo menos desde a tradição pitagórica grega. A ficcionalidade da reencarnação é sugerida pela atitude cética de quem ouve o relato de José Maria, o homem na sua segunda vida. No dizer de Monsenhor Caldas para um criado preto, "um sujeito doido" conta-lhe a história que inclui a sua própria morte:

> — Como ia dizendo a Vossa Reverendíssima, morri no dia 20 de março de 1860, às cinco horas e quarenta e três minutos da manhã. Tinha então sessenta e oito anos de idade. Minha alma voou pelo espaço, até perder a terra de vista, deixando muito abaixo a lua, as estrelas e o sol. Penetrou finalmente num espaço em que não havia mais nada, e era clareado tão-somente por uma luz difusa. Continuei a subir, e comecei a ver um pontinho mais luminoso ao longe, muito longe. O ponto cresceu, fez-se sol. [...] Fui subindo, subindo. Na distância de quarenta mil léguas, ouvi uma deliciosa música, e logo que cheguei a cinco mil léguas, desceu um enxame de almas, que me levaram num palanquim feito de éter e plumas. Entrei daí a pouco no novo sol, que é o planeta dos virtuosos da terra. [...] Lá dentro é que soube que completava mais um milheiro de almas; tal era o motivo das festas extraordinárias que me fizeram, e que duraram dois séculos, ou, pelas nossas contas, quarenta e oito horas.[8]

Como sempre acontece quando comparamos uma coisa com outra em pormenor,[9] damo-nos conta de que o que está em causa em "A segunda vida" é diferente da história contada por Brás Cubas. Neste conto, José Maria morreu e renasceu uma segunda vez no mundo tal como o conhecemos: "Renasci a 5 de janeiro de 1861". Como bebê, a sua segunda vida começa cerca de oito meses depois de ter morrido em Março de 1860. Por comparação e de forma mais restrita, a segunda vida de Brás Cubas no romance resume-se à sua atividade como escritor morto-vivo com consciência de adulto, o

8 Machado de Assis. "A segunda vida". *Histórias sem data*. In: Afrânio Coutinho (org.). *Obra Completa*. Vol. II, p. 440-41.

9 Hilary Putnam. "A Comparison of Something with Something Else". In: *Words and Life*. Cambridge: Harvard University Press, 1994.

que sugere alguma forma de continuidade entre o antes e o depois da morte. Porém, essa atividade do morto não se distingue muito de certos procedimentos da arte de narrar de certos autores seus precursores, como Laurence Sterne ou Almeida Garrett, nas suas primeiras vidas, nomeadamente com a figura manipulada do leitor como personagem e indivíduo. Por isso, a segunda vida de Brás Cubas pode dispensar sexo ou dinheiro, que teve em abundância na primeira, mas não se distingue radicalmente no estilo da prosa ficcional duma genealogia que encontramos na vida aquém da morte.[10] Também por esta razão ainda é justa a descrição da condição de Brás Cubas narrador como forma de vida, embora seja certamente uma muitíssimo específica forma de vida. Uma das vantagens desta sua condição particular é ter encontrado sem intenção a situação romântica por excelência da criação literária, a das emoções "recollected in tranquility", de William Wordsworth.

Regressemos ao momento da morte em *Memórias Póstumas* e em "A segunda vida". O que aconteceu no romance?

> Agora, quero morrer tranquilamente, metodicamente, ouvindo os soluços das damas, as falas baixas dos homens, a chuva que tamborila nas folhas de tinhorão da chácara, e o som estrídulo de uma navalha que um amolador está afiando lá fora, à porta de um correeiro. Juro-lhes que essa orquestra da morte foi muito menos triste do que podia parecer. De certo ponto em diante chegou a ser deliciosa. A vida estrebuchava-me no peito, com uns ímpetos de vaga marinha, esvaía-se-me a consciência, eu descia à imobilidade física e moral, e o corpo fazia-se-me planta, e pedra e lodo, e cousa nenhuma. (514)

O desejo de morrer de Brás Cubas ("quero morrer tranquilamente") é acompanhado por várias mudanças radicais no corpo, no juízo moral e na consciência. Vamos por partes: o corpo está em vias de desaparecer, passando antes pelo reino vegetal e animal. Este ponto é relevante na descrição de aspectos práticos da

10 Uma das mais úteis genealogias de autores para ler criticamente Machado de Assis pode ser encontrada no livro de Enylton de Sá Rego. *O Calundu e a Panaceia. Machado de Assis, a sátira minepeia e a tradição luciânica*. Rio de Janeiro: Forense Universitária, 1989.

segunda vida de Brás Cubas, uma vez que ele, como bem sabemos, vai escrever as suas memórias. Não sabemos exatamente quando tomou ele a decisão de compor a sua obra, mas não dispomos de indícios de que tenha sido na primeira vida. Terá o autor morto ainda mãos para escrever ou pertence a um mundo no qual se pode escrever sem mãos? A composição do livro não requer alguma forma de corporalidade do narrador? Ele lê o que escreve na segunda vida? A segunda vida de Cubas é bastante minimalista: o seu corpo não está mais disponível e não tem vida social. É um escritor que não pode ver (Cap. LXXI); por conseguinte, está incapacitado de fazer revisão do texto que escreve. A *cegueira* de Cubas ajuda a compreender o procedimento do autor escrever compulsivamente novos capítulos, em vez de corrigir ou efetivamente suprimir capítulos prévios, como repetidamente anuncia que gostaria de fazer (e. g., Cap. LXXII e Cap. LXCVIII).

O problema da suspensão da análise moral no momento da morte não é exatamente uma novidade; há uma passagem na primeira vida de Cubas na qual o juízo moral é descrito como "torpor moral e mental" (626). Do ponto de vista da análise moral, certos momentos na vida do protagonista antecipam o momento da sua morte, que não é um escândalo; está associada ao prazer da repetição. Assim, também no registro moral é ajustado falar duma segunda vez. O expoente máximo da suspensão do juízo moral é a amante do narrador, Virgília, um caso extraordinário de cegueira moral continuada. Nem na morte do seu marido, Lobo Neves, Virgília tem o *insight* moral acerca das muito repetidas traições ao defunto. O *pathos* do choro sincero no funeral é um mecanismo de defesa contra o juízo moral (Cap. CL), como se pode ler no relato do seu amante, Brás Cubas, também já morto e escritor irônico.[11]

Quanto à consciência – conhecimento e moralidade – no momento da morte, deparamos com alguns problemas de composição do personagem relevantes.[12] Lemos no capítulo um que a consciência de Brás Cubas desaparece na morte. Porém, não é credível que tenha desaparecido para sempre, uma vez que, no que chamei acima a segunda vida, Brás Cubas enquanto narrador precisará necessaria-

11 No capítulo LXIII, "Fujamos", a moralidade desaparece num mundo imaginário nietzscheano ("um mundo nosso") no qual "não havia Lobo Neves, nem casamento, *nem moral*, nem nenhum outro liame, que nos tolhesse a expansão da vontade". (Itálicos meus.)

12 Em português, a consciência tem esse duplo uso de conhecimento e de instância moral.

mente da consciência para escrever um romance tão sofisticado como *Memórias*, apesar de podermos conceber um mundo possível no qual a composição dum livro possa dispensar as mãos. Cubas escritor na segunda vida sem consciência não é de todo credível, mesmo para a situação ficcional e crítica do realismo em que se encontra depois da morte. Por isso, mantenhamos que a perda de consciência de Brás Cubas no momento preciso da sua morte é temporária. No conto "A segunda vida", decorrem oito meses entre morte e renascimento. Mesmo na situação narrativa dum escritor puro fantasma sem mãos, olhos e boca, é inconcebível um autor destituído do fenômeno da consciência; esta está invariavelmente pressuposta na tarefa de contar uma história. A ponte entre a experiência da morte descrita em expressões tão extraordinárias ("pareceu-me sentir a decomposição súbita de mim mesmo"; 522) como colapso da consciência e o estado exuberante, manipulador de ambivalências, irônico do narrador Cubas, essa ponte entre o fim do protagonista e o começo do narrador não é explicitamente narrada.

Mas em *Memórias Póstumas*, não há uma renúncia à representação do que é irrepresentável com o desaparecimento de Cubas-o-protagonista, e antes da aparição de Cubas-o-narrador. Na investigação do que medeia entre a vida e a morte, o capítulo LIV, "A pêndula", não pode faltar. Numa noite em que Cubas na cama não consegue dormir, entrega-se a um exercício de imaginação estimulado pelo tic-tac do relógio:

> [...] Usualmente, quando eu perdia o sono, o bater da pêndula fazia-me muito mal; esse *tic-tac* soturno, vagaroso e seco parecia dizer a cada golpe que eu ia ter um instante menos de vida. Imaginava então um velho diabo, sentado entre dous sacos, o da vida e o da morte, a tirar as moedas da vida para dá-las à morte, e a contá-las assim:
> — Outra de menos...
> — Outra de menos...
> — Outra de menos...
> — Outra de menos...
> O mais singular é que, se o relógio parava, eu dava-lhe corda, para que ele não deixasse de bater nunca, e eu pudesse contar todos os meus instantes perdidos. Invenções há, que se transformam ou acabam; as mesmas instituições morrem; o relógio é definitivo e perpétuo. (569)

O "velho diabo" faz lembrar a alcunha de Cubas quando era menino, "menino diabo" (Cap. 11, 526), agora envelhecido e noutro tempo. Com efeito, em vários episódios deste romance o protagonista dá moedas ou dinheiro a outros. Cubas é muito imprudente dando dinheiro a Marcela (Cap. XVII), mas bastante prudente em todas as outras situações em que tem que dar dinheiro: uma escassa moeda ao almocreve que lhe salvou a vida (Cap. XXI), uma nota suja a Quincas Borba (Cap. LIV), cinco "contos" a D. Plácida (Cap. LXX). Em *Memórias Póstumas*, pessoas podem ser intersubstituíveis por dinheiro. O caso mais eloquente é o de Virgília e da moeda de ouro; o título do capítulo LI ("É minha!") joga precisamente com a ambiguidade de se referir simultaneamente à mulher e à moeda. Dinheiro é até comparável a cadáveres de familiares. Cubas conta-nos, deixando escrito o lapso e, imediatamente de seguida, a sua correção: "Meu tio cônego morreu nesse intervalo; item, dous primos. Não me dei por abalado; levei-os ao cemitério, como quem leva dinheiro a um banco. Que digo? como quem leva cartas ao correio" (Cap. 116, 614). Um dos aspectos mais decisivos do valor do dinheiro consiste em obliterar a sua própria história. O dinheiro dos cadáveres do tio e dos primos tem essa qualidade definida por Brás Cubas como "... a moeda de Vespasiano; não cheira à origem..." (Cap. 152, 635). A vantagem do dinheiro reside na capacidade de abstração da sensibilidade e da moralidade. Nesse sentido, dinheiro é o equivalente a um mundo imaginado sem moral. Na passagem acima do capítulo LIV, a representação do dinheiro figura o que há entre a vida e a morte. A visualização do mais difícil de narrar em *Memórias* (a transformação do estatuto de observador de Cubas, de protagonista a narrador) é feita através duma cena de elementos abstratos, como dinheiro e tempo. A organização deste comércio automático e completamente assimétrico está fora do controle do "velho diabo" e de Brás Cubas. Apesar de serem "invenções" como os relógios, o imaginador Cubas e o imaginado "velho diabo" são marionetes que servem o tempo-máquina e a descapitalização da primeira vida. A economia da progressiva passagem da vida à morte subtrai intimidade e *pathos* ao fluxo monetário unidirecional.

O curto capítulo CXXIV, "Vá de intermédio", oferece alguma informação complementar sobre o trajeto da vida para a morte a propósito de Eulália Damasceno de Brito. "Que há entre a vida e a morte? Uma curta ponte. [...] Saltar de um retrato a um epitáfio, pode ser real e comum; o leitor, entretanto, não se refugia no livro, senão para escapar à vida" (620-21). Como parte dos sucessivos episódios de manipulação do leitor pelo autor ao longo de *Memórias Póstumas*, este refúgio no livro também não é certamente um cumprimento ao leitor. Nesta passagem, uma equação muito precisa liga *ponte* e *livro*. Este permite colocar o leitor e o autor do lado da segunda vida, o leitor porque no ato da leitura foge provisoriamente à vida, e o autor porque inapelavelmente morreu. Tal como o dinheiro, o livro aparece assim como objeto intermediário entre a vida e a morte; funciona como ponto de encontro para além da vida. Por isso, a morte é uma necessidade da pequena sociedade de personagens de *Memórias Póstumas*. A metáfora da ponte fica insuficientemente esclarecida neste capítulo e igualmente no resto do livro. A única outra *ponte* aparece no capítulo XXII, numa passagem que nos permite responder à pergunta *Para onde vai Brás Cubas depois da morte*? Podemos esperar duma boa resposta a esta pergunta uma contribuição valiosa para a investigação especializada do *espaço* do narrador como observador de segundo nível. Comparando com o destino do morto em "A segunda vida", poderíamos pensar que a alma de Cubas teria voado pelo espaço muito para além do círculo lunar. Leiamos:

> Deixei tudo isso [Veneza], o locandeiro, o doge, a Ponte dos Suspiros, a gôndola, os versos do lord, as damas do Rialto, deixei tudo, e disparei como uma bala na direção do Rio de Janeiro.
>
> Vim... Mas não; não alonguemos este capítulo. Às vezes, esqueço-me a escrever, e a pena vai comendo papel, com grave prejuízo meu, que sou autor. (544)
>
> Capítulo XXIII
>
> TRISTE, MAS CURTO
>
> Vim. Não nego que, ao avistar a cidade natal, tive uma sensação nova. [...] (544)

A segunda vida de Brás Cubas não decorre para além do círculo lunar, pois Cubas, o autor, está a escrever as suas memórias no Rio de Janeiro. O que identifica o lugar é o recurso ao verbo *vir*. Com efeito, se Cubas estivesse escrevendo num lugar distante do Rio, usaria o verbo *ir*. A diferença entre os verbos *vir* e *ir* é absolutamente inequívoca; o recurso ao verbo *vir* localiza o narrador no Rio. Logo no capítulo seguinte (Cap. XXIII, 544), o uso deste verbo é reforçado por repetição: "Vim". Fica provado, por conseguinte, que Brás Cubas escreve no Rio de Janeiro, e é razoável inferir que a sua segunda vida, por muito minimalista que seja, também decorre na mesma cidade natal. Lemos ainda um suplemento acerca das condições materiais da escrita. O autor está a escrever com uma pena (que em português tem, pelo menos, o duplo uso de instrumento de escrita e sofrimento) e que o faz em papel. Para o ficheiro da falta de controle intencional do autor, Cubas lamenta-se da autonomia da sua "pena" no ato de escrever. Como vimos acima e de novo agora, o autor em vários registros coloca em cena a falta de controle intencional da ação, que infecta o próprio ato de escrever. O livro *Memórias Póstumas* não é necessariamente um produto da vontade detalhada do seu autor ficcional.

3. A conclusão de que Cubas como morto-vivo está escrevendo no Rio de Janeiro não pode ser contornada. A pergunta subsequente é a de saber onde mais especificamente está o autor na cidade? Em que bairro escreve o seu livro?

> Tu [leitor] amas a narração direta e nutrida, o estilo regular e fluente, e este livro e o meu estilo são como os ébrios, guinam à direita e à esquerda, andam e param, resmungam, urram, gargalham, ameaçam o céu, escorregam e caem...
>
> E caem! — Folhas misérrimas do meu cipreste, heis de cair, como quaisquer outras belas e vistosas; e, se eu tivesse olhos, dar-vos-ia uma lágrima de saudade. Esta é a grande vantagem da morte, que, se não deixa boca para rir, também não deixa olhos para chorar... Heis de cair. (583)

Logo no primeiro capítulo Brás Cubas oferece uma pista para a localização da sua atividade, quando define a sua condição como escritor: "eu não sou propriamente um defunto autor, mas um defunto autor, para quem a campa foi outro berço". Na enorme proliferação de *segundas vezes* em *Memórias Póstumas*, "outro berço" sinaliza que a sua segunda vida começa na campa ou, digamos, no cemitério. O capítulo LXXI confirma esta pista. O autor compara o seu estilo de escrita aos "ébrios". Eles caem, como as folhas do cipreste no livro, e é justamente este verbo, *cair*, que permite a associação entre "ébrios" e as "folhas misérrimas do meu cipreste". Ora os ciprestes são árvores de cemitério e de luto; acresce ainda que "o livro é enfadonho, cheira a sepulcro, traz certa contração cadavérica" (Cap. LXII, 583).[13] Por isso, temos bons elementos para reforçar a conclusão de que Brás Cubas escreve o seu livro a partir dum cemitério no Rio de Janeiro. Os ciprestes são árvores de folha perene, pelo que a previsão repetida do autor ("—Folhas misérrimas do meu cipreste, heis de cair [...]. Heis de cair") revela leis dum mundo no qual as folhas do cipreste caem.

Abel Barros Baptista oferece uma interpretação engenhosa deste capítulo LXXI na qual embarca na descrição do cipreste como metáfora do livro[14] *Autobibliografias*, 97. Nesta análise, o muito que se ganha metaforicamente perde-se um pouco metonimicamente. A charada de responder à pergunta *O que é o cipreste*? fica resolutamente decidida com um bom argumento. O que se perde nesta interpretação brilhante é a análise da contiguidade do meio híbrido que rodeia Brás Cubas entre a primeira e a segunda vidas na crise de escrever as suas memórias que emerge nos capítulos LXXI e LXXII. Como se efetua a transferência da produção literária do autor entre a sua escassa segunda vida, sem olhos ("chorar"), sem boca ("rir"), sem *pathos*, e a vida da recepção do livro fora do cemitério?[15] Entre uma espécie de "filosofia da

13 Os ciprestes não abundam na obra de Machado de Assis. No romance de 1874, *A Mão e a Luva*, um cipreste aparece como termo de comparação: "Estêvão murmurou algumas palavras, a que tentou dar um ar de gracejo, mas que eram fúnebres como um cipreste". *Obra Completa*. Vol. I, p. 198.

14 Abel Barros Baptista. *Autobibliografias. Solicitação do Livro na Ficção e na Ficção de Machado de Assis*. Lisboa: Relógio d'Água, 1998, p. 97.

15 A decepcionante recepção de *Memórias Póstumas* ao tempo da sua publicação em 1881 é um problema encenado pelo próprio livro na relação entre narrador e leitores. Hélio Seixas Guimarães sumaria esta relação e a recepção à obra na imprensa em *Os Leitores de Machado de Assis. O Romance Machadiano e o Público de Literatura no século 19*. São Paulo: Edusp, 2004, 175-93.

miséria" (Cap. LIX) e a "filosofia das coisas velhas" (Cap. CXVI), o cipreste – sujeito ao envelhecimento – mostra que o narrador não é um puro espírito da eternidade, inscrevendo no espaço e no tempo a escrita de Brás Cubas.[16] O cipreste é um objeto transicional. No registro retórico, o cipreste é melhor lido como alegoria, que pressupõe o tempo. A queda das folhas do cipreste, como a da borboleta preta do capítulo XXXI, que caiu e não morreu, continuam com uma breve história. Uma das perguntas que se podem legitimamente fazer sobre a segunda vida de Brás Cubas é a de saber do uso do tempo. Nos primeiros capítulos do romance somos informados de que uma das vantagens da nova condição de Brás Cubas é o enorme fastio com a eternidade da qual se distrai escrevendo o livro: "este livro é escrito com pachorra, com a pachorra de um homem já desafrontado da brevidade do século" (Cap. IV, 516). Porém, no capítulo CXVI, p. 614, o narrador diz-nos que "não, não quero perder tempo". Ele refere-se ao tempo da composição das suas memórias. Por outras palavras, na segunda vida também há questões com prazos. A passagem do tempo permite o envelhecimento, a segunda hipótese. Assim, "Filosofia de folhas velhas" consiste justamente na possibilidade de ler as páginas das cartas pela segunda vez com o benefício do "prazer de ver-te, ao longe, na penumbra". Eis uma descrição perfeita do observador de segundo nível na tarefa de auto-observação na sua primeira vida. A situação do narrador é espelhada pelo caso do leitor velho e das cartas de juventude. As "Folhas misérrimas do meu cipreste" fazem parte duma história que envelhece e até pode ser listada para apagar num outro momento, como podemos ler no capítulo seguinte: "Talvez suprima o capítulo anterior" (Cap. LXXII, 584). Os possíveis exercícios interpretativos para resolver a charada desta forma de *protagonismo do capítulo* invariavelmente sublinham a temporalidade.

A tentação para encontrar na interpretação de *Memórias Póstumas* metáforas nas quais um dos termos é *livro* está bem distribuída entre os melhores críticos da obra-prima de Machado de Assis. Vimos o caso de Abel Barros Baptista, para quem *o*

16 A propósito desta proliferação de filosofias, Maia Neto afirma que os ganhos cognitivos da segunda vida residem precisamente na visão filosófica: "His final assessment of his relationship with Virgília well exemplifies the distance that lies between the naive life-view he had at the time he met her and the philosophical one exhibited by the deceased writer". (*Machado de Assis, the Brazilian Pyrrhonian*. Lafayette: Purdue University Press, 1994, p. 84).

cipreste é o livro. Para Enylton Sá Rego, "o 'Emplasto Brás Cubas' realmente morreu com seu inventor, mas renasceu do além-túmulo sob a forma de seu livro".[17] Esta equivalência simbólica entre emplasto e livro coloca *Memórias Póstumas* na dimensão terapêutica da literatura. Se o índice de sucesso de Cubas com o romance for o mesmo que com o emplasto teremos a esplendida história dum duplo fracasso. Ainda assim, a leitura de Sá Rego sublinha a repetição em dois diferentes ambientes duma mesma função. A boa literatura substitui o emplasto e tem um preço elevado: o fim da primeira vida do autor. E, em *Memórias Póstumas* e na sua implícita literatura, uma vez não basta, requer uma segunda vez. Do ponto de vista da vida convencional, a terapia literária da primeira vida chega tarde, quando o protagonista se converteu já em narrador e está morto. Para Juracy Assmann Saraiva, da interpretação do capítulo LIII decorre que vida e livro são permutáveis.[18] Mas a identificação das frias carnes do seu cadáver (dedicatória inicial de *Memórias Póstumas*) com a materialidade do livro permite ainda a derivação da metáfora: *o cadáver de Cubas é o livro*; os críticos são os vermes que o roem, e assim por diante. O *protagonismo do livro* em *Memórias Póstumas* vive do e no reino das metáforas interpretativas.

Pela minha parte, tenho uma nota contraintuitiva a acrescentar a algumas destas celebradas metáforas na interpretação de Machado. O miserável cipreste tem pelo menos um elemento em comum com as sucessivas aparições do miserável leitor (Cap. LXXI): envelhece. Este processo não é controlável. O único refúgio que a voragem do tempo permite é o lugar privilegiado duma segunda vez. "Creiam-me, o menos mau é recordar; ninguém se fie da felicidade presente" (Cap. VI, 518). Os benefícios da literatura, segundo Cubas, residem na segunda vez. O livro ponte, o livro cadáver, o livro emplasto, o livro cipreste têm um denominador comum, o qual permite uma experiência específica. Nas *Memórias Póstumas*, o livro possibilita os benefícios da figura da repetição, a segunda vez, a segunda vida, e, um pouco redundantemente, é isso mesmo que renovadamente *Memórias* diz e faz nos mais variados

---

17 Enylton de Sá Rego, *op. cit.*, 176-7.

18 Juracy Assmann Saraiva. "Memórias Póstumas de Brás Cubas: Edição e Errata". *O Circuito das Memórias em Machado de Assis*. São Paulo: Edusp, 1993, p. 71.

registros.[19] Juracy Assmann Saraiva expõe a "repetição incisiva do significante – 'vir'"[20] na escrita maquinal do protagonista de *Memórias Póstumas* (Cap. XXVI). O moleque Prudêncio pela segunda vez põe em ação o esquema de dominação do qual foi vítima (Cap. LXVIII). O narrador, dizendo que não vale a pena contar mas contando, escreve o capítulo CXLV, "Simples repetição". Enylton Sá Rego observa que o retorno ao gênero épico em *Memórias Póstumas* reescreve-o ironicamente como cômico.[21] Linguagem, ação, arquitetura narrativa e gênero literário organizam-se pelo que se faz pela segunda vez.

4. Um dos mistérios provavelmente insolúveis de *Memórias Póstumas* é o de procurar saber como pôde o narrador ler Luciano, Sterne e Garrett para escrever o seu livro. Não dispomos duma espécie de *Bildungsroman* de Cubas na sua primeira vida. E, no entanto, as marcas das leituras eruditas do narrador aparecem desde logo na introdução "Ao leitor", com autores como Stendhal e Xavier de Maistre. Aliás a formação do escritor Cubas deve ter sido particularmente exigente, porque estamos perante o mais talentoso romancista em português. Revisto o livro, ao talento que compôs esta obra-prima não corresponde a narrativa duma educação literária equivalente. Roberto Schwarz acredita que o caráter de Brás pode ser explicado pela sua educação, melhor, pela "deseducação de Brás".[22] As pistas na primeira vida que possam antecipar o futuro escritor são poucas. No capítulo 64, o protagonista é apresentado a escrever não se sabe o quê como paliativo para a insônia: "Vagueei pelas ruas e recolhi-me às nove horas. Não podendo dormir, atirei-me a ler e a escrever. Às onze horas estava arrependido de não ter ido ao teatro, consultei o relógio, quis vestir-me, e sair". O empenhamento casual no trabalho da escrita não é consequente e conduz ao arrependimento, tal como no capítulo LXXI. No noite em que não foi ao teatro, a escrita de Cubas não lhe pode

19 No seu muito influente "Esquema de Machado de Assis", Antonio Candido sugere que noutras obras do autor encontramos outras extraordinárias ficções de *segunda vez*, intuição que merece toda a atenção nesta linha de leitura de segundo nível (Luhmann).

20 Saraiva, *op. cit.*, p. 74.

21 Rego, *op. cit.*, p. 165.

22 Schwarz, *op. cit.*, p. 122-27.

ter tomado mais do que duas horas; não sabemos qual era o assunto; e aconteceu porque supostamente não havia nada de melhor para fazer. Sabemos que na primeira vida Cubas tinha escritos políticos e escritos literários, uma vez que Lobo Neves elogia os primeiros ("eram excelentes, bem pensados e bem escritos") e diz que não entende os literários (Cap. L, 566). A melhor explicação é, pois, a de que o gênio do narrador de *Memórias Póstumas* resulta das condições excepcionais em que se encontra na sua segunda vida.

Para descrever os escassos elementos da vida material e os estados de espírito de Brás Cubas na sua segunda vida, percorramos brevemente algumas das passagens da obra. Lancemos uma suspeita inicial. À partida, o processo de composição de *Memórias Póstumas* deverá ser bastante idealista, pois o autor não escreve com o seu corpo da primeira vida, mas com o cadáver, para sermos macabros, ou com o espírito. Em qualquer dos dois casos, não dispõe de olhos nem de boca. Estas limitações físicas, digamos assim, são vantagens (evitam o *pathos*) e desvantagens (parecem limitar a capacidade de revisão de texto, como se Cubas cego pudesse escrever e não pudesse ler e rever o que escreveu). A contrapartida do narrador fisicamente deficiente pode residir em capacidades intelectuais ou morais acrescidas, tornando-o um desafio mental para o leitor.

No capítulo XXIV, somos informados por Brás Cubas de que a sua segunda vida se aproxima muito mais do desinteresse da experiência estética a que se referia Immanuel Kant (juízo estético) do que a primeira. O dinheiro, por exemplo, desempenha funções cruciais no desenrolar da narrativa da primeira vida; lembremos os episódios de Marcela, do almocreve, da disputa do preço da casa. Na transição da vida para a morte (Caps. CLV e XLIV), de novo as representações do dinheiro permitem narrar por analogia o que se revela mais difícil em toda a obra: não o que acontece na primeira ou segunda vidas, mas a conversão duma na outra. Todavia, o dinheiro não existe nem tem qualquer função na vida de Cubas enquanto autor, isto é, na sua segunda vida; apesar de serem bastante maltratados, como noutro registro o moleque Prudêncio, leitores e críticos não podem ser comprados por Cubas. O dinheiro permitia comprar pessoas na primeira vida. Ora, não há nesta obra uma comunidade de outros mortos para comprar na segunda vida, nem tampouco dinheiro, apenas outro valor que reside nas palavras. Seguindo a teoria do pai Cubas, o valor mais seguro é a opinião dos outros (Cap. XXVIII). Por isso, e apesar do que o autor explicitamente diz, o único interesse do defunto autor são as pessoas vivas, *com opinião*, particularmente os seus leitores e os críticos. Se existem em *Memórias Póstumas* outros mortos, Brás Cubas não demonstra apetência por um *diálogo dos mortos*, mas sim por um *diálogo com os vivos*.

"Talvez espante o leitor a franqueza com que lhe exponho e realço a minha mediocridade; advirta que a franqueza é a primeira virtude de um defunto" (Cap. XXIV, 545-46). Nestes termos, a diferença entre o narrador e o protagonista é antes de mais de ordem moral. Para resumir bastante, a primeira vida está contaminada pelo disfarce e o cinismo, enquanto a segunda é purificada destes aspectos negativos da moral. Restaria investigar em pormenor se esta autoproclamada elevação ética do narrador não encontra grandes exceções na própria filosofia da composição de *Memórias Póstumas* e no seu uso da ambiguidade ou na relação do autor com o leitor e os críticos.[23] Obviamente a suspeita é de que o valor da narrativa reside justamente para além da virtude da franqueza. Desloquemos a nova atitude de Cubas da moral para a epistemologia da narrativa. Expor e enfatizar a mediocridade dum protagonista é um problema de técnica narrativa complicado para o narrador. A potencial situação de *double bind* em que se encontra é a seguinte: Por um lado, se der voz ao protagonista medíocre terá certamente como resultado final uma obra medíocre; por outro lado, se não der voz ao protagonista medíocre, está a comprometer seriamente a prometida exposição dum personagem medíocre. A resolução deste desafio nas *Memórias Póstumas* passa pelo discurso indireto livre; a voz do protagonista medíocre (nomeadamente na falta de controle intencional da sua ação) é mediada pela voz do narrador talentoso (supostamente franco, desinteressado, consequente, na passagem de intenções a ações). Nesta mediação reside o valor. Assim, a segunda vida de Brás Cubas corrige moral e epistemologicamente a primeira. A estética substitui o dinheiro.

23 Machado de Assis é um herdeiro da estratégia do *entrapment* do teatro inglês do século XVIII que vemos reaparecer em *Tristram Shandy*, de Laurence Sterne (década de 1760), e em *Viagens na Minha Terra*, de Almeida Garrett (1846). As armadilhas ao leitor são exatamente o oposto da sinceridade prometida pelo narrador de *Memórias Póstumas*.

Sabemos pouco acerca do processo de publicação das páginas de Cubas. Certo é que medeia algum tempo entre a escrita do romance e o possível momento da sua leitura por um leitor especial como a sua amante Virgília.

> Tu que me lês, se ainda fores viva, quando estas páginas vierem à luz, – tu que me lês, Virgília amada, não reparas na diferença entre a linguagem de hoje e a que primeiro empreguei quando te vi? Crê que era tão sincero então como agora; a morte não me tornou rabugento, nem injusto.
>
> —Mas, dirás tu, como é que podes assim discernir a verdade daquele tempo, e exprimi-la depois de tantos anos?
>
> Ah! indiscreta! ah! ignorantona! Mas é isso mesmo que nos faz senhores da Terra, é esse poder de restaurar o passado, para tocar a instabilidade das nossas impressões e a vaidade dos nossos afetos. (Cap. XXVII, 549)

Paro a citação imediatamente antes dessas linhas muito famosas e simbolicamente exploradas por excelentes interpretações nas quais Machado escreveu que o homem é "uma errata pensante". O princípio da errata não se ajusta bem ao diálogo com Virgília imaginado por Cubas e, por conseguinte, não pode ser legitimamente considerado como o seu corolário teórico. Este não é um diálogo dos mortos. O narrador está morto e, nos seus próprios termos, Virgília está viva. É pois uma boa ocasião para analisar um pouco melhor a relação entre as vidas de Cubas. Quanto ao uso da linguagem, o amor de Virgília oblitera a diferença entre o disfarce da primeira vida e a franqueza da segunda. Lemos esta passagem nos termos de Cubas, e em bom rigor é do que dispomos, não temos outra versão. A "linguagem de hoje" é, quanto à "franqueza", a mesma da primeira vida. Neste ponto, nós leitores somos todos Virgílias, e a dúvida que ela coloca acerca da inevitável construção do passado irrita Cubas a ponto de se contradizer. A indiscrição de que acusa Virgília não é compatível com a generosa oferta de franqueza que tinha prometido para as suas memórias. E este é precisamente o momento em que uma versão muito otimista sobre a partilha de conhecimento a partir da tranquilidade da segunda vida se converte num problema de poder. Em última análise, a grande questão de Brás Cubas é como se transformar num dos "senhores da terra" através do "poder de restaurar o passado". Se for convincente que Brás Cubas compõe as suas memórias a partir dum cemitério no Rio de Janeiro, então ainda se torna mais fácil compreender que os seus interesses não são de todo acerca do mundo supralunar, mas sobre como ganhar poder sobre os habitantes da terra nas suas primeiras vidas. A verdade de Cubas é um instrumento de poder; neste sentido, um certo uso da linguagem funciona como o dinheiro possível da muito específica intromissão do narrador na terra. O que nos é dado como intervenção estética desinteressada sob a forma de memórias sinceras serve, afinal, os interesses de poder de Cubas através da linguagem. Esta é a moeda entre o morto e os vivos; e não é certamente uma moeda de troca. O narrador fica, de forma não negociada nem contratada, com o "poder de restaurar o passado" e até de fazer intervir os personagens com objeções e de lhes responder quando oportuno.

Juracy Assmann Saraiva argumenta em favor duma leitura segundo a qual o narrador de *Memórias Póstumas*, afastado dos constrangimentos da sua primeira vida, é um narrador onisciente.[24] Essa seria uma diferença de peso entre Cubas antes e depois da morte. A vantagem cognitiva do narrador consistiria em conhecer à partida o ponto de chegada e o ponto de partida da história. Cubas não é um narrador que saiba tudo, como Assmann Saraiva teve consciência. Uma das duas limitações principais da onisciência do narrador é o acesso apenas ao interior do protagonista, o próprio Brás Cubas na sua primeira vida, e não aos sentimentos e pensamentos dos outros personagens. A outra das limitações da onisciência do narrador resulta da impossibilidade de reproduzir fielmente o passado. O início do capítulo XLVII é um bom exemplo dessa dificuldade de representação credível: "Marcela, Sabina, Virgília... aí estou eu a fundir todos os contrastes, como se esses nomes e pessoas não fossem mais do que modos de ser da minha afeição interior" (564). A este respeito, Cubas encontrou uma carta de Virgília a pedir que fosse ter com ela à noite entrando discretamente no jardim através dum muro baixo (Cap. CXI). Depois de alguma hesitação, Cubas decidiu ir. O equívoco era que se tratava dum bilhete antigo tirado por Dona Plácida duma gaveta. Rigorosamente, o protagonista estava a encontrar o bilhete de Virgília pela *segunda vez*. A dificuldade era que não se lembrava.

24 Saraiva, *op. cit.*, p. 50.

Eis um problema de reconhecimento do tempo que, na primeira vida (Cap. CXI), é um caso de esquecimento da sua própria história e, no caso da segunda vida (Cap. XLVII), condensa os tempos das duas vidas.

Também Jorge de Sena conclui pela onisciência como um benefício do narrador na vida para além da morte:

> Brás Cubas narra a sua vida do ponto de vista do "defunto", ou seja, do homem que tem uma perspectiva total, completa e omnisciente, mas também, pela sua qualidade de morte, teoreticamente desapegada da vida: a sátira profunda do impossível fundamental –a objectividade só é possível (e mesmo assim... muitas páginas são uma irónica denúncia de que até na morte isso seria impossível) nas "memórias póstumas" que só podem ser uma ficção estética.[25]

Tal como Juracy Assmann Saraiva, Jorge de Sena concede o estatuto de narrador onisciente a Brás Cubas e também lhe coloca restrições. O que Sena coloca entre parênteses, que "muitas páginas" são justamente uma violação do estatuto de onisciência, deveria fazer repensar a sua tese. A "perspectiva total, completa e omnisciente" é uma interpretação de bons críticos como Sena; não é uma promessa explícita do narrador das *Memórias Póstumas*, que se arrepende (Cap. LXXI) e ironiza nessa forma complexa de "conhecimento recapitulativo".[26] Nestas condições, retirar o estatuto de narrador onisciente a Brás Cubas seria um bem para que a prosaica análise muito detalhada a este respeito possa prosseguir o seu caminho. A idealização dos poderes cognitivos do narrador obscurecem a constatação empírica de que, para reduzir um pouco o mistério da sua morte, melhor será chamar-lhe segunda vida, com estados pouco excepcionais como a tristeza, o cansaço e a melancolia (Cap. CXVI). Brás Cubas se beneficia analiticamente, como observador de segundo nível, em ser retirado da invisibilidade com a qual se protege e tem sido criticamente protegido na

25 Jorge de Sena. "Machado de Assis e o seu Quinteto Carioca". In: *Estudos de Cultura Literatura Brasileira*. Lisboa: Edições 70, 1988, p. 331.

26 Saraiva, *op. cit.*, p. 54.

morte, por forma a destacar até a imperfeição dos seus trabalhos de hetero-observação e, sobretudo, de auto-observação na sua afinal *localizada* segunda vida.

Referências Bibliográficas

BAPTISTA, Abel Barros. *Autobibliografias. Solicitação do Livro na Ficção e na Ficção de Machado de Assis*. Lisboa: Relógio d'Água, 1998.

CANDIDO, Antonio. "Esquema de Machado de Assis". In: *Vários Escritos*. 3ª. ed. São Paulo: Duas Cidades, 1995.

KANT, Immanuel. "Analytic of the Aesthetical Judgement". In: *The Critique of Judgement*. Trad. James Creed Meredith. Oxford: Oxford University Press, 1952.

LUHMANN, Niklas. "Observation of the First and of the Second Order". In: *Art as a Social System*. Trad. Eva M. Knot. Stanford: Stanford University Press, 2000, p. 54-101.

MACHADO DE ASSIS, Joaquim Maria. *Memórias póstumas de Brás Cubas*. In: COUTINHO, Afrânio (org.). *Obra completa*. Vol. I. Rio de Janeiro: Aguilar, 1986.

_______. *The Devil's Church and Other Stories*. Trad. Jack Schmitt and Lorie Ishimatsu. Austin: University of Texas Press, 1977.

_______. *Obra Completa*. Vols. I-II. Ed. Alfrânio Coutinho. Rio de Janeiro: Aguilar, 1986.

MAIA NETO, José Raimundo. *Machado de Assis, the Brazilian Pyrrhoniam*. Lafayette: Purdue University Press, 1994.

GUIMARÃES, Hélio de Seixas. *Os Leitores de Machado de Assis. O Romance Machadiano e o Público de Literatura no Século 19*. São Paulo: Edusp, 2004.

POE, Edgar Allan. "The Philosophy of Composition". In: *The Works of Edgar Allan Poe*. Vol. 1. Nova York: Funk & Wagnalls, 1904.

PUTNAM, Hilary. "A Comparison of Something with Something Else". In: *Words and Life*. Cambridge: Harvard University Press, 1994.

REGO, Enylton Sá. *O Calandu e a Panaceia. Machado de Assis, a Sátira Menipeia, e a*

Tradição Luciânica. Rio de Janeiro: Forense Universitária, 1989.

SARAIVA, Juracy Assmann. "Memórias Póstumas de Brás Cubas: Edição e Errata". In: *O Circuíto das Memórias em Machado de Assis*. São Paulo: Edusp, 1993.

SCHWARZ, Roberto. *Um Mestre na Periferia do Capitalismo*. São Paulo: Duas Cidades, 1998.

SENA, Jorge de. "Machado de Assis e o seu Quinteto Carioca". In: *Estudos de Cultura e Literatura Brasileira*. Lisboa: Edições 70, 1988.

VILAR, Bluma Waddington. "Machado de Assis and *The Posthumous Memoirs of Brás Cubas*". *Portuguese Literary & Cultural Studies 4/5*, Dartmouth, MA, Spring/Fall 2000, p. 135-47.

WORDSWORTH, William. "Preface to the Lyrical Ballads". In: *Prefaces and Prologues*. The Harvard Classics. Vol. XXXIX. Nova York: P. F. Collier & Son, 1909

Conto

O paradoxo do alienista

Abel Barros Baptista
(Universidade Nova de Lisboa)

> C'est un curieux paradoxe de voir la pratique médicale entrer dans ce domaine incertain de quasi-miracle au moment où la connaissance de la maladie mentale essaie de prendre un sens de positivité. D'un coté la folie se met à distance dans un champ objectif où disparaissent les menaces de la déraison; mais en ce même instant le fou tend à former avec le médecin, et dans une unité sans partage, une sorte de couple, où la complicité se noue par des très vieilles appartenances.[1]

Não gozando decerto de prestígio comparável ao de *Memórias Póstumas de Brás Cubas* – apesar de incluído em *Papéis Avulsos*, a primeira coletânea de contos da chamada fase madura de Machado –, *O Alienista*[2] não deixa de ser hoje um daqueles textos que todo o leitor medianamente informado já conhece ou julga conhecer: como se o tivesse lido ainda sem o ter lido. Imagina-se logo de entrada que aquele Simão Bacamarte, o alienista, se revelará ao cabo o único louco em toda a pacata vila de Itaguaí, que entretanto foi pondo em rebuliço com as suas teorias da loucura e o hospício de alienados que ali estabeleceu, a Casa Verde. E, aliás, argumenta-se sem

---

1 Michel Foucault. *Histoire de la folie a l'âge classique*. Paris: Gallimard, 1972, p. 526.

2 Machado de Assis. *O Alienista*. In: Adriano da Gama Kury (org.). *Papéis Avulsos*. Rio de Janeiro: Garnier, 1989.

custo que a própria novela vai insinuando, desde o início, essa mesma ideia. Num certo sentido, de fato, o desfecho é previsível: até porque, como veremos, se trata do único possível, considerando a lógica do trajeto do protagonista.

Daí, então, a tendência para reter da figura e do percurso de Simão Bacamarte apenas o que neles conduz "mais longe": o alienista seria a superfície de "algo" a oferecer-se na profundidade da alegoria. Retenha-se este testemunho recente, num ensaio de Alfredo Bosi:

> Do "Alienista", primeira novela de Machado maduro, não basta dizer que faz a sátira do cientificismo aplicado ao estudo da loucura. É verdade que, sendo a partilha entre razão e desrazão o cerne da trama, a história toma o ar divertido de uma *comédie d'erreurs* sobre a qual paira sempre a sugestão de ser o alienista o único alienado. E esse é o efeito de superfície, o paradoxo que o narrador sustém do começo ao fim da novela. O típico, o *exemplum* que gera o cômico, parece, à primeira leitura, estar só do lado do Dr. Simão Bacamarte, homem de ciência até a medula, consequente até o ridículo. O Dr. Bacamarte, como as prima-donas de ópera, rouba a atenção do leitor. Mas essa história de loucos quer-me parecer índice de uma outra dimensão, que inclui e ultrapassa a caricatura do perfeito alienista.[3]

O termo "caricatura" é solidário do modelo de leitura prevalecente na crítica machadiana: a caricatura deixa reconhecer facilmente o caricaturado, criando a ilusão de inteligibilidade que satisfaz o primeiro leitor. A superfície é enganosa: nesse engano – e contra esse engano –, a crítica encontra frincha em que instala o comentário esclarecedor, quer dizer, desmistificador. Nada admira, assim, que nem esta novela cômica e fantasista consiga escapar ao nacionalismo crítico que tem dominado a tradição machadiana brasileira. Além da caricatura, depara-se a sempre realidade histórica brasileira, percebida e denunciada com a lucidez conhecida: Itaguaí

3 Alfredo Bosi. "A Máscara e a Fenda". In: *Machado de Assis. O Enigma do Olhar*. São Paulo: Ática, 1999, p. 88.

como alegoria do Brasil.[4] A análise de Bosi, entretanto, desvincula-se da referência ao Brasil, pretendendo da novela lição mais ampla, decerto longe da especificidade nacional. Retomo a transcrição da passagem citada no ponto em que ficou interrompida na citação acima:

> Porque há nela um desenho claro de uma "situação de força". Bacamarte não é, absolutamente, o tipo do cientista maluco, marginal, entregue à irrisão dos bem-pensantes. (...) Seu "status" de nobre e portador do valimento régio transforma-o em ditador da pobre vila de Itaguaí. A população sofre os efeitos de um terrorismo do prestígio de que as relações entre médico e doente, psiquiatra e louco, são apenas casos particulares. O eixo da novela será, portanto, o arbítrio do poder antes de ser o capricho de um cientista de olho metálico. (...)
> O hospício é a Casa do Poder, e Machado sabia disso bem antes que o denunciasse a antipsiquiatria. (...)

---

4 Katia Muricy viu em O Alienista uma alusão, também através da caricatura, ao "processo de normalização da sociedade brasileira": "A vila de Itaguaí aparece assim como uma alegoria da sociedade brasileira oitocentista; se os costumes descritos são ainda os do Brasil colonial, as novidades da ciência de Simão Bacamarte são bem as que os psiquiatras do século XIX traziam à sociedade pela via da medicina social." *A razão cética. Machado de Assis e as questões de seu tempo*. São Paulo: Companhia das Letras, 1988, p. 33. É toda a questão da importação do modelo estrangeiro que preside a esta leitura: a caricatura serviria a Machado para denunciar a inadequação de um modelo estrangeiro. Katia Muricy, no entanto, pretende ir além deste confronto e dessa denúncia, posto que a referência central à sociedade brasileira oitocentista persista: "Não se trata, apenas, de descrever nossa inadequação ao modelo europeu. O texto de Machado alcança a sua dimensão crítica à medida que testemunha o processo de normalização da sociedade brasileira, em suas idiossincrasias, como propriamente nosso e se posiciona com ceticismo em relação a seus valores. Pode-se perceber no humor de O Alienista uma crítica perspicaz às intenções controladoras da nascente psiquiatria brasileira em relação à população, bem como uma compreensão exata das alianças recíprocas entre ela e o poder político. Mas é especialmente na ironia à positividade experimental, aos altos ideais humanitários do saber psiquiátrico e à sua suposta vinculação com os princípios universais da razão – vínculo que legitimava, no discurso médico, a intervenção da psiquiatria no social – que a narrativa ganha a sua inteligência mais requintada" (*Idem*, p. 36).

> Há, pois, uma situação prévia de domínio que dobra a língua e a espinha dos que rodeiam Simão Bacamarte. Esse domínio se exerce em nome de uma atividade considerada neutra, "acima dos apetites vulgares": a ciência, o amor à Verdade, que inspira o psiquiatra.[5]

Não cabe negar a pertinência destas observações: a ação do alienista depende decisivamente do poder, e é decisivamente uma ação de poder. Mas será viável deduzir esse poder específico de uma forma geral e superior de poder? Nos alvores da rebelião, o barbeiro Porfírio irá levantar-se contra o "déspota" e o "despotismo científico do alienista";[6] mas ele mesmo, já triunfante, dirá a Bacamarte que "governo reconhece que a questão é puramente científica, e não cogita em resolver com posturas as questões científicas".[7] O poder de que fala Bosi tem a forma de um "domínio prévio" que se mantém inalterado ao longo da história e que, sobretudo, parece deixar os outros poderes inalterados. Como se a todos se sobrepusesse, do princípio ao fim, e mesmo antes do princípio, enquanto condição original que precede e determina tudo o mais. Daí que a ação do alienista se reduza a "caso particular": depois do poder, é "capricho" de cientista. Abrindo assim caminho para a ideia de caricatura, Bosi acaba por reproduzir a oposição vulgar com que o alienista se defronta no próprio quadro da novela, isto é, a que se legitima com a suspeita de que o estatuto social e a cumplicidade dos poderes instituídos o protegem, permitindo-lhe o arbítrio. Na análise de Bosi, o poder de Bacamarte não é especificamente o poder do cientista. Em consequência, o desfecho da novela perde relevo e interesse: aliás, no limite, a condição de alienista, a loucura, as teorias da loucura e a Casa Verde dissolvem-se quase sem resíduo na operação alegórica. O único louco de Itaguaí, quando revelado, representaria, afinal, o excesso cômico, último traço da caricatura e, enquanto tal, mero sinal da hipérbole de superfície.

No entanto, e aí reside o fulcro da originalidade da novela, Simão Bacamarte não se revela o único louco de Itaguaí: é antes ele próprio que, no final, se "declara" o único

---

5 Alfredo Bosi, *op. cit.*, p. 88-90

6 *Idem*, p. 40.

7 *Idem*, p. 49.

louco de Itaguaí. Em sentido bem preciso, concluir simplesmente que o alienista é o único alienado significa adotar a conclusão final do mesmo alienista, ou seja, significa aceitar que, na novela, Simão Bacamarte persiste a única autoridade capaz de decidir quem é e quem não é louco. Não se trata de coincidência desprezível: a novela narra a emergência de um "novo" poder – o de declarar e excluir os loucos –, cuja legitimidade o desfecho sustenta e, ao mesmo tempo, impugna. Neste sentido, a experiência da leitura passa pelo desfazer de uma previsibilidade que não recusa aquilo que promete. Por outras palavras, o desfecho é impossibilitado pelo próprio processo que o torna previsível. É a figura deste paradoxo que aqui pretendo traçar rapidamente.

O começo da novela apresenta Simão Bacamarte como o maior dos médicos do Brasil, de Portugal e das Espanhas, que estudara em Coimbra e em Pádua. Regressou ao Brasil porque o rei não conseguira "alcançar dele que ficasse em Coimbra, regendo a universidade, ou em Lisboa, expedindo os negócios do reino". A resposta a este apelo real é que traz a particularidade significativa: "— A ciência, disse ele à Sua Majestade, é o meu emprego único; Itaguaí é o meu universo."[8]

O alienista entra em cena definindo-se por esta dupla restrição, que é já um princípio de reclusão. A ciência enquanto "emprego único", em princípio, não devia reconhecer fronteiras: o que significa a restrição do "universo" a Itaguaí? A vila representa o espaço em que o cientista exercerá o "emprego único": laboratório de Simão Bacamarte, Itaguaí é figuradamente o seu "universo". Mas "universo" é também o espaço fora do qual nada existe: nesse sentido, Itaguaí é a parte que despreza ou ignora o todo, o delírio da sinédoque, que necessariamente afeta o "emprego único".

O modelo da "novela filosófica", articulando as "crônicas" de "tempos remotos" com um microcosmo precisamente delimitado, tem naquela frase inaugural de Bacamarte a sua condição de emergência. Nela se abriga já algum conflito entre o caráter universal do "emprego único" e os limites circunscritos do mundo concentracionário do asilo de alienados em que virá a encerrar-se, não apenas no final, mas no próprio momento em que o funda. Mas parece inegável que tal conflito por sua vez se restringe, reduzindo-se à subordinação hiperbólica – individual, caricatural,

8 Machado de Assis, *op. cit.*, p. 17.

cômica – aos ideais e princípios da ciência.[9] E se o episódio do casamento decerto reitera tal sugestão, a decisão de Bacamarte de se dedicar ao estudo da loucura, quando chega, reforça-a e particulariza-a, insinuando que a caricatura do cientista chegará à figura do sábio louco ou destinado à loucura.

O primeiro sinal encontra-se na reação popular à ideia de instalar um asilo de alienados em Itaguaí:

> A proposta excitou a curiosidade de toda a vila, e encontrou grande resistência, tão certo é que dificilmente se desarraigam hábitos absurdos, ou ainda maus. A ideia de meter os loucos na mesma casa, vivendo em comum, pareceu em si mesma um sintoma de demência, e não faltou quem o insinuasse à própria mulher do médico.[10]

Padre Lopes foi um deles, e precavendo-a contra o provável ensandecimento de Bacamarte: "Isso de estudar sempre, sempre, não é bom, vira o juízo". Mais adiante, em pleno "terror", uma das razões encontradas pelo vulgo para explicar o superpovoamento da Casa Verde é a "monomania do próprio médico".[11] E no despontar da revolta dos Canjicas, Sebastião de Freitas, o "vereador dissidente" – fascinado pela expressão "Bastilha da razão humana"[12] com que o barbeiro, que a ouvira a um poeta local, designou a Casa Verde –, pergunta:

---

9 Uma leitura da novela que demarca com insistência Simão Bacamarte do "autêntico cientista", separando a ciência da impugnação paródica do cientista, pode encontrar-se no ensaio de João Camilo dos Santos. "Algumas reflexões sobre *O Alienista*". Colóquio/Letras, 121-122, Julho-Dezembro de 1991.

10 Machado de Assis, *op. cit.*, p. 19.

11 *Idem*, p. 34.

12 Esta expressão é particularmente significativa. Pouco antes, alguém – "um médico sem clínica" – dissera que a Casa Verde "é um cárcere privado", opinião "que pegou e grassou rapidamente" (p. 34). A relação com a instituição prisional é muito óbvia, e de resto o poder do alienista envolve um aparelho de captura eficaz. Mas a referência à Bastilha é ainda mais importante por evocar o célebre Pinel.

> Nada tenho que ver com a ciência; mas se tantos homens em quem supomos juízo são reclusos por dementes, quem nos afirma que o alienado não é o alienista?[13]

Numa palavra, a possibilidade de o alienista ser o único alienado está desde cedo claramente inscrita no universo da novela. Seria porém precipitado supor que a pergunta do vereador dissidente culmina num processo claro e contínuo. Na verdade, muita coisa ocorrera entretanto. Mais precisamente, duas coisas ocorreram: a) a definitiva instalação da Casa Verde, cujo verdadeiro objetivo, importa sublinhar, era mais estudar a loucura do que proteger ou curar os loucos ("O principal nesta minha obra da Casa Verde é estudar profundamente a loucura, os seus diversos graus, classificar-lhe os casos, descobrir enfim a causa do fenômeno e o remédio universal"[14]); b) a formulação da "teoria nova" de Simão Bacamarte, cuja consequência imediata foi a "ampliação do território da loucura" ("a loucura, objeto dos meus estudos, era até agora uma ilha perdida no oceano da razão; começo a suspeitar que é um continente"[15]), criando o terror que, por sua vez, levaria à revolta.

Mas a consequência essencial é outra, e discrimina-se em dois planos. Primeiro plano: a alteração, radical e irreversível, da delimitação entre a razão e a loucura, e era essa a finalidade da teoria de Bacamarte:

> Supondo o espírito humano uma vasta concha, o meu fim – diz ele ao amigo boticário, explicando-lhe o seu propósito – é ver se posso extrair a pérola, que é a razão; por outros termos, demarquemos definitivamente os limites da razão e da loucura A razão é o perfeito equilíbrio de todas as faculdades; fora daí insânia, insânia, e só insânia.[16]

13 *Idem*, p. 40.

14 *Idem*, p. 21.

15 *Idem*, p. 27.

16 *Idem*, p. 29.

Segundo plano: a definição de um "lugar institucional de decisão" sobre essa fronteira, ou seja, o próprio alienista, investido dos poderes que lhe foram outorgados pela vereação. No primeiro plano, apenas o padre Lopes resiste, em nome da tradição e da inutilidade de a romper: "Com a definição atual, que é a de todos os tempos (...), a loucura e a razão estão perfeitamente delimitadas. Sabe-se onde uma acaba e onde a outra começa. Para que transpor a cerca?".[17] No segundo plano, estará todo o problema político da Casa Verde, desde as ações da vereação aos episódios das revoltas populares, e ainda, sobretudo, o paradoxo crucial do desfecho.

Assim, a subversão do estado de coisas que vigorava quando Simão Bacamarte chega a Itaguaí vai muito além da mudança dos hábitos de proteção e tratamento dos doidos: a vila ganhou uma casa de Orates, mas perdeu a noção da fronteira que separa a razão da loucura ("O terror acentuou-se. Não se sabia já quem estava são, nem quem estava doido").[18] A "teoria nova" alterou o estatuto da Casa Verde, que, de abrigo passivo de recolha dos reputadamente loucos, passa a centro ativo de vigilância da comunidade, e centro autoritário, ao mesmo tempo legislativo e executivo. De olhar impiedoso, "inquieto e policial",[19] Simão Bacamarte vigia, devassa, prende: aqueles "olhos agudos como punhais"[20] são o principal agente de policiamento de Itaguaí, servidos de resto por um aparelho de captura perfeitamente legitimado e competente. A Casa Verde, em suma, define a loucura que depois abriga compulsivamente, e nenhum outro poder lhe estabelece quaisquer limites.

A pergunta do vereador dissidente testemunha esta alteração do estado de coisas inicial e a inquietação daí decorrente. Mas é mais: o vereador fala num lugar de poder, e a sua dissidência respeita justamente ao exercício desse poder. Num ponto toda a câmara parece estar de acordo: que o próprio poder se sobrepõe à Casa Verde. Simplesmente, enquanto a câmara o exerce confirmando a autonomia do poder que outorgou ao alienista – e por isso declara aos revoltosos que "a Casa Verde era uma instituição pública, e que a ciência não podia ser emendada por votação

17 *Idem*, p. 29.

18 *Idem*, p. 37.

19 *Idem*, p. 26.

20 *Idem*, p. 31.

administrativa, menos ainda por movimentos de rua"[21] –, o dissidente reclama medidas restritivas. Não porque esteja contra a ciência e a autonomia da ciência, mas porque suspeita que Simão Bacamarte talvez a exerça ilegitimamente. Mas este caminho, que respeita a ciência e impugna o cientista, já não tem saída viável: desde que se aceitou que Simão Bacarmate, e apenas ele, detém o poder de definir a loucura, quem, além dele, "nos afirma que o alienado não é o alienista"?

De fato, a revolução que Simão Bacamarte leva a cabo em Itaguaí, e da qual sairá com um poder absoluto, consiste muito simplesmente em declarar a loucura assunto exclusivo da ciência, retirando-a da alçada da igreja, da moral, da tradição ou do senso comum. E, em Itaguaí, a ciência é ele. Como enfrentá-lo, então, se a sua força é a força da ciência, se, além dele, nenhuma outra instância é competente para julgar a sua ação? O próprio Bacamarte, de resto, o anuncia expressamente, enfrentando os revoltosos:

> Meus senhores, a ciência é cousa séria, e merece ser tratada com seriedade. Não dou razão dos meus atos de alienista a ninguém, salvo aos mestres e a Deus. Se quereis emendar a administração da Casa Verde, estou pronto a ouvir-vos; mas se exigis que me negue a mim mesmo, não ganhareis nada. Poderia convidar alguns de vós, em comissão dos outros, a vir ver comigo os loucos reclusos; mas não o faço, porque seria dar-vos razão do meu sistema, o que não farei a leigos, nem a rebeldes.[22]

Estas palavras são dirigidas aos mesmos rebeldes, mas valem também para os vereadores. A inconsequência da posição do vereador dissidente revela o dilema em que se encontra a vereança quando eclode a revolta dos Canjicas: ou recusa a ciência ou se sujeita ao cientista; ou destrói a Casa Verde negando à ciência a superintendência exclusiva em matéria de loucura, ou fica nas mãos do alienista, subordinando o próprio poder ao poder do alienista. A novela de Machado desenha com impiedosa lucidez esta situação e as consequências resultantes da opção dos vereadores: emergiu um novo poder, mais forte que o deles, e ameaçando-o insidiosamente. Do

---

21 *Idem*, p. 39.

22 *Idem*, p. 43.

momento da revolta em diante, o reforço do poder de Simão Bacamarte corresponde à perda de poder da câmara, perda que, aliás, não depende sequer das pessoas que a ocupam. É o que se mostra na atitude do barbeiro Porfírio depois de tomar o poder, a qual se costuma ler como simples ou pelo menos transparente irrisão do oportunismo político. Mas não se vê muito bem que tipo de vantagens recolheria Porfírio por atraiçoar a principal reivindicação da revolta que o levou ao poder: a verdade é que, no momento da revolta, "o barbeiro sentiu despontar em si a ambição do governo",[23] e cavalgou a revolta contra a Casa Verde, desviando-lhe o objetivo inicial para se apoderar da vereação. O traço essencial desta situação é por isso outro: o poder da câmara muda de mãos, mas a subordinação ao alienista é já irreversível, e o barbeiro nada mais pode fazer do que recebê-la como herança. Aliás sabe-o e com isso se justifica, procurando um compromisso:

> Com razão ou sem ela, a opinião crê que a maior parte dos doudos ali metidos estão em seu perfeito juízo, mas o governo reconhece que a questão é puramente científica, e não cogita resolver com posturas as questões científicas. Demais, a Casa Verde é uma instituição pública; tal a aceitamos das mãos da câmara dissolvida.[24]

E acrescenta, perante o pasmo do alienista, ainda convencido de que o triunfo da revolta implicaria de imediato na destruição da Casa Verde:

> O pasmo de Vossa Senhoria, atalhou gravemente o barbeiro, vem de não atender à grave responsabilidade do governo. O povo, tomado de uma cega piedade, que lhe dá em tal caso legítima indignação, pode exigir do governo certa ordem de atos; mas este, com a responsabilidade que lhe incumbe, não os deve praticar, ao menos integralmente, e tal é a nossa situação. A generosa revolução que ontem derrubou uma câmara vilipendiada e corrupta, pediu em altos brados o arrasamento

23 *Idem*, p. 43.

24 *Idem*, p. 49.

> da Casa Verde; mas pode entrar no ânimo do governo eliminar a loucura? Não. E se o governo não a pode eliminar, está ao menos apto para discriminá-la, reconhecê-la? Também não; é matéria de ciência. Logo, em assunto tão melindroso, o governo não pode, não deve, não quer dispensar o concurso de Vossa Senhoria.[25]

O chefe dos revoltosos exprime assim, como perfeito discípulo de Simão Bacamarte, a principal e irreversível transformação que o alienista introduziu em Itaguaí: além de perceber que tomou um poder diminuído, ainda apresenta a renúncia a reforçá-lo como prova de sentido de responsabilidade e capacidade de governação. E apenas expede o decreto a abolir a Casa Verde quando sente todo o poder conquistado a fugir-lhe das mãos. O alienista aproveita e recolhe ao asilo cinquenta apoiantes de Porfírio, duro golpe que o derruba do poder, acabando substituído por outro barbeiro. Reposta, enfim, a ordem pela força do vice-rei, o alienista atinge o ponto mais alto da sua influência e do seu poder. Os antigos vereadores são repostos, mas não recuperam o poder anterior ao estabelecimento da Casa Verde, nem sequer o poder anterior à revolta dos Canjicas, e a sua posição irá enfraquecer-se ainda mais: a Câmara não hesita entregar ao alienista o vereador dissidente e, depois, o próprio presidente. A esta sujeição da Câmara corresponde, entretanto, a eliminação final da resistência da população de Itaguaí, o que ocorre com o internamento da própria mulher de Simão Bacamarte:

> Conjecturas, invenções, desconfianças, tudo caiu por terra, desde que ele não duvidou recolher à Casa Verde a própria mulher, a quem amava com todas as forças da alma. Ninguém mais tinha o direito de resistir-lhe, – menos ainda o de atribuir-lhe intuitos alheios à ciência. Era um grande homem austero, Hipócrates forrado de Catão.[26]

25 *Idem*, p. 50.

26 *Idem*, p. 55.

A inversão que Simão Bacamarte propõe de seguida, estipulando que os doidos são, afinal, aqueles que revelam um perfeito equilíbrio de todas as faculdades, posto produzisse efeitos espetaculares na vida da comunidade, representa uma mudança no interior da própria ciência, que assim se mostra capaz de autocrítica e correção. Parecerá ruptura gigantesca aos olhos do leigo, mas surge em perfeita continuidade com a anterior teoria se encarada do ponto de vista do progresso da ciência. Daí que não venha alterar a relação de forças. A Câmara aceita a nova teoria e trata de legislar sobre o final do § 4º da nova proposta de Simão Bacamarte, aquele que respeitava à captura e internamento dos "novos" loucos: concede a autorização, embora a limite a um ano e reclame o poder de mandar fechar a Casa Verde, se tanto for necessário por motivos de ordem pública. Aparentemente, os vereadores tomam medidas de precaução, assegurando-se de que o próprio poder prevalecerá sempre sobre o do alienista. Mera formalidade, no entanto, e logo arruinada. Freitas, o vereador dissidente, propõe uma cláusula restritiva: que em nenhum caso fossem os vereadores internados. O vereador Galvão opôs-se com o argumento de que "a câmara, legislando sobre uma experiência científica, não podia excluir as pessoas dos seus membros das consequências da lei", concluindo que a vereança "não nos dá nenhum poder especial nem nos elimina do espírito humano".[27] Trata-se de um episódio de extraordinária ironia, em que o triunfo do alienista sobre a câmara se apresenta na forma de uma subordinação que é ao mesmo tempo uma transgressão:

> Simão Bacamarte aceitou a postura com todas as restrições. Quanto à exclusão dos vereadores, declarou que teria profundo sentimento se fosse compelido a recolhê-los à Casa Verde; a cláusula, porém, era a melhor prova de que eles não padeciam do perfeito equilíbrio das faculdades mentais. Não acontecia o mesmo ao vereador Galvão, cujo acerto na objeção feita, e cuja moderação na resposta dada às invectivas dos colegas mostravam da parte dele um cérebro bem organizado; pelo que rogava à câmara que lho entregasse. A câmara, sentindo-se

27 *Idem*, p. 58.

> ainda agravada pelo proceder do vereador Galvão, estimou o pedido do alienista, e votou unanimemente a entrega.[28]

Bacamarte triunfa plenamente: sempre em nome da ciência, é mais uma vez capaz de neutralizar as medidas que visam limitar o seu poder de cientista. Mais do que isso, é capaz de levar a câmara a votar unanimemente a violação da cláusula que aprovara com a única oposição do vereador Galvão. A subordinação total à ciência não é já mero traço da caricatura do cientista: tornou-se sujeição da vila. É toda a Itaguaí que está subordinada, pela força, aos princípios da ciência. Em Itaguaí, a ciência é a Lei.

Mas a novela não se fixa pela caracterização da ciência enquanto forma de poder, nem se detém na relação da ciência com o poder político. A palavra de ordem de Machado coincide com a divisa de Simão Bacamarte: *Plus Ultra*! *O Alienista* progride como história da emergência e da consolidação de uma forma de poder, mas remata evidenciando uma inquietação essencial que, sendo desse poder inseparável, é com ele incompatível. É o momento da maior audácia hiperbólica, onde o desfecho se revela imprevisível naquilo mesmo que o torna possível: o autodiagnóstico de Simão Bacamarte.

É altura de compreender que a originalidade da novela de Machado a afasta dos modelos de irrisão pelo desmascaramento, porque o alienista não acaba simplesmente doido ou a novela não acaba simplesmente desmascarando a loucura do alienista: Simão Bacamarte "declara-se doido", e a diferença decide tudo.

Depois de libertar o último hóspede da Casa Verde, Simão Bacamarte fica inquieto: " — Mas deveras estariam eles doudos, e foram curados por mim, — ou o que pareceu cura não foi mais do que a descoberta do perfeito desequilíbrio do cérebro?"[29] A reflexão o conduziu ao segundo termo da alternativa, e surge então a crise:

> Chegado a esta conclusão, o ilustre alienista teve duas sensações contrárias, uma de gozo, outra de abatimento. A de gozo foi por ver que, ao cabo de longas e pacientes investigações, constantes trabalhos, luta

28 *Idem*, p. 58.

29 *Idem*, p. 64.

> ingente com o povo, podia afirmar esta verdade – não havia loucos em Itaguaí; Itaguaí não possuía um só mentecapto. Mas tão depressa esta ideia lhe refrescara a alma, outra apareceu que neutralizou o primeiro efeito; foi a ideia da dúvida. Pois quê! Itaguaí não possuiria um único cérebro concertado? Esta conclusão tão absoluta, não seria por isso mesmo errônea, e não vinha, portanto, destruir o largo e majestoso edifício da nova doutrina psicológica?[30]

Eis aqui descrita "uma das mais medonhas tempestades morais que tem desabado sobre o homem";[31] e, para a resolver, Simão Bacamarte só tem um meio, declarar-se o único louco de Itaguaí. Com este gesto extremo, Simão Bacamarte ainda preserva o seu poder de alienista, que persiste nesse confronto com o último e único alienado de Itaguaí: ainda é ele e apenas ele quem tem autoridade para decidir sobre a loucura, para afirmar quem é e quem não é alienado. Confirma-se, então, que apenas Simão Bacamarte poderia vir a estar em posição de responder à pergunta daquele vereador dissidente. Mas, é claro, pelo mesmíssimo gesto, destrói o lugar de poder em que instalou: o que se supunha condição de possibilidade e garantia da legitimidade da sua ação é, afinal, a própria loucura, e a manifestação da insânia não está no teor das teorias que foi propondo, mas no próprio processo de as elaborar e nas condições que lhe garantem um desenvolvimento autônomo e contínuo. Assim, a frieza da sua conduta, a inflexível vigilância policial da comunidade, a impermeabilidade a considerações e interesses alheios à ciência, a convicção e a abnegação, a paciência e a pertinácia, tudo isso, a partir do momento em que ele próprio se descobre como perfeita personificação da loucura, forma um conjunto de sinais da insânia sem deixar de constituir, em simultâneo, uma perfeita caracterização do ideal do cientista. Ora, é precisamente o fato de ser ele a descobrir e a formular o autodiagnóstico que mostra que Simão Bacamarte não abandonou esse ideal, e isso mesmo o impede de pensar que toda a atividade anterior foi provocada e desencadeada pela loucura. Simão Bacamarte não capitula. Bem pelo contrário: no ponto em que se encontrava, o que o faria desistir, o que o obrigaria a considerar todo o trabalho desenvolvido

---

30 *Idem*, p. 65.

31 *Idem*, p. 65.

como um gigantesco logro, desde sempre inútil, seria a conclusão que nunca existira em Itaguaí um único louco, o mesmo é dizer um único indivíduo com um perfeito equilíbrio de todas as faculdades. A convicção do autodiagnóstico supera a aflição e a inquietação enquanto "crise da ciência", e a sua proclamação pública, conjugada com o internamento na Casa Verde, é o gesto final que legitima inteiramente todo o seu trabalho de alienista e, sobretudo, lhe assegura a possibilidade de prossecução. A loucura do alienista é a última possibilidade de a ciência da loucura sobreviver à crise, porque prova que é necessário acreditar, desde o ponto de partida, que a loucura existe, que a fronteira que a demarca da razão também existe e que é possível defini-la. Numa palavra, Simão Bacamarte proclama-se louco para preservar a partilha entre a razão e a loucura: declara-se alienado para poder continuar alienista.

A novela conjuga as duas dimensões opostas do gesto final de Simão Bacamarte no modo de uma dupla afirmação, afirmação da diferença insuperável que separa a ciência da loucura e afirmação da sua confusão na pessoa do alienista. Esta dupla afirmação é o princípio de coerência da ficção e o fulcro da sua originalidade: a narrativa cria uma distância entre as duas afirmações, unindo no desfecho o que ela própria, no processo do seu desenvolvimento, já impediu de confundir. Porque não se trata apenas de coligir de tudo isto que a fronteira entre a razão e a loucura se move resistindo à partilha, ou que a maior loucura é o projeto de uma ciência da loucura, ou que o que perturba a prossecução desse projeto e lhe provoca a crise é a dúvida, a inquietação, a aflição ou a insegurança sobre os limites do território da loucura: o gesto de Simão Bacamarte revela que todo o projeto de uma ciência da loucura se funda numa partilha que exclui necessariamente a loucura do campo da razão, ou seja, a ciência da loucura apenas se funda se, à partida, antes de qualquer exame, se considerar resguardada da loucura. O gesto de Simão Bacamarte é um gesto impossível porque propõe esse exame enquanto continuidade perfeita da sua ação de alienista. Essa é verdadeiramente a sua loucura, portanto uma loucura de tipo novo, que precisou de toda a experiência da Casa Verde para se revelar. Simão Bacamarte não chegaria a conhecer a própria loucura se, no começo, não se supusesse abrigado no exterior da loucura. Neste sentido, o que faz de Simão Bacamarte o único louco de Itaguaí é o fato de ele ser o único cientista de Itaguaí.

Referências Bibliográficas

BOSI, Alfredo. "A Máscara e a Fenda". In: *Machado de Assis. O Enigma do Olhar*. São Paulo: Ática, 1999.

FOUCAULT. Michel. *Histoire de la folie a l'âge classique*. Paris: Gallimard, 1972.

MACHADO DE ASSIS, Joaquim Maria. *O Alienista*. In: KURY, Adriano da Gama (org.). *Papéis Avulsos*. Rio de Janeiro: Garnier, 1989.

MURICY, Katia. *A Razão Cética. Machado de Assis e as Questões do Seu Tempo*. São Paulo: Companhia das Letras, 1988.

SANTOS, João Camilo dos. "Algumas reflexões sobre *O Alienista*". *Colóquio/Letras*, 121-122, Julho-Dezembro de 1991.

De "Uns braços" a "Missa do Galo" ou Machado na ambiguidade

Frank F. Sousa
(University of Massachusetts Lowell)

É lugar-comum dividir a obra de Machado de Assis em duas fases estético-literárias. A primeira, constituída por quatro romances que poderíamos caracterizar de realismo romântico, de que fala Jorge de Sena, em "Algumas palavras sobre o Realismo, em especial o português e o brasileiro",[1] e nos quais figura um narrador heterodiegético (que não participa na história) e quase onisciente, e a segunda, quase pós-realista, em comparação com o realismo flaubertiano e, em particular, o realismo-naturalismo queirosiano – a polêmica travada com Eça de Queirós, na célebre recensão sobre *O Primo Basílio*, em 1878, terá sido fundamental na procura de uma nova matriz literária para Machado[2] –, que se define pelo re-

1 Para Sena, que não se referia directamente aos primeiros romances de Machado, o realismo romântico "estava igualmente interessado em que a realidade fosse apresentada e apreendida, mas duma forma em que os lados desagradáveis dela não aparecessem. [...] Os escravos quase não aparecem, ou fazem parte da paisagem ou da mobília, porque aquela sociedade [a brasileira] queria ver-se o mais roseamente possível, como de facto muito dela era: rica, ociosa, elegante e educada [...]" Jorge Sena. "Algumas palavras sobre o Realismo, em especial o português e o brasileiro." *Colóquio-Letras* 31, Maio de 1976, p. 9.

2 Não é este o momento de nos alongarmos numa explicação pormenorizada deste assunto. Por ora, valerá a pena frisar que a mudança na ficção machadiana não terá apenas ou até nem principalmente a ver com a muitas vezes alegada ascensão social do autor. Sugerimos que a publicação de *O Primo Basílio* e a reação acutilante, senão acerba, de Machado (não se encontra uma outra recensão sua nesse estilo) levam a um movimento tectônico nas obras futuras

alismo psicológico e, em termos técnico-narrativos, pela presença de um narrador homodiegético (imiscuído nos acontecimentos da narrativa) não completamente digno de confiança, particularmente nas suas obras-primas, *Memórias Póstumas de Brás Cubas*, de 1881, e *Dom Casmurro*, de 1899. Dizemos particularmente, porque, como se sabe, Machado regressa ao narrador heterodiegético em *Quincas Borba*, embora com uma diferença considerável: o narrador emprega repetidamente a primeira pessoa gramatical, assume-se como sendo o próprio autor (capítulo IV) e chama atenção para as suas limitações, além de tratar o leitor com a displicência que encontramos nas suas grandes obras.[3]

---

de ambos os autores, tendo cada um dado cabo, em termos de projeto estético-literário, dos romances que o outro andava a escrever. Eça abandona o Naturalismo – que apenas reaparece nas primeiras 100 páginas de *Os Maias*, escritas, como sabemos, em 1878 –, encontrando a sua solução estética para o ataque frontal de Machado num regresso ao conto filosófico do século XVIII, em obras como *O Mandarim* (1880) e *A Relíquia* (1887), tendo já escrito, mas não publicado, o hilariante *Conde d'Abranhos*, em 1879. Estas obras, tal como *A correspondência de Fradique Mendes* (1900) e *A Cidade e as Serras*, caracterizam-se, em grande medida, por uma narração numa primeira pessoa, personagem homodiegética, nem sempre digna de confiança. É como se Eça tivesse deixado de acreditar na objetividade da voz onisciente, capaz de distinguir, em termos naturalistas, entre o bem e o mal. Machado, por sua vez, também volta ao século XVIII, não só francês, mas também, e talvez principalmente, inglês, por via de Garrett, autor referido na conclusão da sua recensão. Assim, a escrita da recensão ajudou ao próprio Machado a desvendar a sua carreira futura. E com as suas obras-primas, Machado procede, nas palavras de Sena, a "uma crítica sistemática das pretensões do realismo à objetividade e à onisciência, variando de todos os modos possíveis os pontos de vista narrativos."

3 Há todo um estudo a fazer sobre a problemática da narração na obra de Machado de Assis. A verdade é que as designações que a crítica tem usado até à data, tal como "narrador na terceira-pessoa" ou "narrador onisciente" para descrever uma voz narrativa tão complexa coma a de *Quincas Borba* e mesmo as menos ambíguas dos romances menores, são claramente insuficientes senão mesmo incorretas. O que rara vez existe em Machado é a narração impessoal típica do realismo oitocentista. A impressão que se tem é que Machado, ao regressar à tradição do século XVIII na sua tentativa de inovação, depois do confronto com Eça, encontra soluções não só em obras como *Tristram Shandy*, mas também noutras como *Tom Jones*, de Henry Fielding, e *Jacques le Fataliste*, de Diderot, no que estas têm de interessante a vários níveis, inclusive em termos de técnica narrativa, isto é, narradores que se assumem como sendo o próprio autor ou que suprimem informação, a fim de criar suspense, como vemos no célebre

Esta evolução no estatuto do narrador é especialmente ensaiada em dois contos que, na sua relação entre si – sendo o segundo, como veremos, a reescrita do primeiro – resumem, até certo ponto, a problemática da narração na ficção de Machado de Assis. Referimo-nos a "Uns Braços", publicado pela primeira vez em 1885, e "Missa do Galo", de 1894, que utilizam, respectivamente, um narrador heterodiegético e onisciente, embora de passagem use a primeira pessoa gramatical (como, aliás, se pode constatar nos primeiros romances do autor), e um narrador não confiável que se impõe também como personagem.

Mesmo uma leitura apressada dos dois relatos revela consideráveis pontos de contato, a nível de temática, de personagens e de enredo, o que torna surpreendente que a crítica não se tenha dado conta da relação entre os dois textos. Além de assinalar as semelhanças, dedicaremos atenção às divergências, tanto na alteração do estatuto do narrador como na aplicação de uma estética do conto que põe em prática a célebre e muito influente tese de Edgar Allen Poe, a ver com a "unidade de efeito" que a ficção curta deveria visar. Assim, tentaremos descortinar, na oposição entre os dois textos, uma intenção estética clara da parte de Machado, cujos contos em questão se movimentam na direção da complexidade e da ambiguidade, exibindo, como nas suas obras mestres, uma maior indeterminância no seu significado, a par da exigência de uma participação mais ativa do leitor.

Feitas estas considerações preliminares, passemos ao cotejo de "Uns Braços" e "Missa do Galo".[4] O tema comum é a quase iniciação sexual de adolescentes – Inácio, de 15 anos, e Nogueira, de 17, os dois oriundos da província – às mãos, por assim dizer, de mulheres citadinas (cariocas): D. Severina, de 27 anos, e Conceição, de 30 (tendo esta, no entanto, casado aos 27), donas de casa onde os jovens estão hospedados. Em termos de descrição física, D. Severina, "Não se pode dizer que era bonita; mas também não era feia" (491); Conceição, por sua vez, tinha um rosto mediano, "nem bonito nem feio" (606). A ação tem lugar num passado relativo remoto, 1870 e 1861 ou 1862, respectivamente, sendo

---

caso de *Quincas Borba*, em que o narrador induz o leitor no erro de pensar, tal como Rubião, que Sofia cometera adultério com Carlos Maria.

4 Machado de Assis. *Obra Completa*. Vol. II. Conto e Teatro. Afrânio Coutinho (org.). Rio de Janeiro: Editora Nova Aguilar, 1997.

esta indecisão, no segundo relato, significativa, como veremos adiante. Ambas as figuras femininas lidam com uma situação familiar menos do que ideal: D. Severina vive "maritalmente" com o advogado Borges, homem de tratamento brusco e abusivo; Conceição é casada com o escrivão Menezes (empregado público que escreve e expede documentos legais), que dispõe de uma combórcia com a qual passa uma noite por semana. Além do mais, nem uma nem outra protagonista feminina tem filhos.

Assim, ambas as mulheres teriam motivação para procurar uma relação amorosa fora da situação conjugal em que se encontram. As duas, mais velhas e experientes sexualmente, parecem desempenhar o papel de agentes de sensualidade no jogo de sedução que define as narrativas. As duas personagens tomam a iniciativa de se aproximarem dos jovens. D. Severina dirige-se da sala para o quarto de Inácio, chegando a dar-lhe um beijo no exato momento em que este, a dormir profundamente, sonha com um beijo entre os dois, o que o deixará perplexo e incapaz, ao longo dos anos, de decidir entre as duas alternativas, sonho ou realidade, em relação ao que de fato aconteceu. Conceição, sabendo que Nogueira aguardava a Missa do Galo, sai do seu quarto para a sala da frente, onde o jovem se encontrava sozinho. Senta-se de frente, numa mesa, enceta o diálogo e chega-se mais perto, pois "tão perto ficavam as nossas caras", como nos informa Nogueira-narrador. Depois Conceição senta-se ao lado do rapaz, no canapé, e, pouco depois, põe uma mão no seu ombro. Assim, o segundo texto diferencia-se num detalhe fundamental: enquanto D. Severina age de forma nitidamente sexual, dando um beijo em Inácio, Conceição não chega a comprometer-se tão claramente, o que deixa em aberto, numa obra aberta, a possibilidade de não ter havido, de fato, uma tentativa de sedução.

Cada jovem, por sua vez, exibe grande timidez e inibição sexual em relação à mulher enigmática que lhe causa assombro. O jovem do primeiro texto, que sente uma grande atração ou obsessão fetichista pelos braços de D. Severina, tenta evitar olhá-los: "Inácio ia comendo devagarinho, não ousando levantar os olhos do prato, nem para colocá-los onde eles estavam no momento em que o terrível Borges o descompôs," a que o narrador acrescenta, "Nunca ele pôs os olhos nos braços de D. Severina que se não esquecesse de si e de tudo." Este recalcamento, com base, pelo menos em parte, numa educação repressiva católica ("A educação que tivera não lhe permitia encará-los logo abertamente"), apenas intensifica o desejo e a ansiedade: "A agitação de Inácio ia crescendo, sem que ele pudesse acalmar-se nem entender-se" (494). Nogueira-jovem também se sente impressionado com os braços de Conceição: "Não estando abotoadas as mangas (...) eu vi-lhe metade dos braços, muito claros, e menos magros do que se poderiam supor. A vista não era nova para mim, posto também não fosse comum. (...) As veias eram tão azuis, que apesar da pouca claridade, podia contá-las do meu lugar" (608-09). Porém, o interesse psicológico-sexual no primeiro conto aproxima-se de fetichismo e voyeurismo (D. Severina aprecia a beleza de Inácio, enquanto este dorme: "E mirou-o lentamente, fartou-se de vê-lo, com a cabeça inclinada, o braço caído"); em "Missa do Galo", como Anna Klobucka tão bem argumenta em "A Narração em 'Missa do Galo'", predomina o medo da castração.

Entre outras semelhanças, deparamos com as leituras dos jovens que fazem parte do processo de encantamento. Ambos leem romances de aventuras que os preparam mentalmente para conquistas amorosas imaginadas. Inácio lê *A Princesa Magalona*, de cariz popular romântica, e

> Ao cabo de meia hora deixou cair o folheto e pôs os olhos na parede, onde, cinco minutos depois, viu sair a dama dos seus cuidados. (...) Embora com as pálpebras cerradas viu-a desprender-se de todo, parar, sorrir e andar para a rede. Era ela mesma; eram os seus mesmos braços". (495)

Nogueira-jovem lê *Os Três Mosqueteiros* e confunde as suas heroínas com Conceição, que acaba de chegar à sala: "vi assomar à porta da sala o vulto de Conceição. (...) Sendo magra, tinha um ar de visão romântica, não disparatada com o meu livro de aventuras" (606-07). Assim, cada um dos protagonistas, em termos quixotescos, vê dissolvidas as fronteiras entre as aventuras que lê e sonha e o real em que vive. Não será, por acaso, que o momento de clímax de cada conto, em que as mulheres se aproximam dos respectivos jovens, é imediatamente precedido das leituras que estimulam o encantamento dos mesmos.

Vale a pena referir que a oposição entre dormir e despertar também se reveste de grande importância em ambas as narrativas, com uma carga fortemente simbólica, em termos sexuais. Na primeira, Borges fala do "sono pesado e contínuo", insistindo que "amanhã hei de acordá-lo a pau de vassoura!" (490). Mais adiante, quando D. Severina está como que sonhando e não prestando atenção a Borges, ele, ressentido, exclama, "Parece que cá em casa anda tudo dormindo!" Como já vimos, é precisamente quando Inácio está a dormir e a sonhar que tem lugar o beijo. E esta situação deixa a possível amante frustrada, pois nem o beijo o despertara: "Afiava o ouvido, ia até o fim do corredor, a ver se escutava algum rumor que lhe dissesse que ele acordara, e só depois de muito tempo é que o medo foi passando. (...) Na verdade, a criança tinha o sono duro; nada lhe abria os olhos, (...) nem os beijos de verdade." Afinal, deparamos com uma iniciação malograda, tal com no segundo texto.

Em "Missa do Galo", uma ainda maior ênfase é outorgada ao campo semântico resumido no binômio dormir-despertar. Nogueira, como narrador, informa-nos de que a "casa dormia" e Conceição insiste em que "Acordei por acordar" (607), apesar do jovem pensar que "Os olhos não eram de pessoa que acabasse de dormir; pareciam ainda não ter pegado no sono". Mais adiante, Conceição diz a Nogueira que ele, "perdendo a noite, é capaz de não dormir de dia" (608). Entre as muitas outras referências a sono que salpicam o diálogo entre as personagens principais e as digressões do narrador, deparamos com esta: "pareceu-me que a via dormir; mas os olhos, cerrados por um instante, abriam-se logo sem sono nem fadiga, como se ela os houvesse fechado para ver melhor" (609). Pelo visto, Nogueira, tal como Inácio, dorme no momento crucial em que uma ação empreendida da sua parte poderia ter levado à concretização de uma aventura amorosa: "Concordei, para dizer alguma cousa, para sair da espécie de sono magnético, ou o que quer que era que me tolhia a língua e os sentidos. (...) Chegamos a ficar algum tempo (...) inteiramente calados. O rumor único e escasso, era um roer de camundongo no gabinete, que me acordou daquela sonolência". Logo de seguida, chega o seu amigo, que Nogueira ficara de ir acordar e acompanhar à missa do galo, o que leva Conceição a fazer o seguinte reparo irônico: "Aí está o companheiro, disse ela levantando-se. Tem graça; você é que ficou de ir acordá-lo, ele é que veio acordar você" (611). Ambos os personagens jovens parecem incapazes de tomar a iniciativa, de arriscar, ficando aquém do que teria sido possível, por timidez e medo. Daí que Inácio e Nogueira continuem obcecados, anos depois, com o respectivo episódio: "E através dos anos, por meio de outros amores, mais efetivos e longos, nenhuma sensação achou nunca igual à daquele domingo, na Rua da Lapa, quando ele [Inácio] tinha quinzes anos." Nogueira, por sua vez, e mais dramaticamente marcado pela impotência da tal noite fatídica, nem parece ter tido relações amorosas depois do seu episódio, ao contrário de Inácio, e sente a necessidade de reconstruir essa experiência de anos atrás no texto que se intitula "Missa do Galo".

Outro elemento importante em comum, embora em graus diferentes, é a justaposição do religioso ou sagrado e o profano, que confere às narrativas uma tensão tão picante como perversa, uma vez que deparamos com cenas de possível transgressão sexual. As cenas de grande sensualidade (real ou aparente) – o beijo, no primeiro texto, que ocupa um terço da narração e o longo diálogo entre Conceição e Nogueira que ocupa quase toda a narração do segundo texto – têm lugar em dias santos do calendário católico. No primeiro texto, "O dia estava lindíssimo. Não era só um domingo cristão; era um domingo universal" (494); no segundo, a ação tem lugar na noite de Natal, um dos dois dias mais santos do ano, que chama atenção para um dos paradoxos da fé católica: o nascimento virgem, assexual do Messias. Em "Uns Braços", encontram-se dois quadros na sala de jantar, representando S. Pedro e São João. Inácio disfarçava olhar para as imagens, mas o narrador informa-nos de que "não via nem um nem outro; passava os lhos por ali como por nada. Via só os braços de D. Severina" (492). Em "Missa do Galo," já para o fim do longo diálogo e depois de gestos suscetíveis de leitura erótica – "De vez em quando [Conceição] passava a língua pelos beiços, para umedecê-los," deixando Nogueira "embebido na sua pessoa" (609) etc. – também deparamos com uma referência a dois quadros na sala. Mas desta feita, representam mulheres adúlteras, Cleópatra e outra cuja identidade fica por esclarecer devido à memória imperfeita do narrador. Se o quadro "[falava] do principal negócio deste homem", como sugere Nogueira-narrador, ao referir-se obliquamente à infidelidade do esposo, poderia igualmente aludir, embora muito indiretamente, ao possível adultério de Conceição, uma vez que a personagem egípcia abandonara César para se entregar a outro romano, Marco Antônio. Mas o que interessa reter é a justaposição entre o religioso e o sexual, dado que Conceição afirma que "francamente, eu preferia duas imagens, duas santas" (610). Mais adiante, imiscui-se de novo o sensual e lascivo com o espiritual e transcendente, de forma titilar, na própria igreja, pois "durante a missa, a figura de Conceição interpôs-se mais de uma vez, entre mim e o padre" (611). Com efeito, em "Missa do Galo", a sensação erótica sobrepõe-se ao contexto religioso, contribuindo para uma maior tensão e expectativa que não chega nunca a concretizar-se.

Ainda outro elemento em comum é que nem um nem o outro jovem, ao regressar à terra de origem, compreende o que se passou na cena que fora tão excitante como frustrante, por carente de gratificação sexual. No final de "Uns Braços", o narrador informa-nos de que "Inácio saiu sem entender nada. Não entendia a despedida, nem a completa mudança de D. Severina, em relação a ele, nem o xale, nem nada". Nogueira, por seu turno, significativamente começa a narração do seu episódio com a seguinte declaração: "Nunca pude entender a conversação que tive com uma senhora, há muitos anos". A diferença fundamental, em relação a este tópico, é que o narrador do primeiro relato comunica ao leitor quase tudo o que aconteceu entre Inácio e D. Severina, atribuindo também a focalização interna a cada uma das personagens, permitindo, desta forma, ao leitor, o conhecimento sistemático e quase completo de todos os pormenores da experiência erótica. Entretanto, no segundo texto, por ser contado por um narrador homodiegético, personagem principal, o leitor apenas vê a perspectiva do Nogueira-adulto, agora mais velho, não dispondo da perspectiva de Conceição, exceto indiretamente.

Vimos como "Missa do Galo," pelas suas afinidades com o texto anterior, particularmente no plano diegético, se revela como reescrita de "Uns Braços", até num detalhe como o nome de Inácio que regressa no segundo texto na forma feminina, Inácia, mãe de Conceição, como se de um piscar de olhos do autor ao leitor atento se tratasse. No entanto, Machado de Assis não vai, claro está, simplesmente repetir o que já escreveu. Não é por acaso que, na resposta à insistência de um amigo que recomendara a reelaboração da personagem Sofia, mulher de Palha, num romance que acabasse a suposta trilogia começada por *Memórias Póstumas de Brás Cubas* e continuada em *Quincas Borba*, Machado tenha declarado o seguinte: "A Sofia está aqui toda. Continuá-la seria repeti-la, e acaso repetir o mesmo seria pecado" ("Prólogo da 3.ª Edição"). Se a estética de Machado, como seria de esperar, não permite a simples repetição, que terá levado Machado a reelaborar "Uns Braços" em "Missa do Galo"? A verdade é que o tema e as personagens do primeiro texto se prestavam bem a uma reelaboração que se caracterizaria pela maior tensão dramática, ambiguidade e indecidibilidade, em grande medida determinadas pela mudança da perspectiva narrativa.

Com efeito, "Missa do Galo" deve, em grande medida, a sua complexidade e indeterminância ao estatuto do narrador, à sua condição de narrador e personagem, ao contrário do narrador onisciente que, segundo Susan R. Suleiman, "'speaks with the 'voice of Truth' and makes explicit judgments".[5] A verdade é que o esboço em "Uns Braços" evoluirá, as ideias de Machado vão-se tornando mais precisas, a perspectiva sobre o tema enriquecer-se-á e amadurecerá. As mudanças, as divergências consideráveis entre os dois textos, permitem ao romancista pôr em cena a problematização da narração, do saber, do conhecimento, ou seja, questões de cariz ontológico. Deparamos também com uma estética diferente, informada (ou que pelo menos coincide com a exposta) por Edgar Allen Poe muito anos antes.

Em "Uns Braços", deparamos com um narrador essencialmente onisciente, apesar de empregar a primeira pessoa do singular (uma só vez: "Não digo que [Borges] ficou bem com os meninos, porque o nosso Inácio não era propriamente menino"; 490), e intrusivo, ao ponto de desencaminhar o leitor quando culpa D. Severina pelo efeito que os seus braços têm sobre o rapaz: "a culpa era de D. Severina em trazê-los assim nus, constantemente", afirmação desmentida mais adiante, quando acrescenta, "mas é justo explicar que ela os não trazia assim por faceira, senão porque já gastara todos os vestidos de mangas compridas" (491). Esta necessidade de informar o leitor guia a narração, eliminando dúvida e ambiguidade, retirando ao leitor a oportunidade de deduzir significado por conta própria. Nos são comunicadas, por exemplo, as motivações das personagens e as suas ambições amorosas mais recônditas: "No dia seguinte [D. Severina] pôde observar melhor (...). Percebeu que sim, que era amada e temida, amor adolescente e virgem, retido pelos liames sociais e por um sentimento de inferioridade que o impedia de reconhecer-se a si mesmo" (494). Antes da cena principal do conto, cujo clímax é o beijo, o narrador diz-nos, numa prolepse, "Afinal, porém, [Inácio] teve de sair, e para nunca mais; eis aqui como e porquê" (494). O narrador explica-nos que D. Severina deu o beijo, e a sua reação de surpresa e receio logo depois, que o rapaz não se apercebeu de que o beijo tinha de fato ocorrido, e, como já referimos antes, somos informados de que Inácio não compreendera os acontecimentos daquele dia. Por outras palavras, a ambiguidade e a ambivalência comunicadas pela narrativa existem, mais do que tudo, ao nível diegético, das próprias personagens – "Ele [Inácio] mesmo exclama às vezes, sem saber que se engana: — E foi um sonho! um simples sonho!" – não envolvendo o leitor em

5 Susan R. Suleiman. *Authoritarian Fictions: The Ideological Novel as a Literary Genre*. Nova York: Columbia UP, 1983, p. 71.

decifrar o que de fato transcorreu, exceto na fase depois do beijo, quando o rapaz é mandado embora.[6] D. Severina sente-se confusa e envergonhada após o beijo: "estava confusa, irritada, aborrecida, mal consigo e mal com ele. O medo de que ele podia estar fingindo que dormia apontou-lhe na alma e deu-lhe um calafrio." No entanto, o narrador, logo de seguida, informa ao leitor do que de fato transcorreu, para este não partilhar da mesma confusão da personagem: "Mas a verdade é que [Inácio] dormiu ainda muito, e só acordou para jantar" (496). Resumindo, o leitor presencia os acontecimentos como espectador relativamente distante, tendo por sujeito de enunciação um narrador onisciente que esclarece quase todos os pormenores, numa situação narrativa que privilegia, em termos jamesianos, "telling" sobre "showing".

No caso de "Missa do Galo", a mudança no estatuto do narrador, de heterodiegético para homodiegético, passando à perspectiva limitada do próprio jovem na cena de sedução, reconstruída anos depois pela mesma personagem agora adulta, altera profundamente o efeito da narrativa e os seus possíveis significados.

O estatuto de narrador-personagem é por si precário, como nos ensina Wayne C. Booth, em *The Rhetoric of Fiction*, pela sua condição de testemunha subjetiva e exterior às motivações das outras personagens e até pela incapacidade de ter em conta as suas próprias motivações psicológicas mais profundas. São estas as características que resumem o narrador não confiável (*unreliable narrator*) de Booth. Em outras palavras, o narrador homodiegético será, quase por definição, parcial e incompleto na sua apreensão do real, não tendo a visão totalizadora do narrador onisciente (ou do autor implícito, para usar outro termo de Booth). No entanto, um dos problemas para o leitor, que é obrigado a uma atitude mais ativa perante o que lhe é contado, é tentar decifrar quando tal narrador está sendo menos do que fiável. Em geral, esse tipo de narrativa depende da memória imperfeita e falível do narrador, o que a torna particularmente precária enquanto narração objectiva e fiel dos acontecimentos. Afinal, tal como Helen Caldwell, em 1960, e Roberto Schwarz, em 1990, nos seus

6 Nessa altura da narrativa, ficamos sem saber o que foi dito entre D. Severina e Borges para que este despedisse o rapaz. Podemos, no entanto, supor que ela não lhe disse tudo, uma vez que ele trata bem Inácio ao despedi-lo: "Quando precisar de mim para alguma coisa, procure-me" (496). Porém, ignoramos a razão ou razões alegadas por D. Severina. É esta a grande incógnita deste conto.

célebres estudos de *Dom Casmurro* e *Memórias Póstumas de Brás Cubas*, respectivamente, vemo-nos obrigados a ler contra o narrador.

Vamos por partes. Nogueira-narrador conta todo o relato sob o signo da dúvida, admitindo, na primeira frase do conto, que nunca compreendera uma conversação tida anos antes com uma senhora casada. Curiosamente, o narrador não chega a adiantar, pelo menos aberta e diretamente, uma explicação, por mais tentativa, para o que acontecera naquele episódio que durara apenas uma hora, mas que o perturba até ao presente do relato, anos depois. Com efeito, uma atmosfera de incerteza permeia toda a narrativa, condicionada em parte por uma memória imperfeita que não se lembra se "o capítulo" teve lugar em 1861 ou 1862. O narrador admite que "Há impressões dessa noite, que me aparecem truncadas ou confusas. Contradigo-me, atrapalho-me" (610). Tal confusão convida o leitor a uma atitude de suspeita em relação aos pormenores de toda a narração. Daí que quando Nogueira-narrador nos diz que "tudo nela [Conceição] era atenuado e passivo" e que ela talvez "não soubesse amar" (606), possamos duvidar de tal afirmação, como faz Klobucka no estudo já referido, uma vez que é Conceição que se movimenta, como vimos atrás, na direção de um possível encontro amoroso, ficando ele como que congelado e impotente perante ela: "Concordei (...) para sair da espécie de sono magnético, ou o que quer que era que me tolhia a língua e os sentidos. Queria e não queria acabar a conversação". Além do mais, é Conceição que, no fim da narrativa, resolveu a sua vida amorosa, tendo casado, após a morte do marido, com o escrevente dele, o que sugere um homem jovem tal como Nogueira naquela noite fatídica. Nogueira, pelo contrário, volta ao episódio que o parece ter deixado ansioso, em crise de identidade. Afinal, também ficamos na dúvida quanto à inocência de Conceição sugerida por Nogueira-narrador quando refere o "desalinho *honesto* que trazia" e as mangas não abotoadas que "caíram *naturalmente*" (608; sublinhado nosso), revelando os belos braços, inocência essa que o ilibaria de qualquer responsabilidade de corresponder ao que poderiam ter sido avanços sexuais da enigmática mulher. Tal como Brás Cubas antes dele e Dom Casmurro depois, Nogueira parece projetar a sua incapacidade de realização pessoal naqueles que o circundam.

O sentimento de dúvida, que poderíamos dizer ontológica, penetra no próprio estilo do texto, que emprega verbos e conjunções de cariz subjetivo e impreciso, sugerindo uma distância incolmatável entre percepção e reflexão:

> Duas outras vezes, *pareceu*-me que a via dormir; *mas* os olhos, cerrados por um instante, abriam-se logo sem sono nem fadiga, *como se* ela os houvesse fechado para ver melhor. Uma dessas vezes *creio* que deu por mim embebido na sua pessoa, e *lembra*-me que os tornou a fechar, *não sei* se apressada *ou* vagarosamente (610-11).

O tom desconcertante do discurso de Nogueira deixa em aberto outras perspectivas sobre o real, negando a possibilidade de afirmações contundentes, criando ambiguidade, incerteza e inconsistência. Em última instância, esses elementos retóricos apontam para o aspecto fragmentário e incompleto do conhecimento.

Bem pelo contrário, o discurso do narrador de "Uns Braços" está pontuado por expressões como "A verdade é que..." ("Mas a verdade é que dormiu ainda muito, e só acordou para jantar"; 496), expressões que eliminam dúvida e servem de garantia da veracidade e verossimilhança do relato. Desta, como noutras circunstâncias, o narrador esclarece as coisas, usufruindo do estatuto de onisciente: "Que não possamos ver os sonhos uns dos outros! D. Severina ter-se-ia visto a si mesma na imaginação do rapaz; ter-se-ia visto diante da rede, risonha e parada" (495). O narrador também nos garante que "[D. Severina] era amada e temida, amor adolescente e virgem, retido pelos liames sociais e por um sentimento de inferioridade que o impedia de reconhecer-se a si mesmo" (494). Esta mesma passagem talvez pudesse ser aplicada a Nogueira, só que seria o leitor a derivar tal explicação, em vez do narrador.

Em "Missa do Galo" fica tudo na penumbra da dúvida, o que acrescenta mistério e tensão à narrativa. Susan Sontag, no seu célebre prefácio à reedição da tradução de *Memórias Póstumas*, de 1970, convida o leitor a reler esse romance de Machado, substituindo o "eu" da primeira pessoa pelo "ele" da terceira pessoa, a fim de se aperceber da diferença radical que existe entre os dois modos de narrar. A sua ideia é que "There are registers of feeling, such as anxiety, that only a first-person voice can accommodate".[7] Com efeito, é isso o que parece resultar da mudança no estatuto do narrador, de "Uns Braços" para "Missa do Galo". No segundo texto, o leitor sente a forte ansiedade de um narrador que ficou aquém em relação ao amor, que vive, anos

7 Susan Sontag. "Foreword". In: Machado de Assis. *Epitaph of a Small Winner*. Trad. William L. Grossman. Nova York: The Noonday Press & Farrar, Strauss and Giroux, 1970, p. XI

depois, com essa dúvida terrível em relação à sua própria vida, em relação à incapacidade de agir no momento certo, apesar da informação incompleta, mas bastante sugestiva, de que dispunha.[8] E essa ansiedade é também experimentada pelo narrador, que fica também incapaz de decidir, definitivamente, entre as diferentes explicações daquilo que transcorreu anos antes na vida de um jovem, retidas nas suas memórias incertas de adulto que sente a necessidade de contar para entender, mas sem atingir essa meta. Mas esta postura do leitor, o "paradigma do pé atrás", de que fala depreciativamente Abel Barros Baptista, não elimina a possibilidade de Machado "cobrir com o manto de ambiguidade" toda a sua obra. A verdade é que o texto não permite uma leitura direta, desprovida de ambiguidade, quanto aos momentos em que o narrador seria, de fato, não fiável. Assim, o leitor é mantido na dúvida em relação à pergunta fundamental à volta da qual toda a narração roda: havia intenção adúltera da parte de Conceição naquela noite de Natal?

Passemos a outras diferenças apreciáveis quanto à forma dos contos, além da mudança estratégica na narração. Pode-se constatar, desde logo, que "Missa do Galo" é mais breve. Na edição da Nova Aguilar, o texto dispõe de menos linhas (16%) e menos palavras, uma vez que "Missa do Galo" prima pelo uso do diálogo entre os dois possíveis amantes, e assim opta por "showing" sobre "telling". Em "Uns Braços," pelo contrário, não deparamos com diálogo entre Inácio e D. Severina, elemento que cria grande tensão e dramatismo no segundo conto. Além do mais, no primeiro conto encontramos digressões constantes por um narrador que explica, como já vimos, a perspectiva interior de cada personagem sobre o que se passa ou não entre os dois.

Vale a pena também frisar a importância conferida à concentração do tempo da história. No primeiro texto, a ação tem lugar ao longo de semanas ou mesmo meses. A narrativa abre com a cena do jantar em que estão presentes as três figuras da história – Borges, D. Severina e Inácio –, cena essa que é interrompida por digressões do narrador com descrições do jovem e de D. Severina e a atração que aquele sentia

8 Nogueira poder-se-ia definir pela passagem de Shakespeare citada por Machado na "Advertência da Primeira Edição" de *Ressurreição,* como sendo o tema do seu primeiro romance:
Our doubts are traitors,
And make us lose the good we oft might win,
By fearing to attempt.

pelos braços da ama de casa, que já se alongava durante semanas. A narrativa volta ao dia do jantar, horas depois, "naquele dia, enquanto a noite ia caindo", para contar ao leitor a descoberta de D. Severina: que era adorada do jovem. Passamos ao dia seguinte, quando ela "pôde observar melhor" o fraco que ele tem por ela. Seguem-se "os primeiros dias" da descoberta e três semanas depois "eram eles [os braços], moralmente falando, as tendas de repouso". Ainda mais tempo transcorre, antes de chegar ao domingo do beijo. Em "Missa do Galo", pelo contrário, quase toda a ação se concentra numa hora, entre as 11 e a meia-noite, com poucas digressões, limitando-se, em grande medida, ao diálogo entre Nogueira-jovem e Conceição.

Em termos de espaço, observa-se a mesma concentração. Em "Uns Braços", a ação passa-se, progressivamente, na sala de jantar, no quarto de Inácio, na sala de visitas, na rua (onde passeia Inácio), voltando à mesa do jantar, antes de regressar à sala e, logo de seguida, ao quarto de Inácio, onde tem lugar o clímax da história: o beijo. Em "Missa do Galo", quase toda a ação tem lugar na sala da frente, onde Nogueira espera a missa do galo.

O movimento das personagens, a ação e o tempo ficam assim limitados a um único cenário, como no teatro clássico. Como já podemos vislumbrar, estamos perante um texto que dá primazia às três unidades aristotélicas que visavam um certo efeito sobre o público (ou leitor). E estamos, em particular, próximos da teoria do conto de Edgar Allen Poe, escritor admirado de Machado, como vemos pelas referências feitas ao escritor norte-americano no conto "Só",[9] de 1885, e na "Advertência" a *Várias Histórias*, de 1894[10] (coleção onde se insere "Uns Braços", publicada no mesmo ano de "Missa do Galo") e pelo fato de Machado ter traduzido "O Corvo", em 1901. Se aceitarmos o princípio definidor do conto, que já vem de Poe, considerando que a brevidade é importante e que o conto deve ter como objectivo "a certain unique or single effect to be brought out", poderíamos concluir que Machado, ao reescrever o

9 "Um grande escritor, Edgar Poe, relata, em um dos seus admiráveis contos, a corrida noturna de um desconhecido pelas ruas de Londres, à medida que se despovoam, com o visível intento de nunca ficar só. 'Esse homem, conclui ele, é o tipo e o gênio do crime profundo; é o homem das multidões'" Machado de Assis. *Obra Completa*. Vol. II, *op. cit.*, p. 1044.

10 "Não são feitos [os contos da colecção] daquela matéria, nem daquele estilo que dão aos de Mérimée o caráter de obras-primas, e colocam os de Poe entre os primeiros escritos da América". *Idem*, p. 476.

conto, buscava como efeito principal a ambiguidade, a incerteza, a indeterminação e a ansiedade que provocam estas qualidades tanto no narrador como no leitor. Assim, tudo em "Missa do Galo" tende a confirmar o que Poe escreve na sua célebre recensão crítica sobre *Twice-Told Tales* de Nathaniel Hawthorne; daí que transcrevamos uma passagem tão longa:

> If a short story's aim is to achieve a single concentrated impression, then it must move swiftly; it cannot linger to unfold for the reader the little incidentals and wayward episodes, the dull patches and uneventual intervals through which he actually experiences time. All of these things can undoubtedly be suggested in a short piece but only obliquely, in much the same way as a painting or photograph of a figure caught in an expressive posture can capture an entire life, compressing biography into image. Because a short narrative cannot reproduce, can only imply, extended periods or lapses of time, very often what is shown is one phase of an action, perhaps an ordinary event cut out and framed to epitomize a life of continuing ordinariness; or possibly a crisis which momentarily halts the flow of time, leaving everything permanently altered once it has passed.[11]

Não resta dúvida de que "Uns Braços" e "Missa do Galo" são dois grandes contos, entre os mais importantes dos mais de duzentos publicados por Machado de Assis. Daí que figurem ambos em várias antologias, tanto em português como em línguas estrangeiras. No entanto, talvez não seja por acaso que o segundo texto se tenha afirmado, ao longo dos anos, como o primeiro entre pares. Esperamos ter demonstrado ao longo deste trabalho algumas das principais razões para tal posição de privilégio no panteão ficcional machadiano. "Uns Braços" tinha os elementos que, concentrados e vertidos por uma voz narrativa cuja presença subjetiva condiciona a legitimação da história que nos é contada, elevaria esse conto ao espaço rarefeito da grande ficção machadiana. Assim, Machado teria aproveitado a lição de *Memórias Póstumas*

11 Edgar Allan Poe. *The Complete Works of Edgar Allan Poe*, citado em Valerie Shaw. *The Short Story: A Critical Introduction*. Nova York: Longman, Inc., 1983, p. 46-47.

de Brás Cubas, que seria repetida em *Dom Casmurro,* cuja escrita ele inicia em 1896, dois anos depois da publicação de "Missa do Galo". É, em grande medida, através dessa voz volúvel, para usar a expressão cunhada por Roberto Schwarz, que em Machado encontramos o que Milan Kundera designa de "wisdom of uncertainty",[12] isto é, a capacidade, já tachada por Keats de "Negative Capability", de viver as contradições da existência sem cair no erro de buscar uma resposta definitiva e única para o mistério que é vida e as relações entre as pessoas.

Referências Bibliográficas

BAPTISTA, Abel Barros. "O Legado Caldwell ou o Paradigma do Pé Atrás". *Santa Barbara Portuguese Studies,* I,1994, p. 145-77.

BOOTH, Wayne C. *The Rhetoric of Fiction.* Chicago: University of Chicago Press, 1961.

CALDWELL, Helen. *The Brazilian Othello of Machado de Assis: A Study of Dom Casmurro.* Berkeley: University of California Press, 1960.

KLOBUCKA, Anna. "A Narração de 'Missa do Galo': uma (re)leitura demagógica". *Revista de Literatura* 13, Outono 1987, p. 65-74.

KUNDERA, Milan. *The Art of the Novel.* Trad. Linda Asher. Nova York: Grove Press, 1988.

MACHADO DE ASSIS, Joaquim Maria. *Obra Completa.* Vol. I. *Romances.* Afrânio Coutinho (org.). Rio de Janeiro: Editora Nova Aguilar, 1997.

_______. *Obra Completa.* Vol. II. *Conto e Teatro.* Afrânio Coutinho (org.). Rio de Janeiro: Editora Nova Aguilar, 1997.

POE, Edgar Allan. *The Complete Works of Edgar Allen Poe,* citado em SHAW, Valerie. *The Short Story: A Critical Introduction.* Nova York: Longman, Inc., 1983.

SCHWARZ, Roberto. *Um Mestre na Periferia do Capitalismo: Machado de Assis.* São

12 Milan Kundera. *The Art of the Novel.* Trad. Linda Asher. Nova York: Grove Press, 1988, p. 18.

Paulo: Duas Cidades, 1990.

SENA, Jorge. "Algumas palavas sobre o Realismo, em especial o português e o brasileiro." *Colóquio-Letras* 31, Maio de 1976, p. 5-13.

SONTAG, Susan. "Foreword". In: MACHADO DE ASSIS. Epitaph of a Small Winner. Trad. William L. Grossman. Nova York: The Noonday Press & Farrar, Strauss and Giroux, 1970, p. XI-XX.

SULEIMAN, Susan. R. *Authoritarian Fictions: The Ideological Novel as a Literary Genre.* Nova York: Columbia UP, 1983.

Sob o disfarce da ciência

Ivo Barbieri
(Universidade do Estado do Rio de Janeiro)

A semiciência é um déspota e nunca se viu
Déspota igual, até nossos dias.
(Dostoievski, *Os demônios*, 1871.)

O juízo passou a ser uma probabilidade,
Uma eventualidade, uma hipótese.
(Machado de Assis, *A semana*, 31/5/1896.)

Publicado inicialmente em forma de folhetim na revista quinzenal *A estação* (15/10/1881 – 15/3/1882), "O alienista" aparece editado em livro pouco depois como a primeira e mais longa narrativa de *Papéis avulsos* (1882). Se, já na primeira edição, surpreendia o fato de um texto literário muito elaborado figurar por quinze números seguidos numa publicação mundana, dedicada predominantemente à moda feminina, a edição em livro não elidia a estranheza. A peculiaridade não se limitava ao tamanho, compreendia também a estrutura da composição que, ao combinar tempos e espaços, temas e tramas diversos, poderia definir-se melhor como novela do que como conto, forma esta mais adequada à denominação dos demais exemplares da coletânea em que o texto foi incluído. Um crítico da época reconheceu em *Papéis avulsos* "uma continuação, na essência e na moralidade, da maneira iniciada nas *Memórias póstumas de Brás Cubas*".[1] A afirmativa sugere que os textos ali reunidos correspondem, na narrativa curta, ao salto de qualidade dado no romance um ano antes. Entretanto, considerando a novidade da composição, a amplitude do espectro de significados e a versatilidade dos registros de linguagem que separam *Papéis avulsos* (1882) de *Histórias da meia noite* (1873), e confrontando o horizonte ficcional de *Iaiá Garcia* (1878) com o mundo de *Brás Cubas*, a ruptura na linha do conto se figura ainda mais espetacular do que a efetuada no romance. Vale, porém, lembrar que apenas dois anos medeiam entre o quarto e o quinto romance, enquanto é de quase uma década o intervalo entre o segundo e o terceiro livro de contos. Compreensível também o maior impacto provocado pelas *Memórias*, dada não só a anterioridade desta publicação em relação à outra, como também o maior prestígio de que então o romance gozava relativamente ao conto. Todavia, parece fora de dúvida que o volume de 1882 continua o processo de transformação da ficção machadiana que efetivamente se dá a partir de 1880. À parte questões de ordem biográfica,[2] importa reafirmar que, desde o início da década de oitenta, Machado de Assis manifesta vivo interesse pela complexidade psicológica e ambiguidade moral, pela "eterna contradição humana", para usar a expressão-síntese de "A igreja do diabo". Desde então, seu trabalho de ficcionista dedica-se mais e mais à análise das sutilezas da vida interior e à encenação crítica da representação social.

Motivado, de certo, pelo espírito da época, o ficcionista não se ausenta do debate das questões de seu tempo, integrando-as, entretanto, na construção original de um mundo inconfundivelmente machadiano. A articulação da psiquiatria com a política, que constitui o eixo de "O alienista", ilustra bem o processo de reelaboração de tópicos circunstanciais com vista ao acabamento literário da obra. Por essa época, estudos psiquiátricos prometiam desvendar os enigmas da mente enquanto que os avanços

1 Gama Rosa. "Papéis avulsos". In: Ubiratan Machado (org.). *Machado de Assis – roteiro da consagração – (crítica em vida do autor)*. Rio de Janeiro: EdUERJ, 2003, p. 140. O texto de Gama Rosa aparece pela primeira vez na *Gazeta da Tarde* em 2/11/82.

2 Parece demais simplista a redução biografista de Lúcia Miguel Pereira: "Entre *Iaiá Garcia* e as *Memórias póstumas de Brás Cubas*, entre o romancista medíocre e o grande romancista, existiu apenas isso: seis meses de doença, de outubro de 1878 a março de 1879, três dos quais passados na roça." *Machado de Assis*. Rio de Janeiro: José Olympio, 1939, p. 189.

do conhecimento científico e tecnológico reforçavam a crença no mito do progresso. Temas dessa natureza, constitutivos do núcleo de "O alienista", reaparecem em vários outros contos de *Papéis avulsos*, onde é possível identificar traços da mesma matriz, fértil em variantes. Assim, a presunção da ciência, satirizada na figura do alienista através de uma retórica hiperbólica, retorna na "Teoria do medalhão" plenamente consumada através da lição de "perfeita inópia mental" ministrada pelo pai de Janjão com o fim de iniciar o filho na arte de "pensar o pensado" e habilitá-lo para o "nobre ofício" de medalhão. A novidade da psiquiatria comparece igualmente no subtítulo de "O espelho" – "uma nova teoria da alma humana" – onde o princípio metafísico da dualidade do ser humano fica exposto ao ridículo quando reduzido ao esquema rígido das duas almas: uma interior e a outra exterior. "Verba testamentária", último conto do volume, retorna ao tema da patologia psíquica, exacerbada no caso de Nicolau, "uma das maiores curiosidades mórbidas", cujo furor maníaco-destrutivo dirige-se contra tudo que signifique reconhecimento, distinção, renome ou fama. Mais uma coincidência está na associação da psicologia com a política, visto que a "doença" do protagonista ali evolui *pari passo* com a volubilidade de suas opções ante as alternativas que a história lhe oferece. Outra semelhança encontra-se na postura presunçosa do "médico sabido" cujo diagnóstico é tão categórico quanto esdrúxulo e cuja terapêutica é tão inédita quanto inócua. Em outros contos, podem surpreender-se aspectos parciais que integram a matriz de "O alienista". É por exemplo, o tópico da reversão de perspectivas, inversão ou troca de sinais valorativos. Assim, se a marca da loucura em "O alienista" se desloca abruptamente do excepcional para o normal, do desequilibrado para o perfeitamente equilibrado, da alteridade para identidade, do outro para mim, a empáfia do medalhão atribui valor positivo ao que o senso comum considera negativo e vice-versa. De modo análogo, é na aparência ou alma exterior que, segundo a "filosofia" do Alferes Jacobina, se reconhece a essência do sujeito, ao passo que a ordem invertida por Nicolau deprecia o apreciado e aprecia o depreciado.

Ademais, a loucura, que "O alienista" desdobra numa série de paradoxos, já se apresentava, em sua complexidade e esquivança, no último episódio das *Memórias*, quando se dá o encontro de Brás Cubas com o alienista, enviado este à casa do narrador pelo alienado Quincas Borba. O modo como se introduz o tema surpreende pelo "estranho conúbio", que faz interagirem melancolia e galhofa, gravidade e ironia, humor e mordacidade crítica. Essa linguagem mesclada parece ser o expediente privilegiado para fisgar o tema que, em sua mobilidade escorregadia, teima em esquivar-se às tentativas de apreensão do psiquiatra cientista, induzindo-o a que adote táticas de abordagens oblíquas em lugar da observação direta ou investida frontal. Nas *Memórias*, tal estratégia se define em quatro brevíssimos capítulos (CLIII, CLIV, CLV e CLVI), quando se defrontam alienista e alienado numa veloz alternância de papéis. O diálogo entre os dois interlocutores, a princípio direto e franco, logo resvala para a insinuação esquiva e depois tenta apoiar-se em clichês da fraseologia popular. Mas logo verifica-se que, na contramão deste juízo vulgar, a identificação da insanidade mental passa pela via conjetural de feito incerto. Objetivamente, a denúncia nada mais é do que um gesto indigitador, que, apontado inicialmente por Quincas Borba no sentido de Brás Cubas, é deslocado pelo alienista em direção ao "filósofo louco" para, em seguida, ser desviado na direção de um anônimo criado completamente alheio à conversa dos dois interlocutores. De fato, inofensivamente ocupado em sacudir tapetes à janela da "sala ricamente alfaiada" do seu senhor, o faxineiro nem desconfia que é alvo da observação do alienista, e permanece indiferente e impermeável às setas contra ele disparadas. Ao pairar aleatório do nome justifica-se a instabilidade de seu significado a oscilar entre o grave e o cômico. A primeira conclusão de Brás Cubas é que, se "há em todos nós um maníaco", "um grãozinho de sandice, longe de fazer mal, isto dá certo pico à vida. E, amparado na gradação das dosagens, conclui não haver muito a lastimar nos, assim denominados, maníacos pois, tratando-se de uma questão de mais ou de menos", o justo seria evitar que outras manias lhe entrassem no cérebro. Assim como, de começo, Brás Cubas descarta a denúncia do alienista a seu respeito com argumento de que não se sente louco, logo a seguir, volta atrás, considerando que os doidos geralmente têm de si este conceito. Esse vislumbre da fuga mercurial da demência não estaria já antecipando a volubilidade das hipóteses "científicas" e das experiências "clínicas" do alienista Bacamante? Tal aceno incentiva a busca de analogias entre as duas narrativas. Pois, se, por um lado ambas ressaltam a volatilidade do conceito e a incerteza do diagnóstico, por outro, o mal se anuncia como algo iminente prestes a se manifestar na conduta de quem quer que seja. Ademais, o segundo parágrafo do capítulo CLIX, penúltimo do romance, de certa maneira coincide com o desfecho da novela ao enunciar que "Quincas Borba não só estava louco, mas sabia que estava louco; o que complicaria muito o horror da situação".[3] Em ambas as narrativas, a tática da surpresa. De repente, o registro cômico de suposições volúveis ou hipóteses frágeis transmuta-se em *pathos* dramático: o horror do indivíduo que, num relance de lucidez se reconhece doido. Esse "suicídio da razão", que Augusto Meyer elevaria à categoria de "humor transcendental",[4] representa bem a fatalidade do alienista incapaz de romper o círculo que completa no desfecho o retorno ao primeiro passo. De resto, esta rotação da consciência sobre si mesma resume a aventura intelectual de Bacamarte. Disposto desde o início a isolar a sede da loucura, ele parte da hipótese de que a demência seria privilégio de alguns poucos, rara anomalia alojada num recanto obscuro do cérebro como pérola incrustada na concha. Mas, depois de começar a recolher alienados na Casa Verde, constata que o número deles é muito maior do que imaginava. O que, de início, supusera ser uma ilha, revela-se depois um continente, como diz a linguagem metafórica do texto. E, quando o percentual dos internados chega aos quatro quintos da população de Itaguaí, torna-se patente que já não se trata de um desvio, e sim de repetitiva incidência na pauta da norma. Apaga-se agora "a fronteira externa do anormal",[5] convertendo-se a exceção em regra, a discrepância em concordância, e o princípio de diferenciação em fator de homogeneização. Percebendo a contradição no ato, Bacamante retorna ao pressuposto inicial, à ilha anteriormente excluída. E, abruptamente, inverte a ordem dos fatores e o conteúdo da equação para adequar a hipótese ao estatuto da anomalia. Coagido pela lógica estatística, mais uma vez reconstrói a fronteira da diferença, enunciando novo paradoxo: doidos seriam "os cérebros bem organizados", aqueles que se apresentam em estado de perfeito equilíbrio. Se, por um lado, a recuperação do limite sugere retorno a hipóteses do desvio da norma, por outro, o alienista dá um salto extraordinário, projetando-se da disciplina psiquiátrica para a filosofia moral. Antes, qualquer sintoma de desequilíbrio psíqui-

3 Machado de Assis. *Memórias Póstumas de Brás Cubas*. Rio de Janeiro: Instituto Nacional do Livro, 1960, p. 300, 303. Edição crítica preparada por Antônio Houaiss, membro da Comissão Machado de Assis, instituída no âmbito do Ministério de Educação e Cultura em 1958, cinquentenário da morte do autor.

4 Augusto Meyer. "Na Casa Verde." In: *Machado de Assis*. Rio de Janeiro: São José, 1958, p. 51-9.

5 Michel Foucault. *Vigiar e punir*. Tradução de Ligia M. Pondé Vassalo. Petrópolis: Vozes, 1977, p. 163.

co era sinal de demência, agora, identificado com a ausência de tais sintomas, desloca-se o problema para o domínio do desvio moral. Travestido o médico psiquiatra em moralista ou, melhor, em antimoralista, Bacamarte passa a substituir as práticas terapêuticas por exercícios corruptores das condutas consideradas virtuosas. E, para tanto, muda o alvo de sua inquirição e inverte o sentido de sua prática. Depois de devolver à liberdade todos os desequilibrados, começa a recolher ao manicômio os perfeitamente equilibrados, isto é, os antes considerados psiquiatricamente sadios e moralmente perfeitos. Mas, como agora virtudes e vícios são marcados com sinais trocados, deve pôr em prática um método que visará sistematicamente à perversão de comportamentos e à correção/corrupção dos costumes. A terapia adotada para tratamento dos perfeitamente equilibrados revela-se cem por cento eficaz, visto que nenhuma virtude resiste por muito tempo à pedagogia do vício. Assim, a modéstia cede à vaidade, como da mesma maneira, a humildade não resiste à soberba, o altruísmo ao egoísmo, a retidão à impostura, e assim por diante. Estranhamente, é o método terapêutico destinado a desequilibrar os equilibrados que vem declarado e descrito no texto, enquanto o procedimento adotado para equilibrar os desequilibrados fica implícito. Assim, na modalidade da paródia moralista, Machado faz caricatura da psiquiatria e, na modalidade da psiquiatria, desmonta o sistema da filosofia moral, rompendo duas vezes o cerco da razão disciplinar mediante procedimentos concernentes à elaboração do contexto ficcional. A transgressão de fronteiras disciplinares leva a interpretação para além das áreas de domínio específico e projeta os significantes para conjuntos de significação distintos, de onde emergem novos significados, que acentuam a transgressão interdisciplinar.

Ao tratar dos equilibrados, "O alienista" antecipa o argumento de "A igreja do diabo", conto publicado dois anos mais tarde na coletânea *Histórias sem data* (1884). Mais esta expansão da razão seminal confirma Simão Bacamarte como figura emblemática entre todos os personagens "patológicos" de Machado de Assis, não obstante seja Rubião de *Quincas Borba* o caso mais sistematicamente trabalhado de acordo com o modelo psiquiátrico. É que, reunindo traços dispersos em outras narrativas e fazendo interagir motivos e funções diversas, o narrador traça para o alienista alienado um perfil multifacetado e único, ainda que sob a máscara da distorção caricata. Assim, atributos destacados do estereótipo do médico-cientista – frio, arrogante, enigmático e inflexível – encontram-se disseminados em muitos outros personagens similares, tais como o cínico Brás Cubas obcecado pela ideia do emplasto capaz de curar a humanidade da melancolia; o sádico Fortunato de "A causa secreta"; o Fulgêncio de "Ex cathedra", "velho lunático" metido a filósofo do amor; o médico holandês da "Verba testamentária"; o também holandês Dr. Jeremias Halma de "O lapso"; o Procópio de "O Enfermeiro"; os sábios de "As academias de Sião", que se presumem "a claridade do mundo", e tantos outros, todos consumados individualistas, egocêntricos e misantropos, embora hipocritamente revestidos de alguma forma de filantropia ou altruísmo. Bacamarte se apresenta ainda como a figura mais estranha da galeria machadiana dos dementes. "O alienista é um espanto" diria quase oitenta anos depois do seu lançamento, um machadólogo dos mais considerados,[6] deixando, assim, consignado o seu estranhamento diante do perfil complexo do personagem que ainda hoje desafia a argúcia do intérprete. Com efeito, mais de cento e vinte anos de exposição ao olhar negativo da crítica parece não terem sido suficientes para desatar de vez uns tantos nós que complicam a escrita dessa singular realização ficcional. Deve-se outrossim acrescentar que a aparência bastante enigmática, que o personagem ainda ostenta, atravessa todos os planos da narrativa e parece ter sido conscientemente preparada, visto que explicitamente manifesta desde as primeiras linhas do texto, quando o narrador introduz vários temas implicados na tessitura do discurso e desdobrados, depois, nos diversos lances da intriga. Logo de início, o protagonista se apresenta como um indivíduo determinado, decidido a assumir o seu destino e capacitado a realizar sozinho o objetivo de sua vida. Revestido das luzes que fora beber na Europa e declarando-se vocacionado exclusivamente para a ciência, Bacamarte pretende fazer prevalecer a vontade de saber contra a vontade de poder. Nessa primeira caracterização do personagem, já comparecem as principais vertentes temáticas da novela que, distintas e opostas à primeira vista, irão se entrecruzar, combinar e contrapor no desenrolar da ação. Como se verá, a recusa de posições políticas disponíveis na metrópole em favor da decisão de levar as luzes da ciência a um recanto ignorado da remota província, longe de liberá-lo dos enlaces do poder, irá comprometê-lo, mesmo por via indireta, com práticas autoritárias, revestidas da aparência de seriedade científica. Cultivando publicamente a imagem

6 Augusto Meyer, *op. cit.*, p. 55.

de personalidade imune à volúpia do mando, austeramente entregue ao estudo e à busca do conhecimento como um asceta isolado em seu retiro de trabalho, ele se presume imune ao assédio do poder político. À maneira do déspota esclarecido, porém, o "filho da nobreza da terra e o maior dos médicos do Brasil, de Portugal e das Espanhas", como o único psiquiatra cientista em Itaguaí, é detentor exclusivo de um saber incontrastável, assumindo, de fato, o papel de senhor de um domínio que se estende da medicina à justiça, do controle social à reforma moral, da Casa Verde a Itaguaí. Na prática, Simão Bacamarte enfeixa as funções do autocrata investido de todos os poderes para formular, promulgar, interpretar e aplicar as normas a que todos os integrantes da comunidade estarão sujeitos. Na verdade, é ele que exerce a autoridade suprema na vila enquanto que todos os demais poderes de Itaguaí dele dependem.

A escrita de "O alienista" sobrepõe dois séculos e dois continentes num horizonte em que se juntam obstinação e adversidade, deformação caricata e anotação realista, referência datada e transposição alegórica. Assim, tanto do ponto de vista histórico quanto do temático, o discurso se complexifica, visto que ao lluminismo do XVIII – tempo do enunciado – a narrativa sobrepõe o cientificismo do XIX – atmosfera reinante no tempo da enunciação. A partir dessa dupla perspectiva e, não obstante referências precisas a acontecimentos e situações circunstanciadas, a narrativa articula um conjunto de valores próprios da efabulação literária. O aparente anacronismo, em que ideias setecentistas da metrópole ilustrada, removidas do seu ambiente de origem e postas à prova num recanto obscuro da província distante, instaura um tempo e um espaço estranhos. Ali, tanto o absolutismo esclarecido da reforma pombalina dos fins do setecentos quanto o racionalismo cientificista do declinar do oitocentos brasileiro emergem transfigurados no comportamento do médico psiquiatra, obcecado pelo propósito de traçar a linha de fronteira que determinasse o lugar da loucura e demarcasse com precisão os limites da razão. Ainda no tocante ao espírito da época, Machado distancia-se da controvérsia, respondendo bem a seu modo, isto é, com ironia e humor, à moda da polêmica e ao solene aparato retórico, então valorizados e muito praticados. Investindo irreverente contra o dogma da ciência que, na vertente positivista, podia ocupar o lugar da religião, o ficcionista contrasta com a postura de um Sílvio Romero, por exemplo, que, em defesa das teses do evolucionismo contra o positivismo, esgrimia as armas da polêmica e, em defesa da doutrina de sua preferência, realçava-lhe a condição de verdade inquestionável.[7] Da parte da retórica, Rui Barbosa falava mais alto com sua verve tribunícia, pletora vocabular e ornamentalismo barroco da frase, herdado da prosa seiscentista de Vieira.

Dada a polissemia do discurso literário, a sondagem extra/inter/intratextual de "O alienista" parece inesgotável. Daí a multiplicidade dos níveis de leitura. Ressalvada a ambivalência, os índices que marcam a contextualização se mostram na letra do texto, ao passo que o reconhecimento e interpretação dos signos implicados no tecido da textualidade requerem escavação mais laboriosa. É por isso que o contínuo aflorar de significados renova, a cada leitura, a atualidade do texto. E não seria também por isso que as implicações da aventura desastrada de Simão Bacamarte nunca parecem de todo desvendadas, permanecendo ele até hoje em atitude desafiadora e envolto em certo ar de enigma, não obstante os mais de cento e vinte anos de indagações críticas?

Também a insignificante Itaguaí, vila próxima à cidade do Rio de Janeiro do tempo dos vice-reis, apesar dos sinais de progresso material e, de repente, sacudida por doutrinas e ideias novas que esbarravam no marasmo cultural e no atraso geral do meio, mais do que cenário da história, transmuta-se em horizonte alegórico dos impasses da lógica racionalista. A própria Casa Verde, palácio construído na "mais bela rua de Itaguaí", com suas "cinquenta janelas por lado, um pátio no centro, e numerosos cubículos para os hóspedes" (276),[8] fala dessa ambiguidade, pois, tendo sido criada de acordo com os preceitos técnicos, científicos e morais da "Razão Iluminista" e destinada ao recolhimento e tratamento dos alienados, torna-se instância propícia à manipulação e dominação política. Instituição vigilante, o manicômio de Bacamarte submete toda uma comunidade à ameaça da opressão, graças ao permanente controle inquisitorial de um olho insano nele instalado. A oblíqua referência ao Hospício Pedro II, inaugurado em 1852 com pompa e solenidade imperial, faz remontar à origem histórica dessa ambiguidade. Se é verdade que ostentando, de um lado, "a glória, o fausto e benemerência de um imperador que se quer repre-

7 Silvio Romero. *Doutrina contra doutrina – o Evolucionismo e o Positivismo na República do Brasil*. Rio de Janeiro: J. B. Nunes, 1894.

8 As referências a textos de *Papéis avulsos* utilizados neste trabalho remetem todas a *Machado de Assis – contos/uma antologia*, vol. I. Seleção, introdução e notas de John Gledson. São Paulo: Companhia das Letras, 1998. A indicação de página vem entre parênteses após a citação.

sentante das 'Luzes' nos trópicos", realiza, do outro lado, a concretização parcial de "um projeto de normatização da medicina e higienização da cidade",[9] a instalação da primeira casa de saúde para alienados no Brasil compromete o propósito da saúde pública com interesses do poder reinante. O manicômio do Dr. Bacamarte, por sua vez, assume a dupla face de asilo de alienados e laboratório de pesquisas "científicas", desempenhando concomitantemente as funções de tribunal jurídico, com plenos poderes para julgar, absolver ou condenar. E é como instituição soberana que decide inapelavelmente a respeito da saúde pública e da sanidade mental e moral da população. Instituída em nome da ordem e da proteção da sociedade, contraditoriamente, a Casa Verde age como fator de discórdia, disseminando medo e incertezas, gerando conflitos e convulsão social. Enquanto instância de reforma moral, promove a homogeneização dos costumes e o esmagamento das diferenças sociais e pessoais. Desse modo, reflexos da Ilustração, como são os acenos alusivos ao reinado utópico da razão ou índices do progresso material, como são os melhoramentos urbanos introduzidos no Rio de Janeiro durante a administração do Vice-Rei Luís Vasconcelos e Sousa (1779-1890), conde de Resende, "homem de estado, e provavelmente filósofo" (413), além de ilustrarem o espírito da época, prestam-se sobretudo para satirizar o mito da ciência, a submissão da inteligência à retórica grandiloquente e ao fascínio deslumbrado diante da emergência efêmera do novo. O poder absoluto instalado na Casa Verde, por outra, não deixa de fazer eco ao absolutismo do regime pombalino instaurado em Portugal. E, até no modelo de ciência perseguido pelo alienista, repercute a proposta de reforma da Faculdade de Medicina de Lisboa de 1730, que apregoava a "necessidade de banir a escolástica e substituir ensino especulativo por ensino matemático e experimental".[10]

Por sua vez, a revolta dos Canjicas, denominação ironicamente correlacionada a farrapos, cabanos, balaios – movimentos insurrecionais de inspiração popular dos meados do XIX brasileiro que, especialmente durante a Regência, conturbaram a

9 Francisco Carlos da Fonseca Elia. *Doença mental e cidade: o hospício de Pedro II*. Rio de Janeiro: Casa de Rui Barbosa/12 Letras, 1996/1998.

10 Antonio José Saraiva. *História da Literatura Portuguesa*. 43.ª ed. Porto-Lisboa: Porto Editora, s/d, p. 553-4.

vida da jovem nação[11]–, faz a caricatura da volúvel vontade política, do oportunismo das posições assumidas no fervor da disputa, da subserviência da opinião pública aos poderosos do dia, bem como do comprometimento do poder com interesses pessoais passageiros. Arcaizada a linguagem com o fim de ajustá-la ao estilo de crônica antiga, deslocadas para o setecentos práticas psiquiátricas próprias do oitocentos e recortadas pequeninas ocorrências locais segundo o figurino de grande acontecimento, a narrativa de Machado reelabora fatos, personagens e situações historicamente determinadas, abrindo perspectivas para a compreensão de sentido alegórico. E, sem banir a veracidade histórica, a paródia do episódio local, redimensionado segundo projeções da Revolução de 1789, reorienta o tema na direção da origem, pois que é durante o processo revolucionário na França que, pela primeira vez, surge o interesse humanitário pelo doente mental. Como se sabe, esse tema se tomará objeto privilegiado da psiquiatria do XIX e obsessão monomaníaca do alienista Bacamarte. Tal ambivalência do discurso, que reforça a ideia da composição em camadas, preenche os significantes com ingredientes significativos novos cujo alcance geral, longe de descomprometê-los das circunstâncias e situações históricas bem determinadas, revigora o sentido que delas decorre.

A história da recepção da obra, mesmo quando os intérpretes se detêm em aspectos parciais, forma um conjunto revelador da complexidade e polivalência

11 Durante o governo regencial (1831-1841), o país foi sacudido por uma sucessão de levantes passageiros mas cruentos, vulgarmente chamados de *rusgas*. Já em 1831, logo após a renúncia de Pedro I, os partidários da restauração do primeiro reinado se batem contra os nacionalistas contrários ao domínio luso e partidários da queda do império. Aqueles, sob a égide de José Bonifácio, tutor de Pedro II, difundiam suas ideias através do *Caramuru*, daí a alcunha popular de *caramurus*. Estes, organizados em tomo da Sociedade Federal, daí federais, também conhecidos como *jurujubas* ou *farroupilhas*. O nome *cabanos* de Cabanada (Pará: 1834-1836) provém dos índios que moravam em cabanas ou palhoças. Os amotinados da Balaiada (Maranhão: 1838-1841) recebem o apelido de Francisco dos Anjos Ferreira Balaio, o líder artesão que fazia e vendia balaios. A chamada Guerra dos Farrapos (Rio Grande do Sul: 1835-1845) dá nome à luta travada entre conservadores (*imperiais* ou *caramurus*) e liberais (*farrapos* ou *farroupilhas*). Estes defendiam a descentralização federativa e chegaram a instaurar o regime republicano com sede em Piratini, pequena cidade do interior, daí a alcunhada pejorativa de República do Piratini. Ver Gonzaga Duque. *Revoluções brasileiras – resumos históricos*. Francisco Foot Hardman e Vera Lins (orgs.). São Paulo: Unesp, 1998, p. 97-179.

do texto. E, não obstante a diversidade e divergência dos pontos de vista, podem-se agrupar as principais contribuições em duas linhas de abordagem. De um lado, a crítica mais afortunada, a que se ocupa predominantemente com o reconhecimento, identificação e interpretação dos índices relacionados ao contexto externo. Quer resgatando doutrinas dominantes nos oitocentos, como o positivismo e o evolucionismo, quer remetendo a fatos políticos, como os movimentos rebeldes que marcaram períodos conturbados da monarquia brasileira, especialmente durante a Regência, o discurso ficcional afigura-se a tal perspectiva fortemente ancorado no contexto de fundo histórico cujas marcas é sempre possível identificar nas linhas e entrelinhas do texto. Do outro lado, agrupam-se estudos empenhados na escavação do subtexto. Do lado mais tradicional aproximam-se intérpretes tão diferentes quanto Barreto Filho e Wilson Martins: o primeiro lendo a novela como uma "sátira muito precisa de defeitos nossos, especialmente de nossa imaturidade política, que nos torna candidatos à tirania";[12] e o segundo considerando-a "uma parábola irônica a respeito de nossas concepções sobre a saúde mental e a loucura", sem deixar de vê-la como sátira política onde se observa "a escassa estima que Machado de Assis tinha pelos movimentos de massa, e o evidente ceticismo com que encarava as virtudes cívicas e pelos talentos políticos dos tribunos populares".[13] Kátia Muricy igualmente privilegia o contexto histórico, lendo "O alienista" como expressão da "crítica corrosiva e bem-humorada de Machado de Assis aos mitos da ciência de sua época" cujas novidades "são bem as que os psiquiatras do século XIX traziam à sociedade, pela via da medicina social". Até mesmo o recuo no tempo contextualizado na narrativa, a ensaísta o interpreta como "a escansão necessária para o autor sentir-se mais à vontade na crítica às concepções científicas suas contemporâneas".[14] Além disso, não deixa de identificar, no médico e cientista social Simão Bacamarte, o "arauto da modernidade", e na vila de Itaguaí, "a alegoria da sociedade brasileira oitocentista". John Gledson, por sua vez, ainda

12 Barreto Filho. *Introdução a Machado de Assis*. Rio de Janeiro: São José, 1947, p. 146.

13 Wilson Martins. *História da inteligência brasileira*. Vol. IV. (1877-1896). São Paulo: Cultrix, 1978, p. 123 e 126.

14 Kátia Muricy. *A razão cética – Machado de Assis e as questões de seu tempo*. São Paulo: Companhia das Letras, 1988, p. 330.

que fortemente comprometido com o método historicista, aponta para a multivalência do texto ao referir-se à composição sedimentada em camadas distintas, "com suas possíveis alegorias, seu tempo e espaço semimíticos", aspectos esses articulados com "um ambiente mais cotidiano e realista: um realismo de observações habilmente colocadas".[15] Leitura mais sistematicamente centrada no texto é a de Luiz Costa Lima, que, ao trabalhar a metáfora do palimpsesto, alça-se a um ponto de vista amplo e plenamente compreensivo. Suporte para diversas escritas sobrepostas e imbricadas, a imagem do palimpsesto se presta a deslindar os fios do enredo e da bem tramada sintaxe narrativa. O crítico se detém na análise de cada uma das três variantes principais, que tematizam respectivamente a ciência, a linguagem e o poder.[16] O leitor comum pode, de imediato, compreender a primeira variante que se dispõe à flor do texto e que, personificada na trajetória de Bacamarte, se consubstancia na vontade de saber. De maneira não tão à mostra como a primeira, mas nela implicada e a ela contraposta, corre a escrita centrada na vontade de poder, claramente legível em vários episódios, como na insurreição dos Canjicas, nas escaramuças retóricas dos vereadores e nos pronunciamentos inflamados dos líderes da rebelião. Muitas vezes implícita, há um momento na ação dos revoltosos que mostra clara e abertamente a vontade de poder. É a cena em que Porfirio, à frente de "trezentas cabeças rutilantes de civismo e sombrias de desespero" (301), convida os amigos à demolição da Casa Verde. Neste instante decisivo, o líder "sentiu despontar em si a ambição do governo; pareceu-lhe então que, demolindo a Casa Verde e derrocando a influência do alienista, chegaria a apoderar-se da câmara, dominar as demais autoridades e constituir-se senhor de Itaguaí" (302). O cabeça do motim imagina poder, desse modo, substituir "o despotismo científico do alienista" (298) pelo despotismo populista de uma corporação rebelada. De modo mais oblíquo, a vontade de poder também se manifesta através das "verdades" do autocrata da Casa Verde, pois é a partir da proclamação de cada uma dessas verdades que ele estende o seu domínio sobre a população de Itaguaí. A terceira vertente, disposta em corte transversal e

15 John Gledson: "Os contos de Machado de Assis: o machete e o violoncelo". In: *Machado de Assis: Contos/uma antologia*. São Paulo: Companhia das Letras, 1998, p. 39 e 40.

16 Luiz Costa Lima: "O palimpsesto de Itaguaí". In: *Pensando nos trópicos*. Rio de Janeiro: Rocco, 1991, p. 253-67.

viabilizadora das duas anteriores, concentra-se na linguagem. Fundamento do discurso, base do aparato retórico e coluna de sustentação da estrutura narrativa, é ela que fundamenta a textualidade e alimenta a dinâmica da elaboração fabulativa. Esta que se poderia denominar de energia da palavra e que atravessa todos os níveis do texto, contém todas as virtualidades imanentes à linguagem e os possíveis figurativos da ação narrativa, constituindo-se em fonte dos significados que se atualizam na escrita. Logo no começo, é a vertente que se apresenta como fonte imaginária do texto ficcional quando o narrador/editor faz referência a suposto documento onde encontrou registradas as crônicas dos tempos remotos da vila de Itaguaí. Ao longo do discurso, a presença tematizada da palavra se denuncia nas figuras de linguagem, na oratória hiperbólica dos pronunciamentos políticos, nos lugares-comuns assim como nos traços salientes dos personagens estereotipados. De modo mais sutil, ela lateja no viés irônico-satírico, que potencializa a ação corrosiva do texto. Matéria prima da narração e repertório de alternativas de que dispõe o narrador, a linguagem, mais do que recurso instrumental ou decorativo, é o meio que põe em ação a potência constitutiva da fábula, assim como objetiva a eficácia crítica do discurso, valores efetivos do discurso machadiano.

Com relação à fortuna crítica de "O alienista", não se pode omitir o ensaio de Augusto Meyer: "Na Casa Verde", dada a perspicácia e agudeza intuitiva de sua original contribuição. Meyer rasga, em verdade, horizonte inédito para a leitura de "O alienista". Ao reconhecer na novela certa modalidade de humor próxima ao "pirronismo niilista",[17] o crítico gaúcho identifica, na sátira de Simão Bacamarte, uma incursão implacável e sem volta aos domínios do absurdo. Nessa forma de humorismo extremo, em que o pensamento em ação, como *intellectus ipse*, redemoinha na própria vertigem, é a atividade mental ela mesma que logicamente se suicida. Acompanhando-lhe os movimentos, percebe-se que Bacamarte anda em círculos mais e mais estreitos até sucumbir à asfixia final, mantendo todo o tempo a mesma postura inflexível, não obstante a reviravolta mental e operacional a que o obriga o anúncio de cada nova tese. Formalmente, a mais recente proclamação reproduz o modo de ser da mais antiga, visto que, envolta na mesma forma de juízo categórico, a "verdade" nova é apenas o avesso da "verdade" velha. Assim, a razão não consegue

17 Augusto Meyer, *op. cit.*, p. 54.

romper o cerco que a aprisiona ao círculo do mesmo. Ainda quando, num gesto de aparente autocrítica, o alienista confessa que errou e afirma como verdadeira a hipótese oposta à anterior, a substituição da doutrina "errada" pela "certa" em nada altera a postura assertiva do discurso autoritário. Deslocando ou invertendo o sentido das proposições, permanece o caráter dogmático e, com este, se denuncia a vontade de poder e de controle. Nesta imagem bifronte de Simão Bacamarte, o narrador combina o retrato austero do "homem de ciência, e só de ciência" (282), com traços acentuados do inquisidor inflexível, sempre frio e implacável, como o denuncia o "metal de seus olhos", "o mesmo metal, duro, liso, eterno", sempre pronto a espetar, na mulher [ou homem observado] "aquele par de olhos agudos como punhais" (281). À frieza de caráter associa-se o raciocínio calculista que precede a tomada de decisões importantes como a do seu casamento com a viúva D. Evarista – "não bonita nem simpática" –, e assim mesmo eleita, visto que "reunia condições psicológicas e anatômicas de primeira ordem" sendo, portanto, "apta para dar-lhe filhos robustos, sãos e inteligentes" (273). Depois de desmentida pela via concreta a calculada previsão "científica", o alienista "mergulhou inteiramente no estudo e na prática da medicina" (274) restringindo seu campo ao "exame da patologia cerebral". Isolado no recinto fechado do seu pequeno universo, "abotoado de circunspeção até o pescoço", assume exteriormente o estereótipo do cientista austero, recatado e honesto, "segundo convém aos sabedores" (274). Mas, intimamente nutrido da desmedida ambição de saber, joga-se de cabeça no estudo do objeto eleito: "O principal nesta minha obra da Casa Verde é estudar profundamente a loucura, os seus diversos graus, classificar-lhe os casos, descobrir enfim a causa do fenômeno e remédio universal" (277). O saber que o alienista persegue, entretanto, não se satisfaz com a ciência da observação e da classificação, pois, inspirado no modelo do conhecimento positivo, quer resultados palpáveis, procurando intervir efetivamente nos hábitos domésticos e no comportamento público dos indivíduos. Desse modo, o tratamento das enfermidades mentais já não se conforma ao domínio do diagnóstico e da terapêutica, pois, além de converter a medicina em prática judicativa e a terapêutica em processo correcional, faz do manicômio um espaço de "devassa mais eficaz que o poder judiciário".[18] Na prática, o hospício de Itaguaí acumula as funções de um tribunal de primeira e última

18 Muricy, *op. cit.*, p. 43.

instância, que acusa, julga e condena sem apelação.[19] Mesmo quando muda o teor de suas teses, o alienista permanece o mesmo juiz implacável. No ponto em que nega o desequilíbrio como sintoma da loucura, ainda que motivado em razão da estatística, pois são poucos e raros aqueles que podem demonstrar completo equilíbrio das faculdades, ele continua atado ao círculo das certezas que proclama, sem alterar o itinerário e a postura autoritária. Assim, ao anunciar como verdade a hipótese de que loucos são aqueles que demonstram perfeito equilíbrio de todas as faculdades, retoma ao passo inicial, à noção de loucura como exceção. Agora, de novo, a demência é aquela pérola rara incrustada na concha da razão. Nitidamente definido o desvio, vai à caça dos casos mais ilustres, exceções gritantes que apresentam em comum algum excesso ou exagero marcado com traço forte. Costa, por exemplo, que distribui gratuitamente a enorme fortuna de quatrocentos mil réis, é um caso de excesso de generosidade; o albardeiro Mateus, proprietário da maior e mais suntuosa casa de ltaguaí, excede na ostentação de riqueza; Martim Brito e Sebastião Freitas, com seus arroubos retóricos, pecam por exagero verbal; Gil Bernardes, capaz de correr distâncias para ir apertar a mão de um homem ou se curvar até o solo diante de uma mulher, exagera nas cortesias. Os casos de Sebastião Freitas, de Crispim Soares, de Porfirio e de D. Evarista não fogem ao modelo. O vereador é recolhido à Casa Verde por "extraordinária inconstância", o boticário por "duplicidade e descaramento" (310), e a esposa do alienista por "mania suntuária" (314), de que é sintoma o ostensivo apego a vestidos e joias. Aqui parece não haver mais espaço para o gradualismo de Brás Cubas, pois nessas culminâncias a que todos chegaram o que se afirma é a anomalia de particularidades individualizadas contra um fundo genérico e indiferenciado. Mas é preciso estar atento porque, ao perceber que a exceção se generaliza, o alienista a abandona. Essa tática foi adotada na primeira hipótese quando ele percebeu que o anormal se aproximava demais do universal, e será repetida na segunda, quando constata que o efeito da terapia alcança a universalidade dos casos

19 "O asilo da época positivista, cuja glória de fundação pertence a Pinel, não é o livre domínio da observação, do diagnóstico e da terapêutica: é um espaço judicial, onde se acusa, julga e condena, e de onde não se sai senão pela reversão desse processo, isto é, pelo arrependimento [processado] na profundidade psicológica". Michel Foucault. *Historia de la locura en la época clásica*. Tradução para o espanhol de Juan José Utrilla. México: Fondo de Cultura, 1967, p. 250. (A tradução para o português é minha).

tratados. Em suma, tanto como médico psiquiatra quanto como filósofo moralista, o que o alienista obtém em consequência de suas especulações teóricas e experiências "terapêuticas" é "normatizar" a exceção e cancelá-la assim que ela amplifica o raio de sua compreensão. De todo modo, o caminho que o psiquiatra cientista trilha é o do monólogo solipsista, caracterizado pela hipertrofia da subjetividade do eu. E, finalmente, na guinada que prepara o desfecho, quando reconhece a si como o único e mais perfeito mentecapto de Itaguaí, o alienista sobe ao clímax da ambição desmedida e se precipita na derrocada irremediável, reencarnando o mito da cobra que morde a própria cauda. Assim, a reviravolta que ele proclama como a descoberta da sua "última verdade", nada mais é do que a volta completa sobre si mesmo, retorno, na linha de chegada, ao ponto de partida. Neste fatal paradoxo em que ele se reconhece como o único homem de Itaguaí dotado de todas as qualidades e depurado de qualquer defeito, homem moralmente perfeito e, por isso mesmo, o único louco, a desrazão reveste a forma da razão enquanto que o poder da ciência se esvai. Não é outra a conclusão do narrador quando relata que, entregue "ao estudo e à cura de si mesmo", o alienista morreu "no mesmo estado em que entrou, sem ter podido alcançar nada" (327). Paradoxalmente, a terapêutica que se mostrara cem por cento eficaz quando aplicada aos demais dementes relativamente equilibrados, falha justamente com ele: o único indivíduo perfeitamente equilibrado. O derradeiro nó é atado de modo insolúvel pela mesma razão que, não encontrando fora de si princípio que se lhe opusesse, identifica dentro de si o mal que a anula e destrói. Bacamarte, que o tempo todo se havia empenhado em isolar e suprimir a desrazão, acaba enredado nela. Metaforicamente poderia dizer-se que ele faz disparar contra si a arma que carrega permanentemente consigo, semanticamente identificada com seu nome próprio – Bacamarte designa um tipo de arma de fogo.

Acentuando os traços estereotipados do sabedor presumido – de que resulta a caricatura do cientista – e desfazendo a cada passo o caminho do conhecimento percorrido – o que o empurra para o beco sem saída do autoconfinamento e finalmente ao suicídio –, o discurso do alienista alienado dá corpo a um personagem de significação ambivalente: a um só tempo, sátira da ambição desmedida de saber e retrato da derrota da vontade de poder. Tendo resistido sobranceiro às injunções do poder político, passado incólume pelas reviravoltas do conhecimento instável e repelido como intromissão indébita toda interferência do afeto e das paixões, a razão depurada sucumbe à armadilha do subjetivismo moral mascarado de objetividade científica. Essa fatalidade lembra, de um lado, o processo de constituição da psiquiatria descrito por Starobinski, cujo percurso de saldo zero estaria

> representado em suas tensões e contradições, às voltas com um objeto que a requisita e para o qual ela não está aparelhada, sendo incessantemente forçada a ultrapassar os limites que lhe foram assinalados ou que ela mesma se determinou, percebendo-se circunscrita ao movimento de sua procura e de sua construção, apreendida na precariedade de cada instante que a força a projetar um "edifício" que efetivamente nunca será erguido.[20]

Mas, por outro lado, essa descrição não se presta a resumir devidamente a aventura do alienista de Itaguaí na medida em que, inapelavelmente condenado a desdizer o que dissera, a simular avanços enquanto efetua retornos, a perseguir a transcendência (*plus ultra*) enquanto se fecha em si mesmo, é ele quem decreta a anulação de tudo o que havia afirmado. Por isso, juntamente com a dissolução do objeto, dissolve-se o sujeito. O edifício psiquiátrico não se edifica e o psiquiatra implode minado pela lógica da autodepuração. Nada, porém, mais enganador do que a linguagem do alienista, como se pode constatar no último juízo que emite: "A questão é científica dizia ele; trata-se de uma doutrina nova, cujo primeiro exemplar sou eu. Reúno em mim mesmo a teoria e a prática" (326-27) A fórmula guarda a aparência de uma síntese conclusiva logicamente necessária. Entretanto, ao substituir a generalidade pela particularidade e, ao reduzir a compreensão à singularidade de um só exemplar, o juízo final de Bacamarte reconduz a norma ao recanto da exceção e o sujeito que a formula, à aberração do caso único e fatal: "Ato contínuo recolheu-se à Casa Verde" (326).

A última descoberta do alienista alienado, ao dar a si mesmo como a síntese final da teoria e da prática, retoma, sob o prisma do humor, à velha questão aristotélica da

---

20 Juan Rigoli. "Préface." In: *Lire le delire – aliénisme, rhétorique et littérature em France au XX° siècle*. Paris: Fayard, 2001, p. 17. (Tradução minha)

viabilidade e legitimidade de uma ciência do indivíduo.[21] Depois de ter eliminado o outro e excluído a diferença, depois de ter transformado a exceção em regra, a loucura em lucidez, a perfeição moral em insanidade mental, abole-se a possibilidade de discernimento juntamente com o princípio de contradição que permitiria a distinção entre verdade e erro, bem e mal, senso e não-senso. Indo de paradoxo a paradoxo, liberta dos liames da afetividade, dos enganos e ilusões do senso comum, desmascarada de vez a aparência enganadora das coisas, a razão descobre que tudo é sem-razão. Na ponta do racionalismo extremo, a demência já não é mais perversão dos sentidos ou descontrole da imaginação, como pensava a filosofia clássica, nem distúrbio das faculdades mentais cujo grau, intensidade e modalidades diversas a ciência psiquiátrica se propunha definir e classificar, mas sim o nome hiperbólico da própria razão. E, contrariando o bom senso, que acredita não ser louco aquele que pensa, a conclusão do alienista de Itaguaí é que ele é louco precisamente porque pensa. Paradoxalmente, a aventura intelectual do alienista, cujo ponto de partida epistemológico era a clareza cartesiana, depois de jogar com a volatilidade dos conceitos, acaba no impasse da razão confinada ao beco sem saída do indiscernível solipsista. Em vez de dissipar a dúvida radical, o *cogito* de Simão Bacamarte ignora o primeiro princípio do método e, dada a ambivalência ou anulação dos sintomas que denunciariam a demência, destrói a via semiológica do conhecimento psiquiátrico. De começo, obcecado pelo propósito de determinar com precisão a fronteira onde termina a razão e onde começa a loucura, experimenta depois a reversibilidade dos conceitos para finalmente render-se à inexorabilidade da autoexecução final. Vítima da presunção autossuficiente e insciente de como são frágeis, instáveis e fugidios os limites entre a lucidez extrema e a razão ensandecida, Bacamarte fracassa completamente em seu propósito de chegar ao porto de uma verdade estável. No entanto, o fracasso não é exclusivamente seu, pois, confinado num recanto ignorado de uma colônia atrasada, isolado num meio que lhe é adverso, ele se faz protagonista de um drama que encena as contradições, paradoxos e impasses da racionalidade moderna. Retrato de uma face inquieta do pensamento crítico e caricatura da lógica discursiva rodopiando no abstrato, sujeito e objeto da reflexão voltada contra si mesma, em verdade transborda, crítica e paradoxalmente, da moldura do personagem circuns-

21 Foucault. *Vigiar e punir*, *op. cit.*, p. 169-70.

tanciado e do ambiente imediato para, em horizonte mais amplo, alvejar de morte o culto à razão, ao progresso, ao poder e ao mito da ciência.

Referências Bibliográficas

DUQUE, Gonzaga. *Revoluções brasileiras – resumos históricos*. Francisco Foot Hardman e Vera Lins (orgs.). São Paulo: Unesp, 1998.

ELIA, Francisco Carlos da Fonseca. *Doença mental e cidade: o hospício de Pedro II*. Rio de Janeiro: Casa de Rui Barbosa/12 Letras, 1996/1998.

FILHO, Barreto. *Introdução a Machado de Assis*. Rio de Janeiro: São José, 1947.

FOUCAULT, Michel. *Vigiar e punir*. Tradução de Ligia M. Pondé Vassalo. Petrópolis: Vozes, 1977.

________. *Historia de la locura en la época clásica*. Tradução para o espanhol de Juan José Utrilla. México: Fondo de Cultura, 1967

GLEDSON, John. "Os contos de Machado de Assis: o machete e o violoncelo." In: *Machado de Assis: contos/uma antologia*. São Paulo: Companhia das Letras, 1998.

LIMA, Luiz Costa: "O palimpsesto de Itaguaí". *Pensando nos trópicos*. Rio de Janeiro: Rocco, 1991.

MACHADO DE ASSIS, Joaquim Maria. *Memórias Póstumas de Brás Cubas*. Rio de Janeiro: Instituto Nacional do Livro, 1960.

MARTINS, Wilson. *História da inteligência brasileira*. Vol. IV. (1877-1896). São Paulo: Cultrix, 1978.

MEYER, Augusto. "Na Casa Verde." In: *Machado de Assis*. Rio de Janeiro: São José, 1958.

MURICY, Kátia. *A razão cética – Machado de Assis e as questões de seu tempo*. São Paulo: Companhia das Letras, 1988.

PEREIRA, Lúcia Miguel: "Entre Iaiá Garcia e as Memórias póstumas de Brás Cubas". In: *Machado de Assis*. Rio de Janeiro: José Olympio, 1939.

RIGOLI, Juan. “Préface”. In: *Lire le delire – aliénisme, rhétorique et littérature em France au XX° siècle*. Paris: Fayard, 2001.

ROMERO, Silvio. *Doutrina contra doutrina – o Evolucionismo e o Positivismo na República do Brasil*. Rio de Janeiro: J. B. Nunes, 1894.

ROSA, Gama. “Papéis avulsos”. In: MACHADO, Ubiratan (org.). *Machado de Assis – roteiro da consagração – (crítica em vida do autor)*. Rio de Janeiro: EdUERJ, 2003.

SARAIVA, Antonio José. *História da Literatura Portuguesa*. 43.ª ed. Porto-Lisboa: Porto Editora, s/d.

“O Programa” de Romualdo e a autocrítica machadiana

Jaison Luís Crestani
(Instituto Federal do Paraná)

“Ideias fora do lugar”: o perfil editorial da revista A Estação

O periódico *A Estação: Jornal ilustrado para a família* era uma publicação quinzenal editada pela tipografia Lombaerts, no Rio de Janeiro, que circulou regularmente no período de 15 de janeiro de 1879 a 15 de fevereiro de 1904. Em termos de composição, *A Estação* dividia-se em duas partes com paginação independente: o “Jornal de Modas” e a “Parte Literária”. O primeiro era a tradução da matriz difundida pela revista alemã *Die Modenwelt*, cujo formato-padrão era traduzido em “14 idiomas” e distribuído em 20 países diferentes, resultando num número estupendo de assinaturas para a época, “740.000 assinantes”.[1] A “Parte Literária”, por sua vez, era produzida exclusivamente para a edição brasileira. Como características elementares, o periódico apresentava um direcionamento prioritário ao público feminino, certa tendência moralizadora e investimento em informações de utilidade doméstica e em produções literárias para o recreio da família.

A Estação mantinha uma estreita identificação com a cultura tradicional europeia, promovendo os valores prezados pela própria elite carioca: a ostentação de

1 *A Estação*, 31 dez. 1885.

uma posição superior na sociedade, o sentimento de continuidade aristocrática e a fantasia de civilização, fundamentada na identidade cultural com os modelos europeus. A aclimatação dos padrões eurocêntricos num país tropical e periférico incidia em uma série de descompassos que permeia desde a inadequada combinação entre os figurinos de moda francesa e as condições climáticas locais, a imprópria imitação dos conceitos de beleza e de comportamento social, até a incongruente reprodução de xilogravuras de personalidades artísticas, membros da aristocracia e representantes de famílias reais europeias, no acanhado cenário brasileiro.

Acompanhar rigorosamente as tendências da moda parisiense consistia, consequentemente, em conviver com as inconvenientes diferenças climáticas entre a França e o Brasil. O resultado disso é o descompasso entre os figurinos apresentados pela revista e as exigências das estações climáticas nos trópicos, como se pode observar, dentre os diversos exemplos, nas figuras reproduzidas a seguir. O primeiro figurino, oferecido no número de 31 de julho de 1882, apresenta mulheres trajando roupas sensivelmente leves, o que é bastante inadequado para a estação fria que nesse período vigora no Brasil. Em contraposição, na segunda figura, reproduzida na primeira página do número de 15 de janeiro de 1883, exibem-se mulheres com roupas pesadas, totalmente inconvenientes para o calor que assola os trópicos no mês de janeiro.

Roupas pesadas no verão e vestimentas leves no inverno; calor em julho, frio em janeiro! Imaginar que essas incongruentes combinações eram rigorosamente seguidas pelas mulheres brasileiras permite apreender a dimensão do desacordo que permeava a vida elegante nos trópicos.

De modo similar, os padrões de comportamento, etiquetas e modos de sociabilidade também são orientados pelos modelos da Europa civilizada. No número de 31 de dezembro de 1882, em que se publica o primeiro fragmento do conto "O programa", a revista apresenta, sob a rubrica "Civilidade", uma matéria denominada "A polidez no homem". Nessas linhas, são enumeradas as situações em que o homem deve apresentar-se de casaca ou sobrecasaca, as cores e combinações adequadas das vestimentas, o uso apropriado do chapéu, o modo de dar o braço a uma dama, a importância de "sacrificar o charuto" em determinados locais, entre outras exigências consideradas fundamentais para a afirmação da polidez masculina.[2] De maneira semelhante às conveniências

2 Cf. *A Estação*, 31 dez. 1882, p. 280.

da moda feminina, o homem devia submeter-se também a certos desconfortos, como o uso da sobrecasaca, para assegurar a tão requisitada civilidade.

Ainda nessa linha, cumpre mencionar a recorrente rubrica "A felicidade no lar" que, nesse número da revista, presta orientações a respeito do modo como a dona de casa deve tratar os seus criados. Fundamentado numa cínica política de dominação social, o excerto apresenta uma série de recomendações destinadas a auxiliar as senhoras a obterem de seus criados "bons serviços", "o mais profundo respeito e a mais completa submissão".[3]

No artigo "Irônica invenção do mundo", Ivan Teixeira considera a posição da revista como representativa do "enorme discurso social do período, que tanto se pode entender como cristão, monárquico, capitalista ou simplesmente romântico e burguês", e salienta a sua preocupação em "produzir coerência no caos da moralidade escravista".[4] A despeito da manutenção do regime de opressão social, a convivência harmoniosa constituía um requisito essencial para a instituição de uma imagem civilizada da sociedade brasileira.

Para Ivan Teixeira, a própria "escolha de Machado de Assis para redator e organizador da seção brasileira de *A Estação* pode plenamente se justificar pelo projeto de criação e difusão de uma imagem urbana e civilizada da revista".[5] Fundamentando-se nesse propósito, as frequentes alusões ao escritor atuam, em seu entender, como "garantia de bom gosto, de boas maneiras, de bom português e de excelência artística".[6] Afinal, para uma efetiva aproximação do modelo de civilização europeia, fazia-se necessária

> a consolidação de artistas que, pela crítica, legitimassem as instituições e os valores das camadas dirigentes locais. Se a crítica fosse alegórica, irônica, elegante e alusiva, tanto melhor, porque estaria de acordo

3 *Idem*, p. 277.

4 Ivan Teixeira. "Irônica invenção do mundo. Uma leitura de *O Alienista*". *Revista USP*. São Paulo, n. 77, março/maio 2008, p. 155.

5 *Idem*, p. 156.

6 *Idem*, p. 156.

> com o padrão supostamente requintado da revista e com a presumível tolerância daqueles que a tornavam possível no Brasil.[7]

A fantasia de identificação com os ideais de civilização da aristocracia europeia também era alimentada pela revista por meio do estímulo ao consumo de produtos franceses. Como se pode observar na figura reproduzida a seguir, os anúncios veiculados pelo periódico promoviam a identificação ideológica da elite brasileira com a cultura aristocrática europeia, situando num plano de igualdade as "senhoras da alta sociedade da Europa e [as] da América".

Além da divulgação de produtos franceses, a revista investia na reprodução de xilogravuras artísticas, que, conforme a indicação de Ana Cláudia Suriani da Silva, eram importadas da revista alemã *Die Modenwelt*: "essas ilustrações [...] transportavam para *A Estação* a mesma inclinação ideológica da revista alemã: a mesma admiração

7 *Idem*, p. 153.

pela vida aristocrática, pelos assuntos relativos a membros da realeza ou do Império".[8] Desse modo, acompanhando as tendências ideológicas da revista alemã, *A Estação* reproduzia retratos e bustos de personalidades artísticas, membros da aristocracia, representantes de famílias reais e imperadores (vide figuras a seguir). Essas ilustrações eram acompanhadas por legendas explicativas denominadas de "As nossas gravuras", que enalteciam as instituições imperiais e os valores defendidos pela aristocracia europeia

Alexandra, Princesa de Galles
(*A Estação*, 31 dez. 1882, p. 278).

A rainha Victória
(*A Estação*, 28 fev. 1883, p. 68).

A imagem da princesa de Gales, reproduzida no número em que se inicia a publicação do conto machadiano "O programa", era acompanhada de uma exposição que louvava as notáveis qualidades da "uma das mais formosas e aristocráticas princesas da Europa": "Efetivamente, a graça, a beleza, a fina educação da futura rainha da Inglaterra, em poucas horas, cativaram as simpatias do povo e da aristocracia mais exigente do mundo, tornando-se alvo de *unânimes homenagens*".[9]

De igual modo, a figura da rainha Victória, oferecida no número em que é publicado o penúltimo fragmento do conto "O programa", era apresentada também por

8 Ana Cláudia Suriani da Silva. *Quincas Borba: folhetim e livro*. Tese de Doutorado. Faculty of Medieval and Modern Languages, University of Oxford, 2007, p. 105.

9 *A Estação*, 31 dez. 1882, p. 280.

uma legenda explicativa que promovia o enaltecimento dos valores aristocráticos, induzindo a leitora ao espelhamento da sua nobre conduta, principalmente no que diz respeito à sua posição de "mãe desvelada, esposa amante, viúva austera" e responsável por uma "família distinta":

> Com efeito, essa senhora não é só uma digna rainha, que o mundo admira e respeita, que os ingleses estremecem com entusiasmo. Suas qualidades políticas, o raro tato empregado por ela no exercício da soberania constitucional que o nascimento lhe deu, casam-se às mais finas e sólidas qualidades de senhora e de mãe. Mãe desvelada, esposa amante, viúva austera, deixará de si uma família distinta, e, como tal a apresentamos às leitoras. Quaisquer que sejam as virtudes que melhor quadrem com o nosso espírito, ou as públicas, ou as privadas, poderemos dizer dela como os ingleses: *God save the Queen!*[10]

Assim, ao se identificar com a cultura tradicional e aristocrática europeia, a revista promovia e reforçava os valores culturais prezados pela própria elite carioca: a ostentação de uma posição superior na sociedade, o sentimento de continuidade aristocrática e a fantasia de civilização, fundamentada, segundo Jeffrey Needell,[11] na ideologia de dominação social e de identidade cultural com os valores da aristocracia europeia.

Consciente desses desacordos, Machado de Assis investe, em diversas narrativas publicadas nessa revista feminina, na representação irônica dos descompassos inerentes a essas fantasias da sociedade brasileira de identificação cultural com os valores e padrões eurocêntricos. Essa atuação subversiva do autor em relação aos propósitos ideológicos do periódico transparece exemplarmente no conto "O programa", no qual a personagem Romualdo, de maneira idêntica à revista *A Estação*, endossa irrefletidamente modelos e feitos de procedência europeia. Dessa forma, pretende-se demonstrar como o conto machadiano opera uma *formalização estética das contradições da sociedade brasileira* – procedimento estrutural descrito com

10 *A Estação*, 28 fev. 1883, p. 70.

11 Jeffrey D. Needell. *Belle Époque tropical: sociedade e cultura de elite no Rio de Janeiro na virada do século*. Tradução Celso Nogueira. São Paulo: Companhia das Letras, 1993, p. 208.

agudeza por Roberto Schwarz em "Ideias fora do lugar" – e apresenta, portanto, uma sutil metacrítica da própria revista.

Os descompassos do programa de Romualdo

A representação satírica de parasitas políticos e/ou literários e de figuras que ambicionam a realização de grandes feitos é uma constante da obra machadiana, percorrendo desde escritos iniciais até as produções da maturidade. Uma das primeiras manifestações nesse sentido se dá com a publicação da série "Aquarelas",[12] na qual Machado traça uma caracterização satírica de um conjunto de tipos que circundam o meio literário: parasitas, fanqueiros, oradores etc. Destituídos de princípios, essas figuras se proliferam pelos jornais, livrarias e outros espaços do meio social a "colecionar os seus disparates" e a vulgarizar as formas de expressão literária com suas "notas arranhadas" e "frases descabeladas". Em face dessa situação, o cronista solicita a atuação de uma inquisição literária que possa combater essas vulgaridades: "Mas tudo isso é causado pela falta sensível de uma inquisição literária! Que espetáculo não seria ver evaporar-se em uma fogueira inquisitorial tanto ópio encadernado que por aí anda enchendo as livrarias!".[13]

Dentre as diversas categorias do gênero, Machado conferia um relevo especial ao "parasita literário". Esse literato medíocre, "cortesão das letras", degenera a poesia (arranhando pensamentos e notas em "harpas selvagens como um tamoio"), a prosa ("amontoando frases descabeladas") e o drama (encenando romances misteriosos, "de que o leitor não entende pitada"). Seus traços fisiológicos também são facilmente reconhecíveis: "não podendo imitar os grandes homens pelo talento, copiam na postura e nas maneiras o que acham pelas gravuras e fotografias. Assumem um certo ar pedantesco, tomam um timbre dogmático nas palavras; e [...] a vaidade é o seu espartilho".[14] Esse parasita, que se prolifera "por toda a parte", encontra na imprensa a sua mesa predileta: "Pegais em um jornal; o que vedes demais saliente? Uma fila de

12 *O Espelho*, set. e out. 1859.

13 Machado de Assis. *Obra completa*. Organização de Afrânio Coutinho. 4ª ed. Rio de Janeiro: Nova Aguilar, 1979, vol. 3, p. 950.

14 *Idem*, p. 955.

parasitas que deitam sobre aquela mesa intelectual um chuveiro de prosa e verso".[15] Em certas ocasiões, a situação torna-se ainda mais drástica, quando o parasita "associa-se e cria um jornal próprio".

Posteriormente, essas considerações satíricas em torno dos parasitas literários são convertidas em representação ficcional no conto "Aurora sem dia",[16] no qual se aplica uma apreciação irônica da busca de Luís Tinoco pela concretização dos "grandes destinos" aos quais acreditava estar predestinado. A trajetória de Luís Tinoco enquanto escritor perpassa as diversas correntes literárias cultivadas no Brasil em meados do século XIX, as quais são assimiladas apressadamente e vulgarizadas pelo jovem poeta. Nesse percurso, Luís Tinoco compõe uma série de "lucubrações poéticas" que são publicadas em jornais e, posteriormente, enfeixadas no volume *Goivos e Camélias*, que lhe parecia "um título distinto e original". Não poderia faltar também a criação de uma folha literária própria, singularmente denominada de *Caramanchão Literário*. Repentinamente, o jovem poeta percebeu que a sua vocação era política. A transição para esse campo é marcada pelas mesmas excentricidades da carreira literária. Todos os excessos das suas produções literárias são transpostos para o seu discurso político, no qual se observa a mesma ausência de reflexão e a tendência para a ornamentação artificial a partir de chavões e frases feitas mal digeridas. Por fim, reconhecendo a mediocridade da sua atuação tanto no campo da poesia quanto no da política, Luís Tinoco decidiu tornar-se "um honrado e pacato lavrador". Em termos criativos, os procedimentos adotados pela personagem satirizada revelam, por contraste, os preceitos que orientam a poética machadiana: a valorização da qualidade estética, do apuro formal, do trabalho pausado de retoque e de aperfeiçoamento, do estudo da tradição e das leis poéticas e da sujeição à apreciação da crítica imparcial e orientadora.[17]

Com a publicação do conto "O programa", [18] Machado de Assis torna a ensaiar a representação satírica de figuras que ambicionam a realização de grandes feitos.

15 *Idem*, p. 954.

16 Victor de Paula. *Jornal das Famílias*, nov. e dez. 1870; *Histórias da meia-noite*, 1873.

17 Para uma análise mais detalhada do conto "Aurora sem dia" e da colaboração de Machado de Assis no *Jornal das Famílias*, conferir Jaison Luís Crestani. *Machado de Assis no Jornal das Famílias*. São Paulo: Edusp/Nankin Editorial [no prelo].

18 *A Estação*, 31 dez. 1882 a 15 mar. 1883.

Instigado pelas recomendações de seu mestre-escola, o jovem Romualdo decidiu formular um programa, que o ajudaria a concretizar as suas "ambições enormes". Três circunstâncias essenciais persuadiram ao jovem Romualdo a traçar o seu programa: "os esplendores sociais, as imaginações literárias, e, finalmente, a [sua] própria natureza". Inicialmente, o fato de um ministro residir em sua rua despertou-lhe as pretensões políticas: "A vista do ministro, das ordenanças, do *coupé*, da farda, acordou no Romualdo uma ambição. Por que não seria ele ministro?". Em seguida, o rapaz observou que "morava defronte uma família abastada, em cuja casa eram frequentes os bailes e recepções", com a presença de "damas, ricamente vestidas, [...] dando o braço a homens encasacados e aprumados". Essa circunstância incitou em Romualdo aspirações conjugais e anfitriãs: "não só seria esposo de alguma daquelas formosas damas, que vira subir para os bailes, mas possuiria também o carro que costumava trazê-las". Finalmente, "as novelas não serviam menos a incutir no ânimo do Romualdo tão excelsas esperanças. Ele aprendia nelas a retórica do amor, a alma sublime das coisas". Instigado por essas circunstâncias, Romualdo formulou o seu programa napoleônico, inspirando-se no líder francês que mostrou que "o destino é obra do homem" e "fez com a espada uma coroa, dez coroas":

> Romualdo sentia-se bastante apto para uma multidão de funções e aplicações, e achava-se mesquinho concentrar-se numa coisa particular. Era muito governar os homens ou escrever *Hamlet*; mas por que não reuniria a alma dele ambas as glórias, por que não seria um Pitt e um Shakespeare, obedecido e admirado? Romualdo ideava por outras palavras a mesma coisa. Com o olhar fito no ar, e uma certa ruga na testa, antevia todas essas vitórias, desde a primeira décima poética até o carro do ministro de Estado. Era belo, forte, moço, resoluto, apto, ambicioso, e vinha dizer ao mundo, com a energia moral dos que são fortes: lugar para mim! lugar para mim, e dos melhores![19]

19 *A Estação*, 31 dez., p. 277.

As diversas referências históricas e literárias que permeiam o programa de Romualdo colocam em prática "a complexa capacidade de operar sentidos",[20] evidenciada pelo constante exercício machadiano de integrar em sua ficção os influxos do legado universal. Ambicionando congregar os feitos heroicos de Napoleão, o engenho literário de Shakespeare e a erudição política de Pitt, Romualdo converte-se, inversamente, em uma figura quixotesca, eivada de pretensões ingênuas e incondizentes com os procedimentos pouco laboriosos adotados para levar a efeito as suas aspirações. Em certa medida, esse descompasso entre a ambição e a aptidão é agravado pelas modestas condições da realidade nacional, que tornam mais ostensivo o caráter infundado do programa de Romualdo. Em contrapartida, pode-se dizer igualmente que Machado de Assis investe no desenvolvimento de um projeto literário bastante similar ao de sua personagem, uma vez que procura congregar em sua obra as diversas manifestações da biblioteca universal. No entanto, a diferença essencial consiste no *modo* de execução de seus respectivos *programas*. Conforme se pretende demonstrar a seguir, os propósitos machadianos revelam-se pelo contraste com a atuação de Romualdo.

Utilizando-se de recursos próprios da *tradição luciânica* ou da *sátira menipeia* e da poética da *forma livre*,[21] a narrativa machadiana articula uma encenação paródica da fantasia de civilização, em que a personagem Romualdo e o seu "napoleonismo" às avessas transfiguram-se em uma metonímia dos delírios de uma sociedade que se esforçava para inserir-se, a todo custo, no mundo civilizado, incorporando dados estrangeiros, sobretudo de procedência francesa. Evidentemente, essa representação paródica mantém implicações com o próprio perfil editorial da revista *A Estação*, que contribuía significativamente para alimentar o sonho de criação de uma Paris tropical.

De acordo com as considerações de Ivan Teixeira, a opção machadiana pelo emprego da *sátira menipeia* e da poética da *forma livre* nas narrativas remetidas à

20 Gilberto Pinheiro Passos. *A poética do legado: o intertexto francês em Memórias póstumas de Brás Cubas*. São Paulo: Annablume, 1996, p. 11.

21 Para um estudo consistente da relação da obra machadiana com a *tradição luciânica* e com a poética da *forma livre*, conferir Enylton de Sá Rego. *O calundu e a panaceia: Machado de Assis, a sátira menipeia e a tradição luciânica*. Rio de Janeiro: Forense Universitária, 1989; e Sérgio Paulo Rouanet. *Riso e melancolia: a forma shandiana em Sterne, Diderot, Xavier de Maistre, Almeida Garrett e Machado de Assis*. São Paulo: Companhia das Letras, 2007.

revista *A Estação* "associa-se à necessidade dialética de ajustar o texto ao veículo a que se destinava", fazendo-o "parecer com o jornal, com o leitor e com o tempo de sua produção".[22] Dessa forma, fundamentadas na extravagância fantasiosa, no humor disparatado e no pessimismo irônico, a *menipeia* e a *forma livre* promovem "frequentes exageros e contínuas caricaturas, que resultam no humor irreverente, cujo dispositivo técnico mais importante será a paródia ou imitação burlesca de estruturas consagradas da cultura".[23]

No programa napoleônico de Romualdo, o humor irônico se configura pelo despropósito da comparação: "por que não seria um Pitt e um Shakespeare, obedecido e admirado?". A desproporção entre a amplitude da ambição e a facilidade vislumbrada para a sua concretização provoca o riso que se encarrega de marcar a distância crítica do narrador machadiano em relação à ingênua pretensão de Romualdo de efetivar – prontamente e sem qualquer esforço – as suas elevadas aspirações políticas e literárias no contexto provinciano e apenhado da periférica sociedade brasileira.

Prosseguindo com seu discurso estupefato, Romualdo manifesta um heroísmo canhestro e exagerado ao defender a anulação das barreiras nacionais. No entanto, a implacável inversão irônica procedida pela narrativa machadiana explicita o despropósito desse entusiasmo heroico da personagem:

> Romualdo declarou ao mundo que o século era enorme, que as barreiras todas estavam por terra, que, enfim, era preciso dar ao homem a coroa imortal que lhe competia. Eram trinta ou quarenta versos, feitos com ímpeto, broslados de adjetivos e imprecações, muitos sóis, basto condor, inúmeras coisas robustas e esplêndidas.[24]

De modo similar a Luís Tinoco, de "Aurora sem dia", Romualdo fundou um periódico literário, o *Mosaico*. Sua "ideia secreta [...] era criar alguma coisa semelhante à *Revista dos Dous Mundos*". Conforme se observa a seguir, a altitude da sua ambição

---

22 Ivan Teixeira, *op. cit.*, p. 157.

23 *Idem*, p. 158.

24 *A Estação*, 15 jan. 1883, p. 1.

não é acompanhada de um empenho laborioso proporcional, já que a personagem dispensa o essencial conhecimento da revista francesa: "Não lia nunca a *Revista*, mas ouvira dizer que era uma das mais importantes da Europa, e entendeu fazer cousa igual na América".[25] A aproximação estabelecida com essa célebre revista europeia assume um efeito controverso, marcando parodicamente a distância e as diferenças essenciais entre os dois veículos. O despropósito irônico dessa comparação serve também para realçar criticamente "certas constantes da elite urbana brasileira, como, por exemplo, a necessidade de se pautar, em larga medida, pelo gosto gálico".[26]

O desacordo entre a pretensão e o alcance efetivo das ações de Romualdo transparece também na publicação do primeiro tomo de seu livro de poesias, *Verdades e Quimeras*, obra que, a seu ver, seria capaz de rivalizar com as memórias de Goethe, cujo título *Verdade e Poesia* deixava entrever um "pleonasmo ridículo", já que "o segundo vocábulo bastava a exprimir os dois sentidos do autor".[27] Entusiasmado com a sua obra poética, Romualdo "via esse título nos periódicos, nos catálogos, nas citações, nos florilégios de poesia nacional; enfim, clássico". Seus amigos consideravam-no o "Gonzaga do Romantismo". Essas denominações presunçosas estabelecem um contraste irônico que evidencia o "descompasso entre a altitude da ambição e a rasura da condição",[28] assim como se dá no conto "O empréstimo" (*Papéis avulsos*, 1882), em que a personagem Custódio divide-se entre o "ímpeto de águia" e as "asas de frango rasteiro".

Na representação das aspirações fantasiosas de Romualdo, o narrador coloca em prática mais um recurso característico da sátira menipeia, o "ponto de vista do observador distanciado".[29] Esse distanciamento irônico transparece nitidamente na descrição das supostas relações afetivas entre Romualdo e Lucinda: "Em resumo, e para poupar o estilo, os dois amavam-se". A forma direta e objetiva da linguagem do narrador estabelece, uma vez mais, um contraste irônico com o discurso empolado

---

25 *Idem*, p. 1.

26 Gilberto Pinheiro Passos. *Cintilações francesas: Revista da Sociedade Filomática, Machado de Assis e José de Alencar*. São Paulo: Nankin Editorial, 2006, p. 108.

27 *A Estação*, 15 jan. 1883, p. 1.

28 Ivan Teixeira, *op. cit.*, p. 167.

29 Enylton de Sá Rego, *op. cit.*, p. 63.

de Romualdo, marcando a sua isenção em relação à afetação retórica da personagem. Compare-se, por exemplo, o modo como Romualdo verteu para o livro os incidentes dessa fantasia amorosa: "E toca a escrever o livro, a contar a união das duas almas, perante Deus e os homens, com muito luar claro e transparente, muita citação poética, algumas em latim".[30]

Os limites da sua condição não tardaram a interromper o fluxo das aspirações elevadas de Romualdo. O insucesso literário foi acompanhado de sucessivos fracassos no plano conjugal. Lucinda casou-se com um promotor. Posteriormente, Romualdo não conseguiu realizar o sonho – "cintilante, vibrante, um sonho que valia por duas mãos cheias de realidade" – de concretizar uma união com a viúva do B..., e de alcançar, assim, os "trezentos contos" de sua fortuna. Um capitão de fragata antecipou-se e casou-se com a noiva ambicionada, fazendo com que Romualdo se desviasse do "capítulo feminino".

Restou-lhe, por fim, apenas as ambições forenses e políticas. As primeiras eram representadas por uma única causa, mas esta propiciava ao advogado as mais vivas esperanças:

> Todas as ordenações do Reino, toda a legislação nacional bailavam no cérebro dele [...]. Sobre esta simples causa edificou o Romualdo um castelo de vitórias jurídicas. O cliente foi visto multiplicar-se em clientes, os embargos em embargos; os libelos vinham repletos de outros libelos, uma torrente de demandas.[31]

Como se observa na sequência, o "programa" careceu, uma vez mais, do empenho correspondente para a sua concretização: o embargo foi simplesmente esquecido e formulado às pressas ao final do prazo, "tão às pressas que veio a perder a demanda".[32] A atuação política de Romualdo também é marcada por procedimentos semelhantes: "vivia deslumbrado; os chefes davam-lhe sorrisos prenhes de votos, de

30 *A Estação*, 31 de jan. 1883, p. 13.

31 *A Estação*, 15 fev. 1883, p. 25.

32 *Idem*, p. 25.

lugares, de pastas; batiam-lhe no ombro; apertavam-lhe a mão com certo mistério". Alguns políticos que frequentavam seu escritório "repetiam-lhe frases benévolas dos chefes; outros aceitavam jantares". Romualdo prosseguia nesse "sonho delicioso", "via-se eleito, orando na Câmara"; no entanto, esquecia-se, novamente, do esforço necessário da sua parte: "Vieram buscar um artigo para a folha política; Romualdo, que o não escrevera, mal pôde alinhar, à pressa, alguns conceitos chochos, a que a folha adversa respondeu com muita superioridade". Consequentemente, o final da luta eleitoral redunda em novo fracasso: "Romualdo teve uma reminiscência de Bonaparte" e disse a seu amigo: "'Fernandes é o sol de Austerlitz!' Pobre Romualdo, era o sol de Waterloo".[33]

Dos "planos de Bonaparte rapaz", nenhum fora cumprido efetivamente por Romualdo, que criara "na mente um império [para] governar um escritório modesto de poucas causas..." Desiludido, Romualdo "deixou a imprensa, e foi para a roça". Casou com uma senhora, não opulenta como imaginara, mas fecunda, que ao cabo de cinco anos, deu-lhe seis filhos. O peso dos anos cerceou-lhe as "ambições enormes, e o espetáculo das lutas locais acanhou-lhe o horizonte". Firmando-se como um simples "advogado da roça", Romualdo "recordava, comparava e refletia": — "Foi talvez o programa que me fez mal; se não pretendesse tanto...".

A "sede de nomeada" e a ilusão do grandioso, manifestadas por Romualdo, são cerceadas pelo processo de apequenamento paródico articulado pela narrativa machadiana, que retalha e ajusta as ambições da personagem ao alcance limitado de suas ações, alinhando-as também ao horizonte estreito e acanhado da periférica sociedade brasileira.

A amplitude de referências intertextuais manipuladas pela narrativa machadiana para representar os descompassos da personagem completa-se com a retomada de um verso do poema "Resignação", de Friedrich Schiller, que é utilizado também como epígrafe dos fragmentos publicados na revista: "[Romualdo] comparando ainda uma vez os sonhos e a realidade, lembrou-lhe Schiller, que lera vinte e cinco anos antes, e repetiu com ele: 'Também eu nasci na Arcádia...'".[34] A interlocução estabelecida com o verso do poeta alemão, aparentemente gratuita, assume um papel decisivo

33 *A Estação*, 15 mar. 1883, p. 49.

34 *Idem*, p. 49.

para a construção do sentido do texto. De modo similar à situação representada no conto machadiano, no poema de Schiller, o eu-lírico expõe como perdeu sua juventude em função de aspirações quiméricas, acusando agora a Eternidade pelo engano. O conhecimento prévio do leitor desse intertexto que percorre todos os fragmentos do conto publicado em folhetim propicia uma percepção antecipada do procedimento paródico e irônico que orienta a caracterização da personagem, indicando a necessidade de distanciamento crítico em relação às suas fantasias napoleônicas.

Pode-se considerar, portanto, que as ambições fantasiosas de Romualdo constituem uma versão inicial dos delírios de Rubião, o "Napoleão de Botafogo",[35] personagem do romance *Quincas Borba* que, três anos mais tarde, passaria a ocupar as páginas da revista *A Estação*, reencenando os descompassos da nossa tão ambicionada fantasia de civilização.

Além de formalizar esteticamente esses desacordos estruturais da sociedade brasileira, essas diversas encenações paródicas, formuladas insistentemente por Machado de Assis ao longo de sua carreira, delineiam contrastivamente os valores que fundamentam o seu fazer literário. De maneira indireta, a apreciação irônica do entusiasmo irrefletido e acrítico de Romualdo pelos modelos e feitos europeus, e da sua opção pelas facilidades do mínimo esforço, revela, a contrapelo, a importância do trabalho paciente e pausado de aprendizagem, assimilação e aperfeiçoamento para a escritura machadiana. Em síntese, a poética de Machado se assemelha, em certa medida, ao programa de Romualdo, com a diferença essencial de estar acompanhada da necessária autocrítica e do empenho laborioso para tornar concretas as suas "ambições enormes".

Referências Bibliográficas

A Estação. Rio de Janeiro: Lombaerts, 1879-1898.

CRESTANI, Jaison Luís. "O perfil editorial da revista *A Estação*: Jornal ilustrado para a família". In: REVISTA DA ANPOLL. A Língua Portuguesa na Imprensa: 1808-2008.

35 Gilberto Pinheiro Passos. *O Napoleão de Botafogo: presença francesa em Quincas Borba de Machado de Assis*. São Paulo: Annablume, 2000.

Brasília: ANPOLL, vol. 25, jan./jul. 2008, p. 323-353.

_______. *Machado de Assis no Jornal das Famílias*. São Paulo: Edusp/Nankin Editorial [no prelo].

JORNAL DAS FAMÍLIAS. Rio de Janeiro; Paris: Garnier, 1863-1878.

MACHADO DE ASSIS, Joaquim Maria. *Crônicas* (1859-1863). Rio de Janeiro, São Paulo, Porto Alegre: Jackson, 1938, vol. 1.

_______. *Histórias da meia-noite*. Rio de Janeiro: Civilização Brasileira; Brasília: INL, 1975. (Edições críticas de obras de Machado de Assis, vol. 4).

_______. *Obra completa*. Organização de Afrânio Coutinho. 4ª ed. Rio de Janeiro: Nova Aguilar, 1979, 3 vols.

NEEDEL, Jeffrey D. *Belle Époque tropical: sociedade e cultura de elite no Rio de Janeiro na virada do século*. Tradução Celso Nogueira. São Paulo: Companhia das Letras, 1993.

PASSOS, Gilberto Pinheiro. *A poética do legado: o intertexto francês em Memórias póstumas de Brás Cubas*. São Paulo: Annablume, 1996.

_______. *O Napoleão de Botafogo: presença francesa em Quincas Borba de Machado de Assis*. São Paulo: Annablume, 2000.

_______. *Cintilações francesas: Revista da Sociedade Filomática, Machado de Assis e José de Alencar*. São Paulo: Nankin Editorial, 2006.

ROUANET, Sérgio Paulo. *Riso e melancolia: a forma shandiana em Sterne, Diderot, Xavier de Maistre, Almeida Garrett e Machado de Assis*. São Paulo: Companhia das Letras, 2007.

SÁ REGO, Enylton de. *O calundu e a panaceia: Machado de Assis, a sátira menipeia e a tradição luciânica*. Rio de Janeiro: Forense Universitária, 1989.

SCHWARZ, Roberto. *Ao vencedor as batatas: forma literária e processo social nos inícios do romance brasileiro*. São Paulo: Duas Cidades, 1997.

SILVA, Ana Cláudia Suriani da. *Quincas Borba: folhetim e livro*. Tese de Doutorado. Falcuty of Medieval and Modern Languages, University of Oxford, 2007.

TEIXEIRA, Ivan. "Irônica invenção do mundo. Uma leitura de *O Alienista*". *Revista USP*. São Paulo, n. 77, março/maio 2008, p. 149-186.

O conto em Machado de Assis e Horacio Quiroga: Uma estética material?[1]

Pablo Rocca
(Universidad de la República - Montevideo)

I

Abandonando toda hierarquia teórica, Bakhtin reduziu as afirmações sobre a arte imaginadas pelos criadores a um conjunto de metáforas de circulação interna. Tão-só compreensíveis como expressão de uma "estética material", como "uma hipótese de trabalho acerca das orientações da teoria da arte", só enquanto tais – pensou – podem chegar a ser produtivas no estudo da "técnica da criação artística". Daí que, a estética material "devendo ser inaceitável e inclusive nociva onde, com base nela, busca-se a compreensão do estudo da criação artística em seu conjunto"[2] Há várias décadas deixou de ser importante a luta contra as formas diversas de impressionismo crítico – como, por exemplo, esta manifestação sob a tutela da estética material –, um dos poucos espaços que o teórico russo compartilhou sem fissuras com seus compatriotas, os formalistas. Só para limitarmo-nos ao objeto de trabalho que nos ocupa, a distância permite reconquistar, entre outros, as contribuições dos escritores sobre a natureza do conto. Por certo, parece agora ocioso e até empobrecedor não atribuir densidade

1 Tradução de Adriane Câmara de Oliveira.

2 M. Bakhtin. *Teoria y estética de la novela. Trabajos de investigación.* Madrid: Taurus, 1989 (Traducción de Helena S. Kriukova y Vicente Cazcarra). [1975], p. 18-19.

teórica às observações efetuadas pelos próprios escritores, afinal são indissociáveis da mesma prática; prática essa da qual muito proveito se obteve. Além disso, tais observações articularam uma autêntica série que, de um escritor a outro, terminou propiciando uma estabilidade notável. De Poe a Maupassant, então, a Quiroga, e deste a Cortázar etc. Sem essa cadeia não teria sido possível "o reconhecimento do conto como forma literária autônoma (...) um dos acontecimentos mais recentes na teoria poética e na atividade criadora".[3] E, por certo, um dos acontecimentos mais exitosos na prática da leitura. Eis a razão pela qual se criou uma espécie de lugar-comum acerca do conceito de conto. Esse conceito foi retomado pela teoria "pura", e, distanciando-se das poéticas, talvez tenha aperfeiçoado a noção. Ademais, em vários instantes, ocasiões a teoria confirmou os mesmos conceitos, somente expressando-o de forma diversa. Isso ocorreu com as ideias de E. A. Poe, em sua maioria encontradas no ensaio sobre Hawthorne: a relação intrínseca entre as dimensões do conto e a duração da leitura, a concentração em uma história e em poucos personagens, e a distinção entre intensidade e condensação do relato breve, em oposição à morosidade e o processo de acumulação do romance. No fundo, sobre o conto literário, pouco pôde acrescentar-se ao "modelo Poe"[4] – mesmo que somente um ou outro escritor tenha reparado que Poe pensava sobretudo no gênero *nouvelle*. De qualquer modo, para Poe, no texto curto, "não deve haver uma só palavra em toda a composição cuja tendência (...) não se aplicara ao desígnio preestabelecido".[5] Muito semelhante é a afirmação de Eikenbaum: "a eficácia do conto está condicionada à habilidade com que o peso total do relato recaia no final da exposição".[6] Antes, ou mesmo contemporaneamente, essa noção do formalista pode ser encontrada em outras proposições da "estética material" – por exemplo, em textos de Isaak Bábel ou de Horácio Quiroga, ambos em dívida com as normas do pai norte-americano do gênero.

---

3 Jaime Rest. *Novela, cuento, teatro: apogeo y crisis*. Buenos Aires: CEDAL, 1971, p. 61.

4 Por razões evidentes, não trato aqui do conto de matriz oral ou folclórica que, como se sabe, é governado por outras leis.

5 Edgar Allan Poe. *Ensayos y críticas*. Madrid: Alianza Editorial, 1973 (Tradução, introdução e notas de Julio Cortázar), p. 136.

6 *Apud* Rest, *op. cit.*, p. 60.

Durante o século burguês por excelência, ou seja, o XIX e nas primeiras décadas do século seguinte, a narrativa – e em particular o romance –, conquistou um alto grau de expansão e uma consequente aceitação do público letrado. Este se multiplicou graças ao crescimento exponencial da imprensa e das revistas. Fenômeno tão explosivo na Europa, sobre o que agora contamos com numerosas e fundamentais indagações, como as escritas ou organizadas por Franco Moretti,[7] conheceu uma repercussão semelhante e até mesmo duplicada na América, tanto na zona hispano-americana como no Brasil. Tal duplicação ocorreu porque nessas áreas combinaram-se três fatores, capazes de produzir como resultado uma marcada heterogeneidade. Esses fatores, e por isso mesmo, essa heterogeneidade, não estavam presentes ao menos nos países europeus com maior domínio sobre o eixo da produção cultural dos países vizinhos.[8] Vale a pena mencionar os três fatores:

> 1) O desenvolvimento precário da indústria editorial e o simultâneo crescimento do público letrado, o que produziu a demanda por publicações regulares não apenas no âmbito do jornalismo político, mas na esfera da discussões de ideias e da promoção de debates. Esse fator reforçou o lugar proeminente que a ficção, sobretudo em sua modalidade narrativa, já desfrutava na Europa;
>
> 2) Essa multiplicação supõe ativas políticas da tradição das novidades metropolitanas, a fim de beneficiar de aqueles que somente leem em seu próprio idioma, ou mesmo aqueles que não podem adquirir os caros, e por vezes raros, livros europeus. Ao mesmo tempo, essa opção representa a seu modo a vanguarda da política cultural das elites, fundada em uma abertura pedagógica: formar leitores com base no cânone europeu, entendido como

---

7 Devo o conhecimento dos trabalhos de Franco Moretti a João Cezar de Castro Rocha.

8 Refiro-me, é claro, a países como França, Inglaterra, Itália e Alemanha. Nesses países, durante o século XIX, desenvolveu-se o campo literário num grau maior de eficácia e refinamento, inclusive incidindo sobre outros países, como Espanha, Rússia ou Portugal. E isso ocorreu ainda que, sobretudo na Rússia, modelos fundamentais para a própria narrativa foram também elaborados. No caso russo, muitos textos foram divulgados em traduções francesas e alguns em retraduções ao espanhol e português.

novidade-modelo, para que se formem escritores e leitores nacionais. Desse modo poderia pôr-se em funcionamento o "sistema literário" nacional, como o interpretou Antonio Candido em relação às origens da literatura brasileira.[9] Sem nenhuma violência hermenêutica, as hipóteses de Candido podem estender-se aos demais países hispano-americanos;

3) Os novos meios triunfantes, resultado da modernização capitalista, incorporam e "educam" um novo público. Mercado e público oferecerão um caminho mais profissional para o escritor, que em sua maioria já não provém das elites, como foi estudado no caso específico dos escritores rio-platenses.[10] Nesse espaço de referência, o conto se adapta, e cresce com juros e dividendos. Para as elites tradicionais, obter algum lucro da atividade artística, no tocante aos meios de circulação de massa, assim como através do artigo jornalístico ou mesmo de reclames, é uma atividade nada nobre. Por isso mesmo, a energia estética do conto vê-se diminuída nesse contexto, especialmente em virtude de "má companhia", como por exemplo o romance folhetinesco.

Diante desses dilemas, os novos narradores são obrigados a defenderem-se, e ainda mais quando participam do circuito tradicional: a publicação da obra independente, composta com esse fim. Então, sobrevém uma dupla apologia: a de uma forma remoçada e a de um meio de vida, o recurso que os incorpora ao sistema literário e ao sistema econômico capitalista, que pela primeira vez deixa entrar um pouco de ar para a subsistência do artista "profissional". Tal possibilidade torna-se mais real quando o escritor percebe que o público de seus contos nas revistas pode ser atraído para o consumo de livros. Dessa forma, poderia estimular-se a consolidação

---

9 Antonio Candido. "Esquema de Machado de Assis". In: *Vários Escritos*. 3ª ed. São Paulo: Duas Cidades/Ouro Sobre Azul, 2004.

10 Jorge B. Rivera. "Profesionalismo literario y pionerismo en la vida de Horacio Quiroga". *Todos los Cuentos*. Horacio Quiroga. Madrid: ALLCAXX/Unesco, 1993; Beatriz Sarlo. *El imperio de los sentimientos. Narraciones de circulación periódica en la Argentina* (1917-1927). 2ª ed. Buenos Aires: Norma, 2000; Eduardo Romano. *Revolución en la lectura. El discurso periodístico-literário de las primeras revistas ilustradas rioplatenses*. Buenos Aires: Catálogos/El Calafate editores, 2004.

da indústria editorial, indispensável para o funcionamento saudável do circuito cultural. Se então esse projeto – e assim pode e deve ser qualificado – fracassou em termos absolutos, não obstante obteve vitórias parciais que, com avanços e recuos, se incrementaram no futuro.

Estudando a poesia de Baudelaire em seu tempo, Benjamin explicou a marginalização do artista ante o impacto da modernidade, que o expulsa como mercadoria inútil. No mesmo horizonte de uma leitura benjaminiana, Ángel Rama observou fenômeno semelhante entre os poetas modernistas.[11] E mesmo no melhor dos casos – como Rubén Darío e Cruz e Souza – os poetas buscaram acomodar sua poética ao mecenato das elites locais, optando ao mesmo tempo por uma evasão do referente americano. Esse complexo fenômeno cultural engendrava tanto a aceitação da marginalidade na nova ordem quanto um protesto contra essa mesma ordem.[12] Não se pode dizer o mesmo dos narradores que participaram ativamente no jornalismo e nas revistas de atualidades. Eles buscaram sua própria sobrevivência: converteram-se em uma sorte de assalariados da função artística, independentes da proteção dos mecenas (governantes, burgueses etc.), procurando tirar algum partido do capitalismo moderno submetendo-se, desse modo, a um patrão de duas cabeças: o proprietário das revistas e o leitor destas publicações. Ao mesmo tempo, convertiam-se em seus juízes severos, sabendo desnudar repressões e contrastes da sociedade em que viviam, processo que os obrigou a ensaiar cuidadosamente novas possibilidades com a forma, a linguagem, o estilo. Essa forma reordenou sua estrutura devido às exigências dos meios para os quais escreviam: espaço limitado, convivência com as ilustrações que funcionavam como significante forte do texto, exposição pública da própria imagem do escritor convertido num mito modesto, por assim dizer.

Silviano Santiago lançou hà algum tempo a provocadora hipótese, segundo a qual "a história da imprensa escrita na sociedade burguesa ocidental é a história da sua

---

11 Convém recordar que, nos países hispano-americanos, modernismo corresponde ao que, no Brasil, denomina-se parnasianismo e simbolismo. Rama, no segundo dos livros aludidos, trabalha com a categoria "modernismo" englobando tanto a América hispana como a portuguesa.

12 Ángel Rama. *Rubén Darío y el modernismo. Circunstancia socio-económica de um arte americano.* Caracas: Universidad Central de Venezuela, 1970; *Las máscaras democráticas del modernismo.* Montevideo: Arca/FIAR, 1986.

desliteraturização. Isso a que se chama tradicionalmente literatura vem perdendo, de maneira sistemática e no correr dos últimos séculos, o seu lugar, função, prestígio e poder na imprensa diária e semanal".[13] Pode ser que – digamos de maneira paradoxal – esse seja retrospectivamente o resultado, mas, na experiência histórica concreta do ciclo que vai de 1850 a 1920, *grosso modo*, sem o jornalismo (diário, semanal ou de outra frequência) não teríamos o conto tal e como se manifestou naquela época e depois, ao menos até a irrupção do hipertexto.

Naquela encruzilhada encontraram-se, apesar de várias assimetrias (formativas, temporais) tanto Machado de Assis como Horácio Quiroga. Adiante, apresentaremos algumas notas sobre suas poética, ou melhor dito, algumas notas sobre a teoria do conto a partir de uma prática e em consonância com ela e, sobretudo, com os meios nos quais se exercitaram.

II

Em uma passagem discreta e marginal de "Instinto de Nacionalidade" (1873), Machado deixa cair, como se fosse um simples descuido, sua reflexão inicial, brevíssima e, ao fim, quase insular, sobre a forma do conto: "É gênero difícil, a despeito de sua aparente facilidade, e creio que essa mesma aparência lhe faz mal, afastando-se dele os escritores e não lhe dando, penso eu, do público toda a atenção de que ele é muitas vezes credor". Estas linhas, incluídas no texto em que se discute a relação entre arte e nação, são precedidas de uma breve referência sobre a insignificância do gênero no Brasil, onde "tem havido tentativas mais ou menos felizes, porém raras, cumprindo citar, entre outros, o nome do Sr. Luiz Guimarães Júnior, igualmente folhetinista elegante e jovial". Se tal avaliação pode ser considerada justa ou, melhor, ajustada à esqualidez do discurso e sua prática no Brasil, pelo contrário, chama a atenção que entre a lista dos modelos do "gênero dos contos", modelos esses que devem ser respeitados em todas as latitudes e por todos os escritores, Machado menciona autoridades que num futuro próximo seriam praticamente esquecidas: "à maneira de Henri Murger, ou à de Trueba, ou à de Ch. Dickens, que tão diversos

13 Silviano Santiago. "A crítica literária no jornal". *O cosmopolitismo do pobre. Crítica literária e crítica cultural.* Belo Horizonte: UFMG, 2004, p. 159.

são entre si".[14] Como se vê, Machado deixou de mencionar contos e notas sobre o conto elaborados por Poe. Poderíamos então supor que, naquela época, Machado ainda não havia lido o escritor norte-americano. Aliás, em geral, e em toda a América Latina, a obra de Poe foi conhecida através das traduções de Charles Baudelaire, quem realizou febrilmente esta tarefa desde 1848.[15] Porém, em seu caso, nem sequer esta hipótese pode se verificada, já que entre sua biblioteca – segundo o catálogo de Jean-Michel Massa –, não figura livro algum de Poe, ao passo que de Baudelaire só inclui um volume de *Les fleurs du mal*, em edição de Garnier de 1878.[16] Claro que, como adverte o investigador francês, a biblioteca de Machado de Assis sofreu diversas mutilações e, ademais – como sugere um bom senso elementar –, seria uma tolice avaliar o arco formativo de um escritor (ou mesmo de qualquer pessoa) a partir tão só dos livros que possuiu. Seja como for, parece não haver dúvidas sobre essa ausência – esse espaço cego da leitura – em 1873, porque é difícil que passara inadvertido a um leitor tão fino e tão sintonizado, o valor das contribuições de Poe. Tudo se torna mais complexo se recordamos que esse texto foi produzido para uma revista que se editava nos Estados Unidos.

Dessa ausência eloquente pode derivar-se uma lição epistemológica importante. É possível pensar as ideias de Machado sobre o conto sem necessariamente associá-las às estritas normas estabelecidas por Poe. E isso sem mencionar sua breve – ou concentrada – reflexão, que *relaciona-se* à incidência rarefeita da narração breve no campo literário brasileiro e, em especial, nos meios em que se difundem e, de modo ainda mais direto, ao receptor dessas ficções. A contundência com que resolve a questão sobre a hierarquia estética do conto deriva de uma operação paradoxal. Por um lado, Machado nega um mecanismo aparente (gênero *percebido* como fácil, tanto por escritores como por receptores), com o qual abre caminho a um oposto,

14 Machado de Assis. *Crítica Literária*. Rio de Janeiro. W. M. Jackson, 1946. São Paulo/Porto Alegre, p. 144-145.

15 François Porché. *La vida dolorosa de Charles Baudelaire*. [1929]. Buenos Aires: Taurus, 1997 (Tradução Sylvia Iparraguirre), p. 129.

16 Jean-Michel Massa. "A biblioteca de Machado de Assis". In: JOBIM, José Luís (org.). *A biblioteca de Machado de Assis*. Rio de Janeiro: Academia Brasileira de Letras/Topbooks Editora, 2001, p. 81.

o enunciado real ou verdadeiro, que tem como base as virtudes e peculiaridades formais (gênero da *produção* difícil ou complexa). Essa asserção implica, no subtexto, a petição para explorar as boas qualidades formais que só poucos escritores exploram. Se trata, como se vê, de uma reduzidíssima *estética material*, na acepção de Bakhtin, mas também num sentido mais pragmático. Afinal, Machado de Assis parece sugerir que só existe arte na medida em que o escritor se inscreve no *processo* de produção de uma forma e em sua recepção posterior. Machado era conhecedor minucioso de uma e outra situação, pois, em 1873, já havia acumulado uma forte experiência. Segundo recente descoberta de John Gledson, Machado publicou contos desde 1858 em revistas, e nunca deixou de fazê-lo. Nessas revistas, chegou a divulgar quase duzentos textos.[17]

O meio não *faz*, necessariamente, a forma, mas ajuda a que seja deste ou daquele modo; o meio inclusive pode favorecer a reordenação de uma forma. Publicação periódica, direção das mesmas e constituição do público: eis elementos que pressionam para que o texto narrativo se torne leve, mesmo trivial. Tal regra exerceu sua influência em muitos escritores latino-americanos que se equilibraram entre o folhetim e o conto no último quarto do século XIX, assim como nas primeiras décadas do século seguinte. Nesse horizonte, sem dúvida, incluiu-se Machado. Antonio Candido observou que havia em certo Machado de Assis uma atitude lisonjeira para com "o público mediano, inclusive os críticos, dando-lhes o sentimento de que eram inteligentes a preço módico".[18] No rigor, a variedade de estratégias de composição de seus contos provém das exigências da revista e dos seus leitores – seja para

---

17 Um total de 163 contos saíram em três revistas: *Jornal das Famílias* (70, entre 1864 e 1878), *A Estação* (37, entre 1879 e 1898), as duas revistas femininas impresas na Europa, e que ofereciam amplo destaque para a moda, além de abundantes ilustrações (Gledston, 1998: 17-22). Machado também escreveu para o jornal carioca *Gazeta de Notícias* (56, 1881-1897), que não se vendia pelo sistema elitista de subscrição, mas que era vendida nas ruas. Ademais, foi membro ativo da *Revista Brasileira* (Rio de Janeiro), na qual que publicou *Memória póstumas de Brás Cubas*, entre 1879 e 1881. Esta revista, segundo Ana Luiza Martins, é a primeira publicação periódica moderna consolidada no país (Ana Luisa Martins. *Revistas em Revista*. São Paulo: Fapesp/Edusp/ Imprensa Oficial, 2001, p. 63).

18 Antonio Candido. "Equema de Machado de Assis". In: *Vários Escritos*. 3ª ed. São Paulo: Duas Cidades/Ouro Sobre Azul, 2004, p. 19.

adequar-se aos desejos de um leitor padrão (público prioritariamente de leitoras), seja para dele fugir e até mesmo com a finalidade de parodiar seus gostos, isso é, a pretensão representacional da estética romântica ou realista, dóceis à sua sensibilidade e percepções. Em suma, Machado pensava suas histórias dentro e não fora da existência material do ato da leitura. Foram múltiplas e explícitas as diatribes de seus artigos e prefácios contra o romantismo e o realismo – que por certo lançou a partir do princípio da década de 1870, e que tornou mais complexas na boca de suas personagens, muitos dos quais, mercê de um completo jogo retórico, dispunham da consciência de serem seus sujeitos de papel, por assim dizer. Nas brevíssimas palavras de introdução, nas *Memórias póstumas de Brás Cubas*, Machado classifica o leitor em dois grupos: "a gente grave" e "a gente frívola".[19] Machado necessitou agradar a gregos e troianos! Por isso, atravessou um largo calvário de trabalho e de mudança, atentamente vigiado por um público que não podia perder, mas do qual cobrava toda restrição – fazendo uso do sabido recurso irônico. Ademais, não deixou de recordar o leitor da duplicidade moral de suas mulheres, já desde o primeiro conto ("Três tesouros perdidos"), da geral hipocrisia, assim como de alguma crueldade burguesa ("O caso da vara", "Teoria do medalhão"), e da insipidez de suas vidas ("Anedota pecuniária").

Numa palavra, Machado precisou criar aquilo que Mário de Andrade detectou, porém criticou em seus contos: "Tinha no mais alto grau uma técnica".[20] O incômodo já aparecera um ano antes, em sua leitura dos primeiros contos de Machado. Mário então discutia o gênero, motivado por um questionário distribuído entre escritores. Mário postulou que um conto é antes de tudo uma forma, porque "em arte, a forma há de prevalecer sempre esteticamente sobre o assunto". Trata-se, portanto, de algo em substância distinto da aplicação de uma fórmula ou de domínio de uma técnica, ainda que esta seja completa e brilhante. Em qualquer caso, o conto é forma

---

19 Machado de Assis. *Memórias Póstumas de Brás Cubas*. São Paulo: Ática, 1997, p. 16.

20 Esta sentença voltou na republicação dos artigos para *Aspectos da literatura brasileira* (Mário de Andrade. "Machado de Assis". In: *Vida Literária*. São Paulo: Edusp/Hucitec, 1993, p. 68).

que tem na revista "o seu lugar".[21] E que, em resumo, no Brasil somente a técnica e a disciplina de Machado de Assis criaram tal forma.

De algum modo consequente com essa perspectiva, Candido indicou que embora se trate de um Machado menos frequente, há um Machado "bastante anedótico e mesmo trivial, autor de numerosos contos circunstanciais que não ultrapassam o nível da crônica nem o caráter de passatempo".[22] A diversidade e a fraqueza diante do circunstancial, em lugar do cultivo da invenção, podem muito bem ter sido o imposto que Machado precisou pagar para reconstruir o sistema literário, ou simplesmente para encontrar um lugar ao sol. Por certo, também se trata de uma aposta estética que, em seu caso – como no exemplo de Quiroga –, jogou-se com o pensamento na necessidade de criar a forma ao mesmo tempo em que se desenvolvia a revista e se persuadia o público – ao fim e ao cabo, o ator que deveria consagrá-lo no cânone da arte literária superior.

De fato, à margem de ironias ou de meros gestos corteses, a sedução do público seguiu ocupando um lugar de destaque nas poucas menções que, a esse respeito, foram deixando pistas semissecretas no curso de um punhado de artigos e de prólogos sucintos. Mas como é habitual em sua obra, Machado uniu os dois polos. Na introdução a *Papéis avulsos*, de 1882, Machado afirmou desejar que o leitor adicione a seus contos uma matéria "interessante". Nada mais. Dois anos mais tarde, na nota preliminar a *História sem data*, empenha-se a afastar a ideia de que os contos desse livro tratam de episódios que não *são* da ordem do dia, isso é, que não se trata de espelho do cotidiano, "ou dum certo dia". Parece adiantar-se, assim, à acusação de trivialidade, que não deixará de ser feita. Em 1887, no prólogo da reedição de *O Guarani*, quando cumpria trinta anos como escritor de contos e folhetins para revistas, anotou essa reflexão que, se lemos substituindo um par de nomes e de títulos, pode valer para ele mesmo:

> Escreveu-a à medida da publicação, ajustando-se a matéria ao espaço da folha, condições adversas à arte, excelentes para atrair a atenção

21 Mário de Andrade. "Contos e contistas". [1928]. In: *O empalhador de passarinho*. São Paulo: Livraria Martins/INL/MEC, 1972.

22 Antonio Candido. "Esquema de Machado de Assis", *op. cit.*, p. 32.

pública. Vencer estas condições no que elas eram opostas, e utilizá-las no que eram propícias, foi a grande vitória de Alencar, como tinha sido a do autor dos *Três Mosqueteiros*.[23]

III

Entre 1898 e 1937, os anos em que Quiroga compôs sua obra, o sistema econômico-social e o mercado literário rio-platense atravessaram algumas modificações significativas. No começo do processo, conviveram com uma "idade de ferro" – para dizê-lo com suas palavras[24] –, na qual os autores da classe dirigente financiavam seus próprios livros para uma minoria letrada. Aproximadamente na década de 1910, as novas classes médias começam a ocupar um lugar no campo intelectual. Tanto em Buenos Aires como em Montevidéu surgem então alguns projetos e as revistas de atualidades se tornam importantes.

O triunfo do capitalismo e de seus códigos explicam em grande medida esses fenômenos. Contos de Quiroga situados no âmbito do horror – como "El almohadón de pluma" ou "La gallina degollada" – representam a "complexa" distorção afetiva que se leva a cabo na nova sociedade com o império do dinheiro e da marginalizações do outro, o diferente, o que incomoda à nova ordem. Do mesmo modo, a modernização técnica das sociedades periféricas, se pensamos no vigor de sua explosão em Buenos Aires, recoloca "o diálogo entre forma literária e imagens técnicas, registros sonoros, movimentos mecânicos, novos processos de impressão", tal como observou Flora Süssekind em relação às letras brasileiras do período. Sua perspectiva também é válida no Rio da Prata.[25] Talvez poucos exemplos sejam mais claros do que o de Horacio Quiroga, cujas transformações são tão visíveis, pois se identifica a brusca ruptura que vai dos poemas e vinhetas narrativas do primeiro livro (*Los arrecifes de coral,* 1901) aos relatos reunidos três anos mais tarde em *El crimen del*

---

23 Machado de Assis. *Crítica Literária, op. cit.*, p. 343.

24 Horacio Quiroga. *Sobre literatura.* Prólogo Roberto Ibáñez. Notas de Jorge Ruffinelli. Montevideo: Arca, 1972,

25 Flora Süssekind. *Cinematógrafo de Letras, técnica e modernização no Brasil.* São Paulo: Companhia das Letras, p. 12.

otro. Nesse livro, Quiroga explora a história policial de acordo com o modelo de Poe, a quem admira, assim como desenvolve as primeiras experiências de realismo psicológico de atmosfera urbana. E sem demoras, ele acompanhou com interesse os avanços da ciência e da técnica, tanto em sua vida privada, quanto em sua literatura, na qual há uma forte atração pelas proximidades entre palavra, máquina, imagem e pelo binômio vida-morte ("La camara oscura", "Miss Dorothy Phillips, mi esposa", "El espectro", "El vampiro", "El puritano").

É o mesmo público de revistas que um pouco antes Machado de Assis tentou atrair, mesmo interpretar e, como seu antecedente, de igual modo interpelar. E esse público não se tornou de imediato e de modo estável um consumidor de livros nacionais. Processo similar ocorre com as revistas literárias que, se continuam aparecendo, não conseguem romper a cortina de ferro das minorias, apesar da prolongada vida de algumas delas, como *Nosostros*, em Buenos Aires, ou *Pegaso*, em Montevideo. O escritor que almejava alcançar um público numeroso, obtendo assim lucro com seu trabalho, tinha como alternativa conquistar o território da imprensa periódica, além de um espaço completamente novo: as *revistas*. Ninguém foi possuído por esse demônio com a intensidade de Quiroga. E por isso pôde reunir escrita jornalística e ficcional, abandonando sua inicial filiação estética.[26] Daí também que não hesitou em transformar-se no mais assíduo escritor de contos em revistas de atualidades muitos ativas em Buenos Aires (*Caras y Caretas*; *Plus Ultra*; *Atlántida*; *Mundo Argentino*; *El Hogar*, etc), e distribuídas amplamente nos países vizinhos. Uma alta porcentagem de suas ficções foi produzida de modo a adequar-se ao formato da revista, portanto, com as tensões estilísticas típicas da necessidade de escrever com um número preestabelecido de linhas. Além disso, Quiroga sempre se dispôs a satisfazer as preocupações do público "*feminino*". Com todas as habilidades que possuía – não muito distantes das estratégias de Machado –, Quiroga usa seu engenho para julgar a moral burguesa então dominante, ainda que se mantivesse em seu próprio círculo. Tal circunstância se evidencia tanto em contos – "Una estación de amor", "Um novio

26 Pablo Rocca. *Horacio Quiroga, el escritor y el mito*. Montevideo: Ediciones de la Banda Oriental, 1996; "Una clave del narrador, el periodista". *Actas de las Jornadas de Homenaje a Horacio Quiroga*. Montevideo: Universidade de la República. Facultad de Humanides y Ciencias de la Educación, Departamento de Publicaciones, 1998.

difícil", "Lucía Strindberg" ou "Un idilio" – quanto em romances – *Historia de un amor turbio* (1908) e *Pasado amor* (1929).

De qualquer forma, escrever nas *revistas* permitiu a Quiroga aproximar-se de leitores jovens, em franco crescimento devido às reformas educacionais ocorridas na Argentina e no Uruguai, há aproximadamente 50 anos. Esses novos leitores encantaram-se com os "Cuentos de la selva", assim como com as séries "De la vida de los nuestros animales" e "Cartas de um cazador". Quiroga também apreendeu o ritmo da modernização e dos desajustes que produz numa região inundada de imigrantes, máquinas e cinemas – ver, entre outros, os contos "Los inmigrantes", "El puritano", "El conductor del rápido", "O espectro". Essas incursões na atmosfera social circundante têm uma comunicação estrita com o exercício literário propriamente dito. Já que, como afirmou Ángel Rama, "Quiroga é o primeiro narrador que concebe a literatura como 'ofício' e a composição de contos como 'fabricação', aparentando-a com as atividades de inventor e mecânico que sempre atraíram o escritor".[27]

Fechada a comporta das editoras *abertas* para as maiorias, explorado com êxito o circuito da nova imprensa, em 1920 surgiu como caminho intermediário o "romance semanal", um folheto de poucas páginas, papel barato, reclames comerciais e uma destacada foto do autor na capa. Esse material não se divulga em livrarias, mas sim nas nascentes bancas de jornal, que rapidamente se multiplicam nos centros e nos bairros das cidades rio-platenses. Com este atalho editorial de baixo custo de produção, recuperou-se o *modus operandi* do folhetim, que se submete ao império dos sentimentos:[28] *La Novela Semanal* (1917-1922), *El Cuento Ilustrado* (1918), *La Novela del Día* (1918-1924) e *La Novela Universitaria* (1920-1921). Quiroga publicou pela primeira vez muitos de seus relatos nessas coleções populares. Além disso, *El Cuento Ilustrado*, uma "empresa" que lançou trinta números, na qual pretendia evitar – algo que Sarlo não percebeu – o imperativo de escrever histórias do coração. Duas premissas guiaram este empreendimento: "a) um conto cujo argumento não tenha suficiente interesse para ser contado não é um conto, ainda que possua o que caracteriza um *belo estilo*; b) os textos a serem publicados devem refletir

27 Ángel Rama. "Prólogo". *Cuentos*. 1905-1910. Horacio Quiroga. Notas de Jorge Ruffinelli. Montevideo: Arca, 1968., p. 17.

28 Beatriz Sarlo, *op. cit.*

profundamente o ambiente natal americano".[29] Do segundo ponto desse fugaz programa editorial depreende-se uma espécie de retórica da terra americana, um dos motivos capitais de sua estética, já presente em 1908, na publicação de "La insolación" em *Caras y Caretas*; aliás, nesse conto percebe-se uma crítica evidente à saturação sentimental. Ler essas primeiras pautas em correspondência com sua poética, tal como enunciada em "La crisis del cuento nacional", o "Decálogo del perfecto cuentista", ou "Sobre 'El ombú' de Hudson",[30] põe em evidência sua poética e o estreito vínculo entre esta, a prática da escrita e o público que o cativa e o repele. O último ponto do "Decálogo...", libera o autor da pressão excessiva das normas do mercado e das revistas e, assim mesmo, das ideias de Poe, embora as siga quase religiosamente: "Conta como se o relato não tivesse interesse mais que para o pequeno ambiente de seus personagens". A história se concebe de modo autossuficiente, com o qual pode salvar-se dos discursos grandiloquentes, a ficção se salva e se justifica com suas próprias leis. Compreende-se porque Cortázar só se entusiasmou com essa proposta.[31]

Quando a vida de Machado de Assis se acabava, o cinema irrompia e colonizava as preferências da grande maioria do público e, sem dúvida, isso afetou a estabilidade do estatuto narrativo. Em princípio nos encontramos aqui com uma das assimetrias, a mais feroz: os trinta anos que separam a morte de Machado e de Quiroga. O uruguaio não só foi um espectador entusiasmado de seu tempo, mas foi também um dos primeiros críticos de cinema da América Latina – um pouco depois de Alfonso Reyes, um pouco antes que João do Rio. A leitura habitual nos últimos anos propõe que o cinema propiciou um instrumental novo que não permitiu aprofundar certas variações da sintaxe narrativa (o uso do *racconto*, o questionamento da linearidade), levando-o a lançar mão de temporalidades diversas.[32] Contudo, nenhuma dessas incorporações, levemente visíveis, afetou realmente sua gramática narrativa, já que isso eram recursos usuais em seus textos, mesmo nos primeiros relatos.

---

29 *Apud* Rivera, *op. cit.*, p. 1268.

30 Horacio Quiroga, *op. cit.*

31 Julio Cortázar. "Algunos aspectos del cuento". [1962-1963]. In: Jaime Alazraqui (org.). *Obra crítica/2*. Madrid: Alfaguara, 1994, p. 365-368.

32 Carlos Dámaso Martinez. "Prólogo". In: GALLO, Gastón S. (org.). *Arte e linguagem do cinema*. Por Horacio Quiroga. Introdução Jorge Lafforgue. Buenos Aires: Losada, 1997.

Poder-se-ia dizer que a solução de Quiroga ante o cinema ficou no meio do caminho entre as posturas de Artur Azevedo e João do Rio, por exemplo. O cinema foi para ele um assunto privilegiado, assim como para Azevedo, mas no fundo não esboçou mais que tímidas modificações formais, carentes da radicalidade introduzidas por João do Rio.[33] Em lugar de romper com o modelo do escritor realista ou com a matriz clássica da literatura fantástica, nas quais se formou em leituras devotadas da obra de Poe, Maupassant, Kipling e Bret Harte, o último Quiroga hesitou, controlou-se e terminou assim confirmando sua velha poética. Ou, se se prefere, ele concluiu por afirmar que essa poética necessitava, ante o fenômeno do cinema, de uma estratégia diferente. Talvez por isso, ao aposentar-se como espectador e como crítico, também começou a abandonar a escrita de contos, no mesmo tempo em que o mundo em que se havia formado desmoronava: as revistas de atualidades começaram a declinar, a imprensa "grande" passou a rechaçar sua colaboração, e um setor da vanguarda o combatia, reduzindo sua obra ao escaninho do regionalismo.[34] Teremos que esperar várias décadas para que se produza a ressurreição de Quiroga como um grande contista multiforme e um dos primeiros hispano-americanos que pensou o conto como matéria e forma.

Referências Bibliográficas

ANDRADE, Mário de. "Contos e contistas". [1938]. In: *O empalhador de passarinho*. São Paulo: Livraria Martins/INL/MEC, 1972.

_______. "Machado de Assis". In: *Aspectos da literatura brasileira*. São Paulo: Livraria Martins, 1974.

_______. "Machado de Assis-III." [1939]. In: *Vida Literária*. São Paulo: Edusp/Hucitec, 1993.

33 Flora Süsseking, *op. cit.*

34 Então se pode dar plena razão à hipótese de Silviano Santiago antes comentada.

MACHADO DE ASSIS, Joaquim Maria. *Contos/Uma antologia*. 2 vols. São Paulo: Companhia das Letras, 1998 (Seleção, introdução e notas de John Gledson).

_______. *Critica Literária*. Rio de Janeiro: W. M. Jackson, 1946 São Paulo/Porto Alegre.

_______. *Memórias póstumas de Brás Cubas*. São Paulo: Ática, 1997.

BAKHTIN, M. *Teoría y estética de la novela. Trabajos de investigación*. Madrid: Taurus, 1989 (Traducción de Helena S. Kriukova y Vicente Cazcarra). [1975].

BENJAMIN, Walter. *Charles Baudelaire. Um lírico no auge do capitalismo*. São Paulo: Editora Brasiliense, 2000 (Tradução de José Carlos Martins Barbosa e Hemerson Alves Baptista).

CANDIDO, Antonio. "Esquema de Machado de Assis". In: *Vários Escritos*. 3ª ed. São Paulo: Duas Cidades/ Ouro sobre Azul, 2004.

_______. *Formação da literatura brasileira* (*Momentos decisivos*) [1959]. 7ª ed. Belo Horizonte: Itatiaia Limitada, 1993.

CORTÁZAR, Julio. "Algunos aspectos del cuento". [1962-1963]. In: ALASRAQUI, Jaime (org.)*Obra crítica/2*. Madrid: Alfaguara, 1994, p. 365-385.

MARTINEZ, Carlos Dámaso. "Prólogo". In: GALLO, Gastón S. (org.). *Arte e linguagem do cinema*. Por Horacio Quiroga. Introdução Jorge Lafforgue. Buenos Aires: Losada, 1997.

MARTINS, Ana Luiza. *Revistas em Revista*. São Paulo: Fapesp/Edusp/Imprensa Oficial, 2001.

MASSA, Jean-Michel. "A biblioteca de Machado de Assis". In: JOBIM, José Luís (org.). *A biblioteca de Machado de Assis*. Rio de Janeiro: Academia Brasileira de Letras/ Topbooks Editora, 2001.

MORETTI, Franco (org.). *Il romanzo*. Vol I. *La cultura del romanzo*. Torino: Einaudi, 2001.

_______. (org.) *Il romanzo*. Vol I. *Storia e geografia*. Torino: Einaudi, 2002.

_______. (org.). *Il romanzo*. Vol II. *Le forme*. Torino: Einaudi, 2002.

_______. (org.) *Il romanzo*. Vol IV. *Temi, luoghi, eroi*. Torino: Einaudi, 2003.

POE, Edgar Allan. *Ensayos y críticas*. Madrid: Alianza Editorial, 1973 (Tradução, introdução e notas de Julio Cortázar).

PORCHÉ, François. *La vida dolorosa de Charles Baudelaire*. [1929]. Buenos Aires: Taurus, 1997 (Tradução Sylvia Iparraguirre).

QUIROGA, Horacio. *Arte y lenguaje del cine*. Gastón S Gallo (org.). Introdução Jorge Lafforgue. Buenos Aires: Losada, 1997.

_______. *Cuentos completos*. 2 vols. Edição e prólogos Jorge Lafforgue e Pablo Rocca Buenos Aires: Losada, 2002.

_______. *Sobre literatura*. Prólogo Roberto Ibáñez. Notas de Jorge Ruffinelli. Montevideo: Arca, 1972.

RAMA, Ángel. *Las máscaras democráticas del modernismo*. Montevideo: Arca/ FIAR, 1986.

_______. "Prólogo". *Cuentos*, 1905-1910. Horacio Quiroga. Notas de Jorge Ruffinelli. Montevideo: Arca, 1968.

_______. *Rubén Darío y el modernismo. Circunstancia socio-económica de un arte americano*. Caracas: Universidad Central de Venezuela, 1970.

REST, Jaime. *Novela, cuento, teatro: apogeo y crisis*. Buenos Aires: CEDAL, 1971.

RIVERA, Jorge B. "Profesionalismo literario y pionerismo en la vida de Horacio Quiroga". *Todos los Cuentos*. Horacio Quiroga. Madrid: ALLCA XX/Unesco, 1993.

ROCCA, Pablo. *Horacio Quiroga, el escritor y el mito*. Montevideo: Ediciones de la Banda Oriental, 1996.

_______. "Una clave del narrador, el periodista". *Actas de las Jornadas de Homenaje a Horacio Quiroga*. Montevideo: Universidad de la República. Facultad de Humanidades y Ciencias de la Educación, Departamento de Publicaciones, 1998.

ROMANO, Eduardo. *Revolución en la lectura. El discurso periodístico-literario de las primeras revistas ilustradas rioplatenses*. Buenos Aires: Catálogos/El Calafate editores, 2004.

SANTIAGO, Silviano. "A crítica literária no jornal." In: *O cosmopolitismo do pobre. Crítica literária e crítica cultural.* Belo Horizonte: UFMG, 2004.

SARLO, Beatriz. *El imperio de los sentimientos. Narraciones de circulación periódica en la Argentina* (1917-1927). 2ª ed. Buenos Aires: Norma, 2000.

SÜSSEKIND, Flora. *Cinematógrafo de Letras. Literatura, técnica e modernização no Brasil.* São Paulo: Companhia das Letras, 1987.

Modelos em movimento: Os contos de Machado de Assis[1]

Paul Dixon
(Purdue University)

A construção de personagens é um fator importante para a visão estética de Machado de Assis. O autor só publica algumas palavras sobre o assunto, propriamente, nos seus ensaios literários, mas a consistência desses poucos comentários sugere que se tenha dedicado bastante ao problema. Sabemos que Machado tinha sérias dúvidas sobre o realismo e o naturalismo de seus contemporâneos; portanto, não deve surpreender o fato de que sua visão estética seja um tanto distante da verossimilhança convencionalmente aceita. Não é que o autor tenha rejeitado a noção das personagens convincentes; no entanto, propõe uma plausibilidade diferente. Como escreveu em sua resenha do romance *O primo Basílio*, de Eça de Queirós, "Voltemos os olhos para a realidade, mas excluamos o Realismo, assim não sacrificaremos a verdade estética" (3: 913).[2]

Neste espaço, depois de examinar algumas das principais proposições críticas sobre a caracterização, quero demonstrar que os contos oferecem uma excelente exibição de uma teoria do personagem. A ficção breve de Machado, apesar de sua enorme variedade, também apresenta uma consistência (por não dizer insistência) em muitas áreas. Talvez os contos sejam o melhor complemento dos sugestivos ensaios

1 Ensaio originalmente publicado na revista *Teresa*, n. 6/7.

2 Estaremos sempre citando a edição da Nova Aguilar, *Obra completa*, em 3 volumes, organizada por Afrânio Coutinho. Por isso, citaremos somente o volume e a página correspondente.

críticos do autor. A escassez de detalhe nos últimos deixa muitas dúvidas sobre o significado ou a intenção de algumas asseverações. Nos primeiros, um laboratório de práticas repetidas oferece, implicitamente, o esclarecimento necessário para os textos críticos.

O ensaio "Instinto de nacionalidade" exemplifica a falta de desenvolvimento explicativo. É evidente que Machado não vê a solução para a busca de uma literatura única e nacional nos aspectos objetivos e empíricos que distinguem o Brasil dos demais países. Embora reconheça que há um lugar para a flora e fauna brasileiras, os costumes e as práticas populares, o indígena ou os tipos identificáveis com o Brasil, Machado não encontra nesta via a direção para a criação de uma literatura autenticamente nacional. A resposta para Machado está numa realidade bem menos objetiva, uma essência da alma brasileira, um "certo sentimento íntimo" (3: 804). Mas, tendo colocado esta noção de uma autenticidade de caráter ou de psicologia, o ensaio não fornece nenhuma demonstração precisa daquilo que constituiria tal sentimento íntimo.

A resenha do romance *O primo Basílio*, além de ser uma boa análise de alguns defeitos do texto de Eça de Queirós e da escola realista, é uma dissertação sobre a caracterização. O ensaio julga Luiza, Jorge e outros personagens inadequados pela falta de profundeza psicológica. Parecem "títeres" (3: 905) porque suas ações dependem demais de circunstâncias contextuais (cartas roubadas, ausência do marido, chegada do primo etc.) e porque não derivam suficientemente de verdades psicológicas. Machado apela pela "pessoa moral" (3: 906-07), deixando, outra vez, pouca explicação do conceito. O teor geral da resenha, porém, não deixa dúvida de que a "pessoa moral" é um ser cujo comportamento é consistente com um fundo psicológico. As ações devem ser amplamente motivadas por necessidades emocionais, culturais – enfim, humanas. De novo, a melhor demonstração da teoria está no laboratório da ficção. A última resposta de Machado a Eça de Queirós parece ser *Dom Casmurro*, pois com seu sétimo romance Machado elabora o mesmo tema d'*O primo Basílio* (o do adultério), baseando-se num rico pano de fundo psicológico e cultural.

A terceira declaração teórica de Machado a ser tratada aqui se encontra na advertência de seu primeiro romance, *Ressurreição*. Machado declara: "Não quis fazer romance de costumes; tentei o esboço de uma situação e o contraste de dous caracteres; com esses simples elementos busquei o interesse do livro" (2: 116). É uma afirmação curta, mas tem longas consequências. Primeiro, vemos outra vez a insistência em não basear a caracterização em fatores superficiais ou meramente objetivos: "Não quis fazer romance de costumes." O projeto de estudar o "contraste de caracteres" reforça a já referida busca por uma verdade psicológica (um "sentimento íntimo"), mas também introduz um conceito novo. O importante para Machado no romance (e, a meu ver, no projeto literário inteiro) é o *contraste* das personalidades. A caracterização não é uma questão de traçar realidades psicológicas individuais; não consiste na construção de sujeitos únicos. A prioridade está no exame da *relação* entre os indivíduos. Machado parece perceber que a verdadeira psicologia do personagem (ou pelo menos de *seus* personagens) só se revelará na medida em que este participa da interação social. Parece intuir o que o antropólogo urbano, Roberto DaMatta, vai propor um século depois — que a essência da cultura ou da "personalidade" brasileira está não nos indivíduos, mas sim nas relações entre os mesmos.[3] O "sentimento íntimo" procurado por Machado, portanto, não aparece num isolamento individual, romântico, em que os personagens sejam os heróis de aventuras de autodescobrimento. Pelo contrário, vai ser uma essência, de certa maneira, não essencial, porque não reside numa fortaleza do *ser*, mas sim, numa circunstância do *estar*, na contingência do contato com o outro.

DaMatta ressalta a natureza relacional da cultura brasileira porque percebe tal cultura como um meio de contrastes, contrastes de raça e etnia, de classe social, de tendências políticas, de valores familiares. O brasileiro, para ele, está constantemente empenhado num projeto de mitigar ou de tornar relativas tais dicotomias. Busca quebrar as fortes tensões que o circundam, fazê-las mais brandas e toleráveis. A meu ver, o projeto literário de Machado de Assis se encaixa bem neste quadro sociológico, especialmente no que diz respeito ao personagem. O personagem machadiano, como o brasileiro de DaMatta, vive na negociação das dicotomias.

Se a caracterização, portanto, é um exercício de contrastes, vamos ver que suas normas serão diferentes das de uma estética baseada no indivíduo. Qualquer estudo de contrários acaba fazendo uma certa redução, para fins heurísticos. Em tal análise, não é uma questão de compreender a totalidade das características do caso único. Por outro lado, trata-se de encontrar uma base de fatores que pertençam aos dois elementos a serem contrastados, e que portanto se prestem ao exame diferencial. Todo exercício

3 Roberto DaMatta. *O que faz o brasil, Brasil*? Rio de Janeiro: Rocco, 2000, p. 119-20.

contrastante também não deixa de ser um exercício de comparação; o estudo dos contrastes de um morango e um ônibus não faria sentido, enquanto o estudo do gaúcho e do baiano nos pareceria muito lógico. Inevitavelmente, tal estudo seria esquemático, porque vários fatores, que talvez parecessem importantes em outros contextos, deixam de sê-lo agora por não entrarem no jogo contrastante (e comparativo). Mas a natureza parcial e esquemática não significa que a análise é menos reveladora. Uma vez que abrimos mão das intenções totalizadoras (de querer entender os elementos *inteiros*), vemos que as análises parecem muito válidas e interessantes. Creio que é importante lembrar estas regras da análise contrastante ao estudar a caracterização em Machado de Assis. Assim, podemos entender por que seus procedimentos podem parecer, ao mesmo tempo, muito esquemáticos e muito verdadeiros.

O jogo de perspectivas e personalidades

Como dissemos, aquela declaração na advertência de *Ressurreição*, em que Machado afirma querer examinar o contraste de dois caracteres, não se restringe àquele romance de estreia. Vemos o mesmo projeto em muitos contos. Nestes, a natureza esquemática da caracterização está evidente, tanto que, em muitos casos, o autor nem depende de seres humanos para representar as perspectivas psicológicas em discussão. Os "personagens" não precisam levar o leitor à associação com pessoas de carne e osso, porque são apenas receptáculos de ideias, pontos de vista ou valores. São, por assim dizer, modelos em movimento, mais do que gente.

Exemplo ótimo disso é o conto "Um apólogo", publicado em *Várias histórias* (1896). Os personagens principais são uma agulha e um novelo de linha. Estão discutindo qual é o mais importante no seu mundo, que consiste na elaboração dos vestidos de uma senhora. Quem é que realmente cose? A linha acusa a agulha de apenas "furar o pano (...) nada mais; eu é que coso, prendo um pedaço a outro, dou feição aos babados" (2: 555). Mas a agulha tem a sua perspectiva também muito válida: "Eu é que furo o pano, vou adiante, puxando por você, que vem atrás, obedecendo ao que eu faço e mando" (2: 555). Só no desfecho do conto é que o narrador introduz um personagem humano: "Contei esta história a um professor de melancolia, que me disse, abanando a cabeça: — Também eu tenho servido de agulha a muita linha ordinária" (2: 556). O significado humano dessa fábula está bem claro, mesmo antes da humanização realizada no último parágrafo. Algumas almas são agudas, penetrantes e originais, mas pela própria agudeza parecem carecer de presença, ou da capacidade de atrair os outros e de solidificar as relações. Outras, moralmente mais flexíveis mas bem menos agudas, têm o talento de aproveitar os esforços alheios, conseguindo assim criar contatos fortes e estabelecer uma presença no mundo. Esse jogo de paradigmas humanos opostos não podia ser mais redutivo e simples. Não há nenhuma questão de criar personagens verossímeis. Mas, ao mesmo tempo, parece-me que o conto cria uma visão bem convincente da interação social. A verdade está na relação entre os seres, e não nos indivíduos em si.

O conto "Ideias de canário", publicado em *Páginas recolhidas* (1899) também mostra que a veracidade de caráter pode partir de personagens reduzidos, menos que humanos. O principal personagem humano do conto é Macedo, "homem dado a estudos de ornitologia" (2: 611), que parece viver num mundo de desastres e injustiças. Ao escapar de um tílburi que quase o atropela, entra numa loja de belchior. O espaço lhe parece escuro e sujo; tem o ar da "tristeza austera e desenganada das vidas que foram vidas" (2: 611). Ao encontrar um canário num destroço de gaiola, pergunta-se que "dono execrável" teria levado o pássaro a esse "cemitério" por motivos de "miséria" ou "ociosidade" (2: 612). Acaba comprando o canário e depois o transferindo a espaços cada vez mais positivos – da escuridão da loja a um jardim, da pequena gaiola original a uma gaiola bem maior. Algum tempo depois, o canário escapa dessa gaiola.

Em todos estes ambientes, o canário dialoga com Macedo, expondo-lhe sua visão do mundo. Na loja, à pergunta sobre sua antiga morada e seu "dono execrável", o canário responde que nunca teve dono. Sobre o dono da loja, diz, "Esse homem aí é meu criado, dá-me água e comida todos os dias" (2: 612). Enquanto na loja, o canário afirma que o mundo "é uma loja de belchior, com uma pequena gaiola" (2: 613), e que o canário é o senhor da gaiola. Transferido para a gaiola mais espaçosa no jardim do novo dono, a ave diz: "O mundo (...) é um jardim assaz largo com repuxo no meio, flores e arbustos, (...) ar claro e um pouco de azul por cima; o canário, dono do mundo, habita uma gaiola vasta, branca e circular, donde mira o resto" (2: 613). O canário tem ainda outra Weltanschauung depois de escapar à gaiola; nega ter afirmado que o mundo era outra coisa: "O mundo (...) é um espaço infinito e azul, com o sol por cima" (2: 614).

O conto, então, consiste num jogo de duas subjetividades opostas. O estudioso das aves também parece ser "professor de melancolia", pois vê tudo em termos negativos. O canário lhe veio às mãos por motivos miseráveis e, enquanto está em sua posse, tem sempre uma existência controlada e limitada. Para o canário, cada uma de suas condições é a melhor possível. Embora as "personalidades" sejam muito parciais e simplificadas, em seu conjunto dão um retrato verídico dos seres humanos, tanto em suas tendências otimistas como nas pessimistas.

Os contos de personagens humanos são às vezes quase tão esquemáticos como os de participantes subumanos. "O machete", por exemplo, esboça uma dicotomia psicológica semelhante à de "Um apólogo". Inácio Ramos está autenticamente dedicado à música, e em particular ao violoncelo. Com seriedade, o discípulo se esforça no aprendizado do instrumento até conseguir tirar-lhe "uma poesia austera e pura, uma feição melancólica e severa que casaram com [sua] alma" (2: 857). O conhecido, Barbosa, por outro lado, toca o machete mais "com nervos" do que "com alma" (2: 861). Sua música produz grande impacto nos ouvintes, mas depende tanto dos gestos visuais de paixão como dos sons produzidos. Nessa dialética, o machete chega a ser o "herói da noite" (2: 862), tanto que, depois de vários serões na casa do violoncelista, o machetista acaba fugindo com a esposa do outro. Enquanto no conto "Um apólogo" havia uma relação mais simbiótica, em "O machete" há uma dicotomia semelhante, onde os traços psicológicos dos personagens são parecidos. As naturezas graves, dedicadas e profundas sofrem, enquanto as frívolas e superficiais pouco se preocupam. E talvez o maior sofrimento dos graves seja o fato de que são os frívolos, e não eles, que capturam o público.

Ainda outro conto que trata do contraste de caracteres é "As academias de Sião", recolhido em *Histórias sem data* (1884). Aqui a dicotomia envolve, de uma maneira muito simplificada, as noções de gênero sexual. Trata-se de um reino imaginário em que Kalaphangko, o rei, parece ter uma doce alma feminina, e em que a principal de suas concubinas, Kinnara, parece possuir uma ambiciosa e agressiva alma masculina. É claro que as definições de "masculino" e "feminino" no conto são muito reduzidas. O primeiro parece resumir-se numa atitude categórica sobre os fatos, num forte impulso ativo e numa tendência violenta. O segundo é o perfeito oposto do primeiro, pois consiste em ver tudo em termos relativos, em adotar uma atitude passiva e em preferir a paz antes de tudo. A posição poderosa do rei se torna mais branda devido à sua alma feminina, e as tendências agressivas da concubina são controladas por sua situação sem poder. Quando as almas são trocadas, um grave desequilíbrio começa a desenvolver-se. Kalaphangko pensa em assassinar Kinnara, para poder ficar com sua alma masculina para sempre. Evitam tal cataclismo, porém, quando o rei descobre que a concubina vai ter um filho seu.

O rechaço do realismo no conto é bem evidente, pois o texto começa desfazendo o fator da verossimilhança: "Conhecem as academias de Sião? Bem sei que em Sião nunca houve academias: mas suponhamos que sim, e que eram quatro, e escutem-me" (2: 468). Aqui, de novo, o texto busca uma realidade que não depende das normas da escola realista. O jogo de modelos opostos, supostamente masculinos e femininos, mas em verdade simplesmente humanos, revela que a estabilidade das coisas depende do equilíbrio dos dois e que, felizmente, o mundo possui mecanismos para garantir tal controle.

Como o último exemplo do jogo machadiano de perspectivas binárias, quero dar uma olhada no conto "O empréstimo", coligido em *Papéis avulsos* (1882). Custódio é um empreendedor cheio de projetos mas sem dinheiro, pois tem "o instinto das elegâncias" e "o faro das catástrofes" (2: 335). Visita Vaz Nunes, "um dos homens mais perspicazes do século", que "roía muito caladinho os seus duzentos contos de réis" (2: 334), para pedir-lhe um empréstimo. Revelado o projeto, Custódio lhe solicita a quantia de cinco contos. Oferecendo desculpas, Vaz Nunes naturalmente se recusa a fazer-lhe o empréstimo. Segue, então, uma série de pedidos e recusas, em que cada vez a soma é reduzida. Afinal, "o tabelião desabotoou o paletó, tirou a carteira, abriu-a, e mostrou-lhe duas notas de cinco mil-réis" (2: 339). Oferece uma delas a Custódio, e este "aceita os cinco mil-réis, não triste, ou de má cara, mas risonho, palpitante, como se viesse de conquistar a Ásia Menor. Era o jantar certo" (2: 339).

Em termos objetivos, vê-se que o resultado é um fracasso. Impossível levar adiante qualquer negócio com um investimento tão minúsculo. Mas na obra machadiana não se trata do objetivo. A mira está no "sentimento íntimo" ou na subjetividade dos atores. Custódio está contente com o recebido porque sua natureza é otimista e porque cumpriu com sua índole natural, que é pedir e receber. Vaz Nunes deve também estar satisfeito, porque parece ter obedecido também a seu caráter, que é o de dar o menos possível. De novo, Machado faz um jogo de almas opostas, naturezas decerto exageradas e reduzidas. Outra vez, o sentido do real não está nos personagens em si, mas na percepção de atitudes e índoles contrastantes.

O jogo de teorias

Até agora, examinamos vários esquemas binários de disposições ou perspectivas nos contos, que revelam uma noção peculiar do autor quanto à caracterização. É claro que Machado se interessa pelas possibilidades psicológicas da consciência humana. Mas muitas vezes vai além desse terreno, examinando a oposição de conceitos ou teorias também. "O alienista", publicado em *Papéis avulsos* (1882) é um exemplo óbvio dessa análise teórica. Não queremos sugerir que aqui não haja um estudo de personalidades opostas, pois este também faz parte do relato. Trata-se do médico Simão Bacamarte, por um lado, e todos os demais personagens, pelo outro. Bacamarte é o tipo do homem racional, que não se desvia nunca da eficiência metódica. Quando decide casar aos quarenta anos, e um parente lhe pergunta por que escolheu uma mulher tão feia, este responde:

> [a noiva] D. Evarista reunia condições fisiológicas e anatômicas de primeira ordem, digeria com facilidade, dormia regularmente, tinha bom pulso, e excelente vista; estava assim apta para dar-lhe filhos robustos, sãos e inteligentes. Se além dessas prendas, únicas dignas da preocupação de um sábio, D. Evarista era mal composta de feições, longe de lastimá-lo, agradecia-o a Deus, porquanto não corria o risco de preterir os interesses da ciência na contemplação exclusiva, miúda e vulgar da consorte. (2: 254).

Assim como a função de Bacamarte é a de demonstrar tal consciência racional, a função dos outros é o contrário, pois todos têm desvios lógicos de algum tipo. É a partir dessa base de caracterização que Machado entra no espaço filosófico, indagando o que, afinal, é a saúde (ou pelo menos a normalidade) mental.

A primeira teoria do alienista dá prioridade ao racional: "A razão é o perfeito equilíbrio de todas as faculdades; fora daí, insânia, insânia, e só insânia" (2: 261). Ao basear-se nessa teoria, Bacamarte prospera em seu hospital. Percebe que a loucura, que antes parecia "uma ilha perdida no oceano da razão", agora começa a parecer-lhe "um continente" (2: 260). Em seu pensamento categórico, o alienista quer distinguir nitidamente a mente enferma da sadia. Mas a própria metáfora que ele emprega para descrever esse projeto de separação revela uma enormidade talvez inesperada no descobrimento: "o meu fim (...) é ver se posso extrair a pérola, que é a razão; por outros termos, demarquemos definitivamente os limites da razão e da loucura" (2: 261). E, de fato, Bacamarte descobre que a massa da loucura, como a da ostra, é bem maior que a da pérola, e que as pérolas da razão são até mesmo objetos raríssimos. Daí, no conto, um divertido catálogo de exemplos do desequilíbrio. Depois que seus assistentes mais próximos, incluindo a própria esposa, são internados em seu manicômio, e depois de uma séria oposição a seu programa de prender quase todos, Bacamarte começa a buscar uma alternativa à teoria da loucura. Chega a acreditar numa segunda teoria, baseada na noção da normalidade: se o desequilíbrio e a inconsistência racional eram muito mais frequentes do que o seu oposto, "se devia admitir como normal e exemplar o desequilíbrio das faculdades, e como hipóteses patológicas todos os casos em que aquele equilíbrio fosse ininterrupto" (2: 281). E se os anormais, e portanto os loucos, são os equilibrados, o primeiro e talvez único candidato para essa nova distinção é o próprio médico:

> Simão Bacamarte achou em si os característicos do perfeito equilíbrio mental e moral; parecia-lhe que possuía a sagacidade, a paciência, a perseverança, a tolerância, a veracidade, o vigor moral, a lealdade, todas as qualidades enfim que podem formar um acabado mentecapto (2: 287).

Antes de tudo, "O alienista" nos impressiona por sua mordaz sátira à falta de lógica no coração humano, por um lado, e à obsessão científica, pelo outro. A voz da gozação soa alto no texto. Mas ao mesmo tempo o conto nos oferece um inquérito agudo sobre teorias opostas do conceito da saúde ou do bem-estar. Será tal condição uma questão de conformidade a um padrão predeterminado, ou será uma questão de não diferir demais da norma, estabelecida pela maioria dos outros seres?

"Ex Cathedra", coligido em *Histórias sem data* (1884), apresenta outro protagonista culto ou científico, e outro jogo de teorias relacionadas ao tema do relato anterior. Fulgêncio, um senhor rico e, portanto, livre para passar quase todo seu tempo lendo, se dá conta de que sua afilhada Caetaninha já é mulher feita e que se interessa nos homens. Ao mesmo tempo, descobre que seu sobrinho Raimundo está na idade de casar. Portanto, o intelectual, protetor de ambos, decide casá-los, e formula um impressionante plano racional e metódico para chegar a tal finalidade.

> As calamidades ou os simples dissabores nas relações do coração provinham de que o amor era praticado de um modo empírico; faltava-lhe a base científica. Um homem e uma mulher, desde que conhecessem as razões físicas e metafísicas desse sentimento, estariam mais aptos a recebê-lo e nutri-lo com eficácia (2: 459).

Os jovens receberiam um curso de vinte aulas articulando todas as bases físicas e metafísicas do problema. Caetaninha e Raimundo não entendem essas lições nem querem entendê-las. Mas nas sessões, realizadas ao ar livre, são altamente inspirados pelo rebuliço da primavera ao seu redor – os pios e saltos das andorinhas, os zumbidos apaixonados dos besouros. Naturalmente, também são inspirados pelos olhares que trocam. No final do curso, os alunos não compreendem nada que Fulgêncio lhes ensinou, mas afirmam compreender tudo, e de fato estão prontos para o casamento.

"Ex Cathedra" apresenta dois modelos opostos da realização de projetos. A teoria do tio e protetor parece ser que as coisas positivas são alcançadas pela aplicação direta e racional de um plano. A preparação é principalmente uma questão de compreensão dos princípios relevantes. Uma vez que as "razões físicas e metafísicas" são apreendidas, o cumprimento do plano é praticamente automático, pois os participantes são adequadamente esclarecidos. A total ignorância do plano por parte dos namorados é divertida. A aproximação dos jovens demonstra outra teoria dos resultados positivos, uma em que as coisas acontecem espontaneamente pela conjunção de fatores favoráveis. A simpatia, namoro e casamento de Caetaninha e Raimundo demonstram a importância da propinquidade e não da aplicação racional.

O alvo satírico do conto, sem dúvida, é o cientificismo do devorador obsessivo de livros.[4] O erro de Fulgêncio é tanto mais errôneo porque, em sua convencida satisfação, dá crédito absoluto a seu método pelos amores dos jovens. O autor goza dessa arrogância, mas não parece descartar por inteiro a teoria do velho. Afinal, foi o plano de Fulgêncio que deu início ao convívio fecundo dos namorados. Os amores não se teriam realizado sem o plano dele, por ineficaz que fosse. No esquema de modelos contrários, nenhum dos dois destrói completamente o outro.

Ao examinar a interação desses conceitos opostos, o conto revela sérias e estabelecidas tendências humanas com um verdadeiro impacto na vida social. O fanatismo de Fulgêncio, por exemplo, ressoa com a história intelectual brasileira, especialmente no que diz respeito à filosofia positivista. O que fica claro, porém, é que o conto não precisa de personagens realistas para analisar atitudes reais. Para Fulgêncio bastam uma obsessão pelas ideias e um pouco de amor pela afilhada e pelo sobrinho. Para os jovens, bastam hormônios.

"Cantiga de esponsais", também publicado em *Histórias sem data* (1884), igualmente desenvolve teorias opostas,[5] desta vez sobre a criatividade artística, e estas são representadas pelo mestre Romão, conceituado regente, e por sua vizinha, uma recém-casada. A visão do músico profissional é consistente com a da escola parnasiana – e também com o positivismo e o paternalismo. O mestre quer fazer um "canto esponsalício", monumento a seu casamento e à esposa falecida, para poder imortalizar seu nome e deixar um patrimônio duradouro: deixar "um pouco de sua alma na terra" (2: 388). Criar é caçar uma essência fugitiva, "fixar no papel a sensação de felicidade extinta" (2: 388). Esta obra será realizada pelo estudo, o método e principalmente pelo esforço. Ao imaginar o projeto, o mestre se compara com um "pássaro que acaba de ser preso e forceja para transpor as paredes de sua gaiola" (2: 388). O trabalho depende da preparação e dos implementos – o cravo, o papel e natural-

4 Ver Eugênio Gomes, "Apresentação". In: Eugênio Gomes (org.). *Machado de Assis, Contos*. Rio de Janeiro: Agir, 1977, p. 10; e Sônia Brayner, "O conto de Machado de Assis". In: Sônia Brayner (org.). *Machado de Assis, O conto de Machado de Assis*. Rio de Janeiro: Civilização Brasileira, 1981, p. 16.

5 Ver Paul Dixon. *Os contos de Machado de Assis: mais do que sonha a filosofia*. Porto Alegre: Movimento, 1992, p. 44-50.

mente a caneta ou o lápis. O mestre se esforça em vão para transcrever uma melodia adequada, mas sempre fugitiva. O trabalho e a frustração lhe destroem a saúde.

Quando o músico já está moribundo, porém, ele ouve a moça recém-casada a "cantarolar à toa" (2: 389) na janela dos fundos de sua casa, janela que dá para o quintal do mestre. A melodia que ela canta, "inconscientemente," contém "uma cousa nunca antes cantada nem sabida, na qual cousa um certo *lá* trazia após si uma linda frase musical, justamente a que mestre Romão procurara durante anos sem achar nunca" (2: 389-90).

A posição da moça sugere uma teoria de criação bem contrária à do mestre. Não depende do trabalho nem do método, mas sim da inspiração espontânea. É uma teoria mais social que a do regente, porque a moça recebe seu impulso criador de um outro; está abraçada com o marido e "embebida no olhar" dele (2: 389). Não há noção de caçar uma nota fugitiva, nem de criar um patrimônio para gerações vindouras. Ela não quer fixar sua frase no papel; sua melodia está solta no ar, livre, a celebração de um momento único, talvez para nunca mais ser repetida. O lápis do mestre (emblema masculino) se substitui pela boca da mulher (emblema feminino). A produção da melodia sugere uma gestação, pois vem crescendo no recôndito da moça até sair, sem ser induzida, no momento mais propício.

Embora o sucesso pertença à moça enamorada, e portanto à teoria mais "feminina" da criação artística,[6] não devemos concluir que a teoria do mestre fique totalmente inválida. Sugere-se que a moça não teria podido cantar aquela frase buscada pelo mestre se não tivesse ouvido suas repetidas tentativas, tocadas no cravo e ouvidas através do quintal. As frases preparatórias do mestre teriam constituído um tipo de embrião melódico para a moça, e este teria passado por uma gestação no inconsciente até vir à luz num espontâneo "cantarolar".

"A igreja do diabo", coligido ainda em *Histórias sem data* (1884), é outro esboço de teorias simétricas e contrárias.[7] Aqui vemos duas versões de uma igreja – a de Deus e a do diabo. A igreja do diabo representa o programa de usar meios relativos para fins absolutos. Cansado de construir seu reino com os "remanescentes divinos"

6 Alfredo Bosi. "A máscara e a fenda". In: Alfredo Bosi (org.). *Machado de Assis*. São Paulo: Ática, 1982, p. 449.

7 Paul Dixon, *op. cit.*, p. 81-89; Alfredo Bosi, *op. cit.*, p. 440-41.

e os "descuidos (...) humanos" (3: 369), o diabo resolve conseguir "uma vitória final e completa" (2: 370). Usando uma retórica de sutilezas baseada num pensamento solipsista, o diabo mostra que as virtudes são vícios e os vícios virtudes. A avareza é "mãe da economia"; a inveja é "origem da prosperidade" (2: 372) etc. Com tal pregação relativista busca converter a humanidade toda. A teoria de Deus, e a igreja que é a sua manifestação, são mais implícitas no relato, mas não diferem do programa cristão que os leitores já conhecem. Depende de guardar leis absolutas e eternas. Obedecendo a estes mandamentos, alguns se salvarão, mas só alguns, porque muitos não poderão obedecer.

Embora nos outros exemplos de teorias em jogo as duas permaneçam válidas em certa medida, creio que aqui a teoria de Deus destrói a do diabo. Por meio de sua mensagem relativista, o diabo chega a levar todas as almas para seu rebanho. Mas a vitória não dura porque, assim como os seguidores de Deus faziam seus pecados secretos, agora os discípulos do diabo começam a praticar virtudes, também às escondidas. O que era "manto de veludo" com "franjas de algodão" (2: 370) agora são "capas de algodão" com "franjas de seda" (2: 374). Como contista, Machado cria muitos desses quadros invertidos. Aqui, o conto não preserva a validez da teoria absoluta do diabo, preferindo ressaltar uma simetria de relatividades; os justos têm "franjas" iníquas, assim como os iníquos não deixam de ter "franjas" justas. Talvez na insistência em uma simetria perfeita, porém, o conto ainda dê um pequeno voto em favor do absoluto.

Nestes contos "teóricos", o valor da verossimilhança não é dos mais importantes. A caracterização é pouco desenvolvida, e as ações tendem a ser exageradas. Os personagens são mais receptáculos de conceitos do que pessoas. Mas o "real" machadiano não está na criação de personagens objetivamente plausíveis. Usando uma lógica relacional, o autor faz um quadro de visões opostas, e é na percepção desses paradigmas que o leitor encontra a realidade vivida.

O duplo além das dicotomias

Em seu esquema de pôr em movimento teorias, perspectivas e modelos opostos, Machado muitas vezes cria duplos,[8] ou seja, personagens de características iguais ou complementares, em que um parece não ter existência independente do outro.[9]

O conto "Uns braços", reunido em *Várias histórias* (1896), é exemplo dessa classe de conto.[10] Inácio, o mensageiro do advogado Borges, é idêntico à esposa deste, Severina, no sentido de que os dois sofrem os abusos do dono de casa. Mas a semelhança vai além dessa fortuna compartilhada. Inácio é um rapaz "mal vestido" (2: 490), enquanto D. Severina mostra os braços nus em casa porque "gastara todos os vestidos de mangas compridas" (2: 491). A descrição física dos dois, tipicamente vaga como nos outros textos machadianos, usa figuras parecidas para ambos: Severina tem "vinte e sete anos floridos e sólidos" (2: 491), enquanto Inácio leva "quinze anos feitos e bem feitos" (2: 490).

No início do conto, a função de Severina e a de Inácio são essencialmente opostas; esta com seus braços serve como objeto dos desejos adolescentes do sujeito, Inácio. Com o desdobrar do relato, no entanto, essas funções começam a confundir-se. Ao sentir os olhos do jovem sobre ela, D. Severina começa a meditar cada vez mais sobre o rapaz, até que os papéis de objeto e de sujeito se invertem. Entra sorrateiramente no quarto dele, vigiando-o com carinho enquanto dorme; assim, faz com Inácio exatamente o que ele fazia com ela. O famoso beijo do conto, em que Inácio sonha com o gesto amoroso no mesmo instante em que Severina se inclina para colocar os lábios na boca do rapaz dormido, é emblemático do tratamento das dicotomias por Machado de Assis. Não é um problema simplesmente de examinar a

8 Patrícia Flores da Cunha. *Machado de Assis: um escritor na capital dos trópicos*. Porto Alegre: Instituto Estadual do Livro, Editora da Universidade do Vale do Rio dos Sinos, 1998, p. 123-7 e p. 162-4.

9 Ver C. F. Keppler. *The Literature of the Second Self*. Tucson: University of Arizona Press, 1972; Robert Rogers. *A Psychoanalytic Study of the Double in Literature*. Detroit: Wayne State University Press, 1970; Claire Rosenfield. "The Shadow Within: The Conscious and Unconscious Use of the Double". *Daedalus* 93, 1963, p. 326-44; Ralph Tymms. *Doubles in Literary Psychology*. Cambridge: Bowes & Bowes, 1949.

10 Paul Dixon, *op. cit.*, p. 29-35.

relação de modelos opostos, mas sim, de mostrar que os binômios (tal como sujeito e objeto) tendem a obedecer a uma lógica complexa em que as funções são recíprocas e intercambiáveis.

"Pai contra mãe", coligido em *Relíquias de casa velha* (1906) demonstra uma aplicação semelhante da noção do duplo. A dicotomia entre vítima e opressor nos pareceria clara e categórica em muitos casos, especialmente quando se trata do problema da escravidão. Na superfície, então, o caçador de escravos fugidos, Cândido Neves, sem dúvida seria representante de uma categoria, enquanto a fugitiva Arminda o seria da outra. Mas o motivo do duplo cria uma ambiguidade que debilita grandemente essa classificação moral. O caçador está desesperado para ganhar a devida gratificação porque, paupérrimo, pode assim evitar que sua nova filha seja levada à roda dos enjeitados. Isso faz com que ele e a escrava sejam duplos, pois esta espera um filho e não aguenta a ideia de que nasça escravo. Em vez de uma dicotomia clara que possa reforçar qualquer simplismo moral, temos no conto um poço fundo de senões, uma situação cuja complexidade não permite julgamentos fáceis.

Continuando com a oposição vítima/algoz, temos um exemplo interessante em "O caso da vara", publicado em *Páginas recolhidas* (1899), pois, nesse texto, o protagonista acaba sendo uma espécie de duplo de si mesmo, ao exercer funções opostas. Damião foge do seminário, onde seu pai o internou à força. Vai à casa da Sinhá Rita, mulher de alguma influência, para pedir que intervenha com seu pai. Até aqui Damião é a vítima. Mas Sinhá Rita vive judiando de uma pretinha pela lentidão do trabalho em sua casa. Em certo momento, ela decide bater na menina e pede a Damião, "dê-me aquela vara, faz favor" (2: 582). Apesar dos apelos da menina, Damião é forçado por suas próprias necessidades como vítima a tornar-se cúmplice da opressora, estendendo-lhe a vara.

A natureza teórica de "O espelho", reunido em *Papéis avulsos* (1882), é evidente pelo subtítulo: "esboço de uma nova teoria da alma humana". O protagonista Jacobina expõe um conceito da consciência ou da "alma" consistente com a tendência binária já identificada.[11] Afirma que o ser humano possui duas almas. A que "olha de dentro para fora" (2: 346) parece lembrar a filosofia racionalista, em que a mente, com sua capacidade inata de compreender e organizar o mundo, dá origem ao conhecimento. A

11 *Idem*, p. 18-28.

alma "que olha de fora para dentro" (2: 346) lembra a filosofia empírica, que vê a mente como uma *tabula rasa* em que a informação do mundo é registrada pelos sentidos.

O motivo do duplo entra nesse esquema porque Jacobina insiste que as duas almas têm uma dependência mútua, como a fruta da laranja e sua casca (2: 346). O relato que demonstra tal interdependência sugere que o ser humano é duplo de si mesmo, ao alternar constantemente entre as duas almas. A alma exterior de Jacobina chega a uma função exagerada quando todo mundo o elogia por haver obtido o grau de alferes na guarda nacional. De repente, porém, o protagonista se encontra numa situação solitária e a alma exterior sofre uma crise. Aí, a alma interior descobre uma cura para o problema. Cada dia, durante alguns minutos, Jacobina veste o fardo de alferes e se olha no espelho. Esta imagem do ser humano diante do espelho, que ao mesmo tempo pode impressionar a outros e ser susceptível às impressões causadas por outros seres, é o emblema da eterna interdependência das "duas almas", e do jogo de funções duplas que cada pessoa negocia no dia-a-dia.

Modelos machadianos e a ideia do personagem

Esperamos haver demonstrado que o conceito machadiano do personagem tem mais a ver com a relação entre seres ("o contraste de dois caracteres"), do que com a construção de indivíduos convincentes. Tal preferência pela comparação e pelo contraste cria uma estética do personagem esquemática, estrutural, às vezes quase abstrata. Uma pequena citação do romance *Esaú e Jacó*, talvez a obra mais evidentemente "estrutural" de Machado, demonstra como o autor estava desenvolvendo uma ideia do personagem menos baseada na pessoa em si, e mais relacionada à noção da interação ou "jogo" entre as pessoas. O narrador compara a elaboração do argumento a uma partida de xadrez, sugere a possibilidade de "um diagrama das posições belas ou difíceis" e diz que "Tudo irá como se realmente visses jogar a partida entre pessoa e pessoa" (1: 966). Referindo-se a *Esaú e Jacó*, Massaud Moisés afirma que os protagonistas, Pedro e Paulo, são "mais esquemas que outra coisa".[12] Enfim, vemos

12 Massaud Moisés. "Nota preliminar". In: Machado de Assis. *Esaú e Jacó*. São Paulo: Cultrix, 1964, p. 13.

que essa tendência esquemática de ver os personagens em termos de um "diagrama das posições" se aplica igualmente ao conto machadiano.

Nisso tudo, Machado antecipa algumas ideias da escola estruturalista. A revolução causada por Ferdinand de Saussure e seus seguidores, na área da linguística, concentra-se na ideia de que os signos são diferenciais. O sentido é produzido por meio de relações entre as unidades da linguagem, e não por um significado inerente em tais unidades. Quando os conceitos se estendem à linguagem literária, o personagem é tratado com uma dessas unidades do discurso. Com A. J. Greimas e outros estruturalistas, desenvolve-se uma teoria em que os personagens são considerados em termos das funções exercidas ou das posições ocupadas no esquema relacional do relato, e não em termos de personalidade ou outras características humanas.[13]

Até aqui, podemos ver uma simpatia entre o "diagrama das posições" dos personagens de Machado e os conceitos estruturalistas do personagem literário. Mas creio que não devemos ir longe demais nessa aliança de ideias. Em sua conclusão lógica, o estruturalismo rejeita a mimese em favor de uma gramática de funções. Roland Barthes declara obsoleta a noção do personagem como representação de uma pessoa.[14] Jonathan Culler afirma que a ênfase da escola no sistema de relações convencionais cria uma análise antitética à da essência individual, e nega o conceito do personagem enquanto pessoa.[15] Joel Weinsheimer diz que o personagem é um simples segmento textual como outros segmentos, sujeito ao mesmo jogo de recapitulação e permutação. Ao referir-se a Emma Woodhouse, criação da romancista Jane Austen, insiste em usar o pronome neutro ("it") em vez do pronome feminino ("she").[16]

Embora tenha evitado a tradição realista da caracterização, não parece justo associar Machado com essa manifestação radical do pensamento estruturalista. Sua chave em "Instinto de nacionalidade" para a criação de uma literatura brasileira, o "sentimento íntimo", nunca deixa de ser a busca de autênticas representações humanas. Na

---

13 Shlomith Rimmon-Kenan. *Narrative Fiction: Contemporary Poetics.* Londres: Routledge, 1988, p. 29-42.

14 Roland Barthes. *S/Z.* Trad. Richard Miller. Nova York: Hill and Wang, 1974, p. 95.

15 Jonathan Culler. *Structuralist Poetics: Structuralism, Linguistics and the Study of Literature.* Ithaca: Cornell University Press, 1975, p. 230.

16 Joel Weinsheimer. "Theory of Character: *Emma*". *Poetics Today* 1:1-2, 1979, p. 187.

resenha de *O primo Basílio* Machado está muito mais a favor do personagem como pessoa ("dê-me uma pessoa moral") do que contra. Ao criticar certos personagens queirosianos como "títeres", o autor brasileiro está longe de abrir mão da tradição mimética de construir personagens verossímeis. No prefácio ao primeiro romance, Machado define seu projeto em termos de caracteres contrastantes, outra vez insistindo em traços da psicologia humana. Machado não nega a noção da caracterização como a matéria própria do ficcionista, mas parece que quer deixar para trás certas tradições na realização do personagem.

Ao lado do campo estruturalista, alguns pensadores na área da estética moderna também declararam a superação do personagem. A arte abstrata se inspira na ideia de uma "forma pura", sem referência ao mundo empírico. A famosa frase de Walter Pater, "Toda arte aspira constantemente à condição de música",[17] mostra o afã estético da forma, pois a música é a única arte em que não existe uma separação de algum tipo entre "forma" e "conteúdo" (ou "função" ou "tema" ou "ideia"). O ensaio *La deshumanización del arte*, do filósofo espanhol José Ortega y Gassett, dá um bom resumo dos princípios gerais da estética que busca cortar os vínculos com o cotidiano, que se centra nas figuras e paixões humanas.[18] De acordo com essa visão, acompanhar os prazeres ou sofrimentos dos seres humanos é uma experiência diferente do gozo estético. De fato, as duas coisas são incompatíveis. Vemos a horta e seu horticultor do outro lado do vidro da janela, ou vemos o vidro da janela, mas não conseguimos ver ambos ao mesmo tempo – a comparação é de Ortega. A arte nova, assumindo sua condição de artifício e elaboração, procura sobrepujar a constante interferência das atividades do horticultor, tornando mais visível o vidro. Esse processo de tornar mais opaco o meio é a desumanização da arte. Ortega reconhece que a prática foge aos absolutos. Poucos casos há em que o meio artístico chegue a ser completamente opaco e o humano esteja ausente por inteiro. Mas desumanizar é a grande tendência da arte que quer ser pura.

Machado de Assis defende os valores estéticos e ataca os programas em que o suposto compromisso com a realidade das pessoas elimine outras considerações. Sua

17 Walter Pater. *The Renaissance: Studies in Art and Poetry*. 1873. Ed. Adam Phillips. Oxford: Oxford University Press, 1986, p. 135.

18 José Ortega y Gassett. *Obras completas*. Vol. 3. Madrid: Revista de Occidente, 1947, p. 353-60.

crítica ao realismo em "A nova geração" e na resenha de *O primo Basílio* não deixa dúvidas sobre isso. Mas não é possível conceber um Machado que veja uma incompatibilidade entre o domínio estético e o domínio humano. As maiores declarações críticas do autor buscam um humanismo apropriado. Sua prática de ficcionista está sempre voltada para os mistérios da alma humana. Se Machado cria jogos formalistas, colocando os personagens em situações simétricas, quadros invertidos e espaços recursivos, não pode ser por um impulso exageradamente estético de deixar de lado o "simplesmente humano". O mais apropriado seria atribuir tal tendência a um desejo de criar equilíbrio entre forma e ideia, arte e gente.

Existe ainda outra perspectiva pela qual devemos abordar as peculiaridades machadianas quanto à caracterização. Qualquer tentativa de explicar o programa artístico será incompleta se não levar em conta um grande interesse pelo leitor. Sabe-se que Machado mostrou uma fascinação pelo processo de leitura, e que deu ao leitor um lugar muito ativo em sua visão estética. O conto "A chinela turca", publicado em *Papéis avulsos* (1882) é uma verdadeira dissertação sobre a importância da participação do leitor e conclui afirmando que "o melhor drama está no espectador e não no palco" (2: 303). O capítulo "Convivas de boa memória", de *Dom Casmurro*, constitui outro tratado de teoria literária, e antecipa em muitos aspectos a visão fenomenológica da leitura.[19] Nesse trecho, o narrador afirma sua preferência pelos livros "falhos":

> Nada se emenda bem nos livros confusos, mas tudo se pode meter nos livros omissos. Eu, quando leio algum desta outra casta, não me aflijo nunca. O que faço, em chegando ao fim, é cerrar os olhos e evocar todas cousas que não achei nele. Quantas ideias finas me acodem então! Que de reflexões profundas! Os rios, as montanhas, as igrejas que não vi nas folhas lidas, todos me aparecem agora com as suas águas, as suas árvores, os seus altares, e os generais sacam das espadas que tinham ficado na bainha, e os clarins soltam as notas que dormiam no metal, e tudo marcha com uma alma imprevista. (1: 870-71)

19 Wolfgang Iser. "The Reading Process: A Phenomenological Approach". In: Jane Tompkins, (org.). *Reader-response Criticism: From Formalism to Post-structuralism*. Baltimore: Johns Hopkins University Press, 1980, p. 50-69.

É preciso, afinal, reconhecer que Machado de Assis é mestre do "não dito", e que cria uma arte em que o leitor é constantemente convidado para funcionar como coprodutor dos significados. O fenômeno do personagem parcialmente traçado é consistente com tal visão. Ao criar personagens reduzidos, o autor dá ao leitor a oportunidade de completar os esquemas pela imaginação.

Se na área da caracterização o método de Machado parece reduzido ou esquemático, cumpre reconhecer que além das outras motivações existe essa importante interação com o leitor. Já vimos que os elementos de Machado não têm uma existência isolada ou individual. Assim como o personagem só cobra vida quando se relaciona com outro personagem, assim também a teoria machadiana do personagem não deve restringir-se ao comportamento do autor. Será mais completo quando o autor se dá com o leitor. Será também mais possível entender por que, com Machado, às vezes fazer menos é fazer mais.

Referências Bibliográficas

BARTHES, Roland. *S/Z*. Tradução de Richard Miller. Nova York: Hill and Wang, 1974.

BOSI, Alfredo. "A máscara e a fenda". In: BOSI, Alfredo (org.). *Machado de Assis*. São Paulo: Ática, 1982.

BRAYNER, Sônia. "O conto de Machado de Assis". In: BRAYNER, Sônia (org.). *Machado de Assis, O conto de Machado de Assis*. Rio de Janeiro: Civilização Brasileira, 1981.

CULLER, Jonathan. *Structuralist Poetics: Structuralism, Linguistics and the Study of Literature*. Ithaca: Cornell University Press, 1975.

CUNHA, Patrícia Flores da. *Machado de Assis: um escritor na capital dos trópicos*. Porto Alegre: Instituto Estadual do Livro, Editora da Universidade do Vale do Rio dos Sinos, 1998.

DAMATTA, Roberto. *O que faz o brasil, Brasil?* Rio de Janeiro: Rocco, 2000.

DIXON, Paul. *Os contos de Machado de Assis: mais do que sonha a filosofia*. Porto Alegre: Movimento, 1992.

GOMES, Eugênio. "Apresentação". In: GOMES, Eugênio (org.). *Contos. Machado de Assis*. Rio de Janeiro: Agir, 1977.

ISER, Wolfgang. "The Reading Process: A Phenomenological Approach". In: TOMPKINS, Jane (org.). *Reader-response Criticism: From Formalism to Post-structuralism*. Baltimore: Johns Hopkins UP, 1980.

KEPPLER, C. F. *The Literature of the Second Self*. Tucson: University of Arizona Press, 1972.

MACHADO DE ASSIS, Joaquim Maria. *Obra completa*. Vols. I, II e III. Afrânio Coutinho (org.). Rio de Janeiro: Nova Aguilar, 1985.

MOISÉS, Massaud. "Nota preliminar". In: Machado de Assis. *Esaú e Jacó*. São Paulo: Cultrix, 1964.

ORTEGA Y GASSETT, José. *Obras completas*. Vol. III. Madrid: Revista de Occidente, 1947.

PATER, Walter. *The Renaissance: Studies in Art and Poetry*. 1873. Adam Phillips (org.). Oxford: Oxford University Press, 1986.

RIMMON-KENAN, Shlomith. *Narrative Fiction: Contemporary Poetics*. Londres: Routledge, 1988.

ROGERS, Robert. *A Psychoanalytic Study of the Double in Literature*. Detroit: Wayne State University Press, 1970.

ROSENFIELD, Claire. "The Shadow Within: The Conscious and Unconscious Use of the Double". *Daedalus* 93, 1963, p. 326-44.

TYMMS, Ralph. *Doubles in Literary Psychology*. Cambridge: Bowes & Bowes, 1949.

WEINSHEIMER, Joel. "Theory of Character: *Emma*". *Poetics Today* 1:1-2, 1979, p. 185-211.

Poesia/Crônica/Jornalismo/Recepção

Crônica em quinze temas

Ana Miranda

I

Acredito que ler é transformar-se um pouco no autor lido, e ler as crônicas de Machado de Assis, sentir-me o "triste escriba de cousas miúdas", pensar como ele pensava, ver o mundo como ele o via, é leve, é bom. Divirto-me, transporto-me, aprendo. Civilizo-me. Fico perplexa, dou gargalhadas, paro e releio, não entendo mas entendo, deliro, escapo, aprisiono-me, suspiro, fico tonta, esqueço, comparo e atualizo, releio...

II

Quando escrevo as minhas crônicas sob a inspiração da leitura das de Machado sinto-me aliviada de todos os sentimentos, trabalho sob a fita do pensamento. Ele me leva para o reino da razão. As crônicas são fruto de um pensamento puro. Isso me recorda uma frase antiga que diz, "para quem sente, o mundo é uma tragédia e para quem pensa, é uma comédia". A ironia de Machado parece nascer de um pensamento cristalino, completamente despojado de sentimentos, mas também livre de interesses, intenções, apegos, e aí começa a sua magnitude. Ele era um homem honrado, de alma bondosa, fino e altivo em tudo o que fazia. Não pretendia mudar o mundo, apenas o comentava e ironizava, antes de tudo a si mesmo, porque era alguém que pensa, e a ironia em sua mão é uma luva de seda. Suas crônicas são uma brincadeira do espírito. Ele é espirituoso e parece embriagado, mas de pensamentos.

III

Machado de Assis escrevia suas crônicas partindo das notícias de jornal, a intenção de algumas de suas colunas era exatamente comentar os acontecimentos da semana. De um fato ia passando a outro, a outro, a outro... O Oriente se esboroa, no Ceará enterraram um homem vivo, um jantar ao Blest Gana, apresentação da ópera *O trovador*, a Companhia dos prodígios, um descuido de linguagem, a chegada de celebridades do canto lírico argentino, o projeto de Constituição turca, o testamento de Luís Sacchi, o sapatinho de dona Lucinda, a festa da Glória, corridas de cavalos, recenseamento do Império colige 70% de analfabetos, uma página de luto, aniversário da Independência, pancadaria no largo de São Francisco, as calçadas da rua das laranjeiras... Não importam os fatos, são apenas o fósforo para acender seu fluxo de pensamentos, um sorvedouro, quase delirante. Machado às vezes recolhe seus temas nas caminhadas pelas ruas, nos passeios de bonde, nas conversas com seu empregado, nos encontros ao cair da tarde na rua do Ouvidor, de uma ideia que lhe brota na cabeça, ou uma gripe... As crônicas nascem da soltura da sua mente. Com essa liberdade, ele vai deixando escapar sua visão de mundo.

IV

Mas como encontrar nas crônicas irreverentes o mesmo homem de vida pacífica, comedido, tímido, marido enamorado, funcionário público exemplar, pesquisador da alma e seus refúgios mais sombrios? Creio que na linguagem. Machado de Assis escreve numa linguagem disciplinada, construída com dedicação, tem a originalidade, simplicidade e graça do dizer que ele mesmo apregoa numa carta a Joaquim Nabuco. Abro ao acaso o livro de crônicas:

> Pego na pena com bastante medo. Estarei falando francês ou português? O Sr. Dr. Castro Lopes, ilustre latinista brasileiro, começou uma série de neologismos, que lhe parecem indispensáveis para acabar com palavras e frases francesas. Ora, eu não tenho outro desejo senão falar e escrever corretamente a minha língua; e se descubro que muita

> coisa que dizia até aqui, não tem foros de cidade, mando este ofício à fava, e passo a falar por gestos.

Cada parágrafo seu forma um círculo, como se fossem pequenas crônicas dentro da crônica, uma construção perfeita. Também suas frases têm existência própria:

> "Há muitos estilos para relatar; há só um para merecer".
> "Prefiro servir-lhes uns pastelinhos".
> "Tudo pede certa elevação".

Cada palavra sua tem personalidade, e guarda o tempo: espora, Intendência, éguas, assombroso, fonógrafo, aventado, freguesias, perífrase, ênfase, pratinho, *calembour*, hereges, farmacêuticos, botica, quebra-nozes, chuva, burro, *bond*, rábano... Suas palavras têm graça.

V

> Há pessoas que não sabem, ou não se lembram de raspar a casca do riso para ver o que há dentro. Daí a acusação que me fazia ultimamente um amigo, a propósito de alguns destes artigos, em que a frase sai assim um pouco mais alegre. Você ri de tudo, dizia-me ele. E eu respondi que sim, que ria de tudo, como o famoso barbeiro da comédia, *de peur d'être obligé d'en pleurer*.

A verve espirituosa de Machado de Assis decerto nasceu com ele, mas talvez tenha desenvolvido o dom quando, aos dezenove anos de idade, juntou-se ao grupo da revista *Marmota* e da Petalógica, uma sociedade lítero-humorística fundada por Paula Brito "para contrariar os mentirosos, mentindo-lhes", e essa experiência em alguém tão jovem deve ter criado os fundamentos de sua ironia, deu asas ao espírito galhofeiro do rapaz, conservado ao longo do tempo, pois é um tom muito adequado ao texto jornalístico da época, e logo fez sua fama. Com o amadurecimento, ele foi incorporando cada vez mais seu espírito indagador, uma reflexão sobre a existência humana, visões mais "sérias" a respeito do mundo, poliu sua linguagem ao extremo e dotou-se de uma excelente erudição.

VI

Sua linguagem e sua erudição não surgiram do ensino acadêmico, pois ele só estudou as primeiras letras, aprendeu sozinho, com os livros, ouvindo as pessoas com quem conviveu, e daí talvez venha a sua liberdade e originalidade. Formou-se o seu estilo na vida entre uma família fidalga, no seio da qual o menino órfão se criou. Também no contato com professores na escola onde vendia doces, nos livros que namorava nos sebos ou na Livraria de Paula Brito, onde, muito jovem, privou com diversos intelectuais, poetas e escritores, como José de Alencar e Gonçalves Dias. O francês, ele aprendeu com o forneiro da padaria de madame Gallot, uma vizinha. A esposa, Carolina de Novais, mulher culta e de educação esmerada, teria orientado leituras de Machado de Assis, levando-o a se aprofundar nos clássicos portugueses e introduzindo-lhe os ingleses. Tudo era absorvido por aquela mente curiosa e sedenta. Mas o espírito sopra onde quer.

VII

Há um certo espanto diante do fato de que um menino pobre, sem preparo, tenha atingido tal primor em um dos mais difíceis e complexos ofícios da humanidade. Ele sofria os preconceitos contra sua origem modesta e sua mestiçagem, que sempre evitou comentar, e precisava vencer pelo talento. Na sua infância e juventude viveu em meios aos quais não pertencia. O humor é, também, a postura daquele que não se sente pertencer ao mundo ao qual se refere. Uma ânsia de ser aceito, ostentando, ao mesmo tempo, um orgulho e uma indiferença quanto à sua aceitação.

VIII

Machado de Assis começou a trabalhar na imprensa em 1855, aos dezesseis anos de idade, quando publicava poesias na revista *A Marmota.* Depois foi aprendiz de tipógrafo na Imprensa Nacional, revisor e caixeiro da Livraria Paula Brito, em seguida revisor de jornal. Entre 1855 e 1859 colaborou no jornal *O Paraíba,* de Petrópolis, e, a partir de 1858 até 1864, no *Correio Mercantil.* Em 1859 iniciou as colaborações periódicas, na revista *O Espelho,* o que lhe deu oportunidade para aperfeiçoar seu estilo. Em 1860 seu amigo Quintino Bocaiúva, redator-chefe do *Diário do Rio de Janeiro,* convidou-o para o corpo redatorial, onde Machado de Assis escreveu resenhas dos debates no Senado, e alguma crítica teatral. Trabalhou nesse jornal por sete anos, em diferentes seções, alargou sua esfera de assuntos, surgiram as suas crônicas sobre acontecimentos da semana, assuntos literários e tantos mais. O *Diário* o lançou diante do grande público, e o compromisso de emitir sua opinião levou-o a refletir, a participar da vida local, de polêmicas, de debates sobre temas importantes como a Guerra do Paraguai ou a Abolição da Escravatura, até mesmo sobre questões internacionais. Escreveu também para a *Semana Ilustrada,* o *Jornal das Famílias,* e a *Gazeta de Notícias,* este a partir de 1881 até quatro anos antes de sua morte, que ocorreu em 1908. As crônicas são o trabalho de uma vida inteira.

IX

Alguns afirmam que Machado de Assis criou a nossa crônica, ao lado de José de Alencar que já escrevia seus folhetins "Ao correr da pena", coluna jornalística de grande êxito. É um gênero brasileiro, sobre o qual sobram tentativas de definição. Não é a crônica no sentido clássico, de narração dos fatos segundo a ordem do tempo, ou narração dos principais acontecimentos. A crônica brasileira seria um jornalismo escrito na primeira pessoa, sobre pequenos e grandes acontecimentos, narrados e comentados em tom literário.

Machado de Assis escreveu crônicas por mais de quarenta anos, usando às vezes pseudônimos, como Dr. Semana, Manassés, Malvólio, João das Regras, Job… Desse material, foram publicadas em sua vida apenas as crônicas que ele selecionou para *Páginas recolhidas.* Somente após sua morte foram publicadas em livros.

X

> Não posso dizer positivamente em que ano nasceu a crônica; mas há toda a probabilidade de crer que foi coetânea das primeiras duas vizinhas. Essas vizinhas, entre o jantar e a merenda, sentaram-se à porta, para debicar os sucessos do dia. Provavelmente começaram a lastimar-se do calor. Uma dizia que não pudera comer ao jantar, outra que tinha a camisa mais ensopada do que as ervas que comera. Passar das ervas às plantações do morador fronteiro, e logo às tropelias amatórias do dito morador, e ao resto, era a coisa mais fácil, natural e possível do mundo. Eis a origem da crônica.

Ao imaginar esse singelo nascimento para a crônica, Machado esclarece a sua escolha. Dizia ter aversão ou inabilidade para escrever sobre os acontecimentos importantes, preferia o comum da vida e da semana. Por isso chamava a si mesmo de o triste escriba das cousas miúdas. Segundo ele, a crônica não gosta de lembranças tristes ou heroicas, tampouco epopeias, ou tragédias.

XI

Os personagens das crônicas de Machado de Assis aparecem numa sucessão quase vertiginosa, tamanha a quantidade e o ecletismo, como se ele fosse num instante de um lado a outro do mundo, do tempo. Mas são coligidos em uma união superior, nova e criadora. Embora apareçam ao sabor dos fatos cotidianos que ele comenta, são uma espécie de acervo dos seus conhecimentos, assim como de suas afeições. Esses personagens mostram ainda uma espécie de seleção estética, e, como sempre, Machado de Assis feito um Midas das palavras torna coisa sua tudo aquilo em que toca. Uma simples enumeração de alguns de seus personagens mostra o quanto são machadianos: o profeta Abdul; Dr. Jesuíno Martins; Colombo; Wagner; o livreiro Garnier, a romancista Ana Radcliffe; o herói grego Aquiles; o conselheiro Duarte de Azevedo; o Sr. Hudson; o filósofo Diógenes; Eva, Moisés, Noé; Dr. Dias da Cruz, um simples homem bom; Sófocles; o bandarilheiro Pontes; a falsa contrabandista de dinheiro falso, Emília Rosa; o anão, Sir Nathan Burraw; Lord Charendon, que historiou a revolução de Cromwell; Robinson Crusoé e Sancho Pança; Victor Hugo; o médico homeopata, Dr. Tloesquelec (seria verdadeiro?); Sr. Barão da Passagem; a rainha da Irmandade, Sra. D. Clara Maria de Jesus; o poeta Valentim Magalhães; o imperador D. Pedro; Taunay e Lafaiete; o compadre negociante de massames; Del Vecchio, Maomé, Racine; Trossotin e Vadius, os inventores do sistema da mutualidade; Maomé, Tayllerand, o vigário e deputado provincial Alves dos Santos, Macário ou Pantaleão, Balbino e Maximiano, César ou Sila, Maquiavelli, Spencer, Comte, Aristóteles, Sr. Zama, Corneille...

XII

Há os elementos que se tornaram temas machadianos, como o *bond*, Machado de Assis sempre fala de um passeio num bonde, eu o imagino com seu fraque, gravata e pincenê sentado num bonde, a observar a cidade. Fala muito dos sinos das igrejas, ou do boi, do burro, dos touros e cavalos, das rosas que cultivava no jardim, ele amava rosas. De seu criado, com quem travava conversas hilariantes. Da língua portuguesa, da polícia, do espiritismo, do conto-do-vigário, da ópera, da música, dos esqueletos, farmácias, boticários...

Seus cenários: Real Gabinete Português de Leitura, rua do Ouvidor, rua da Carioca, cemitério do Caju, a confeitaria Castelões, a Câmara e o Senado, o Prado Fluminense onde aconteciam corridas de cavalos; a ilha de Paquetá, ou ilha dos Amores; a freguesia da Glória; Teerã; Paris, Londres; ruas da Alfândega, Uruguaiana, Gonçalves Dias, Quitanda, Ourives, Rosário ou Sete de Setembro, rua da Saúde; São Cristóvão; Sergipe, Ceará; praça Onze de Junho; Gameleira na Bahia; Estrada de Ferro Central, Grécia, Niterói... Ele não costumava descrever o Rio, vivia tão intensamente o cotidiano da cidade, conhecia-a tão bem que não era necessária a descrição, sua familiaridade com as paisagens nos transporta pelas ruas da cidade, pelo interior das casas, clubes, teatros... Suas crônicas, assim como a sua obra ficcional, são uma das melhores maneiras de se conhecer o Rio de Janeiro do século XIX.

XIII

Escreve Machado suas crônicas como se conversasse com um leitor, ou com leitores, transformando essas conversas, entretanto, em conversas interiores, como se falasse com um leitor que existe dentro de si mesmo. E mostra um temperamento engraçado. Às vezes faz-se de submisso:

> "Infelizmente, não posso; o médico não quer, diz-me que, por esses tempos úmidos, é arriscado sair de casa; fico".

Parece-nos que o médico é ele mesmo, ou veio bem a calhar, ele não queria sair de casa.

Em outras, é fatalista:

> Tanto pior; se esperam tantos anos, podem esperar alguns mais.

Ironiza a si mesmo, "Vá lá em vinte palavras o que estava em duas", ironiza os outros, "Sabe o leitor o que lhe trago aqui? Uma pérola. Não acredita? Já esperava por isso; mas a minha vingança é que você tão depressa lhe puser o olho, põe-lhe a mão, e manda engastá-la em um botão de camisa, se não for casado, porque ela é tamanha, que está pedindo um colo de senhora."

Tem um lado de profeta, quando prevê a invenção de uma nova energia que levaria o mundo até o seu fim, ou quando se refere à criação da nova capital do Brasil, ou numa crônica que dedica ao século XX. Pensava no futuro e fazia suas especulações. Mas pregava, "sejamos do nosso século e da nossa língua".

Depois da morte de sua amada Carolina, as crônicas ficaram mais tristes. E com o amadurecimento do autor, os aspectos filosóficos foram predominando sobre a galhofa. O texto torna-se mais denso, mais amplo e profundo.

XIV

O fato de Machado de Assis escrever quase diariamente sobre assuntos mundanos levaram-no a um maior engajamento no seu tempo. Suas crônicas contêm, igualmente, um grande interesse documental. Elas servem hoje não apenas como um excepcional documentário de um tempo, como provam que não tinham razão aqueles que o acusavam de pessoa abstraída da realidade, distante do mundo, alienada.

XV

"Os adjetivos passam, e os substantivos ficam".

Machado de Assis em Portugal

Arnaldo Saraiva
(Universidade do Porto)

Conhecem-se bons estudos sobre a relação de Machado de Assis com culturas ou literaturas estrangeiras, seja a inglesa (Eugênio Gomes), a francesa (Jean-Michel Massa), ou a alemã (Antônio da Fonseca Pimentel). Curiosamente, as relações com a cultura ou a literatura portuguesa, de longe as mais relevantes, estão ainda a aguardar um estudo sistemático ou global, para que já deram alguns contributos Raymond Sayers, que em *Onze Estudos de Literatura Brasileira*[1] falou da presença de Machado "no Portugal do sec. XIX", Pedro Calheiros, que num texto publicado em *Travessia*,[2] se ocupou da "recepção de Machado de Assis em Portugal", e João Alves das Neves, que em *Temas luso-brasileiros*,[3] discorreu rapidamente – valendo-se aliás de informações de Jean-Michel Massa e de outros – sobre "Machado de Assis e os portugueses" e sobre "a família portuguesa de Machado de Assis". A estes estudos poderíamos juntar outros ainda mais restritos como o de Cândido Jucá Filho sobre os lusitanismos machadianos e sobre as dívidas de Machado a Garrett,[4] como os de Guilherme Santos Neves e de

1 Raymond Sayers. *Onze estudos de literatura brasileira*. Rio de Janeiro: Civilização Brasileira, 1983, p. 123-142.

2 Pedro Calheiros. "Machado de Assis' reception in Portugal". *Travessia*, n. 27, 2º semestre de 1993, p. 52-95.

3 João Alves das Neves. *Temas luso-brasileiros*. São Paulo: Conselho Estadual de Cultura, 1963.

4 Cândido Jucá Filho. *O Pensamento e a expressão em Machado de Assis*. Rio de Janeiro: Livraria Fernandes, 1939.

Othon Costa sobre as relações de Machado de Assis e Camilo,[5] e como os de numerosos autores – João Gaspar Simões, Alberto Machado da Rosa, Heytor Lyra, Arnaldo Faro, Wilson Martins, Beatriz Berrini, Marli Fantini Scarpeli, João Camilo, Pedro Calheiros, A. Campos Matos, Lucette Petit etc. etc. – sobre as relações de Machado de Assis e Eça de Queiroz.

Tudo somado, parece muito pouco para medir a presença da cultura ou da literatura portuguesa na vida e na obra de um autor que era filho de uma portuguesa dos Açores, que casou com uma portuguesa do Porto, que desde a infância e a adolescência teve estreito convívio com amigos portugueses (a madrinha Maria José de Mendonça, Francisco Gonçalves Braga, Augusto Emílio Zaluar, Francisco Ramos da Paz, António Moutinho de Sousa, José Feliciano de Castilho, Ernesto Cibrão, Faustino Xavier de Novais, Furtado Coelho, Artur Napoleão etc.), que sempre gostou de ler os clássicos portugueses, que fez o elogio de escritores portugueses e dos emigrantes portugueses no Brasil e que, disse uma brasileira, escrevia num português "pouco brasileiro e de pureza castiça na forma".[6]

O estudo das relações de Machado de Assis com Portugal terá de reflectir necessariamente sobre a sua família pelo lado da mãe ou pelo lado da esposa, sobre as suas amizades com portugueses, sobre os seus textos de incidência portuguesa, especialmente os que dedicou a obras ou autores portugueses, sobre a sua correspondência com portugueses, sobre os seus livros ou textos publicados em Portugal, sobre a crítica que lhe têm feito os portugueses, sobre transtextualidades ou intertextualides da sua obra com a de portugueses, e também sobre o seu uso da língua portuguesa. Aqui e agora não será possível contemplar adequadamente todos esses aspectos, pelo que tentaremos apenas fazer uma síntese sugestiva.

Ao longo do século XX, tornou-se recorrente a queixa sobre o desconhecimento de Machado de Assis em Portugal. Quando tinham passado escassos anos sobre a sua morte, Alberto de Oliveira escrevia: "Romancistas eminentes

---

5 Guilherme Santos Neves. "Presença de Camilo na prosa machadiana". Respectivamente separata de *Organon*, Porto Alegre, ano IV, 1960, e *Camilo Castelo Branco e o Brasil*. Rio de Janeiro: Ed. Continental, 1956.

6 Francisca de Basto Cordeiro. *Machado de Assis na intimidade*. Rio de Janeiro: Pongetti, 1965, p. 49.

como Machado de Assis (...) não são conhecidos e estudados em Portugal como tinham direito a sê-lo".[7] Em 1923, Rui Gomes dava Machado de Assis e Lima Barreto como "grandes desconhecidos em Portugal".[8] Reportando-se mais ou menos à mesma década, lembrava em 1946 Carlos Queiroz que escritores como Castro Alves e Machado de Assis eram "figuras que não diziam nada ao público português".[9] Em 1954, Vitorino Nemésio garantia que, "no ensino da nossa língua" em Portugal, Machado de Assis, um "dos maiores prosadores que ela teve, é um romancista estrangeiro (...)".[10] Em 1993, Pedro Calheiros concluía o seu estudo sobre a recepção de Machado em Portugal afirmando que ele "é pouco familiar aos portugueses";[11] e comentando esse estudo, o jornal de São Paulo *O Escritor* via nele "uma amostragem do completo desconhecimento do escritor em Portugal".[12] Em 1997, Fernando Venâncio, referindo-se a dois inquéritos sobre "os livros da minha vida", realizados pelo *Jornal de Letras* e pela revista *Ler*, notava que o nome de Machado aparecia no *Jornal de Letras* apenas 4 vezes entre 520 possibilidades, e nenhuma vez na revista *Ler*, entre 330 possibilidades; e no *Jornal de Letras* de 25 de Fevereiro de 1998 insistia no "desconhecimento de Machado entre nós", o que Ana Marques Gastão reafirmaria no *Diário de Notícias*: "o português comum lamentavelmente não o conhece".[13]

Não há que negar que "o português comum" ignora mais ou menos Machado de Assis; mas também ignora boa parte dos clássicos portugueses. Já em relação ao"português culto", a ideia do "completo desconhecimento" de Machado pode evidenciar algum... desconhecimento.

Como já provara Raymond Sayers, desde muito cedo Machado se tornou conhecido em Portugal. Meia dúzia de anos depois da sua estreia literária, e quando contava apenas 21 anos, já o seu nome comparecia no volume V (1860)

---

7 Alberto de Oliveira. *Na outra banda de Portugal*. Lisboa: Portugal-Brasil, s/d (1915), p. 92.

8 Rui Gomes. *Mundo Literário*. Rio de Janeiro, n. 5 de Outubro de 1923.

9 Carlos Queiroz. *Atlântico*, nova série, n. 2, Setembro de 1946, p. 30.

10 Vitorino Nemésio. *O segredo de Ouro Preto e outros caminhos*. Lisboa: Bertrand, s/d (1954), p. 75.

11 *Travessia* (v. nota 2), p. 87.

12 Pedro Calheiros. *O escritor*. São Paulo, Novembro de 1995.

13 Ana Marques Gastão. *Diário de Notícias*. São Paulo, 2 de Novembro de 1999.

do famoso *Dicionário Bibliográfico Português*, de Inocêncio Francisco da Silva. Em 1866, o polígrafo Gomes de Amorim podia dizer-lhe, em carta, que a sua "reputação" atravessara os mares "e o fez conhecido na Europa como uma das futuras glórias do seu país".[14] Um ano depois, os irmãos Castilho, António e José Feliciano, na dedicatória da tradução da *Ars Amatoria* de Ovídio, davam-no como "o poeta da alma, e esperançoso ornamento das letras do Brasil";[15] e na "advertência" da sua tradução do *Fausto* (1872), António Feliciano de Castilho referiu-se ao "meu admirável poeta Machado de Assis, ornamento brilhantíssimo das letras brasileiras".[16]

São numerosos os textos que Machado de Assis publicou ou outros publicaram com e sem a sua licença em livros, almanaques, revistas e jornais portugueses, pelo menos a partir de 1864 (1865?), quando apareceu na *Revista Contemporânea de Portugal e Brasil*[17] a primeira parte do poema "Versos a Corina", datado de 1864, e que neste mesmo ano integrou o livro *Crisálidas* (1864). Tendo em conta apenas o século XIX, poderemos encontrar textos machadianos em livros ou antologias como *Cantos matutinos* (1874) de Gomes de Amorim, *O Marquês de Pombal* (1885), obra coletiva, *Parnaso português moderno* (1877) de Teófilo Braga, *Tesouro do trovador* (1878) de João Dinis, *Tesouro poético da infância* (1883) de Antero

14 Luís Viana Filho. *A Vida de Machado de Assis*. Porto: Lello & Irmão, 1984, p. 49.

15 Referido por Raymond Sayers, *op. cit.*, p. 125.

16 António Feliciano de Castilho. "Advertência". *Fausto*. Lisboa: Livraria Clássica Editora, 1919, p. 14.

17 Vol. V, Lisboa, 1865, p. 256-258. Há diferenças entre esta versão e a que corre na *Obra completa* (3ª ed., vol. III. Rio de Janeiro: José Aguilar, 1973, p. 28-29) onde, por exemplo, se fala em "pedra bronca e rude", quando na revista se fala em "pedra branca e rude". Ivan Teixeira diz que o poema machadiano foi "publicado parceladamente em vários jornais do Rio e em um da cidade do Porto", sem dizer qual, não aludindo à *Revista Contemporânea* (ver *Apresentação de Machado de Assis*. São Paulo: Martins Fontes, 1987, p. 173). Talvez se valesse da confusa referência de Sayers: "Em 1884, Ramalho denotou interesse por Machado, mas pouca perspicácia crítica, num artigo intitulado "Versos de Machado de Assis", publica (*sic*) no *Jornal do Porto* com "Versos a Corina" e republicado em 1900" (*op. cit.*, p. 130); a confusão é maior porque em nota da p. 141 o ano de 1884 dá lugar a 1864. Também confusa é a informação que, a respeito da publicação dos mesmos "Versos a Corina", dá Raimundo Magalhães Júnior no volume I (p. 314) de *Vida e obra de Machado de Assis* (Rio de Janeiro: Civilização Brasileira, 1981).

de Quental,[18] em almanaques como *Novo almanaque de lembranças luso-brasileiro* (1873...) e *Almanaque de senhoras* (1875...), em revistas como a já citada *Revista contemporânea de Portugal e Brasil, Revista ocidental, Revista luso-brasileira, A Ilustração, Revista de estudos livres, Revista moderna, A Madrugada, Branco e negro, Brasil-Portugal,* e em jornais como os portuenses *O Comércio do Porto,* de que Machado foi correspondente ao longo de vários anos – o que tem sido ignorado por todos seus biógrafos e críticos –, *A Folha nova,* que de 12 de Outubro a 22 de Novembro de 1883 publicou os primeiros XXVIII[19] capítulos de *Memórias póstumas de Brás Cubas,* e *O Jornal do Porto,* ou como os lisboetas *Jornal do Comércio* e *Correio da Manhã.* O espantoso é que até podemos encontrar no Porto, como encontrei num sebo em 4 de Março de 1986, um manuscrito machadiano, um poema de 1867 que não consta das suas obras, e que decerto fora entregue "a uma atriz" portuguesa que admirava ou amava.

Nalguns casos, os textos que Machado de Assis enviou para Portugal foram posteriormente publicados no Brasil. Raimundo Magalhães Júnior notou que uma parte dos "Versos a Corina", que Machado dera como inédita, "fora duas vezes publicada, uma em Portugal e outra, em transcrição da primeira, no Rio de Janeiro".[20] Noutros casos, porém, as publicações portuguesas transcreviam textos publicados no Brasil, que podiam ser acompanhados de elogiosas notas introdutórias, e que podiam ter maior sucesso do que no Brasil. Raimundo Magalhães Júnior lembra que o soneto "Círculo vicioso", publicado em 1879 na *Revista Brasileira,* "teve imediata repercussão em Portugal",[21] onde Pinheiro Chagas o elogiou e transcreveu no *Diário da Manhã* antes de qualquer jornal brasileiro o fazer (e *O País* de São Luís do Maranhão viria a transcrevê-lo por via de Pinheiro Chagas); anos mais tarde,

18 Em carta de fins de 1880, Antero escrevia: "Do Machado de Assis só pude alcançar as *Crisálidas,* de que gostei, mas onde nada colhi que me servisse" (*Cartas,* org. e notas de Ana Maria Almeida Martins. Ponta Delgada: Universidade dos Açores, 1989, carta nº 319). Mas acabou por colher em *Crisálidas* o poema com que representa Machado, "Fé", que apresenta (p. 201-202) numa versão com ligeiras variantes aparentemente mais corretas em relação à da *Obra completa* (*Op. cit.,* vol. III, p. 189-190).

19 Sayers diz, erradamente, "vinte e três" (*op. cit.,* p. 136).

20 *Op. cit.,* na nota 17, p. 314.

21 *Op. cit.,* vol. 2, p. 256.

em 1886, o *Novo almanaque de lembranças luso-brasileiro* também o reproduziria, tal como o livro *A literatura brasileira*, de Valentim Magalhães, editado em Lisboa pela Livraria António Maria Pereira em 1896.

À página 19 desta obra pode ler-se: "Machado de Assis é um nome conhecido e respeitado em Portugal; mas a sua obra não o é bastante". Na realidade, o romancista ou o dramaturgo eram então bem menos lidos do que o poeta, o crítico e o cronista; Raymond Sayers chegou mesmo a escrever que, em Portugal, Machado "jamais recebeu o devido reconhecimento como romancista".[22] Mas, além dos portugueses que o conheciam pessoalmente, como António Feliciano de Castilho, Ernesto Biester e Rafael Bordalo Pinheiro, ou que com ele conviviam, outros contemporâneos portugueses houve com clara consciência da importância da sua obra. Um deles foi Pinheiro Chagas, que louvou logo em 1866 *Os deuses de casaca*,[23] que dedicou dois artigos a *Ressurreição*,[24] e que, como já foi dito, se apressou a escrever sobre o "Círculo vicioso". Outro foi Júlio César Machado, que logo em 1870 exaltou as *Falenas*,[25] que recebera certamente por intermédio de José Feliciano de Castilho, que vivia no Rio, e a quem Machado mandou o seu primeiro romance com esta dedicatória: "A Júlio César Machado, o príncipe do folhetim, oferece Machado de Assis". Mas na lista poderiam figurar Teófilo Braga, que o antologiou e o definiu como "grande talento",[26] Antero de Quental,[27] Ramalho Ortigão,[28] Inocêncio

---

22 *Op. cit.*, p. 126.

23 Pinheiro Chagas. "Os deuses de casaca." *Anuário do Arquivo Pitoresco*, n. 27. Março de 1866, p. 212-215.

24 Pinheiro Chagas. *Artes e Letras*, Abril, 1872, p. 80 (dois meses depois esta mesma revista voltava a elogiar *Ressurreição* num artigo de Francisco Rangel de Lima) *e O Brasil*, n. 69, 1873, p. 1-2

25 Júlio César Machado. *Gazeta do Povo*, 10 de Agosto de 1870. V. também *A América*, Lisboa, Março, 1871.

26 Teófilo Braga. *A ilustração portuguesa*, n. 47, 1886, p. 3.

27 Ver nota 18.

28 Como já foi dito, Ramalho elogiou em *O Jornal do Porto* a poesia de Machado, mas também o distinguiu num prefácio à obra de Casimiro de Abreu (*As primaveras*. 3ª ed. Porto: Lello & Irmão, 1894, p. IV), e empenhou-se na leitura de *Papéis avulsos*, como sugere uma carta de Miguel de Novais (ver Raimundo Magalhães Júnior, *op. cit.*, vol. 3, p. 37).

Francisco Silva,[29] Eça de Queiroz,[30] e até Sampaio Bruno, que no "folhetinista" Machado de Assis admirava o "português castigado, translúcido, perfeito",[31] ou algum jornalista de *A Ilustração*, que em nome de "a redação" considerava Machado de Assis "um dos mais notáveis e dos mais considerados poetas e prosadores do Brasil, um escritor que tão admirado e aplaudido é em Portugal como na sua pátria".[32]

Parece assim evidente que ainda em vida Machado não era de modo nenhum um desconhecido para boa parte da elite portuguesa, sendo estranho o fato de Camilo Castelo Branco o não representar no seu *Cancioneiro alegre de poetas portugueses e brasileiros* (1879), já que devia conhecê-lo bem, pois até colaboraram juntos nalgumas publicações, pois eram ambos amigos de Faustino Xavier de Novais, e nesse mesmo ano de 1879 Camilo o deu como um dos "iniciadores de uma literatura que seria Hércules no berço, se não fosse já envelhecida de Portugal".[33] Estranho é também o fato de Machado não comparecer na obra *Poetas brasileiros* de Teixeira Bastos[34] e, embora menos, na obra *Estudos críticos sobre literatura do Brasil* - I - *O lirismo brasileiro*, do maranhense José Antônio de Freitas,[35] obra por sinal prefaciada por Araújo Porto Alegre, então cônsul geral do Brasil em Lisboa, para quem Machado

---

29 Francisco Inocência Silva, em seu famoso *Dicionário bibliográfico português*, fala de Machado, no Vol. V (1860), XII (1884) e XVI (1893).

30 Não pode haver dúvidas de que Eça e Machado se liam mutuamente, e não só nos tempos da célebre crítica machadiana a *O primo Basílio* (1878). Recorde-se que, se Machado escreveu na morte de Eça que ele era "o melhor da família, o mais esbelto e o mais válido" (carta a Henrique Chaves. *Obra completa*. Vol. III, p. 933), Domício da Gama também pôde dizer a Machado de Assis em carta enviada de Paris em 12 de Junho de 1892: "Queria também falar-lhe do *Quincas Borba*, que li no exemplar que o Sr. mandou ao Eça de Queiroz, lá para o escritório da *Gazeta*. O Eça está em Portugal e o seu livro está aqui em casa. Quando ele voltar, lhe escreverá, naturalmente. Ele é talvez o seu maior admirador da Europa" (in Beatriz Berrini. *Brasil e Portugal: a geração de 70*. Porto: Campo das Letras, 2003).

31 Sampaio Bruno. *O Brasil mental*. Porto: Livraria Chardron, 1898, p. 58.

32 *A Ilustração*, ano 3, Vol. III, n. 6, 1896.

33 Ver o meu artigo "O enigma Camilo/Machado". *Jornal de Notícias*, 19 de Abril de 1994.

34 Teixeira Bastos. *Poetas brasileiros*. Porto: Livraria Chardron, 1895.

35 José Antônio de Freitas. *Estudos críticos sobre literatura do Brasil* – I – *O lirismo brasileiro*. Lisboa: Tipografia das Horas Românticas, 1877.

enviou alguma das suas obras.[36] Já outro brasileiro que vivia em Lisboa, Valentim Magalhães, deixaria em *A literatura brasileira* um caloroso elogio a Machado de Assis, que acompanhava com uma fotografia.[37]

Todavia, também parece estranho que publicando-se em Portugal vários autores brasileiros da segunda metade do século XIX, as obras de Machado só circulassem nas edições da Garnier, que não se venderiam muito; Batalha Reis, que congeminou uma série de artigos sobre o Brasil, a começar hipoteticamente por Machado de Assis ("neste caso pedir já o retrato a Graça Aranha"), diria mesmo em 1904: "O Sr. Garnier, com casa em Paris e no Rio de Janeiro, – não chega talvez a vender, em Portugal, dez exemplares de cada uma das suas edições".[38] Claro que exagerava. De qualquer modo, algumas obras de Machado de Assis chegaram a ser publicitadas; por exemplo, na contracapa de *Poesias completas* (1881) de Faustino Xavier de Novais indicava-se o preço de venda na Chardron do Porto de *Crisálidas* e de *Falenas*. Raymond Sayers também notou a ausência em várias bibliotecas ou catálogos portugueses de obras machadianas; nos catálogos e na "biblioteca do Porto" – supõe-se que a Municipal – encontrou apenas *Falenas* e *Brás Cubas*;[39] mas se tivesse ido à biblioteca do Ateneu poderia encontrar lá as primeiras edições de *Histórias sem data*, *Helena*, *Tu, Só Tu, Puro Amor* e das *Poesias completas*. Sabe-se entretanto que ao tempo era frequente passar de mão em mão a obra importante de um importante escritor; foi o que aconteceu por exemplo com *Papéis avulsos*, de acordo com a informação que Miguel de Novais deu ao seu cunhado em carta enviada de Lisboa em 27 de Maio de 1883.[40]

Em Portugal ainda hoje se nota a falta de uma edição da obra completa de Machado de Assis, e a edição de algumas obras individuais; mas já se podem apontar

---

36 Ver Raimundo Magalhães Júnior, *op. cit.*, vol. 2, p. 79.

37 Valentim Magalhães. *A literatura brasileira*. Lisboa: Livraria António Maria Pereira, 1896, p. 19-21 e p. 57.

38 Batalha Reis. *O descobrimento do Brasil intelectual pelos portugueses do século XX*. Elza Mine (org.). Lisboa: Publicações D. Quixote, 1988, p. 52.

39 *Op. cit.*, p. 139.

40 Ver Raimundo Magalhães Júnior, *op. cit.*, vol. III, p. 37. A carta foi publicada na íntegra no suplemento literário do *Estado de S. Paulo* em 2 de Junho de 1964.

pelo menos 5 edições de *Memórias Póstumas,* 4 de *Dom Casmurro,* 3 de *Helena,* 3 de *Memorial de Aires,* 2 de *Quincas Borba,* 4 antologias de contos, organizadas por José Osório de Oliveira, João Alves das Neves, Temístocles Linhares, e pela Lello e Irmão, edições autônomas de contos ("Missa do Galo", "O Alienista", "Cantiga de Esponsais"), e há vários contos ou poemas em obras coletivas ou em antologias. Assinale-se também que em Portugal já foram publicadas as biografias machadianas de Luís Viana Filho, Josué Montello e Mariazinha Congílio.

Bem mais significativa é porém a publicação em terras portuguesas de ensaios ou artigos sobre Machado de Assis, assinados por portugueses e por estrangeiros. Não sendo possível fazer aqui o inventário nem o comentário adequado dessa produção, citemos apenas alguns dos principais autores que, depois da morte de Machado, que foi noticiada pelos jornais e inspirou logo uma "ode" a Paulino de Oliveira,[41] escreveram sobre ele: Júlio Dantas, Júlio Brandão, João Gaspar Simões, José Osório de Oliveira, Alberto Machado da Rosa, José Pereira Tavares, Jorge de Sena, António Cirurgião, Helder Macedo, Eugénio Lisboa, Nuno Guimarães, Pedro Calheiros, Abel Barros Baptista. Merecerão talvez algum destaque os estudos, de José Osório de Oliveira, um dos quais dado por Mário de Andrade como "admirável";[42] de João Gaspar Simões, que explorou a relação entre Machado e Sterne, estudou o humor machadiano em contraste com a ironia queirosiana, e defendeu a tese segundo a qual Machado era mais novelista que romancista; de Alberto Machado da Rosa, com a provocação do seu título; de Jorge de Sena, que iluminou o "realismo psicológico" machadiano e defendeu que o romanesco "quinteto carioca" constituído por *Memórias póstumas de Brás Cubas, Quincas Borba, Dom Casmurro, Esaú e Jacó* e *Memorial de Aires* forma um "romance experimental"; e de Abel Barros Baptista, que a Machado dedicou as suas teses de mestrado e de doutoramento. Antes dele, já o malogrado poeta Nuno Guimarães tinha apresentado em Coimbra uma tese de licenciatura sobre *Machado de Assis, suas relações com Garrett – Aspectos da sua cosmovisão* (1967), que, com limitações bibliográficas e desequilíbrios estruturais, estabelece pontos de

---

41 José Osório de Oliveira. *Explicações de Machado de Assis e de Dom Casmurro. Seguida de uma ode à morte de Machado de Assis por Paulino de Oliveira.* Lisboa, 1950.

42 "Prefácio" a *Contos* de Machado de Assis, seleção de José Osório de Oliveira. Lisboa: Livros do Brasil, 1949, p. 7.

convergência e divergência, mais na prosa do que na poesia, dos dois escritores, e assinala duplicidades e dissimulações, incluindo a "dissimulação de uma dissimulação", em Machado de Assis; no ano de 1990, Pedro Calheiros, que na Sorbonne fizera a sua "maîtrise" sobre *Dom Casmurro*, apresentou a essa Universidade a sua tese de "doctorat d'état" intitulada *Du Naturalisme au Symbolisme: Madeleine Ferrat de Zola e Dom Casmurro de Machado de Asis: Interférences et lectures critiques*, onde compara ligeiramente não só os dois romances, mas também os autores e seus tempos e sociedades; e em 2003 Carla Mourão Neves apresentou à Universidade do Porto a sua tese de mestrado intitulada "Em demanda da identidade – A duplicidade em *Esaú e Jacó*", na qual inventaria as figuras, as imagens e também a estilística e a retórica da duplicidade no pouco estudado mas fascinante romance, em que vê os sinais de uma crise de identidade pós-romântica e de uma clara modernidade.

As teses de Abel Barros Baptista, apresentadas à Universidade Nova de Lisboa em 1989 e em 1995, publicadas hoje com os títulos *A formação do nome – Duas interrogações sobre Machado de Assis*,[43] e *Autobibliografias*,[44] partem de ideias-chave, como o nome, a assinatura, o livro e, fixando-se em poucos textos – o ensaio "Instinto de Nacionalidade", as *Memórias Póstumas, Dom Casmurro*, essencialmente –, e trabalhando com teorias modernas de pensadores como Foucault e Derrida, ousam propor uma "nova leitura da obra machadiana", discorrendo sobre a sua outridade irredutível, os seus deslocamentos, as suas simulações, manhas, despistes, lapsos e tensões – entre o próprio e o impróprio, o nacional e o universal, o autoral e o anônimo, a vida e a narrativa, a verdade e a ficção, o autor e o leitor.[45]

---

43 Publicado com esse título pela Editora Unicamp, 2003. O primeiro título era: *Em nome do apelo do nome: Responsabilidade e destinação do nome próprio (duas interrogações sobre Machado de Assis)*; quando a obra apareceu em letra impressa intitulava-se *Em nome do apelo do nome*. Lisboa: Litoral Edições, 1991.

44 Lisboa: Relógio d'Água, 1998. Nesta edição, tem na folha de rosto o subtítulo: *Solicitação do livro na ficção e na ficção de Machado de Assis*, que inicialmente aparecia na capa com esta versão: *Solicitação do livro na ficção de Machado de Assis*.

45 Ronaldes de Melo e Sousa incluiu a primeira das obras na "Bibliografia Machadiana Comentada" que encerra o volume *Machado de Assis. Uma Revisão* (Rio de Janeiro: In-fólio, 1998, p. 227-240), concluindo que ela "assinala fecunda via de acesso ao sentido do romance

Já vários estudiosos apontaram, geralmente com escassas provas ou pouca consistência, a presença (indiscutível) na obra machadiana de autores portugueses como Camões, Garrett, Eça, Camilo. O estudo dessas e de outras relações intertextuais impõe-se, como se impõe o estudo da presença de Machado em autores portugueses, de que, salvo em relação a Eça, nunca ninguém falou. José Osório de Oliveira chegou a garantir algures que ele "não influiu nunca em Portugal"; mas também já foi dito por Jeffrey Needell que, ao morrer, Machado não tinha deixado no Brasil nenhuma escola formada e nenhum estilo, nem mesmo de vida.

Ora, a verdade é que em tempos recentes a vida e obra de Machado se tornaram uma fonte fecunda não só de crítica de vária espécie mas também de ficção de vária espécie. Lembrem-se a este respeirto os contos de *Missa do Galo – Variações sobre o mesmo tema* ou obras de Haroldo Maranhão, Domício Proença Filho, Fernando Sabino, entre outros. Também em Portugal Maria Velho da Costa se valeu, na sua peça *Madame* (1999), da figura de Capitu, que com machadiano ceticismo ou cinismo dialoga com a Maria Eduarda de *Os Maias* a propósito e a despropósito da leitura, da escrita, do romance e do teatro, ou tão só da vida em que "ninguém é inocente".

António Mega Ferreira incluiu no seu livro de contos *A Expressão dos afectos* (2001) uma "Carta de Capitu" em que se queixa de nunca lhe ter sido dada voz. E Helder Macedo, que já no seu romance *Partes de África* (1991) invocava Machado de Assis, no romance *Pedro e Paula* (1998) vale-se de sugestões ou paralelismos de *Esaú e Jacó* e *Dom Casmurro*.

Com alguma irregularidade e com falhas e desequilíbrios, Machado de Assis tem tido uma sólida presença na vida cultural portuguesa. Se é sintomático que uma encilopédia que se dizia portuguesa e brasileira o tenha esquecido inicialmente, colocando-o depois num volume suplementar, ou que um dicionário recente de literatura lhe tenha concedido menos linhas do que a alguns poetastros, ou que uma projetada figura pública o tenha suposto ainda vivo, graças sobretudo a algumas universidades Machado de Assis é ultimamente um autor muito lido e estimado. Lembre-se aliás que em tempos recentes foi colocado o seu busto na Academia das Ciências de Lisboa, de que era sócio correspondente; que foi realizado um filme, por

machadiano de memórias", mas considerando que "a tese não é suficientemente argumentada nem satisfatoriamente demonstrada".

Artur Semedo, inspirado em "O alienista"; que foi dado o seu nome à biblioteca da Universidade Católica de Viseu; que lhe foi dedicado um número especial (duplo) da revista *Colóquio/Letras* (n.º 121-122, Julho-Dezembro de 1991); que, além de *Madame*, foi apresentada ao público a peça *Joaquim Maria* de Márcia Milhazes, inspirada na sua vida e obra; que (em 14 de Junho de 2000) o seu nome foi dado a um bonito jardim do Porto; etc.

No século XIX era o poeta Machado de Assis que em Portugal se impunha sobre os outros Machados; agora quem se impõe é o romancista, que alguns ilustres romancistas (como Augusto Abelaira e Maria Velho da Costa) colocam em plano superior ao de Eça de Queiroz. Do que nenhum português parece hoje duvidar é de que se trata de um clássico da língua e de um mestre na arte de falar das tensões interiores e dos labirintos do homem, não só brasileiro, não só do século XIX.

Para lá disso, que não é pouco, Machado pode ser também o melhor exemplo, pela vida e pela obra, do proveito que brasileiros e portugueses podemos retirar do intercâmbio e do convívio. Como ele próprio escreveu, "o abraço literário virá confirmar o abraço político das duas nações. Não é por certo no campo da inteligência que se devem consagrar as divisões".[46]

Referências Bibliográficas

ABREU, Casimiro de. *As primaveras*. 3ª ed. Porto: Lello & Irmão, 1894.

BAPTISTA, Abel Barros. *Autobibliografias*. Lisboa: Relógio d'Água, 1998.

_______. *A formação do nome – Duas interrogações sobre Machado de Assis*. Campinas: Editora da Unicamp, 2003.

_______. *Em nome do apelo do nome*. Lisboa: Litoral Edições, 1991.

BASTOS, Teixeira. *Poetas Brasileiros*. Porto: Livraria Chardron, 1895.

BERRINI, Beatriz. *Brasil e Portugal: a Geração de 70*. Porto: Campo das Letras, 2003.

BRAGA, Teófilo. *A Ilustração portuguesa*, n. 47, 1886.

46 De uma crônica do *Diário do Rio de Janeiro* de 22 de Março de 1862.

BRUNO, Sampaio. *O Brasil mental.* Porto: Livraria Chardron, 1898.

CALHEIROS, Pedro. "Machado de Assis' reception in Portugal". *Travessia* n. 27, 2º semestre de 1993.

_______. *O Escritor.* São Paulo, Novembro de 1995.

CASTILHO, António Feliciano de. "Advertência". *Fausto.* Lisboa: Livraria Clássica, 1919.

CHAGAS, Pinheiro. "Os deuses de casaca". *Anuário do Arquivo Pitoresco*, n. 27. Março de 1866.

_______. *Artes e Letras*, Abril, 1872.

_______. *O Brasil*, n. 69, 1873.

CORDEIRO, Francisca de Basto. *Machado de Assis na intimidade.* Rio de Janeiro: Pongetti, 1965.

COSTA, Othon. *Camilo Castelo Branco e o Brasil.* Rio de Janeiro: Continental, 1956.

FREITAS, José António de. *Estudos críticos sobre literatura do Brasil – I – O lirismo brasileiro.* Lisboa: Tipografia das Horas Românticas, 1877.

GASTÃO, Ana Marques. *Diário de Notícias.* São Paulo, 2 de Novembro de 1999.

GOMES, Rui. *Mundo literário.* Rio de Janeiro, n. 5 de Outubro de 1923.

JUCÁ FILHO, Cândido. *O pensamento e a expressão em Machado de Assis.* Rio de Janeiro: Livraria Fernandes, 1939.

MACHADO, Júlio César. *A América*, Lisboa, Março, 1871.

_______. *Gazeta do Povo.* 10 de Agosto de 1870.

MACHADO DE ASSIS, Joaquim Maria. *Contos.* José Osório de Oliveira (org.). Lisboa: Livros do Brasil, 1949.

_______. *Diário do Rio de Janeiro* de 22 de Março de 1862.

_______. *Obra completa.* Vol. III. 3ª ed. Rio de Janeiro: José Aguilar, 1973.

_______. "Versos a Corina". *Revista Contemporânea de Portugal e Brasil.* Lisboa, vol.

V. 1865.

MAGALHÃES Júnior, Raimundo. *Estação de São Paulo*. 2 de Junho de 1964.

_______. *Vida e obra de Machado de Assis*. Vols. I, II e III. Rio de Janeiro: Civilização Brasileira, 1981.

MAGALHÃES, Valentim. *A literatura brasileira*. Lisboa: Livraria António Maria Pereira, 1896.

MELO & SOUSA, Ronaldes de. "Bibliografia Machadiana Comentada". In: *Machado de Assis. Uma Revisão*. Rio de Janeiro: In-fólio, 1998.

NEMÉSIO, Vitorino. *O segredo de Ouro Preto e outros caminhos*. Lisboa: Bertrand, s/d (1954).

NEVES, Guilherme Santos. "Presença de Camilo na prosa machadiana". *Organon*, Porto Alegre, IV, 1960.

NEVES, João Alves das. *Temas luso-brasileiros*. São Paulo: Conselho Estadual de Cultura, 1963.

OLIVEIRA, Alberto de. *Na outra banda de Portugal*. Lisboa: Portugal-Brasil, s/d (1915).

OLIVEIRA José Osório de (org.). *Contos de Machado de Assis*. Lisboa: Livro do Brasil, 1949.

_______. *Explicações de Machado de Assis e de Dom Casmurro. Seguida de uma ode à morte de Machado de Assis por Paulino de Oliveira*. Lisboa, 1950.

QUEIROZ, Carlos. *Atlântico*. Nova série, n. 2, Setembro de 1946.

QUENTAL, Antero de. *Cartas*. Ana Maria Almeida Martins (org.). Ponta Delgada: Universidade dos Açores, 1898.

REIS, Batalha. *O descobrimento do Brasil intelectual pelos portugueses do século XX*. Elza Miné (org.). Lisboa: Publicações D. Quixote, 1988.

SARAIVA, Arnaldo. "O enigma Camilo/Machado". *Jornal de Notícias*, 19 de Abril de 1994.

SAYERS, Raymond. *Onze estudos de literatura brasileira*. Rio de Janeiro: Civilização Brasileira, 1983.

SILVA, Francisco Inocência. *Dicionário bibliográfico português*. Vols. V (1860), XII (1884) e XVI (1893).

TEIXEIRA, Ivan. *Apresentação de Machado de Assis*. São Paulo: Martins Fontes, 1987.

VIANA FILHO, Luís. *A vida de Machado de Assis*. Porto: Lello & Irmão, 1984.

A poesia de Machado de Assis

Cláudio Murilo Leal
(Doutor em Letras – Universidade Federal do Rio de Janeiro)

Machado de Assis é reconhecido unanimemente como o escritor mais importante da literatura brasileira. Romancista e contista de excepcionais qualidades, também escreveu crônicas para jornais, peças de teatro, e dedicou-se por breve tempo à crítica. Deveria ser considerado também um dos melhores poetas da sua geração, apesar de que, é preciso reconhecer, grande parte dos machadianos exalta principalmente o valor da sua obra de ficção. Este fato obscureceu e postergou a análise e o reconhecimento das virtudes de sua poesia. Assim, a sua contribuição a esse gênero mantêm-se praticamente desconhecida pelo público. No entanto, alguns trabalhos acadêmicos já sinalizam para uma revisão positiva de Machado de Assis como poeta. A tese de doutorado de Cláudio Murilo Leal, *A poesia de Machado de Assis*, e a dissertação de mestrado de Flávia Vieira da Silva do Amparo, *Um verme em botão de flor*: "a ironia na poética machadiana", defendidas na Universidade Federal do Rio de Janeiro, respectivamente nos anos de 2000 e 2004, representam um interesse da Universidade em acolher trabalhos preocupados como um *revival* da poesia de Machado. Um dos estudos mais importantes, mas praticamente desconhecido no Brasil, é o da autoria da professora L. C. Ishimatsu, que publicou na Espanha, em língua inglesa, o livro *The poetry of Machado de Assis.*[1]

1 L. C. Ishimatsu. *The poetry of Machado de Assis*. Valencia- Chapel Hill: Albatros Hispanofila, printed in Spain, 1984

No entendimento de alguns autores e críticos é possível detectar a existência do preconceito de que um escritor, um ficcionista, dificilmente consegue tornar-se, também, um bom poeta. Até mesmo nomes respeitados como o do poeta modernista Manuel Bandeira e o de T. S. Eliot manifestaram-se nesse sentido. Bandeira escreveu sobre Machado: "É um perigo para o poeta assinalar-se fortemente nos domínios da prosa. Entra ele nesse caso numa competência muito mais ingrata que a dos seus confrades: a competência consigo próprio".[2]

T. S. Eliot, escrevendo sobre Kipling, afirma:

> When a man is primarily known as a writer of prose fiction we are inclined – and usually, I think, justly – to regard his verse as a by-product. I am, I confess, always doubtful whether any man can so divide himself as to be able to make the most of two such very different forms of expression as poetry as imaginative prose. (...) his verse and his prose are inseparable; that we must finally judge him, not separately as a poet and as writer of prose fiction, but as inventor of a mixed form.[3]

Eliot refere-se, neste caso, ao que ele chama de escritor "ambidestro".

Um estudo aprofundado, porém, da poesia machadiana, demonstrará que o poeta e o ficcionista convivem no mesmo artesão da palavra. Como outros mestres que apresentam uma perfeita "ambidestria" podemos citar, por exemplo, Jorge Luis Borges e Thomas Hardy. Também se inscrevem nessa linhagem D. H. Lawrence, Guy de Maupassant, Anatole France, Marcel Proust, Rudyard Kipling, Cesare Pavese, Miguel de Unamuno. Entre os brasileiros, Bernardo Guimarães, Lúcio Cardoso, Ribeiro Couto, Mário de Andrade, Guimarães Rosa, e muitos outros.

Em alguns casos, talvez a esporádica frequência dos prosadores no convívio com as musas seja responsável por uma visão compartimentada sobre esses autores polifacéticos, com ênfase nas obras de ficção. Machado, no entanto, não foi o que se pode chamar de um poeta bissexto, tendo produzido, ao longo de sua vida, uma obra

2 Manuel Bandeira. "Machado de Assis poeta". *Obra completa*. Vol. III. Rio de Janeiro: José de Aguilar, 1962, p. 11.

3 T. S. Eliot. "Rudyard Kipling". In: *On poetry and poets*. Londres: Faber & Faber, 1957, p. 228.

poética contínua e importante. Ele escreveu cerca de 300 poemas, mais de vinte mil versos. A sua carreira literária foi marcada por uma dedicação constante à poesia, desde a estreia na imprensa, em 1854, ao poema "A Carolina", datado de 1901. A obra poética de Machado vai, aos poucos, ganhando visibilidade e assumindo amplos contornos dentro de sua *opera omnia*, inclusive graças à reunião postumamente em livro dos seus poemas dispersos em jornais e revistas da época, num minucioso trabalho efetuado por pesquisadores como Raimundo Magalhães Jr.,[4] J. Galante de Sousa[5] e Jean-Michel Massa.[6]

Machado publicou, em vida, quatro livros de poemas: *Crisálidas* (1864), *Falenas* (1870), *Americanas* (1875) e *Poesias completas* (1901), este último uma espécie de antologia, organizada pelo próprio autor, quando foram expurgados vinte e sete poemas dos livros anteriores, ao mesmo tempo em que incluía um conjunto inédito, intitulado *Ocidentais*.

Em termos de filiação às escolas literárias, Machado de Assis pode ser considerado um não alinhado, um clássico moderno, na sua consciente opção pelo rigor formal, no equilíbrio entre o subjetivo e o objetivo, no bom-gosto e na lucidez com que montava estruturalmente os versos e na adesão aos cânones que privilegiavam a racionalidade e a universalidade.

Primeiros poemas

Machado de Assis começou a publicar seus versos na imprensa do Rio de Janeiro aos 15 anos de idade. Seu primeiro soneto "À Ilma. Sra. D. P. A", iniciais de uma senhora chamada Petronilha, nome revelado no último verso, deixa à vista as limitações naturais de um adolescente autodidata, como se evidencia na mistura do tratamento – tu e vós –, e na métrica ainda claudicante. Aparecem, depois, os primeiros

4 Raimundo Magalhães Jr. *Vida e obra de Machado de Assis*. Rio de Janeiro: Civilização Brasileira/INL, 1981, 4 vol.

5 J. Galante Sousa. *Bibliografia de Machado de Assis*. Rio de Janeiro: Instituto Nacional do Livro, 1955.

6 Jean-Michel Massa. *A juventude de Machado de Assis*. Rio de Janeiro: Civilização Brasileira, 1971. *Idem*. *Dispersos de Machado de Assis*. Rio de Janeiro: Instituto Nacional do Livro, 1965.

poemas de amor, que oscilam ciclotimicamente entre os estados de euforia e encantamento e os sentimentos de desilusão amorosa e depressão.

Crisálidas

Em *Crisálidas*, publicado em 1864, nota-se uma continuidade no tom dos primeiros poemas e uma melhoria na técnica do poema lírico amoroso. Observa-se a opção por uma expressão mais contida, por evitar excessos retóricos, além do despertar de uma consciência literária bastante aguda, que caracterizarão o estilo maduro de Machado. O crítico Ivan Teixeira ressaltaria as qualidades de "concisão, equilíbrio e bom gosto" do poeta. E, seria importante apontar o trabalho de inserção do poeta, através de seus poemas, no mundo da cultura universal. Por exemplo, o pequeno detalhe do aproveitamento do qualificativo latino do poema inicial "Musa *consolatrix*"; poemas sobre a situação política no México e na Polônia; a inspiração bíblica em "O dilúvio", além de outras poesias que retratam personalidades como Monte-Alverne, Cleópatra, Maria Duplessis (modelo de Alexandre Dumas Filho para *A Dama das Camélias*), tudo isso já demonstra o descortino da perspectiva cultural do jovem Machado.

Em "Musa *consolatrix*", o poeta agrega uma qualidade romântica à clássica alegoria da musa inspiradora. A musa não apenas inspira o poeta, mas, também, consola-o das ilusões perdidas, propiciando-lhe a almejada paz de espírito. Na última estrofe, lê-se:

> Musa consoladora
> Quando da minha fronte de mancebo
> A última ilusão cair, bem como
> Folha amarela e seca
> Que o chão atira a viração do outono...
> Ah! no teu seio amigo
> Acolhe-me, – e haverá minha alma aflita,
> Em vez de algumas ilusões que teve,
> A paz, o último bem, último e puro![7]

---

7 Machado de Assis. "Musa *consolatrix*." *Obra completa*. Vol. III. Rio de Janeiro: José de Aguilar, 1962, p. 19.

Os poetas românticos, em geral, não buscavam apenas a glória literária; ansiavam, também, em seu egotismo e exacerbada subjetividade, pela conquista da felicidade pessoal, pela realização amorosa, pela pacificação de suas torturadas almas, pela superação do sofrimento existencial que os deprimia, muitas vezes sem um motivo real aparente. *Le mal du siècle* era o rótulo decimonônico desse mal-estar sentido pelos poetas automarginados do convívio da sociedade burguesa e que, por essa razão, encontravam no sonho a sublimação de suas fantasias. Todos os poetas da época experimentaram essa espécie de vaga nostalgia, inclusive Machado em sua primeira fase. A evocação à musa consoladora é um tema recorrente em sua obra e parece revelar, mais do que um mero tópico literário, um verdadeiro anelo de conforto espiritual para o homem e para o artista.

Dois poemas de *Crisálidas*, "Musa *consolatrix*" e "Última folha", respectivamente o primeiro e o último do livro, tematizam a reflexão crítica sobre o ato criador: são metapoemas, as chamadas artes poéticas na velha terminologia. No primeiro poema, a musa serve como refúgio, que alivia os sofrimentos do poeta, envolvendo-o num clima de paz e tranquilidade. "Última folha" celebra o tema da fuga ao "vão rumor dos homens". Em contraste com um posterior pessimismo, ambos poemas revelam a já consistente fé professada pelo jovem Machadinho na função e no valor da poesia como alimento do espírito.

Destaca-se em *Crisálidas* "Versos a Corina", pela sua dimensão grandiosa e pela tensão emotiva que desperta, ao expressar o poeta seus conflitos amorosos.

Crisálidas é considerado pelos historiadores da nossa literatura um conjunto de poemas de feição romântica. Machado de Assis, no entanto, no final de sua carreira, aproximou-se naturalmente, mas sem mostras de submissão canônica, ao verso e ao universo parnasianos. Não se tendo deixado seduzir integralmente por uma única escola, cremos ser mais acertado, no entanto, nem definir Machado como romântico, nem como parnasiano. Talvez fosse mais correto adotar a tese de que Machado, depois de um início de índole subjetiva, tenha operado numa linha de transição entre as duas correntes, sem filiar-se a qualquer uma delas. Ao tornar-se um poeta maduro, com pleno domínio de seu instrumental, revelou inequívoca originalidade ao incorporar a seus poemas uma temática de fundo filosófico, consubstanciada numa dicção muito pessoal, à margem dos paradigmas mais radicais das escolas literárias. Assim, absorvendo o que de melhor podia oferecer-lhe cada concepção estética, Machado tornou-se credenciado a figurar não somente nas antologias que reúnem os poetas românticos, mas, principalmente, nas dos parnasianos. Manuel Bandeira incluiu-o em suas duas criteriosas antologias, a do Romantismo e a do Parnasianismo. Porém, na introdução à antologia dos poetas românticos, tece o seguinte comentário: "Machado de Assis, Luís Guimarães e Luís Delfino soçobraram como puros românticos. As *Ocidentais*, onde se contêm alguns dos mais admiráveis poemas da nossa língua, não devem nada ao Romantismo".[8] Na antologia dos parnasianos repete Manuel Bandeira o mesmo conceito: "Ao lado de Luís Delfino e Machado de Assis, românticos passados a parnasianos..."[9]

Tendo publicado *Crisálidas* dentro do marco romântico, superou ele a ideologia, a estética e as técnicas do Romantismo, atravessou os rígidos preceitos do Parnasianismo e, numa trajetória solitária, construiu a sua obra na direção de um estilo muito pessoal.

O que ocorreu com Machado, em relação aos poetas românticos, quase todos mortos ainda jovens, foi que ele, por sua longevidade, ultrapassou o século XIX, vindo a falecer em 1908. Teve tempo, pois, para transformar e amadurecer a sua poesia e finalmente adquirir uma dicção própria, livre da irrestrita observância aos ditames das escolas literárias. Esta lenta e serena evolução coincide com as tendências de seu temperamento e gosto, evidenciados claramente na prosa. A preocupação com a forma, o culto à língua, o respeito à tradição e o balanceamento equidistante ao exprimir os mundos subjetivo e objetivo são alguns dos pressupostos que deram a Machado o *status* de mestre. Péricles Eugênio da Silva Ramos enfatiza o papel exercido pelo poeta como elemento de ligação entre os dois movimentos: "Por sua pregação crítica e pelo exemplo de sua poesia, Machado de Assis é não apenas um traço de união entre Romantismo e Parnasianismo, como um legítimo precursor da segunda corrente".[10]

---

8 Manuel Bandeira. *Antologia dos poetas brasileiros da fase romântica*. Rio de Janeiro: Imprensa Nacional, 1937, p. 10.

9 Manuel Bandeira. *Antologia dos poetas brasileiros da fase parnasiana*. Rio de Janeiro: Instituto Nacional do Livro, p. 20.

10 Péricles Eugênio da Silva Ramos. *Poesia parnasiana*. São Paulo: Melhoramentos, 1967, p. 37.

No entanto, atualmente, com o apagamento das fronteiras dos gêneros e das escolas literárias, parece assumir menor importância uma classificação com base apenas em uma análise de feição estilística. Tão útil quanto a visão intrínseca do fenômeno literário, o entendimento de uma obra poética como a de Machado de Assis deve acrescentar, também, um prévio trabalho de interação e valoração de sua poesia em relação às influências culturais e humanísticas que a formaram. Neste ponto, não é difícil perceber que Machado dialogou permanentemente, em seus poemas, com o acervo do saber universal, transcendendo os limites do egotismo e da subjetividade.

Falenas

Já em *Falenas*, manifesta-se claramente a vocação narrativa da poesia de Machado de Assis, que caracterizará a melhor parte de sua obra poética. Um dos exemplos marcantes é o longo poema "Pálida Elvira", que Joaquim Serra definiu como "um conto de amor onde há muito riso e muitas lágrimas". Estas contaminações da prosa na poesia consistem em uma visível predominância do discurso lógico; na opção por uma sintaxe convencional; no desenvolvimento de uma estória linear subordinada a um enredo, com começo, meio e fim; na utilização da linguagem da comunicação social e da denotação mais do que da conotação; no diálogo e na posta em cena de um elenco de personagens; e na descrição dos espaços onde a ação se desenrola.

Mas *Falenas* não se caracteriza apenas pela sua linha narrativa. Revela, também, em momentos de puro lirismo, a capacidade do poeta em captar emoções inefáveis e fugazes, geralmente expressas em versos que buscam a síntese, isentos, portanto, da contaminação dos sinais da discursividade. Além disso, nota-se em *Falenas* um visível e normal amadurecimento em relação ao livro de estreia.

Alguns poemas merecem o qualificativo de antológicos, embora não tenham sido ainda descobertos pela maioria da crítica e do público, como "Sombras", o belíssimo "*Ite, missa est*", "Ruínas", "Lágrimas de cera", "O verme". Dentre aqueles marcados pelo registro narrativo pode ser citado "No espaço", um diálogo virtual entre Romeu e Lovelace.

O verme

Existe uma flor que encerra
Celeste orvalho e perfume.
Plantou-a uma fecunda terra
Mão benéfica de um nume.

Um verme asqueroso e feio,
Gerado em lodo mortal,
Busca esta flor virginal
E vai dormir-lhe no seio.

Morde sangra, rasga e mina,
Suga-lhe a vida e o alento;
A flor o cálix inclina;
As folhas, leva-as o vento.

Depois, nem resta o perfume
Nos ares da solidão...
Esta flor é o coração,
Aquele o verme do ciúme.[11]

Americanas

O livro seguinte, *Americanas*, publicado em 1875, pode parecer, à primeira vista, algum retrocesso a um serôdio indianismo, inspirado por Basílio da Gama, Gonçalves Dias e até mesmo por José de Alencar. É, no entanto, nesse livro, que Machado de Assis reafirma a sua vocação narrativa, vertente que se apresentará como uma constante em sua obra poética. Um estudo definitivo sobre a poesia de Machado não poderá deixar de contemplar detidamente este viés, que se evidencia

11 Machado de Assis. "O verme". *Obra completa*. Vol. III. Rio de Janeiro: José de Aguilar, 1962, p. 52.

de maneira clara em poemas como "Potira" ou "Niâni". Este último reaviva certas ressonâncias da lírica amorosa medieval, representada na história da nossa literatura pelo primitivo indigenismo do passado brasileiro. O começo e o fim de "Niâni" refletem o binômio civilização e barbárie.

> Contam-se histórias antigas
> Pelas terras de além-mar,
> De moças e de princesas,
> Que amor fazia matar.
> ....
> Que assim se morre de amores
> Aonde habita o jaguar,
> Como as princesas morriam
> Pelas terras de além-mar.[12]

Quanto ao aspecto passível de crítica, com relação a esse alegado indianismo tardio, o próprio Machado defende a sua posição, escrevendo uma "Advertência", no pórtico da primeira edição de *Americanas*, o seguinte texto, posteriormente por ele mesmo excluído das *Poesias completas*, onde afirma que o essencial é "a alma do homem".

> Algum tempo, foi opinião que a poesia brasileira devia estar toda, ou quase toda, no elemento indígena. Veio a reação, e adversários não menos competentes que sinceros, absolutamente o excluíram do programa da literatura nacional. São opiniões extremas, que, pelo menos, me parecem discutíveis.
>
> Direi somente que, em meu entender, tudo pertence à invenção poética, uma vez que traga os caracteres do belo e possa satisfazer as condições da arte. Ora, a índole e os costumes dos nossos aborígines estão

12 Machado de Assis. "Niâni". *Obra completa*. Vol. III. Rio de Janeiro: José de Aguilar, 1962, p. 107-10.

muita vez nesse caso; não é preciso mais para que o poeta lhes dê a vida da inspiração. A generosidade, a constância, o valor, a piedade hão de ser sempre elementos da arte. O exterior muda: a sandália de Calipso é um primor de arte que não achamos nos pés nus de Lindóia. Esta é, porém, a parte inferior da poesia, a parte acessória. O essencial é a alma do homem."[13]

Ocidentais

Este livro não teve edição autônoma, sendo incluído nas *Poesias completas*. O título, *Poesias completas*, ao contrário do que se possa imaginar, revela a intenção do autor em deixar para a posteridade apenas uma seleção de seus poemas, pois quase 50% deles, que aparecem nos três primeiros livros, foram cortados. Este severo expurgo demonstra o rigor do poeta e o seu apurado sentido de autocrítica. No entanto, visando à preservação do nosso patrimônio literário de forma abrangente, uma futura publicação da poesia de Machado de Assis deveria abarcar a totalidade de sua obra. Neste ponto, a posição crítica de caráter globalizante pode divergir daquela adotada pelo poeta. Ao resgatar a sua *opera omnia*, deve-se respeitar, porém, este núcleo de excelência preservado nas *Poesias completas*, edição de 1901, que se transformou na antologia pessoal de Machado de Assis.

É recomendável que se promovam também análises daqueles poemas que foram excluídos quando da publicação das *Poesias completas*. Entre estes, um dos mais bem realizados é "No limiar", originariamente publicado em *Crisálidas*. Trata-se de uma alegoria que consubstancia, através de dois personagens, um movimento dialético entre Esperança e Desengano. Estruturado em tercetos dantescos, com a exceção do quarteto da última estrofe, e escrito em forma de diálogo, o poema inova o uso de uma oralidade dramatizada e, ao mesmo tempo, aproveita as possibilidades do tom retórico apoiado no chamado *sermo nobilis*. O poeta esmerou-se em construir uma linguagem extremamente lírica. O diáfano véu de melancolia, que recobre a

13 Machado de Assis. *Americanas*. Rio de Janeiro: Garnier, 1975, p. V-VI.

polifonia das vozes, mantém no poema um som em surdina e uma coloração esmaecida, que dilui as estridências românticas da época.

Eis a parte final do poema:

No limiar
....
E por que o céu que mais se lhe enegrece,
Tivesse algum reflexo de ventura
Onde o cansado olhar espairecesse,

Uma réstia de luz suave e pura
Fiz-lhe descer à erma fantasia,
De mel ungi-lhe o cálix da amargura.

Foi tudo vão, – foi tudo vã porfia,
A ventura não veio. A tua hora
Chega na hora que termina o dia.

"Entra". – E o virgíneo rosto que descora
Nas mãos esconde. Nuvens que correram
Cobrem o céu que o sol já mal colora.

Ambos, com um olhar se compreenderam.
Um penetrou no lar com passo ufano;
Outra tomou por um desvio. Eram:
Ela a Esperança, *Ele* o Desengano.[14]

O conjunto de poesias de *Ocidentais* atinge o momento epifânico da obra de Machado de Assis. Aí se encontram poemas emblemáticos como "A mosca azul", "Círculo vicioso", "Soneto de Natal", e alguns menos conhecidos, mas de igual

---

14 Machado de Assis. "No limiar". *Obra completa*. Vol. III. Rio de Janeiro: José de Aguilar, 1962, p. 192-3.

qualidade, como "O desfecho", inspirado no mito de Prometeu. Deve-se destacar, também, *Suave mari magno,* poema de fundo filosófico e talvez autobiográfico. Filosóficos, ainda, "Uma criatura", "Mundo interior", "No alto", além dos belíssimos retratos, onde Machado traça o perfil de figuras como Antônio José, Espinoza, Gonçalves Crespo, Alencar, Camões, Victor Hugo e Anchieta. Há que ressaltar, também, a impecável tradução de "O corvo", de Edgar Allan Poe, e outras de La Fontaine, Dante e Shakespeare. O percurso ascensional da carreira poética de Machado de Assis atinge o seu apogeu com *Ocidentais.* A partir desse momento, é impossível não reconhecê-lo um mestre da poesia, como o foi da prosa.

Além dos mencionados livros de poesia, vários poemas importantes integram outras publicações, que abrigam textos de poesia e de prosa, como: "A Carolina", publicado em *Relíquias de Casa Velha;*[15] o conjunto de sonetos intitulado "A derradeira injúria", escritos em homenagem à memória do Marquês de Pombal; "O Almada", um poema herói-cômico na linha do *Le Lutrin,* de Boileau e d'*O Hissope,* de Antônio Diniz da Cruz e Silva, incluído em *Outras relíquias.*[16] E, além desses, a série das "Gazetas de Holanda", que se compõe de 48 crônicas em verso, publicadas, inicialmente, no jornal *Gazeta de Notícias* e reunidas, posteriormente, na edição das obras completas da editora Jackson.[17] No livro *Novas relíquias,*[18] encontramos o conto dialogado em verso *Antes da missa,* que pode ser considerado um esquete poético. Todo este material deveria ser reunido, analisado e republicado com notas explicativas, com o objetivo de uma melhor e correta divulgação.

Uma inteligente estratégia, para dar maior visibilidade aos poemas não incluídos nas *Poesias completas,* seria agrupá-los em núcleos, isto é, blocos autônomos. Um deles poderia incluir "Versos a Corina", que se apresentam estruturados num longo poema dividido em seis partes e outras subpartes. Outro, a "Lira Chinesa", constituída de oito poemas transcriados do francês, mas que revelam um sentimento nostálgico do original chinês. E ainda: "Uma ode de Anacreonte", poema dialogado, humorístico e

---

15 Machado de Assis. *Relíquias da casa velha.* Rio de Janeiro: Garnier, 1906.

16 Machado de Assis. *Outras relíquias.* Rio de Janeiro: Garnier, 1910.

17 Machado de Assis. "Gazetas de Holanda". *Obra completa.* Vol. IV. Rio de Janeiro: Jackson, s.d., p. 281-467.

18 Machado de Assis. *Novas relíquias.* Rio de Janeiro: Guanabara/Waissman, Koogan, [1932].

pseudo-heleno; os quatro poemas a Camões, verdadeiras pérolas da língua portuguesa, além dos já citados "A derradeira injúria", as "Gazetas de Holanda" e "O Almada".

Se for válido considerar a tese da importância da influência da técnica da prosa sobre a poesia de Machado, é possível aventar-se, também, a hipótese de que a prosa, nessa contaminação entre gêneros, atuou basicamente de duas maneiras. Uma, negativamente, enfraquecendo a voz do poeta lírico, devido ao uso de lugares comuns e prosaicos que reduzem a tensão da linguagem poética. Outra, de maneira positiva, ao influir na produção de um poema narrativo de qualidade, recuperando uma tradição que poetas brasileiros neoclássicos e pré-românticos tentaram copiar sem grande sucesso. Do ponto de vista de um enriquecimento da cultura humanística, Machado de Assis soube entender e renovar as lições dos mestres da literatura universal e incorporar um rico patrimônio cultural aos seus poemas. Desse modo, conseguiu ele que sua produção poética conquistasse um lugar proeminente na história da poesia brasileira. Trata-se de uma obra que manteve o imprescindível equilíbrio entre o imediatismo da emoção e o lento trabalho dedicado ao apuro da linguagem. Machado de Assis não se perdeu nos jogos fúteis das formas vazias ou na retórica oca. Ao contrário, soube deixar aos pósteros o instigante mistério da sua poesia, que ainda reclama outras interpretações que permitam a decifração de seu significado plural.

Ao morrer, em 1908, Machado já se consagrara como verdadeiro poeta. Naquela data, escreveu Leôncio Correia, no jornal *Correio da Manhã*, um longo e comovido necrológio, intitulado "O mês fatídico" (setembro) uma vez que também morrera, neste mês, o escritor Artur Azevedo. Sobre Machado de Assis, assim expressou-se Leôncio Correia:

> Do grande Mestre bem se pode dizer que era insaciado poeta da incorruptibilidade plástica, da pureza formal, da beleza corpórea, do equilíbrio, do supremo vôo do som, procurando dar sempre, pela alada fuga das linhas, pelo ritmo ondulante e nervoso, pela transparência divina das tintas, materializações, aspectos tangíveis do mundo externo, todos os sentimentos, todos os momentos sugestivos, todos os estados

> espirituais e todas as claridades diáfanas e tênues, vislumbradoras de um lirismo nunca sonhado.[19]

São encantadas palavras de um jornalista e poeta que, naquela efeméride, exerceu as funções de porta voz do sentimento que enlutou o mundo das artes e da cultura brasileiras, e entristeceu o coração dos admiradores desse genial homem de letras. Machado de Assis venceu os obstáculos e os preconceitos que teve de enfrentar em vida, para conquistar a "glória que fica, eleva e consola" um verso seu que se imortalizou, mais tarde, em dístico gravado no pórtico da Academia Brasileira de Letras, instituição da qual foi o seu primeiro presidente.

Referências Bibliográficas

BANDEIRA, Manuel. *Antologia dos poetas brasileiros da fase parnasiana.* Rio de Janeiro: Instituto Nacional do Livro.

_______. *Antologia dos poetas brasileiros da fase romântica.* Rio de Janeiro: Imprensa Nacional, 1937.

_______. "Machado de Assis poeta". *Obra completa.* Rio de Janeiro: José de Aguilar, 1962.

CORREIA, Leôncio. "O mês fatídico". *Correio da Manhã* (jornal), 1 de novembro de 1908.

ELIOT, T. S. "Rudyard Kipling". In: *On poetry and poets.* Londres: Faber & Faber, 1957.

ISHIMATSU, L. C. *The poetry of Machado de Assis.* Valencia- Chapel Hill: Albatros Hispanofila, printed in Spain, 1984.

MACHADO DE ASSIS, Joaquim Maria. *Americanas.* Rio de Janeiro: Garnier, 1975.

_______. "Gazetas de Holanda". *Obra completa.* Vol. IV. Rio de Janeiro: Jackson, s.d.

_______. "Musa *consolatrix*." *Obra completa.* Vol. III. Rio de Janeiro: José de Aguilar, 1962.

19 Leôncio Correia. "O mês fatídico". *Correio da Manhã* (jornal), 1 de novembro de 1908.

_______. "Niâni". *Obra completa*. Vol. III. Rio de Janeiro: José de Aguilar, 1962.

_______. "No limiar". *Obra completa*. Vol. III. Rio de Janeiro: José de Aguilar, 1962.

_______. *Novas relíquias*. Rio de Janeiro: Guanabara/Waissman, Koogan, [1932].

_______. *Obra Completa*. Vol. 3. Rio de Janeiro: Jackson, s.d.

_______. *Outras relíquias*. Rio de Janeiro. Garnier, 1910.

_______. "O verme". *Obra completa*. Vol. III. Rio de Janeiro: José de Aguilar, 1962.

_______. *Relíquias da casa velha*. Rio de Janeiro. Garnier, 1906.

MAGALHÃES JR., Raimundo. *Vida e obra de Machado de Assis*. Rio de Janeiro: Civilização Brasileira/INL, 1981.

MASSA, Jean-Michel. *Dispersos de Machado de Assis*. Rio de Janeiro: Instituto Nacional do Livro, 1965.

_______. *A juventude de Machado de Assis*. Rio de Janeiro: Civilização Brasileira, 1971.

RAMOS, Péricles Eugênio da Silva. *Poesia parnasiana*. São Paulo: Melhoramentos, 1967.

SOUSA, J. Galante. *Bibliografia de Machado de Assis*. Rio de Janeiro: Instituto Nacional do Livro, 1955.

Machado de Assis, o jornalista aprendiz

Cristiane Costa
(Universidade Federal do Rio de Janeiro)

Machado de Assis é uma espécie de mito fundador para a literatura brasileira. A partir dele, tudo passou a ser possível. Como se as conquistas de um determinado indivíduo num determinado contexto histórico estivessem abertas para todos os que se aventurassem a trilhar o seu caminho. Mas mesmo nosso mito fundador não brotou do nada.

Para encontrar seu caminho, Machado seguiu a mesma estratégia de escritores jornalistas marcados pela cor, como Teixeira e Souza e Paula Brito. Afinal, de que forma um jovem mulato, pobre, órfão e epilético poderia se firmar como o maior escritor brasileiro de uma sociedade escravagista? Entrando nos salões da literatura pela porta de serviço: o jornalismo. E, se alguém tão estigmatizado conseguiu, por que não eu, provavelmente pensaram outros tantos literatos pobres e mestiços que seguiram seu exemplo. Parecia apenas uma questão de empurrar a porta.

Isso foi feito em algum momento entre os anos de 1854 e 1855, quando Machado forçou a mão do destino ao tomar coragem e entrar na livraria de Paula Brito. Ali o jovem de pouco mais de 15 anos daria início a uma atividade como jornalista e escritor que só terminaria 53 anos depois. Mas também na imprensa não entraria pela porta da frente. Trabalhou como caixeiro na livraria e depois como empregado da tipografia de Paula Brito. Lá era editada a *Marmota Fluminense,* jornal que publicou seu primeiro poema, em 6 de janeiro de 1855.[1] Jornalzinho cultural, a *Marmota Fluminense* saia às terças e sextas-feiras, com apenas seis páginas, pelo menos três delas ocupadas por poesias e glosas.

Não é difícil imaginar por que o popular Paula Brito teria aberto as portas ao rapaz desconhecido. Na biografia desse poeta, jornalista, editor e livreiro, um mulato *self-made man* que parecia subverter a lógica escravagista do Segundo Império, há inúmeros pontos de contato com a vida de Machado de Assis.

Filho de carpinteiro, Paula Brito não teve uma educação formal. Na verdade, nunca chegou a ir à escola e aprendeu a ler com uma irmã. Mesmo assim, tornou-se poeta e tradutor. Foi aprendiz na Tipografia Nacional e na tipografia de René Ogier, antes de trabalhar na tipografia de Plancher, que produzia o *Jornal do Commercio,* onde chegou a administrador e editor. Em 1831, comprou uma pequena loja com suas economias, além de uma prensa, em que publicava o jornal *O Restaurador*. Dois anos depois, já tinha dois endereços e duas impressoras. Em 1848, possuía seis prensas manuais e uma mecânica, tida como "a maior do Brasil".[2] Em 1855, quando Machado teria trabalhado para Paula Brito, suas empresas tinham nada menos do que 60 empregados, nove deles franceses.

O escritor não foi o primeiro a ser ajudado por Paula Brito. Antes dele, o mulato Teixeira e Sousa (autor que teria escrito o primeiro romance da literatura brasileira, *O filho do pescador,* de 1843) encontrou apoio financeiro e literário no editor, que publicou, entre outros livros de importância, os *Últimos cantos,* de Gonçalves Dias, as comédias de Martins Pena e *A confederação dos tamoios,* de Gonçalves de Magalhães.

A Petalógica, sociedade literária e artística fundada por Paula Brito, tinha caráter absolutamente democrático. O objetivo da "Peta" (mentira) "lógica" era "contrariar os mentirosos, mentindo-lhes a fim de que eles, tomando como verdade tudo o que

---

1 A informação se baseia em declaração de Salvador de Mendonça, muito ligado ao jovem escritor, embora Jean Michel Massa, em *A juventude de Machado de Assis,* diga que não pôde ser comprovada em nenhum documento (Jean-Michel Massa. *A juventude de Machado de Assis.* Rio de Janeiro: Civilização Brasileira, p. 88), e Lucia Miguel Pereira, em *Machado de Assis,* comente que a história se baseia na "tradição" (Lucia Miguel Pereira. Machado de Assis. Belo Horizonte: Itatiaia, p. 54).

2 Lawrence Hallewell. *Books in Brazil, a History of the Publishing Trade.* Metuchen; Londres: The Scarecrow Press, 1982, p. 63.

ouviam, o fossem repetindo por toda a parte e se desmoralizassem inteiramente, ou perdessem o vício".[3]

> Assim como tinham entrada os conservadores e os liberais, tinham igualmente entrada os lagruístas e os chartonistas: no mesmo banco, às vezes, se discutia a superioridade das divas do tempo e as vantagens do ato adicional, os sorvetes de José Tomás e as nomeções de confiança aqueciam igualmente os espíritos; era um verdadeiro *pêle-mêle* de todas as coisas e de todos os homens.[4]

Apesar de sua condição social, Machado fez parte desse círculo que reunia – durante a semana na casa de Paula Brito e, aos sábados, no Largo do Rossio, em dois bancos em frente à livraria – alguns dos principais escritores da corte, como Casemiro de Abreu, Gonçalves Dias e o jornalista Joaquim Manuel de Macedo. Lá, Machado também conheceu Francisco Otaviano, relação que lhe seria extremamente útil.

Em 1856, Machado arrumou emprego como tipógrafo aprendiz na Imprensa Nacional, tendo como diretor o também escritor Manuel Antônio de Almeida. Não teria sido o melhor dos operários. Alfredo Pujol, citado por Lucia Miguel Pereira, diz que "descuidava do serviço para ler nos cantos" e, por isso, foi chamado pelo diretor, autor de *Memórias de um sargento de milícias*. A conversa entre os dois escritores, em vez de uma repreensão, teria rendido a Machado a proteção de Manuel Antônio de Almeida e uma grande amizade.

Embora até hoje esteja guardada no Museu da Imprensa Nacional a prensa manual em que o escritor trabalhava como tipógrafo, pesquisadores como Godim da Fonseca e Jean-Michel Massa duvidam da história. Segundo Massa, apesar de narrada por Capistrano de Abreu, nenhum documento prova que o nosso autor tenha sido aprendiz ou operário na Imprensa Nacional. Mas deixa em aberto: "Nenhum documento prova o contrário".[5]

---

3 Lucia Miguel Pereira, *op. cit.*, 1988, p. 61.

4 Jean-Michel Massa, *op. cit.*, p. 87.

5 *Idem*, p. 173.

Lenda ou não, o que se sabe é que Machado teria ficado dois anos na tipografia da Imprensa Nacional. Em 1858, deixaria o emprego para ser revisor de provas de Paula Brito e, no ano seguinte, ocuparia o mesmo cargo no *Correio Mercantil*, de Francisco Otaviano, poeta diletante, jornalista e político que deu a José de Alencar a coluna "Ao correr da pena". Subindo esse degrau, Machado deixou de ser operário para trabalhar no andar de cima do jornalismo, embora ainda em um cargo subalterno. No mesmo ano, publicou no *Correio Mercantil*, que tinha posições políticas muito claras contra a escravatura e o poder clerical, algumas poesias.

Resquícios do sentimento de inferioridade que acometia o aspirante a escritor naquela época podem ser percebidos no conto "Miloca", escrito em 1874. Quase 20 anos depois de ter escapado desta condição, o autor narrou a história de um poeta pobre, ex-tipógrafo promovido a revisor de provas, que percebe, no olhar do dono de uma mansão, aonde acontece uma festa, que desprezo não sentiria se confessasse sua profissão: "Pois este pelintra tem a honra de jantar aqui comigo, ver dançar os outros, estar aqui confundido com pessoas de certa ordem, e se há de ouvir e calar, responde quando ninguém lhe pergunta e por fim confessa-se revisor de provas".[6]

Mas a ascensão social do jovem e pobre revisor não parou no andar intermediário. Quando publicou *Memórias póstumas de Brás Cubas*, pela Imprensa Nacional, onde começara como aprendiz de tipógrafo mais de 20 anos antes, Machado já não era mais um desconhecido, mas um nome ilustre da literatura nacional. A consagração podia ser percebida quando, depois do trabalho, parava para a habitual prosa com os literatos nas editoras Garnier e Lombaerts, ou nas redações de *A Semana* e da *Revista Brasileira*.

Do último grupo, jornalistas e colaboradores da revista, dirigida desde 1895 pelo crítico José Veríssimo, seria arregimentada a base da Academia Brasileira de Letras, fundada em 20 de julho de 1897, com vários escritores jornalistas ocupando suas 40 cadeiras, entre eles Machado, Coelho Neto e Olavo Bilac. Como presidente da nova instituição, Machado fez ouvidos moucos às críticas de que a criação da Academia correspondia à instauração de uma aristocracia intelectual pouco compatível com os ares republicanos, mera importação de um modelo europeu inútil num país de iletrados.

6 Parte do conto, publicado sob o pseudônimo de JJ em 1874 no *Jornal das Famílias*, está reproduzido em Lucia Miguel Pereira, *op. cit.*, p. 61.

Logo ele que, 35 anos antes, tinha ironizado o adjetivo imortal, num artigo no *Diário do Rio de Janeiro*, sobre a inauguração da estátua de D. Pedro I, chamando atenção para o ridículo de toda a cerimônia. "Mas sabe o leitor quem teve grande influência na festa de anteontem? O adjetivo. Não ria, leitor, que o adjetivo é uma grande força e um grande elemento", afirmava, para logo depois disparar:

> Bem empregado, com jeito e a tempo, como do ferro aconselha o poeta para o tornar mezinha, o adjetivo fez nos artigos ministeriais um grande papel. Veja o leitor como esta palavra – imortal – veio sempre em auxílio de um substantivo desamparado de importância intrínseca.[7]

Agora, o adjetivo "imortal" agregava a escritores como Machado valor de mercado e legitimidade social. Seus livros tinham mais chances de serem publicados e de chamar a atenção da crítica. E seus nomes de constarem nas listas de convidados dos salões da alta sociedade e do circuito de conferências. Logo, o presidente da academia seria saudado como "o chefe consagrado dos nossos literatos", "o mestre das letras brasileiras", "o primeiro de todos", "o único".[8]

Com o fim do mecenato imperial e início do processo de industrialização, estratégias conciliatórias, como a de Machado, seriam substituídas por posições mais acirradas, como a de Lima Barreto. A dicotomia arte e dinheiro faria o campo literário (da arte pela arte) constituir-se no Brasil em oposição ao jornalismo (da pena de aluguel), embora a ele vinculado. E o modelo ideal (aqui quase irreal) de escritor *full time* em distinção ao de trabalhador braçal (ou melhor, industrial) do jornalismo.

Nessa divisão do trabalho intelectual, caberia ao jornalista as "tarefas mercenárias", ligadas à indústria e ao comércio, e, ao escritor, as artísticas. A questão é que, na virada do século XIX para o XX, os campos literário e jornalístico ainda não eram

7 Machado de Assis. *Obra completa*. Vol. III. Rio de Janeiro: Nova Aguilar, 1986. /s.d/ *apud* Lucia Miguel Pereira, *op. cit.*, p. 79.

8 Lucia Miguel Pereira, *op. cit.*, p. 186.

tão distintos assim. E mesmo Machado de Assis foi obrigado a jogar nos dois lados para sobreviver.

> A oposição entre arte e dinheiro se impôs como uma das estruturas fundamentais da visão de mundo dominante à medida que o campo literário e artístico afirmava sua autonomia, impedindo os agentes e também os analistas (...) de perceber que, como diz Zola "o dinheiro emancipou o escritor, o dinheiro criou as letras modernas".[9]

Do final do século XIX até hoje, quando os postos de trabalho no jornalismo começam a escassear, por conta da informatização, forte recessão e exigência de diploma, o sonho de uma carreira literária gloriosa como a de Machado de Assis continuamente tem movido aspirantes a escritor de todo o Brasil aos grandes centros, como Rio de Janeiro e São Paulo. Eles formam uma espécie de exército de reserva intelectual. Mas dificilmente escapam de ter com o mercado uma relação ambígua.

O jornalismo costuma ser a porta de entrada, a forma de divulgação e até a instância de consagração de seus nomes. No entanto, muitos permanecem presos ao mito de que o verdadeiro escritor é o que consegue ser artista em tempo integral, sem concessões. Não se dão conta de que se trata de um personagem social construído pela mesma modernidade que os aproxima e afasta de seus objetivos, integrando-os ao campo literário, mas obrigando-os a vender seu tempo e talento. Presos à visão ambivalente do escritor como um intelectual aristocrata ou um marginal da sociedade burguesa, eles não veem que produzem seus livros contra essas determinações e, ao mesmo tempo, graças a elas.

Na obra de Machado de Assis é possível ver que o jornalismo pode ter ajudado o romancista. Em 1859, no auge de seus 20 anos, ele escreveu três artigos que fornecem preciosas pistas sobre o que pensava sobre o assunto: "O passado, o presente e o futuro da literatura", "A reforma pelo jornal" e "O jornal e o livro".[10] Os textos têm em comum um certo deslumbramento pelo potencial democrático do jornalismo, que, segundo o

---

9 Pierre Bourdieu. *As regras da arte*. São Paulo: Companhia das Letras, 1996, p. 111.

10 Machado de Assis, *op. cit.*, p. 944-963.

jovem Machado, tinha o poder de "fazer tremer as aristocracias, mais do que os movimentos populares".[11] Não é o cético da maturidade, mas um jovem Machado de Assis exultante de otimismo quem escreveria que o jornalismo é "a locomotiva intelectual em viagem para mundos desconhecidos, é a literatura comum, universal, altamente democrática, reproduzida todos os dias, levando em si a frescura das ideias e o fogo das convicções". Na sequência, o escritor se lançou na aventura de fundar um jornal, o *Espelho*, onde pôde escrever essas bem traçadas linhas.

> O jornal apareceu, trazendo em si o gérmen de uma revolução. Essa revolução não é só literária, é também social, é econômica, porque é um movimento da humanidade abalando todas as suas eminências, a reação do espírito humano sobre as fórmulas existentes do mundo literário, do mundo econômico e do mundo social.[12]

Machado chega a pôr a literatura numa posição inferior em relação à imprensa. "Há alguma coisa de limitado e de estreito se o colocarmos [o livro] em face do jornal", afirma. "O jornal é mais que um livro, isto é, está mais nas condições do espírito humano. Nulifica-o como o livro nulificará a página de pedra? Não repugno admiti-lo".[13] A verdade é que Machado de Assis morreu em 1908, dois meses depois de publicar seu último livro, *Memorial de Aires*, sem que o livro tivesse matado o jornal nem o jornal matado o livro. Seu caso foi exemplar de como um gênero narrativo pode mais do que nulificar, fertilizar o outro.

No ano seguinte à publicação dos artigos, Machado foi cooptado pela grande imprensa, contratado para o *Diário do Rio de Janeiro* pelo amigo Quintino Bocaiúva. Machado trabalhava na "cozinha" do jornal: escrevia e reescrevia os anúncios, as pequenas notícias, com um estilo já "nítido e limpo":

---

11 *Idem*, p. 963.

12 *Idem*, p. 945.

13 *Idem*, p. 946.

> muito mais limpo do que a caligrafia onde se lhe expandia o nervosismo em rabiscos incríveis, em borrões de todos os feitios. A desordem de seus manuscritos, que só lhe saíam à custa de dedos manchados de tinta e inúmeras penas quebradas, chegou a tal ponto que contra ela se revoltaram os revisores do jornal, vendo-se o novo redator obrigado a aprender a escrever com um professor especialista, o calígrafo americano Guilherme Scully.[14]

E havia ainda o problema dos erros de português, frutos do déficit escolar do escritor. Conta a biógrafa Lucia Miguel Pereira que o redator não tinha muita paciência para minúcias: "Não se entendia bem com a ortografia, craseava os *a* de maneira fantasista e os pronomes eram brasileiramente caprichosos".[15] Mas, naquele momento, nenhuma dessas deficiências foi entrave para a ascensão de Machado de Assis no jornal, em que também ficava encarregado da "resenha" dos debates no Senado, deixando páginas memoravelmente irônicas sobre o assunto. Machado também ganhou reputação como crítico de teatro, assinando com o próprio nome ou sob pseudônimos a "Revista Dramática" e outras colunas, como "Comentários da Semana", "Parte Literária", "Conversas Hebdomadárias", "Ao Acaso", "Semana Literária" e "Cartas Fluminenses". Se inicialmente o estilo do colunista é hesitante, vai ganhar consistência até se tornar inconfundível.

> A importância do *Diário do Rio* na vida e na obra de Machado de Assis é imensa; convidando-o para lá, tirou-o Quintino Bocaiúva do amadorismo das revistas literárias, pô-lo na obrigação de enfrentar o grande público, de dar sua opinião sobre os assuntos do dia, fê-lo refletir, pensar. A disciplina da colaboração frequente, a sensação do contato com leitores de toda a natureza amadureceram rapidamente esse rapaz de 21 anos.[16]

---

14 Lucia Miguel Pereira, *op. cit.*, p. 75.

15 *Idem*, p. 119.

16 *Idem*, p. 77.

Como muitos escritores depois dele, Machado descobriu no jornal uma forma de alargar seu universo, frequentando rodas distintas de seu ambiente de origem, conhecendo de alto a baixo da escala social pessoas de que, como leitor, só ouviria falar. Mas o jornal também era fonte de aborrecimento. Afastado do cargo de cronista por dois anos – seu último "Comentário da Semana" foi em maio de 1862 e o primeiro da coluna "Ao acaso", em 1864 –, ele continuou trabalhando todos os dias na imprensa, mas de forma anônima, assinando apenas cinco textos em 23 meses. O afastamento parece ter obedecido a questões estratégicas, num momento em que o jornal desejava moderar os ataques ao governo, embora não se saiba com certeza se foi Machado que se afastou ou foi afastado da política.

Além da crônica e da crítica literária, Machado escrevia os editoriais e acumulava funções administrativas. Era "pau-para-toda-obra de funções múltiplas na redação e na administração, responsável por tudo".[17] Sobrecarregado, percebeu que teria de deixar a imprensa para voltar a escrever romances. "Nas condições em que se encontrava quando assumiu no *Diário* as responsabilidades que acabamos de mostrar, pôde sentir quanto esta atividade devorava o indivíduo, o privava de seu tempo e de sua liberdade", comenta o biógrafo Jean-Michel Massa, assinalando a reação de Machado a um problema comum aos jornalistas escritores: a absorção sem limites do trabalho jornalístico.[18]

Em algum momento – mais precisamente em 1878, ano da morte de José de Alencar – foi preciso fazer a tão temida quanto desejada opção. Aquela que liberta os maiores sonhos, mas também os piores pesadelos. Deixar o jornalismo diário foi uma aposta. "No momento, parecia errar, pois era melhor jornalista do que escritor de ficção", julgava Lucia Miguel Pereira, para quem "as crônicas do *Diário do Rio* são muito superiores aos contos da mesma época e muito superiores a *Ressurreição*, o primeiro romance, escrito aos 30 anos".[19] Doente, deixou momentaneamente de escrever para a imprensa e decidiu tirar suas primeiras férias.

Seis meses depois, Machado de Assis publicou seu primeiro grande livro: *Memórias póstumas de Brás Cubas*.

---

17 Jean-Michel Massa, *op. cit.*, p. 506.

18 *Idem, ibidem*, p. 508.

19 Lucia Miguel Pereira, *op. cit.*, p. 139.

Referências Bibliográficas

BOURDIEU, Pierre. *As regras da arte*. São Paulo: Companhia das Letras, 1996.

FAR, Alessandra El. *A encenação da imortalidade*. Rio de Janeiro: FGV/Fapesp, 2000.

GODIM, Eunice Ribeiro. *Vida e obra de Paula Brito*. Rio de Janeiro: Livraria Brasiliana Editora, s.d.

HALEWELL, Lawrence. *Books in Brazil, a History of the Publishing Trade*. Metuchen; Londres: The Scarecrow Press, 1982.

MACHADO DE ASSIS, Joaquim Maria. *Obra completa*. Vol. III. Rio de Janeiro: Nova Aguilar, 1986.

MASSA, Jean-Michel. *A juventude de Machado de Assis*. Rio de Janeiro: Civilização Brasileira, 1971.

PEREIRA, Lucia Miguel. *Machado de Assis*. Belo Horizonte: Itatiaia, 1988.

Machado de Assis e o nacionalismo: O caso das *Americanas*

José Luís Jobim
(Universidade Federal Fluminense)

Há pelo menos três ângulos sob os quais podemos tratar do nacionalismo em Machado de Assis. O primeiro é o de Machado, como crítico, tratando de tópicos referentes ao nacionalismo. O segundo é o da crítica, falando sobre a presença ou ausência de nacionalismo na obra machadiana. O terceiro é a presença da questão nacional na própria obra machadiana. No entanto, é importante assinalar que as possíveis interseções entre Machado e o nacionalismo não têm recebido muita atenção da crítica, da teoria ou da história da literatura no Brasil.

Embora, ao se tocar nos romances da maturidade machadiana, seja basicamente correto afastá-los de afiliações românticas – como faz Roberto Schwarz[1] –, no geral, quando se fala em nacionalismo na obra machadiana como um todo, frequentemente é só para descartá-lo, ou para especificar que Machado se insurgia contra o nacionalismo romântico. Para comprovar, muitas vezes cita-se o famoso texto de 1873 – "Notícia da atual literatura brasileira – Instinto de nacionalidade" –, sem analisá-lo mais detidamente. De fato, nele Machado se refere diretamente a um viés romântico

1 Cf. Roberto Schwarz. "A viravolta machadiana". *Folha de S. Paulo* / Caderno Mais!, 23 de maio de 2004, p. 9: "Entre 1880 e 1908, Machado de Assis escreveu quatro ou cinco romances e algumas dezenas de contos de grande categoria, muito acima do que a ficção brasileira – incluída aí a produção anterior do próprio Machado (1839-1908) – havia oferecido até então. São livros que se afastam da mistura romântica de colorido local, romanesco e patriotismo, ou seja, da fórmula fácil e infalível em que o público leitor da jovem nação se comprazia".

de nacionalismo literário no Brasil, rejeitando especificamente a crença na "cor local" – expressão de Madame de Staël que chegou à literatura brasileira principalmente via Ferdinand Denis e Almeida Garrett.

Neste texto Machado considera "errônea" a opinião que só "reconhece espírito nacional nas obras que tratam de assunto local, doutrina que, a ser exata, limitaria muito os cabedais de nossa literatura".[2] E acrescenta:

> Não há dúvidas que uma literatura, sobretudo uma literatura nascente, deve principalmente alimentar-se dos assuntos que lhe oferece a sua região; mas não estabeleçamos doutrinas tão absolutas que a empobreçam. O que se deve exigir do escritor antes de tudo, é certo sentimento íntimo, que o torne homem do seu tempo e do seu país, ainda quando trate de assuntos remotos no tempo e espaço.[3]

Ao longo deste trabalho, procurarei mostrar sinteticamente que Machado refere-se à chave romântica da cor local, sim, mas amenizando o tom preceptivo dos românticos, dialogando com eles e retornando à questão do nacional. Meu foco principal será a retomada daquele movimento romântico emblematicamente nacionalista – o Indianismo – na poesia machadiana. Para isto, escolherei como objeto *Americanas* (1875), obra que tem recebido pouca ou nenhuma atenção da crítica contemporânea, embora tenha sido alvo de Sílvio Romero, que lhe dedicou um capítulo inteiro de seu famoso livro *Machado de Assis* (1897).

Em meu percurso, Romero servirá para demonstrar que a crítica do final do século XIX também julgava Machado de acordo com o "critério nacionalístico",[4] embora as ressalvas já aparecessem então. Tentarei mostrar também que este "critério nacionalístico" não precisa estar exclusivamente focado na adoção da cor local. E que

---

2 Machado de Assis. "Notícia da atual literatura brasileira – Instinto de nacionalidade" (1873). *Obra completa*. Vol. III. Rio de Janeiro: Nova Aguilar, 1979, p. 803.

3 *Idem*, p. 804.

4 Sílvio Romero. *Machado de Assis; estudo comparativo de literatura brasileira* (1897). Campinas: Editora da Unicamp, 1992.

Romero acaba incorporando a própria perspectiva machadiana, de achar um *instinto de nacionalidade* fora desta chave.

Sílvio Romero, José Veríssimo e o nacionalismo

Sílvio Romero (1851-1914) e José Veríssimo (1857-1916) foram, provavelmente, os críticos mais renomados do Brasil, na passagem do século XIX para o XX. Embora seja verdadeiro afirmar que os dois foram inimigos, que ao longo de suas respectivas carreiras estiveram em posições antagônicas, chamo a atenção para o fato de que, no sistema intelectual brasileiro do século XIX, ambos falavam de um mesmo lugar.

Um *lugar* é constituído por redes públicas de sentido, formadoras de sujeitos. Nele se constituem interpretações públicas simbolicamente mediadas, inclusive sobre o sentido deste lugar e sobre o que significa estar inserido nele. Num lugar, circulam elementos que de alguma forma impõem sentido às experiências singulares dos sujeitos, elementos em relação aos quais estes sujeitos interpretam suas experiências (e os textos que leem), bem como direcionam suas ações. Em outras palavras, o lugar é sempre fonte de pré-concepções que de alguma maneira contribuem para a elaboração de nossa fala, pois nele se situa o sistema de referências desta fala – incluindo determinado universo de temas, interesses, termos etc. –, sistema que sempre já estabelece um limite dentro do qual nosso campo de enunciação se define.

Ambos viveram no Rio de Janeiro – sede da corte, no Império, e depois capital da República –, onde foram jornalistas, professores da mais prestigiosa instituição educacional da época (o Colégio Pedro II) e membros da Academia Brasileira de Letras, fundada e presidida por Machado de Assis, entre outras atividades intelectuais. Assim, não é de admirar que ambos sofressem forte influência de correntes de pensamento que ali eram moda naquela época – o positivismo, o darwinismo, cientificismos de vários matizes.[5] E ambos trabalharam a questão do nacional numa chave herderiana. O que quer dizer isto?

5 Para uma discussão recente sobre o sistema intelectual brasileiro no século XIX, cf. Maria Elizabeth Chaves de Mello. *Lições de crítica; conceitos europeus, crítica literária e literatura crítica*

Para Romero e Veríssimo, o "meio" brasílico e a "raça" eram fatores importantes a serem considerados, no exame de obras e autores. Se isto significa pagar tributo a Taine e seus epígonos, fato muito em voga na época em que o complexo Realismo-Naturalismo-Parnasianismo estava vigente, também não podemos ignorar que, numa concepção do nacional como "identidade herdada", a nacionalidade é uma herança que se recebe ao nascer em determinada terra, pertencer a determinada raça e falar determinada língua.[6] Por consequência, a partir desta concepção, crê-se que, independente da vontade do indivíduo, ele já adquire, ao nascer, o espírito ou a alma do povo a que pertence. Isto permite que se produzam frases do tipo "O brasileiro [argentino, francês, norte-americano, alemão] é assim", já que se presume que há uma "alma" ou "espírito" do povo [argentino, francês, norte-americano, alemão] que se adquire inevitavelmente e que está ligada ao sujeito nacional de modo inescapável.

Quando Sílvio Romero, em sua agressiva obra contra Machado de Assis[7] desqualifica o humor machadiano, dizendo que é importado dos ingleses, por exemplo, ele presume uma "alma" inglesa cuja identidade teria como uma de suas características o humor.[8] Da mesma forma, ele desqualifica o "pessimismo" machadiano, porque este não seria elemento constitutivo da "alma" brasileira:

> nós os brasileiros não somos em grau algum um povo de pessimistas. Em nossa alma nacional, em nossa psicologia étnica não se encontram as tremendas tendências de desalento mórbido e de resignação consciente diante da miséria, da mesquinhez, do nada incurável da existência humana.[9]

---

no Brasil do século XIX. Niterói: EDUFF, 1997; João Cezar de Castro Rocha. *Literatura e cordialidade*: o público e privado na cultura brasileira. Rio de Janeiro: EDUERJ, 1998.

6 José Luís Jobim. "Nacionalismo e Globalização". In: *Formas da teoria; sentidos, conceitos, políticas e campos de força nos estudos literários*. 2.ª ed. Rio de Janeiro: Caetés, 2003.

7 Sílvio Romero, *op. cit.*

8 Cf. Araripe Júnior. "Machado de Assis" (1895). In: *Obra crítica de Araripe Júnior*. Vol. III. Rio de Janeiro: MEC/ Casa de Rui Barbosa, 1963, p. 7: "O português não tem o temperamento humorístico". Araripe diz também que o *humour* é "produto exclusivo da raça anglo-saxônica".

9 Sílvio Romero, *op. cit.*, p. 255.

Destaque-se que tanto Romero quanto Veríssimo tematizaram a questão da "mestiçagem", embora não nos mesmos termos. Assim, a ideia de "uma terra, uma raça e uma língua", base do nacionalismo de identidade herdada, sofre uma alteração. A especificidade não será vista por Veríssimo, por exemplo, como derivada da "pureza" de uma raça única, mas da fusão de diversas raças:

> O nosso meio geográfico não foi obstáculo ao desenvolvimento dos germes aqui postos pela herança portuguesa. À costa brasileira, onde eles foram lançados, abrolharam e se desenvolveram, conquanto quente, não cabe a qualificação de extremo calor, que é ali moderado pelos ventos marítimos, pela umidade das florestas e dos numerosos, e alguns consideráveis rios, que as cortam. Gente do sul da Europa, como a portuguesa, ali se aclimataria, como se aclimatou facilmente, e prolificando com o gentio e o negro daria o mestiço, fundo da nossa nacionalidade, donde justamente sairiam os representantes mais eminentes da nossa inteligência nacional, nas artes, nas letras, na política.[10]

Interessante será, então, notar como cada um destes críticos associará a questão do nacional à obra de Machado de Assis, como veremos a seguir.

Romero e Veríssimo: a nacionalidade em Machado de Assis

Como se sabe, Sílvio Romero dedicou um livro inteiro a Machado de Assis.[11] Este livro parece ser uma espécie de resposta a uma crítica que Machado lhe fez, quando Romero estava em início de carreira. Romero a considerou uma "sova" e resolveu revidar, quase duas décadas depois. Mas vamos aos fatos.

---

10 José Veríssimo. *Teoria, crítica e história literária*. Seleção e apresentação de João Alexandre Barbosa. São Paulo: Edusp/LTC, 1977, p. 49-50.

11 Sílvio Romero, *op. cit.*

Em dezembro de 1879, veio à luz na *Revista Brasileira* o artigo "A nova geração", no qual Machado, além de descartar o Realismo como doutrina e qualificar Romero como "um dos mais estudiosos representantes da geração nova", "laborioso e hábil", desqualifica-o como escritor e poeta. Segundo Machado, faltava estilo aos textos não literários ("... não me refiro às flores de ornamentação, à ginástica de palavras; refiro-me ao estilo, condição indispensável do escritor, indispensável à ciência."), lacuna que – na educada previsão do articulista – Romero "preencherá com o tempo", já que seus textos seriam "documentos louváveis de estudo e aplicação".[12] Quanto aos textos poéticos, Machado é mais direto:

> Os *Cantos do fim do século* podem ser também documento de aplicação, mas não dão a conhecer um poeta; e para tudo dizer numa só palavra, o Sr. Romero não possui a forma poética.[13]

Quase vinte anos depois, Romero deixa claro que está respondendo àquela crítica de 1879: "Não retruquei [ao artigo de 1879] e o faço agora".[14] Ele avalia que a crítica em começo de carreira podia ser devastadora para um candidato a escritor, no Brasil de então:

> É uma questão de começo de carreira, de jeito de aparecer: se o candidato, por qualquer circunstância, deu no gosto, agradou ao paladar dos noticiaristas e pilhou um elogio, pode contar que está de carreira feita. O público, *more pecoris*, não desmancha mais o seu juízo; o homem pode daí por diante dizer tolices a fartar. Se, porém o malfadado, por qualquer motivo, teve a desventura de desagradar, leva como batismo uma sova, e daí por diante está perdido.[15]

---

12 Machado de Assis. "A nova geração" (1879). *Obra completa*. Vol. III. Rio de Janeiro: Nova Aguilar, 1979, p. 828.

13 *Ibidem*.

14 Sílvio Romero, *op. cit.*, p. 74.

15 *Idem*, p. 56.

Visto que a outra desafeição famosa de Sílvio Romero era justamente José Veríssimo, grande admirador da obra machadiana, não surpreende que ele aproveite para criticar, ao mesmo tempo, o romancista e o crítico literário, sob vários aspectos. Como o meu enfoque, neste trabalho, é o nacionalismo, é a este aspecto que me dedicarei. Começo então por dizer que Romero cita as próprias palavras de Veríssimo sobre Machado, para discutir a questão. Vejamos a citação:

> *A obra literária do Sr. Machado de Assis não pode ser julgada segundo o critério que peço licença para chamar nacionalístico. Esse critério, que é o princípio diretor da* História da Literatura Brasileira *e de toda a obra crítica do Sr. Sílvio Romero, consiste, reduzido à sua expressão mais simples, em indagar o modo por que um escritor contribuiu para a determinação do caráter nacional, ou, em outros termos, qual a medida do seu concurso na formação de uma literatura, que por uma porção de caracteres diferenciais se pudesse chamar conscientemente brasileira.*
> Um tal critério, aplicado pelo citado crítico e por outros à obra do Sr. Machado de Assis, certo daria a esta uma posição inferior em nossa literatura. Parece-me, porém, que legítimo de certo modo, é por demais estreito para formarmos dele um princípio exclusivo da crítica. *Se a base de uma literatura qualquer é o sentimento nacional, o que faz grande e enriquece não é unicamente esse sentimento. Estreitaríamos demais o campo da atividade literária dos nossos escritores se não quiséssemos reconhecer no talento com que uma obra é concebida e executada um critério do seu valor, independentemente de uma inspiração mais pegada à vida nacional. Por isso a do Sr. Machado de Assis deve ser encarada a outra luz* e, sobretudo, sem nenhum preconceito de escolas e teorias literárias.
> *Se houvéssemos, por exemplo, de julgá-la conforme o critério a que chamei de nacionalístico, ela seria nula ou quase nula,* o que basta, dado o seu valor incontestável, para mostrar quão injusto pode ser às vezes o emprego sistemático de fórmulas críticas. Eu por mim cada vez acredito menos nelas.[16]

16 *Idem*, p. 64-65, grifos meus.

Romero, sem meias palavras, afirma que "o Sr. José Veríssimo não tem absolutamente razão". Segundo ele, Machado podia e devia ser julgado pelo "critério nacionalístico", pois "presta-se à operação e não sai amesquinhado dela".[17] O interessante é verificar que a argumentação de Romero busca desmentir qualquer tentativa de associar seu suposto "critério" ao projeto romântico de tratar de *assuntos* nacionais.

Talvez ele queira tornar claro que o cerne do projeto de construção da nacionalidade, empreendido pela geração romântica no Brasil – com seus levantamentos topográficos, descrições detalhadas de vários aspectos da vida nacional, crônicas ou dissertações sobre etnografia, inventários da flora e da fauna, biografias de brasileiros ilustres, que passariam, então, a ser considerados patrimônio comum da nação recém-independente –, não é exatamente o seu. Por isto, produz argumentos que contradizem a necessidade de *cor local*, de referentes nacionais explícitos para a produção literária, ideia extremamente influente naquela geração. Contudo, como veremos, ao produzir seus argumentos, Romero vai acabar usando linhas de raciocínio do próprio Machado de Assis, em seu famoso artigo "Notícia da atual literatura brasileira – Instinto de nacionalidade", publicado em 1873.

Depois de afirmar que "O espírito nacional não está estritamente na escolha do tema, na eleição do assunto", Romero explica:

> O caráter nacional, esse *quid* quase indefinível, acha-se, ao inverso, na índole, na intuição, na visualidade interna, na psicologia do escritor. (...) Tome Machado de Assis um motivo, um assunto entre as lendas eslavas, há de tratá-lo sempre como um brasileiro, quero dizer, com aquela maneira de sentir e pensar, aquela visão interna das coisas, aquele *tic*, aquele *sestro* especial, se assim devo me expressar, que são o modo de representação espiritual da inteligência brasileira.
>
> Não há livro menos alemão pelo assunto que o *Faust*, não existe outro mais alemão pelo espírito. O tema é universal, é humano, a execução é germânica.
>
> Machado de Assis não sai fora da lei comum, não pode sair, e ai dele, se saísse. Não teria valor. Ele é um dos nossos, um genuíno representante

17 *Idem*, p. 65-66.

> da sub-raça brasileira cruzada, por mais que pareça estranho tocar neste ponto.[18]

Chama a atenção o emprego por Sílvio Romero da mesma linha de argumentação usada por Machado em 1873, quando este último diz ser errado reconhecer "espírito nacional" apenas em obras que tratem de assunto local, já que o autor pode tratar de assuntos remotos no tempo e no espaço e fazê-lo com um espírito nacional:

> perguntarei (...) se o *Hamlet*, o *Otelo*, o *Júlio César*, a *Julieta e Romeu* [sic] têm alguma coisa com a história inglesa nem com o território britânico, e se, entretanto, Shakespeare não é, além de um gênio universal, um poeta essencialmente inglês.[19]

Se em Machado se ressalta o "universal" concomitantemente ao "nacional", é relevante notar que, naquilo que diz respeito ao nacional, há uma flagrante semelhança entre a argumentação de Sílvio Romero e a de Machado de Assis. Ou seja, ambos empregam concepção análoga de "espírito nacional", presumindo uma certa herança recebida ao nascer no Brasil, supondo que, independente da vontade do autor, o espírito ou a alma do povo a que pertence se manifesta em sua obra, mesmo quando ele não está falando diretamente de seu povo ou de sua terra. Trata-se, portanto, de um certo tipo de nacionalismo, que funciona predominantemente na chave do "caráter nacional", por assim dizer, diferentemente daquele que tinha como pressuposto absoluto a "cor local".

Talvez seja por isso que Afrânio Coutinho diz que, mesmo quando o Romantismo se esgotou como fonte de inspiração literária, não por isto desapareceu a preocupação com a busca do caráter nacional da literatura brasileira.[20] A seguir, tentarei

18 *Idem*, p. 66.

19 Machado de Assis. "Notícia da atual literatura brasileira", *op. cit.*, p. 804.

20 Afrânio Coutinho. *Caminhos do pensamento crítico*. Rio de Janeiro: Americana/Prolivro, 1974, p. 4.

mostrar como o Romantismo ainda não se esgotara, em 1875, como referência literária para Machado de Assis, em suas *Americanas*.

Americanas

Em texto publicado já em dezembro de 1879, na *Revista Brasileira*, Machado adverte que a nova geração "chasqueia às vezes do Romantismo", mas que, se o "destino da musa romântica" é ser substituída pelos moços, haveria nisto uma certa ingratidão: "A alguns deles, se é a musa nova que os amamenta, foi aquela grande moribunda [a musa romântica] que os gerou; e até os há que ainda cheiram ao puro leite romântico".[21] Como o próprio Machado não tem uma posição de desdém absoluto em relação ao Romantismo – posição que, aliás, ele critica –, então não soará tão estranho afirmar aqui o tributo que suas *Americanas* pagam àquela "grande moribunda".

As *Americanas* são um legítimo descendente do Indianismo, esta vertente do Romantismo que até hoje é vista como exemplo destacado do nacionalismo romântico no Brasil.[22] E, quando se trata do Indianismo, é preciso assinalar, antes de mais nada, que Machado não teve sempre a mesma opinião sobre este tema, ao longo de sua carreira.

Em 1858, falando do *Uraguai*, de Basílio da Gama, diz que a obra "Não era nacional, porque era indígena, e a poesia indígena, bárbara, a poesia do *boré* e do *tupã*, não é a poesia nacional". Acrescenta, então: "O que temos nós com essa raça, com esses primitivos habitadores do país, se os seus costumes não são a face característica da nossa sociedade?"[23] Já em 1866, ao resenhar *Iracema*, de José de Alencar, ele modifica o tom:

---

21 Machado de Assis. "A nova geração", *op. cit.*, p. 810.

22 Cf. José Luís Jobim. "Indianismo, nacionalismo e raça na cultura do Romantismo". In: *Formas da teoria; sentidos, conceitos, políticas e campos de força nos estudos literários*. 2ª ed. Rio de Janeiro: Caetés, 2003.

23 Machado de Assis. "O passado, o presente e o futuro da literatura" (1858). *Obra completa*. Vol. III. Rio de Janeiro: Nova Aguilar, 1979, p. 785.

> se a história e os costumes indianos inspiraram poetas como José Basílio, Gonçalves Dias, e Magalhães, é que se podia tirar dali criações originais, inspirações novas.[24]

E, mais tarde ainda, em 1873, ele faz a seguinte avaliação:

> [Depois de Gonçalves Dias] Houve (...) uma espécie de reação. Entrou a prevalecer a opinião de que não estava toda a poesia nos costumes semibárbaros anteriores à nossa civilização, o que era verdade, – e não tardou o conceito de que nada tinha a poesia com a existência da raça extinta, tão diferente da raça triunfante, – o que parece um erro.
> É certo que a civilização brasileira não está ligada ao elemento indiano nem dele recebeu influxo algum; e isto basta para não ir buscar entre as tribos vencidas os títulos da nossa personalidade literária. Mas, se isto é verdade, não é menos certo que tudo é matéria de poesia, uma vez que traga as condições do belo ou os elementos de que ele se compõe. (...) Erro seria constituí-lo [o elemento indiano] um exclusivo patrimônio da literatura brasileira; erro igual fora certamente a sua absoluta exclusão.[25]

Dois anos depois desta avaliação, Machado publica *Americanas*. O próprio título deste livro já remete claramente a Gonçalves Dias, que intitulou "Poesias americanas" tanto a parte inicial dos *Primeiros cantos* (1846) quanto a dos *Últimos cantos* (1851).

A expressão "americanas" parece, assim, indicar uma certa tipologia textual associada ao conteúdo daquelas seções das obras de Gonçalves Dias, não sendo à toa que Sílvio Romero diz que o Romantismo brasileiro "passou pelo período do *americanismo*".[26] Nestas partes iniciais das obras de 1846 e 1851 do poeta maranhense, estão todos os seus mais famosos poemas indianistas, além da "Canção do exílio"

24 Machado de Assis. "José de Alencar: *Iracema*" (1866). *Obra completa*. Vol. III. Rio de Janeiro: Nova Aguilar, 1979, p. 848.

25 Machado de Assis. "Notícia da atual literatura brasileira", *op. cit.*

26 Sílvio Romero, *op. cit.*, p. 44.

– talvez a mais popular das suas composições –, que abre a obra de 1846. Assim, não admira que a maioria dos poemas do livro de Machado tenha temática indígena. Machado, inclusive, dedica um poema justamente a Gonçalves Dias, a quem chama de "cantor da América" e cita explicitamente na nota K.[27]

Já no primeiro texto de *Americanas*, "Potira", a heroína, uma índia tamoia cristianizada, é capturada por Anagê, chefe indígena que deseja tê-la como sua mulher, e acaba por matá-la, porque ela não cede ao seu desejo. O problema, do ponto de vista de Anagê, é que Potira adotou a religião dos jesuítas:

> uma por uma
> As filhas de Tupã correm trás eles [os padres],
> Com elas os guerreiros, e com todos
> A nossa antiga fé. Vem perto o dia
> Em que, na imensidão destes desertos,
> Há de ao frio luar das longas noites
> O pagé suspirar sozinho e triste
> Sem povo nem Tupã![28]

O trecho ecoa Gonçalves Dias, em "O canto do piaga", quando o espectro revela ao piaga que o europeu vem trazer "algemas pesadas/ com que a tribo tupi vai gemer" e completa: "fugireis procurando um asilo,/ Triste asilo por ínvio sertão;/ Anhangá de prazer há de rir-se,/ Vendo os vossos quão poucos serão".[29]

O poema "A visão de Jaciúca" apresenta um paralelismo ainda maior. Neste, em função semelhante à do espectro que traz aquela visão terrível do futuro ao feiticeiro indígena, temos Içaíba, bravo guerreiro morto, que aparece a Jaciúca, "duro chefe da indomável tribo",[30] para também adverti-lo de que "umas gentes estranhas" farão

27 Machado de Assis. *Americanas* (1875). *Poesias completas*. Rio de Janeiro: Garnier, 1902, p. 368, p. 254-259

28 *dem*, p. 368, p. 186.

29 Gonçalves Dias. *Poesia e prosa completas*. Rio de Janeiro: Nova Aguilar, 1998, p. 110-111.

30 Machado de Assis. *Americanas, op. cit.*, p. 368, p. 247.

as tribos fugirem e cederem "com sangue,/ A virgem terra ao bárbaro inimigo".[31] A alusão à escravidão (observe-se acima a menção às "algemas pesadas") é outro ponto de contato: "Era a morte/ A menor das angústias; vi curvada/ E cativa rojar no pó da terra/ A fronte do guerreiro".[32] No entanto, há uma novidade: é a proposta do guerreiro morto a Jaciúca – parar de fazer guerra com outras tribos indígenas: "Salva ao menos as últimas relíquias/ desta nação vencida; não se rasguem/ Peitos que irmãos ao mesmo sol nasceram/ E Anhangá fez contrários".[33]

Outra vertente indianista com ressonâncias em Machado é a de José de Alencar. Lembremo-nos de que na resenha de *Iracema*, publicada no *Diário do Rio de Janeiro* por Machado em 1866, ele chama a atenção sobre o rótulo "escola americana", atribuído ao "movimento que atraiu as musas nacionais para o tesouro das tradições indígenas", e, embora critique este rótulo, emprega-o repetidamente na resenha.[34]

As notas explicativas de Machado sobre os poemas de suas *Americanas* igualmente lembram muito a técnica de José de Alencar em *Iracema* e *Ubirajara*, romances com notas de rodapé, por assim dizer. A *Corografia Brasílica* – onde se publicou pela primeira vez a Carta de Pero Vaz Caminha – é também fonte de ambos para observações históricas que fazem, mas Machado é mais econômico que Alencar, nas referências a cronistas. No poema "Potira", é interessante também observar a dupla referência em notas ao padre Simão de Vasconcelos – *Notícias antecedentes, curiosas e necessárias das cousas do Brasil* e *Crônica da Companhia de Jesus do Estado do Brasil*.

Na verdade, informa-nos José Antonio Andrade de Araujo[35] que se trata de uma mesma obra, pois as *Notícias antecedentes, curiosas e necessárias das cousas do Brasil* foram publicadas como introdução à *Crônica da Companhia de Jesus do Estado do Brasil*, em 1663, mas foram cortados pela censura, tendo sido recolhidos os exemplares já em circulação. Em 1668, Simão de Vasconcelos publicou a introdução à *Crônica*, que havia sido censurada, sob o título *Notícias curiosas e necessárias das cou-*

31 *Idem*, p. 250.

32 *Idem*, p. 251.

33 *Idem*, p. 252.

34 Machado de Assis. "José de Alencar: *Iracema*", *op. cit.*

35 Simão de Vasconcelos. *Notícias antecedentes, curiosas e necessárias das cousas do Brasil*. http://www.professores.uff.br/jaaa/noticias/. Acesso em 2 de maio de 2004.

sas do Brasil (1668), que teve ainda uma segunda edição realizada pela Imprensa Nacional, no Rio de Janeiro, em 1824. Machado pode tê-la consultado.

Quanto à *Crônica*, ganhou segunda edição portuguesa em 1865, e teve edição impressa no Rio de Janeiro, sob a responsabilidade do cônego Joaquim Caetano Fernandes Pinheiro – figura importante no circuito cultural da cidade. Cabe ressaltar, contudo, que Vasconcelos diz que o primeiro "nome que teve esta parte da América, de que escrevemos, foi Terra de Santa Cruz", e o "segundo nome que teve, foi o de *América*; este tomou daquele insigne geógrafo, chamado Américo Vespúcio".[36] Haveria aí mais uma interseção com o título da obra de Machado?

Observe-se, além disso, que Machado explicitamente pressupõe que *Americanas* já encontra um público leitor familiarizado com as convenções indianistas, pois na Nota I afirma o seguinte, sobre a palavra tupi "cauim":

> É ocioso explicar em notas o sentido desta palavra e de outras, como *pocema, mussurana, tangapema, kanitar*, com as quais todo o leitor brasileiro está já familiarizado, graças ao uso que delas têm feito poetas e prosadores. É também desnecessário fundamentar com trechos das crônicas a cena do sacrifício do prisioneiro, na estância XI; são coisas comesinhas.[37]

Por tudo o que foi dito até agora, pode-se concluir que Machado, à época da publicação de *Americanas*, acredita que o horizonte de leitura do público de então ainda mantinha vivo como referência familiar o Indianismo. *Americanas* parece ser uma obra arquitetada sob o pressuposto de que recursos e temas daquele movimento ainda faziam parte do repertório de preferências dos leitores, permanecendo, portanto, vivos no sistema de referências de leitura daquele tempo.

Astrogildo Pereira, um dos mais instigantes estudiosos da obra machadiana, acredita que "só a partir da década de 1870 começam a conjugar-se mais articuladamente as condições objetivas e subjetivas que tornariam possível o delineamento

36 *Idem*, grifo meu.

37 Machado de Assis. *Americanas, op. cit.*, p. 368.

estável da nacionalidade em suas múltiplas feições de natureza econômica, política e cultural".[38] Parece que, neste delineamento, há um lugar – ainda que questionado e questionável – reservado ao caminho anteriormente trilhado, entre outros, por Gonçalves Dias e José de Alencar, já que, ao que tudo indica, Machado, em 1875, estava atendendo a uma tendência ainda presente no gosto de então, quando escolheu publicar *Americanas*, retomando uma tradição cultural na qual se enraízam os primeiros passos de um certo nacionalismo na literatura brasileira.

Referências Bibliográficas

ARARIPE JÚNIOR. "Machado de Assis". In: *Obra crítica de Araripe Júnior*. Vol. III. Rio de Janeiro: MEC/ Casa de Rui Barbosa, 1963 [1895].

COUTINHO, Afrânio. *Caminhos do pensamento crítico*. Rio de Janeiro: Americana/ Prolivro, 1974.

DIAS, Gonçalves. *Poesia e prosa completas*. Rio de Janeiro: Nova Aguilar, 1998.

JOBIM, José Luís. "Nacionalismo e Globalização". In: *Formas da teoria; sentidos, conceitos, políticas e campos de força nos estudos literários*. 2ª ed. Rio de Janeiro: Caetés, 2003.

_______. "Indianismo, nacionalismo e raça na cultura do Romantismo". In: *Formas da teoria; sentidos, conceitos, políticas e campos de força nos estudos literários*. 2.ª ed. Rio de Janeiro: Caetés, 2003.

MACHADO DE ASSIS, Joaquim Maria. *Americanas. Poesias completas*. Rio de Janeiro: Garnier, 1902 [1875].

_______. "A nova geração". *Obra completa*. Vol. III. Rio de Janeiro: Nova Aguilar, 1979 [1879].

_______. "José de Alencar: *Iracema*". *Obra completa*. Vol. III. Rio de Janeiro: Nova Aguilar, 1979 [1866].

38 Astrojildo Pereira. *Machado de Assis*. Rio de Janeiro: Livraria São José, 1958, p. 65.

_____. "Notícia da atual literatura brasileira – Instinto de nacionalidade". *Obra completa*. Vol. III. Rio de Janeiro: Nova Aguilar, 1979 [1873].

_____. "O passado, o presente e o futuro da literatura". *Obra completa*. Vol. III. Rio de Janeiro: Nova Aguilar, 1979 [1858].

MELLO, Maria Elizabeth Chaves de. *Lições de crítica; conceitos europeus, crítica literária e literatura crítica no Brasil do século XIX*. Niterói: EDUFF, 1997.

PEREIRA, Astrojildo. *Machado de Assis*. Rio de Janeiro: Livraria São José, 1958.

ROCHA, João Cezar de Castro. *Literatura e cordialidade: o público e o privado na cultura brasileira*. Rio de Janeiro: EDUERJ, 1998.

ROMERO, Sílvio. *Machado de Assis; estudo comparativo de literatura brasileira*. [1897]. Campinas: Editora da Unicamp, 1992.

SCHWARZ, Roberto. "A viravolta machadiana". *Folha de São Paulo* Caderno Mais!, 23 de maio de 2004.

VASCONCELOS, Simão de. *Notícias antecedentes, curiosas e necessárias das cousas do Brasil*. http://www.professores.uff.br/jaaa/noticias. Acesso em 2 de maio de 2004.

VERÍSSIMO, José. *Teoria, crítica e história literária*. Seleção e apresentação de João Alexandre Barbosa. São Paulo: Edusp/LTC, 1977.

Machado de Assis

José Saramago

Foi pela porta das *Memórias Póstumas de Brás Cubas* que entrei na obra de Machado de Assis. A minha edição, a quarta, publicada em 1914 pela Livraria Garnier, apresenta um prólogo em que o autor alude aos escritores que influíram em Brás Cubas, e aí saem, inevitavelmente, Sterne e Xavier de Maistre. Todos os escritores, quer os autodidactas como Machado de Assis, quer os que foram beijados na fronte pelas musas e por uma mãe furiosamente intelectual como Elias Canetti, são filhos do que leram e de si mesmos. Esses são os seus verdadeiros pais. Ora, ao menos que eu recorde, não se tem falado de Diderot na hora de dilucidar as influências (portanto as leituras) de Machado de Assis. Dir-me-ão que se Brás Cubas não fala de Diderot é simplesmente porque não o teria lido. É possível. Mas então ninguém me tirará da cabeça que foi Diderot quem leu a Brás Cubas...

Quincas Borba em *A Estação*

Marcus Vinicius Nogueira Soares
(Universidade do Estado do Rio de Janeiro)

Em 15 de junho de 1886, o periódico *A Estação*: *Jornal Ilustrado para a Família* deu início à divulgação do romance *Quincas Borba*, de Machado de Assis. De imediato, pode parecer surpreendente o fato da revista quinzenal editada por Lombaerts se tratar de uma publicação de moda, rica em estampas e reclames publicitários, que indicava às leitoras o uso adequado dos mais recentes figurinos de Paris. E o que surpreende ainda mais é quando se constata que Machado de Assis não só escreveu o referido romance, como também foi um assíduo colaborador da revista desde o seu início, em 1879. Para que não se pense que me refiro apenas à história do provinciano Rubião como fruto dessa colaboração, o que já seria suficiente para garantir a importância da parceria, lembro outros dois textos, "O alienista" e *Casa Velha*.[1] A lista se tornaria maior, se incluísse aqui os contos, mesmo que me restringisse aos que reapareceram mais tarde nas coletâneas *Papéis avulsos* e *Histórias sem datas*. Vale ainda acrescentar que, como lembra Marlyse Meyer, a participação machadiana também pode estar relacionada à transformação do modelo francês da revista, *La saison*, publicada no Brasil desde 1872, em *A estação*, como passaria a ser intitulada a partir de 1879. Esse novo formato teve o acréscimo de uma Parte Literária, provavelmente dirigida pelo autor de *Brás Cubas*, sem contar a sua colaboração na elaboração de textos não propriamente literários, como editoriais etc.[2]

---

1 Sigo a sugestão de John Gledson de que *Casa velha* seria romance e não conto.

2 Marlyse Meyer. "Estações". In: *Caminhos do imaginário no Brasil*. São Paulo: Edusp, 2001, p. 76.

Sem dúvida, a presença constante de Machado de Assis numa revista de moda pode nos causar surpresa, em se tratando do revolucionário autor das *Memórias póstumas de Brás Cubas*, embora o início de sua atuação em *A Estação* fosse anterior à publicação destas, e, principalmente, quando o resultado dessa cooperação corresponde a uma obra como *Quincas Borba*. Talvez nenhum leitor se admirasse ao encontrar na mesma revista os adornados textos de Olavo Bilac, Raimundo Correa, Alberto de Oliveira, Artur Azevedo, Lúcio de Mendonça, Luiz Murat, entre outros dignos representantes da escola parnasiana, autores que mais tarde compartilhariam com o próprio Machado o título de membros-fundadores da Academia Brasileira de Letras.[3]

Poder-se-ia argumentar, também, que a surpresa é suscitada apenas por se tratar de uma publicação de moda. Desde *A mão e a luva*, Machado vinha divulgando os seus romances em periódicos, inclusive *Brás Cubas*, logo não pareceria nem um pouco inusitado que, naquele momento, ele utilizasse mais uma vez esse veículo de divulgação. Ora, o argumento não parece apresentar problemas quando se pensa em *A mão e a luva*, *Helena*, *Iaiá Garcia*, romances cujas estruturas narrativas se mostram adequadas ao modo periódico de publicação, mas o mesmo não poderia ser dito a respeito de *Brás Cubas*. Todavia, cabe aqui uma ressalva: a *Revista brasileira* era uma publicação eminentemente literária que estampava em suas páginas textos das mais recentes propostas crítico-historiográficas de então, podendo, assim, comportar, sem nenhum sobressalto, um experimento narrativo como o realizado por Machado no seu romance de 1880.

Considerando, então, os cincos romances machadianos que tiveram as suas primeiras aparições públicas em periódicos, posso reduzir as argumentações e ressalvas acima a uma única formulação: se, por um lado, *Quincas Borba* não remete ao padrão narrativo dos três romances que antecedem imediatamente *Brás Cubas*, por outro, seguindo de perto as experiências inauguradas por este, a história de Rubião se encontraria deslocada no interior de um veículo *a priori* pouco adequado a esse tipo de experimentação; e a inadequação se tornaria ainda mais evidente se comparássemos

3 Cabe ainda destacar outros colaboradores de *A Estação* não pertencentes à Academia: Luiz Delfino, Júlia Lopes de Almeida, Moraes Silva e Pardal Mallet, este último, tendo morrido três anos antes da fundação, foi escolhido por Pedro Rabelo patrono da cadeira número 30. Ver Pardal Mallet. *Hóspede*. Rio de Janeiro: Editora Três, 1974, p. 12.

A Estação com os periódicos onde Machado publicou os seus romances entre os anos de 1874 e 1878, no caso, *O Globo* e *O Cruzeiro*.[4] Essa rápida formulação parece justificar plenamente o efeito de surpresa causado pela incongruência de um texto "certo" em lugar "errado", muito embora a sua força argumentativa se fundamente na omissão da seguinte pergunta: sob quais condições de publicação e recepção essa suposta incongruência produz o efeito de surpresa?

Quincas Borba: Apêndice

Ao que tudo indica, a reação de surpresa pode ser creditada à recepção crítica que se estabeleceu a partir do século XX, cuja apreciação da obra machadiana se deve quase exclusivamente à leitura dos seus textos em livro. De certa maneira, um dos modos mais característicos de difusão de textos literários no século XIX, o periódico, onde inúmeros autores, de Macedo a Alencar, se consagraram antes mesmo de Machado, parecia não fazer parte dos aspectos ressaltados na abordagem crítica de sua obra, a não ser quando o enfoque analítico esteve voltado para a sua produção estritamente jornalística, a crônica. É como se, em certo sentido, Machado atuasse em campos absolutamente distintos e incomunicáveis, podendo, inclusive, o exercício de uma carreira ser prejudicial à outra, como sugeriu José Veríssimo: "Ele nunca foi jornalista, senão de passagem e sem sacrifício de sua personalidade literária".[5]

Sob esse prisma, o trabalho iniciado, em 1958, pela Comissão Machado de Assis de elaboração das edições críticas de grande parte de sua obra abriu novas possibilidades interpretativas. Além da tarefa de publicar textos fidedignos, o que por si só atestaria a importância da empresa, a Comissão tornou ainda acessível um material até então inédito, em especial, um volume em forma de apêndice com a íntegra do texto do *Quincas Borba* tal como ele apareceu estampado nas páginas de *A Estação* entre os anos de 1886 e 1891.

4 Em *O Globo*: *A mão e a luva* (26/09/1874 a 03/11/1874) e *Helena* (06/08/1876 a 11/09/1876); em *O Cruzeiro*: *Iaiá Garcia* (01/01/1878 a 02/03/1878).

5 José Veríssimo. "O Sr. Machado de Assis". In: Ubiratan Machado (org.). *Machado de Assis: roteiro da consagração*. Rio de Janeiro: EdUERJ, 2003, p. 154.

Contudo, apesar da importância do volume, a repercussão não foi imediata. Em 1986, John Gledson, ressaltando as diferenças significativas das duas versões, escrevia: "[é] surpreendente que não haja ainda nenhuma descrição adequada, sistemática, das alterações feitas por Machado".[6] E para não dizer que o trabalho da Comissão passara em branco, Gledson remete a dois ensaios que se basearam na edição apêndice do *Quincas Borba*: o de Augusto Meyer, de 1964, e o de John Kinnear, de 1976.[7]

Anos depois, em 1993, Marlyse Meyer voltaria a considerar as diferentes versões do *Quincas Borba*, não propriamente motivada pelo apêndice – segundo a autora, só soube da existência do exemplar através do texto de Gledson, depois de já iniciada a pesquisa. Ao se deparar com *A Estação* no decorrer do seu trabalho de investigação de periódicos femininos do século XIX, Marlyse Meyer envereda pela leitura do quinzenário editado por Lombaerts com um propósito:

> atender a uma curiosidade: que pitéus forneceria uma revista tão nitidamente feminina para alimentar o imaginário de suas "gentis leitoras"? Inesperada resposta. Era fina, a iguaria, já que, desde o primeiro número, foi-me revelado assíduo fornecedor, Machado de Assis.[8]

A surpresa acabou por levá-la por um caminho distinto do inicialmente planejado, desvio que lhe provocaria admiração ainda maior à medida que fazia o levantamento, fascículo por fascículo, da presença machadiana na revista: "e, a 15 de junho de 1886, EMOÇÃO! Tanto maior que a minha ignorância me reservava uma surpresa total. Os capítulos I e II do *Quincas Borba*".[9]

Obviamente, o meu interesse pelo depoimento de uma pesquisadora da importância de Marlyse Meyer não se deve à constatação do que por ela já foi assumido, ou

---

6 John Gledson. "Quincas Borba". *Machado de Assis: ficção e história*. Rio de Janeiro: Paz e Terra, 1986, p. 69.

7 Augusto Meyer. "Quincas Borba em variantes". In: *A chave e a máscara*. Rio de Janeiro: O Cruzeiro, 1964; John Kinnear. "Machado de Assis: to believe or not to believe". *Modern Language Review* 71, 1976.

8 Augusto Meyer, *op. cit.*, p. 73.

9 *Idem*, p. 95.

seja, o desconhecimento do fato de que *Quincas Borba* fora primeiramente publicado na *Estação*. Até porque, a meu ver, o desenvolvimento do seu texto procura preencher a lacuna deixada pela breve fortuna crítica relacionada ao aparecimento do apêndice e que consiste na pouca atenção dedicada às condições de publicação da primeira redação pública do *Quincas Borba*. Nesse sentido, o que me parece imprescindível no texto de Marlyse Meyer é que o fato, até então desconhecido, não se torna apenas um dado que, depois de mencionado, desaparece, deixando de figurar como elemento constitutivo do trabalho de comparação das diferentes versões. Daí a autora poder enunciar a seguinte questão: "qual teria sido a parte do próprio jornal na construção imaginária de Machado? Na composição e escrita de textos que a peculiar contingência de publicação periódica obrigava a seriar, a fragmentar, portanto".[10]

No que se segue, procurarei tratar a questão.

Quincas Borba em *A Estação*

Quincas Borba foi publicado entre os dias 15 de junho de 1886 e 15 de setembro de 1891, tendo o seu texto sido impresso em noventa e três números de A Estação. Considerando essas datas-limite, cento e vinte e cinco fascículos foram editados durante esse período, o que implica dizer que ele deixou de sair em trinta e dois.[11] Os capítulos do romance saíam na Parte Literária da revista, dividindo o espaço do suplemento com os já mencionados poemas dos escritores parnasianos, os contos de Artur Azevedo e I. S.,[12] para aludir apenas aos autores mais constantes, além de resenhas e crônicas, com especial destaque para as da seção "Croniqueta", assinadas por Eloy, o herói, pseudônimo que Marlyse Meyer atribui a Artur Azevedo. Por vezes, o texto machadiano ocupava três colunas, chegando a ter oito capítulos estampados em um único exemplar, como em 31 de agosto de 1891. Em outras ocasiões, como se tratava de um periódico ilustrado, disputava terreno com enormes gravuras que o

10 *Idem*, p. 74.

11 Para que se torne mais fácil a visualização das datas de publicação, segue ao final do texto um quadro com a relação dos capítulos em *A Estação*.

12 Infelizmente, não consegui identificar o autor.

desmembravam, empurrando-o para os extremos da página, o que o tornava quase imperceptível aos leitores.

Como já aludi, *Quincas Borba* não foi o primeiro trabalho ficcional de Machado para *A Estação*. O seu início se encontra há três meses e meio do último capítulo de *Casa Velha*, que é de 28 de fevereiro de 1886, texto que custou a Machado mais de um ano, já que fora iniciado em 15 de janeiro de 1885. Vale ainda salientar, considerando apenas os textos mais longos, "O alienista", publicado entre 15 de outubro de 1881 e 15 de março de 1882.

De todos os aspectos até aqui destacados, aquele que mais chama a atenção é, sem dúvida, o tempo de realização do romance, ou seja, cinco anos e três meses. Numa história seriada, a longa duração seria, a princípio, algo desejável, se encarada como estratégia editorial cujo propósito consistiria em instigar cada vez mais o interesse dos seus leitores, induzindo-os à renovação da assinatura; em último caso, dependendo da repercussão alcançada pelo texto, poderia até arregimentar novos assinantes. Contudo, num periódico em que o intervalo de publicação é quinzenal, tal estratagema pode produzir efeito contrário: ao não prender a atenção do leitor, a longevidade da narrativa poderia dispersá-la, levando-o ao abandono do texto e, inclusive, ao cancelamento da subscrição.

Ora, a que se devem então os cinco anos e três meses do *Quincas Borba* na *Estação*?

Num ensaio recente,[13] Leopoldo de Oliveira propõe que, entre as aparições das *Memórias póstumas de Brás Cubas* e de *Quincas Borba*, Machado de Assis teria enfrentado uma "crise de criatividade" no gênero romance, derivada de sua tentativa de não simplesmente repetir, no texto iniciado em 1886, as inovações formais estabelecidas no livro de 1881, sem, contudo, deixar de incorporá-las. O argumento se fundamenta no longo tempo que separa os dois romances e na diferença de duração de cada um em suas respectivas divulgações seriadas: quanto ao primeiro, nove meses durante o ano de 1880; já o segundo, cinco anos e três meses.

De fato, Machado vinha publicando regularmente, desde *Ressurreição* até as *Memórias*, a cada dois anos. Mas, após este, o autor não manteve mais a mesma regularidade, oscilando o intervalo entre quatro e cinco anos, chegando, inclusive, a

13 Leopoldo de Oliveira. "As metamorfoses na estrutura narrativa entre as versões A e B". In: Ivo Barbieri (org.). *Ler e reescrever* Quincas Borba. Rio de Janeiro: EdUERJ, 2003, p. 43-44.

levar oito anos para trazer a lume *Dom Casmurro,* o que se deu em 1899.[14] Teria, então, Machado enfrentado um novo impasse criativo, agora criado pela história de Rubião, e do qual o relato do drama de Bentinho seria o seu resultado formal? Não cabe aqui desdobrar a questão, pois ela foge ao âmbito do presente ensaio. Assinalo apenas que, não sendo específico da elaboração do *Quincas Borba,* o aumento do lapso temporal que se percebe entre os romances publicados a partir de 1880 pode ter outras motivações.

Quanto ao tempo de publicação, um breve cotejo entre os dois romances pode ser elucidativo. Como se sabe, as *Memórias póstumas de Brás Cubas* foram divulgadas na *Revista Brasileira,* de 15 de março a 15 de dezembro de 1880. Dos dezenove fascículos editados nesse período, o texto só não saiu em dois: os de 15 de junho e 15 de novembro. O espaço ocupado pelo texto em números de páginas por edição é digno de nota: entre nove – o que se deu apenas uma única vez, em 15 de maio – e dezenove.

Passando ao *Quincas Borba,* observa-se que as suas condições materiais de publicação n'*A Estação* são, obviamente, bem distintas. Mesmo descontando todas as vezes que os capítulos não apareceram nas páginas da revista, o romance não teria chegado ao seu término antes de três anos e dez meses. E uma simples constatação parece justificar a duração incomum: o lugar que lhe é reservado na Parte Literária dificilmente alcança três páginas e, mesmo assim, nem sempre preenchidas somente com o texto, já que este se encontra muitas vezes intercalado por gravuras. O espaço diminuto fica ainda mais patente quando se verifica que até a primeira grande interrupção, ocorrida entre 31 de maio e 31 de outubro de 1888, o romance deixou de sair apenas em cinco oportunidades: 31 de maio e 31 de outubro de 1887; 15 de março, 30 de abril e 15 de maio de 1888.[15]

Em termos da sequência narrativa, a suspensão se dá no capítulo XCVII, quando Rubião, em visita à casa dos Palha, por conta da morte de D. Maria Augusta, alimenta a suspeita do possível adultério de Sofia, depois de tomar conhecimento da história da rua da Harmonia, relatada pelo cocheiro três capítulos antes. Ora, em quase

14 Entre *Quincas Borba* e *Memorial de Aires,* passando por *Dom Casmurro* e *Esaú e Jacó,* as datas seriam as seguintes: 1891, 1899, 1904 e 1908.

15 Com referência às duas datas de 1887, baseio-me nos enlaces de capítulos, já que a Biblioteca Nacional não possui os suplementos completos desses dias. Ver o "Anexo".

dois anos de publicação ininterrupta, o romance não se encontra nem na sua metade, embora esse tempo já corresponda aproximadamente ao dobro do levado pelas *Memórias* na *Revista Brasileira*. E se acrescento à comparação até aqui feita outro relato, *Casa velha*, que, como se viu, se estendeu por mais de um ano nas páginas de *A Estação*, conquanto mais curto do que a narrativa de Brás Cubas, vê-se claramente o pouco espaço de que dispunha Machado para veicular os seus textos.

Em suma, a hipótese de "crise de criatividade" pautada nos cinco anos e três meses de duração do romance não encontra, nas condições materiais de publicação do mesmo, elementos que a legitimem.

Algo semelhante se processa na leitura de John Gledson. Interpretando o realismo machadiano no *Quincas Borba* a partir do confronto das duas versões, Gledson tenta mostrar que a pretensão de Machado era a de "reproduzir ficcionalmente a crise política"[16] do final da década de 1860, que se caracterizou por precipitar a queda da Monarquia e da qual a Guerra do Paraguai (1864-1870) e a Lei do Ventre Livre (1871) seriam os seus sintomas mais evidentes. O dado decisivo que fundamenta sua análise se encontra na segunda e última grande interrupção do romance, entre 31 de julho e 30 de novembro de 1889, em que Machado teria "chegado a *encerrar* sua publicação".[17] Daí Gledson afirmar que o processo de escrita do *Quincas Borba* teria se desenvolvido em três etapas: antes e depois de julho de 1889 e a versão final em livro de 1891. Ou seja, Machado não teria encontrado na primeira etapa de elaboração de seu texto o ajuste realista necessário para tornar ficcional a crise, o que só foi possível a partir de novembro. A mudança se opera mediante a adequação da situação política, que até julho parecia anacrônica em relação ao período histórico, e na transformação de Rubião num representante deste:

> Através da identificação de Rubião com o Império, e de seus impulsos contraditórios no sentido do conservadorismo e do progresso (...) Machado faz com que a esquizofrenia de seu personagem adquira o contexto social mais adequado ao momento (ou seja, para 1868-71).[18]

16 John Gledson, *op. cit.*, p. 69.

17 *Idem*, p. 74, grifos meus.

18 *Idem*, p. 109.

Embora não seja o meu propósito questionar a validade dos pressupostos realistas de Gledson, creio que apontar alguns problemas decorrentes de seu método de abordagem, caracterizado pela busca, no texto, de indícios da intenção autoral de revelar a "verdadeira natureza da sociedade"[19] retratada, pode ser útil para os aspectos que me interessam mais de perto. Vejamos um breve exemplo antes de prosseguir.

Comentando o acréscimo feito por Machado no capítulo XXI da primeira edição em livro (XXIV do periódico), onde se narra o primeiro encontro de Rubião e os Palha no trem em Vassouras, Gledson – além de chamar a atenção para o fato de que o trecho acrescido corrobora a adequação histórica mencionada acima, principalmente no que tange à escravidão – ressalta um pequeno detalhe, relacionado ao que teria motivado a viagem do casal: "Palha, que veio de Vassouras *onde, sem dúvida, não estava passando férias*, obviamente tem interesse na manutenção da escravidão".[20] Não obstante admita que o próprio Machado não mencione textualmente o motivo, o ensaísta acredita que a sugestão de uma viagem a passeio, indiciada pela presença sutil das "cestinhas e embrulhos de lembranças",[21] seja um expediente para "enganar o leitor: muito depois, ficamos sabendo que 'Sofia é companheira para estas viagens' (de negócios)".[22] Diante da certeza, caberia a pergunta: em que a menção às lembranças contradiz a possibilidade de uma viagem de negócios? Tanto não contradiz que a razão apresentada, admitindo-se que seja mesmo de caráter comercial, não impediu que o casal trouxesse as referidas lembranças. Nesse sentido, não visando ludibriar o leitor, a presença do detalhe aparentemente supérfluo me parece estar muito mais ligada à determinada função de produzir, no âmbito mesmo do realismo, o que Barthes chamou de "efeito de real", no qual o elemento representado é "a categoria do 'real' (e não os seus conteúdos contingentes)".[23]

Se retornar à leitura de Gledson da interrupção de 1889 – que, como se viu, é o elemento-chave de sua interpretação –, percebe-se bem as dificuldades do seu método quando aplicado a um texto seriado. É curioso que Gledson entenda que

19 *Idem*, p. 75.

20 *Idem*, p. 93-94, grifo meu.

21 Machado de Assis. *Quincas Borba*. Rio de Janeiro: INL, 1969, p. 133.

22 John Gledson, *op. cit.*, p. 93.

23 Roland Barthes. "O efeito de real". In: *Literatura e semiologia*. Petrópolis: Vozes, 1971, p. 43.

Machado tenha encerrado a publicação, conforme destaquei na passagem anteriormente citada. Consultando os exemplares de *A Estação*, em nenhum momento pude constatar a presença de um texto ou de uma nota sequer que justificasse tal afirmativa; o texto é suspenso em julho e reiniciado em novembro sem qualquer aviso. Além disso, a parada de 1889 não foi a primeira e nem mesmo a mais extensa: três meses e meio contra quatro meses e meio em 1888. Mas para Gledson, o que reforça a maior importância da segunda suspensão se refere à mudança da numeração, já que, ao invés de dar sequência ao capítulo CXXII, o romance é retomado no número CVI, tornando assim os "folhetins incompreensíveis para o leitor".[24] Todavia, conforme lembra Marlyse Meyer, "o leitor de folhetim, tal como hoje o acompanhador de novelas, não devia prestar muita atenção à numeração dos capítulos; o que interessa mesmo é saber da continuação da história".[25] E a suposição me parece bem provável, em se tratando do *Quincas Borba*, pois esses erros o acompanharam praticamente desde o início – o primeiro deles foi em 15 de novembro de 1886.

Considerando a diversidade de textos com a qual o relato dos infortúnios de Rubião compartilhava as páginas da Parte Literária, incluindo obviamente as gravuras, e a variação daí decorrente da quantidade de espaço ocupado pelos seus capítulos, é praticamente impossível estabelecer qual a dinâmica de produção e publicação seguida por Machado. À diferença do que ocorre com o livro, em que o texto se torna materialmente acessível ao leitor num objeto pronto, no periódico, os possíveis percalços enfrentados pelo autor durante o processo de escrita, desde contratempos pessoais a dificuldades técnicas de publicação, interferem muitas vezes na legibilidade do texto e, em casos extremos, impedem a sua plena realização.[26] Retomando, então, a passagem acima citada de Marlyse Meyer, caberia um acréscimo: a contingência relativa às exigências características do modo periódico abrange não só aquilo

24 John Gledson, *op. cit.*, p. 74.

25 Augusto Meyer, *op. cit.*, p. 100.

26 A título de exemplo, A *Viuvinha*, de José de Alencar, teve a sua publicação interrompida no *Diário do Rio de Janeiro*, em 1857, devido à divulgação prematura de um capítulo pelo irmão do autor em sua seção de crônicas. Mais tarde, em 1860, o romance sairia em livro, na íntegra. Cf. Alencar, 1873, p. LXXVIII.

que é parte integrante da "construção imaginária" do autor, como, também, o que se refere às condições materiais de leitura.

Nesse sentido, o cotejo das diferentes versões do *Quincas Borba* que não vise o estabelecimento do texto fidedigno deve levar em conta a contingência da qual se nutre qualquer texto publicado em periódicos. Daí o cuidado necessário quando se tem em mãos uma publicação como a do apêndice ao *Quincas Borba*: a simples transcrição do texto de *A Estação* para o formato livro implica na mudança dos aspectos materiais de sua inscrição, pois "o 'mesmo' texto, fixo em sua letra, não é o 'mesmo' se mudarem os dispositivos do suporte que o transmite a seus leitores, a seus ouvintes ou a seus espectadores".[27]

Assim, considerando essas diferenças, é possível supor que o leitor ou a leitora da década de 1880 não se surpreendesse com o bom e velho conhecido Machadinho nas páginas de *A Estação*.[28]

---

27 Roger Chartier. "Leituras e leitores 'populares' da renascença ao período clássico". In: Guglielmo Cavallo e Roger Chartier (orgs.). *História da leitura no mundo ocidental*. São Paulo: Ática, 1999, p. 123.

28 Machadinho é como o texto de *A Estação* de 30 de setembro de 1880, n. 18, se refere a Machado de Assis, ao anunciar o lançamento das *Memórias póstumas de Brás Cubas*.

Relação dos capítulos na revista *A Estação: Jornal Ilustrado* para a Família

ANO/MÊS	CAPÍTULOS	OBS
1886		
JUNHO		
15	I e II	
30	III–V	
JULHO		
15	VI– IX	
31	X–XIV	
AGOSTO		
15	XIV (cont.)–XVIII	
31	XIX–XXII	
SETEMBRO		
15	XXII (cont.)–XXV	
30	XXVI–XXVIII	
OUTUBRO		
15	XXVIII (cont.) e XXIX	
31	XXX–XXXII	
NOVEMBRO		
15	XXXI–XXXV	Erro de numeração; segue a partir do erro.
31	XXXVI–XXXVIII	
DEZEMBRO		
15	XXXIX–XLI	
31	XLI (cont.) e XLII	
1887		
JANEIRO		
15	–	A coleção da BN não possui a Parte Literária desse dia.
31	XLVIII– L	
FEVEREIRO		
15	L	
28	L (cont.)– LIII	

MARÇO		
15	LIV- LVII	
31	LVI (cont.) e LVII	Erro de numeração; segue a partir do erro.
ABRIL		
15	LXII (?)	Não foram encontrados os capítulos LVIII–LXI. O capítulo desse dia não saiu na íntegra, mas, considerando a continuidade do seguinte, é possível dizer que se trata do LXII.
30	LXIII e LXIV	
MAIO		
15	LXIV (cont.) e LXV	
31	–	A Parte Literária não está completa, mas é provável que o romance não tenha sido publicado nesse dia.
JUNHO		
15	LXVI - LXVIII	
30	LXVIII (cont.)	
JULHO		
15	LXIX	
31	LXIX (cont.)- LXXI	
AGOSTO		
15	LXXII- LXXV	
31	LXXV (cont.)	
SETEMBRO		
15	LXXV (cont.)- LXXVII	
30	LXXVIII e LXXIX	
OUTUBRO		
15	LXXIX (cont.) e LXXX	
31	–	A Parte Literária não está completa, mas é provável que o romance não tenha saído.
NOVEMBRO		
15	LXXX (cont.)	
30	LXXX (cont.) e LXXXI	
DEZEMBRO		
15	LXXXII	
31	LXXXII (cont.) e LXXXIII	

1888		
JANEIRO		
15	LXXXIII (cont.)	
31	LXXXIV– LXXXVI	
FEVEREIRO		
15	LXXXVII	
29	LXXXVIII e LXXXIX	
MARÇO		
15	–	O romance não foi publicado.
31	XC	
ABRIL		
15	XCI–XCIII	
30	–	O romance não foi publicado.
MAIO		
15	–	O romance não foi publicado.
31	XCIV–XCVII	Últimos capítulos antes da interrupção de quatro meses e meio.
OUTUBRO		
31	XCVI–XCVIII	Retomada da publicação. Erro de numeração: deveria começar em XCVIII e terminar em C. O que se segue dará continuidade ao erro.
NOVEMBRO		
15	XCIX– CIII	
30	CIV– CVII	
DEZEMBRO		
15	CVIII– CXI	
31	CXII– CXV	
1889		
JANEIRO	–	
15	–	O romance não saiu.
31	CXII e CXIII	

FEVEREIRO		
15	–	O romance não saiu.
28	CXII	
MARÇO		
15	CXIII	
31	CXIV	
ABRIL		
15	CXV– CXVIII	
30	–	O romance não saiu.
MAIO		
15	–	A BN não tem a Parte Literária, mas pelo que se segue em 15/06 é provável que não tenha saído.
31	–	*Idem.*
JUNHO		
15	CXVII (cont.) – CXIX	
30	CXIX (cont.)	
JULHO		
15	–	O romance não saiu.
31	CXX– CXXII	Últimos capítulos antes da interrupção de três meses e meio.
NOVEMBRO		
30	CVI– CIX	Retomada da publicação.
DEZEMBRO		
15	CX– CXIII	
31	CXIV e CXV	
1890		
JANEIRO	–	
15	CXVI– CXVIII	
31	CXVIII (cont.)	
FEVEREIRO		
15	CXVIII (cont.) e CXX	
28	CXXI – CXXV	
MARÇO		
15	CXXVII – CXXXI	Erro de numeração: deveria ser CXXVI.

31	CXXXII – CXXXVI	
ABRIL		
15	CXXXVII E CXXXVIII	
30	–	O romance não saiu.
MAIO		
15	CXXXIX – CXLI	
31	CXLII – CXLV	
JUNHO		
15	CXLVI – CXLVIII	
30	–	O romance não saiu.
JULHO		
15	CXLVI – CXLIX	Repete a numeração do dia 15/06.
31	CXLIX (cont.) – CLIV	
AGOSTO		
15	CLII e CLIII	
31	CLII (cont.)	Erro de numeração.
SETEMBRO		
15	–	O romance não saiu.
30	CLII (cont.) – CLVI	
OUTUBRO		
15	CLV – CLVII	
31	–	O romance não saiu.
NOVEMBRO		
15	CLVI – CLVIII	
30	CLIX – CLXI	
DEZEMBRO		
15	CLXI – CLXIV	
31	–	O romance não saiu.
1891		
JANEIRO		
15	CLXV – CLXVII	
31	CLXVIII – CLXX	
FEVEREIRO		
15	CLXXI	

28	CLXXII e CLXXIII	
MARÇO		
15	CLXXII – CLXXV	
31	CLXXVI – CLXXXI	
ABRIL		
15	CLXXXI – CLXXXII	
30	CLXXXIII – CLXXXIV	
MAIO		
15	CLXXXV – CLXXXVII	
31	–	O romance não saiu.
JUNHO		
15	CLXXXVIII – CLXXXIX	
30	CXC – CXCIV	
AGOSTO		
15	–	O romance não saiu.
31	CXCII – CXCIX	Erro de numeração.
SETEMBRO		
15	CC – CCII	

Referências Bibliográficas

ALENCAR, José de. "Como e porque sou romancista". In: *Romances ilustrados de José de Alencar*. Vol. I. Rio de Janeiro: José Olympio, 1967.

BARTHES, Roland. "O efeito de real". In: *Literatura e semiologia*. Petrópolis: Vozes, 1971.

CHARTIER, Roger. "Leituras e leitores 'populares' da renascença ao período clássico". *História da leitura no mundo ocidental*. In: CAVALLO, Guglielmo; CHARTIER, Roger (orgs.). São Paulo: Ática, 1999.

GLEDSON, John. "Quincas Borba". In: *Machado de Assis: ficção e história*. Rio de Janeiro: Paz e Terra, 1986.

KINNEAR, John. "Machado de Assis: to believe or not to believe". *Modern Language*

Review 71, 1976.

MACHADO DE ASSIS, Joaquim Maria. *Quincas Borba.* Rio de Janeiro: INL, 1969.

_______. *Quincas Borba: apêndice.* 2ª ed. Rio de Janeiro: Civilização Brasileira; Brasília: INL, 1977.

MALLET, Pardal. *Hóspede.* Rio de Janeiro: Editora Três, 1974.

MEYER, Augusto. "Quincas Borba em variantes". In: *A chave e a máscara.* Rio de Janeiro: O Cruzeiro, 1964.

MEYER, Marlyse. "Estações". In: *Caminhos do imaginário no Brasil.* São Paulo: Edusp, 2001.

OLIVEIRA, Leopoldo O. C. de. "As metamorfoses na estrutura narrativa entre as versões A e B". In: BARBIERI, Ivo (org.) *Ler e reescrever Quincas Borba.* Rio de Janeiro: EdUERJ, 2003.

VERÍSSIMO, José. "O Sr. Machado de Assis". In: MACHADO, Ubiratan (org.). *Machado de Assis: roteiro da consagração.* Rio de Janeiro: EdUERJ, 2003.

Periódico Consultado

A Estação: Jornal Ilustrado para a Família. Rio de Janeiro: Lombaerts & comp., 1879-1904.

Posfácio

Algumas provocações

Haroldo Ceravolo Sereza
(Doutor em Letras - Universidade de São Paulo)

Machado de Assis – Lido e Relido, organizado por João Cezar de Castro Rocha, é um livro de muitos autores sobre muitos autores. No centro dos mais de quarenta textos, está um suposto plagiário. Uso suposto propositadamente, querendo, com isto, colocar em dúvida o ponto de partida do trabalho. Não necessariamente para refutá-lo, mas simplesmente para provocar o leitor a chegar ao fim deste texto.

Machado tornou-se, para os letrados brasileiros, a grande aposta no jogo político de *A República Mundial das Letras* – com essas maiúsculas e tudo, tal como no livro de Pascale Casanova[1]. Com ele, a intelectualidade brasileira sonha poder argumentar em favor da força da literatura nacional, já no século XIX, frente às literaturas francesa, inglesas, italiana e russa. Mas não só: o ingênuo leitor brasileiro, que não compreende bem o pesado confronto por trás dos livros e sonha encontrar-se refletido de alguma forma no Grande Cânone, tem de lidar não só com a onipresença de Shakespeare como com a dura realidade da forte concorrência latina que

1 Pascale Casanova. *A república mundial das letras*. Tradução: Marina Appenzeller. São Paulo: Estação Liberdade, 2002. 436 p.

não se expressa em francês – como Dante Alighieri, Miguel de Cervantes e, o que muitos veem como suprema injustiça, Eça de Queirós. Sem contar o caso de Jorge Luis Borges, um argentino que chegou depois e pode ter furado a fila.

Assim, a edição de *The Author as Plagiarist – The Case of Machado de Assis* (título da versão original do livro[2]), com lançamento na Biblioteca do Congresso norte-americano em 2006, provocou uma reação bastante positiva da imprensa e da intelectualidade brasileiras, alcançando uma repercussão no país muito acima da comum para obras do gênero lançadas em inglês. Com frequência, comentários e resenhas publicados no Brasil celebraram o "Machado universal", agora aparentemente reconhecido no mundo anglo-saxão, num elogio que talvez pudesse ser traduzido por uma fala célebre de *Pai Goriot*: "Agora, nós".

O trabalho não deve, no entanto, sucumbir diante do tom ufanista. Ele é muito mais sério e bem realizado do que isso. Parte de uma ideia forte, a de que o leitor Machado é a principal fonte de inspiração do escritor Machado. Tomando emprestada a análise de Roberto Schwarz, mas deslocando seu foco da rua para biblioteca, como declarou numa entrevista, João Cezar de Castro Rocha viu, nas leituras que o escritor fez, "ideias fora do lugar"[3], que Machado afinal usou para compor seus romances, contos e crônicas na fase madura de sua produção. Ou seja, Machado conseguiu assim, para Castro Rocha, alinhavar com grande estilo o que de mais precioso havia na literatura mundial e, com isso, deu um grande salto estético, especialmente a partir de *Memórias p*óstumas de Brás Cubas.

As leituras do leitor Machado são o tema central da primeira parte da reunião de artigos, que conta com seis textos e que ocupa cerca de um quarto do livro. Nesta parte, figuram associações de Machado com Flaubert, Cervantes, Balzac, Sterne, Eça de Queirós e Shakespeare, entre outros.

Earl Fitz, por exemplo, busca demonstrar como Machado "reinventou" modelos europeus, dando, assim, uma grande contribuição para uma futura forma do que conhecemos como romance moderno. Um pouco adiante, Gilberto Pinheiro Passos

2 João Cezar de Castro Rocha (ed.). *The Author as Plagiarist – The Case of Machado de Assis*. Darmouth, MA: Center for Portuguese Studies and Culture, University of Masschusetts Dartmouth, 2005.

3 A Rafael Cariello, *Folha de S. Paulo*, 8/5/2006, *caderno* Ilustrada.

discute a difusão da obra de Balzac para apontar temáticas e formas convergentes entre os dois autores, enquanto Sérgio Paulo Rouanet publica um artigo que é, em essência, sua grande preocupação como crítico de Machado: os laços que unem a forma de Laurence Sterne, autor citado logo nas primeiras páginas de *Memórias* póstumas, e a do romance, estabelecendo uma linhagem estética e intelectual entre a obra do brasileiro e *Tristram Shandy*.

Outro artigo que trata das leituras de Machado e de sua obra (e que surge na parte dedicada às interpretações) é o de Antonio Candido, "À roda do quarto e da vida". Desta vez, o autor em questão é Xavier de Maistre, de *Voyage autour de ma chambre*. Para Candido, o estilo livre adotado por Machado parece ser mais influenciado por Maistre que por Sterne. As figuras da "alma" e do "outro", criadas por Xavier de Maistre, teriam impregnado *Memórias* póstumas, ganhando novos sentidos e permitindo que Machado explorasse sem pedantismo a complexidade e as contradições tanto do comportamento como do pensamento.

Não há espaço aqui para tratar de cada artigo individualmente. O que se pode dizer é que críticos como Alfredo Bosi, Abel Barros Baptista, Hans Ulrich Gumbrecht, Hélio de Seixas Guimarães, Sandra Guardini T. Vasconcelos, o próprio Castro Rocha, entre outros, valorizam a edição, bem como as intervenções dos escritores, entre os quais figura José Saramago, que, aliás, escreveu um surpreendente parágrafo sintético (11 linhas apenas) sobre Machado.

Há algumas ausências importantes, como as de Silviano Santiago, John Gledson e Roberto Schwarz. Para sorte dos leitores em inglês, o livro de Schwarz, *Um mestre na periferia do capitalismo*, já está traduzido no idioma[4] – e foi resenhado na revista *Luso-Brazilian Review* de número 39/2 por outro importante machadiano que não figura no livro, Valentim Facioli. Facioli, na contramão do otimismo com o "reconhecimento" internacional de Machado, aproveitou o texto para lembrar as palavras do editor de *Memórias Póstumas* em inglês, para quem a venda do livro "sucks".

Estamos no fim deste texto (e deste livro), mas vamos retornar à epígrafe. Nela, temos uma citação de Machado: "A Revolução Francesa de *Otelo* estão feitos; nada impede que esta ou aquela cena seja tirada para outras peças, e assim se cometem,

4 Roberto Schwarz. *A Master on the Periphery of Capitalism: Machado de Assis (Post-Contemporary Interventions)*. Trad. John Gledson. Durham-NC, Duke University Press, 2001.

literariamente falando, os plágios". Fica claro, conforme avançam os artigos, que em *Machado de Assis – Lido e Relido* o "plágio" de *Otelo*, ou seja, a criação a partir da literatura, foi muito mais explorado do que o da vida social e política – embora, por muitas vezes, a Revolução Francesa vença as barreiras impostas pelos guerreiros literários e a realidade do século XIX, a brasileira em particular, ressurja como força criadora para o escritor.

Essa opção certamente faz sentido não só para o leitor internacional de Machado, em tese menos interessado em avaliar ligações entre a realidade do país e a literatura. Para contrapor-se à leitura que busca no espaço social algumas das melhores soluções de Machado como escritor, os artigos encontram filiações, argumentos e conclusões consistentes e, muitas vezes, precisos.

Isto, de fato, amplia os horizontes da leitura do escritor. Por vezes, no entanto, pode dar a sensação de que ele pairava sobre o país, o que é também um problema. Invertendo uma célebre fórmula antinacionalista de Roberto Schwarz, só para provocar mais uma vez, o risco é um dia Machado virar internacional por subtração.

Este livro foi impresso na *Gráfica Prol* no verão de 2017. No texto foi utilizada a fonte Arno Pro, em corpo 11 e entrelinha 16 pontos.